Statistiques des recettes publiques 2020

1965-2019

OCDE

DES POLITIQUES MEILLEURES POUR UNE VIE MEILLEURE

Ce document, ainsi que les données et cartes qu'il peut comprendre, sont sans préjudice du statut de tout territoire, de la souveraineté s'exerçant sur ce dernier, du tracé des frontières et limites internationales, et du nom de tout territoire, ville ou région.

Les données statistiques concernant Israël sont fournies par et sous la responsabilité des autorités israéliennes compétentes. L'utilisation de ces données par l'OCDE est sans préjudice du statut des hauteurs du Golan, de Jérusalem-Est et des colonies de peuplement israéliennes en Cisjordanie aux termes du droit international.

Merci de citer cet ouvrage comme suit :
OCDE (2020), *Statistiques des recettes publiques 2020*, Éditions OCDE, Paris, *https://doi.org/10.1787/c6381ca6-fr*.

ISBN 978-92-64-69078-3 (imprimé)
ISBN 978-92-64-34091-6 (pdf)

Statistiques des recettes publiques
ISSN 2522-7084 (imprimé)
ISSN 2522-7092 (en ligne)

Crédits photo : Couverture © certains éléments graphiques de l'illustration de la couverture ont été adaptés de Freepik.com

Les corrigenda des publications sont disponibles sur : *www.oecd.org/about/publishing/corrigenda.htm*.

Avant-propos

Cette publication annuelle fournit des informations sur les niveaux d'imposition et la structure de la fiscalité dans les pays de l'OCDE. Elle a été préparée sous les auspices du Groupe de travail sur l'analyse des politiques et des statistiques fiscales du Comité des affaires fiscales; elle est publiée sous la responsabilité du Secrétaire général de l'OCDE.

Remerciements

Les Statistiques des recettes publiques sont une publication annuelle du Centre de politique et d'administration fiscales (CTPA) de l'Organisation de coopération et de développement économiques (OCDE), préparée sous les auspices du Groupe de travail n° 2 sur l'analyse des politiques et les statistiques fiscales (GT2) du Comité des affaires fiscales. La présente édition a été établie par Michelle Harding, Nicolás Miranda et Michael Sharratt. L'étude spéciale a été écrite par Hannah Simon et Michelle Harding.

Les auteurs tiennent à remercier leurs collègues de l'OCDE pour leurs observations précieuses ainsi que leur aide lors de la finalisation de cette publication, notamment David Bradbury, Karena Garnier, Natalie Lagorce, et Violet Sochay au sein du CTPA ; Nadim Ahmad, Peter Van de Ven, Bettina Wistrom et Jorrit Zwijnenburg, de la Direction des statistiques et des données ; ainsi que l'équipe des éditeurs de données statistiques et de gestion du contenu de la Direction des relations extérieures et de la communication. Marie-Aurélie Elkurd, du CTPA, a participé à la production et à la publication de ce rapport, et Stephanie Coic, de la Direction de la coopération pour le développement (DCD), en a réalisé la couverture. Les auteurs souhaitent également remercier les délégués du GT2 et leurs collègues travaillant dans les différentes administrations nationales pour leurs contributions et observations avisées.

Table des matières

Avant-propos 3

Remerciements 4

Résumé 11
- Niveaux d'imposition en 2019 11
- Composition des recettes fiscales en 2018 12
- Variations par niveau d'administration 12
- Recettes tirées des impôts sur la consommation pendant la crise du COVID-19 12

Introduction 14
- Notes 15

1 Tendances des recettes fiscales, 1965-2019 16
- Ratios impôts/PIB 17
- Structures fiscales 26
- Répartition des impôts par niveaux d'administration 30
- Crédits d'impôts récupérables 37

2 Étude spéciale : Recettes issues des impôts sur la consommation à l'ère du COVID-19 : les enseignements de la crise financière mondiale de 2008 42
- Introduction 42
- Évolution des recettes tirées des impôts sur la consommation 43
- Les facteurs qui influent sur les recettes issues des impôts sur la consommation dans les pays de l'OCDE 45
- Recettes tirées des impôts sur la consommation pendant la crise du COVID-19 53
- Références 56
- Annex 2.A. Données relatives aux taux d'imposition implicites (RIT) sur la consommation 57

3 Niveaux et structures des impôts, 1965-2019 60

4 Tableaux par pays, 1990-2018 82
- 4.1. Recettes fiscales et % du PIB pour une sélection de catégories d'impôts et par niveau d'administration 83
- 4.2. Tableaux pour mémoire 158

5 Tableaux détaillés par pays, 1965-2018 161
- 5.1. Recettes fiscales 162

5.2. Tableaux pour mémoire 267

6 Recettes fiscales par sous-secteur d'administration 282

6.1. Tableaux par pays 1975, 1985, 1995, 2005 et 2018 283

Annexe A. Classification des impôts de l'OCDE et Guide d'interprétation 321

Notes 351

Tableaux

Tableau 1.1. Résumé des principaux ratios relatifs aux recettes fiscales dans les pays de l'OCDE 19
Tableau 1.2. Structure fiscale dans la zone OCDE, années retenues (moyenne non-pondérée en % du PIB) 25
Tableau 1.3. Recettes fiscales des sous-secteurs des administrations publiques en % du total des recettes fiscales, pays fédéraux 32
Tableau 1.4. Recettes fiscales des sous-secteurs des administrations publiques en % du total des recettes fiscales, pays unitaires 33
Tableau 1.5. Contributions collectés pour le compte de l'UE, en % du PIB 35
Tableau 1.6. Effets des différents traitements possibles des crédits d'impôts récupérables, 2019 38
Tableau 3.1. Total des recettes fiscales en % du PIB 62
Tableau 3.2. Total des recettes fiscales en milliards de dollars des É-U au taux de change du marché 63
Tableau 3.3. Recettes fiscales sous les principales rubriques en % du PIB, 2018 64
Tableau 3.4. Recettes fiscales sous les principales rubriques en % du total des recettes fiscales, 2018 65
Tableau 3.5. Recettes fiscales sous les principales rubriques en % du PIB, 2019p 66
Tableau 3.6. Recettes fiscales sous les principales rubriques en % du total des recettes fiscales, 2019p 67
Tableau 3.7. Impôts sur le revenu et les bénéfices (1000) en % du PIB et en % du total des recettes fiscales 68
Tableau 3.8. Impôts sur le revenu des personnes physiques (1100) en % du PIB et en % du total des recettes fiscales 69
Tableau 3.9. Impôts sur les bénéfices des sociétés (1200) en % du PIB et en % du total des recettes fiscales 70
Tableau 3.10. Cotisations de sécurité sociale (2000) en % du PIB et en % du total des recettes fiscales 71
Tableau 3.11. Impôts sur les salaires ou la main-d'oeuvre (3000) en % du PIB et en % du total des recettes fiscales 72
Tableau 3.12. Impôts sur le patrimoine (4000) en % du PIB et en % du total des recettes fiscales 73
Tableau 3.13. Impôts sur les biens et services (5000) en % du PIB en % du total des recettes fiscales 74
Tableau 3.14. Taxes sur la valeur ajoutée (5111) en % du PIB en % du total des recettes fiscales 75
Tableau 3.15. Recettes fiscales des sous-secteurs de l'administration en % du PIB 76
Tableau 3.16. Principales recettes de l'administration centrale en % du total des recettes fiscales de l'administration centrale, 2018 77
Tableau 3.17. Principaux impôts des administrations d'États fédérés en % du total des recettes fiscales des administrations d'États fédérés, 2018 78
Tableau 3.18. Principaux impôts locaux en % du total des recettes fiscales des administrations locales, 2018 79
Tableau 3.19. Produit intérieur brut pour les années de déclaration fiscale au prix du marché, en milliards de monnaie nationale 80
Tableau 3.20. Taux de change utilisés, unités de monnaie nationale par dollar des É-U au taux de change du marché 81
Tableau 4.1. Australie, recettes fiscales et % du PIB (sélection de catégories d'impôts) 84
Tableau 4.2. Australie, recettes fiscales et % du PIB par niveaux d'administration (principaux impôts) 85
Tableau 4.3. Autriche, recettes fiscales et % du PIB (sélection de catégories d'impôts) 86
Tableau 4.4. Autriche, recettes fiscales et % du PIB par niveaux d'administration (principaux impôts) 87
Tableau 4.5. Belgique, recettes fiscales et % du PIB (sélection de catégories d'impôts) 88
Tableau 4.6. Belgique, recettes fiscales et % du PIB par niveaux d'administration (principaux impôts) 89
Tableau 4.7. Canada, recettes fiscales et % du PIB (sélection de catégories d'impôts) 90
Tableau 4.8. Canada, recettes fiscales et % du PIB par niveaux d'administration (principaux impôts) 91
Tableau 4.9. Chili, recettes fiscales et % du PIB (sélection de catégories d'impôts) 92
Tableau 4.10. Chili, recettes fiscales et % du PIB par niveaux d'administration (principaux impôts) 93
Tableau 4.11. Colombie, recettes fiscales et % du PIB (sélection de catégories d'impôts) 94
Tableau 4.12. Colombie, recettes fiscales et % du PIB par niveaux d'administration (principaux impôts) 95

Tableau 4.13. République tchèque, recettes fiscales et % du PIB (sélection de catégories d'impôts) 96
Tableau 4.14. République tchèque, recettes fiscales et % du PIB par niveaux d'administration (principaux impôts) 97
Tableau 4.15. Danemark, recettes fiscales et % du PIB (sélection de catégories d'impôts) 98
Tableau 4.16. Danemark, recettes fiscales et % du PIB par niveaux d'administration (principaux impôts) 99
Tableau 4.17. Estonie, recettes fiscales et % du PIB (sélection de catégories d'impôts) 100
Tableau 4.18. Estonie, recettes fiscales et % du PIB par niveaux d'administration (principaux impôts) 101
Tableau 4.19. Finlande, recettes fiscales et % du PIB (sélection de catégories d'impôts) 102
Tableau 4.20. Finlande, recettes fiscales et % du PIB par niveaux d'administration (principaux impôts) 103
Tableau 4.21. France, recettes fiscales et % du PIB (sélection de catégories d'impôts) 104
Tableau 4.22. France, recettes fiscales et % du PIB par niveaux d'administration (principaux impôts) 105
Tableau 4.23. Allemagne, recettes fiscales et % du PIB (sélection de catégories d'impôts) 106
Tableau 4.24. Allemagne, recettes fiscales et % du PIB par niveaux d'administration (principaux impôts) 107
Tableau 4.25. Grèce, recettes fiscales et % du PIB (sélection de catégories d'impôts) 108
Tableau 4.26. Grèce, recettes fiscales et % du PIB par niveaux d'administration (principaux impôts) 109
Tableau 4.27. Hongrie, recettes fiscales et % du PIB (sélection de catégories d'impôts) 110
Tableau 4.28. Hongrie, recettes fiscales et % du PIB par niveaux d'administration (principaux impôts) 111
Tableau 4.29. Islande, recettes fiscales et % du PIB (sélection de catégories d'impôts) 112
Tableau 4.30. Islande, recettes fiscales et % du PIB par niveaux d'administration (principaux impôts) 113
Tableau 4.31. Irlande, recettes fiscales et % du PIB (sélection de catégories d'impôts) 114
Tableau 4.32. Irlande, recettes fiscales et % du PIB par niveaux d'administration (principaux impôts) 115
Tableau 4.33. Israël, recettes fiscales et % du PIB (sélection de catégories d'impôts) 116
Tableau 4.34. Israël, recettes fiscales et % du PIB par niveaux d'administration (principaux impôts) 117
Tableau 4.35. Italie, recettes fiscales et % du PIB (sélection de catégories d'impôts) 118
Tableau 4.36. Italie, recettes fiscales et % du PIB par niveaux d'administration (principaux impôts) 119
Tableau 4.37. Japon, recettes fiscales et % du PIB (sélection de catégories d'impôts) 120
Tableau 4.38. Japon, recettes fiscales et % du PIB par niveaux d'administration (principaux impôts) 121
Tableau 4.39. Corée, recettes fiscales et % du PIB (sélection de catégories d'impôts) 122
Tableau 4.40. Corée, recettes fiscales et % du PIB par niveaux d'administration (principaux impôts) 123
Tableau 4.41. Lettonie, recettes fiscales et % du PIB (sélection de catégories d'impôts) 124
Tableau 4.42. Lettonie, recettes fiscales et % du PIB par niveaux d'administration (principaux impôts) 125
Tableau 4.43. Lituanie, recettes fiscales et % du PIB (sélection de catégories d'impôts) 126
Tableau 4.44. Lituanie, recettes fiscales et % du PIB par niveaux d'administration (principaux impôts) 127
Tableau 4.45. Luxembourg, recettes fiscales et % du PIB (sélection de catégories d'impôts) 128
Tableau 4.46. Luxembourg, recettes fiscales et % du PIB par niveaux d'administration (principaux impôts) 129
Tableau 4.47. Mexique, recettes fiscales et % du PIB (sélection de catégories d'impôts) 130
Tableau 4.48. Mexique, recettes fiscales et % du PIB par niveaux d'administration (principaux impôts) 131
Tableau 4.49. Pays-Bas, recettes fiscales et % du PIB (sélection de catégories d'impôts) 132
Tableau 4.50. Pays-Bas, recettes fiscales et % du PIB par niveaux d'administration (principaux impôts) 133
Tableau 4.51. Nouvelle-Zélande, recettes fiscales et % du PIB (sélection de catégories d'impôts) 134
Tableau 4.52. Nouvelle-Zélande, recettes fiscales et % du PIB par niveaux d'administration (principaux impôts) 135
Tableau 4.53. Norvège, recettes fiscales et % du PIB (sélection de catégories d'impôts) 136
Tableau 4.54. Norvège, recettes fiscales et % du PIB par niveaux d'administration (principaux impôts) 137
Tableau 4.55. Pologne, recettes fiscales et % du PIB (sélection de catégories d'impôts) 138
Tableau 4.56. Pologne, recettes fiscales et % du PIB par niveaux d'administration (principaux impôts) 139
Tableau 4.57. Portugal, recettes fiscales et % du PIB (sélection de catégories d'impôts) 140
Tableau 4.58. Portugal, recettes fiscales et % du PIB par niveaux d'administration (principaux impôts) 141
Tableau 4.59. République slovaque, recettes fiscales et % du PIB (sélection de catégories d'impôts) 142
Tableau 4.60. République slovaque, recettes fiscales et % du PIB par niveaux d'administration (principaux impôts) 143
Tableau 4.61. Slovénie, recettes fiscales et % du PIB (sélection de catégories d'impôts) 144
Tableau 4.62. Slovénie, recettes fiscales et % du PIB par niveaux d'administration (principaux impôts) 145
Tableau 4.63. Espagne, recettes fiscales et % du PIB (sélection de catégories d'impôts) 146
Tableau 4.64. Espagne, recettes fiscales et % du PIB par niveaux d'administration (principaux impôts) 147
Tableau 4.65. Suède, recettes fiscales et % du PIB (sélection de catégories d'impôts) 148
Tableau 4.66. Suède, recettes fiscales et % du PIB par niveaux d'administration (principaux impôts) 149
Tableau 4.67. Suisse, recettes fiscales et % du PIB (sélection de catégories d'impôts) 150
Tableau 4.68. Suisse, recettes fiscales et % du PIB par niveaux d'administration (principaux impôts) 151
Tableau 4.69. Turquie, recettes fiscales et % du PIB (sélection de catégories d'impôts) 152

Tableau 4.70. Turquie, recettes fiscales et % du PIB par niveaux d'administration (principaux impôts) 153
Tableau 4.71. Royaume-Uni, recettes fiscales et % du PIB (sélection de catégories d'impôts) 154
Tableau 4.72. Royaume-Uni, recettes fiscales et % du PIB par niveaux d'administration (principaux impôts) 155
Tableau 4.73. États-Unis, recettes fiscales et % du PIB (sélection de catégories d'impôts) 156
Tableau 4.74. États-Unis, recettes fiscales et % du PIB par niveaux d'administration (principaux impôts) 157
Tableau 4.75. Le financement des prestations sociales, totaux 159
Tableau 4.76. Les cotisations de sécurité sociale et impôts sur les salaires payés par les administrations publiques, totaux 160
Tableau 5.1. Australie : recettes fiscales détaillées, 1965-2018 163
Tableau 5.2. Autriche : recettes fiscales détaillées, 1965-2018 165
Tableau 5.3. Belgique : recettes fiscales détaillées, 1965-2018 169
Tableau 5.4. Canada : recettes fiscales détaillées, 1965-2018 172
Tableau 5.5. Chili : recettes fiscales détaillées, 1965-2018 175
Tableau 5.6. Colombie : recettes fiscales détaillées, 1965-2018 177
Tableau 5.7. République tchèque : recettes fiscales détaillées, 1965-2018 179
Tableau 5.8. Danemark : recettes fiscales détaillées, 1965-2018 182
Tableau 5.9. Estonie : recettes fiscales détaillées, 1965-2018 186
Tableau 5.10. Finlande : recettes fiscales détaillées, 1965-2018 188
Tableau 5.11. France : recettes fiscales détaillées, 1965-2018 191
Tableau 5.12. Allemagne : recettes fiscales détaillées, 1965-2018 197
Tableau 5.13. Grèce : recettes fiscales détaillées, 1965-2018 200
Tableau 5.14. Hongrie : recettes fiscales détaillées, 1965-2018 202
Tableau 5.15. Islande : recettes fiscales détaillées, 1965-2018 206
Tableau 5.16. Irlande : recettes fiscales détaillées, 1965-2018 208
Tableau 5.17. Israël : recettes fiscales détaillées, 1965-2018 210
Tableau 5.18. Italie : recettes fiscales détaillées, 1965-2018 212
Tableau 5.19. Japon : recettes fiscales détaillées, 1965-2018 216
Tableau 5.20. Corée : recettes fiscales détaillées, 1965-2018 219
Tableau 5.21. Lettonie : recettes fiscales détaillées, 1965-2018 222
Tableau 5.22. Lituanie : recettes fiscales détaillées, 1965-2018 225
Tableau 5.23. Luxembourg : recettes fiscales détaillées, 1965-2018 227
Tableau 5.24. Mexique : recettes fiscales détaillées, 1965-2018 230
Tableau 5.25. Pays-Bas : recettes fiscales détaillées, 1965-2018 232
Tableau 5.26. Nouvelle-Zélande : recettes fiscales détaillées, 1965-2018 235
Tableau 5.27. Norvège : recettes fiscales détaillées, 1965-2018 238
Tableau 5.28. Pologne : recettes fiscales détaillées, 1965-2018 240
Tableau 5.29. Portugal : recettes fiscales détaillées, 1965-2018 242
Tableau 5.30. République slovaque : recettes fiscales détaillées, 1965-2018 245
Tableau 5.31. Slovénie : recettes fiscales détaillées, 1965-2018 247
Tableau 5.32. Espagne : recettes fiscales détaillées, 1965-2018 250
Tableau 5.33. Suède : recettes fiscales détaillées, 1965-2018 253
Tableau 5.34. Suisse : recettes fiscales détaillées, 1965-2018 256
Tableau 5.35. Turquie : recettes fiscales détaillées, 1965-2018 259
Tableau 5.36. Royaume-Uni : recettes fiscales détaillées, 1965-2018 261
Tableau 5.37. État-Unis : recettes fiscales détaillées, 1965-2018 264
Tableau 5.38. Le financement des prestations sociales, détails 268
Tableau 5.39. Les cotisations de sécurité sociale et impôts sur les salaires payés par les administrations publiques, détails 272
Tableau 6.1. Australie, recettes fiscales par sous-secteurs d'administration 284
Tableau 6.2. Autriche, recettes fiscales par sous-secteurs d'administration 285
Tableau 6.3. Belgique, recettes fiscales par sous-secteurs d'administration 286
Tableau 6.4. Canada, recettes fiscales par sous-secteurs d'administration 287
Tableau 6.5. Chili, recettes fiscales par sous-secteurs d'administration 288
Tableau 6.6. Colombie, recettes fiscales par sous-secteurs d'administration 289
Tableau 6.7. République tchèque, recettes fiscales par sous-secteurs d'administration 290
Tableau 6.8. Danemark, recettes fiscales par sous-secteurs d'administration 291
Tableau 6.9. Estonie, recettes fiscales par sous-secteurs d'administration 292
Tableau 6.10. Finlande, recettes fiscales par sous-secteurs d'administration 293
Tableau 6.11. France, recettes fiscales par sous-secteurs d'administration 294
Tableau 6.12. Allemagne, recettes fiscales par sous-secteurs d'administration 295

Tableau 6.13. Grèce, recettes fiscales par sous-secteurs d'administration 296
Tableau 6.14. Hongrie, recettes fiscales par sous-secteurs d'administration 297
Tableau 6.15. Islande, recettes fiscales par sous-secteurs d'administration 298
Tableau 6.16. Irlande, recettes fiscales par sous-secteurs d'administration 299
Tableau 6.17. Israël, recettes fiscales par sous-secteurs d'administration 300
Tableau 6.18. Italie, recettes fiscales par sous-secteurs d'administration 301
Tableau 6.19. Japon, recettes fiscales par sous-secteurs d'administration 302
Tableau 6.20. Corée, recettes fiscales par sous-secteurs d'administration 303
Tableau 6.21. Lettonie, recettes fiscales par sous-secteurs d'administration 304
Tableau 6.22. Lituanie, recettes fiscales par sous-secteurs d'administration 305
Tableau 6.23. Luxembourg, recettes fiscales par sous-secteurs d'administration 306
Tableau 6.24. Mexique, recettes fiscales par sous-secteurs d'administration 307
Tableau 6.25. Pays-Bas, recettes fiscales par sous-secteurs d'administration 308
Tableau 6.26. Nouvelle-Zélande, recettes fiscales par sous-secteurs d'administration 309
Tableau 6.27. Norvège, recettes fiscales par sous-secteurs d'administration 310
Tableau 6.28. Pologne, recettes fiscales par sous-secteurs d'administration 311
Tableau 6.29. Portugal, recettes fiscales par sous-secteurs d'administration 312
Tableau 6.30. République slovaque, recettes fiscales par sous-secteurs d'administration 313
Tableau 6.31. Slovenie, recettes fiscales par sous-secteurs d'administration 314
Tableau 6.32. Espagne, recettes fiscales par sous-secteurs d'administration 315
Tableau 6.33. Suède, recettes fiscales par sous-secteurs d'administration 316
Tableau 6.34. Suisse, recettes fiscales par sous-secteurs d'administration 317
Tableau 6.35. Turquie, recettes fiscales par sous-secteurs d'administration 318
Tableau 6.36. Royaume-Uni, recettes fiscales par sous-secteurs d'administration 319
Tableau 6.37. États-Unis, recettes fiscales par sous-secteurs d'administration 320

Graphiques

Graphique 1.1. Tendances des ratios impôts/PIB, 1965-2019p (en % du PIB) 18
Graphique 1.2. Variations des ratios impôts/PIB, p.p., 2018-19p et 2008-19p 21
Graphique 1.3. Variations relatives des recettes fiscales nominales et du PIB nominal, en %, 2018-19p 23
Graphique 1.4. Ratios impôts/PIB en 2018 et 2019p (en % du PIB) 24
Graphique 1.5. Structures fiscales en 2018 (en % du total des recettes fiscales) 26
Graphique 1.6. Tendances des structures fiscales (1965-2018, en % du total des recettes fiscales) 27
Graphique 1.7. Composition des cotisations de sécurité sociale, en pourcentage du total des cotisations de sécurité sociale, 2018 29
Graphique 1.8. Part des recettes tirées des impôts généraux sur la consommation (gauche) et impôts spécifiques sur la consommation (droite) en % du total des recettes fiscales, 1975-2018 30
Graphique 1.9. Composition des recettes de l'administration fédérale ou centrale (gauche) et des administrations infranationales (droite), 2018 34
Graphique 1.10. Ventilation des différentes sources de financement affectées aux prestations de sécurité sociale 39
Graphique 1.11. Ratios impôts/PIB et financement de la sécurité sociale par des fonds préaffectés (% du PIB, 2018) 40
Graphique 2.1. Ratios impôts sur la consommation/PIB dans les pays de l'OCDE en 1995 et 2018 : minimums et maximums entre ces dates 44
Graphique 2.2. Décomposition des recettes issues des impôts sur la consommation exprimées en pourcentage du PIB, 2018 46
Graphique 2.3. Recettes liées aux impôts sur la consommation en pourcentage du PIB et de ses composantes, moyenne de l'OCDE, 1995-2018 47
Graphique 2.4. Taux de croissance annuels (constatés) des impôts sur la consommation en pourcentage du PIB et de ses composantes, moyenne OCDE, 1995-2018 48
Graphique 2.5. Principaux agrégats de dépenses en pourcentage du PIB (non cumulé), moyenne OCDE, 1995-2018 49
Graphique 2.6. Recettes de TVA en pourcentage du PIB et de ses composantes, moyenne de l'OCDE, 1995-2018 50
Graphique 2.7. Part des principales dépenses de consommation (base non cumulative), moyenne OCDE, 1995-2018 53

Suivez les publications de l'OCDE sur :

http://twitter.com/OECD_Pubs

http://www.facebook.com/OECDPublications

http://www.linkedin.com/groups/OECD-Publications-4645871

http://www.youtube.com/oecdilibrary

http://www.oecd.org/oecddirect/

Ce livre contient des...

StatLinks

Accédez aux fichiers Excel® à partir des livres imprimés !

En bas des tableaux ou graphiques de cet ouvrage, vous trouverez des *StatLinks*. Pour télécharger le fichier Excel® correspondant, il vous suffit de retranscrire dans votre navigateur internet le lien commençant par : *https://doi.org*, ou de cliquer sur le lien depuis la version PDF de l'ouvrage.

Résumé

En 2019, le ratio moyen des recettes fiscales rapportées au PIB dans les pays de l'OCDE s'établissait à 33.8 %, en baisse de 0.1 point de pourcentage par rapport à 2018. C'est la première fois que ce ratio recule depuis 2009, après la crise financière en 2008 (exception faite de 2017, qui était une année particulière du fait des contributions ponctuelles à la stabilité comptabilisées en Islande l'année précédente). Les données les plus récentes sur la structure des recettes fiscales dans les pays de l'OCDE montrent que les recettes de l'impôt sur les sociétés ont atteint 10 % des recettes fiscales totales en 2018 : c'est la première fois qu'elles reviennent à ce niveau depuis la crise financière, bien que cela reste inférieur au pic de 11,5 % avant la crise.

Dans la présente publication, les impôts désignent les versements obligatoires sans contrepartie aux administrations publiques ou à une autorité supranationale. Les impôts sont sans contrepartie car les prestations fournies par les administrations aux contribuables ne sont généralement pas proportionnelles à leurs paiements. Les impôts sont ventilés en fonction de l'assiette : revenu, bénéfices et gains en capital ; salaires ; patrimoine ; biens et services ; et autres impôts. Les cotisations obligatoires de sécurité sociale versées aux administrations publiques sont aussi traitées comme des impôts. Les recettes sont analysées par niveau d'administration : État fédéral ou administration centrale, administration d'un État fédéré, administrations locales et caisses de sécurité sociale. Le Guide d'interprétation à l'annexe A contient des informations détaillées sur la classification des impôts.

Niveaux d'imposition en 2019

Dans les pays de l'OCDE, le ratio des recettes fiscales rapportées au PIB s'échelonne en 2019 de 16.5 % au Mexique à 46.3 % au Danemark. Entre 2018 et 2019, le ratio moyen des recettes fiscales au PIB des pays de l'OCDE a reculé de 33.9 % à 33.8 %, sous l'effet de baisses dans 15 pays plus importantes que la hausse moyenne dans les autres pays.

- La Hongrie a enregistré le recul le plus marqué (1.7 point de pourcentage), en partie sous l'effet de la diminution des impôts sur les bénéfices des sociétés, qui fait suite à la suppression du supplément d'acompte d'impôt obligatoire et à des baisses plus modestes d'un certain nombre d'autres prélèvements. Des baisses marquées ont également été observées en Islande (1.1 point), en Belgique et en Suède (1.0 point dans les deux pays). Onze pays supplémentaires ont enregistré des baisses de moins d'un point en 2019.
- On constate une augmentation du ratio des recettes fiscales au PIB entre 2018 et 2019 dans 20 des 35 pays pour lesquels des données préliminaires pour 2019 sont disponibles. C'est au Danemark que la progression a été la plus forte (2.0 points), sous l'effet de paiements de l'impôt sur le revenu plus élevés qu'escompté en 2019. Les hausses ont dans tous les autres pays été inférieures à un point de pourcentage.

En prenant comme période de référence les dix dernières années, on s'aperçoit que 31 pays de l'OCDE affichent, en 2019, des ratios impôts/PIB supérieurs à ce qu'ils étaient en 2009, les progressions les plus marquées concernant la Grèce et la République slovaque (8.0 points et 5.8 points respectivement). Parmi les six pays restants, le ratio des recettes fiscales au PIB de 2019 demeure inférieur à celui de 2009, de plus de cinq points de pourcentage en Irlande, et de plus de trois points de pourcentage en Hongrie.

Composition des recettes fiscales en 2018

En 2018, dernière année pour laquelle on dispose de données définitives pour tous les pays, les cotisations de sécurité sociale ont représenté la part la plus large du total des recettes fiscales dans la zone OCDE, soit un peu plus d'un quart de ce montant (25.7 %) en moyenne, devant les impôts sur le revenu des personnes physiques (23.5 %), de sorte que ces deux catégories de prélèvements ont procuré près de la moitié des recettes fiscales des pays de l'OCDE. Un cinquième du total des recettes (20.4 %) provient des taxes sur la valeur ajoutée. Quant aux autres impôts sur la consommation et aux impôts sur les bénéfices des sociétés, leur contribution a été moindre (12.3 % et 10.0 %, respectivement), de même que celle des impôts sur le patrimoine (5.6 %) et des autres impôts dont provient la part résiduelle des recettes fiscales.

Depuis 2017, la part moyenne des recettes tirées des impôts sur le revenu dans le total des recettes a augmenté de 0.4 point de pourcentage. Cette évolution s'explique largement par la hausse de la part des impôts sur les bénéfices des sociétés qui ont maintenu leur récente évolution à la hausse, passée de 9.2 % des recettes fiscales totales en 2014 et 2015 à 9.4 % en 2016, 9.7 % en 2017, puis 10.0 % en 2018. Cependant, ce chiffre reste inférieur au pic enregistré pour la part de l'impôt sur les sociétés, qui s'élevait à 11,5 % des recettes totales en 2007. En revanche, la fraction des recettes fiscales imputable aux impôts sur les biens et les services s'est repliée de 0.3 point de pourcentage en 2018 : bien que les recettes de TVA soient restées inchangées à 20.4 % du total des recettes fiscales, celles des taxes d'accise ont baissé de 0.4 point.

Variations par niveau d'administration

En moyenne, la part des recettes perçues par les administrations infranationales a légèrement augmenté entre 2017 et 2018. En 2018, la part des recettes de l'administration fédérale a reculé de 53.7 % à 53.4 % du total des recettes des administrations publiques dans les pays fédéraux, et de 63.6 % à 63.5 % dans les pays unitaires. Dans les pays fédéraux, 25.1 % des recettes étaient perçues par les administrations infranationales en moyenne (dans un intervalle compris entre 4.5 % en Autriche et 49.6 % au Canada), approximativement les deux tiers des recettes en moyenne revenant aux administrations des états fédérés et un tiers aux collectivités locales. Dans les pays unitaires, la part des recettes perçues par les collectivités locales s'établissait à 11.1 % en moyenne, l'éventail allant de moins de 0.9 % en Estonie à 35.1 % en Suède.

Recettes tirées des impôts sur la consommation pendant la crise du COVID-19

Une Étude spéciale contenue dans la présente publication examine les déterminants des évolutions récentes des recettes tirées des impôts sur la consommation dans les pays de l'OCDE, en dissociant les facteurs politiques et macroéconomiques. Elle analyse la crise financière mondiale de 2008 afin de recenser les canaux de transmission des effets d'une récession économique sur les recettes issues des impôts sur la consommation, et de tirer les premiers enseignements sur la manière dont la crise du COVID-19 et les mesures prises pour y faire face influeront sur les recettes fiscales.

Elle conclut que les systèmes de TVA sont plus exposés aux chocs économiques, surtout si la crise affecte directement la consommation privée plutôt que l'investissement. Durant la crise financière en 2008, le niveau global de la consommation est resté relativement stable, cependant les recettes fiscales assises sur la consommation et les recettes de TVA en particulier ont fortement diminué suite à une inflexion des dépenses de consommation vers des biens et services de première nécessité ainsi que par une augmentation de la consommation de services du secteur public – des modifications des habitudes de consommation qui perdurent. La crise du COVID-19 devrait avoir un impact encore plus important sur les recettes issues des impôts sur la consommation que lors de la crise financière mondiale, car la crise actuelle affecte la consommation de façon directe et est beaucoup plus prononcée à la suite de fermetures, y compris la fermeture forcée d'entreprises dans certains secteurs (par exemple le tourisme et l'hôtellerie). Certaines autres variations des schémas de consommation observées dans la crise actuelle font écho à celles constatées pendant la crise de 2008, notamment une augmentation des dépenses des ménages consacrées aux produits de première nécessité et des dépenses publiques. Étant donné que ces domaines de dépenses concernés sont souvent exonérés de TVA, les recettes tirées des impôts sur la consommation devraient augmenter proportionnellement moins que les dépenses publiques. Au fil du temps, les recettes provenant des impôts sur la consommation augmenteront progressivement, en pourcentage du PIB, pour revenir à leurs niveaux d'avant la crise, à mesure que les dépenses privées se redresseront et que les pouvoirs publics agiront pour rattraper le manque à gagner.

Les impôts sur la consommation resteront un volet important de la panoplie d'instruments que les pouvoirs publics peuvent utiliser pour faciliter la reprise économique et le redressement des finances publiques après la crise du COVID-19. S'agissant de la politique d'impôts sur la consommation après la crise, les pouvoirs publics pourraient souhaiter examiner attentivement la manière dont la structure de leur régime de TVA agira sur la résilience de leur système fiscal et de leurs recettes lors de prochaines phases de ralentissement économique. Il leur faudra aussi tenir dûment compte de la complexité des systèmes de TVA, ainsi que des réactions comportementales probables et des effets redistributifs de toute modification visant à renforcer la capacité de résilience.

Introduction

Le but de cette publication annuelle est de présenter des données permettant d'effectuer des comparaisons internationales sur les niveaux d'imposition et la structure de la fiscalité dans les différents pays membres de l'OCDE. Les impôts perçus dans chaque pays sont présentés sous une forme normalisée selon le modèle de classification des impôts de l'OCDE et son guide d'interprétation qui figure à l'Annexe A de ce rapport.

Les données utilisées ont été fournies pour la plupart par les Délégués du Groupe de travail n°2 du Comité des affaires fiscales sur l'analyse des politiques et les statistiques fiscales. L'OCDE remercie de sa coopération le Fonds monétaire international dont la classification des recettes publiques — bien qu'elle soit, à certains égards, moins détaillée — est à bien des égards semblable à celle de l'OCDE[1]. Parmi les autres classifications actuellement utilisées, les plus importantes sont le Système de comptabilité nationale (appelé ci-après SCN) et le Système européen de comptes économiques intégrés des États membres de l'Union européenne (appelé ci-après SEC) qui constitue essentiellement un approfondissement du SCN bien qu'il en diffère à certains égards. Sous réserve de quelques exceptions mineures, les chiffres du SCN ou du SEC peuvent être rattachés directement à ceux de la présente étude car les critères et définitions du SCN ont été adoptées sauf mention contraire expresse.

Cette publication comprend six chapitres. Le chapitre 1 indique succinctement l'évolution de la fiscalité au cours des 50 dernières années en mettant l'accent successivement sur les niveaux d'imposition (section 1.1), sur les structures fiscales (section 1.2) et sur la répartition des impôts par niveau d'administration (section 1.3). La section 1.4 discute l'impact des différents traitements des crédits d'impôts récupérables et la section 1.5 fournit des informations sur le financement des prestations de sécurité sociale. La publication de cette année comporte également dans son chapitre 2 une étude spéciale sur «Recettes issues des impôts sur la consommation à l'ère du COVID-19 : les enseignements de la crise financière mondiale de 2008». Le chapitre 3 contient une série de tableaux statistiques comparatifs pour les années 1965-2019. Le chapitre 4 contient des tableaux statistiques comportant pour chaque pays une ventilation des recettes fiscales et des ratios impôts/PIB pour une sélection de catégories d'impôts et par niveau d'administration pour les années comprises entre 1965 et 2018 (section 4.1)[2]. Deux tableaux pour mémoire indiquent comment les pays financent leurs régimes de prestations sociales et comment ils reportent les impôts et cotisations sociales versés par les administrations (section 4.2). Le chapitre 5, qui est disponible en ligne uniquement, contient des tableaux statistiques comportant une ventilation détaillée des recettes fiscales par pays pour les années comprises entre 1965 et 2018 (section 5.1). Deux tableaux pour mémoire indiquent comment les pays financent leurs régimes de prestations sociales et comment ils reportent les impôts et cotisations sociales versés par les administrations (section 4.2). Le chapitre 6, qui est lui aussi disponible en ligne uniquement, ventile les recettes publiques entre les sous-secteurs ci-après : administration fédérale ou centrale, administration des États, administrations locales et de sécurité sociale. Il contient une série de tableaux statistiques comportant une ventilation détaillée des recettes fiscales par pays pour les années comprises entre 1975 et 2018 (section 6.1).

Notes

[1] Voir, FMI, Government Finance Statistics Manual 2014 (Washington D.C.: Fonds Monétaire International 2014).

[2] En raison du manque de place, les données indiquées concernent une sélection d'années entre 1965 et 2018. Les données portant sur les autres années sont disponibles en ligne.

1 Tendances des recettes fiscales, 1965-2019

Le chapitre 1 fournit un aperçu sur les tendances des recettes fiscales dans les pays membres de l'OCDE, dont les évolutions des ratios impôts/PIB, la composition des recettes fiscales, la répartition des recettes fiscales par sous-secteurs d'administration et les crédits d'impôts récupérables.

L'édition 2020 des *Statistiques des recettes publiques* présente des données détaillées permettant de comparer, à l'échelle internationale, les recettes fiscales perçues par tous les niveaux d'administration dans les pays de l'OCDE. La dernière édition fournit des informations définitives sur les recettes fiscales au cours de la période 1965-2018. En outre, des estimations provisoires relatives aux recettes fiscales pour l'année 2019 sont indiquées pour la plupart des pays de l'OCDE[1].

Encadré 1.1. Statistiques des recettes publiques dans les pays de l'OCDE – définitions et classifications

Dans l'édition 2020 des *Statistiques des recettes publiques*, les impôts désignent les versements obligatoires sans contrepartie aux administrations publiques ou à une autorité supranationale. Les impôts sont sans contrepartie en ce sens que les prestations fournies par les administrations ne sont pas normalement proportionnelles à leurs paiements.

Dans la classification de l'OCDE, les impôts sont ventilés en fonction de leur base :

- Revenus et bénéfices (rubrique 1000) ;
- Cotisations obligatoires de sécurité sociale versées aux administrations publiques, qui sont traitées comme des impôts (rubrique 2000) ;
- Salaire et main-d'œuvre (rubrique 3000) ;
- Patrimoine (rubrique 4000) ;
- Biens et services (rubrique 5000) ;
- Autres impôts (rubrique 6000).

On trouvera des précisions sur la notion d'impôt, la classification des impôts et l'enregistrement sur la base des droits constatés dans le Guide d'interprétation de l'OCDE qui figure à l'Annexe A du présent rapport.

Les moyennes présentées dans ce rapport ne sont pas pondérées.

Ratios impôts/PIB

Niveaux d'imposition pour 2019 (données provisoires)

Les nouvelles données de l'OCDE qui figurent dans l'édition 2020 des *Statistiques des recettes publiques* montrent qu'en moyenne les recettes fiscales exprimées en pourcentage du PIB (c'est-à-dire le ratio impôts/PIB) étaient de 33.8 % en 2019, soit une baisse de 0,1 point de pourcentage (p.p.) du PIB par rapport à 2018. Il s'agit de la première diminution observée dans la moyenne de l'OCDE depuis l'impact de la crise financière mondiale en 2009 (à l'exception de 2017, qui était un cas particulier en raison des contributions uniques à la stabilité en Islande en 2016).[2] Bien que le ratio recettes fiscales/PIB ait augmenté dans 20 des pays pour lesquels des données pour 2019 sont disponibles, l'ampleur de la diminution dans les 15 pays restants a été plus importante, ce qui a entraîné une baisse de la moyenne. Si l'on exclut la diminution la plus importante, en Hongrie, le ratio moyen des impôts au PIB de l'OCDE serait resté inchangé.

Graphique 1.1. Tendances des ratios impôts/PIB, 1965-2019p (en % du PIB)

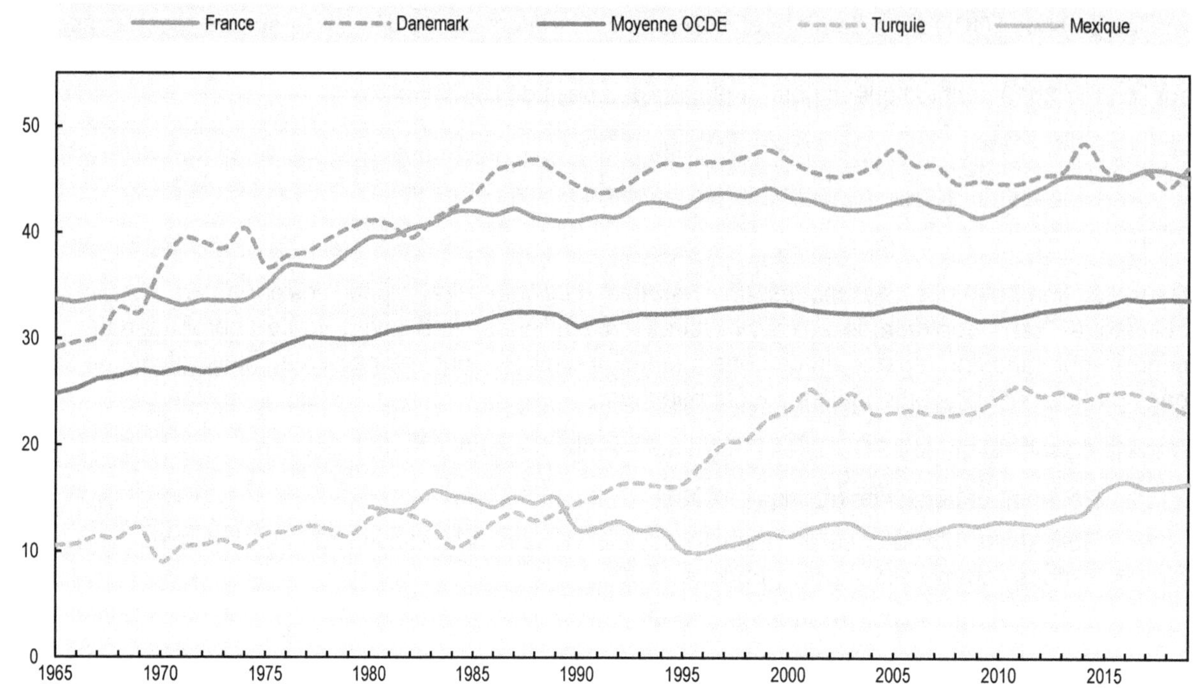

1. Les données pour 2019 sont préliminaires. La moyenne de l'OCDE en 2019 est calculée en appliquant le pourcentage moyen non pondéré de variation pour 2019 dans les 35 pays qui ont communiqué des données pour cette année au ratio moyen global impôts/PIB en 2018.
2. Le ratio impôts/PIB moyen des pays de l'OCDE en 2016 inclut les contributions ponctuelles à la stabilité ponctuelles en Islande. Sans ces recettes, la moyenne du ratio impôts/PIB aurait été de 33.5 % en 2016.
Source : Tableau 3.1.

StatLink http://dx.doi.org/10.1787/888934213124

Tableau 1.1. Résumé des principaux ratios relatifs aux recettes fiscales dans les pays de l'OCDE

	Recettes fiscales en % du PIB				Recettes fiscales en % du total des recettes fiscales en 2018						
	2019p	2018	2017	2000	1100 Impôts sur le revenu, personnes physiques	1200 Impôts sur le revenu, sociétés	2000 Cotisations de sécurité sociale (CSS)	4000 Impôts sur le patrimoine	5111 Taxes sur la valeur ajoutée	Autres impôts sur la consommation[4]	Ensemble des autres impôts[5]
Moyenne - OCDE[1]	**33.8**	**33.9**	**33.7**	**33.3**	**23.5**	**10.0**	**25.7**	**5.6**	**20.4**	**12.3**	**2.4**
Australie	..	28.7	28.5	30.5	41.1	19.1	0.0	9.5	11.7	13.8	4.8
Autriche	42.4	42.2	41.8	42.3	22.2	6.4	34.8	1.3	18.0	9.7	7.6
Belgique[2]	42.9	43.9	43.8	43.8	27.0	9.8	30.2	7.8	15.4	9.8	0.0
Canada	33.5	33.2	33.1	34.7	36.2	11.3	14.0	11.6	13.6	9.9	3.3
Chili	20.7	21.1	20.2	18.8	6.7	22.1	6.9	5.2	40.2	13.0	5.8
Colombie	19.7	19.3	19.0	15.7	6.4	25.5	9.6	8.0	29.4	13.4	7.7
République tchèque	34.9	35.0	34.4	32.3	12.2	10.4	43.8	1.3	21.6	10.7	0.0
Danemark[2]	46.3	44.4	45.8	46.9	54.4	6.5	0.1	4.1	21.5	11.4	2.0
Estonie	33.1	32.9	32.5	31.0	16.5	6.1	34.9	0.7	27.3	14.5	0.0
Finlande	42.2	42.4	42.9	45.8	28.9	6.0	27.9	3.4	21.6	12.2	0.0
France[2]	45.4	45.9	46.1	43.4	20.5	4.6	34.9	9.0	15.4	11.2	4.4
Allemagne	38.8	38.5	37.8	36.4	27.2	5.6	37.7	2.7	18.2	8.6	0.0
Grèce	38.7	38.9	38.6	33.4	16.1	5.6	29.9	7.7	21.3	18.2	1.3
Hongrie	35.8	37.5	38.3	38.6	14.6	3.6	31.6	2.6	25.8	18.9	2.8
Islande	36.1	37.2	37.6	36.0	39.7	6.5	9.5	5.5	23.6	9.7	5.5
Irlande	22.7	22.7	22.8	30.8	31.2	14.2	17.3	5.8	19.3	11.5	0.8
Israël	30.5	30.9	32.5	34.8	20.6	10.4	16.8	10.3	24.2	12.2	5.6
Italie	42.4	41.9	41.9	40.5	25.6	4.5	31.0	6.1	14.8	13.9	4.1
Japon	..	32.0	31.4	25.8	19.1	12.9	40.2	8.1	12.8	6.7	0.3
Corée	27.4	26.8	25.4	20.9	18.4	15.7	25.4	11.6	15.3	11.0	2.6
Lettonie	31.2	31.2	31.4	29.1	19.2	3.4	29.3	3.0	27.0	18.1	0.0
Lituanie[2]	30.3	30.2	29.5	30.8	13.5	5.1	42.1	1.0	25.8	12.6	0.0
Luxembourg[2]	39.2	39.7	37.6	36.9	23.5	15.9	27.1	9.7	15.4	8.3	0.1
Mexique[3]	16.5	16.2	16.1	11.5	21.2	21.3	13.4	2.0	24.3	12.1	5.7
Pays-Bas	39.3	38.8	38.7	36.9	20.5	9.0	36.0	4.0	17.6	12.6	0.3
Nouvelle-Zélande	32.3	32.9	31.6	32.5	37.5	15.6	0.0	5.8	29.6	8.3	3.2
Norvège	39.9	39.6	38.8	41.7	25.3	16.4	25.5	3.1	21.3	8.2	0.1
Pologne	35.4	35.2	34.1	32.9	15.1	5.9	37.2	3.7	23.1	14.1	0.8
Portugal	34.8	34.8	34.1	31.1	18.7	9.6	26.9	4.0	25.1	14.7	1.0
République slovaque	34.7	34.3	34.2	33.6	10.5	9.6	43.0	1.2	20.5	14.5	0.7
Slovénie	37.7	37.4	37.1	37.7	14.3	5.2	41.4	1.6	22.0	15.4	0.1
Espagne	34.6	34.6	33.9	33.1	22.2	7.1	33.9	7.3	19.0	10.5	0.0
Suède	42.9	43.9	44.3	48.8	29.4	6.5	21.8	2.2	21.0	7.1	12.0
Suisse[2]	28.5	28.0	28.4	27.6	30.7	11.4	23.6	7.3	11.7	9.1	6.1
Turquie	23.1	24.0	24.7	23.5	15.4	8.7	29.9	4.3	19.8	20.7	1.1
Royaume-Uni	33.0	32.9	32.8	32.8	27.3	8.0	19.1	12.5	21.1	11.5	0.4
États-Unis	24.5	24.4	26.7	28.3	41.1	4.1	24.9	12.3	0.0	17.6	0.0

1. Moyenne 2019 provisoire calculée en appliquant le pourcentage moyen non pondéré de variation pour 2019 dans les 35 pays qui ont communiqué des données pour cette année au ratio moyen global impôts/PIB en 2018.

2. Le total des recettes fiscales a été diminué du montant de tout transfert en capital représentant les impôts non perçus.

3. Données provisoires pour l'année 2019 : estimation du Secrétariat, incluant les recettes escomptées collectées par les administrations d'État et locales.

4. Calculé comme la différence entre 5000 Impôts sur les biens et services et 5111 Taxes sur la valeur ajoutée.

5. Inclut 1300 Non-ventilables entre l'impôt sur le revenu des personnes physiques et des sociétés, 3000 Impôts sur les salaires ou main d'œuvre et 6000 Autres impôts.

StatLink http://dx.doi.org/10.1787/888934213333

En 2019, les ratios impôts/PIB variaient beaucoup (Tableau 1.1) d'un pays à l'autre mais aussi par rapport à 2018. Les principales observations sont les suivantes :

- En 2019, le Danemark enregistrait le ratio le plus élevé (46.3 %) et à l'exception des années 2017 et 2018, où la France était plus élevée, a le ratio le plus élevé des pays de l'OCDE depuis 2002. La France avait le deuxième ratio le plus élevé en 2019 (45.4 %). Le Mexique enregistrait le ratio impôts/PIB le plus faible (16.5 %).
- Sur les 35 pays pour lesquels on dispose de données se rapportant à 2019, le ratio des recettes fiscales rapportées au PIB a, depuis 2018, augmenté dans 20 pays et diminué dans 15.
- Entre 2018 et 2019, la hausse la plus prononcée du ratio a été constatée au Danemark (+2.0 point). Cela est dû à une augmentation des impôts sur le revenu (2,4 points de pourcentage, compensée par une baisse des recettes des taxes à la consommation autres que la TVA) Aucun autre pays n'a enregistré de hausse supérieure à 1 point (Graphique 1.2).
- La baisse la plus importante du ratio impôts/PIB entre 2018 et 2019 a été constatée en Hongrie, avec 1.7 point. La diminution en Hongrie est due à une réduction des recettes de l'impôt sur les sociétés (0,6 point de pourcentage du PIB) à la suite de la suppression du supplément obligatoire de l'avance sur l'impôt des sociétés, ainsi qu'à des diminutions moins importantes d'un certain nombre d'autres taxes, qui ont augmenté en termes nominaux à un degré moindre que le taux du PIB nominal. Cela a entraîné une diminution dans toutes les catégories en pourcentage du PIB.
- Des baisses supérieures à 1 point ont également été observées en Islande (1.1 point), en Belgique et en Suède (1.0 point dans chaque pays). En Belgique, la diminution de l'impôt sur les sociétés est due à l'augmentation des paiements anticipés en 2017 et 2018 suite à une augmentation du taux de base de la surtaxe fiscale en cas d'insuffisance des paiements anticipés. Cela a temporairement gonflé les recettes de l'impôt sur les sociétés en 2017 et 2018, entraînant une diminution en 2019.

Sur une période plus longue, le ratio moyen impôts/PIB des pays de l'OCDE a été plus élevé en 2019 qu'en 2009, année où il s'établissait à 31.8 % du PIB en moyenne. Le ratio impôts/PIB a été plus élevé en 2019 qu'en 2008 dans 31 pays. C'est en Grèce que la hausse a été la plus importante (8.0 points). Des augmentations supérieures à 5 points ont aussi été enregistrées au Japon (2018) et en République slovaque. Depuis 2009, des baisses ont été observées dans les 6 pays restants. La baisse la plus marquée s'est produite en Irlande, où le ratio est passé de 28.0 % du PIB en 2009 à 22.7 % du PIB en 2019, en grande partie sous l'effet de l'augmentation exceptionnelle du PIB en 2015. Une baisse importantes ont aussi été enregistrées en Hongrie (3.1 points) (Graphique 1.2).

Graphique 1.2. Variations des ratios impôts/PIB, p.p., 2018-19p et 2008-19p

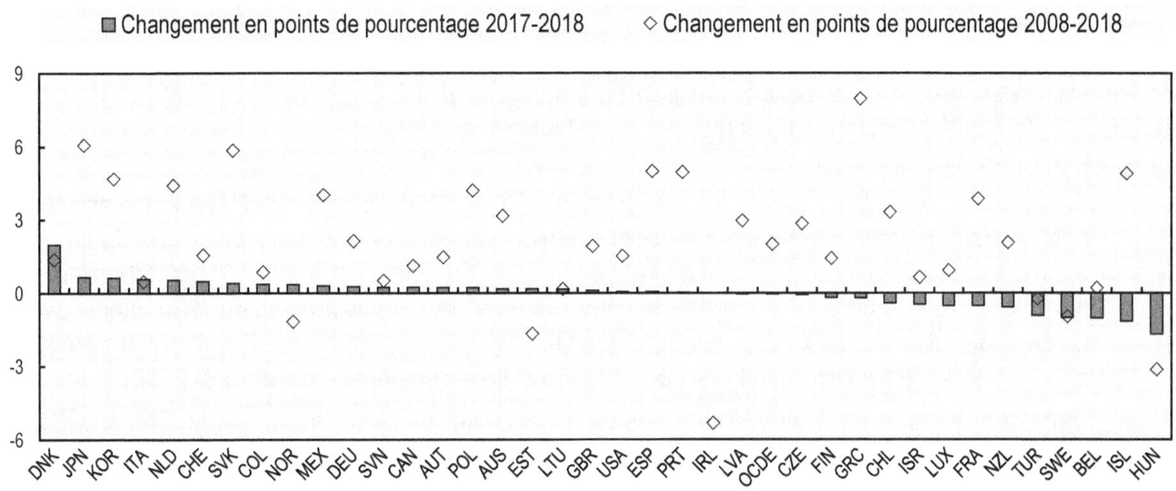

1. Les données provisoires pour 2019 n'étaient pas disponibles dans le cas de l'Australie et du Japon. Pour ces pays, la comparaison porte sur les données relatives aux années 2017 à 2018 et 2009 à 2018.
Source : Calculs du Secrétariat basés sur le Tableau 3.1.

StatLink http://dx.doi.org/10.1787/888934213143

Les évolutions du ratio des recettes fiscales rapportées au PIB s'expliquent par les variations relatives des recettes fiscales nominales et du PIB nominal. Si les recettes fiscales augmentent plus (ou baissent moins) que le PIB d'une année sur l'autre, le ratio impôts/PIB augmentera. Si, à l'inverse, les recettes fiscales augmentent moins que le PIB, ou baissent plus que le PIB, le ratio diminuera. Aussi, le ratio impôts/PIB ne signifie pas forcément que le montant total des recettes fiscales a augmenté en valeur nominale, voire même en valeur réelle.

En 2019, 20 pays de l'OCDE ont vu leur ratio impôts/PIB augmenter par rapport à 2018. Dans tous ces pays, la croissance du PIB a été positive, mais moins forte que celle des recettes fiscales. Sur les 15 pays de l'OCDE qui ont enregistré un recul de leur ratio impôts/PIB en 2019, 13 affichaient des niveaux plus élevés de recettes fiscales en valeur nominale par rapport à l'année précédente, mais la hausse des recettes fiscales nominales était inférieure à la croissance du PIB nominal. Un pays (la Nouvelle-Zélande) enregistraient à la fois un taux de croissance positif du PIB nominal et un taux de croissance négatif des recettes fiscales ; aucun pays n'associait une baisse de ses recettes fiscales nominales et de son PIB (Graphique 1.3). En outre, le Graphique 1.3 illustre les variations intervenues entre 2017 et 2018 en Australie et au Japon, où le ratio impôts/PIB n'est pas disponible pour 2019. Dans ces deux pays, les recettes fiscales nominales ont progressé à un rythme plus soutenu que le PIB, entraînant une augmentation du ratio impôts/PIB.

Encadré 1.2. Méthodologie : le ratio impôts/PIB

Les ratios impôts/PIB indiqués dans ce rapport expriment les recettes fiscales globales en pourcentage du PIB. La valeur de ce ratio dépend de son dénominateur (PIB) et de son numérateur (recettes fiscales), le dénominateur étant sujet à des révisions historiques.

Le numérateur (recettes fiscales)

- En ce qui concerne le numérateur, le Secrétariat de l'OCDE utilise pour ce Rapport les données relatives aux recettes fiscales qui lui sont fournies annuellement par les correspondants des ministères des Finances, des administrations fiscales nationales ou des services nationaux de statistiques. Bien que pour la plupart des pays, des chiffres provisoires soient disponibles avec un décalage d'environ six mois, les données finalisées le sont dans un délai d'environ dix-huit mois. Ainsi, les données définitives pour 2018 ont été reçues entre mai et août 2020.
- Dans trente-quatre pays de l'OCDE, l'année fiscale coïncide avec l'année civile. Elle en diffère dans trois pays : Australie, Japon et Nouvelle-Zélande. Les déclarations pour l'année 2018 couvrent respectivement la période T2/2018-T1/2019 (Japon) et la période T3/2018-T2/2019 (Australie, Nouvelle-Zélande) (T = trimestre).

Le dénominateur (PIB)

- En ce qui concerne le dénominateur, ce Rapport utilise les chiffres du PIB les plus récents dont on disposait en septembre 2020. À cette date, les chiffres du PIB pour 2018 et 2019 étaient disponibles pour tous les pays de l'OCDE.
- L'utilisation de ces PIB harmonisés assure un maximum de cohérence et de comparabilité internationale aux ratios impôts/PIB.
- Les chiffres du PIB proviennent des Comptes nationaux annuels des pays membres de l'OCDE (CNA-SCN) pour les pays où l'année fiscale coïncide avec l'année civile.
- Lorsque l'année fiscale diffère de l'année civile, les estimations annuelles du PIB sont obtenues par l'agrégation des données fournies par la Direction des statistiques de l'OCDE pour les trimestres correspondants aux années fiscales de chacun des pays.

La moyenne indiquée dans cette publication est une moyenne non pondérée pour tous les pays dans lesquels des données sont disponibles. La moyenne provisoire de 2019 est calculée en appliquant le pourcentage de variation moyen non pondéré pour 2019 dans les 35 pays fournissant des données pour cette année-là au ratio moyen global des impôts par rapport au PIB en 2018. La série historique de la moyenne de l'OCDE présentée dans cette publication est inférieure à celle des éditions précédentes en raison de l'inclusion de la Colombie dans la moyenne de l'OCDE pour la première fois dans cette édition, après que la Colombie est devenue membre de l'OCDE en avril 2020.

Graphique 1.3. Variations relatives des recettes fiscales nominales et du PIB nominal, en %, 2018-19p

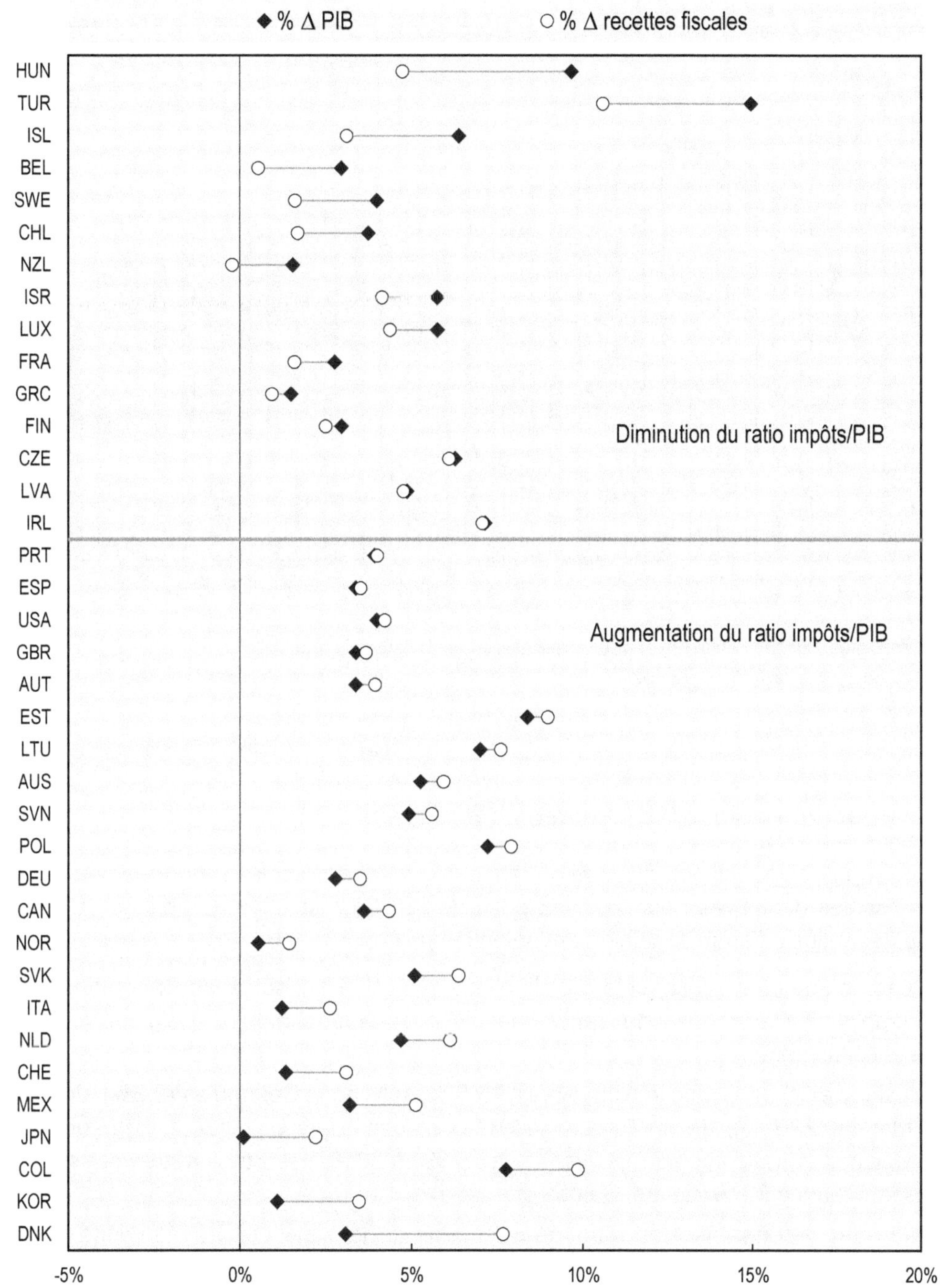

1. Les données concernant l'Australie et le Japon illustrent l'évolution intervenue entre 2017 et 2018, car les données préliminaires pour 2019 ne sont pas disponibles dans le cas de ces deux pays. Les données de 2019 concernant le Mexique incluent une estimation du Secrétariat, notamment les recettes escomptées collectées par les administrations des États et les collectivités locales.

Source : Calculs du Secrétariat basés sur le chapitre 4 (recettes fiscales) et sur le Tableau 3.19 (PIB)

StatLink http://dx.doi.org/10.1787/888934213162

Graphique 1.4. Ratios impôts/PIB en 2018 et 2019p (en % du PIB)

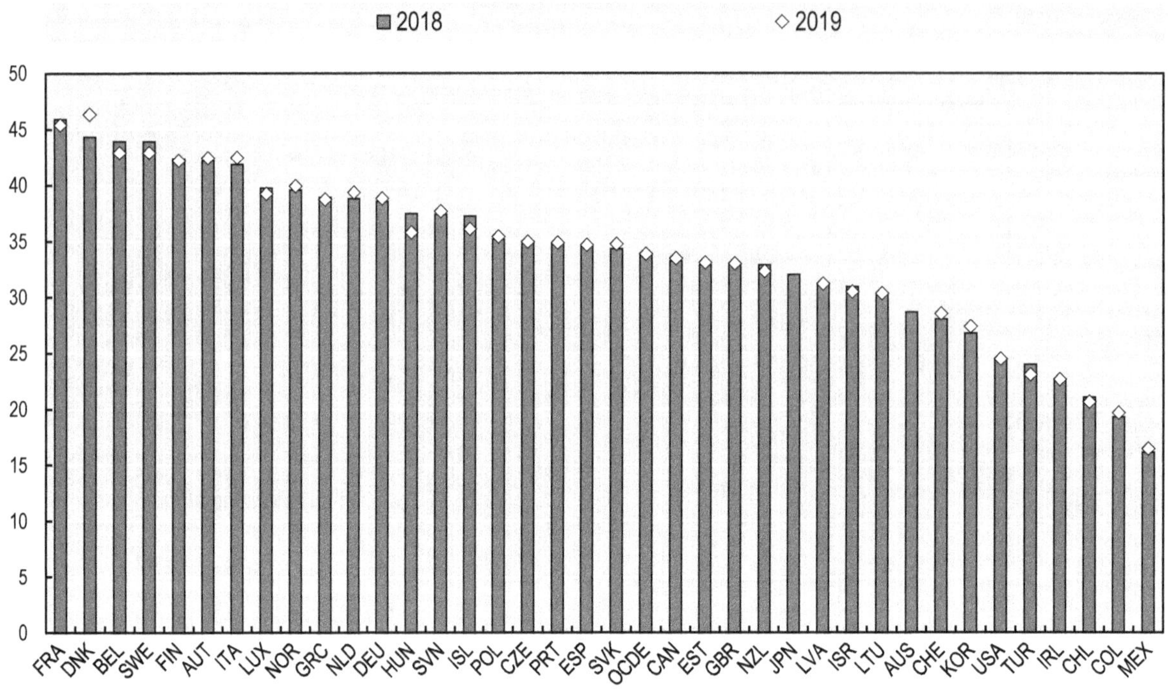

1. Les données provisoires pour 2019 n'étaient pas disponibles dans le cas de l'Australie et du Japon.
Source : Calculs du Secrétariat basés sur le Tableau 3.1.

StatLink http://dx.doi.org/10.1787/888934213181

Niveaux d'imposition pour 2018 (données définitives)

La dernière année pour laquelle on dispose de ratios des recettes fiscales rapportées au PIB fondés sur des recettes fiscales définitives pour tous les pays de l'OCDE est 2018 (Graphique 1.4). Les chiffres montrent que ces ratios diffèrent sensiblement selon les pays :

- En 2018, la France enregistrait le ratio le plus élevé (45.9 %), suivie du Danemark (44.4 %). Cinq autres pays affichaient aussi des ratios impôts/PIB supérieurs à 40 % (Belgique, Suède, Finlande, Italie et Autriche).
- Le Mexique affichait le ratio le plus faible à 16.5 %, suivi de la Colombie (19.3%), du Chili (21.1 %), de l'Irlande (22.7 %), de la Turquie (24.0 %) et des États-Unis (24.4 %). Aucun autre pays n'enregistrait un ratio impôts/PIB inférieur à 25 % en 2018, mais trois autres pays affichaient des ratios inférieurs à 30 % (Corée, Suisse et Australie).
- Le ratio des recettes fiscales rapportées au PIB de la zone OCDE (moyenne non pondérée) atteignait 33.9 % en 2018. En 2017, il s'élevait à 33.7 %.
- Par rapport à 2017, la charge fiscale globale a augmenté dans 24 pays membres de l'OCDE et a diminué dans 13.
- Les augmentations les plus importantes du ratio ont été constatées au Luxembourg (2.1 points), en Corée (1.4 point), en Nouvelle-Zélande (1.3 point) et en Pologne (1.0 point).
- Les baisses les plus importantes ont été enregistrées aux États-Unis (2.3 points), en Israël (1.6 point) et au Danemark (1.5 point).

Entre 2017 et 2018, les principaux changements affectant le ratio des recettes fiscales rapportées au PIB s'expliquent en grande partie par des augmentations de recettes générées par les impôts sur les revenus (l'impôt sur le revenu des personnes physiques et l'impôt sur les bénéfices des sociétés), les cotisations sociales et la TVA, compensée par une baisse des recettes des taxes foncières.

Tableau 1.2. Structure fiscale dans la zone OCDE, années retenues (moyenne non-pondérée en % du PIB)

Pour cent

	1965	1990	2000	2007	2010	2015	2016	2017	2018
Recettes fiscales totales	24.8	31.1	33.3	33.2	31.9	33.3	34.0	33.7	33.9
1000 Impôts sur le revenu, les bénéfices et les gains en capital	8.7	11.8	11.7	11.9	10.4	11.1	11.1	11.4	11.5
dont :									
1100 Impôts sur le revenu, les bénéfices et les gains en capital des personnes physiques	6.8	9.3	8.5	8.0	7.4	8.1	8.0	8.1	8.1
1200 Impôts sur le revenu, les bénéfices et les gains en capital des sociétés	2.1	2.4	3.2	3.6	2.7	2.8	2.9	3.0	3.1
2000 Cotisations de sécurité sociale (CSS)	4.5	7.1	8.4	8.3	8.7	8.8	9.0	8.9	9.0
3000 Impôts sur les salaires et la main-d'oeuvre	0.3	0.3	0.4	0.3	0.3	0.4	0.4	0.4	0.4
4000 Impôts sur le patrimoine	1.9	1.7	1.7	1.8	1.7	1.9	2.3	1.9	1.9
5000 Impôts sur les biens et services	9.4	9.9	10.8	10.7	10.6	10.9	11.0	11.0	10.9
dont :									
5111 Taxes sur la valeur ajoutée	0.4	5.1	6.3	6.5	6.4	6.7	6.7	6.8	6.8
5121 Accises	3.5	2.6	2.8	2.6	2.6	2.5	2.6	2.5	2.4
6000 Autres impôts	0.1	0.3	0.2	0.2	0.2	0.2	0.2	0.1	0.1

Note : Part des principales catégories d'impôts dans le PIB (en pourcentage). Les données sont incluses depuis 1965 pour l'Australie, l'Autriche, la Belgique, le Canada, le Danemark, la Finlande, la France, l'Allemagne, la Grèce, l'Islande, l'Irlande, l'Italie, le Japon, le Luxembourg, les Pays-Bas, la Nouvelle- Zélande, la Norvège, le Portugal, l'Espagne, la Suède, la Suisse, la Turquie, le Royaume-Uni et les États-Unis. Les données sont incluses depuis 1972 pour la Corée, depuis 1980 pour le Mexique, depuis 1990 pour le Chili et la Colombie, depuis 1991 pour la Hongrie et la Pologne, depuis 1993 pour la République tchèque, depuis 1995 pour l'Estonie, Israël, la Lettonie, la Lituanie, la République slovaque et la Slovénie. La moyenne de l'OCDE en 2016 inclut les recettes ponctuelles des contributions à la stabilité en Islande.
Source : OCDE (2019), « Recettes fiscales : Tableaux comparatifs », Statistiques fiscales de l'OCDE (base de données).

StatLink http://dx.doi.org/10.1787/888934213352

Variations de la charge fiscale entre 1965 et 2018

Le coefficient moyen dans la zone OCDE a augmenté de 24.8 % à 33.9 % (soit une hausse de 9.0 points, la différence étant due à l'arrondis) entre 1965 et 2018 (Graphique 1.1).

Avant le premier choc pétrolier (1973-74), une croissance des revenus forte et presque ininterrompue a permis aux niveaux d'imposition d'augmenter dans tous les pays de l'OCDE. Les niveaux d'imposition ont augmenté automatiquement sous l'effet de la progressivité des barèmes de l'impôt sur le revenu des personnes physiques. Entre 1975 et 1985, la charge fiscale dans la zone OCDE a augmenté de 2.9 points. Après le milieu des années 70, le ralentissement de la croissance des revenus réels, combiné à l'augmentation du chômage, ont limité la capacité des pouvoirs publics à prélever des recettes. Cependant, à partir de la profonde récession qui a suivi le second choc pétrolier (1980), les pays européens ont été amenés à augmenter leurs impôts pour financer la hausse des dépenses de sécurité sociale et s'efforcer de maîtriser les déficits budgétaires.

Après le milieu des années 80, la plupart des pays de l'OCDE ont sensiblement réduit les taux de leurs impôts sur le revenu des personnes physiques et sur les bénéfices des sociétés, mais l'incidence sur les recettes publiques des vastes réformes fiscales qui ont été engagées est restée limitée dans la mesure où, en même temps, la base de ces impôts était élargie par une réduction ou une suppression des déductions fiscales. En 1999, le taux moyen d'imposition dans la zone OCDE avait atteint 33.8 %, soit le niveau le plus élevé enregistré à cette époque. Il s'est ensuite légèrement replié entre 2001 et 2004, avant de repartir à la hausse entre 2005 et 2007, puis de retomber sous l'effet de la crise. En résumé, la charge fiscale moyenne dans la zone OCDE a augmenté de 1.3 point entre 1995 et 2018 (Graphique 1.1).

La moyenne de l'OCDE masque de grandes variations des ratios nationaux. En 1965, les ratios des pays de l'OCDE étaient compris entre 10.6 % en Turquie et 33.7 % en France. En 2018, ces niveaux oscillaient entre 16.2 % au Mexique et 45.9 % en France. La tendance continue à l'augmentation des niveaux d'imposition reflète le besoin de financer l'augmentation considérable des dépenses du secteur public dans presque tous les pays de l'OCDE.

Structures fiscales

Les structures fiscales sont mesurées par la part des principaux impôts dans les recettes fiscales totales. En 2018, les structures fiscales des pays de l'OCDE affichaient des différences. Seize pays ont tiré l'essentiel de leurs recettes des impôts sur le revenu et sur les bénéfices, douze pays des cotisations de sécurité sociale, et neuf pays des impôts sur la consommation (TVA comprise). En 2018, les impôts sur le patrimoine et les impôts sur les salaires jouaient un faible rôle dans la structure des recettes des pays de l'OCDE, tant en moyenne que dans la plupart des pays (Graphique 1.5).

Graphique 1.5. Structures fiscales en 2018 (en % du total des recettes fiscales)

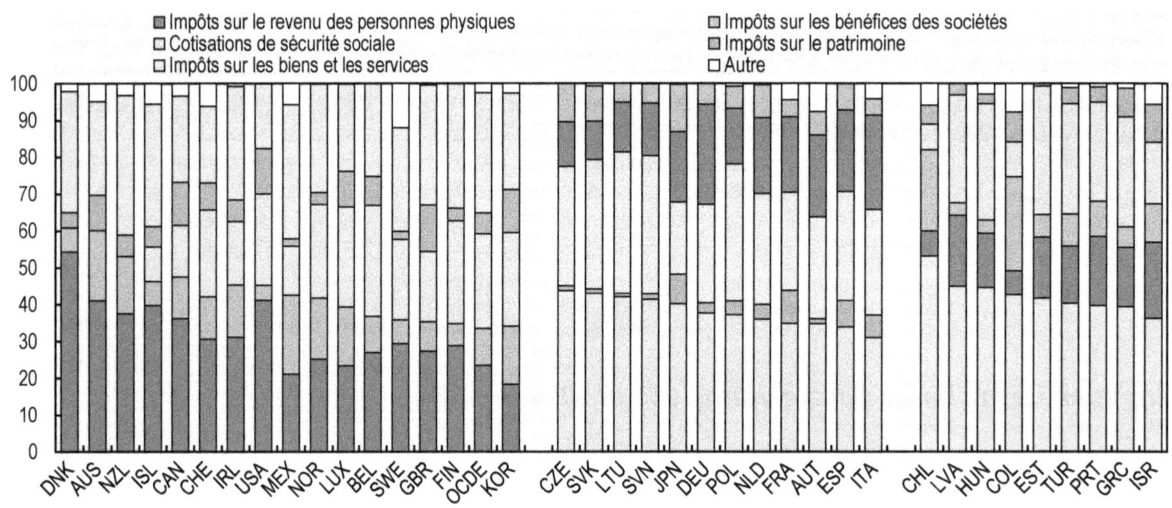

1. Les pays sont groupés et classés en fonction de ceux dans lesquels les recettes de l'impôt sur le revenu (revenu des personnes physiques et bénéfices des sociétés) génèrent la fraction la plus élevée du total des recettes fiscales, suivis de ceux dans lesquels les cotisations de sécurité sociale ou les impôts sur les biens et services représentent la part la plus élevée.
Source : Calculs du Secrétariat basés sur les données figurant au chapitre 4.

StatLink http://dx.doi.org/10.1787/888934213200

Si, en moyenne, les niveaux d'imposition ont généralement augmenté, la structure fiscale ou le « dosage » des impôts a fait preuve d'une stabilité remarquable dans le temps. Néanmoins, plusieurs tendances se manifestent jusqu'en 2018 (dernière année pour laquelle on dispose de données concernant les 37 pays de l'OCDE). Ces deux approches sont examinées plus en détail ci-dessous.

Impôts sur le revenu et les bénéfices

En moyenne, en 2018, les pays de l'OCDE collectaient 34.3 % de leurs recettes fiscales *via* les impôts sur le revenu et les bénéfices (somme des impôts sur le revenu des personnes physiques et sur les bénéfices des sociétés). Ces impôts restent la principale source de recettes utilisées pour financer les dépenses publiques dans 16 des pays de l'OCDE, tandis que dans onze d'entre eux – Australie, Canada, Danemark, États-Unis, Irlande, Islande, Luxembourg, Mexique, Norvège, Nouvelle-Zélande et Suisse – leur part dans le total des impôts en 2018 excède 40 %.

Graphique 1.6. Tendances des structures fiscales (1965-2018, en % du total des recettes fiscales)

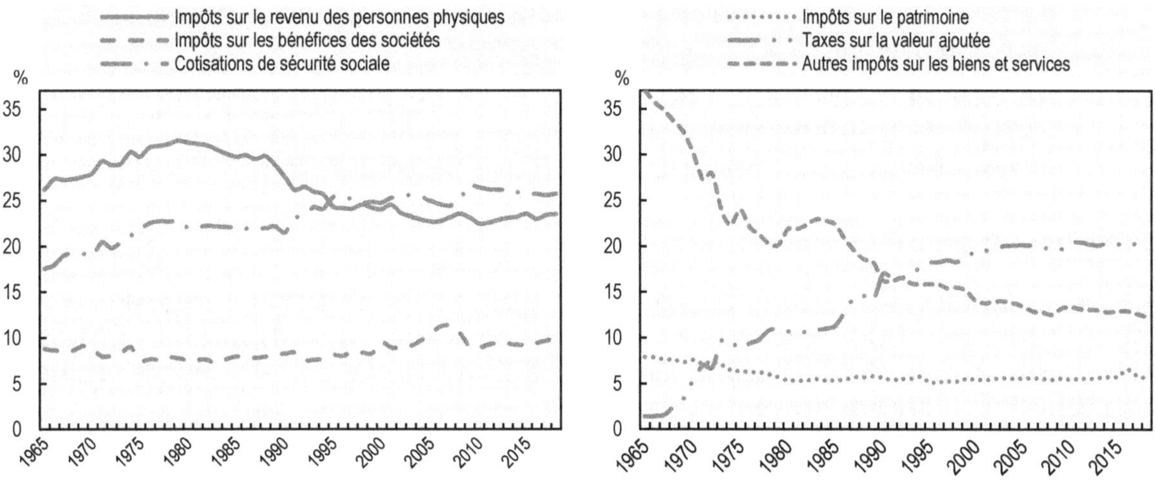

1. Les recettes publiques moyennes de l'OCDE en 2016 pour les catégories principales incluent les recettes ponctuelles des contributions à la stabilité en Islande. Ce facteur concerne principalement les recettes moyennes provenant de l'impôt sur le patrimoine, exprimées en pourcentage du total des recettes fiscales au cours de cette année uniquement.
Source : Calculs du Secrétariat basés sur les Tableaux 3.8 à 3.14.

StatLink http://dx.doi.org/10.1787/888934213219

Au sein de la catégorie des impôts sur le revenu et les bénéfices, la part de l'IRPP et de l'IS varie :

- En 2018, les recettes issues de l'impôt sur le revenu des personnes physiques représentent en moyenne 23.5 % du total des recettes, contre 30 % environ au cours des années 1980. Dans cette baisse, deux points environ peuvent être attribués à l'inclusion dans la zone OCDE de pays d'Europe de l'Est pour lesquels les données relatives aux recettes fiscales ne sont disponibles qu'à partir des années 90. Dans ces pays, les recettes générées par l'impôt sur le revenu sont relativement faibles, alors que celles liées aux cotisations de sécurité sociale sont plus élevées, mais l'effet de l'inclusion de ces pays concerne seulement les données postérieures à l'année 1990.
- Les différences observées entre les pays sont considérables pour ce qui est de l'importance de l'impôt sur le revenu des personnes physiques. En 2018, la part de cet impôt allait d'un minimum de 6.4 % en Colombie à 41.1 % en Australie et aux États-Unis et 54.4 % au Danemark (Graphique 1.5).
- Les recettes provenant de l'impôt sur les bénéfices des sociétés représentaient entre 7 % et 9 % du total des recettes fiscales en moyenne au cours de la période 1965 à 2003. Elles ont ensuite augmenté pour atteindre un maximum de 11.3 % en 2018, avant de retomber à 8.9 % en 2010, tout de suite après la crise financière. Elles sont restées relativement stables, oscillant entre 9.0 %

et 10.0 % du total des recettes fiscales jusqu'en 2018 où elles représentaient en moyenne 10.0 % des recettes fiscales totales.

- La part des impôts sur les bénéfices des sociétés dans les recettes fiscales totales affiche une dispersion considérable, de moins de 5 % environ (France, Hongrie, Italie, Lettonie et États-Unis) et s'étendait à plus de 20% au Mexique, au Chili et en Colombie en 2018. Hormis la dispersion des taux légaux d'imposition des sociétés, ces différences sont au moins partiellement imputables à des facteurs institutionnels ou spécifiques aux pays, tels que :
    - La proportion des entreprises constituées sous forme de sociétés,
    - L'érosion de la base d'imposition des sociétés consécutive, par exemple, à des méthodes généreuses de calcul de l'amortissement et à des incitations fiscales,
    - Le caractère cyclique du système de l'impôt sur les sociétés, conditionné en partie par les dispositions relatives à la compensation des pertes,
    - Le degré de dépendance à l'égard des recettes fiscales tirées de l'exploitation de gisements pétroliers et/ou de minerais, et
    - D'autres instruments permettant de différer l'imposition des bénéfices.

Cotisations de sécurité sociale

En 2018, les cotisations de sécurité sociale représentaient 25.7 % du total des recettes fiscales en moyenne dans la zone OCDE. Elles étaient les plus élevées en République slovaque et en République tchèque (respectivement 43.8 % et 43.0 %). En revanche, l'Australie et la Nouvelle-Zélande ne collectent pas de cotisations de sécurité sociale.

On observe par ailleurs de grandes différences entre les pays de l'OCDE pour ce qui est des parts relatives des cotisations de sécurité sociale versées par les salariés et par les employeurs (Graphique 1.7) :

- Neuf pays (Chili, Danemark, Grèce, Israël, Japon, Luxembourg, Pays-Bas, Pologne et Slovénie) mobilisent davantage de recettes grâce aux cotisations salariales de sécurité sociale, tandis que les autres pays en collectent davantage grâce aux cotisations patronales.
- C'est en Slovénie que la part des recettes provenant des cotisations salariales de sécurité sociale est la plus élevée, puisqu'elle atteint 20.4 % du total des recettes. L'Allemagne, la Grèce, la Hongrie, le Japon et la Pologne enregistrent également des recettes issues des cotisations salariales supérieures à 15 % du total des recettes fiscales. C'est au Danemark que cette part est la plus faible, à 0.1 % du total des recettes. Outre le Danemark, l'Estonie est le seul autre pays où les cotisations salariales de sécurité sociale généraient moins de 5 % du total des recettes.
- L'Estonie est le pays où la part des recettes fiscales totales générées par les cotisations patronales de sécurité sociale est la plus élevée (33.2 %). Cette part dépasse également 25 % des recettes totales en Lituanie (28.5 %), en République tchèque (28.1 %) et en République slovaque (25.6 %). Le Danemark et le Chili enregistrent les parts les plus faibles, respectivement à 0.03 % et 0.2 % du total des recettes.
- C'est aux Pays-Bas et en Pologne que la part des cotisations de sécurité sociale acquittée par les travailleurs indépendants et les chômeurs dans le total des recettes fiscales est la plus élevée, à respectivement 8.5 % et 7.1 %.

Graphique 1.7. Composition des cotisations de sécurité sociale, en pourcentage du total des cotisations de sécurité sociale, 2018

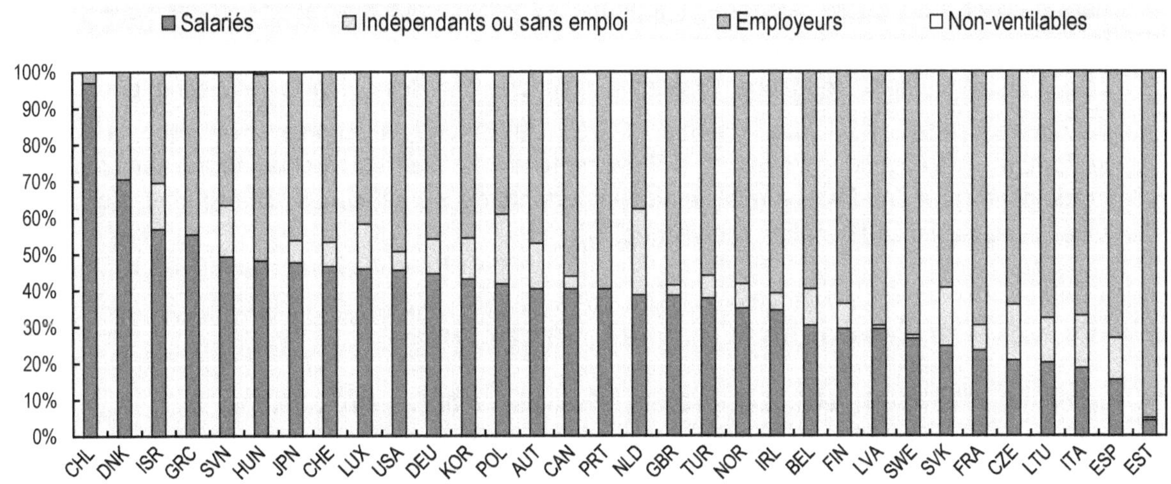

1. L'Australie, la Colombie, l'Islande, le Mexique et la Nouvelle-Zélande ne sont pas inclus dans le graphique 1.7. Bien que la Colombie, l'Islande et le Mexique collectent des cotisations de sécurité sociale, les données désagrégées ne sont pas disponibles. L'Australie et la Nouvelle-Zélande ne prélèvent pas de cotisations de sécurité sociale.
Source : Calculs du Secrétariat basés sur les données figurant au chapitre 4.

StatLink http://dx.doi.org/10.1787/888934213238

Impôts sur le patrimoine

Entre 1965 et 2018, la part des impôts sur le patrimoine a été ramenée de 7.9 % à 5.6 % du total des recettes fiscales en moyenne dans les pays de l'OCDE (Graphique 1.6). Les recettes provenant des impôts sur le patrimoine représentaient aussi plus de 10 % des recettes totales en Australie, au Canada, en Israël, en Corée, au Royaume Uni et aux États-Unis. À l'inverse, les impôts sur le patrimoine représentaient 0.7 % du total des recettes en Estonie, et moins de 2 % en Autriche en Lituanie, en République slovaque et en République tchèque.

Impôts sur la consommation

- La part des impôts sur la consommation (impôts généraux sur la consommation plus impôts spécifiques sur la consommation) a diminué de 38.4 % à 32.7 % entre 1965 et 2018 (Graphique 1.6).
- Pendant cette période, la composition des taxes sur les biens et services s'est profondément modifiée. Les impôts généraux sur la consommation ont vu leur importance en tant que source de recettes s'affirmer rapidement, notamment pour la taxe sur la valeur ajoutée (TVA) qui est prélevée dans 36 des 37 pays de l'OCDE[3].
- Les impôts généraux sur la consommation représentent 21.2 % des recettes fiscales totales, contre seulement 11.5 % au milieu des années 1960. En 2018, elles provenaient principalement de la TVA (20.4 % du total des recettes fiscales) (Graphique 1.6)
- La montée en puissance de la taxe sur la valeur ajoutée a contribué à compenser la diminution de la part des impôts spécifiques sur la consommation, tels que les droits d'accise et les droits de douane.

- Entre 1975 et 2018, la part des impôts spécifiques sur la consommation (surtout sur le tabac, les boissons alcoolisées et le carburant, ainsi que certaines taxes environnementales) a été réduite de près de moitié, passant de 17.7 % à 9.6 % du total des recettes. En 2018, les droits d'accise constituaient la principale catégorie et généraient 7.2 % du total des recettes (Graphique 1.8).
- Les taux des impôts sur les produits importés ont fortement baissé dans tous les pays de l'OCDE, ce qui s'explique par la tendance générale à la suppression des obstacles aux échanges.
- Néanmoins, des pays tels que l'Estonie, la Grèce, la Hongrie, la Lettonie, le Mexique, la Pologne, le Portugal, le République slovaque, la Slovénie (entre 12 % et 13 %) et la Turquie (environ 19 %) collectent encore une fraction relativement importante de leurs recettes fiscales totales grâce aux taxes sur des biens et services spécifiques.

Répartition des impôts par niveaux d'administration

Cette section examine la part relative des recettes fiscales attribuées aux différents sous-secteurs des administrations publiques en 2018. Les sous-secteurs sont les suivants :

- Administration centrale
- Collectivités régionales ou provinciales (pays fédéraux ou régionaux uniquement)
- Collectivités locales
- Caisses de sécurité sociale
- Autorité supranationale (pays de l'UE uniquement)

Les directives suivies pour attribuer ces parts des recettes aux différents niveaux d'administration s'appuient sur la version finale du Système des comptes nationaux de 2008. Ces directives sont examinées dans l'Étude spéciale S.1 de l'édition 2011 des *Statistiques des recettes publiques* de l'OCDE.

Graphique 1.8. Part des recettes tirées des impôts généraux sur la consommation (gauche) et impôts spécifiques sur la consommation (droite) en % du total des recettes fiscales, 1975-2018

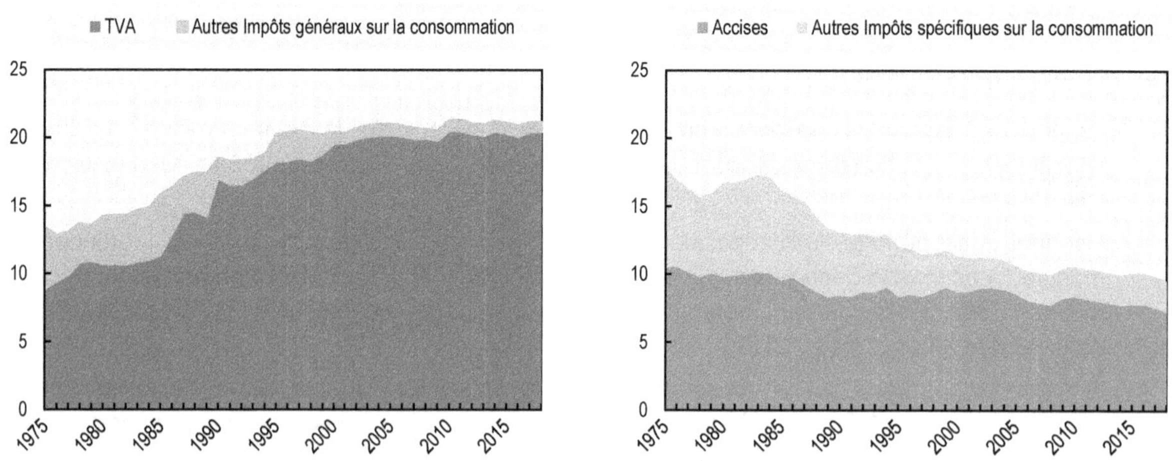

1. La moyenne non pondérée pour chaque année comprend tous les pays qui communiquent des chiffres sur les recettes dans les catégories indiquées cette même année. Les moyennes de l'OCDE pour 2016 incluent les recettes ponctuelles des contributions à la stabilité en Islande.
Source : Calculs du Secrétariat basés sur le chapitre 4.

StatLink http://dx.doi.org/10.1787/888934213257

Recettes des administrations infranationales

Huit pays de l'OCDE ont une structure fédérale. Dans ces pays, en 2018, les administrations centrales ont perçu 53.8 % des recettes totales en moyenne. Viennent ensuite les caisses de sécurité sociale, qui constituent un sous-secteur de l'administration centrale et qui ont reçu 21.2 % des recettes totales, suivies des collectivités régionales ou provinciales (17.5 %) et des collectivités locales (7.7 %) (Tableau 1.3). Toutefois, on constate des variations considérables par rapport à ces moyennes dans les différents pays :

- En 2018, dans les huit pays fédéraux de l'OCDE, la part des recettes de l'administration centrale variait de 29.5 % en Allemagne à 81.2 % en Australie.
- En 2018, la part des collectivités régionales ou provinciales s'échelonnait entre 1.6 % en Autriche, 4.0 % au Mexique, 10.2 % en Belgique et 39.5 % au Canada. La part des collectivités locales était comprise entre 1.6 % au Mexique et 15.2 % aux États-Unis et 15.5 % en Suisse.
- Entre 1975 et 2018, la part des recettes de l'administration fédérale a reculé d'environ 15 points en Belgique, et d'environ six points au Canada et aux États-Unis.
- La part des recettes de l'administration fédérale a augmenté en Autriche de 14 et 5 points environ. Il y a eu peu de changement en Australie et au Mexique.
- Sur les sept pays fédéraux dotés de caisses de sécurité sociale, cinq ont vu leur part des recettes augmenter entre 1975 et 2018. Les exceptions sont le Canada et le Mexique, où la part des recettes a légèrement diminué entre 1975 (1980 pour le Mexique en raison de la disponibilité des données) et 2018.

La Colombie et l'Espagne sont constitutionnellement des pays non fédéraux mais avec une structure politique très décentralisée. En 2018, la part des recettes en Colombie de l'administration centrale s'élevait à 73.2 %, contre 5.0 % pour les collectivités régionales et 12.3 % pour les collectivités locales. En 2018, la part des recettes en Espagne de l'administration centrale s'élevait à 41.7 %, contre 15.3 % pour les collectivités régionales et 9.3% pour les collectivités locales.

Tableau 1.3. Recettes fiscales des sous-secteurs des administrations publiques en % du total des recettes fiscales, pays fédéraux

Pour cent

	Supranationale			Administration centrale			Administrations d'États fédérés/Régions			Administrations locales			Administrations de sécurité sociale		
	1975	1995	2018	1975	1995	2018	1975	1995	2018	1975	1995	2018	1975	1995	2018
Pays fédéraux															
Australie	..	..	..	80.1	77.5	81.2	15.7	19.0	15.5	4.2	3.4	3.4	0.0	0.0	0.0
Autriche	..	0.4	0.4	51.7	64.7	65.8	10.6	1.8	1.6	12.4	4.1	3.0	25.3	29.0	29.2
Belgique[1]	1.4	1.0	0.9	65.3	60.1	52.5	..	1.8	10.2	4.4	4.8	4.6	28.8	32.2	31.7
Canada	..	..	..	47.6	39.1	41.5	32.5	37.1	39.5	9.9	9.8	10.0	10.0	14.0	8.9
Allemagne	1.2	0.6	0.5	33.5	31.4	29.5	22.3	21.6	23.6	9.0	7.4	8.6	34.0	39.0	37.7
Mexique	..	..	..	..	73.9	80.9	..	2.8	4.0	..	1.5	1.6	..	21.8	13.4
Suisse[1]	..	..	..	30.7	31.4	35.9	27.0	24.2	24.9	20.3	17.6	15.5	22.0	26.8	23.6
États-Unis	..	..	..	45.4	41.4	39.3	19.5	20.0	20.6	14.7	13.3	15.2	20.5	25.2	24.9
Moyenne non pondérée	1.3	0.7	0.6	50.6	52.4	53.4	21.3	16.0	17.5	10.7	7.7	7.7	20.1	23.5	21.2
Pays régionaux															
Colombie[2]	..	..	..	..	63.2	73.2	..	5.5	5.0	..	8.6	12.3	..	22.7	9.6
Espagne[2]	..	0.8	0.6	48.2	51.1	41.7	..	5.0	15.3	4.3	8.6	9.3	47.5	34.6	33.1

1. Le total des recettes fiscales a été diminué du montant de tout transfert en capital représentant les impôts non perçus.
2. La Colombie et l'Espagne ne sont pas des pays constitutionnellement fédéraux, mais tous deux ont une structure politique très décentralisée, avec une autonomie importante de leurs entités territoriales.

StatLink http://dx.doi.org/10.1787/888934213371

Les vingt-sept autres pays de l'OCDE ont une structure unitaire. Dans ces pays, 63.8 % des recettes en moyenne provenaient de l'administration centrale, tandis que les caisses de sécurité sociale généraient 25.0 % des recettes et que 11.1 % étaient recouvrées par les collectivités locales. Dans les pays unitaires de l'OCDE :

- La part des recettes de l'administration centrale en 2018 se situait entre 33.6 % en France et 93,4 % en Nouvelle-Zélande.
- La part des collectivités locales variait de 0.8 % en Estonie à 35.1 % en Suède.
- Entre 1975 et 2018, les transferts aux collectivités locales ont augmenté de 5 points ou plus dans six pays – Corée, France, Islande Italie, Portugal et Suède – mais ont moins progressé aux Pays-Bas. Une diminution des transferts de 5 points ou plus a été enregistrée dans trois pays – Irlande, Norvège et Royaume-Uni[4].
- Entre 1975 et 2018, la part des caisses de sécurité sociale a progressé de 7 points ou plus dans quatre pays – Corée, Finlande, France et Japon – tandis qu'elle enregistrait des baisses du même ordre de grandeur dans quatre autres pays – Italie, Norvège, Portugal et Suède.

Tableau 1.4. Recettes fiscales des sous-secteurs des administrations publiques en % du total des recettes fiscales, pays unitaires

Pour cent

	Supranationale			Administration centrale			Administrations d'États fédérés/Régions			Administrations locales			Administrations de sécurité sociale		
	1975	1995	2018	1975	1995	2018	1975	1995	2018	1975	1995	2018	1975	1995	2018
Pays unitaires															
Chili	..	..	..	..	89.9	86.4	..	..	..	..	6.5	7.9	..	3.6	5.7
République tchèque	..	..	0.4	..	57.7	54.7	..	..	..	..	0.9	1.0	..	41.4	43.8
Danemark[1]	1.0	0.5	0.3	69.1	68.2	72.7	..	..	..	29.8	31.3	27.0	0.1	0.0	0.0
Estonie	..	..	0.6	..	84.3	82.1	..	..	..	..	0.8	0.8	..	14.9	16.5
Finlande	..	0.4	0.2	56.0	46.6	49.2	..	..	..	23.5	22.3	22.7	20.4	30.8	27.9
France[1]	0.7	0.7	0.4	51.2	42.5	33.6	..	..	..	7.6	11.0	13.5	40.6	45.8	52.5
Grèce	..	0.6	0.5	67.1	66.3	67.2	..	..	..	3.4	2.0	2.4	29.5	31.0	30.0
Hongrie	..	..	0.4	..	63.8	61.7	..	..	..	..	2.5	5.8	..	33.6	32.2
Islande	..	..	..	81.3	79.2	72.5	..	..	..	18.7	20.8	27.6	0.0	0.0	0.0
Irlande	2.3	1.5	0.6	77.4	83.1	82.8	..	..	..	7.3	2.7	2.1	13.1	12.7	14.5
Israël	..	..	..	..	79.6	75.3	..	..	..	..	6.4	7.9	..	14.0	16.8
Italie	..	0.4	0.5	53.2	62.7	56.8	..	..	..	0.9	5.4	11.7	45.9	31.5	31.0
Japon	..	..	..	45.5	41.2	36.6	..	..	..	25.6	25.2	23.2	29.0	33.6	40.2
Corée	..	..	..	89.0	69.2	58.0	..	..	..	10.1	18.7	16.6	0.9	12.1	25.4
Lettonie	..	..	0.7	..	43.5	52.8	..	..	..	..	19.5	18.1	..	36.9	28.4
Lituanie[1]	..	..	0.9	..	71.7	55.9	..	..	..	..	2.3	1.2	..	26.1	42.1
Luxembourg[1]	0.8	0.4	0.6	63.6	66.4	68.4	..	..	..	6.7	6.5	4.5	29.0	26.6	26.4
Pays-Bas	1.5	1.3	1.1	58.9	56.0	59.4	..	..	..	1.2	3.1	3.5	38.4	39.5	36.0
Nouvelle-Zélande	..	..	..	92.3	94.7	93.4	..	..	..	7.7	5.3	6.6	0.0	0.0	0.0
Norvège	..	..	..	50.6	57.6	84.7	..	..	..	22.4	20.0	15.3	27.0	22.4	0.0
Pologne	..	..	0.5	..	61.2	49.5	..	..	..	..	8.5	12.7	..	30.3	37.2
Portugal	..	0.8	0.5	65.4	72.3	66.8	..	..	..	0.0	5.4	7.2	34.6	21.5	25.4
République slovaque	..	..	0.5	..	62.6	56.0	..	..	..	..	1.3	1.8	..	36.1	41.7
Slovénie	..	..	0.4	..	50.5	49.7	..	..	..	..	6.2	9.0	..	43.3	40.9
Suède	..	0.8	0.6	51.3	46.8	52.2	..	..	..	29.2	30.8	35.1	19.5	21.6	12.1
Turquie	..	..	..	..	75.1	60.5	..	..	..	..	12.8	9.6	..	12.1	29.9
Royaume-Uni	1.0	1.0	0.5	70.5	77.5	75.3	..	..	..	11.1	3.7	5.1	17.5	17.8	19.1
Moyenne non pondérée	1.2	0.4	0.5	65.2	65.6	63.5	..	..	..	12.8	10.4	11.1	21.6	23.7	25.0

1. Le total des recettes fiscales a été diminué du montant de tout transfert en capital représentant les impôts non perçus.

StatLink http://dx.doi.org/10.1787/888934213390

Composition des recettes de l'administration centrale et des administrations infranationales

Le Graphique 1.9 montre la répartition des recettes de l'administration centrale et des administrations infranationales pour chacune des principales catégories de recettes fiscales. Pour les pays à structure fédérale et régionale, le niveau infranational englobe les recettes perçues à la fois par les collectivités régionales et locales. Le Graphique 1.9 montre que :

- Dans pratiquement tous les pays de l'OCDE, les recettes de l'administration centrale proviennent essentiellement des impôts sur le revenu et des impôts sur les biens et services, tandis que les impôts sur le patrimoine ne représentent qu'une part négligeable.

- Au niveau infranational, les recettes issues des impôts sur le patrimoine procurent une part des recettes totales beaucoup plus élevée qu'au niveau central, et représentent plus de 90 % du total dans quatre pays (Irlande, Israël, Grèce et Royaume-Uni).
- À l'inverse, la part des impôts sur le revenu et des impôts sur les biens et services est plus faible au niveau infranational, à l'exception de la Finlande, du Luxembourg et de la Suède, où plus de 90 % des recettes perçues par les administrations infranationales proviennent des impôts sur le revenu.

Graphique 1.9. Composition des recettes de l'administration fédérale ou centrale (gauche) et des administrations infranationales (droite), 2018

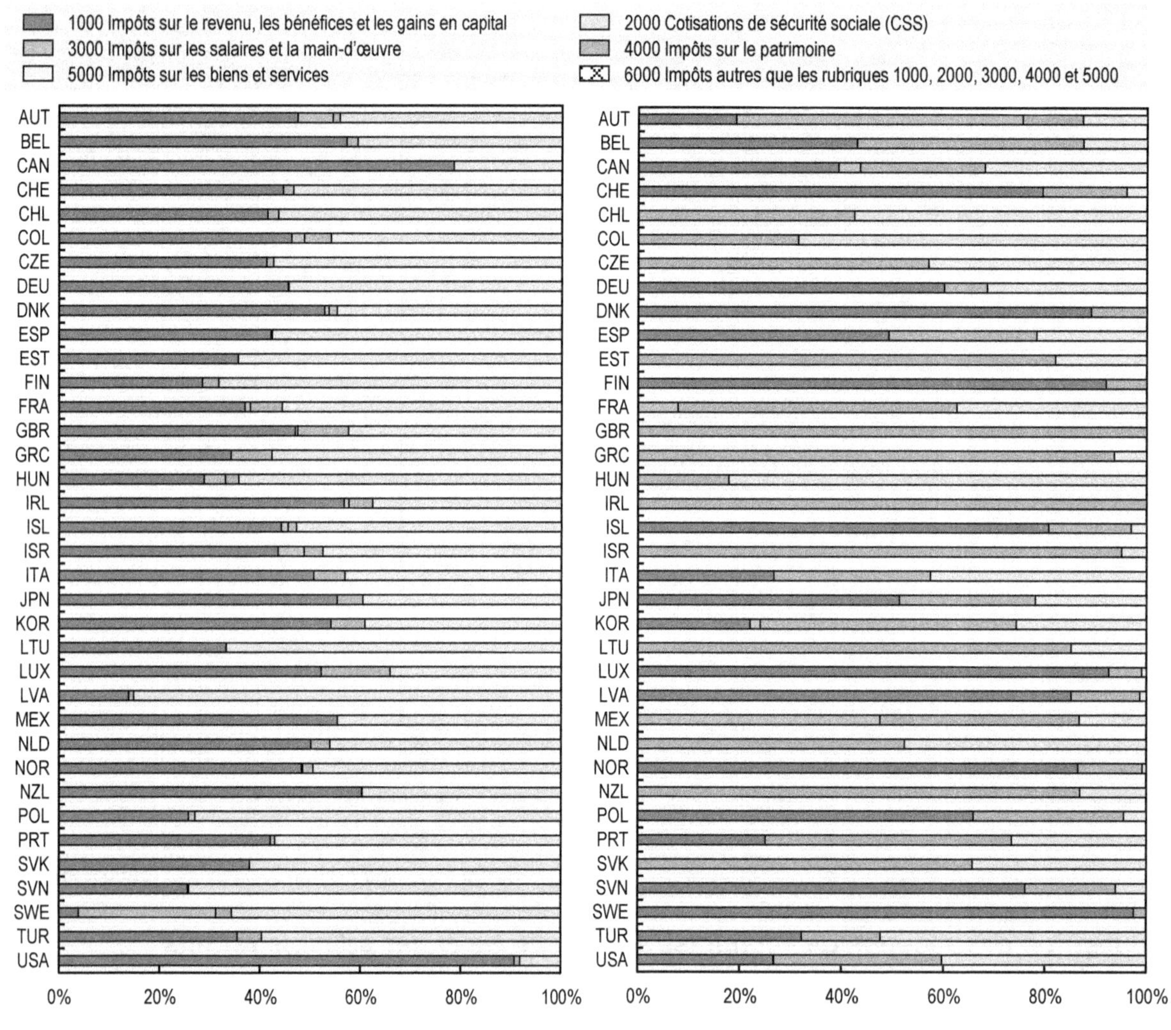

1. Le diagramme de gauche (a) ne tient compte que des impôts des administrations centrales. Les cotisations de sécurité sociale versées au profit des caisses de sécurité sociale sont exclues. Le diagramme de droite (b) ne tient compte que des impôts des administrations infranationales (impôts des collectivités locales et, le cas échéant, régionales ou provinciales). Les cotisations de sécurité sociale versées au profit des caisses de sécurité sociale sont exclues.

Source : Calculs du Secrétariat basés sur les Tableaux 3.16 à 3.18.

StatLink http://dx.doi.org/10.1787/888934213276

Recettes collectées pour le compte d'organisations supranationales

Les vingt-deux États membres de l'UE qui sont également membres de l'OCDE collectent des impôts pour le compte de l'Union européenne (UE), tout comme le faisait le Royaume-Uni avant 2020. Ces impôts consistent principalement en des droits de douane et des contributions au Fonds de résolution unique[5]. Ces deux impôts sont collectés pour le compte de l'UE par les administrations fiscales nationales et sont inclus dans le total des impôts sous les rubriques 5123 et 5126 au niveau supranational. En outre, ils sont mentionnés pour mémoire séparément des chiffres principaux, car ils représentent un impôt prélevé par l'UE et perçu par les administrations nationales.

Le Tableau 1.5 indique le niveau des impôts perçus pour le compte d'organisations supranationales dans les pays de l'UE qui sont également membres de l'OCDE, en distinguant les pays de l'UE qui sont membres de la zone euro et ceux qui ne le sont pas.

Tableau 1.5. Contributions collectés pour le compte de l'UE, en % du PIB

Pour cent

	2000	2005	2007	2010	2014	2015	2016	2017	2018	2019p
Euro zone										
Autriche, total supranational	0.2	0.1	0.1	0.1	0.1	0.2	0.2	0.2	0.2	0.2
dont : Droits de douane	0.2	0.1	0.1	0.1	0.1	0.1	0.1	0.1	0.1	0.1
dont : Contributions au Fonds de résolution unique	..	..	..	..	..	0.1	0.1	0.1	0.1	0.1
Belgique, total supranational	0.4	0.4	0.4	0.4	0.3	0.4	0.4	0.4	0.4	0.4
dont : Droits de douane	0.4	0.4	0.4	0.3	0.3	0.3	0.4	0.4	0.4	0.4
dont : Contributions au Fonds de résolution unique	..	..	..	..	0.0	0.1	0.1	0.1	0.1	0.1
Estonie, total supranational	..	0.2	0.2	0.2	0.2	0.2	0.2	0.2	0.2	0.2
dont : Droits de douane	..	0.2	0.2	0.2	0.2	0.2	0.2	0.2	0.2	0.2
dont : Contributions au Fonds de résolution unique	..	..	..	..	..	..	0.0	0.0	0.0	0.0
Finlande, total supranational	0.1	0.1	0.1	0.1	0.1	0.1	0.1	0.1	0.1	0.2
dont : Droits de douane	0.1	0.1	0.1	0.1	0.1	0.1	0.1	0.1	0.1	0.1
dont : Contributions au Fonds de résolution unique	..	..	..	..	..	0.0	0.1	0.1	0.0	0.1
France, total supranational	0.1	0.1	0.1	0.1	0.1	0.1	0.2	0.2	0.2	0.2
dont : Droits de douane	0.1	0.1	0.1	0.1	0.1	0.1	0.1	0.1	0.1	0.1
dont : Contributions au Fonds de résolution unique	..	..	..	..	..	0.0	0.1	0.1	0.1	0.1
Allemagne, total supranational	0.2	0.2	0.2	0.2	0.2	0.2	0.2	0.2	0.2	0.2
dont : Droits de douane	0.2	0.2	0.2	0.2	0.2	0.2	0.2	0.2	0.2	0.1
dont : Contributions au Fonds de résolution unique	..	..	..	..	..	0.1	0.1	0.1	0.1	0.1
Grèce, total supranational	0.2	0.1	0.1	0.1	0.1	0.1	0.2	0.2	0.2	0.2
dont : Droits de douane	0.1	0.1	0.1	0.1	0.1	0.1	0.1	0.1	0.1	0.2
dont : Contributions au Fonds de résolution unique	..	..	..	..	..	..	0.1	0.0	0.1	0.0
Irlande, total supranational	0.2	0.1	0.1	0.1	0.1	0.1	0.2	0.1	0.1	0.1
dont : Droits de douane	0.2	0.1	0.1	0.1	0.1	0.1	0.1	0.1	0.1	0.1
dont : Contributions au Fonds de résolution unique[1]	..	..	..	..	..	..	0.1	0.0	0.0	0.0
Italie, total supranational	0.1	0.1	0.1	0.1	0.1	0.3	0.2	0.3	0.2	0.2
dont : Droits de douane	0.1	0.1	0.1	0.1	0.1	0.1	0.1	0.1	0.1	0.1
dont : Contributions au Fonds de résolution unique[2]	..	..	..	..	..	0.1	0.0	0.1	0.1	0.0
Lituanie, total supranational	..	0.2	0.3	0.2	0.2	0.3	0.3	0.3	0.3	0.3
dont : Droits de douane	..	0.2	0.2	0.2	0.2	0.3	0.2	0.2	0.3	0.3
dont : Contributions au Fonds de résolution unique	..	..	..	..	..	0.0	0.0	0.0	0.0	0.0
Lettonie, total supranational	..	0.2	0.2	0.1	0.2	0.2	0.2	0.2	0.2	0.2
dont : Droits de douane	..	0.2	0.2	0.1	0.2	0.2	0.2	0.2	0.2	0.1
dont : Contributions au Fonds de résolution unique	..	..	..	..	..	0.0	0.0	0.0	0.0	0.0
Luxembourg, total supranational	0.1	0.1	0.1	0.0	0.0	0.1	0.2	0.2	0.3	0.3

dont : Droits de douane	0.1	0.1	0.1	0.0	0.0	0.0	0.0	0.0	0.0	0.0
dont : Contributions au Fonds de résolution unique	..	..	..	..	..	0.1	0.1	0.2	0.2	0.2
Pays-Bas, total supranational	0.4	0.3	0.3	0.3	0.4	0.4	0.4	0.4	0.4	0.4
dont : Droits de douane	0.3	0.2	0.3	0.3	0.3	0.3	0.3	0.3	0.3	0.3
dont : Contributions au Fonds de résolution unique	..	..	..	..	..	0.1	0.1	0.1	0.1	0.1
Portugal, total supranational	0.2	0.1	0.1	0.1	0.1	0.1	0.2	0.2	0.2	0.2
dont : Droits de douane	0.2	0.1	0.1	0.1	0.1	0.1	0.1	0.1	0.1	0.1
dont : Contributions au Fonds de résolution unique	..	..	..	..	..	..	0.1	0.1	0.1	0.1
République slovaque, total supranational	..	0.1	0.2	0.2	0.2	0.1	0.2	0.2	0.2	0.2
dont : Droits de douane	..	0.1	0.2	0.2	0.2	0.1	0.2	0.2	0.2	0.1
dont : Contributions au Fonds de résolution unique	..	..	..	..	..	..	0.0	0.0	0.0	0.0
Slovénie, total supranational	..	0.1	0.2	0.2	0.1	0.2	0.2	0.2	0.1	0.1
dont : Droits de douane	..	0.1	0.2	0.2	0.1	0.1	0.1	0.1	0.1	0.1
dont : Contributions au Fonds de résolution unique	..	..	..	..	..	0.0	0.0	0.0	0.0	0.0
Espagne, total supranational	0.2	0.2	0.2	0.1	0.2	0.2	0.2	0.2	0.2	0.2
dont : Droits de douane	0.2	0.2	0.2	0.1	0.2	0.2	0.2	0.2	0.2	0.2
dont : Contributions au Fonds de résolution unique	..	..	..	..	..	0.1	0.1	0.1	0.1	0.1
Non-euro zone										
République tchèque, total supranational	..	0.2	0.2	0.2	0.2	0.2	0.2	0.2	0.2	0.2
dont : Droits de douane	..	0.2	0.2	0.2	0.2	0.2	0.2	0.2	0.2	0.2
Danemark, total supranational	0.2	0.2	0.2	0.2	0.2	0.2	0.1	0.1	0.1	0.1
dont : Droits de douane	0.2	0.2	0.2	0.2	0.2	0.2	0.1	0.1	0.1	0.1
Hongrie, total supranational	..	0.1	0.2	0.1	0.1	0.1	0.1	0.1	0.1	0.1
dont : Droits de douane	..	0.1	0.1	0.1	0.1	0.1	0.1	0.1	0.1	0.1
Pologne, total supranational	..	0.1	0.1	0.1	0.1	0.2	0.2	0.2	0.2	0.2
dont : Droits de douane	..	0.1	0.1	0.1	0.1	0.2	0.2	0.2	0.2	0.2
Suède, total supranational	0.3	0.3	0.3	0.3	0.3	0.3	0.3	0.3	0.3	0.3
dont : Droits de douane	0.1	0.1	0.2	0.2	0.1	0.1	0.1	0.1	0.1	0.1
Royaume-Uni, total supranational	0.2	0.2	0.2	0.2	0.2	0.2	0.2	0.2	0.2	0.2
dont : Droits de douane	0.2	0.1	0.1	0.2	0.2	0.2	0.2	0.2	0.2	0.2

Note : Ces chiffres peuvent différer légèrement de ceux publiés sur le site Web du CRU. Ces différences sont principalement dues aux écarts temporaires dans le traitement des données.
1. En 2016, le chiffre inclut le paiement de 2016 de 99,12 et également un paiement de 75,89 qui était dû au quatrième trimestre de 2015 mais qui a été payé au premier trimestre de 2016. Les chiffres figurant dans ce tableau ont été communiqués par l'Office central des statistiques et sont des montants bruts ; par conséquent, en raison d'ajustements, ils diffèrent des chiffres figurant sur le site Web du CRU, qui sont des chiffres nets.
2. Le montant de la "contribution de la banque au fonds européen de résolution unique" comprend non seulement le fonds européen mais aussi le fonds national de résolution, comme l'exige la classification Eurostat.
Source : *Statistiques des recettes publiques 2020*, complétées par des discussions avec les délégués.

StatLink https://doi.org/10.1787/888934213409

En 2018, c'est en Belgique et aux Pays-Bas que le total cumulé des paiements perçus pour le compte de l'UE a été le plus élevé en pourcentage du PIB (plus de 0.4 %). Des niveaux supérieurs à 0.2 % du PIB ont également été observés en Lettonie, en Lituanie, au Luxembourg, en Espagne, en Suède et en Allemagne. Dans tous les autres pays de l'UE également membres de l'OCDE, les recettes perçues pour le compte de l'UE représentaient entre 0.1 et 0.2 % du PIB. Les droits de douane constituaient la principale source de ces recettes dans tous les pays à l'exception de la France et du Luxembourg.

Crédits d'impôts récupérables

Il existe deux types de crédits d'impôt qui s'appliquent aux impôts sur le revenu (revenu des personnes physiques et bénéfices des sociétés) :

- Les crédits d'impôt non récupérables (ou non remboursables) ne peuvent être utilisés que pour réduire ou éliminer le montant de l'impôt à payer. Ils ne peuvent donner lieu à un versement sous forme d'avantage monétaire au profit des contribuables, qu'ils soient imposables ou non. Ils sont donc équivalents aux abattements ou déductions fiscales.
- Au contraire, il existe deux sortes de crédits d'impôt récupérables (ou remboursables). L'une sert à réduire, voire éliminer, le montant de l'impôt à payer de la même manière qu'un crédit d'impôt non remboursable. L'autre peut donner lieu à un paiement direct au récipiendaire sous forme monétaire dès lors que le montant de l'avantage fiscal dépasse celui de l'impôt à payer.

La méthode employée par l'OCDE pour le classement des crédits d'impôt récupérables est décrite dans les paragraphes 19 et 20 du *Guide d'interprétation*. Elle prévoit que seule la fraction du crédit d'impôt récupérable qui sert à réduire ou éliminer le montant de l'impôt dû par un contribuable doit être déduite dans la déclaration des recettes fiscales. Elle est appelée « composante fiscale » ou « élément de dépense fiscale » du crédit d'impôt. À l'inverse, la fraction du crédit d'impôt qui excède le montant de l'impôt dû par ce contribuable et qui lui est payée est considérée comme une dépense et n'est pas déduite dans la déclaration des recettes fiscales. Cette partie est appelée « composante transfert » ou « élément de transfert ».

Le Tableau 1.6 livre des informations sur les crédits d'impôt récupérables en 2018 pour les pays qui les déclarent dans les *Statistiques des recettes publiques 2020* (bien qu'il soit possible que certains pays accordant des crédits d'impôt récupérables n'apparaissent pas dans ce tableau). Ce tableau indique le montant des crédits d'impôt récupérables et de leurs deux composantes, ainsi que les résultats de l'utilisation des chiffres pour calculer le montant des recettes fiscales et les ratios recettes fiscales-PIB.

Le Tableau 1.6 fait également ressortir deux traitements possibles :

- La « comptabilisation en chiffres nets », qui assimile les crédits d'impôt récupérables à des dispositions fiscales, de telle sorte que la totalité du crédit d'impôt réduit le montant des recettes fiscales déclarées, comme le montrent les colonnes 4 et 7.
- La « comptabilisation en chiffres bruts » en est l'exact opposé ; elle considère la totalité des crédits d'impôts récupérables comme des dépenses directes, de sorte que, comme le montrent les colonnes 6 et 9, ni l'élément de transfert, ni l'élément de dépense fiscale ne sont déduits des recettes fiscales. C'est l'approche suivie par le Manuel de statistiques des finances publiques (MSFP) du FMI et par le système des comptes nationaux (SCN).

Le Tableau 1.6 montre cependant que, à quelques exceptions près, le choix de la méthode de comptabilisation des crédits d'impôt récupérables n'a qu'une faible incidence sur le ratio recettes fiscales-PIB. Dans les pays pour lesquels des données sont disponibles, l'écart entre les ratios calculés sur la base du solde net et du montant brut n'est supérieur ou égal à un point qu'en Allemagne, en France et au Royaume-Uni et il est compris entre un demi-point et un point en Australie, au Canada, aux États-Unis, en Italie, en Nouvelle Zélande et en République tchèque.

Tableau 1.6. Effets des différents traitements possibles des crédits d'impôts récupérables, 2019

	Crédits d'impôts récupérables en milliards de monnaie nationale			Recettes fiscales totales en milliards de monnaie nationale			Recettes fiscale totales en pourcentage du PIB		
	Valeur totale	Élément de transfert	Élément de dépense fiscale	Base nette	Base décomposée	Base brute	Base nette	Base décomposée	Base brute
Australie	9.8	7.4	2.4	551.0	558.5	560.9	28.3	28.7	28.8
Autriche[1]	0.3	0.1	0.2	162.7	162.8	163.0	42.2	42.2	42.3
Belgique[2]	0.9	0.3	0.6	201.7	202.0	202.6	43.9	43.9	44.1
Canada[3]	13.8	11.4	2.4	727.4	738.7	741.1	32.7	33.2	33.3
Chili[4]	251.6	186.8	64.8	40 314.7	40 501.5	40 566.3	21.1	21.2	21.2
République tchèque	39.1	8.7	30.3	1 883.7	1 892.4	1 922.7	34.8	35.0	35.5
Danemark[2]	3.7	0.2	3.5	996.0	996.2	999.7	44.3	44.4	44.5
France[2]	35.8	19.7	16.1	1 064.5	1 084.2	1 100.3	45.1	45.9	46.6
Allemagne	43.9	14.7	29.2	1 279.0	1 293.7	1 322.9	38.1	38.5	39.4
Islande	3.1	2.5	0.6	1 035.1	1 037.6	1 038.2	37.1	37.2	37.2
Irlande	0.5	0.0	0.5	..	73.5	73.9	..	22.7	22.8
Israël	0.8	0.8	0.0	410.8	411.6	411.6	30.9	30.9	30.9
Italie	11.8	2.6	9.1	736.9	739.5	748.7	41.7	41.9	42.4
Luxembourg[2, 5]	0.2	..	..	..	..	23.9	..	..	39.7
Mexique	49.1	1.2	47.9	3 796.7	3 797.9	3 845.8	16.2	16.2	16.4
Nouvelle-Zélande	2.8	1.2	1.5	98.6	99.8	101.4	32.5	32.9	33.4
Norvège	4.0	3.2	0.8	1 394.0	1 397.2	1 398.0	39.5	39.6	39.6
République slovaque[5]	0.3	..	..	..	..	30.8	..	..	34.3
Espagne	3.1	2.2	1.0	414.5	416.7	417.7	34.4	34.6	34.7
Royaume-Uni[6]	29.0	25.0	4.0	680.2	705.2	709.2	31.7	32.9	33.1
États-Unis	194.7	137.0	57.7	4 894.8	5 031.7	5 089.5	23.7	24.4	24.7

Note : Dans les *Statistiques des recettes publiques 2020,* sauf indication contraire, les recettes fiscales sont comptabilisées avec la méthode de la base décomposée.

1. Le crédit d'impôt pour enfant à charge n'est pas considéré comme un crédit d'impôt dans les *Statistiques des recettes publiques* 2020 et est traité entièrement comme une provision de dépense.
2. Le total des recettes fiscales a été diminué du montant de tout transfert en capital représentant les impôts non perçus.
3. Certains crédits d'impôts récupérables au Canada ne peuvent pas être ventilés entre l'élément de transfert et l'élément de dépense fiscale. Leur valeur totale a été ajoutée à l'élément de transfert.
4. Dans les *Statistiques des recettes publiques*, les recettes fiscales concernant le Chili sont comptabilisées avec la méthode de la base nette.
5. Dans les *Statistiques des recettes publiques*, les recettes fiscales concernant le Luxembourg et le République slovaque sont comptabilisées avec la méthode de la base brute.
6. Veuillez noter que les données relatives aux crédits d'impôt récupérables pour le Royaume-Uni sont en droits constatés et incluent des estimations pour certaines années. Veuillez consulter les notes de bas de page du tableau pour le Royaume-Uni au chapitre 5 pour plus d'informations.

StatLink http://dx.doi.org/10.1787/888934213428

Financement des prestations de sécurité sociale dans les pays de l'OCDE

Un tableau fourni pour mémoire[6] dans les *Statistiques des recettes publiques 2020* décrit le financement des prestations de sécurité sociale dans les pays de l'OCDE. Contrairement aux prestations d'aide sociale, qui sont financées par les recettes des administrations publiques, les prestations de sécurité sociale sont financées par des cotisations à la sécurité sociale ou à des régimes d'assurance privés, ou par d'autres sources de financement préaffectées. Ces sources de financement comprennent :

- Recettes fiscales affectées au financement des prestations de sécurité sociale :
  1. Cotisations de sécurité sociale (CSS, catégorie 2000 dans la classification OCDE)
  2. Autres impôts affectés aux prestations de sécurité sociale

- Recettes non fiscales affectées au financement des prestations de sécurité sociale :
    3. Cotisations facultatives à l'administration
    4. Cotisations obligatoires au secteur privé

Le Graphique 1.10 montre la part relative de chacune de ces sources dans le financement des prestations de sécurité sociale au sein des pays de l'OCDE. Le graphique est basé sur les données fournies par les pays pour inclusion dans tableau fourni pour mémoire pour les *Statistiques des recettes publiques 2020.*

Graphique 1.10. Ventilation des différentes sources de financement affectées aux prestations de sécurité sociale

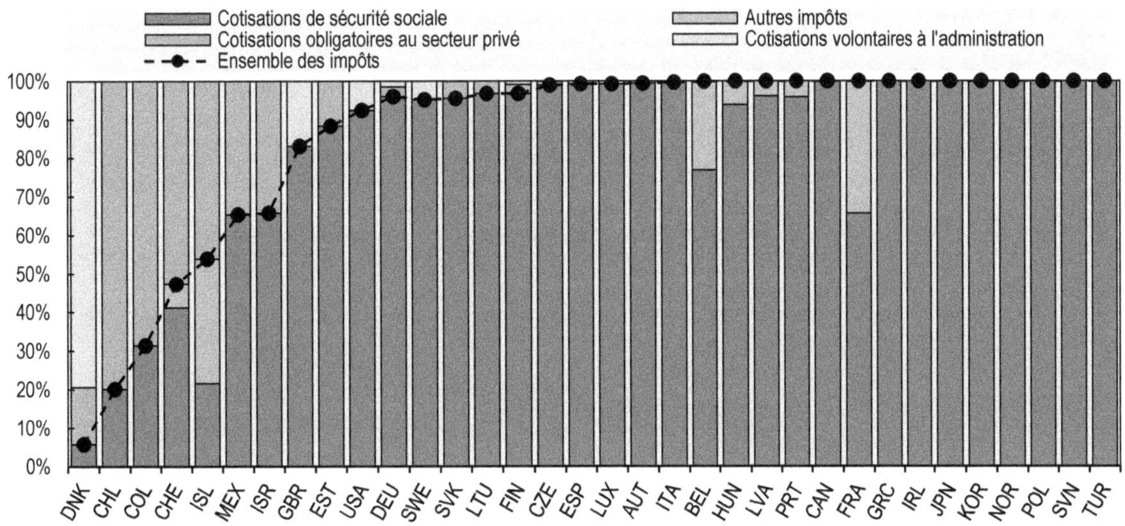

Note : Dans deux pays (l'Australie et la Nouvelle-Zélande) les prestations sociales passent par l'aide sociale plutôt que le prélèvement de cotisations de la sécurité sociale. Ces deux pays ne sont donc pas inclus dans le graphique. En outre, les données complètes sur le financement de la sécurité sociale aux Pays-Bas n'étant pas disponibles, les Pays-Bas ne sont pas non plus inclus dans le graphique. Les chiffres pour le Danemark doivent être interprétés avec prudence car le niveau des prestations de sécurité sociale est très faible par rapport au niveau des prestations d'aide sociale. De plus, il peut y avoir des cas limites dans certains pays lorsqu'il s'agit de distinguer entre les régimes quasi obligatoires et les régimes volontaires.
Source : Calculs du Secrétariat basés sur le chapitre 4.

StatLink https://doi.org/10.1787/888934213295

Les impôts représentent la principale source de financement affecté aux prestations de sécurité sociale, principalement par le biais des cotisations de sécurité sociale. Ensemble, les cotisations de sécurité sociale et les autres impôts affectés représentent plus de 90 % du financement des prestations de sécurité sociale dans 25 pays de l'OCDE, et 100 % dans 13 pays. Dans les neuf pays restants de l'OCDE, les cotisations obligatoires au secteur privé représentent une part plus importante du financement de ces prestations, avec 79.9 % au Chili, 68.6% en Colombie, et 52.7 % en Suisse, et une part plus modeste en Islande, au Mexique, en Israël, au Danemark et en Estonie. Rares sont les pays où la part des contributions volontaires est importante : celles-ci représentent plus de 10 % du financement uniquement au Royaume-Uni et au Danemark.

Le Graphique 1.11 montre les ratios impôts/PIB (comme dans le Tableau 1.1 et le Graphique 1.4), à la fois *hors* financement affectés aux prestations de sécurité sociale (c'est-à-dire les ratios impôts/PIB *diminués* des cotisations de sécurité sociale et autres impôts préaffectés) et financements hors impôts affectés aux prestations de sécurité sociale *inclus* (c'est-à-dire les ratios impôts/PIB plus les cotisations de sécurité sociale et autres impôts préaffectés compris) *plus* les cotisations obligatoires au secteur privé et les contributions volontaires au secteur public).

Les pays où la part des régimes de sécurité sociale financés par des contributions non fiscales préaffectées est la plus importante sont la Suisse (8.5 % du PIB), l'Islande (7.5 %) et le Chili (5.7 %), ce qui influe sensiblement sur leur classement :

- La Suisse affiche un ratio impôts/PIB relativement faible, à 28 %, mais son ratio combiné se situe à peu près à mi-chemin dans la distribution de l'OCDE ;
- L'Islande a un ratio impôts/PIB de 37.2 %, qui la place dans le tiers supérieur des pays de l'OCDE, et un ratio combiné de 44.7 %, ce qui est le troisième ratio le plus élevé de la zone OCDE.
- Le Chili a le deuxième ratio impôts/PIB le plus bas et le septième ratio combiné le plus faible.

Graphique 1.11. Ratios impôts/PIB et financement de la sécurité sociale par des fonds préaffectés (% du PIB, 2018)

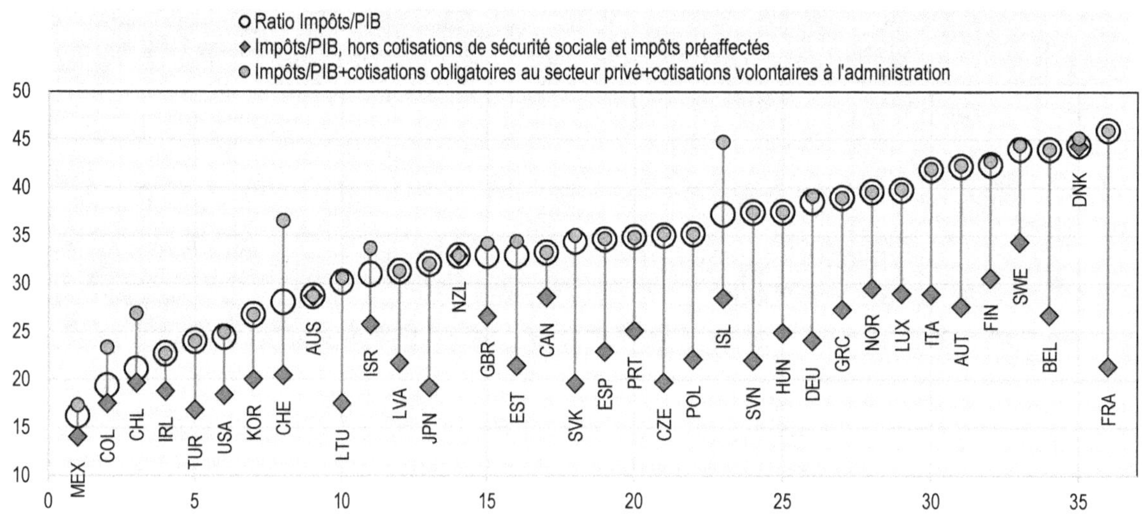

Note : Les Pays-Bas ne sont pas inclus dans la figure car les données complètes sur le financement de la sécurité sociale aux Pays-Bas n'étaient pas disponibles.
Source : Calculs du Secrétariat basés sur le chapitre 4.

StatLink https://doi.org/10.1787/888934213314

La déduction des fonds affectés au financement des prestations de sécurité sociale du ratio impôts/PIB n'affecte pas l'Australie, le Danemark et la Nouvelle-Zélande, où les prestations sont financées en dehors de la fiscalité générale. Le Graphique 1.11 montre que c'est en France que la part des financements affectés aux prestations de sécurité sociale est la plus grande, à 24.6 % du PIB, comme l'indique l'écart entre les points les plus élevés et les points les plus bas du graphique. La Belgique, l'Islande et la Suisse se situent juste après la France, avec des parts comprises entre 16 % et 18 % du PIB.

Notes

[1] Dans l'édition 2020 des *Statistiques des recettes publiques*, les données provisoires concernant l'Australie et les cotisations de sécurité sociale au Japon ne sont pas disponibles pour l'année 2019.

[2] En 2016, l'Islande a perçu des recettes provenant de contributions à la stabilité, de nature exceptionnelle, acquittées par des entités qui exerçaient des activités de banque commerciale ou de caisse d'épargne par le passé, et qui cessaient leurs activités. Les recettes provenant de ces contributions ont entraîné une augmentation particulièrement forte des recettes fiscales en 2016. Le ratio islandais des recettes fiscales rapportées au PIB est ainsi passé de 35.4 % en 2015, à 50.8 % en 2016, avant de se replier à 37.6 % en 2017. Il en est résulté un niveau artificiellement élevé de 34.0 % du ratio moyen impôts/PIB de la zone OCDE en 2016. Sans ces recettes exceptionnelles en Islande, la moyenne du ratio des recettes fiscales rapportées au PIB aurait été de 33.5 %, soit une augmentation de 0.2 point par rapport à 2015.

[3] Les expressions « taxe sur la valeur ajoutée » et « TVA » désignent toute taxe nationale qui présente les caractéristiques fondamentales d'une taxe sur la valeur ajoutée, quel que soit son nom ou son acronyme, par exemple « taxe sur les produits et services » (« TPS »).

[4] Pour 1975, consultez le Tableau 1.4 des *Statistiques des recettes publiques 2020.*

[5] Le Fonds de résolution unique (FRU) a été mis en place en 2015 et les pays de la zone euro sont tenus de l'alimenter par des contributions en vertu du mécanisme de résolution unique (Règlement (UE) no 806/2014). Les contributions sont versées sur une base ex-ante et transférées au Fonds de résolution unique par les autorités nationales. Jusqu'à présent, les contributions ont été collectées pour les années 2015 à 2019.

[6] Le financement des prestations de sécurité sociale est présenté dans le tableau 4.75 en données comparables (pourcentage du PIB) et dans le tableau 5.38 en monnaies nationales.

2 Étude spéciale : Recettes issues des impôts sur la consommation à l'ère du COVID-19 : les enseignements de la crise financière mondiale de 2008

Cette étude spéciale analyse les facteurs susceptibles d'expliquer l'évolution des recettes tirées des impôts sur la consommation en période de ralentissement économique à la lumière de la crise financière mondiale de 2007-2009, et utilise les informations obtenues pour comprendre les effets de la crise du COVID-19 sur les recettes fiscales.

Introduction

La lutte contre le COVID-19 a contraint de nombreux pays à imposer des mesures sans précédent, notamment la mise à l'arrêt de pans entiers de leurs économies, et le confinement d'une grande partie de la population. Il en est résulté que la vie publique a été fortement entravée ou arrêtée et que les dépenses de consommation ont chuté, ce qui a eu des conséquences très importantes sur les recettes fiscales. (Simon et Harding, 2020[1]) analysent l'impact des récessions économiques majeures sur les recettes provenant des impôts sur la consommation, notamment pendant la crise financière mondiale de 2007-2009, et apportent des éclairages précieux sur la manière dont la crise du COVID-19 pourrait affecter les recettes fiscales assises sur la consommation.

Au cours de la crise financière mondiale, les pays de l'OCDE avaient vu leurs recettes fiscales diminuer considérablement, et pour la plupart d'entre eux, la part des recettes fiscales rapportées au PIB avait atteint son niveau le plus bas depuis plusieurs décennies. Cela étant, les recettes liées aux impôts sur la consommation avaient été dans l'ensemble moins touchées, et il apparaît qu'elles sont plus stables dans le temps que les recettes provenant d'autres sources, comme l'impôt sur les sociétés (Simon et Harding, 2020[1]).

À l'heure où les pays gèrent la crise du COVID-19, les programmes de dépenses publiques et les mesures de politique fiscale, y compris les mesures relatives aux impôts sur la consommation, jouent un rôle majeur de soutien vis-à-vis des particuliers et des entreprises. Tous les pays de l'OCDE sont fortement tributaires des impôts sur la consommation, qui représentent en moyenne environ un tiers (32.7 %) des recettes fiscales totales et 10.9 % du PIB. Il est donc essentiel de suivre et de comprendre les facteurs qui influent sur l'évolution des recettes fiscales assises sur la consommation. Cela est d'autant plus important au regard des plans de soutien mis en place pour répondre à la crise du COVID-19, et de leurs implications en matière de politique budgétaire et d'endettement public dans de nombreux pays.

Cette étude spéciale repose sur l'analyse présentée dans (Simon et Harding, 2020[1])[1], qui se penche sur les facteurs à l'origine de l'évolution des recettes fiscales assises sur la consommation constatée dernièrement, en dissociant leurs facteurs politiques et macroéconomiques. Elle recense les canaux de transmission des effets d'une récession économique sur les recettes issues des impôts sur la consommation, en s'appuyant sur l'expérience concrète de la crise financière mondiale afin de tirer de premiers enseignements sur la manière dont la crise du COVID-19 et les mesures prises pour y faire face influeront sur les recettes fiscales.

Évolution des recettes tirées des impôts sur la consommation

Comme on l'a vu au chapitre 1, les impôts sur la consommation[2] constituent une source importante de recettes fiscales dans tous les pays de l'OCDE. En 2018, ils représentaient entre moins de 6 % du PIB aux États-Unis, au Canada et au Mexique, et plus de 15 % en Grèce et en Hongrie.

La part des impôts sur la consommation dans les recettes fiscales totales est restée relativement stable depuis 1995, sauf pendant la crise financière mondiale. Au cours de cette période, les recettes issues des impôts sur la consommation en proportion du PIB avaient diminué de 0.36 point de pourcentage en moyenne (entre 2007 et 2009) pour s'établir à leur niveau le plus bas depuis 1992. Cette baisse résultait dans une large mesure de la diminution des recettes de TVA dans les pays dotés d'un système de TVA, sachant que les recettes provenant des impôts sur la consommation et les recettes de TVA n'ont renoué avec leur niveau d'avant crise qu'en 2012.

En 2018, on distinguait trois groupes de pays répartis en fonction du niveau des impôts sur la consommation rapporté à leur PIB (Graphique 2.1) : niveau faible (ratio impôts sur la consommation/PIB inférieur à 9 %) ; niveau moyen (entre 9 % et 13 %), et niveau élevé (supérieur à 13 %). Le groupe des pays affichant un ratio impôts sur la consommation/PIB élevé comprenait uniquement des pays membres de l'UE, cependant que tous les pays avec un faible niveau d'impôts sur la consommation par rapport à leur PIB n'appartenaient pas à l'l'UE, hormis l'Irlande. Exception faite des pays où le ratio est le plus élevé, la composition de ces groupes est restée globalement stable entre 1995 et 2018, en particulier depuis 2000.

Au cours de la période considérée, les pays où le niveau des recettes issues des impôts sur la consommation en pourcentage du PIB a varié le plus fortement sont d'une part la Grèce et la Turquie, où les ratios impôts sur la consommation/PIB ont augmenté de 3.6 points de pourcentage dans les deux pays, et d'autre part le Canada et l'Irlande, où les impôts sur la consommation en pourcentage du PIB ont diminué de plus de 3 points de pourcentage. Au Canada, en Grèce, et en Turquie, ces variations ont été pour l'essentiel la conséquence d'une modification du taux normal de TVA, tandis que la baisse des recettes en Irlande a résulté d'un changement dans la composition du PIB (Simon et Harding, 2020[1]).

Graphique 2.1. Ratios impôts sur la consommation/PIB dans les pays de l'OCDE en 1995 et 2018 : minimums et maximums entre ces dates

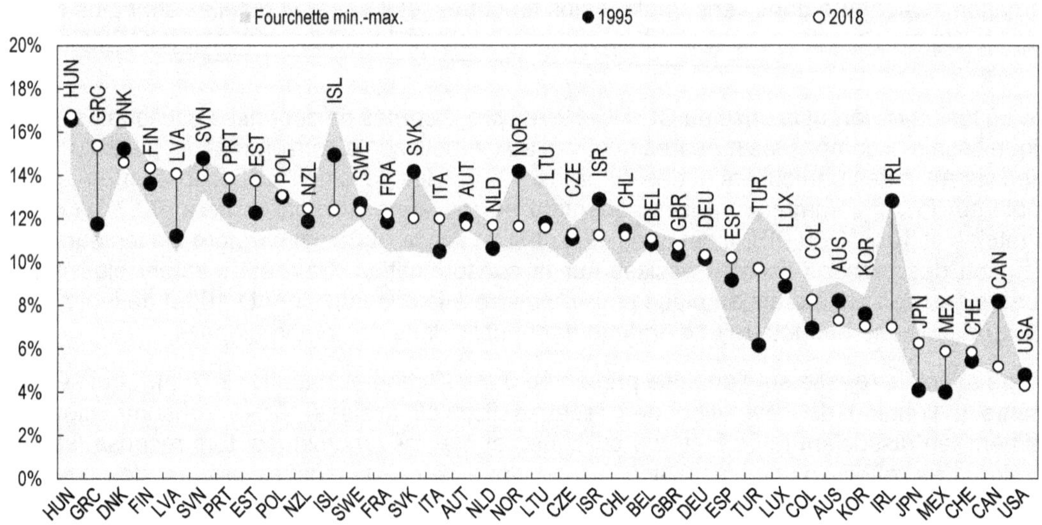

Note : La zone grisée représente le ratio impôts sur la consommation/PIB minimum et maximum pour chaque pays, indépendamment de l'année considérée.
Source : Calculs effectués par les auteurs à partir des données issues des Statistiques des recettes publiques de l'OCDE (2020).

StatLink https://doi.org/10.1787/888934213447

La structure des impôts sur la consommation a profondément évolué au cours des 40 dernières années, la part croissante des taxes sur la valeur ajoutée (TVA)[3] ayant supplanté d'autres formes d'impôts sur la consommation dans la plupart des pays de l'OCDE (voir chapitre 1). En 2018, les recettes de TVA en pourcentage des recettes totales issues des impôts sur la consommation représentaient en moyenne près des deux tiers (61.3 %), et plus de 50 % dans l'ensemble des pays de l'OCDE, à l'exception de trois, l'Australie, la Turquie et les États-Unis (qui n'ont pas de TVA). Les droits d'accise représentaient en moyenne 22.1 % du total des recettes issues des impôts sur la consommation en 2018.

Encadré 2.1. Décomposition des recettes issues des impôts sur la consommation en pourcentage du PIB

Dans (Simon et Harding, 2020[1])les recettes provenant des impôts sur la consommation, exprimées en pourcentage du PIB, sont décomposées en utilisant la base d'imposition théorique correspondante,[4] comme exposé dans l'équation (1).

$$\frac{recettes\ issues\ des\ impôts\ sur\ la\ consommation}{PIB} = \underbrace{\frac{recettes\ issues\ des\ impôts\ sur\ la\ consommation}{consommation}} \times \underbrace{\frac{consommation}{PIB}} \quad (1)$$

Recettes issues des impôts sur la consommation exprimées en pourcentage de la base d'imposition théorique correspondante, le taux d'imposition implicite sur la consommation.	La base d'imposition théorique en pourcentage du PIB.

La décomposition de l'équation (1) permet d'isoler les effets d'une modification de la base d'imposition théorique, la consommation. Le taux d'imposition implicite sur la consommation rend compte des conséquences de modifications de l'impôt sur la consommation proprement dit sur les recettes issues de cet impôt, en pourcentage du PIB, à savoir un élargissement de la base d'imposition (englobant les échanges intérieurs et internationaux) et une variation des taux nominaux, ainsi que des effets des évolutions relatives à la discipline fiscale ou à l'économie informelle. La consommation exprimée en pourcentage du PIB rend compte de toutes les autres évolutions de l'environnement économique qui influent sur le ratio impôts sur la consommation/PIB, à savoir les variations du PIB et de ses composantes.

Pour comprendre quels sont les facteurs qui jouent un rôle dans les variations de la consommation en pourcentage du PIB, on utilise les données des Comptes nationaux des pays de l'OCDE qui permettent d'illustrer l'évolution des différents éléments du PIB et de la structure de la consommation, et qui peuvent à leur tour influer sur le niveau du taux d'imposition implicite.

Dans un deuxième temps, une décomposition des recettes de TVA permet de mieux appréhender les déterminants des recettes issues des impôts sur la consommation. À partir du taux normal de TVA, τ_s, du ratio des recettes de TVA (RRT)[5] et des données sur la consommation en pourcentage du PIB, l'équation (2) permet d'illustrer l'effet des modifications des taux d'imposition et des assiettes fiscales sur les recettes de TVA et, partant, sur les recettes issues des impôts sur la consommation en général (Simon et Harding, 2020[1]):

$$\frac{Recettes\ de\ TVA}{PIB} = T_S \times \underbrace{\left[\frac{Recettes\ de\ TVA}{consommation\ x\ T_S}\right]}_{\text{Ratio des recettes de TVA (RRT)}} \times \frac{consommation}{PIB} \quad (2)$$

Les facteurs qui influent sur les recettes issues des impôts sur la consommation dans les pays de l'OCDE

Le taux d'imposition implicite sur la consommation est le principal déterminant du niveau global des recettes fiscales assises sur la consommation en pourcentage du PIB dans la plupart des pays de l'OCDE, même si son importance fluctue d'un pays à l'autre (Graphique 2.2). Au sein des trois catégories définies plus haut en fonction du ratio impôts sur la consommation/PIB, les niveaux de consommation en pourcentage du PIB sont très différents selon les pays, alors que les taux d'imposition implicites sont plus proches, à l'exception du Luxembourg et de l'Irlande[6]. Néanmoins, les facteurs qui déterminent ces ratios peuvent différer sensiblement entre des pays présentant des niveaux similaires d'impôts sur la consommation en pourcentage du PIB.

Graphique 2.2. Décomposition des recettes issues des impôts sur la consommation exprimées en pourcentage du PIB, 2018

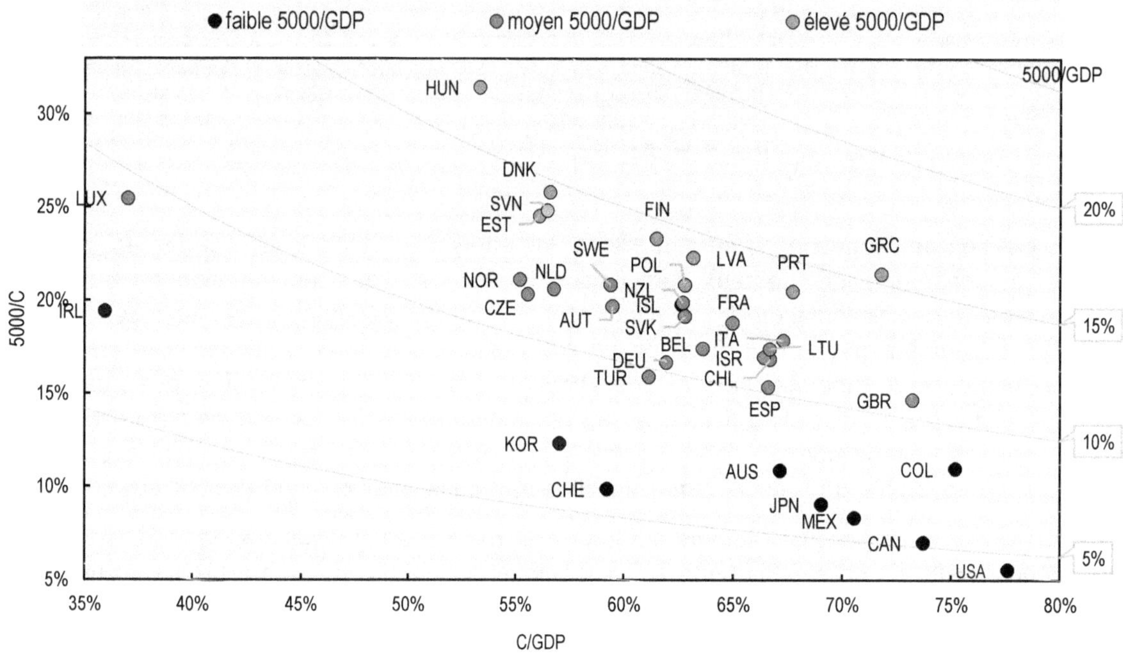

Note : Le graphique montre la décomposition des recettes tirées des impôts sur la consommation dans les pays de l'OCDE selon l'équation (1). L'axe des abscisses représente la consommation en proportion du PIB, et l'axe des ordonnées le taux d'imposition implicite sur la consommation. Les recettes tirées des impôts sur la consommation en pourcentage du PIB, correspondant au produit des deux parts, sont égales à la zone située sous et à gauche de chaque point. Il s'ensuit que les pays situés sur chacune des courbes affichent un niveau identique de recettes fiscales assises sur la consommation en proportion du PIB (indiqué sur la partie droite du graphique). En République tchèque et au Royaume-Uni, par exemple, les niveaux d'impôts sur la consommation en pourcentage du PIB sont proches (11.3 % et 10.7 %), mais pour des raisons qui sont différentes : en République tchèque, le taux d'imposition implicite sur la consommation est plus élevé, mais la consommation exprimée en pourcentage du PIB est plus faible.
Source : Calculs effectués par les auteurs à partir des données issues des Comptes nationaux des pays de l'OCDE et des Statistiques des recettes publiques de l'OCDE (2020).

StatLink https://doi.org/10.1787/888934213466

Les variations du ratio moyen des impôts sur la consommation sur le PIB et de ses composantes observées dans les pays de l'OCDE entre 1995 et 2018 peuvent être segmentées en quatre périodes distinctes (Graphique 2.3)[7] :

- Avant 2003, les recettes fiscales moyennes assises sur la consommation en pourcentage du PIB (5000/PIB) sont restées relativement stables, malgré de légères fluctuations des dépenses de consommation par rapport au PIB (C/PIB).
- Au cours des années qui ont précédé la crise financière mondiale, la consommation moyenne en pourcentage du PIB a reculé de 64.9 % à 62.3 %, tandis que le taux d'imposition implicite sur la consommation a légèrement augmenté, ce qui s'est traduit par une relative stabilité du ratio moyen impôts sur la consommation/PIB à 10.8 % environ jusqu'en 2007.

- Durant la crise financière, le taux d'imposition implicite sur la consommation a diminué dans tous les pays de l'OCDE durant au moins une année, de sorte que le taux d'imposition implicite moyen est passé de 17.6 % à 16.0 % dans les pays de l'OCDE. Malgré une augmentation significative de la consommation moyenne en pourcentage du PIB, le ratio impôts sur la consommation/PIB a reculé de plus de 3.5 % en moyenne, et atteint son niveau le plus bas à 10.2 % en 2009.
- Les recettes tirées des impôts sur la consommation en pourcentage du PIB ont depuis retrouvé leur niveau de 1995, malgré une consommation en pourcentage du PIB légèrement inférieure (2.6 points de pourcentage) et des taux d'imposition implicites légèrement plus élevés (1.0 point de pourcentage) en 2018 qu'en 1995.

Graphique 2.3. Recettes liées aux impôts sur la consommation en pourcentage du PIB et de ses composantes, moyenne de l'OCDE, 1995-2018

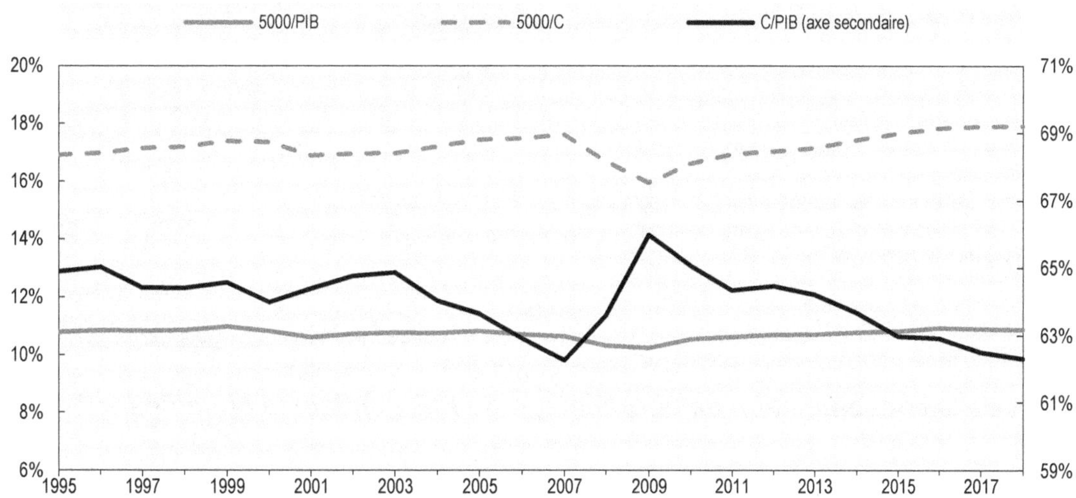

Note : Les recettes fiscales assises sur la consommation sont décomposées selon l'équation (1).
Source : Calculs effectués par les auteurs à partir des données issues des Comptes nationaux des pays de l'OCDE et des Statistiques des recettes publiques de l'OCDE (2020).

StatLink https://doi.org/10.1787/888934213485

Au cours de la crise financière mondiale, les recettes tirées des impôts sur la consommation ont présenté des variations plus importantes que durant les autres années, et la structure de la consommation a été sensiblement différente. Entre 1995 et 2018, l'évolution des impôts sur la consommation en pourcentage du PIB a résulté pour l'essentiel des modifications du taux d'imposition implicite sur la consommation, comme le montre le Graphique 2.4. Toutefois, si les variations des taux d'impôts sur la consommation en pourcentage du PIB et du taux d'imposition implicite ont suivi la même direction presque chaque année, l'ampleur du changement en ce qui concerne les recettes fiscales assises sur la consommation a été dans une large mesure déterminée par les dépenses moyennes de consommation en pourcentage du PIB. Sur toute la période à l'exception de cinq années, la base d'imposition sur la consommation et le taux d'imposition implicite suivent des trajectoires opposées, et leurs effets se neutralisent. À la différence d'autres années, le taux moyen d'imposition implicite sur la consommation a sensiblement diminué en 2008 et 2009, tandis que la consommation exprimée en pourcentage du PIB a fortement augmenté au cours de ces deux années.

Il en découle que c'est par le biais d'une baisse des taux d'imposition implicite plutôt que de la consommation, que la crise financière mondiale a affecté les recettes fiscales assises sur la consommation, et qu'une hausse de la consommation en proportion du PIB a compensé la baisse des taux d'imposition implicite et stabilisé les recettes fiscales liées à la consommation pendant la crise.

Graphique 2.4. Taux de croissance annuels (constatés) des impôts sur la consommation en pourcentage du PIB et de ses composantes, moyenne OCDE, 1995-2018

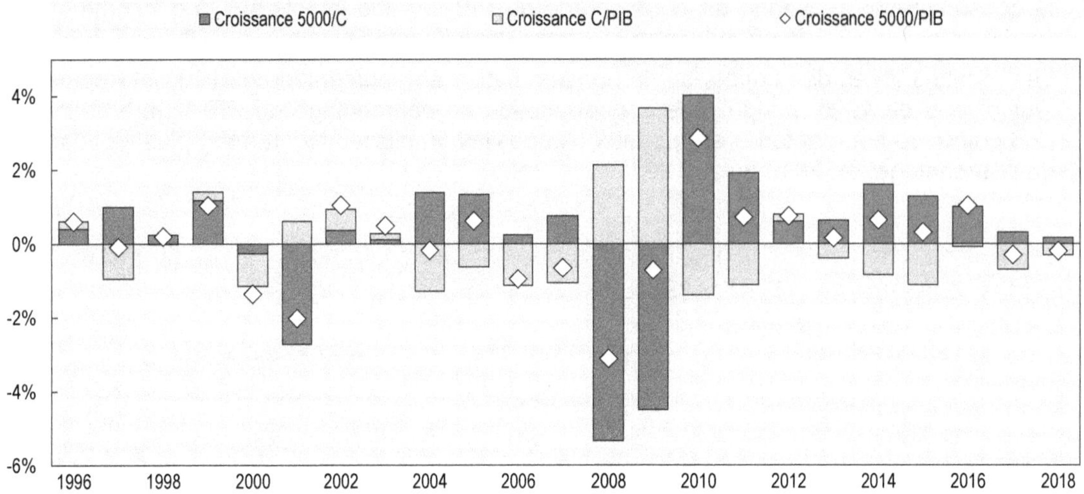

Note : Les recettes fiscales assises sur la consommation sont décomposées selon l'équation (1).
Source : Calculs effectués par les auteurs à partir des données issues des Comptes nationaux des pays de l'OCDE et des Statistiques des recettes publiques de l'OCDE (2020).

StatLink https://doi.org/10.1787/888934213504

Évolution de la consommation en pourcentage du PIB pendant la crise financière mondiale

La hausse de la consommation en pourcentage du PIB durant la crise financière mondiale résulte d'une modification des autres agrégats du PIB, plutôt que d'une augmentation du niveau de la consommation. Le Graphique 2.5 fait apparaître des différences marquées dans la composition du PIB avant, pendant et après la crise financière. Entre 2004 et 2007, l'investissement a augmenté plus rapidement que la consommation dans la majorité des pays, ce qui s'est traduit, en moyenne, par une baisse de la consommation en pourcentage du PIB. Pendant la crise financière mondiale, l'investissement, exprimé en pourcentage du PIB, a diminué de 5.4 points de pourcentage en moyenne, principalement en raison d'une diminution des stocks et des investissements d'équipement[8], cependant que sous l'effet de la consommation des administrations publiques, la consommation totale moyenne a atteint temporairement un sommet à 76.2 % du PIB en 2009.

Après la crise financière mondiale, les exportations nettes moyennes en pourcentage du PIB ont augmenté, tandis que la consommation privée et la consommation publique ont, en moyenne, légèrement diminué en proportion du PIB, si bien que la part de la consommation totale dans le PIB a retrouvé plus ou moins son niveau d'avant la crise financière mondiale en 2015. De fait, la consommation totale en pourcentage du PIB est restée stable au fil du temps dans la plupart des pays de l'OCDE, avec un écart-type moyen au niveau national de 2.3 % sur la période. Par rapport à 1995, la composition moyenne du PIB en 2018 a fait apparaître des niveaux de consommation publique plus élevés (0.1 point de pourcentage) et de consommation privée plus faibles (2.7 points de pourcentage).

Graphique 2.5. Principaux agrégats de dépenses en pourcentage du PIB (non cumulé), moyenne OCDE, 1995-2018

En % du PIB

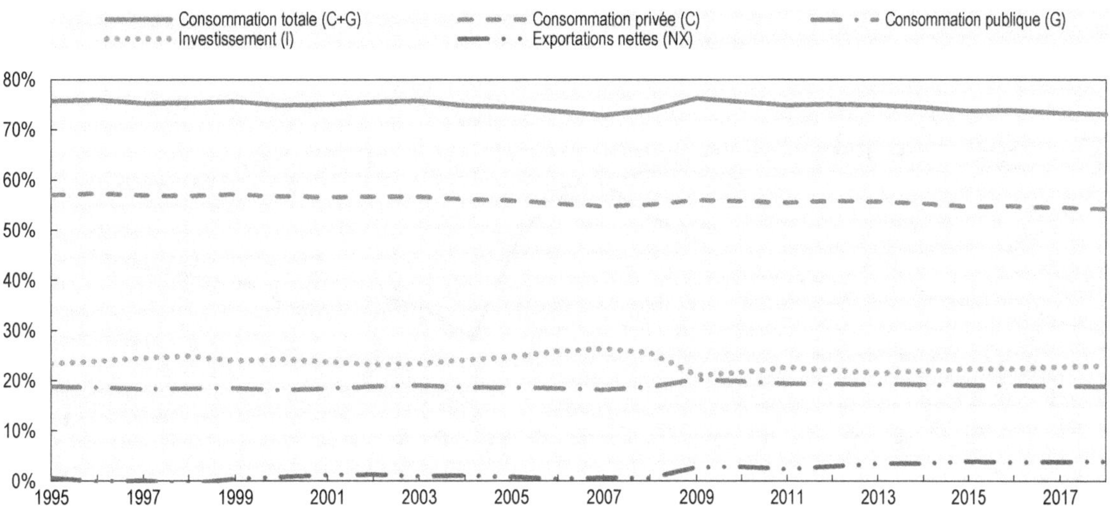

Note : Décomposition du PIB selon l'optique des dépenses : $PIB = C + G + I + (EX - IM)$. Les dépenses de consommation privée comprennent la consommation privée des ménages et les dépenses de consommation finale des institutions sans but lucratif au service des ménages (ISBLSM). Moyenne non pondérée de l'ensemble des pays membres de l'OCDE. Pour la Turquie, faute de données sur l'investissement en pourcentage du PIB, la valeur approximative retenue correspond au résidu de l'équation.
Source : Calculs effectués par les auteurs à partir des données issues des Comptes nationaux des pays de l'OCDE.

StatLink https://doi.org/10.1787/888934213523

Évolution des taux d'imposition implicites sur la consommation

Les variations du taux d'imposition implicite moyen sur la consommation dans la zone OCDE sont dues pour l'essentiel à la TVA (Simon et Harding, 2020[1]). Afin de mieux comprendre les éléments qui influent sur l'évolution des recettes issues des impôts sur la consommation, le Graphique 2.6 distingue les facteurs qui entrent en jeu pour expliquer les variations des recettes de TVA en pourcentage du PIB (5111/PIB) dans les pays dotés d'un système de TVA, à savoir les modifications des taux et de la structure de TVA, ainsi que de l'assiette de la consommation.

En moyenne, comme à l'échelle des différents pays, l'évolution du RRT a été le principal facteur de variation des recettes de TVA en pourcentage du PIB sur la période, et peut expliquer l'essentiel de la baisse des taux d'imposition implicites pendant la crise financière mondiale. Au cours de cette crise, le RRT moyen a baissé de 6.9 points de pourcentage, sous l'effet d'une diminution des recettes de TVA qui sont revenues à leur niveau de 1995, avant de remonter lentement une fois la crise passée.

Graphique 2.6. Recettes de TVA en pourcentage du PIB et de ses composantes, moyenne de l'OCDE, 1995-2018

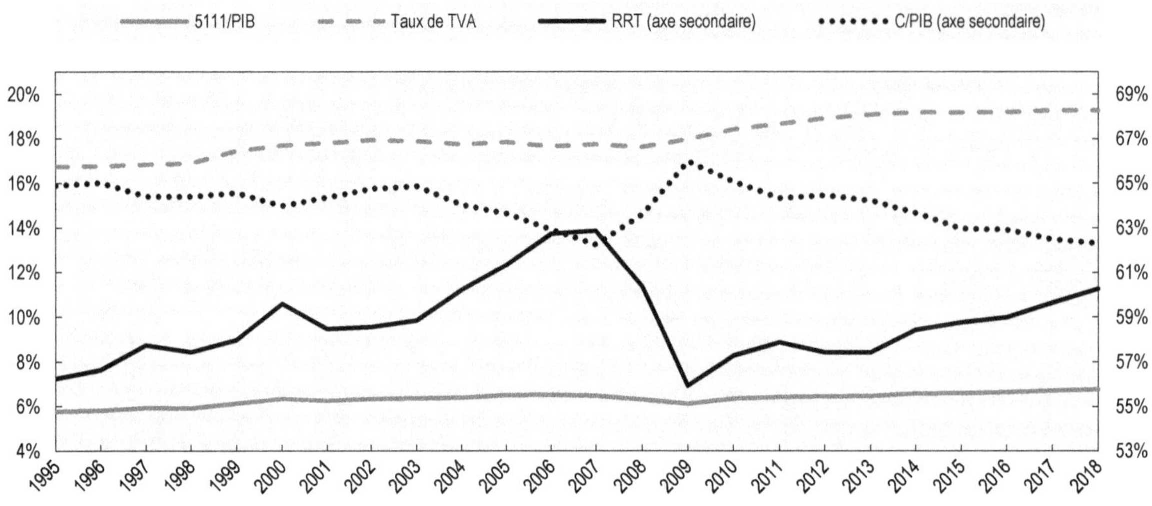

Note : Les recettes de TVA sont décomposées selon l'équation (4).
Source : Calculs effectués par les auteurs à partir des données issues des Comptes nationaux des pays de l'OCDE et des Statistiques des recettes publiques de l'OCDE (2020).

StatLink https://doi.org/10.1787/888934213542

Compte tenu des fluctuations importantes du RRT, les modifications du taux normal de TVA ainsi que de l'assiette de consommation en proportion du PIB ont permis de stabiliser les recettes de TVA. Le taux normal moyen de TVA a augmenté à partir de 2008 pour se stabiliser à 19.2 % en 2014, lorsque les recettes moyennes de TVA en pourcentage du PIB ont retrouvé leur niveau antérieur à la crise financière mondiale. En 2018, les recettes moyennes de TVA ont atteint leur niveau le plus haut sur toute la période, à 6.8 % du PIB. Ces évolutions du taux normal moyen de TVA dans le temps traduisent un certain nombre de changements importants intervenus dans les pays de l'OCDE, comme expliqué plus en détail dans l'encadré 2. Même si les variations du taux normal constatées à l'échelle de chaque pays ont été beaucoup moins fréquentes que celles qui concernent la moyenne de l'OCDE, elles ont malgré tout considérablement participé à la stabilisation des recettes fiscales assises sur la consommation en pourcentage du PIB.

Néanmoins, en 2018, le taux moyen d'imposition implicite sur la consommation ne se situait que très légèrement au-dessus du niveau antérieur à la crise financière mondiale, alors que les taux normaux de TVA sont, en moyenne, 1.5 point de pourcentage plus élevés qu'avant la crise. Cette situation résulte d'un certain nombre d'évolutions intervenues sur le plan macroéconomique et politique qui ont abouti à une réduction de l'assiette de la TVA, à savoir : i) l'application de taux de TVA réduits nouveaux ou supplémentaires (voir encadré 2) ; ii) des modifications relatives à la composition des dépenses de consommation ; et iii) des changements concernant le respect des obligations en matière de TVA.

Encadré 2.2. Taux et structures de la TVA dans les pays de l'OCDE entre 1995 et 2018

La taxe sur la valeur ajoutée (TVA) (et son équivalent dans plusieurs juridictions, la taxe sur les produits et services, ou TPS) est un type particulier de taxe sur le chiffre d'affaires perçue à chaque étape du processus de production et de distribution. Bien qu'il incombe aux fournisseurs de biens ou de services de reverser la TVA, la charge fiscale est censée peser sur les consommateurs finaux, de sorte que la TVA est une taxe sur la consommation finale de biens ou de services.

Taux normaux de TVA

En 2018, les taux normaux de TVA dans la zone euro étaient compris entre 27 % en Hongrie et moins de 10 % au Canada[9], au Japon et en Suisse. Par rapport à 2005, près des deux tiers des pays de l'OCDE (22) ont relevé leurs taux normaux[10].

Les évolutions du taux normal moyen de TVA dans le temps reflètent un certain nombre de changements importants intervenus dans les pays membres de l'OCDE. Quatre pays ont instauré un régime de TVA après janvier 1995 : la Lettonie et la Suisse (en 1995), la Slovénie (en 1999) et l'Australie (en 2000). Avant la crise financière mondiale, le taux normal de TVA était resté stable dans la plupart des pays, et se situait entre 15 % et 22 % dans la majorité d'entre eux.

Entre 2007 et 2009, six pays membres de l'OCDE (Estonie, Hongrie, Irlande, Israël, Lettonie et Lituanie) ont relevé leur taux normal de TVA dans le cadre de leurs efforts d'assainissement budgétaire, cependant que les États-Unis et le Portugal l'ont abaissé avec l'objectif de stimuler leur économie. Ces variations des taux de TVA (tant à la hausse qu'à la baisse) dans les pays membres de l'OCDE ont entraîné une diminution temporaire du taux normal moyen de TVA, de 17.7 % en 2007 à 17.6 % en 2008, qui est toutefois reparti à la hausse à 18.0 % l'année suivante.

Entre 2009 et 2014, principalement en réponse à la crise financière mondiale, 23 pays, dont 17 pays membres de l'UE, ont relevé leur taux normal de TVA au moins une fois. Il en a résulté une augmentation du taux normal moyen qui a atteint 19.2 % en 2014 dans la zone OCDE, puis a lentement augmenté pour atteindre 19.3 % en 2018. Le taux normal moyen dans les 22 pays de l'OCDE qui sont membres de l'UE s'établissait à 21.7 % en 2018, un niveau nettement supérieur au taux moyen enregistré dans la zone OCDE. Le taux normal de TVA s'applique en règle générale à tous les biens et services, sauf indication contraire prévue par la législation. La plupart des pays de l'OCDE continuent cependant d'appliquer toute une série de taux réduits et d'exonérations afin de servir divers objectifs de l'action publique.

Taux réduits et exonérations

Au cours de la période 1995-2018, la plupart des pays membres de l'OCDE ont surtout recouru à des hausses du taux normal de TVA, plutôt qu'à des réformes visant à élargir l'assiette taxable. Plusieurs pays (France, Hongrie, Irlande et République slovaque) ont instauré des taux de TVA réduits nouveaux ou supplémentaires entre 2009 et 2014, et la plupart des pays qui ont augmenté leur taux normal de TVA depuis la crise financière mondiale ont également relevé leurs taux réduits, quoique dans une moindre mesure généralement. En octobre 2019, le Japon a augmenté son taux normal de TVA de 8 % à 10 %, et instauré en parallèle un taux réduit de 8 %. À ce jour, tous les pays membres de l'OCDE qui ont mis en place un système de TVA appliquent un ou plusieurs taux réduits, à l'exception du Chili.

Dans la plupart des pays membres de l'OCDE, un certain nombre de biens et de services sont exonérés de TVA ; autrement dit, les entreprises sont taxées sur les intrants plutôt que sur les extrants. Les exonérations s'appliquent pour l'essentiel aux services financiers, aux dépenses d'éducation et à la location de biens immobiliers. La consommation du secteur public est exonérée de TVA dans la plupart des pays membres de l'OCDE, hormis en Nouvelle-Zélande où les activités des administrations publiques entrent en totalité dans le champ d'application de la TVA[11]. Pour de plus amples informations sur les taux et les structures de la TVA dans les pays de l'OCDE, voir OCDE, Tendances des impôts sur la consommation 2020.

Source : OCDE, Tendances des impôts sur la consommation 2020.

La structure de la consommation, c'est-à-dire la composition des dépenses de consommation, évolue généralement tout au long du cycle économique. Le Graphique 2.7 montre que les modifications des habitudes de consommation ont influé sur les recettes fiscales assises sur la consommation principalement de deux manières au cours de crise financière mondiale, à savoir par une augmentation à la fois de la part de la consommation publique et de la part de la consommation privée en produits de première nécessité dans la consommation totale.

En moyenne, dans les pays de l'OCDE, les dépenses publiques représentaient entre 24.4 % et 25.1 % de la consommation totale jusqu'en 2007 (inclus), avant d'augmenter fortement pour atteindre 26.5 % en 2009. Dans les pays où la consommation publique est exonérée de TVA, l'augmentation de la dépense publique se traduit par une hausse de la part de l'assiette de TVA assise sur les intrants plutôt que sur les extrants, ce qui a pour effet de réduire le RRT et, toutes choses égales par ailleurs, de diminuer les recettes de TVA en proportion du PIB.

La structure de la consommation privée a également évolué tout au long du cycle économique, les consommateurs ayant réduit leurs dépenses en biens et services de luxe, de sorte que la part des dépenses consacrées aux produits et services de première nécessité a augmenté[12] [13] (Sancak, Velloso et Xing, 2010[2]). Les dépenses privées moyennes consacrées aux produits de luxe qui représentaient 62.9 % de la consommation totale en 1995 ont culminé à 65.2 % en 2007, avant de baisser de près de deux points de pourcentage au cours des deux années suivantes. Dans le même temps, la part moyenne des dépenses consacrées aux produits de première nécessité dans la consommation totale a augmenté de manière relativement régulière entre 2007 et 2015, ce qui s'est traduit par une augmentation de 8.3 % de la part moyenne au cours de cette période. Lorsqu'il existe une TVA réduite sur les produits de première nécessité, ces modifications des habitudes de la consommation ont pour conséquence de réduire la part de l'assiette d'imposition soumise au taux normal de TVA, entraînant une baisse du RRT.

Entre 2007 et 2009, quand la part des dépenses moyennes consacrées aux biens de première nécessité et aux services publics dans la consommation a fortement augmenté, l'efficacité moyenne de la collecte de la TVA, mesurée par le RRT, a considérablement diminué. Même si les dépenses de consommation totale (à prix constants) sont restées, en moyenne, relativement stables durant la crise financière mondiale, ces modifications de l'assiette de la consommation, conjuguées à des taux réduits et des exonérations de TVA, ont été un facteur de baisse du RRT et partant, des recettes fiscales assises sur la consommation.

Outre l'évolution des modes de consommation, le non-respect de plus en plus marqué des obligations en matière de TVA par les contribuables durant la crise financière mondiale a pesé sur le RRT, ce qui a accentué la pression à la baisse sur les recettes de TVA ((Ueda, 2017[3]) ; (Sancak, Velloso et Xing, 2010[2]))[14].

Après la crise financière mondiale, la part de la consommation publique et de la consommation privée consacrée aux produits de première nécessité dans la consommation totale est restée élevée. La consommation publique s'est maintenue à un niveau plus élevé de 25.8 % environ de la consommation totale. La plupart des pays membres de l'OCDE (23) affichaient en 2018 des niveaux de consommation publique plus élevés qu'en 1995, de l'ordre de 2.0 points de pourcentage. Les dépenses moyennes consacrées aux biens et aux services de première nécessité en pourcentage de la consommation totale ont également légèrement diminué, après avoir augmenté entre 2007 et 2015. Il en résulte qu'une augmentation du taux normal ne se traduit pas entièrement par une hausse du taux moyen implicite de TVA. Les recettes de TVA en pourcentage du PIB restent donc proches de leur moyenne de longue période, alors même que le taux normal de TVA dans les pays membres de l'OCDE est aujourd'hui nettement supérieur au niveau d'avant la crise.

Graphique 2.7. Part des principales dépenses de consommation (base non cumulative), moyenne OCDE, 1995-2018

En % des dépenses de consommation totale

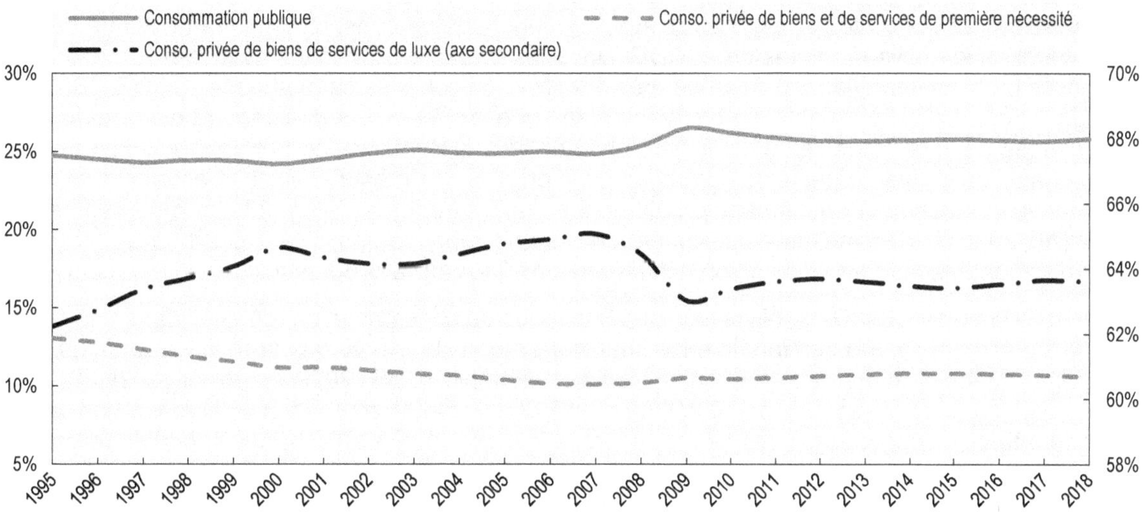

Note : La part des dépenses consacrées aux produits alimentaires et aux boissons non alcoolisées dans les dépenses de consommation privée a été utilisée comme variable indicatrice de la part des biens et services de première nécessité. Le chiffre résiduel a été utilisé comme variable indicatrice des dépenses consacrées aux biens et services de luxe. Il n'existait pas de données sur les biens et services de première nécessité pour la Colombie jusqu'en 2005, au Chili jusqu'en 2012, en Corée jusqu'en 1999 et en Turquie jusqu'en 2008 inclus.
Source : Calculs effectués par les auteurs à partir des données issues des Comptes nationaux des pays de l'OCDE (2018).

StatLink https://doi.org/10.1787/888934213561

Recettes tirées des impôts sur la consommation pendant la crise du COVID-19

Les changements macroéconomiques et d'orientation de l'action publique ont une incidence sur les recettes issues des impôts sur la consommation, y compris les changements touchant au niveau et à la composition des dépenses, ainsi qu'au taux et à l'assiette de la TVA. En période de crise, ces facteurs influent sur les recettes fiscales assises sur la consommation de multiples manières.

Dans cette étude spéciale, les auteurs se sont appuyés sur l'expérience concrète de la crise financière mondiale, et ses conséquences sur les recettes tirées des impôts sur la consommation, pour apporter un éclairage sur les effets probables de la crise du COVID-19. Durant la crise financière, on a observé que le niveau global de la consommation est resté relativement stable dans les pays membres de l'OCDE, cependant que les recettes fiscales assises sur la consommation et les recettes de TVA en particulier ont fortement diminué. Cette baisse des recettes s'explique pour l'essentiel par une inflexion des dépenses de consommation vers des biens et services de première nécessité, qui sont la plupart du temps exonérés ou taxés à des taux de TVA réduits ou nuls, ainsi que par une augmentation de la consommation de services du secteur public et de services publics, qui ne sont pas assujettis à la TVA. En outre, les recettes de TVA ont diminué sous l'effet du non-respect temporairement plus marqué des obligations fiscales par les contribuables. L'élargissement de la base d'imposition sur la consommation en pourcentage du PIB, principalement du fait de la forte baisse des investissements, a cependant compensé en partie ces effets. Depuis la crise financière mondiale, nombre des modifications des habitudes de consommation ont perduré, de sorte que les systèmes de TVA sont plus exposés aux chocs économiques, en particulier dans les pays où les RRT sont faibles et où la part de la consommation publique est élevée, surtout si une crise affecte directement la consommation privée plutôt que l'investissement.

La crise actuelle du COVID-19 devrait avoir un impact encore plus important que la crise financière mondiale sur les recettes issues des impôts sur la consommation, car elle affecte directement la consommation, et dans une bien plus large mesure. Les pays ont imposé des mesures sanitaires sans précédent, mettant à l'arrêt des pans entiers de leurs économies, ce qui a eu pour effet et d'éroder la confiance des entreprises comme des consommateurs, et provoqué un effondrement de l'activité économique. Sous l'effet conjugué de la crise sanitaire et de la réponse des pouvoirs publics, les recettes issues des impôts sur la consommation ont diminué par divers moyens.

Durant la phase aiguë de la crise, lorsque les magasins et les restaurants ont été fermés et que les consommateurs ont été invités à rester chez eux, les dépenses de consommation ont diminué de façon significative dans les pays membres de l'OCDE. Dans les grandes économies avancées, on estime que les dépenses de consommation ont chuté de près d'un tiers au cours de cette période (OCDE, 2020[4]), ce qui, malgré une possible augmentation des ventes en ligne, se répercute directement et immédiatement sur les recettes de TVA. Sous l'effet combiné d'un choc lié à la demande et à l'offre (réduction ou report des dépenses), les gouvernements de nombreux pays ont pris des mesures visant à améliorer la liquidité des entreprises, notamment en différant le paiement de la TVA et en accélérant les remboursements de TVA (OCDE, 2020[5]). Ces mesures constituent certes une réponse concrète à court terme, mais elles entraîneront probablement une diminution des recettes de TVA à brève échéance.

Au début de la crise du COVID-19, l'évolution des habitudes de consommation rappelait dans une certaine mesure la situation observée pendant la crise financière mondiale. Au vu des premières données issues des enquêtes menées auprès des ménages (voir par exemple (CBS, 2020[6]), (Insee, 2020[7])), et des données relatives aux transactions bancaires des particuliers (Baker et al., 2020[8]), il ressort qu'une part plus importante des dépenses totales des ménages a été consacrée à l'achat de produits de première nécessité, ce qui s'est traduit par une baisse pure et simple des recettes de TVA, ces produits étant souvent imposés à des taux de TVA réduits ou nuls. Parallèlement, dans de nombreux pays, les gouvernements ont augmenté leurs dépenses de santé et lancé des programmes de dépenses de grande ampleur, ce qui devrait se traduire par une augmentation des dépenses publiques de 4 % à 4.5 % en moyenne en 2020. Comme les domaines de dépenses concernés sont souvent exonérés de TVA, les recettes tirées des impôts sur la consommation devraient augmenter proportionnellement moins que les dépenses publiques.

La crise du COVID-19 devrait aussi entraîner une augmentation temporaire du nombre des cas d'insolvabilité et de faillites d'entreprises, une nouvelle baisse des recettes, et contrairement à ce qui s'était passé durant la crise financière mondiale, les droits d'accises et les taxes sur les carburants ont également diminué du fait des mesures de confinement, de l'interdiction de voyager et de la fermeture des bars et des restaurants.

Avec le redémarrage de l'économie, la baisse de la consommation s'est en partie résorbée, et les recettes commencent à se redresser. Avec la levée des restrictions imposées aux consommateurs, les dépenses privées, en particulier celles consacrées aux biens durables, se redressent, ce qui se traduit par une hausse à la fois de la consommation totale et des recettes fiscales. Cependant, les dépenses privées dans le secteur des services – coiffeur, restaurant, etc. – ne devraient pas augmenter suffisamment pour compenser les baisses enregistrées pendant le confinement. Pour stimuler les dépenses de consommation, dans certains pays (comme en Allemagne et en Norvège, voir (OCDE, 2020[9])), les autorités ont prévu une baisse temporaire des taux normaux et réduits de TVA, à l'exemple de ce qui avait été décidé durant la crise financière mondiale. Néanmoins, dans certains secteurs comme le tourisme et les voyages, les dépenses devraient rester en berne à moyen terme.

Au cours de l'année 2020, le niveau des dépenses de consommation dans les pays membres de l'OCDE devrait être, en moyenne, inférieur de 8.5 % à celui enregistré l'année précédente (10.8 % si une deuxième vague devait toucher l'ensemble des pays de l'OCDE vers la fin de 2020), avant de repartir à la hausse en 2021 (OCDE, 2020[10]). Dans le même temps, le niveau moyen des investissements devrait diminuer de 10.5 % environ (ou de 12.8 % en cas de deuxième vague) dans la zone OCDE en 2020 par rapport à l'année précédente (OCDE, 2020[10]). La baisse des investissements étant plus forte que celle des dépenses de consommation, la consommation augmentera en pourcentage du PIB. Comme ce fut le cas pendant la crise financière mondiale, cela permet de compenser en partie la baisse du taux d'imposition implicite et concourt à stabiliser les recettes fiscales assises sur la consommation en proportion du PIB. Une nouvelle propagation du virus provoquerait un regain d'incertitude sur une période prolongée, ce qui aurait pour effet de renforcer l'épargne de précaution, de réduire les dépenses des ménages, et assombrirait nettement les perspectives d'investissement.

Les impôts sur la consommation constituent un volet important de la panoplie d'instruments que les pouvoirs publics peuvent utiliser pour faciliter la reprise économique et le redressement des finances publiques après la crise COVID-19. Au fil du temps, les recettes fiscales assises sur la consommation augmenteront progressivement en pourcentage du PIB et retrouveront leurs niveaux antérieurs à la crise, alors que la consommation privée renouera avec des schémas d'avant-crise, et que les gouvernements prendront des mesures pour récupérer les pertes de recettes. Ce faisant, les pouvoirs publics pourraient souhaiter examiner attentivement la manière dont la structure de leur régime de TVA agira sur la résilience de leur système fiscal et sur leurs recettes lors de prochaines phases de ralentissement économique. Toute modification visant à renforcer la capacité de résilience devra prendre en compte de la complexité des systèmes de TVA et les possibles réactions comportementales, ainsi que les éventuels effets redistributifs.

Références

Baker, S. et al. (2020), « How Does Household Spending Respond to an Epidemic? Consumption During the 2020 COVID-19 Pandemic », *Becker Friedman Institute and the University of Chicago* Working Paper No 2020-30, https://bfi.uchicago.edu/wp-content/uploads/BFI_WP_202030.pdf. [8]

CASE et IHS (2018), *Study and Reports on the VAT Gap in the EU-28 Member States - 2018 Final Report TAXUD/2015/CC/131*, Directorate General Taxation and Customs Union. [12]

CBS (2020), *Biggest contraction ever in household consumption*, https://www.cbs.nl/en-gb/news/2020/20/biggest-contraction-ever-in-household-consumption (consulté le 2 July 2020). [6]

Cevik, S. et al. (2019), *Structural Transformation and Tax Efficiency*, Fonds monétaire international. [11]

Insee (2020), *Informations rapides n° 133*, https://www.insee.fr/fr/statistiques/4500749 (consulté le 2 July 2020). [7]

OCDE (2020), *Évaluer l'impact initial des mesures visant à limiter la propagation du COVID-19 sur l'activité économique*, http://www.oecd.org/coronavirus/policy-responses/evaluer-l-impact-initial-des-mesures-visant-a-limiter-la-propagation-du-covid-19-sur-l-activite-economique-3a861644/. [4]

OCDE (2020), *Perspectives économiques de l'OCDE, Volume 2020 Numéro 1*, Éditions OCDE, Paris, https://dx.doi.org/10.1787/e26dfe32-fr. [10]

OCDE (2020), *Tax and Fiscal Policy in Response to the Coronavirus Crisis: Strengthening Confidence and Resilience*, https://read.oecd-ilibrary.org/view/?ref=128_128575-o6raktc0aa&title=Tax-and-Fiscal-Policy-in-Response-to-the-Coronavirus-Crisis. [5]

OCDE (2020), *Tax policy responses to COVID-19; table with measures takes by countries*, http://www.oecd.org/tax/covid-19-tax-policy-and-other-measures.xlsm (consulté le 2 July 2020). [9]

OCDE (2019), *Tendances des impôts sur la consommation 2018 : TVA/TPS et droits d'accise : taux, tendances et questions stratégiques*, Éditions OCDE, Paris, https://dx.doi.org/10.1787/g2g9fa9e-fr. [13]

Sancak, C., R. Velloso et J. Xing (2010), « Tax Revenue Response to the Business Cycle », *IMF Working Papers* WP/10/71, http://dx.doi.org/10.5089/9781451982145.001. [2]

Simon, H. et M. Harding (2020), *What drives consumption tax revenues? : Disentangling policy and macroeconomic drivers*, Éditions OCDE, Paris, https://dx.doi.org/10.1787/94ed8187-en. [1]

Ueda, J. (2017), « The Evolution of Potential VAT Revenues and C-Efficiency in Advanced Economies », *IMF Working Papers* WP/17/158, http://dx.doi.org/10.5089/9781484305874.001. [3]

Annex 2.A. Données relatives aux taux d'imposition implicites (RIT) sur la consommation

Tableau d'annexe 2.A.1. Taux d'imposition implicites sur la consommation (en %) dans les pays de l'OCDE, années choisies

	1995	2000	2005	2007	2009	2011	2013	2015	2017	2018
AUS	12.2	13.0	12.8	12.1	11.4	10.8	11.8	11.1	11.1	10.9
AUT	19.2	20.4	19.7	19.4	18.9	19.4	19.4	19.7	19.8	19.7
BEL	17.1	18.3	18.4	18.5	17.0	17.3	17.1	16.9	17.3	17.4
CAN	11.9	11.8	11.3	10.5	7.0	6.8	6.7	6.9	7.0	7.0
CHL	19.3	18.7	18.2	17.9	15.7	16.9	16.7	16.9	16.6	16.8
COL	9.3	9.2	11.1	11.9	11.1	12.0	10.8	10.9	10.9	11.0
CZE	19.2	17.0	18.9	18.9	18.5	19.6	20.3	20.5	21.1	20.3
DNK	25.6	28.3	28.6	29.6	24.9	25.5	25.2	25.1	25.9	25.8
EST	18.0	19.5	21.2	24.0	23.9	23.7	22.9	24.4	24.9	24.5
FIN	23.0	24.6	23.1	22.3	20.5	22.1	22.6	21.9	22.9	23.3
FRA	18.0	17.5	16.5	16.2	15.2	16.8	17.1	17.7	18.3	18.8
DEU	15.6	16.0	16.0	17.5	17.3	17.4	16.8	17.0	16.3	16.7
GRC	15.9	16.0	14.9	15.7	13.8	16.9	18.3	19.3	21.0	21.4
HUN	27.5	26.0	23.4	24.7	25.6	27.6	30.7	32.8	30.1	31.4
ISL	23.5	24.0	25.2	24.6	17.0	17.6	17.7	18.5	20.7	19.8
IRL	22.5	23.9	23.4	21.9	17.0	17.3	18.4	20.2	20.2	19.4
ISR	18.7	17.6	17.8	17.6	17.2	17.9	17.9	18.3	17.1	16.9
ITA	15.9	17.1	15.2	15.8	14.9	16.3	16.8	17.5	18.0	17.8
JPN	6.4	7.5	7.4	7.2	6.8	6.9	6.9	9.2	9.6	9.0
KOR	14.0	14.0	12.8	12.7	12.2	12.4	12.2	11.7	12.6	12.3
LVA	14.4	15.6	17.3	17.2	16.7	17.2	18.6	20.3	21.0	22.3
LTU	15.5	16.1	15.5	16.8	14.8	16.6	15.7	16.6	17.3	17.4
LUX	17.8	22.8	25.6	27.2	26.3	27.8	28.4	25.6	24.6	25.4
MEX	5.6	6.6	5.9	6.1	6.4	6.5	5.9	8.6	8.2	8.3
NLD	17.4	18.3	18.9	19.4	18.0	18.1	18.3	19.2	20.3	20.6
NZL	19.3	18.1	18.2	16.9	16.8	18.6	18.8	19.7	19.6	19.9
NOR	25.5	27.1	23.8	25.4	22.0	22.2	21.8	21.0	21.1	21.1
POL	20.0	16.6	18.4	20.2	17.0	19.1	17.4	18.4	20.2	20.8
PRT	18.5	18.2	19.0	18.8	15.7	17.9	17.9	19.0	20.1	20.5
SVK	22.5	19.3	20.5	18.8	15.4	18.0	18.2	19.0	19.2	19.1
SVN	23.9	22.6	23.0	24.0	21.7	21.9	24.3	25.3	24.9	24.8
ESP	13.2	15.3	15.5	14.5	9.6	11.9	14.0	15.2	15.2	15.3
SWE	20.8	20.3	20.8	21.3	21.1	21.0	20.1	20.4	20.9	20.8
CHE	8.5	9.6	9.9	10.3	10.0	10.3	10.2	10.0	10.0	9.9
TUR	9.0	14.3	17.8	16.9	16.0	18.0	18.2	17.6	17.2	15.9
GBR	14.6	14.5	13.3	13.2	12.0	14.8	14.6	14.8	14.7	14.7
USA	6.4	6.0	5.8	5.6	5.1	5.4	5.6	5.6	5.4	5.5
OECD average	16.9	17.3	17.4	17.6	16.0	16.9	17.1	17.6	17.9	17.9

Source : Calculs effectués par les auteurs à partir des données issues des Comptes nationaux des pays de l'OCDE et des Statistiques des recettes publiques de l'OCDE (2020).

StatLink https://doi.org/10.1787/888934213580

Notes

[1] (Simon et Harding, 2020[1]) est un document de travail de l'OCDE sur la fiscalité publié récemment, dans lequel les données sur les recettes provenant des impôts sur la consommation dans les pays de l'OCDE au cours de la période 1995-2017 sont décomposées en deux séries : taux d'imposition implicite et consommation en proportion du PIB. En s'appuyant sur l'expérience concrète de la crise financière mondiale, les auteurs expliquent quels sont les effets des récessions économiques sur les recettes fiscales assises sur la consommation.

[2] Cette analyse porte sur des données couvrant la période allant de 1995 à 2018, dernière année pour laquelle des données exhaustives sur les statistiques des recettes publiques sont disponibles pour l'ensemble des pays de l'OCDE.

[3] Le sigle « TVA » désigne toute taxe nationale sur la valeur ajoutée (TVA) et son équivalent dans plusieurs juridictions (taxe sur les produits et services, ou TPS), comme expliqué dans (OCDE, 2019[13]). Actuellement, 36 des 37 pays membres de l'OCDE ont mis en place un système de TVA, la seule exception étant les États-Unis.

[4] La base d'imposition conceptuelle est approximée en utilisant la dépense de consommation finale dans les comptes nationaux de l'OCDE sous le poste P3, mesurée selon le concept domestique. Le numérateur du TII sur la consommation comprend toutes les recettes de la rubrique 5000 des Statistiques des recettes Impôts sur les biens et services, à l'exception de 5124 Impôts sur les exportations, 5125 Impôts sur les biens d'investissement et 5127 Autres impôts sur le commerce international et la consommation. Pour une discussion de cette méthodologie ainsi qu'un examen d'autres documents existants, voir Simon et Harding, 2020.

[5] Le RRT est un outil largement utilisé pour évaluer l'efficacité d'un système de TVA qui normalise les recettes de TVA par référence à une situation théorique où le taux de TVA standard est appliqué à toute la consommation finale. Pour une discussion technique sur les facteurs qui influencent le taux de TVA, voir OCDE, Tendances des impôts sur la consommation 2020.

[6] (Simon et Harding, 2020[1]) expliquent les causes des niveaux relativement faibles des impôts sur la consommation en pourcentage du PIB au Luxembourg et en Irlande.

[7] Les taux d'imposition implicites sur la consommation de tous les pays de l'OCDE pour certaines années figurent à l'Annexe C. Pour consulter les résultats de chaque pays sur la période 1995-2017, voir (Simon et Harding, 2020[1]).

[8] Les données relatives aux principales composantes des dépenses d'équipement peuvent être obtenues auprès des agences nationales pour tous les pays, à l'exception du Chili, d'Israël et de la Turquie.

[9] Il s'agit du taux de la TPS au niveau fédéral uniquement. Le cumul de la TPS au niveau fédéral et des taxes de vente harmonisées appliquées dans certaines provinces du Canada est souvent supérieur à 10 %.

[10] On trouvera dans le rapport Tendances des impôts sur la consommation (2020) plusieurs tableaux présentant l'évolution des taux de TVA dans le temps, l'année de mise en œuvre de la TVA, et le ratio recettes de TVA dans les pays de l'OCDE en 2018.

[11] Certains pays ont prévu des mécanismes destinés à contrebalancer les effets négatifs des exonérations, comme des remboursements ciblés de TVA, un droit total ou partiel de déduire la TVA sur les intrants ou des compensations budgétaires, voir OCDE, Tendances des impôts sur la consommation 2020, pour de plus amples détails.

[12] Les modifications de la structure de la consommation privée sont mises en évidence en utilisant la part des produits alimentaires et des boissons non alcoolisées dans la consommation comme variable indicatrice de la part des biens et services de première nécessité dans la base d'imposition (voir par exemple (Sancak, Velloso et Xing, 2010[2]) et Simon et Harding (2020)).

[13] On pourrait aussi analyser les modifications de la structure de la consommation privée en décomposant la consommation finale des ménages en consommation de biens durables, de biens semi-durables, de biens non durables et de services (voir par exemple (Cevik et al., 2019[11])). Étant donné qu'une grande partie du secteur des services (par exemple, les services financiers) est exonérée de TVA dans presque tous les pays membres de l'OCDE, un accroissement de la part des services dans l'économie peut, pour un taux de TVA donné, avoir pour effet de réduire le RRT. La part moyenne des dépenses privées consacrées aux services dans la consommation totale a connu une croissance tendancielle entre 1995 et 2018, qui ne s'est interrompue que pendant la crise financière mondiale, quand la consommation privée de biens et de services a légèrement diminué.

[14] De prochaines études pourraient compléter cette analyse en décomposant le RRT en manque à gagner dû au non-respect des obligations fiscales et à l'existence d'exonérations et de taux réduits, afin d'étudier plus avant dans quelle mesure les évolutions sur le plan de l'action publique et de la discipline fiscale ont une incidence sur les recettes tirées des impôts sur la consommation dans les pays membres de l'OCDE (voir (Simon et Harding, 2020[1]) et (OCDE, 2019[13]) pour de plus amples informations).

3 Niveaux et structures des impôts, 1965-2019

Le chapitre 3 fournit un aperçu des niveaux et structures des impôts dans les pays membres de l'OCDE.

Dans tous les tableaux suivants, le symbole (..) signifie que l'information n'est pas disponible ou qu'elle n'est pas applicable. La principale série chronologique dans ce chapitre couvre une sélection d'années entre 1990 et 2018. Des séries complètes sont, cependant, disponible en ligne. La partie V dans l'édition 1998 de ce Rapport fournit des données pour les années 1955 et 1960 (pour dix-neuf pays de l'OCDE).

Les chiffres du Produit Intérieur Brut (PIB) se fondent sur le Système de comptabilité nationale de 2008 (SCN 2008) pour tous les pays membres de l'OCDE.

Encadré 3.1. Traitements des transferts en capital

Les notes de bas de page des tableaux 3.1 à 3.18 se réfèrent au traitement des transferts en capital que certains pays effectuent pour tenir compte des impôts qui ont été évalués mais non recouvrés. Le transfert en capital a été soustrait des recettes fiscales totales pour le Danemark, la France, la Lituanie, le Luxembourg et la Suisse et cette réduction a été répartie entre les différentes rubriques en pourcentage de leurs recettes au niveau de l'administration par rapport à laquelle ces transferts ont été enregistrés. Dans le cas de la Belgique, le transfert en capital a plutôt été soustrait directement des impôts spécifiques auxquels il se rapporte.

C'est le cas pour les pays suivants :

- Belgique à partir de 1995.
- Danemark à partir de 1971.
- France à partir de 1992.
- Lituanie à partir de 1999.
- Luxembourg à partir de 2013.
- Suisse à partir de 1990.

Tableau 3.1. Total des recettes fiscales en % du PIB

	1965	1990	2000	2007	2010	2013	2015	2017	2018	2019p
Allemagne	31.7	34.8	36.4	35.4	35.5	37.0	37.3	37.8	38.5	38.8
Australie	20.6	28.1	30.5	29.5	25.3	27.1	27.9	28.5	28.7	..
Autriche	33.5	39.3	42.3	40.5	41.0	42.6	43.1	41.8	42.2	42.4
Belgique[1]	30.8	41.4	43.8	42.9	42.9	45.0	44.1	43.8	43.9	42.9
Canada	25.0	35.1	34.7	32.5	31.0	31.1	32.8	33.1	33.2	33.5
Chili	..	16.9	18.8	22.7	19.6	19.9	20.4	20.2	21.1	20.7
Colombie	..	11.3	15.7	19.3	18.1	20.0	19.9	19.0	19.3	19.7
Corée	..	18.4	20.9	23.7	22.4	23.1	23.7	25.4	26.8	27.4
Danemark[1]	29.1	44.4	46.9	46.4	44.8	45.9	46.1	45.8	44.4	46.3
Espagne	14.3	31.5	33.1	36.4	31.3	33.1	33.8	33.9	34.6	34.6
Estonie	..	..	31.0	31.0	32.9	31.5	33.1	32.5	32.9	33.1
États-Unis	23.6	26.0	28.3	26.8	23.5	25.6	26.2	26.7	24.4	24.5
Finlande	30.0	42.9	45.8	41.4	40.6	43.4	43.5	42.9	42.4	42.2
France[1]	33.7	41.2	43.4	42.5	42.1	45.4	45.3	46.1	45.9	45.4
Grèce	17.1	25.2	33.4	31.8	32.0	35.7	36.4	38.6	38.9	38.7
Hongrie	..	..	38.6	39.4	37.2	38.6	38.9	38.3	37.5	35.8
Irlande	24.5	32.4	30.8	30.8	27.7	28.9	23.4	22.8	22.7	22.7
Islande	25.7	30.4	36.0	38.6	32.3	34.5	35.4	37.6	37.2	36.1
Israël	..	..	34.8	34.2	30.7	30.8	31.2	32.5	30.9	30.5
Italie	24.6	36.3	40.5	41.6	41.7	43.8	43.0	41.9	41.9	42.4
Japon	17.6	28.2	25.8	27.5	26.5	28.9	30.7	31.4	32.0	..
Lettonie	..	..	29.1	28.3	28.7	29.4	30.0	31.4	31.2	31.2
Lituanie[1]	..	..	30.8	30.0	28.4	26.8	28.7	29.5	30.2	30.3
Luxembourg[1]	26.4	33.5	36.9	36.2	37.5	38.2	37.0	37.6	39.7	39.2
Mexique	..	12.1	11.5	12.0	12.8	13.3	15.9	16.1	16.2	16.5
Norvège	29.4	40.2	41.7	42.0	41.8	39.8	38.4	38.8	39.6	39.9
Nouvelle-Zélande	24.5	36.2	32.5	33.9	30.3	30.5	31.6	31.6	32.9	32.3
Pays-Bas	30.5	39.7	36.9	35.7	35.7	36.1	37.0	38.7	38.8	39.3
Pologne	..	..	32.9	34.6	31.4	31.9	32.4	34.1	35.2	35.4
Portugal	15.7	26.5	31.1	31.8	30.5	34.0	34.4	34.1	34.8	34.8
République slovaque	..	..	33.6	29.2	28.1	31.0	32.7	34.2	34.3	34.7
République tchèque	..	..	32.3	34.1	32.2	33.7	33.1	34.4	35.0	34.9
Royaume-Uni	30.1	32.9	32.8	32.8	32.1	32.1	32.4	32.8	32.9	33.0
Slovénie	..	..	37.7	38.1	37.8	37.2	37.3	37.1	37.4	37.7
Suède	30.9	49.0	48.8	45.1	43.1	42.7	42.9	44.3	43.9	42.9
Suisse[1]	16.5	23.7	27.6	26.2	26.6	27.0	27.6	28.4	28.0	28.5
Turquie	10.6	14.5	23.5	22.9	24.7	25.2	25.0	24.7	24.0	23.1
Moyenne non pondérée										
Moyenne OCDE[2]	**24.8**	**31.1**	**33.3**	**33.2**	**31.9**	**33.0**	**33.3**	**33.7**	**33.9**	**33.8**

.. Non disponible

Note : Les séries temporelles complètes sont accessibles sur le site web http://oe.cd/series-temporelles-completes.

1. Le total des recettes fiscales a été diminué du montant de tout transfert en capital représentant les impôts non perçus. Le transfert en capital a été réparti entre les différentes rubriques en proportion des recettes fiscales, sauf pour la Belgique, où le transfert en capital a été directement diminué des impôts spécifiques auxquels il se rapporte.
2. 2019 : calculé en appliquant le pourcentage moyen non pondéré de variation pour 2019 dans les 35 pays qui ont communiqué des données pour cette année au ratio moyen global impôts/PIB en 2018.

StatLink https://doi.org/10.1787/888934213599

Tableau 3.2. Total des recettes fiscales en milliards de dollars des É-U au taux de change du marché

	1965	1990	2000	2007	2010	2013	2015	2017	2018	2019p
Allemagne	..	577.4	706.9	1 210.4	1 206.8	1 379.1	1 250.9	1 388.8	1 526.8	1 498.5
Australie	5.6	90.9	124.4	290.8	328.3	418.1	348.2	404.0	417.2	..
Autriche	..	68.6	83.2	157.6	160.5	183.3	164.7	174.3	192.2	189.4
Belgique[1]	..	89.4	103.6	201.9	206.2	234.9	204.0	220.2	238.3	227.3
Canada	14.2	209.2	262.8	477.2	501.4	574.9	511.1	546.2	570.0	580.8
Chili	..	5.8	14.6	39.4	42.8	55.3	49.7	55.9	62.8	58.3
Colombie	..	5.1	14.7	39.8	51.9	76.5	58.4	59.2	64.4	63.7
Corée	..	52.6	120.5	278.2	256.2	317.2	347.9	411.7	460.4	449.7
Danemark[1]	3.0	61.4	76.9	148.3	144.2	157.6	139.5	151.1	157.8	160.8
Espagne	..	131.6	197.3	536.1	444.4	440.5	404.6	443.6	491.8	482.8
Estonie	..	..	1.8	7.0	6.5	7.9	7.6	8.7	10.1	10.4
États-Unis	167.0	1 552.4	2 900.5	3 868.6	3 517.1	4 291.8	4 774.2	5 225.9	5 031.7	5 243.8
Finlande	..	49.6	57.5	106.0	101.1	117.7	102.1	109.3	116.9	113.6
France[1]	..	550.7	591.8	1 130.7	1 113.7	1 275.1	1 104.3	1 193.0	1 279.5	1 232.8
Grèce	..	14.6	43.5	101.3	95.9	85.7	71.6	78.5	84.8	81.2
Hongrie	..	..	18.2	55.1	48.8	52.3	48.5	54.2	59.1	57.6
Irlande	0.7	15.6	30.7	83.2	61.5	69.0	68.1	76.2	86.7	88.1
Islande	0.1	2.0	3.2	8.3	4.4	5.5	6.2	9.2	9.6	8.7
Israël	..	..	46.2	61.2	72.0	90.2	93.7	114.8	114.5	120.3
Italie	..	336.6	463.6	918.8	889.9	938.3	788.9	820.5	872.8	849.4
Japon	17.1	903.6	1 263.4	1 242.0	1 509.6	1 500.1	1 351.5	1 531.5	1 589.7	..
Lettonie	..	..	1.8	8.8	6.8	8.9	8.1	9.5	10.7	10.6
Lituanie[1]	..	..	3.8	11.9	10.5	12.4	11.9	14.0	16.1	16.4
Luxembourg[1]	..	4.7	7.8	18.4	20.0	23.6	21.4	24.1	28.2	27.9
Mexique	..	35.9	81.2	126.5	135.9	169.6	186.1	186.9	198.0	..
Norvège	2.4	48.2	71.4	168.5	179.3	208.1	148.2	154.5	171.8	161.1
Nouvelle-Zélande	1.4	16.4	18.0	47.1	44.9	59.2	56.8	65.8	69.1	65.6
Pays-Bas	..	132.6	153.7	302.5	301.9	316.6	283.3	322.0	354.4	356.7
Pologne	..	..	56.6	148.7	150.4	167.1	154.9	179.6	206.4	209.5
Portugal	..	18.8	36.8	76.4	72.5	77.0	68.6	75.4	84.0	82.8
République slovaque	..	..	9.8	25.3	25.4	30.6	28.9	32.6	36.3	36.6
République tchèque	..	..	20.0	64.9	67.4	71.4	62.3	75.3	87.1	87.6
Royaume-Uni	30.6	359.4	544.0	1 018.0	795.0	892.9	950.0	875.7	940.6	932.9
Slovénie	..	..	6.6	18.3	18.2	18.0	16.1	18.0	20.2	20.2
Suède	7.8	128.3	128.2	221.6	213.6	250.6	216.6	239.8	244.0	227.9
Suisse[1]	2.6	61.3	75.1	125.8	155.3	185.9	187.5	193.2	197.8	200.6
Turquie	1.3	30.2	64.5	156.2	192.0	240.8	215.5	212.0	186.3	175.6
Moyenne non pondérée										
Moyenne OCDE	**19.5**	**198.3**	**227.2**	**364.9**	**355.5**	**405.7**	**392.2**	**425.8**	**440.2**	..

.. Non disponible

Note : Les séries temporelles complètes sont accessibles sur le site web http://oe.cd/series-temporelles-completes.

1. Le total des recettes fiscales a été diminué du montant de tout transfert en capital représentant les impôts non perçus. Le transfert en capital a été réparti entre les différentes rubriques en proportion des recettes fiscales, sauf pour la Belgique, où le transfert en capital a été directement diminué des impôts spécifiques auxquels il se rapporte.

StatLink https://doi.org/10.1787/888934213618

Tableau 3.3. Recettes fiscales sous les principales rubriques en % du PIB, 2018

	1000 Revenu & bénéfices	2000 Sécurité sociale	3000 Salaires	4000 Patrimoine	5000 Biens & services[2]	6000 Autres	Pour mémoire : revenus supranationaux
Allemagne	12.6	14.5	0.0	1.1	10.3	0.0	0.2
Australie	17.3	0.0	1.4	2.7	7.3	0.0	..
Autriche	12.4	14.7	2.7	0.5	11.7	0.2	0.2
Belgique[1]	16.2	13.3	0.0	3.4	11.1	0.0	0.4
Canada	16.2	4.6	0.7	3.9	7.8	0.0	..
Chili	7.5	1.5	0.0	1.1	11.2	-0.2	..
Colombie	6.5	1.8	0.4	1.5	8.3	0.8	..
Corée	9.1	6.8	0.1	3.1	7.0	0.6	..
Danemark[1]	27.6	0.0	0.3	1.8	14.6	0.0	0.1
Espagne	10.1	11.7	0.0	2.5	10.2	0.0	0.2
Estonie	7.4	11.5	0.0	0.2	13.8	0.0	0.2
États-Unis	11.0	6.1	0.0	3.0	4.3	0.0	..
Finlande	14.8	11.8	0.0	1.4	14.3	0.0	0.1
France[1]	11.5	16.0	1.5	4.1	12.2	0.5	0.2
Grèce	8.9	11.6	0.0	3.0	15.4	0.0	0.2
Hongrie	6.8	11.8	1.0	1.0	16.8	0.1	0.1
Irlande	10.3	3.9	0.2	1.3	7.0	0.0	0.1
Islande	18.4	3.5	0.3	2.0	12.4	0.6	..
Israël	10.1	5.2	1.2	3.2	11.2	0.0	..
Italie	13.0	13.0	0.0	2.5	12.0	1.4	0.2
Japon	10.2	12.9	0.0	2.6	6.2	0.1	..
Lettonie	7.1	9.1	0.0	0.9	14.1	0.0	0.2
Lituanie[1]	5.6	12.7	0.0	0.3	11.6	0.0	0.3
Luxembourg[1]	15.6	10.8	0.0	3.9	9.4	0.0	0.3
Mexique	7.1	2.2	0.4	0.3	5.9	0.3	..
Norvège	16.5	10.1	0.1	1.2	11.7	0.0	..
Nouvelle-Zélande	18.5	0.0	0.0	1.9	12.5	0.0	..
Pays-Bas	11.5	14.0	0.0	1.6	11.7	0.1	0.4
Pologne	7.4	13.1	0.2	1.3	13.1	0.1	0.2
Portugal	9.8	9.4	0.0	1.4	13.9	0.3	0.2
République slovaque	7.1	14.8	0.0	0.4	12.0	0.0	0.2
République tchèque	7.9	15.3	0.0	0.5	11.3	0.0	0.2
Royaume-Uni	11.6	6.3	0.1	4.1	10.7	0.0	0.2
Slovénie	7.3	15.5	0.0	0.6	14.0	0.0	0.1
Suède	15.8	9.6	5.1	0.9	12.4	0.0	0.3
Suisse[1]	13.4	6.6	0.0	2.1	5.8	0.1	..
Turquie	5.8	7.2	0.0	1.0	9.7	0.3	..
Moyenne non pondérée							
Moyenne OCDE	**11.5**	**9.0**	**0.4**	**1.9**	**10.9**	**0.1**	**0.2**

.. Non disponible

1. Le total des recettes fiscales a été diminué du montant de tout transfert en capital représentant les impôts non perçus. Le transfert en capital a été réparti entre les différentes rubriques en proportion des recettes fiscales, sauf pour la Belgique, où le transfert en capital a été directement diminué des impôts spécifiques auxquels il se rapporte.
2. Les chiffres de la catégorie 5000 incluent les revenus supranationaux, qui sont également présentés séparément sous la rubrique Supranationale.

StatLink https://doi.org/10.1787/888934213637

Tableau 3.4. Recettes fiscales sous les principales rubriques en % du total des recettes fiscales, 2018

	1000 Revenu & bénéfices	2000 Sécurité sociale	3000 Salaires	4000 Patrimoine	5000 Biens & services[2]	6000 Autres	Pour mémoire : revenus supranationaux
Allemagne	32.8	37.7	0.0	2.7	26.8	0.0	0.5
Australie	60.2	0.0	4.8	9.5	25.5	0.0	..
Autriche	29.3	34.8	6.4	1.3	27.7	0.5	0.4
Belgique[1]	36.8	30.2	0.0	7.8	25.2	0.0	0.9
Canada	48.8	14.0	2.0	11.6	23.5	0.1	..
Chili	35.8	6.9	0.0	5.2	53.3	-1.1	..
Colombie	33.7	9.6	1.8	8.0	42.8	4.2	..
Corée	34.1	25.4	0.3	11.6	26.3	2.3	..
Danemark[1]	62.2	0.1	0.6	4.1	32.9	0.0	0.3
Espagne	29.3	33.9	0.0	7.3	29.5	0.0	0.6
Estonie	22.6	34.9	0.0	0.7	41.8	0.0	0.6
États-Unis	45.2	24.9	0.0	12.3	17.6	0.0	..
Finlande	34.8	27.9	0.0	3.4	33.8	0.0	0.2
France[1]	25.1	34.9	3.3	9.0	26.6	1.1	0.4
Grèce	22.9	29.9	0.0	7.7	39.5	0.0	0.5
Hongrie	18.2	31.6	2.6	2.6	44.7	0.2	0.4
Irlande	45.3	17.3	0.8	5.8	30.8	0.0	0.6
Islande	49.3	9.5	0.8	5.5	33.3	1.6	..
Israël	32.8	16.8	3.8	10.3	36.3	0.0	..
Italie	31.0	31.0	0.0	6.1	28.7	3.2	0.5
Japon	31.9	40.2	0.0	8.1	19.5	0.3	..
Lettonie	22.6	29.3	0.0	3.0	45.1	0.0	0.7
Lituanie[1]	18.5	42.1	0.0	1.0	38.4	0.0	0.9
Luxembourg[1]	39.4	27.1	0.0	9.7	23.7	0.1	0.6
Mexique	44.0	13.4	2.5	2.0	36.4	1.7	..
Norvège	41.7	25.5	0.1	3.1	29.5	0.0	..
Nouvelle-Zélande	56.3	0.0	0.0	5.8	37.9	0.0	..
Pays-Bas	29.6	36.0	0.0	4.0	30.1	0.3	1.1
Pologne	21.1	37.2	0.6	3.7	37.2	0.1	0.5
Portugal	28.3	26.9	0.0	4.0	39.8	1.0	0.5
République slovaque	20.7	43.0	0.0	1.2	35.0	0.0	0.5
République tchèque	22.6	43.8	0.0	1.3	32.3	0.0	0.4
Royaume-Uni	35.3	19.1	0.4	12.5	32.6	0.0	0.5
Slovénie	19.5	41.4	0.1	1.6	37.4	0.0	0.4
Suède	35.9	21.8	11.6	2.2	28.1	0.1	0.6
Suisse[1]	47.7	23.6	0.0	7.3	20.8	0.5	..
Turquie	24.1	29.9	0.0	4.3	40.5	1.1	..
Moyenne non pondérée							
Moyenne OCDE	**34.3**	**25.7**	**1.2**	**5.6**	**32.7**	**0.5**	**0.6**

.. Non disponible

1. Le total des recettes fiscales a été diminué du montant de tout transfert en capital représentant les impôts non perçus. Le transfert en capital a été réparti entre les différentes rubriques en proportion des recettes fiscales, sauf pour la Belgique, où le transfert en capital a été directement diminué des impôts spécifiques auxquels il se rapporte.
2. Les chiffres de la catégorie 5000 incluent les revenus supranationaux, qui sont également présentés séparément sous la rubrique Supranationale.

StatLink https://doi.org/10.1787/888934213656

Tableau 3.5. Recettes fiscales sous les principales rubriques en % du PIB, 2019p

	1000 Revenu & bénéfices	2000 Sécurité sociale	3000 Salaires	4000 Patrimoine	5000 Biens & services[2]	6000 Autres	Pour mémoire : revenus supranationaux
Allemagne	12.7	14.7	0.0	1.1	10.4	0.0	0.2
Australie	..	..	..	..	..	..	..
Autriche	12.5	14.8	2.7	0.5	11.7	0.2	0.2
Belgique[1]	15.2	13.3	0.0	3.5	11.0	0.0	0.4
Canada	16.4	4.7	0.7	3.9	7.7	0.0	..
Chili	7.2	1.5	0.0	1.1	11.0	-0.1	..
Colombie	6.4	1.9	0.3	1.8	8.5	0.9	..
Corée	9.1	7.3	0.1	3.1	7.1	0.7	..
Danemark[1]	30.0	0.0	0.3	1.9	14.1	0.0	0.1
Espagne	9.9	12.2	0.0	2.4	10.0	0.0	0.2
Estonie	7.3	11.6	0.0	0.2	14.0	0.0	0.2
États-Unis	11.1	6.1	0.0	3.0	4.3	0.0	..
Finlande	14.7	11.8	0.0	1.4	14.2	0.0	0.2
France[1]	11.8	14.9	1.8	4.0	12.3	0.5	0.2
Grèce	8.3	11.9	0.0	3.1	15.3	0.0	0.2
Hongrie	5.9	11.6	1.0	1.0	16.2	0.1	0.1
Irlande	10.3	4.0	0.2	1.3	6.9	0.0	0.1
Islande	17.9	3.3	0.3	2.1	11.8	0.6	..
Israël	10.0	5.3	1.1	3.1	10.9	0.0	..
Italie	13.3	13.3	0.0	2.4	12.1	1.4	0.2
Japon	10.3	..	0.0	2.6	6.5	0.1	..
Lettonie	6.6	9.6	0.0	0.9	14.1	0.0	0.2
Lituanie[1]	8.7	9.7	0.0	0.3	11.6	0.0	0.3
Luxembourg[1]	15.2	10.8	0.0	3.8	9.4	0.0	0.3
Mexique	7.0	2.3	..	..	..	..	..
Norvège	16.2	10.6	0.1	1.3	11.8	0.0	..
Nouvelle-Zélande	17.8	0.0	0.0	2.0	12.6	0.0	..
Pays-Bas	12.2	13.5	0.0	1.5	12.1	0.1	0.4
Pologne	7.6	13.3	0.2	1.3	8.5	4.5	0.2
Portugal	9.5	9.7	0.0	1.4	14.0	0.3	0.2
République slovaque	7.1	15.0	0.0	0.4	12.2	0.0	0.2
République tchèque	7.9	15.5	0.0	0.4	11.2	0.0	0.2
Royaume-Uni	11.6	6.4	0.1	4.1	10.7	0.0	0.2
Slovénie	7.5	15.8	0.0	0.6	13.7	0.0	0.1
Suède	15.1	9.2	5.3	0.9	12.1	0.0	0.3
Suisse[1]	13.6	6.7	0.0	2.1	6.0	0.2	..
Turquie	5.6	7.2	0.0	1.0	9.0	0.3	..

.. Non disponible

1. Le total des recettes fiscales a été diminué du montant de tout transfert en capital représentant les impôts non perçus. Le transfert en capital a été réparti entre les différentes rubriques en proportion des recettes fiscales, sauf pour la Belgique, où le transfert en capital a été directement diminué des impôts spécifiques auxquels il se rapporte.
2. Les chiffres de la catégorie 5000 incluent les revenus supranationaux, qui sont également présentés séparément sous la rubrique Supranationale.

StatLink https://doi.org/10.1787/888934213675

Tableau 3.6. Recettes fiscales sous les principales rubriques en % du total des recettes fiscales, 2019p

	1000 Revenu & bénéfices	2000 Sécurité sociale	3000 Salaires	4000 Patrimoine	5000 Biens & services[2]	6000 Autres	Pour mémoire : revenus supranationaux
Allemagne	32.6	37.9	0.0	2.8	26.7	0.0	0.5
Australie	..	..	..	..	..	..	..
Autriche	29.4	34.9	6.4	1.3	27.5	0.5	0.4
Belgique[1]	35.3	31.0	0.0	8.1	25.7	0.0	1.0
Canada	49.1	14.0	2.2	11.6	22.9	0.1	..
Chili	34.8	7.3	0.0	5.4	53.1	-0.6	..
Colombie	32.3	9.5	1.7	9.1	42.9	4.4	..
Corée	33.2	26.7	0.3	11.4	25.8	2.5	..
Danemark[1]	64.7	0.1	0.6	4.1	30.5	0.0	0.3
Espagne	28.7	35.4	0.0	7.0	28.9	0.0	0.6
Estonie	21.9	35.0	0.0	0.6	42.4	0.0	0.6
États-Unis	45.4	24.9	0.0	12.1	17.6	0.0	..
Finlande	35.0	27.9	0.0	3.4	33.7	0.0	0.4
France[1]	26.1	32.8	4.0	8.9	27.1	1.2	0.4
Grèce	21.6	30.8	0.0	8.1	39.6	0.0	0.5
Hongrie	16.5	32.5	2.7	2.7	45.3	0.3	0.4
Irlande	45.3	17.5	1.0	5.6	30.6	0.0	0.6
Islande	49.5	9.2	0.8	5.9	32.7	1.8	..
Israël	32.9	17.4	3.8	10.1	35.9	0.0	..
Italie	31.4	31.2	0.0	5.8	28.4	3.2	0.4
Japon	..	..	..	..	..	..	..
Lettonie	21.3	30.6	0.0	3.0	45.1	0.0	0.5
Lituanie[1]	28.6	32.0	0.0	1.0	38.4	0.0	0.9
Luxembourg[1]	38.8	27.5	0.0	9.7	23.9	0.1	0.7
Mexique	..	..	..	..	..	..	..
Norvège	40.5	26.6	0.1	3.2	29.5	0.0	..
Nouvelle-Zélande	55.0	0.0	0.0	6.2	38.9	0.0	..
Pays-Bas	31.0	34.3	0.0	3.7	30.7	0.3	1.1
Pologne	21.4	37.6	0.6	3.6	24.1	12.7	0.5
Portugal	27.4	27.9	0.0	4.0	40.1	0.8	0.5
République slovaque	20.6	43.1	0.0	1.2	35.1	0.0	0.5
République tchèque	22.5	44.3	0.0	1.2	32.0	0.0	0.4
Royaume-Uni	35.1	19.5	0.4	12.4	32.6	0.0	0.5
Slovénie	20.0	42.0	0.1	1.7	36.3	0.0	0.4
Suède	35.2	21.5	12.4	2.2	28.3	0.1	0.6
Suisse[1]	47.8	23.4	0.0	7.3	21.0	0.5	..
Turquie	24.2	31.4	0.0	4.2	39.0	1.2	..

.. Non disponible

1. Le total des recettes fiscales a été diminué du montant de tout transfert en capital représentant les impôts non perçus. Le transfert en capital a été réparti entre les différentes rubriques en proportion des recettes fiscales, sauf pour la Belgique, où le transfert en capital a été directement diminué des impôts spécifiques auxquels il se rapporte.
2. Les chiffres de la catégorie 5000 incluent les revenus supranationaux, qui sont également présentés séparément sous la rubrique Supranationale.

StatLink https://doi.org/10.1787/888934213694

Tableau 3.7. Impôts sur le revenu et les bénéfices (1000) en % du PIB et en % du total des recettes fiscales

	% du PIB					% du total des recettes fiscales				
	1990	2000	2010	2017	2018	1990	2000	2010	2017	2018
Allemagne	11.3	11.0	10.1	12.3	12.6	32.4	30.1	28.3	32.5	32.8
Australie	16.1	17.6	14.3	16.8	17.3	57.1	57.9	56.5	58.8	60.2
Autriche	10.0	12.0	11.5	11.8	12.4	25.5	28.3	28.1	28.3	29.3
Belgique[1]	15.3	16.9	14.7	16.0	16.2	36.9	38.6	34.2	36.5	36.8
Canada	17.0	17.4	14.5	16.1	16.2	48.6	50.1	46.6	48.7	48.8
Chili	3.9	4.4	7.5	7.0	7.5	23.2	23.3	38.1	34.5	35.8
Colombie	3.4	3.6	4.8	6.3	6.5	29.9	23.2	26.6	33.0	33.7
Corée	6.0	6.0	6.3	8.1	9.1	32.8	28.8	28.0	32.1	34.1
Danemark[1]	27.2	28.8	27.5	29.1	27.6	61.2	61.5	61.5	63.4	62.2
Espagne	9.7	9.3	8.7	9.6	10.1	30.6	28.1	28.0	28.4	29.3
Estonie	..	7.7	6.5	7.2	7.4	..	24.8	19.8	22.0	22.6
États-Unis	11.8	14.2	9.9	12.0	11.0	45.2	50.1	42.3	44.8	45.2
Finlande	16.8	19.7	14.4	15.2	14.8	39.2	43.1	35.5	35.5	34.8
France[1]	6.6	10.8	9.5	10.9	11.5	16.1	24.8	22.6	23.6	25.1
Grèce	5.0	9.0	7.1	8.7	8.9	19.9	26.8	22.0	22.4	22.9
Hongrie	..	9.4	7.7	7.4	6.8	..	24.3	20.6	19.3	18.2
Irlande	12.3	13.4	11.1	10.0	10.3	38.0	43.6	40.1	43.8	45.3
Islande	9.0	14.3	14.3	18.5	18.4	29.7	39.9	44.4	49.2	49.3
Israël	..	13.8	8.9	11.6	10.1	..	39.6	29.1	35.6	32.8
Italie	13.2	13.4	13.6	13.3	13.0	36.5	33.2	32.7	31.7	31.0
Japon	14.2	9.0	8.0	9.6	10.2	50.2	34.8	30.2	30.7	31.9
Lettonie	..	7.0	7.2	8.2	7.1	..	24.1	25.0	26.2	22.6
Lituanie[1]	..	8.3	4.6	5.3	5.6	..	27.0	16.2	18.1	18.5
Luxembourg[1]	13.5	13.5	13.6	14.0	15.6	40.2	36.5	36.3	37.2	39.4
Mexique	4.1	4.1	5.1	7.2	7.1	34.0	36.0	39.8	44.6	44.0
Norvège	14.2	18.9	19.8	15.2	16.5	35.2	45.3	47.3	39.1	41.7
Nouvelle-Zélande	21.6	19.5	16.3	17.6	18.5	59.6	60.0	53.8	55.6	56.3
Pays-Bas	12.8	9.6	9.9	11.6	11.5	32.3	25.9	27.9	30.0	29.6
Pologne	..	6.7	6.3	6.9	7.4	..	20.4	20.1	20.3	21.1
Portugal	6.8	9.1	8.2	9.6	9.8	25.7	29.3	26.8	28.2	28.3
République slovaque	..	6.9	5.3	7.1	7.1	..	20.5	18.8	20.6	20.7
République tchèque	..	7.4	6.5	7.6	7.9	..	22.8	20.2	22.2	22.6
Royaume-Uni	12.9	13.0	12.0	11.6	11.6	39.3	39.6	37.4	35.3	35.3
Slovénie	..	6.8	7.4	6.9	7.3	..	18.0	19.6	18.5	19.5
Suède	20.3	19.9	15.3	16.1	15.8	41.5	40.9	35.5	36.4	35.9
Suisse[1]	11.2	12.2	12.1	13.4	13.4	47.0	44.1	45.5	47.3	47.7
Turquie	4.9	6.9	5.3	5.3	5.8	33.5	29.5	21.3	21.4	24.1
Moyenne non pondérée										
Moyenne OCDE	**11.8**	**11.7**	**10.4**	**11.4**	**11.5**	**37.2**	**34.5**	**32.6**	**33.9**	**34.3**

.. Non disponible

Note : Les séries temporelles complètes sont accessibles sur le site web http://oe.cd/series-temporelles-completes.

1. Le total des recettes fiscales a été diminué du montant de tout transfert en capital représentant les impôts non perçus. Le transfert en capital a été réparti entre les différentes rubriques en proportion des recettes fiscales, sauf pour la Belgique, où le transfert en capital a été directement diminué des impôts spécifiques auxquels il se rapporte.

StatLink https://doi.org/10.1787/888934213713

Tableau 3.8. Impôts sur le revenu des personnes physiques (1100) en % du PIB et en % du total des recettes fiscales

	% du PIB					% du total des recettes fiscales				
	1990	2000	2010	2017	2018	1990	2000	2010	2017	2018
Allemagne	9.6	9.2	8.6	10.3	10.5	27.6	25.3	24.1	27.2	27.2
Australie	12.1	11.5	9.8	11.5	11.8	43.0	37.7	38.6	40.3	41.1
Autriche	8.2	9.3	9.2	9.1	9.4	21.0	22.0	22.4	21.7	22.2
Belgique[1]	13.3	13.8	12.1	11.9	11.9	32.0	31.4	28.2	27.2	27.0
Canada	14.3	12.8	10.9	11.9	12.0	40.8	36.8	35.0	35.9	36.2
Chili	0.9	1.4	1.3	1.9	1.4	5.6	7.6	6.8	9.7	6.7
Colombie	0.2	0.8	1.0	1.1	1.2	1.8	4.9	5.3	5.9	6.4
Corée	3.7	3.1	3.2	4.5	4.9	20.0	14.6	14.2	17.9	18.4
Danemark[1]	24.0	24.7	23.3	24.4	24.1	54.1	52.7	52.0	53.2	54.4
Espagne	6.9	6.4	6.9	7.4	7.7	21.7	19.3	22.1	21.8	22.2
Estonie	..	6.8	5.2	5.6	5.4	..	22.0	15.9	17.3	16.5
États-Unis	9.8	11.9	8.2	10.4	10.0	37.7	42.2	34.8	39.0	41.1
Finlande	14.9	14.0	12.0	12.5	12.2	34.7	30.6	29.5	29.2	28.9
France[1]	4.4	7.8	7.2	8.6	9.4	10.7	17.9	17.0	18.6	20.5
Grèce	3.6	4.3	4.0	6.2	6.3	14.1	13.0	12.4	16.1	16.1
Hongrie	..	7.2	6.5	5.4	5.5	..	18.6	17.4	14.1	14.6
Irlande	10.7	9.8	8.7	7.2	7.1	33.1	31.9	31.6	31.6	31.2
Islande	8.2	12.5	11.8	14.3	14.8	26.9	34.8	36.5	38.1	39.7
Israël	..	10.1	5.5	6.7	6.4	..	29.1	18.0	20.7	20.6
Italie	9.5	10.1	11.2	10.8	10.7	26.3	24.8	26.9	25.7	25.6
Japon	7.8	5.4	4.9	5.9	6.1	27.8	21.1	18.6	18.8	19.1
Lettonie	..	5.5	6.2	6.6	6.0	..	18.8	21.6	21.1	19.2
Lituanie[1]	..	7.6	3.6	3.8	4.1	..	24.8	12.7	13.0	13.5
Luxembourg[1]	8.1	6.8	7.9	8.9	9.3	24.1	18.5	20.9	23.7	23.5
Mexique	..	..	2.3	3.4	3.4	..	..	18.3	21.4	21.2
Norvège	10.5	10.1	9.9	10.3	10.0	26.2	24.2	23.7	26.5	25.3
Nouvelle-Zélande	17.4	14.0	11.4	11.9	12.3	48.0	43.1	37.7	37.8	37.5
Pays-Bas	9.8	5.6	7.7	8.3	8.0	24.7	15.1	21.5	21.6	20.5
Pologne	..	4.3	4.4	5.0	5.3	..	13.2	13.9	14.6	15.1
Portugal	4.2	5.4	5.4	6.4	6.5	15.9	17.4	17.6	18.9	18.7
République slovaque	..	3.3	2.6	3.4	3.6	..	9.9	9.3	9.9	10.5
République tchèque	..	4.2	3.3	4.0	4.3	..	12.9	10.2	11.5	12.2
Royaume-Uni	9.7	9.5	9.2	9.0	9.0	29.4	29.0	28.6	27.3	27.3
Slovénie	..	5.5	5.6	5.1	5.3	..	14.6	14.7	13.7	14.3
Suède	18.8	16.3	12.1	13.3	12.9	38.4	33.4	28.0	30.1	29.4
Suisse[1]	7.7	8.2	8.4	8.6	8.6	32.5	29.6	31.7	30.2	30.7
Turquie	3.9	5.2	3.5	3.6	3.7	26.8	22.2	14.0	14.5	15.4
Moyenne non pondérée										
Moyenne OCDE	**9.3**	**8.5**	**7.4**	**8.1**	**8.1**	**27.6**	**24.0**	**22.5**	**23.4**	**23.5**

.. Non disponible

Note : Les séries temporelles complètes sont accessibles sur le site web http://oe.cd/series-temporelles-completes.

1. Le total des recettes fiscales a été diminué du montant de tout transfert en capital représentant les impôts non perçus. Le transfert en capital a été réparti entre les différentes rubriques en proportion des recettes fiscales, sauf pour la Belgique, où le transfert en capital a été directement diminué des impôts spécifiques auxquels il se rapporte.

StatLink https://doi.org/10.1787/888934213732

Tableau 3.9. Impôts sur les bénéfices des sociétés (1200) en % du PIB et en % du total des recettes fiscales

	% du PIB					% du total des recettes fiscales				
	1990	2000	2010	2017	2018	1990	2000	2010	2017	2018
Allemagne	1.7	1.8	1.5	2.0	2.1	4.8	4.8	4.2	5.4	5.6
Australie	4.0	6.2	4.5	5.3	5.5	14.1	20.2	17.9	18.5	19.1
Autriche	1.4	1.9	1.9	2.5	2.7	3.6	4.6	4.6	5.9	6.4
Belgique[1]	2.0	3.1	2.5	4.1	4.3	4.8	7.2	5.9	9.3	9.8
Canada	2.5	4.2	3.2	3.9	3.8	7.0	12.2	10.5	11.7	11.3
Chili	2.1	2.1	4.0	4.3	4.7	12.4	11.2	20.4	21.1	22.1
Colombie	1.6	2.6	3.8	4.9	4.9	13.9	16.7	20.7	25.7	25.5
Corée	2.3	3.0	3.1	3.6	4.2	12.8	14.1	13.8	14.2	15.7
Danemark[1]	1.7	3.2	2.3	3.2	2.9	3.8	6.8	5.0	7.1	6.5
Espagne	2.8	2.9	1.8	2.2	2.5	8.8	8.8	5.9	6.6	7.1
Estonie	..	0.9	1.3	1.5	2.0	..	2.8	4.0	4.7	6.1
États-Unis	2.0	2.2	1.8	1.6	1.0	7.5	7.9	7.5	5.9	4.1
Finlande	1.9	5.7	2.4	2.7	2.5	4.5	12.5	6.0	6.3	6.0
France[1]	2.2	3.0	2.3	2.3	2.1	5.3	6.9	5.5	5.0	4.6
Grèce	1.4	4.0	2.5	1.9	2.2	5.5	11.9	7.9	5.0	5.6
Hongrie	..	2.2	1.2	2.0	1.3	..	5.7	3.3	5.2	3.6
Irlande	1.6	3.6	2.4	2.8	3.2	4.9	11.7	8.5	12.1	14.2
Islande	0.8	1.2	0.9	3.1	2.4	2.8	3.3	2.7	8.1	6.5
Israël	..	3.3	2.6	3.3	3.2	..	9.6	8.6	10.1	10.4
Italie	3.6	2.8	2.3	2.1	1.9	10.0	6.9	5.5	5.0	4.5
Japon	6.3	3.5	3.1	3.7	4.1	22.4	13.7	11.6	11.8	12.9
Lettonie	..	1.5	1.0	1.6	1.1	..	5.3	3.4	5.1	3.4
Lituanie[1]	..	0.7	1.0	1.5	1.5	..	2.2	3.5	5.1	5.1
Luxembourg[1]	5.4	6.6	5.8	5.1	6.3	16.1	18.0	15.3	13.6	15.9
Mexique	..	..	1.8	3.5	3.4	..	..	14.4	21.8	21.3
Norvège	3.6	8.8	9.9	4.9	6.5	9.0	21.0	23.6	12.6	16.4
Nouvelle-Zélande	2.3	4.0	3.7	4.6	5.1	6.5	12.4	12.2	14.7	15.6
Pays-Bas	3.0	4.0	2.3	3.3	3.5	7.5	10.9	6.4	8.5	9.0
Pologne	..	2.4	1.9	1.9	2.1	..	7.3	6.2	5.7	5.9
Portugal	2.1	3.7	2.7	3.2	3.3	8.0	11.9	9.0	9.4	9.6
République slovaque	..	2.6	2.4	3.5	3.3	..	7.6	8.7	10.1	9.6
République tchèque	..	3.2	3.2	3.7	3.6	..	9.9	10.0	10.7	10.4
Royaume-Uni	3.3	3.5	2.9	2.6	2.6	9.9	10.6	8.9	8.1	8.0
Slovénie	..	1.1	1.8	1.8	1.9	..	3.0	4.9	4.8	5.2
Suède	1.5	3.6	3.2	2.8	2.8	3.1	7.5	7.5	6.3	6.5
Suisse[1]	1.8	2.4	2.7	3.1	3.2	7.4	8.9	10.0	10.7	11.4
Turquie	1.0	1.7	1.8	1.7	2.1	6.7	7.3	7.3	6.8	8.7
Moyenne non pondérée										
Moyenne OCDE	**2.4**	**3.2**	**2.7**	**3.0**	**3.1**	**8.3**	**9.5**	**8.9**	**9.7**	**10.0**

.. Non disponible

Note : Les séries temporelles complètes sont accessibles sur le site web http://oe.cd/series-temporelles-completes.

1. Le total des recettes fiscales a été diminué du montant de tout transfert en capital représentant les impôts non perçus. Le transfert en capital a été réparti entre les différentes rubriques en proportion des recettes fiscales, sauf pour la Belgique, où le transfert en capital a été directement diminué des impôts spécifiques auxquels il se rapporte.

StatLink https://doi.org/10.1787/888934213751

Tableau 3.10. Cotisations de sécurité sociale (2000) en % du PIB et en % du total des recettes fiscales

	% du PIB					% du total des recettes fiscales				
	1990	2000	2010	2017	2018	1990	2000	2010	2017	2018
Allemagne	13.0	14.2	13.8	14.3	14.5	37.5	39.0	38.9	37.9	37.7
Australie	0.0	0.0	0.0	0.0	0.0	0.0	0.0	0.0	0.0	0.0
Autriche	12.9	14.3	14.0	14.6	14.7	32.9	33.8	34.2	34.9	34.8
Belgique[1]	13.7	13.5	13.9	13.4	13.3	33.2	30.8	32.4	30.6	30.2
Canada	4.3	4.7	4.6	4.6	4.6	12.1	13.6	14.9	14.0	14.0
Chili	1.5	1.4	1.3	1.5	1.5	9.0	7.3	6.8	7.3	6.9
Colombie	0.9	2.6	2.1	1.5	1.8	7.9	16.3	11.7	7.6	9.6
Corée	1.9	3.5	5.2	6.5	6.8	10.1	16.7	23.3	25.7	25.4
Danemark[1]	0.0	0.6	0.1	0.0	0.0	0.0	1.4	0.2	0.1	0.1
Espagne	11.2	11.5	11.9	11.5	11.7	35.4	34.9	37.9	34.1	33.9
Estonie	..	10.9	12.6	11.1	11.5	..	35.1	38.4	34.2	34.9
États-Unis	6.7	6.7	6.1	6.2	6.1	25.6	23.6	26.1	23.1	24.9
Finlande	11.0	11.5	12.0	12.0	11.8	25.6	25.2	29.7	27.8	27.9
France[1]	18.1	15.6	16.1	16.7	16.0	44.1	35.8	38.2	36.3	34.9
Grèce	7.6	10.1	10.9	11.5	11.6	30.2	30.3	34.2	29.8	29.9
Hongrie	..	11.3	11.7	12.4	11.8	..	29.3	31.3	32.4	31.6
Irlande	4.6	3.7	5.0	3.9	3.9	14.1	11.9	18.2	17.2	17.3
Islande	1.0	2.8	3.8	3.4	3.5	3.1	7.7	11.8	9.1	9.5
Israël	..	5.1	5.2	5.3	5.2	..	14.6	16.9	16.2	16.8
Italie	11.9	11.6	13.0	12.7	13.0	32.9	28.5	31.1	30.3	31.0
Japon	7.5	9.1	10.9	12.5	12.9	26.5	35.2	41.1	39.9	40.2
Lettonie	..	9.8	8.6	8.4	9.1	..	33.5	30.1	26.9	29.3
Lituanie[1]	..	9.9	11.7	12.2	12.7	..	32.2	41.1	41.5	42.1
Luxembourg[1]	9.2	9.6	10.9	10.8	10.8	27.5	26.1	29.1	28.7	27.1
Mexique	2.0	2.1	2.1	2.1	2.2	16.8	18.0	16.2	13.3	13.4
Norvège	10.6	8.8	9.4	10.3	10.1	26.3	21.0	22.4	26.6	25.5
Nouvelle-Zélande	0.0	0.0	0.0	0.0	0.0	0.0	0.0	0.0	0.0	0.0
Pays-Bas	14.9	14.3	12.9	13.8	14.0	37.4	38.7	36.3	35.7	36.0
Pologne	..	12.9	10.8	12.8	13.1	..	39.2	34.4	37.6	37.2
Portugal	7.2	7.9	8.6	9.2	9.4	27.2	25.5	28.3	26.9	26.9
République slovaque	..	13.9	12.0	14.7	14.8	..	41.4	42.6	42.8	43.0
République tchèque	..	14.3	14.4	14.8	15.3	..	44.3	44.8	43.0	43.8
Royaume-Uni	5.6	5.5	6.1	6.3	6.3	17.0	16.8	18.9	19.2	19.1
Slovénie	..	15.0	15.8	15.4	15.5	..	39.7	41.9	41.5	41.4
Suède	13.3	12.7	10.8	9.6	9.6	27.1	26.1	25.0	21.6	21.8
Suisse[1]	5.5	6.7	6.3	6.7	6.6	23.3	24.1	23.6	23.6	23.6
Turquie	2.9	4.4	6.1	7.2	7.2	19.7	18.7	24.9	29.3	29.9
Moyenne non pondérée										
Moyenne OCDE	**7.1**	**8.4**	**8.7**	**8.9**	**9.0**	**21.5**	**24.8**	**26.4**	**25.6**	**25.7**

.. Non disponible

Note : Les séries temporelles complètes sont accessibles sur le site web http://oe.cd/series-temporelles-completes.

1. Le total des recettes fiscales a été diminué du montant de tout transfert en capital représentant les impôts non perçus. Le transfert en capital a été réparti entre les différentes rubriques en proportion des recettes fiscales, sauf pour la Belgique, où le transfert en capital a été directement diminué des impôts spécifiques auxquels il se rapporte.

StatLink https://doi.org/10.1787/888934213770

Tableau 3.11. Impôts sur les salaires ou la main-d'oeuvre (3000) en % du PIB et en % du total des recettes fiscales

	% du PIB					% du total des recettes fiscales				
	1990	2000	2010	2017	2018	1990	2000	2010	2017	2018
Allemagne	0.0	0.0	0.0	0.0	0.0	0.0	0.0	0.0	0.0	0.0
Australie	1.7	1.4	1.3	1.4	1.4	6.1	4.5	5.2	4.8	4.8
Autriche	2.4	2.7	2.8	2.8	2.7	6.0	6.4	6.9	6.6	6.4
Belgique[1]	0.0	0.0	0.0	0.0	0.0	0.0	0.0	0.0	0.0	0.0
Canada	0.8	0.7	0.6	0.7	0.7	2.3	2.1	2.1	2.0	2.0
Chili	0.0	0.0	0.0	0.0	0.0	0.0	0.0	0.0	0.0	0.0
Colombie	0.0	0.7	0.7	0.3	0.4	0.0	4.2	4.1	1.8	1.8
Corée	0.1	0.0	0.1	0.1	0.1	0.4	0.2	0.2	0.3	0.3
Danemark[1]	0.3	0.2	0.2	0.3	0.3	0.7	0.4	0.5	0.5	0.6
Espagne	0.0	0.0	0.0	0.0	0.0	0.0	0.0	0.0	0.0	0.0
Estonie	..	0.0	0.0	0.0	0.0	..	0.0	0.0	0.0	0.0
États-Unis	0.0	0.0	0.0	0.0	0.0	0.0	0.0	0.1	0.0	0.0
Finlande	0.0	0.0	0.0	0.0	0.0	0.0	0.0	0.0	0.0	0.0
France[1]	0.8	1.0	1.3	1.5	1.5	1.9	2.3	3.2	3.4	3.3
Grèce	0.2	0.0	0.0	0.0	0.0	0.7	0.0	0.0	0.0	0.0
Hongrie	..	1.4	0.4	0.9	1.0	..	3.6	1.1	2.3	2.6
Irlande	0.4	0.0	0.2	0.1	0.2	1.3	0.0	0.7	0.6	0.8
Islande	1.1	0.0	0.2	0.3	0.3	3.5	0.1	0.5	0.8	0.8
Israël	..	1.3	1.2	1.2	1.2	..	3.6	3.8	3.7	3.8
Italie	0.1	0.0	0.0	0.0	0.0	0.3	0.0	0.0	0.0	0.0
Japon	0.0	0.0	0.0	0.0	0.0	0.0	0.0	0.0	0.0	0.0
Lettonie	..	0.0	0.0	0.0	0.0	..	0.0	0.1	0.0	0.0
Lituanie[1]	..	0.0	0.0	0.0	0.0	..	0.0	0.0	0.0	0.0
Luxembourg[1]	0.0	0.0	0.0	0.0	0.0	0.0	0.0	0.0	0.0	0.0
Mexique	0.2	0.2	0.3	0.4	0.4	1.8	1.5	2.2	2.4	2.5
Norvège	0.0	0.0	0.0	0.1	0.1	0.0	0.0	0.0	0.1	0.1
Nouvelle-Zélande	0.0	0.0	0.0	0.0	0.0	0.0	0.0	0.0	0.0	0.0
Pays-Bas	0.0	0.0	0.0	0.0	0.0	0.0	0.0	0.0	0.0	0.0
Pologne	..	0.2	0.3	0.2	0.2	..	0.7	0.8	0.7	0.6
Portugal	0.0	0.0	0.0	0.0	0.0	0.0	0.0	0.0	0.0	0.0
République slovaque	..	0.0	0.0	0.0	0.0	..	0.0	0.0	0.0	0.0
République tchèque	..	0.0	0.0	0.0	0.0	..	0.0	0.0	0.0	0.0
Royaume-Uni	0.0	0.0	0.0	0.1	0.1	0.0	0.0	0.0	0.3	0.4
Slovénie	..	1.5	0.1	0.1	0.0	..	4.1	0.2	0.1	0.1
Suède	1.2	2.1	3.0	5.0	5.1	2.5	4.3	7.0	11.4	11.6
Suisse[1]	0.0	0.0	0.0	0.0	0.0	0.0	0.0	0.0	0.0	0.0
Turquie	0.0	0.0	0.0	0.0	0.0	0.0	0.0	0.0	0.0	0.0
Moyenne non pondérée										
Moyenne OCDE	**0.3**	**0.4**	**0.3**	**0.4**	**0.4**	**1.0**	**1.0**	**1.0**	**1.1**	**1.2**

.. Non disponible

Note : Les séries temporelles complètes sont accessibles sur le site web http://oe.cd/series-temporelles-completes.

1. Le total des recettes fiscales a été diminué du montant de tout transfert en capital représentant les impôts non perçus. Le transfert en capital a été réparti entre les différentes rubriques en proportion des recettes fiscales, sauf pour la Belgique, où le transfert en capital a été directement diminué des impôts spécifiques auxquels il se rapporte.

StatLink https://doi.org/10.1787/888934213789

Tableau 3.12. Impôts sur le patrimoine (4000) en % du PIB et en % du total des recettes fiscales

	% du PIB					% du total des recettes fiscales				
	1990	2000	2010	2017	2018	1990	2000	2010	2017	2018
Allemagne	1.2	0.8	0.8	1.0	1.1	3.4	2.3	2.3	2.7	2.7
Australie	2.5	2.7	2.4	2.9	2.7	9.0	8.8	9.4	10.0	9.5
Autriche	1.1	0.6	0.5	0.5	0.5	2.7	1.3	1.3	1.3	1.3
Belgique[1]	1.6	2.1	3.1	3.5	3.4	3.8	4.7	7.2	7.9	7.8
Canada	3.5	3.3	3.8	3.9	3.9	10.0	9.5	12.3	11.9	11.6
Chili	1.0	1.3	0.8	1.1	1.1	6.2	7.0	4.1	5.4	5.2
Colombie	0.2	1.0	1.6	2.0	1.5	2.2	6.6	8.7	10.3	8.0
Corée	2.2	2.6	2.5	3.0	3.1	11.8	12.4	11.3	11.7	11.6
Danemark[1]	1.9	1.6	1.8	1.8	1.8	4.3	3.3	4.1	3.9	4.1
Espagne	1.7	2.1	2.1	2.5	2.5	5.5	6.5	6.6	7.5	7.3
Estonie	..	0.4	0.3	0.2	0.2	..	1.2	1.0	0.7	0.7
États-Unis	3.1	2.9	3.2	4.4	3.0	11.8	10.3	13.5	16.3	12.3
Finlande	1.1	1.1	1.1	1.5	1.4	2.4	2.4	2.7	3.6	3.4
France[1]	2.6	3.1	3.7	4.4	4.1	6.3	7.2	8.7	9.5	9.0
Grèce	1.2	2.6	1.7	3.1	3.0	4.6	7.7	5.2	8.0	7.7
Hongrie	..	0.7	1.1	1.1	1.0	..	1.7	3.1	2.8	2.6
Irlande	1.5	1.8	1.4	1.3	1.3	4.6	5.7	5.2	5.7	5.8
Islande	2.6	2.8	2.3	2.1	2.0	8.4	7.9	7.0	5.5	5.5
Israël	..	3.1	3.3	3.2	3.2	..	9.0	10.7	9.9	10.3
Italie	0.8	1.9	2.0	2.5	2.5	2.3	4.6	4.8	6.1	6.1
Japon	2.7	2.7	2.6	2.6	2.6	9.4	10.5	9.7	8.2	8.1
Lettonie	..	1.1	0.9	1.0	0.9	..	3.8	3.0	3.3	3.0
Lituanie[1]	..	0.5	0.4	0.3	0.3	..	1.5	1.3	1.0	1.0
Luxembourg[1]	2.8	3.9	2.6	3.6	3.9	8.4	10.7	7.0	9.7	9.7
Mexique	0.2	0.2	0.3	0.3	0.3	1.9	1.8	2.3	1.9	2.0
Norvège	1.2	1.0	1.1	1.3	1.2	2.9	2.3	2.6	3.3	3.1
Nouvelle-Zélande	2.5	1.7	2.0	1.9	1.9	6.8	5.3	6.6	6.0	5.8
Pays-Bas	1.5	1.9	1.4	1.6	1.6	3.7	5.3	3.8	4.0	4.0
Pologne	..	1.4	1.3	1.4	1.3	..	4.3	4.2	4.0	3.7
Portugal	0.7	1.1	1.1	1.4	1.4	2.7	3.7	3.5	4.0	4.0
République slovaque	..	0.6	0.4	0.4	0.4	..	1.8	1.4	1.2	1.2
République tchèque	..	0.5	0.4	0.5	0.5	..	1.4	1.3	1.4	1.3
Royaume-Uni	2.7	3.8	3.9	4.1	4.1	8.2	11.4	12.0	12.6	12.5
Slovénie	..	0.6	0.6	0.6	0.6	..	1.7	1.6	1.7	1.6
Suède	1.7	1.7	1.0	1.0	0.9	3.5	3.4	2.4	2.2	2.2
Suisse[1]	2.1	2.7	2.0	2.1	2.1	8.9	9.6	7.6	7.5	7.3
Turquie	0.3	0.7	1.0	1.1	1.0	2.3	3.2	4.1	4.5	4.3
Moyenne non pondérée										
Moyenne OCDE	**1.7**	**1.7**	**1.7**	**1.9**	**1.9**	**5.6**	**5.5**	**5.5**	**5.9**	**5.6**

.. Non disponible

Note : Les séries temporelles complètes sont accessibles sur le site web http://oe.cd/series-temporelles-completes.

1. Le total des recettes fiscales a été diminué du montant de tout transfert en capital représentant les impôts non perçus. Le transfert en capital a été réparti entre les différentes rubriques en proportion des recettes fiscales, sauf pour la Belgique, où le transfert en capital a été directement diminué des impôts spécifiques auxquels il se rapporte.

StatLink https://doi.org/10.1787/888934213808

Tableau 3.13. Impôts sur les biens et services (5000) en % du PIB en % du total des recettes fiscales

	% du PIB					% du total des recettes fiscales				
	1990	2000	2010	2017	2018	1990	2000	2010	2017	2018
Allemagne	9.3	10.4	10.8	10.1	10.3	26.7	28.5	30.5	26.8	26.8
Australie	7.8	8.8	7.3	7.5	7.3	27.8	28.8	29.0	26.3	25.5
Autriche	12.4	12.4	11.7	11.9	11.7	31.5	29.3	28.7	28.4	27.7
Belgique[1]	10.8	11.3	11.2	11.0	11.1	26.1	25.9	26.1	25.0	25.2
Canada	9.1	8.4	7.4	7.7	7.8	25.8	24.2	24.0	23.4	23.5
Chili	10.6	12.0	10.0	11.0	11.2	62.9	63.8	51.2	54.8	53.3
Colombie	6.1	7.3	8.2	8.2	8.3	53.8	46.3	45.1	43.1	42.8
Corée	8.1	8.0	7.5	7.0	7.0	44.3	38.4	33.7	27.7	26.3
Danemark[1]	15.0	15.7	15.0	14.7	14.6	33.8	33.4	33.6	32.0	32.9
Espagne	9.0	10.1	8.6	10.2	10.2	28.4	30.6	27.5	30.0	29.5
Estonie	..	12.1	13.4	14.0	13.8	..	38.8	40.7	43.0	41.8
États-Unis	4.6	4.5	4.2	4.2	4.3	17.5	16.0	18.1	15.8	17.6
Finlande	14.0	13.4	13.0	14.2	14.3	32.6	29.2	32.0	33.1	33.8
France[1]	11.7	11.3	11.1	12.0	12.2	28.4	26.1	26.3	26.1	26.6
Grèce	11.2	11.8	12.4	15.4	15.4	44.5	35.2	38.6	39.8	39.5
Hongrie	..	15.6	16.1	16.4	16.8	..	40.5	43.2	43.0	44.7
Irlande	13.6	11.9	9.9	7.4	7.0	41.9	38.8	35.8	32.6	30.8
Islande	15.6	15.9	11.4	12.6	12.4	51.3	44.1	35.2	33.7	33.3
Israël	..	11.5	12.1	11.3	11.2	..	33.1	39.4	34.7	36.3
Italie	10.2	11.4	11.1	12.1	12.0	28.0	28.2	26.6	28.8	28.7
Japon	3.9	5.0	5.0	6.6	6.2	13.7	19.3	18.7	21.0	19.5
Lettonie	..	11.2	12.0	13.7	14.1	..	38.6	41.8	43.6	45.1
Lituanie[1]	..	12.1	11.7	11.6	11.6	..	39.4	41.4	39.4	38.4
Luxembourg[1]	7.9	9.8	10.3	9.1	9.4	23.6	26.6	27.4	24.3	23.7
Mexique	5.3	4.8	4.9	5.9	5.9	44.0	41.7	38.0	36.4	36.4
Norvège	14.3	13.1	11.6	12.0	11.7	35.5	31.4	27.7	30.9	29.5
Nouvelle-Zélande	12.1	11.3	12.0	12.2	12.5	33.6	34.7	39.6	38.4	37.9
Pays-Bas	10.5	10.9	11.2	11.6	11.7	26.4	29.7	31.5	30.0	30.1
Pologne	..	11.6	12.6	12.8	13.1	..	35.3	40.3	37.4	37.2
Portugal	11.7	12.7	12.3	13.7	13.9	44.2	40.8	40.5	40.1	39.8
République slovaque	..	12.2	10.5	12.1	12.0	..	36.3	37.2	35.3	35.0
République tchèque	..	10.2	10.9	11.5	11.3	..	31.5	33.8	33.4	32.3
Royaume-Uni	10.2	10.6	10.2	10.7	10.7	31.0	32.2	31.7	32.6	32.6
Slovénie	..	13.8	13.9	14.1	14.0	..	36.6	36.7	38.1	37.4
Suède	12.2	12.1	12.8	12.4	12.4	24.9	24.9	29.7	28.0	28.1
Suisse[1]	4.9	6.1	6.1	6.0	5.8	20.6	21.9	22.9	21.1	20.8
Turquie	4.1	9.9	11.8	10.7	9.7	27.9	42.0	47.7	43.5	40.5
Moyenne non pondérée										
Moyenne OCDE	**9.9**	**10.8**	**10.6**	**11.0**	**10.9**	**33.2**	**33.6**	**33.8**	**33.0**	**32.7**

.. Non disponible

Note : Les séries temporelles complètes sont accessibles sur le site web http://oe.cd/series-temporelles-completes.

1. Le total des recettes fiscales a été diminué du montant de tout transfert en capital représentant les impôts non perçus. Le transfert en capital a été réparti entre les différentes rubriques en proportion des recettes fiscales, sauf pour la Belgique, où le transfert en capital a été directement diminué des impôts spécifiques auxquels il se rapporte.

StatLink https://doi.org/10.1787/888934213827

Tableau 3.14. Taxes sur la valeur ajoutée (5111) en % du PIB en % du total des recettes fiscales

	% du PIB					% du total des recettes fiscales				
	1990	2000	2010	2017	2018	1990	2000	2010	2017	2018
Allemagne	5.8	6.7	7.0	7.0	7.0	16.6	18.4	19.8	18.4	18.2
Australie	0.0	3.4	3.4	3.5	3.3	0.0	11.1	13.4	12.2	11.7
Autriche	8.2	7.9	7.7	7.6	7.6	20.8	18.7	18.7	18.3	18.0
Belgique[1]	6.8	7.1	7.0	6.7	6.8	16.4	16.1	16.2	15.2	15.4
Canada	0.0	3.2	4.2	4.5	4.5	0.0	9.2	13.7	13.5	13.6
Chili	6.3	7.9	7.5	8.4	8.5	37.4	41.8	38.5	41.6	40.2
Colombie	2.6	4.3	5.3	5.5	5.7	22.6	27.6	29.3	29.0	29.4
Corée	3.4	3.6	3.9	4.1	4.1	18.7	17.0	17.5	16.0	15.3
Danemark[1]	8.4	9.1	9.4	9.5	9.5	18.8	19.5	21.0	20.7	21.5
Espagne	5.0	5.8	5.2	6.5	6.6	15.7	17.6	16.5	19.2	19.0
Estonie	..	8.4	8.5	9.0	9.0	..	27.1	25.7	27.7	27.3
États-Unis	0.0	0.0	0.0	0.0	0.0	0.0	0.0	0.0	0.0	0.0
Finlande	8.3	8.0	8.3	9.0	9.1	19.3	17.4	20.4	21.0	21.6
France[1]	7.6	7.2	6.8	7.0	7.1	18.4	16.7	16.1	15.3	15.4
Grèce	6.2	6.3	7.1	8.1	8.3	24.6	18.9	22.0	21.0	21.3
Hongrie	..	8.7	8.5	9.3	9.7	..	22.4	22.9	24.4	25.8
Irlande	6.6	7.1	6.0	4.4	4.4	20.4	22.9	21.7	19.3	19.3
Islande	8.7	10.3	7.3	8.9	8.8	28.5	28.5	22.7	23.8	23.6
Israël	..	7.4	7.5	7.4	7.5	..	21.1	24.4	22.9	24.2
Italie	5.3	6.2	6.1	6.2	6.2	14.7	15.4	14.5	14.8	14.8
Japon	1.2	2.3	2.5	4.1	4.1	4.4	9.1	9.6	13.0	12.8
Lettonie	..	7.0	6.7	8.1	8.4	..	23.9	23.3	25.7	27.0
Lituanie[1]	..	7.5	7.8	7.8	7.8	..	24.4	27.5	26.6	25.8
Luxembourg[1]	4.0	4.9	6.4	5.9	6.1	12.1	13.2	17.0	15.8	15.4
Mexique	3.2	2.8	3.8	3.7	3.9	26.1	24.7	29.4	23.1	24.3
Norvège	7.6	8.2	7.8	8.6	8.4	18.8	19.8	18.6	22.2	21.3
Nouvelle-Zélande	8.1	8.1	9.3	9.5	9.7	22.4	24.9	30.7	30.2	29.6
Pays-Bas	6.5	6.4	6.7	6.8	6.8	16.5	17.3	18.7	17.4	17.6
Pologne	..	6.9	7.6	7.8	8.1	..	21.0	24.2	22.8	23.1
Portugal	5.2	7.6	7.5	8.6	8.7	19.6	24.4	24.7	25.1	25.1
République slovaque	..	6.8	6.1	7.0	7.1	..	20.4	21.8	20.5	20.5
République tchèque	..	5.9	6.6	7.6	7.6	..	18.3	20.5	22.0	21.6
Royaume-Uni	5.5	5.9	6.1	6.9	7.0	16.9	18.1	19.0	20.9	21.1
Slovénie	..	8.5	8.1	8.1	8.2	..	22.6	21.3	21.8	22.0
Suède	7.3	8.2	9.0	9.2	9.2	14.8	16.8	21.0	20.7	21.0
Suisse[1]	2.8	3.6	3.4	3.4	3.3	11.6	13.1	12.7	12.0	11.7
Turquie	2.7	5.7	5.4	5.0	4.8	18.3	24.2	21.7	20.1	19.8
Moyenne non pondérée										
Moyenne OCDE	**5.1**	**6.3**	**6.4**	**6.8**	**6.8**	**16.9**	**19.6**	**20.5**	**20.4**	**20.4**

.. Non disponible

Note : Les séries temporelles complètes sont accessibles sur le site web http://oe.cd/series-temporelles-completes.

1. Le total des recettes fiscales a été diminué du montant de tout transfert en capital représentant les impôts non perçus. Le transfert en capital a été réparti entre les différentes rubriques en proportion des recettes fiscales, sauf pour la Belgique, où le transfert en capital a été directement diminué des impôts spécifiques auxquels il se rapporte.

StatLink https://doi.org/10.1787/888934213846

Tableau 3.15. Recettes fiscales des sous-secteurs de l'administration en % du PIB

	Supranationale			Administration centrale			Administrations d'États fédérés/Régions			Administrations locales			Administrations de sécurité sociale		
	1975	1995	2018	1975	1995	2018	1975	1995	2018	1975	1995	2018	1975	1995	2018
Pays fédéraux															
Allemagne	0.4	0.2	0.2	11.5	11.4	11.4	7.6	7.9	9.1	3.1	2.7	3.3	11.7	14.1	14.5
Australie	..	..	..	20.3	21.9	23.3	4.0	5.4	4.4	1.1	1.0	1.0	0.0	0.0	0.0
Autriche	..	0.2	0.2	18.8	26.7	27.8	3.9	0.7	0.7	4.5	1.7	1.3	9.2	12.0	12.3
Belgique[1]	0.6	0.4	0.4	25.4	25.8	23.1	..	0.8	4.5	1.7	2.0	2.0	11.2	13.8	13.9
Canada	..	..	..	14.8	13.5	13.8	10.1	12.8	13.1	3.1	3.4	3.3	3.1	4.8	3.0
États-Unis	..	..	..	11.2	11.0	9.6	4.8	5.3	5.0	3.6	3.5	3.7	5.0	6.7	6.1
Mexique	..	..	..	..	7.5	13.1	..	0.3	0.7	..	0.2	0.3	..	2.2	2.2
Suisse[1]	..	..	..	6.9	8.0	10.1	6.1	6.2	7.0	4.6	4.5	4.3	4.9	6.8	6.6
Moyenne non pondérée	0.5	0.3	0.3	15.6	15.7	16.5	6.1	4.9	5.6	3.1	2.4	2.4	6.5	7.6	7.3
Pays régionaux															
Colombie[2]	..	..	..	..	10.1	14.1	..	0.9	1.0	..	1.4	2.4	..	3.6	1.8
Espagne[2]	..	0.2	0.2	8.6	16.0	14.4	..	1.6	5.3	0.8	2.7	3.2	8.5	10.8	11.4
Pays unitaires															
Chili	..	..	..	..	16.5	18.2	..	..	..	..	1.2	1.7	..	0.7	1.2
Corée	..	..	..	12.9	12.9	15.5	..	..	..	1.5	3.5	4.5	0.1	2.3	6.8
Danemark[1]	0.4	0.2	0.1	25.4	31.7	32.2	..	..	..	11.0	14.6	12.0	0.0	0.0	0.0
Estonie	..	0.0	0.2	..	29.6	27.0	..	..	..	..	0.3	0.3	..	5.2	5.4
Finlande	..	0.2	0.1	20.3	20.7	20.8	..	..	..	8.5	9.9	9.6	7.4	13.7	11.8
France[1]	0.2	0.3	0.2	17.9	18.0	15.4	..	..	..	2.6	4.7	6.2	14.2	19.5	24.1
Grèce	..	0.2	0.2	12.5	18.8	26.2	..	..	..	0.6	0.6	0.9	5.5	8.8	11.7
Hongrie	..	0.0	0.1	..	26.0	23.1	..	..	..	..	1.0	2.2	..	13.7	12.0
Irlande	0.6	0.5	0.1	21.6	26.4	18.8	..	..	..	2.0	0.8	0.5	3.6	4.0	3.3
Islande	..	..	..	24.0	24.3	27.0	..	..	..	5.5	6.4	10.3	0.0	0.0	0.0
Israël	..	..	..	..	28.1	23.3	..	..	..	..	2.3	2.4	..	4.9	5.2
Italie	..	0.1	0.2	13.0	24.1	23.8	..	..	..	0.2	2.1	4.9	11.2	12.1	13.0
Japon	..	..	..	9.2	10.6	11.7	..	..	..	5.1	6.5	7.4	5.8	8.7	12.9
Lettonie	..	0.0	0.2	..	13.0	16.5	..	..	..	..	5.8	5.7	..	11.0	8.9
Lituanie[1]	..	0.0	0.3	..	19.8	16.9	..	..	..	..	0.6	0.4	..	7.2	12.7
Luxembourg[1]	0.2	0.2	0.3	20.0	23.1	27.2	..	..	..	2.1	2.3	1.8	9.1	9.3	10.5
Norvège	..	..	..	19.7	22.7	33.5	..	..	..	8.7	7.9	6.1	10.5	8.8	0.0
Nouvelle-Zélande	..	..	..	27.7	33.7	30.7	..	..	..	2.3	1.9	2.2	0.0	0.0	0.0
Pays-Bas	0.6	0.5	0.4	22.2	20.9	23.1	..	..	..	0.4	1.2	1.4	14.5	14.7	14.0
Pologne	..	0.0	0.2	..	22.4	17.4	..	..	..	..	3.1	4.5	..	11.1	13.1
Portugal	..	0.2	0.2	12.3	21.2	23.3	..	..	..	0.0	1.6	2.5	6.5	6.3	8.9
République slovaque	..	0.0	0.2	..	24.7	19.2	..	..	..	..	0.5	0.6	..	14.2	14.3
République tchèque	..	0.0	0.2	..	19.9	19.1	..	..	..	..	0.3	0.4	..	14.3	15.3
Royaume-Uni	0.3	0.3	0.2	24.1	22.7	24.8	..	..	..	3.8	1.1	1.7	6.0	5.2	6.3
Slovénie	..	0.0	0.1	..	19.8	18.6	..	..	..	..	2.4	3.4	..	17.0	15.3
Suède	..	0.3	0.3	19.7	21.2	22.9	..	..	..	11.2	13.9	15.4	7.5	9.8	5.3
Turquie	..	..	..	..	12.3	14.5	..	..	..	..	2.1	2.3	..	2.0	7.2
Moyenne non pondérée	0.4	0.2	0.2	18.9	21.7	21.9	..	..	..	4.1	3.6	4.1	6.4	8.3	8.9

.. Non disponible

1. Le total des recettes fiscales a été diminué du montant de tout transfert en capital représentant les impôts non perçus.
2. La Colombie et l'Espagne ne sont pas des pays constitutionnellement fédéraux, mais tous deux ont une structure politique très décentralisée, avec une grande autonomie de leurs entités territoriales.

StatLink https://doi.org/10.1787/888934213865

Tableau 3.16. Principales recettes de l'administration centrale en % du total des recettes fiscales de l'administration centrale, 2018

	1000 Revenu & bénéfices	2000 Sécurité sociale[3]	3000 Salaires	4000 Patrimoine	5000 Biens & services	6000 Autres
Pays fédéraux						
Allemagne	45.5	0.0	0.0	0.1	54.4	0.0
Australie	74.2	0.0	0.2	0.0	25.6	0.0
Autriche	43.4	7.8	6.4	1.2	40.7	0.5
Belgique[1]	56.9	0.1	0.0	2.2	40.8	0.0
Canada	72.7	7.3	0.0	0.0	20.0	0.0
États-Unis	90.7	0.0	0.0	1.2	8.1	0.0
Mexique	54.4	0.0	0.0	0.0	44.1	1.5
Suisse[1]	44.5	0.0	0.0	2.0	53.4	0.1
Moyenne non pondérée	60.3	1.9	0.8	0.8	35.9	0.3
Pays régionaux						
Colombie[2]	46.0	0.0	2.5	5.2	45.9	0.4
Espagne[2]	41.2	2.0	0.0	0.3	56.4	0.1
Pays unitaires						
Chili	41.4	1.4	0.0	2.1	56.4	-1.3
Corée	53.1	0.0	0.0	6.8	38.6	1.5
Danemark[1]	52.5	0.1	0.9	1.6	44.9	0.0
Estonie	27.5	22.4	0.0	0.0	50.0	0.0
Finlande	28.5	0.0	0.0	3.2	68.3	0.1
France[1]	35.9	2.3	1.0	6.2	54.2	0.4
Grèce	34.1	0.1	0.0	8.2	57.6	0.0
Hongrie	28.2	2.0	4.1	2.6	62.9	0.3
Irlande	54.7	3.1	0.9	4.7	36.5	0.0
Islande	37.4	13.1	1.1	1.4	44.8	2.3
Israël	43.5	0.0	5.1	3.7	47.7	0.0
Italie	50.5	0.0	0.0	6.1	43.3	0.0
Japon	55.1	0.0	0.0	5.3	39.6	0.0
Lettonie	13.6	1.8	0.1	0.9	83.7	0.0
Lituanie[1]	33.1	0.0	0.0	0.0	66.8	0.0
Luxembourg[1]	51.4	1.0	0.0	13.7	33.6	0.2
Norvège	33.6	30.1	0.2	1.4	34.7	0.0
Nouvelle-Zélande	60.2	0.0	0.0	0.1	39.7	0.0
Pays-Bas	49.8	0.0	0.0	3.7	46.1	0.5
Pologne	25.8	0.0	1.3	0.0	72.9	0.0
Portugal	39.6	4.4	0.0	0.8	53.7	1.4
République slovaque	37.0	2.4	0.0	0.0	60.6	0.0
République tchèque	41.2	0.0	0.0	1.3	57.4	0.0
Royaume-Uni	46.9	0.0	0.5	9.9	42.7	0.0
Slovénie	25.4	0.8	0.3	0.0	73.5	0.0
Suède	3.1	18.7	22.1	2.5	53.4	0.2
Turquie	35.2	0.0	0.0	4.9	59.2	0.8
Moyenne non pondérée	38.5	3.8	1.4	3.4	52.7	0.2

Note : Sont exclues les cotisations de sécurité sociale versées aux administrations de sécurité sociale.

1. Le total des recettes fiscales a été diminué du montant de tout transfert en capital représentant les impôts non perçus. Le transfert en capital a été réparti entre les différentes rubriques en proportion des recettes fiscales, sauf pour la Belgique, où le transfert en capital a été directement diminué des impôts spécifiques auxquels il se rapporte.
2. La Colombie et l'Espagne ne sont pas des pays constitutionnellement fédéraux, mais tous deux ont une structure politique très décentralisée, avec une grande autonomie de leurs entités territoriales.
3. Ne sont incluses que les cotisations de sécurité sociale versées à l'administration centrale.

StatLink https://doi.org/10.1787/888934213884

Tableau 3.17. Principaux impôts des administrations d'États fédérés en % du total des recettes fiscales des administrations d'États fédérés, 2018

	1000 Revenu & bénéfices	2000 Sécurité sociale	3000 Salaires	4000 Patrimoine	5000 Biens & services	6000 Autres
Pays fédéraux						
Allemagne[1]	53.1	0.0	0.0	6.8	40.1	0.0
Australie	0.0	0.0	29.9	39.6	30.4	0.0
Autriche[1]	48.7	18.9	9.1	1.8	17.5	4.0
Belgique[1, 2]	45.8	1.2	0.0	38.3	14.6	0.0
Canada	47.0	5.2	5.1	4.7	38.0	0.0
États-Unis	42.1	0.0	0.2	3.4	54.3	0.0
Mexique	0.0	0.0	60.7	18.7	15.8	4.8
Suisse[2]	76.4	0.0	0.0	16.7	6.2	0.7
Moyenne non pondérée	39.2	3.2	13.1	16.3	27.1	1.2
Pays régionaux						
Colombie[3]	0.0	0.0	0.0	0.0	72.3	27.7
Espagne[1, 3]	68.0	0.0	0.0	19.9	12.1	0.0
Pays unitaires						
Chili	..	..	..	..	..	..
Corée	..	..	..	..	..	..
Danemark	..	..	..	..	..	..
Estonie	..	..	..	..	..	..
Finlande	..	..	..	..	..	..
France	..	..	..	..	..	..
Grèce	..	..	..	..	..	..
Hongrie	..	..	..	..	..	..
Irlande	..	..	..	..	..	..
Islande	..	..	..	..	..	..
Israël	..	..	..	..	..	..
Italie	..	..	..	..	..	..
Japon	..	..	..	..	..	..
Lettonie	..	..	..	..	..	..
Lituanie	..	..	..	..	..	..
Luxembourg	..	..	..	..	..	..
Norvège	..	..	..	..	..	..
Nouvelle-Zélande	..	..	..	..	..	..
Pays-Bas	..	..	..	..	..	..
Pologne	..	..	..	..	..	..
Portugal	..	..	..	..	..	..
République slovaque	..	..	..	..	..	..
République tchèque	..	..	..	..	..	..
Royaume-Uni	..	..	..	..	..	..
Slovénie	..	..	..	..	..	..
Suède	..	..	..	..	..	..
Turquie	..	..	..	..	..	..
Moyenne non pondérée	..	..	..	..	..	..

.. Non disponible

1. Les versements à L'Union européenne ne sont pas retenus dans ces comparaisons.
2. Le total des recettes fiscales a été diminué du montant de tout transfert en capital représentant les impôts non perçus. Le transfert en capital a été réparti entre les différentes rubriques en proportion des recettes fiscales, sauf pour la Belgique, où le transfert en capital a été directement diminué des impôts spécifiques auxquels il se rapporte.
3. La Colombie et l'Espagne ne sont pas des pays constitutionnellement fédéraux, mais tous deux ont une structure politique très décentralisée, avec une grande autonomie de leurs entités territoriales.

StatLink https://doi.org/10.1787/888934213903

Tableau 3.18. Principaux impôts locaux en % du total des recettes fiscales des administrations locales, 2018

	1000 Revenu & bénéfices	2000 Sécurité sociale	3000 Salaires	4000 Patrimoine	5000 Biens & services	6000 Autres
Pays fédéraux						
Allemagne[1]	79.0	0.0	0.0	12.8	8.0	0.2
Australie	0.0	0.0	0.0	100.0	0.0	0.0
Autriche[1]	0.0	5.2	69.4	14.8	7.6	2.9
Belgique[1, 2]	35.1	0.1	0.0	57.3	7.5	0.0
Canada	0.0	0.0	0.0	97.3	1.7	1.0
États-Unis	5.5	0.0	0.0	73.1	21.3	0.0
Mexique	0.0	0.0	0.0	78.5	2.8	18.7
Suisse[2]	81.7	0.0	0.0	15.7	0.0	2.0
Moyenne non pondérée	25.2	0.7	8.7	56.2	6.2	3.1
Pays régionaux						
Colombie[3]	0.0	0.0	0.0	34.0	45.6	20.4
Espagne[1, 3]	17.9	0.0	0.0	44.4	37.6	0.1
Pays unitaires						
Chili	0.0	0.0	0.0	42.4	57.6	0.0
Corée	20.2	0.0	1.8	46.1	23.5	8.4
Danemark[1, 2]	89.0	0.0	0.0	11.0	0.0	0.0
Estonie[1]	0.0	0.0	0.0	82.0	18.0	0.0
Finlande[1]	91.9	0.0	0.0	8.1	0.0	0.0
France[1, 2]	0.0	0.0	7.2	50.9	34.9	6.9
Grèce[1]	0.0	0.0	0.0	93.6	6.4	0.0
Hongrie[1]	0.0	0.0	0.0	17.8	82.1	0.0
Irlande[1]	0.0	9.9	0.0	90.1	0.0	0.0
Islande	80.7	0.0	0.0	16.2	3.1	0.0
Israël	0.0	0.0	0.0	95.1	4.9	0.0
Italie[1]	19.2	0.0	0.0	22.2	30.8	27.7
Japon	50.7	0.0	0.0	26.5	21.7	1.1
Lettonie[1]	85.1	0.0	0.0	13.6	1.3	0.0
Lituanie[2]	0.0	0.0	0.0	85.1	14.9	0.0
Luxembourg[1, 2]	92.4	0.0	0.0	6.6	0.9	0.1
Norvège	86.5	0.0	0.0	12.8	0.8	0.0
Nouvelle-Zélande	0.0	0.0	0.0	86.9	13.1	0.0
Pays-Bas[1]	0.0	0.0	0.0	52.4	47.6	0.0
Pologne[1]	65.1	0.0	0.0	29.3	4.4	1.1
Portugal[1]	25.0	0.0	0.0	48.4	26.5	0.1
République slovaque[1]	0.0	0.0	0.0	65.7	34.3	0.0
République tchèque[1]	0.0	0.0	0.0	56.9	43.1	0.0
Royaume-Uni[1]	0.0	0.0	0.0	100.0	0.0	0.0
Slovénie[1]	76.1	0.0	0.0	17.8	6.0	0.0
Suède[1]	97.6	0.0	0.0	2.4	0.0	0.0
Turquie	30.0	0.0	0.0	14.4	48.9	6.7
Moyenne non pondérée	33.7	0.4	0.3	44.2	19.4	1.9

1. Les versements à L'Union européenne ne sont pas retenus dans ces comparaisons.
2. Le total des recettes fiscales a été diminué du montant de tout transfert en capital représentant les impôts non perçus. Le transfert en capital a été réparti entre les différentes rubriques en proportion des recettes fiscales, sauf pour la Belgique, où le transfert en capital a été directement diminué des impôts spécifiques auxquels il se rapporte.
3. La Colombie et l'Espagne ne sont pas des pays constitutionnellement fédéraux, mais tous deux ont une structure politique très décentralisée, avec une grande autonomie de leurs entités territoriales.

StatLink https://doi.org/10.1787/888934213922

Tableau 3.19. Produit intérieur brut pour les années de déclaration fiscale au prix du marché, en milliards de monnaie nationale

		1965	1990	2000	2007	2010	2013	2015	2017	2018	2019p
Allemagne	EUR	234.8	1 306.7	2 109.1	2 499.6	2 564.4	2 811.4	3 026.2	3 259.9	3 356.4	3 449.1
Australie[1]	AUD	24.3	414.5	705.1	1 177.3	1 416.6	1 598.5	1 660.7	1 849.9	1 947.2	2 044.3
Autriche	EUR	18.5	137.5	213.6	284.0	295.9	323.9	344.3	370.3	385.7	398.7
Belgique	EUR	20.9	170.1	256.4	343.6	363.1	392.9	416.7	446.0	459.5	473.1
Canada	CAD	61.3	696.1	1 125.5	1 577.7	1 666.0	1 902.2	1 990.4	2 141.1	2 223.9	2 303.9
Chili	CLP	..	10 522.7	42 005.2	90 702.9	111 508.6	137 876.2	159 553.3	179 756.1	191 266.0	198 440.7
Colombie	COP	..	22 731.4	195 108.6	428 506.0	544 060.0	714 093.0	804 692.0	920 471.0	985 931.0	1 062 342.5
Corée	KRW	852.8	202 832.6	651 634.4	1 089 660.2	1 322 611.2	1 500 819.1	1 658 020.4	1 835 698.2	1 893 497.0	1 913 963.5
Danemark	DKK	71.5	855.6	1 326.9	1 738.8	1 810.9	1 929.7	2 036.4	2 175.1	2 246.0	2 314.5
Espagne	EUR	8.7	328.7	647.9	1 075.5	1 072.7	1 020.3	1 077.6	1 161.9	1 204.2	1 244.8
Estonie	EUR	..	..	6.2	16.4	14.9	19.0	20.8	23.9	25.9	28.1
États-Unis	USD	709.0	5 963.1	10 252.3	14 451.9	14 992.1	16 784.9	18 238.3	19 543.0	20 611.9	21 433.2
Finlande	EUR	4.5	91.0	136.4	187.1	188.1	204.3	211.4	225.9	233.7	240.6
France	EUR	76.4	1 053.5	1 478.6	1 941.4	1 995.3	2 117.2	2 198.4	2 297.2	2 360.7	2 425.7
Grèce	EUR	0.7	45.5	141.2	232.7	226.0	180.7	177.3	180.2	184.7	187.5
Hongrie	HUF	..	..	13 324.1	25 701.4	27 268.9	30 290.3	34 785.2	38 835.2	42 661.8	46 786.7
Irlande	EUR	1.3	37.9	108.4	197.2	167.7	179.7	262.8	297.1	324.0	347.2
Islande	ISK	0.2	377.6	707.8	1 378.1	1 672.7	1 959.0	2 293.9	2 616.3	2 787.4	2 965.6
Israël	ILS	..	119.4	541.1	735.6	874.9	1 056.8	1 166.5	1 269.4	1 330.1	1 406.7
Italie	EUR	22.4	730.9	1 241.5	1 614.8	1 611.3	1 612.8	1 655.4	1 736.6	1 766.2	1 787.7
Japon[1]	JPY	35 108.0	464 025.4	528 446.7	530 922.8	499 429.1	507 255.2	532 786.0	547 548.0	548 121.6	552 499.7
Lettonie	EUR	..	..	6.8	22.6	18.0	22.8	24.4	26.8	29.1	30.5
Lituanie	EUR	..	..	13.4	29.0	28.0	35.0	37.3	42.3	45.3	48.4
Luxembourg	EUR	1.0	11.0	23.1	37.2	40.2	46.5	52.1	56.8	60.1	63.5
Mexique	MXN	..	843.6	6 693.7	11 504.1	13 366.4	16 277.2	18 551.5	21 911.9	23 491.5	24 239.1
Norvège	NOK	57.2	749.9	1 507.3	2 350.2	2 591.5	3 071.2	3 111.2	3 295.4	3 530.9	3 549.4
Nouvelle-Zélande[1]	NZD	4.1	75.9	122.2	189.1	205.9	236.8	257.8	293.1	303.6	308.3
Pays-Bas	EUR	35.6	263.0	452.0	619.2	639.2	660.5	690.0	738.1	774.0	810.2
Pologne	PLN	..	62.7	747.0	1 187.6	1 445.3	1 656.9	1 800.2	1 989.4	2 120.5	2 273.6
Portugal	EUR	0.6	56.0	128.4	175.5	179.6	170.5	179.7	195.9	204.3	212.3
République slovaque	EUR	..	10.0	31.7	63.2	68.1	74.4	79.8	84.5	89.6	94.2
République tchèque	CZK	..	731.2	2 386.3	3 859.5	3 992.9	4 142.8	4 625.4	5 110.7	5 408.8	5 748.7
Royaume-Uni	GBP	36.4	615.7	1 095.7	1 549.8	1 601.9	1 782.1	1 916.9	2 071.7	2 144.3	2 216.5
Slovénie	EUR	..	0.9	18.9	35.1	36.4	36.5	38.9	43.0	45.8	48.0
Suède	SEK	129.3	1 549.8	2 408.2	3 320.3	3 573.6	3 822.7	4 260.5	4 625.1	4 828.3	5 021.3
Suisse	CHF	68.1	358.5	459.4	576.1	608.8	638.2	654.3	669.5	689.5	698.7
Turquie	TRY	0.0	0.5	171.5	887.7	1 167.7	1 823.4	2 350.9	3 133.7	3 758.3	4 320.2

.. Non disponible

1. PIB se référant à l'année fiscale.L'année A est calculée (taux annuel) comme la moyenne de: T2(A) à T1(A+1) pour le Japon; et T3(A) à T2(A+1) pour l'Australie et la Nouvelle-Zélande.

Source : Comptes nationaux de l'OCDE.

StatLink https://doi.org/10.1787/888934213941

Tableau 3.20. Taux de change utilisés, unités de monnaie nationale par dollar des É-U au taux de change du marché

		1965	1990	2000	2007	2010	2013	2015	2017	2018	2019p
Allemagne	EUR	..	0.8	1.1	0.7	0.8	0.8	0.9	0.9	0.8	0.9
Australie	AUD	0.9	1.3	1.7	1.2	1.1	1.0	1.3	1.3	1.3	1.4
Autriche	EUR	..	0.8	1.1	0.7	0.8	0.8	0.9	0.9	0.8	0.9
Belgique	EUR	..	0.8	1.1	0.7	0.8	0.8	0.9	0.9	0.8	0.9
Canada	CAD	1.1	1.2	1.5	1.1	1.0	1.0	1.3	1.3	1.3	1.3
Chili	CLP	0.0	304.9	539.4	522.2	510.0	495.3	654.3	648.7	641.9	703.3
Colombie	COP	10.5	502.3	2 087.9	2 078.3	1 898.6	1 868.8	2 741.9	2 951.3	2 955.7	3 280.8
Corée	KRW	266.3	708.0	1 130.6	929.5	1 155.4	1 094.9	1 131.3	1 130.6	1 100.2	1 165.3
Danemark	DKK	6.9	6.2	8.1	5.4	5.6	5.6	6.7	6.6	6.3	6.7
Espagne	EUR	..	0.8	1.1	0.7	0.8	0.8	0.9	0.9	0.8	0.9
Estonie	EUR	..	0.8	1.1	0.7	0.8	0.8	0.9	0.9	0.8	0.9
États-Unis	USD	1.0	1.0	1.0	1.0	1.0	1.0	1.0	1.0	1.0	1.0
Finlande	EUR	..	0.8	1.1	0.7	0.8	0.8	0.9	0.9	0.8	0.9
France	EUR	..	0.8	1.1	0.7	0.8	0.8	0.9	0.9	0.8	0.9
Grèce	EUR	..	0.8	1.1	0.7	0.8	0.8	0.9	0.9	0.8	0.9
Hongrie	HUF	..	63.2	282.3	183.6	207.8	223.6	279.2	274.5	270.2	290.6
Irlande	EUR	0.5	0.8	1.1	0.7	0.8	0.8	0.9	0.9	0.8	0.9
Islande	ISK	0.4	58.4	78.8	64.1	122.2	122.2	131.9	106.8	108.3	122.6
Israël	ILS	0.0	2.0	4.1	4.1	3.7	3.6	3.9	3.6	3.6	3.6
Italie	EUR	..	0.8	1.1	0.7	0.8	0.8	0.9	0.9	0.8	0.9
Japon	JPY	361.5	144.8	107.8	117.8	87.8	97.6	121.0	112.2	110.4	109.0
Lettonie	EUR	..	0.8	1.1	0.7	0.8	0.8	0.9	0.9	0.8	0.9
Lituanie	EUR	..	0.8	1.1	0.7	0.8	0.8	0.9	0.9	0.8	0.9
Luxembourg	EUR	..	0.8	1.1	0.7	0.8	0.8	0.9	0.9	0.8	0.9
Mexique	MXN	0.0	2.8	9.5	10.9	12.6	12.8	15.9	18.9	19.2	19.2
Norvège	NOK	7.2	6.3	8.8	5.9	6.0	5.9	8.1	8.3	8.1	8.8
Nouvelle-Zélande	NZD	0.7	1.7	2.2	1.4	1.4	1.2	1.4	1.4	1.4	1.5
Pays-Bas	EUR	..	0.8	1.1	0.7	0.8	0.8	0.9	0.9	0.8	0.9
Pologne	PLN	0.0	1.0	4.3	2.8	3.0	3.2	3.8	3.8	3.6	3.8
Portugal	EUR	..	0.8	1.1	0.7	0.8	0.8	0.9	0.9	0.8	0.9
République slovaque	EUR	..	0.8	1.1	0.7	0.8	0.8	0.9	0.9	0.8	0.9
République tchèque	CZK	..	..	38.6	20.3	19.1	19.6	24.6	23.4	21.7	22.9
Royaume-Uni	GBP	0.4	0.6	0.7	0.5	0.6	0.6	0.7	0.8	0.7	0.8
Slovénie	EUR	..	0.8	1.1	0.7	0.8	0.8	0.9	0.9	0.8	0.9
Suède	SEK	5.2	5.9	9.2	6.8	7.2	6.5	8.4	8.5	8.7	9.5
Suisse	CHF	4.3	1.4	1.7	1.2	1.0	0.9	1.0	1.0	1.0	1.0
Turquie	TRY	0.0	0.0	0.6	1.3	1.5	1.9	2.7	3.6	4.8	5.7

.. Non disponible

Source : Indicateurs financiers de l'OCDE.

StatLink https://doi.org/10.1787/888934213960

4 Tableaux par pays, 1990-2018

Le Chapitre 4 fournit un aperçu des recettes fiscales par catégorie et par sous-secteur d'administration pour chaque pays membre de l'OCDE.

4.1. Recettes fiscales et % du PIB pour une sélection de catégories d'impôts et par niveau d'administration

Dans tous les tableaux suivants, le symbole (..) signifie que l'information n'est pas disponible ou qu'elle n'est pas applicable. La principale série chronologique dans ce chapitre couvre une sélection d'années entre 1990 et 2018. Des séries complètes sont, cependant, disponible en ligne. La partie V dans l'édition 1998 de ce Rapport fournit des données pour les années 1955 et 1960 (pour dix-neuf pays de l'OCDE).

Les chiffres du Produit Intérieur Brut (PIB) se fondent sur le Système de comptabilité nationale de 2008 (SCN 2008) pour tous les pays membres de l'OCDE.

Encadré 4.1. Traitements des transferts en capital.

Les notes de bas de page de certains tableaux se réfèrent au traitement des transferts en capital que certains pays effectuent pour tenir compte des impôts qui ont été évalués mais non recouvrés. Le transfert en capital a été soustrait des recettes fiscales totales pour le Danemark, la France, la Lituanie, le Luxembourg et la Suisse et cette réduction a été répartie entre les différentes rubriques en pourcentage de leurs recettes au niveau de l'administration par rapport à laquelle ces transferts ont été enregistrés. Dans le cas de la Belgique, le transfert en capital a plutôt été soustrait directement des impôts spécifiques auxquels il se rapporte.

C'est le cas pour les pays suivants :

- Belgique à partir de 1995.
- Danemark à partir de 1971.
- France à partir de 1992.
- Lituanie à partir de 1999.
- Luxembourg à partir de 2013.
- Suisse à partir de 1990.

Tableau 4.1. Australie, recettes fiscales et % du PIB (sélection de catégories d'impôts)

	Milliard AUD					% du PIB				
	1990	2000	2010	2017	2018	1990	2000	2010	2017	2018
Recettes fiscales totales	**116.5**	**214.8**	**358.0**	**527.2**	**558.5**	**28.1**	**30.5**	**25.3**	**28.5**	**28.7**
1000 Impôts sur le revenu, les bénéfices et les gains en capital	**66.5**	**124.4**	**202.2**	**310.0**	**336.2**	**16.1**	**17.6**	**14.3**	**16.8**	**17.3**
1100 Des personnes physiques	50.1	81.0	138.2	212.5	229.5	12.1	11.5	9.8	11.5	11.8
1200 Des sociétés	16.5	43.4	64.0	97.5	106.7	4.0	6.2	4.5	5.3	5.5
1300 Non-ventilables entre 1100 et 1200	0.0	0.0	0.0	0.0	0.0	0.0	0.0	0.0	0.0	0.0
2000 Cotisations de sécurité sociale	**0.0**	**0.0**	**0.0**	**0.0**	**0.0**	**0.0**	**0.0**	**0.0**	**0.0**	**0.0**
2100 À la charge des salariés	0.0	0.0	0.0	0.0	0.0	0.0	0.0	0.0	0.0	0.0
2200 À la charge des employeurs	0.0	0.0	0.0	0.0	0.0	0.0	0.0	0.0	0.0	0.0
2300 À la charge des indép. ou sans emploi	0.0	0.0	0.0	0.0	0.0	0.0	0.0	0.0	0.0	0.0
2400 Non-ventilables entre 2100, 2200 et 2300	0.0	0.0	0.0	0.0	0.0	0.0	0.0	0.0	0.0	0.0
3000 Sur les salaires ou main d'oeuvre	**7.1**	**9.6**	**18.5**	**25.5**	**26.9**	**1.7**	**1.4**	**1.3**	**1.4**	**1.4**
4000 Impôts sur le patrimoine	**10.4**	**18.8**	**33.5**	**53.0**	**53.1**	**2.5**	**2.7**	**2.4**	**2.9**	**2.7**
4100 Impôts périodiques sur la propriété immobilière	6.1	9.1	19.9	30.3	32.7	1.5	1.3	1.4	1.6	1.7
4200 Impôts périodiques sur l'actif net	0.0	0.0	0.0	0.0	0.0	0.0	0.0	0.0	0.0	0.0
4300 Impôts sur mut. par décès, succ. et donations	0.0	0.0	0.0	0.0	0.0	0.0	0.0	0.0	0.0	0.0
4400 Impôts sur transact. mobilières et immob.	4.3	9.8	13.6	22.7	20.4	1.0	1.4	1.0	1.2	1.1
4500 Impôts non périodiques sur	0.0	0.0	0.0	0.0	0.0	0.0	0.0	0.0	0.0	0.0
4600 Autres impôts périodiques sur patrimoine	0.0	0.0	0.0	0.0	0.0	0.0	0.0	0.0	0.0	0.0
5000 Impôts sur les biens et services	**32.4**	**61.9**	**103.8**	**138.7**	**142.1**	**7.8**	**8.8**	**7.3**	**7.5**	**7.3**
5100 Impôts sur production, vente, transfert, etc.	27.2	56.2	92.0	118.9	122.1	6.6	8.0	6.5	6.4	6.3
5110 Impôts généraux	9.4	25.8	49.3	65.7	66.8	2.3	3.7	3.5	3.6	3.4
5111 Taxes sur la valeur ajoutée	0.0	23.9	48.1	64.1	65.1	0.0	3.4	3.4	3.5	3.3
5120 Impôts sur biens et services déterminés	17.8	30.3	42.7	53.2	55.2	4.3	4.3	3.0	2.9	2.8
5121 Accises	12.0	19.8	26.7	23.7	24.5	2.9	2.8	1.9	1.3	1.3
5200 Impôts sur utilisation des biens et exerc. activités	5.2	5.7	11.7	19.8	20.1	1.3	0.8	0.8	1.1	1.0
5300 Non-ventilables entre 5100 et 5200	0.0	0.0	0.0	0.0	0.0	0.0	0.0	0.0	0.0	0.0
6000 Autres impôts	**0.0**	**0.0**	**0.0**	**0.0**	**0.0**	**0.0**	**0.0**	**0.0**	**0.0**	**0.0**
Crédits d'impôts récupérables										
Crédits d'impôts récupérables contre 1000	..	0.2	6.7	9.5	9.8	..	0.0	0.5	0.5	0.5
Composante transfert	..	0.0	4.4	7.0	7.4	..	0.0	0.3	0.4	0.4
Composante fiscale	..	0.2	2.4	2.4	2.4	..	0.0	0.2	0.1	0.1

.. Non disponible

Note : Des données et des notes plus détaillées par pays sont disponibles dans le chapitre 5 "Tableaux détaillés par pays" accessible en ligne : https://doi.org/10.1787/df3c3b17-fr. Les séries temporelles complètes sont accessibles sur le site web http://oe.cd/series-temporelles-completes.

Source : Australian Bureau of Statistics.

StatLink https://doi.org/10.1787/888934213979

Tableau 4.2. Australie, recettes fiscales et % du PIB par niveaux d'administration (principaux impôts)

	Milliard AUD					% du PIB				
	1990	2000	2010	2017	2018	1990	2000	2010	2017	2018
Administrations fédérale ou centrale										
Recettes fiscales totales	**92.6**	**175.7**	**287.1**	**424.9**	**453.2**	**22.3**	**24.9**	**20.3**	**23.0**	**23.3**
1000 Impôts sur revenu, bénéfices et gains en capital	66.5	124.4	202.2	310.0	336.2	16.1	17.6	14.3	16.8	17.3
2000 Cotisations de sécurité sociale	0.0	0.0	0.0	0.0	0.0	0.0	0.0	0.0	0.0	0.0
3000 Sur salaires ou main d'oeuvre	1.3	0.1	0.5	1.1	1.1	0.3	0.0	0.0	0.1	0.1
4000 Impôts sur le patrimoine	0.2	0.0	0.0	0.0	0.0	0.1	0.0	0.0	0.0	0.0
5000 Impôts sur les biens et services	24.5	51.1	84.4	113.7	115.9	5.9	7.2	6.0	6.1	6.0
6000 Autres impôts	0.0	0.0	0.0	0.0	0.0	0.0	0.0	0.0	0.0	0.0
Administrations d'un État/Régions										
Recettes fiscales totales	**19.7**	**32.7**	**58.4**	**84.2**	**86.3**	**4.7**	**4.6**	**4.1**	**4.6**	**4.4**
1000 Impôts sur revenu, bénéfices et gains en capital	0.0	0.0	0.0	0.0	0.0	0.0	0.0	0.0	0.0	0.0
2000 Cotisations de sécurité sociale	0.0	0.0	0.0	0.0	0.0	0.0	0.0	0.0	0.0	0.0
3000 Sur salaires ou main d'oeuvre	5.8	9.5	18.0	24.4	25.9	1.4	1.3	1.3	1.3	1.3
4000 Impôts sur le patrimoine	6.0	12.4	21.1	34.9	34.2	1.4	1.8	1.5	1.9	1.8
5000 Impôts sur les biens et services	7.9	10.8	19.3	25.0	26.3	1.9	1.5	1.4	1.3	1.3
6000 Autres impôts	0.0	0.0	0.0	0.0	0.0	0.0	0.0	0.0	0.0	0.0
Administrations locales										
Recettes fiscales totales	**4.2**	**6.4**	**12.4**	**18.1**	**18.9**	**1.0**	**0.9**	**0.9**	**1.0**	**1.0**
1000 Impôts sur revenu, bénéfices et gains en capital	0.0	0.0	0.0	0.0	0.0	0.0	0.0	0.0	0.0	0.0
2000 Cotisations de sécurité sociale	0.0	0.0	0.0	0.0	0.0	0.0	0.0	0.0	0.0	0.0
3000 Sur salaires ou main d'oeuvre	0.0	0.0	0.0	0.0	0.0	0.0	0.0	0.0	0.0	0.0
4000 Impôts sur le patrimoine	4.2	6.4	12.4	18.1	18.9	1.0	0.9	0.9	1.0	1.0
5000 Impôts sur les biens et services	0.0	0.0	0.0	0.0	0.0	0.0	0.0	0.0	0.0	0.0
6000 Autres impôts	0.0	0.0	0.0	0.0	0.0	0.0	0.0	0.0	0.0	0.0
Administrations de sécurité sociale										
Recettes fiscales totales	**0.0**	**0.0**	**0.0**	**0.0**	**0.0**	**0.0**	**0.0**	**0.0**	**0.0**	**0.0**
1000 Impôts sur revenu, bénéfices et gains en capital	0.0	0.0	0.0	0.0	0.0	0.0	0.0	0.0	0.0	0.0
2000 Cotisations de sécurité sociale	0.0	0.0	0.0	0.0	0.0	0.0	0.0	0.0	0.0	0.0
3000 Sur salaires ou main d'oeuvre	0.0	0.0	0.0	0.0	0.0	0.0	0.0	0.0	0.0	0.0
4000 Impôts sur le patrimoine	0.0	0.0	0.0	0.0	0.0	0.0	0.0	0.0	0.0	0.0
5000 Impôts sur les biens et services	0.0	0.0	0.0	0.0	0.0	0.0	0.0	0.0	0.0	0.0
6000 Autres impôts	0.0	0.0	0.0	0.0	0.0	0.0	0.0	0.0	0.0	0.0

Note : Des données et des notes plus détaillées par pays sont disponibles dans le chapitre 6 "Recettes fiscales des sous-secteurs de l'administration" accessible en ligne : https://doi.org/10.1787/df3c3b17-fr. Les séries temporelles complètes sont accessibles sur le site web http://oe.cd/series-temporelles-completes.

Source : Australian Bureau of Statistics.

StatLink https://doi.org/10.1787/888934213998

Tableau 4.3. Autriche, recettes fiscales et % du PIB (sélection de catégories d'impôts)

	Milliard EUR					% du PIB				
	1990	2000	2010	2017	2018	1990	2000	2010	2017	2018
Recettes fiscales totales	**54.0**	**90.3**	**121.2**	**154.6**	**162.8**	**39.3**	**42.3**	**41.0**	**41.8**	**42.2**
1000 Impôts sur le revenu, les bénéfices et les gains en capital	**13.8**	**25.6**	**34.0**	**43.7**	**47.8**	**10.0**	**12.0**	**11.5**	**11.8**	**12.4**
1100 Des personnes physiques	11.3	19.9	27.1	33.5	36.2	8.2	9.3	9.2	9.1	9.4
1200 Des sociétés	1.9	4.2	5.5	9.1	10.4	1.4	1.9	1.9	2.5	2.7
1300 Non-ventilables entre 1100 et 1200	0.5	1.5	1.4	1.1	1.1	0.4	0.7	0.5	0.3	0.3
2000 Cotisations de sécurité sociale	**17.8**	**30.5**	**41.4**	**53.9**	**56.6**	**12.9**	**14.3**	**14.0**	**14.6**	**14.7**
2100 À la charge des salariés	7.5	12.5	16.8	21.7	22.8	5.5	5.8	5.7	5.9	5.9
2200 À la charge des employeurs	8.8	14.7	19.4	25.3	26.7	6.4	6.9	6.6	6.8	6.9
2300 À la charge des indép. ou sans emploi	1.5	3.4	5.2	6.9	7.2	1.1	1.6	1.7	1.9	1.9
2400 Non-ventilables entre 2100, 2200 et 2300	0.0	0.0	0.0	0.0	0.0	0.0	0.0	0.0	0.0	0.0
3000 Sur les salaires ou main d'oeuvre	**3.3**	**5.8**	**8.4**	**10.2**	**10.4**	**2.4**	**2.7**	**2.8**	**2.8**	**2.7**
4000 Impôts sur le patrimoine	**1.5**	**1.2**	**1.6**	**1.9**	**2.1**	**1.1**	**0.6**	**0.5**	**0.5**	**0.5**
4100 Impôts périodiques sur la propriété immobilière	0.4	0.5	0.7	0.8	0.8	0.3	0.2	0.2	0.2	0.2
4200 Impôts périodiques sur l'actif net	0.6	0.0	0.0	0.0	0.0	0.5	0.0	0.0	0.0	0.0
4300 Impôts sur mut. par décès, succ. et donations	0.1	0.1	0.0	0.0	0.0	0.1	0.1	0.0	0.0	0.0
4400 Impôts sur transact. mobilières et immob.	0.4	0.6	0.8	1.1	1.2	0.3	0.3	0.3	0.3	0.3
4500 Impôts non périodiques sur	0.0	0.0	0.0	0.0	0.1	0.0	0.0	0.0	0.0	0.0
4600 Autres impôts périodiques sur patrimoine	0.0	0.0	0.0	0.0	0.0	0.0	0.0	0.0	0.0	0.0
5000 Impôts sur les biens et services	**17.0**	**26.5**	**34.7**	**44.0**	**45.1**	**12.4**	**12.4**	**11.7**	**11.9**	**11.7**
5100 Impôts sur production, vente, transfert, etc.	16.2	24.6	32.1	40.3	41.3	11.8	11.5	10.9	10.9	10.7
5110 Impôts généraux	11.2	16.9	22.7	28.3	29.3	8.2	7.9	7.7	7.6	7.6
5111 Taxes sur la valeur ajoutée	11.2	16.9	22.7	28.3	29.3	8.2	7.9	7.7	7.6	7.6
5120 Impôts sur biens et services déterminés	4.9	7.7	9.4	11.9	11.9	3.5	3.6	3.2	3.2	3.1
5121 Accises	3.3	5.5	6.9	8.3	8.2	2.4	2.6	2.3	2.2	2.1
5200 Impôts sur utilisation des biens et exerc. activités	0.9	1.9	2.6	3.7	3.9	0.6	0.9	0.9	1.0	1.0
5300 Non-ventilables entre 5100 et 5200	0.0	0.0	0.0	0.0	0.0	0.0	0.0	0.0	0.0	0.0
6000 Autres impôts	**0.7**	**0.8**	**1.1**	**0.8**	**0.8**	**0.5**	**0.4**	**0.4**	**0.2**	**0.2**
Crédits d'impôts récupérables										
Crédits d'impôts récupérables contre 1000	..	0.7	0.7	0.3	0.3	..	0.3	0.2	0.1	0.1
Composante transfert	..	0.1	0.2	0.1	0.1	..	0.0	0.1	0.0	0.0
Composante fiscale	..	0.6	0.4	0.2	0.2	..	0.3	0.1	0.1	0.1
Recettes fiscales collectés pour le compte de l'UE										
Recettes fiscales collectés pour le compte de l'UE, total	..	0.4	0.3	0.7	0.7	..	0.2	0.1	0.2	0.2
Droits de douane perçus pour le compte de l'UE	..	0.4	0.3	0.5	0.5	..	0.2	0.1	0.1	0.1
Contributions au Fonds de résolution unique collectées pour le compte de l'UE	..	..	..	0.2	0.2	..	..	..	0.1	0.1

.. Non disponible

Note : Des données et des notes plus détaillées par pays sont disponibles dans le chapitre 5 "Tableaux détaillés par pays" accessible en ligne : https://doi.org/10.1787/df3c3b17-fr. Les séries temporelles complètes sont accessibles sur le site web http://oe.cd/series-temporelles-completes.

Source : Statistics Austria.

StatLink https://doi.org/10.1787/888934214017

Tableau 4.4. Autriche, recettes fiscales et % du PIB par niveaux d'administration (principaux impôts)

	Milliard EUR					% du PIB				
	1990	2000	2010	2017	2018	1990	2000	2010	2017	2018
Administrations fédérale ou centrale										
Recettes fiscales totales	**27.2**	**60.5**	**80.7**	**101.7**	**107.2**	**19.8**	**28.3**	**27.3**	**27.5**	**27.8**
1000 Impôts sur revenu, bénéfices et gains en capital	8.6	24.9	33.1	42.6	46.5	6.3	11.7	11.2	11.5	12.1
2000 Cotisations de sécurité sociale	2.4	5.1	6.3	8.0	8.3	1.7	2.4	2.1	2.2	2.2
3000 Sur salaires ou main d'oeuvre	2.6	3.9	5.8	6.8	6.8	1.9	1.8	1.9	1.8	1.8
4000 Impôts sur le patrimoine	0.9	0.7	0.9	1.2	1.3	0.6	0.3	0.3	0.3	0.3
5000 Impôts sur les biens et services	12.3	25.3	33.7	42.5	43.7	8.9	11.8	11.4	11.5	11.3
6000 Autres impôts	0.5	0.6	0.9	0.6	0.5	0.4	0.3	0.3	0.1	0.1
Administrations d'un État/Régions										
Recettes fiscales totales	**5.8**	**1.4**	**2.0**	**2.5**	**2.5**	**4.2**	**0.7**	**0.7**	**0.7**	**0.7**
1000 Impôts sur revenu, bénéfices et gains en capital	2.8	0.6	0.9	1.2	1.2	2.0	0.3	0.3	0.3	0.3
2000 Cotisations de sécurité sociale	0.2	0.4	0.5	0.5	0.5	0.2	0.2	0.2	0.1	0.1
3000 Sur salaires ou main d'oeuvre	0.0	0.1	0.2	0.2	0.2	0.0	0.1	0.1	0.1	0.1
4000 Impôts sur le patrimoine	0.1	0.0	0.0	0.1	0.0	0.0	0.0	0.0	0.0	0.0
5000 Impôts sur les biens et services	2.7	0.2	0.3	0.4	0.4	2.0	0.1	0.1	0.1	0.1
6000 Autres impôts	0.0	0.1	0.1	0.1	0.1	0.0	0.0	0.0	0.0	0.0
Administrations locales										
Recettes fiscales totales	**6.1**	**3.2**	**3.8**	**4.7**	**4.8**	**4.4**	**1.5**	**1.3**	**1.3**	**1.3**
1000 Impôts sur revenu, bénéfices et gains en capital	2.4	0.0	0.0	0.0	0.0	1.8	0.0	0.0	0.0	0.0
2000 Cotisations de sécurité sociale	0.2	0.3	0.3	0.3	0.3	0.1	0.1	0.1	0.1	0.1
3000 Sur salaires ou main d'oeuvre	0.7	1.8	2.4	3.2	3.4	0.5	0.8	0.8	0.9	0.9
4000 Impôts sur le patrimoine	0.5	0.5	0.6	0.7	0.7	0.4	0.2	0.2	0.2	0.2
5000 Impôts sur les biens et services	2.1	0.6	0.4	0.4	0.4	1.5	0.3	0.1	0.1	0.1
6000 Autres impôts	0.2	0.1	0.1	0.1	0.1	0.1	0.0	0.0	0.0	0.0
Administrations de sécurité sociale										
Recettes fiscales totales	**15.0**	**24.8**	**34.4**	**45.1**	**47.6**	**10.9**	**11.6**	**11.6**	**12.2**	**12.3**
1000 Impôts sur revenu, bénéfices et gains en capital	0.0	0.0	0.0	0.0	0.0	0.0	0.0	0.0	0.0	0.0
2000 Cotisations de sécurité sociale	15.0	24.8	34.4	45.1	47.6	10.9	11.6	11.6	12.2	12.3
3000 Sur salaires ou main d'oeuvre	0.0	0.0	0.0	0.0	0.0	0.0	0.0	0.0	0.0	0.0
4000 Impôts sur le patrimoine	0.0	0.0	0.0	0.0	0.0	0.0	0.0	0.0	0.0	0.0
5000 Impôts sur les biens et services	0.0	0.0	0.0	0.0	0.0	0.0	0.0	0.0	0.0	0.0
6000 Autres impôts	0.0	0.0	0.0	0.0	0.0	0.0	0.0	0.0	0.0	0.0

Note : Des données et des notes plus détaillées par pays sont disponibles dans le chapitre 6 "Recettes fiscales des sous-secteurs de l'administration" accessible en ligne : https://doi.org/10.1787/df3c3b17-fr. Les séries temporelles complètes sont accessibles sur le site web http://oe.cd/series-temporelles-completes.

Source : Statistics Austria.

StatLink https://doi.org/10.1787/888934214036

Tableau 4.5. Belgique, recettes fiscales et % du PIB (sélection de catégories d'impôts)

	Milliard EUR					% du PIB				
	1990	2000	2010	2017	2018	1990	2000	2010	2017	2018
Recettes fiscales totales	**70.4**	**112.4**	**155.7**	**195.3**	**202.0**	**41.4**	**43.8**	**42.9**	**43.8**	**43.9**
1000 Impôts sur le revenu, les bénéfices et les gains en capital	**26.0**	**43.4**	**53.2**	**71.3**	**74.3**	**15.3**	**16.9**	**14.7**	**16.0**	**16.2**
1100 Des personnes physiques	22.5	35.3	44.0	53.2	54.5	13.3	13.8	12.1	11.9	11.9
1200 Des sociétés	3.4	8.1	9.2	18.1	19.7	2.0	3.1	2.5	4.1	4.3
1300 Non-ventilables entre 1100 et 1200	0.0	0.1	0.0	0.1	0.1	0.0	0.0	0.0	0.0	0.0
2000 Cotisations de sécurité sociale	**23.4**	**34.6**	**50.5**	**59.7**	**60.9**	**13.7**	**13.5**	**13.9**	**13.4**	**13.3**
2100 À la charge des salariés	7.2	10.9	15.0	17.7	18.4	4.2	4.3	4.1	4.0	4.0
2200 À la charge des employeurs	14.7	20.8	30.9	36.0	36.4	8.6	8.1	8.5	8.1	7.9
2300 À la charge des indép. ou sans emploi	1.5	2.9	4.6	5.9	6.1	0.9	1.1	1.3	1.3	1.3
2400 Non-ventilables entre 2100, 2200 et 2300	0.0	0.0	0.0	0.0	0.0	0.0	0.0	0.0	0.0	0.0
3000 Sur les salaires ou main d'oeuvre	**0.0**	**0.0**	**0.0**	**0.0**	**0.0**	**0.0**	**0.0**	**0.0**	**0.0**	**0.0**
4000 Impôts sur le patrimoine	**2.7**	**5.3**	**11.3**	**15.4**	**15.8**	**1.6**	**2.1**	**3.1**	**3.5**	**3.4**
4100 Impôts périodiques sur la propriété immobilière	0.6	1.2	4.6	5.8	5.7	0.4	0.5	1.3	1.3	1.2
4200 Impôts périodiques sur l'actif net	0.0	0.1	0.2	0.9	1.0	0.0	0.0	0.1	0.2	0.2
4300 Impôts sur mut. par décès, succ. et donations	0.5	1.1	2.3	3.1	3.3	0.3	0.4	0.6	0.7	0.7
4400 Impôts sur transact. mobilières et immob.	1.5	2.7	3.5	4.8	4.9	0.9	1.0	1.0	1.1	1.1
4500 Impôts non périodiques sur	0.0	0.1	0.3	0.5	0.5	0.0	0.0	0.1	0.1	0.1
4600 Autres impôts périodiques sur patrimoine	0.1	0.2	0.3	0.3	0.5	0.1	0.1	0.1	0.1	0.1
5000 Impôts sur les biens et services	**18.4**	**29.1**	**40.7**	**48.9**	**50.9**	**10.8**	**11.3**	**11.2**	**11.0**	**11.1**
5100 Impôts sur production, vente, transfert, etc.	17.4	27.0	38.3	46.3	48.2	10.2	10.5	10.5	10.4	10.5
5110 Impôts généraux	11.6	18.2	25.5	30.0	31.3	6.8	7.1	7.0	6.7	6.8
5111 Taxes sur la valeur ajoutée	11.5	18.1	25.3	29.8	31.1	6.8	7.1	7.0	6.7	6.8
5120 Impôts sur biens et services déterminés	5.8	8.7	12.8	16.4	17.0	3.4	3.4	3.5	3.7	3.7
5121 Accises	3.5	5.7	7.8	9.9	10.1	2.0	2.2	2.1	2.2	2.2
5200 Impôts sur utilisation des biens et exerc. activités	1.0	2.1	2.4	2.5	2.6	0.6	0.8	0.7	0.6	0.6
5300 Non-ventilables entre 5100 et 5200	0.0	0.0	0.0	0.0	0.0	0.0	0.0	0.0	0.0	0.0
6000 Autres impôts	**0.0**	**0.0**	**0.0**	**0.0**	**0.0**	**0.0**	**0.0**	**0.0**	**0.0**	**0.0**
Crédits d'impôts récupérables										
Crédits d'impôts récupérables contre 1000	..	..	1.0	0.9	0.9	..	..	0.3	0.2	0.2
Composante transfert	..	..	0.4	0.3	0.3	..	..	0.1	0.1	0.1
Composante fiscale	..	..	0.6	0.6	0.6	..	..	0.2	0.1	0.1
Recettes fiscales collectés pour le compte de l'UE										
Recettes fiscales collectés pour le compte de l'UE, total	0.9	1.0	1.3	1.8	1.9	0.6	0.4	0.4	0.4	0.4
Droits de douane perçus pour le compte de l'UE	..	1.0	1.2	1.6	1.6	..	0.4	0.3	0.4	0.4
Contributions au Fonds de résolution unique collectées pour le compte de l'UE	..	..	..	0.3	0.3	..	..	..	0.1	0.1

.. Non disponible

Note : Des données et des notes plus détaillées par pays sont disponibles dans le chapitre 5 "Tableaux détaillés par pays" accessible en ligne : https://doi.org/10.1787/df3c3b17-fr. Les séries temporelles complètes sont accessibles sur le site web http://oe.cd/series-temporelles-completes. Le total des recettes fiscales a été diminué du montant de tout transfert en capital représentant les impôts non perçus. Le transfert en capital a été directement diminué des impôts spécifiques auxquels il se rapporte. Par conséquent, les montants des recettes fiscales sont différents de ceux présentés dans le chapitre 5 "Tableaux détaillés par pays" accessible en ligne.

Source : Service Public Fédéral Finances.

StatLink https://doi.org/10.1787/888934214055

Tableau 4.6. Belgique, recettes fiscales et % du PIB par niveaux d'administration (principaux impôts)

	Milliard EUR					% du PIB				
	1990	2000	2010	2017	2018	1990	2000	2010	2017	2018
Administrations fédérale ou centrale										
Recettes fiscales totales	**42.5**	**69.4**	**87.8**	**100.3**	**106.1**	**25.0**	**27.1**	**24.2**	**22.5**	**23.1**
1000 Impôts sur revenu, bénéfices et gains en capital	23.9	39.6	49.3	56.8	60.4	14.0	15.4	13.6	12.7	13.1
2000 Cotisations de sécurité sociale	0.9	1.3	2.5	0.1	0.1	0.5	0.5	0.7	0.0	0.0
3000 Sur salaires ou main d'oeuvre	0.0	0.0	0.0	0.0	0.0	0.0	0.0	0.0	0.0	0.0
4000 Impôts sur le patrimoine	1.1	2.3	0.9	2.1	2.3	0.6	0.9	0.3	0.5	0.5
5000 Impôts sur les biens et services	16.7	26.3	35.0	41.4	43.3	9.8	10.2	9.7	9.3	9.4
6000 Autres impôts	0.0	0.0	0.0	0.0	0.0	0.0	0.0	0.0	0.0	0.0
Administrations d'un État/Régions										
Recettes fiscales totales	**1.2**	**2.4**	**8.1**	**21.0**	**20.6**	**0.7**	**1.0**	**2.2**	**4.7**	**4.5**
1000 Impôts sur revenu, bénéfices et gains en capital	0.0	0.1	0.0	9.9	9.5	0.0	0.0	0.0	2.2	2.1
2000 Cotisations de sécurité sociale	0.0	0.0	0.0	0.2	0.3	0.0	0.0	0.0	0.1	0.1
3000 Sur salaires ou main d'oeuvre	0.0	0.0	0.0	0.0	0.0	0.0	0.0	0.0	0.0	0.0
4000 Impôts sur le patrimoine	0.9	1.9	5.6	7.6	7.9	0.5	0.7	1.6	1.7	1.7
5000 Impôts sur les biens et services	0.2	0.5	2.4	3.3	3.0	0.1	0.2	0.7	0.7	0.7
6000 Autres impôts	0.0	0.0	0.0	0.0	0.0	0.0	0.0	0.0	0.0	0.0
Administrations locales										
Recettes fiscales totales	**3.1**	**4.6**	**7.9**	**9.5**	**9.2**	**1.8**	**1.8**	**2.2**	**2.1**	**2.0**
1000 Impôts sur revenu, bénéfices et gains en capital	2.1	3.1	2.9	3.4	3.2	1.2	1.2	0.8	0.8	0.7
2000 Cotisations de sécurité sociale	0.1	0.0	0.0	0.0	0.0	0.1	0.0	0.0	0.0	0.0
3000 Sur salaires ou main d'oeuvre	0.0	0.0	0.0	0.0	0.0	0.0	0.0	0.0	0.0	0.0
4000 Impôts sur le patrimoine	0.6	1.0	4.4	5.5	5.3	0.3	0.4	1.2	1.2	1.2
5000 Impôts sur les biens et services	0.3	0.4	0.6	0.6	0.7	0.2	0.2	0.2	0.1	0.2
6000 Autres impôts	0.0	0.0	0.0	0.0	0.0	0.0	0.0	0.0	0.0	0.0
Administrations de sécurité sociale										
Recettes fiscales totales	**22.7**	**34.9**	**50.7**	**62.6**	**64.1**	**13.4**	**13.6**	**14.0**	**14.0**	**13.9**
1000 Impôts sur revenu, bénéfices et gains en capital	0.0	0.6	1.0	1.2	1.3	0.0	0.2	0.3	0.3	0.3
2000 Cotisations de sécurité sociale	22.4	33.3	48.0	59.4	60.6	13.2	13.0	13.2	13.3	13.2
3000 Sur salaires ou main d'oeuvre	0.0	0.0	0.0	0.0	0.0	0.0	0.0	0.0	0.0	0.0
4000 Impôts sur le patrimoine	0.1	0.2	0.3	0.3	0.3	0.1	0.1	0.1	0.1	0.1
5000 Impôts sur les biens et services	0.2	0.8	1.3	1.7	1.9	0.1	0.3	0.4	0.4	0.4
6000 Autres impôts	0.0	0.0	0.0	0.0	0.0	0.0	0.0	0.0	0.0	0.0

Note : Des données et des notes plus détaillées par pays sont disponibles dans le chapitre 6 "Recettes fiscales des sous-secteurs de l'administration" accessible en ligne : https://doi.org/10.1787/df3c3b17-fr. Les séries temporelles complètes sont accessibles sur le site web http://oe.cd/series-temporelles-completes.

Le total des recettes fiscales a été diminué du montant de tout transfert en capital représentant les impôts non perçus. Le transfert en capital a été directement diminué des impôts spécifiques auxquels il se rapporte. Par conséquent, les montants des recettes fiscales sont différents de ceux présentés dans le chapitre 6 "Recettes fiscales des sous-secteurs de l'administration" accessible en ligne.

Source : Service Public Fédéral Finances.

StatLink https://doi.org/10.1787/888934214074

Tableau 4.7. Canada, recettes fiscales et % du PIB (sélection de catégories d'impôts)

	Milliard CAD					% du PIB				
	1990	2000	2010	2017	2018	1990	2000	2010	2017	2018
Recettes fiscales totales	**244.2**	**390.2**	**516.6**	**709.0**	**738.7**	**35.1**	**34.7**	**31.0**	**33.1**	**33.2**
1000 Impôts sur le revenu, les bénéfices et les gains en capital	**118.6**	**195.3**	**241.0**	**345.2**	**360.5**	**17.0**	**17.4**	**14.5**	**16.1**	**16.2**
1100 Des personnes physiques	99.7	143.7	180.9	254.7	267.6	14.3	12.8	10.9	11.9	12.0
1200 Des sociétés	17.2	47.6	54.1	82.9	83.8	2.5	4.2	3.2	3.9	3.8
1300 Non-ventilables entre 1100 et 1200	1.7	4.0	6.0	7.5	9.1	0.2	0.4	0.4	0.4	0.4
2000 Cotisations de sécurité sociale	**29.7**	**53.1**	**76.8**	**99.0**	**103.2**	**4.3**	**4.7**	**4.6**	**4.6**	**4.6**
2100 À la charge des salariés	10.6	21.4	30.6	39.9	41.5	1.5	1.9	1.8	1.9	1.9
2200 À la charge des employeurs	18.4	30.3	43.5	55.6	58.0	2.7	2.7	2.6	2.6	2.6
2300 À la charge des indép. ou sans emploi	0.6	1.4	2.6	3.6	3.7	0.1	0.1	0.2	0.2	0.2
2400 Non-ventilables entre 2100, 2200 et 2300	0.0	0.0	0.0	0.0	0.0	0.0	0.0	0.0	0.0	0.0
3000 Sur les salaires ou main d'oeuvre	**5.5**	**8.0**	**10.8**	**14.2**	**14.9**	**0.8**	**0.7**	**0.6**	**0.7**	**0.7**
4000 Impôts sur le patrimoine	**24.5**	**37.2**	**63.7**	**84.1**	**85.9**	**3.5**	**3.3**	**3.8**	**3.9**	**3.9**
4100 Impôts périodiques sur la propriété immobilière	20.2	30.2	51.7	66.7	69.8	2.9	2.7	3.1	3.1	3.1
4200 Impôts périodiques sur l'actif net	1.9	4.2	1.5	0.4	0.4	0.3	0.4	0.1	0.0	0.0
4300 Impôts sur mut. par décès, succ. et donations	0.0	0.0	0.2	0.3	0.3	0.0	0.0	0.0	0.0	0.0
4400 Impôts sur transact. mobilières et immob.	0.0	0.0	3.1	7.2	6.3	0.0	0.0	0.2	0.3	0.3
4500 Impôts non périodiques sur	2.4	2.7	7.3	9.5	9.0	0.3	0.2	0.4	0.4	0.4
4600 Autres impôts périodiques sur patrimoine	0.0	0.0	0.0	0.0	0.0	0.0	0.0	0.0	0.0	0.0
5000 Impôts sur les biens et services	**63.1**	**94.5**	**123.8**	**165.7**	**173.6**	**9.1**	**8.4**	**7.4**	**7.7**	**7.8**
5100 Impôts sur production, vente, transfert, etc.	59.6	88.9	116.2	153.9	161.6	8.6	7.9	7.0	7.2	7.3
5110 Impôts généraux	34.5	55.3	72.1	99.9	105.0	5.0	4.9	4.3	4.7	4.7
5111 Taxes sur la valeur ajoutée	0.0	35.9	70.7	96.0	100.6	0.0	3.2	4.2	4.5	4.5
5120 Impôts sur biens et services déterminés	25.2	33.6	44.0	54.0	56.7	3.6	3.0	2.6	2.5	2.5
5121 Accises	14.5	18.4	23.3	27.3	28.0	2.1	1.6	1.4	1.3	1.3
5200 Impôts sur utilisation des biens et exerc. activités	3.5	5.6	7.6	11.8	11.9	0.5	0.5	0.5	0.6	0.5
5300 Non-ventilables entre 5100 et 5200	0.0	0.0	0.0	0.0	0.0	0.0	0.0	0.0	0.0	0.0
6000 Autres impôts	**2.9**	**2.2**	**0.6**	**0.7**	**0.8**	**0.4**	**0.2**	**0.0**	**0.0**	**0.0**
Crédits d'impôts récupérables										
Crédits d'impôts récupérables contre 1000	..	3.4	11.1	11.7	13.8	..	0.3	0.7	0.5	0.6
Composante transfert	..	3.1	10.2	10.6	11.4	..	0.3	0.6	0.5	0.5
Composante fiscale	..	0.3	0.9	1.1	2.4	..	0.0	0.1	0.1	0.1

.. Non disponible

Note : Des données et des notes plus détaillées par pays sont disponibles dans le chapitre 5 "Tableaux détaillés par pays" accessible en ligne : https://doi.org/10.1787/df3c3b17-fr. Les séries temporelles complètes sont accessibles sur le site web http://oe.cd/series-temporelles-completes.

Source : Statistics Canada.

StatLink https://doi.org/10.1787/888934214093

Tableau 4.8. Canada, recettes fiscales et % du PIB par niveaux d'administration (principaux impôts)

	Milliard CAD					% du PIB				
	1990	2000	2010	2017	2018	1990	2000	2010	2017	2018
Administrations fédérale ou centrale										
Recettes fiscales totales	**101.7**	**184.4**	**212.8**	**291.8**	**306.9**	**14.6**	**16.4**	**12.8**	**13.6**	**13.8**
1000 Impôts sur revenu, bénéfices et gains en capital	73.6	126.3	148.7	212.7	223.2	10.6	11.2	8.9	9.9	10.0
2000 Cotisations de sécurité sociale	0.0	18.8	17.9	20.9	22.4	0.0	1.7	1.1	1.0	1.0
3000 Sur salaires ou main d'oeuvre	0.0	0.0	0.0	0.0	0.0	0.0	0.0	0.0	0.0	0.0
4000 Impôts sur le patrimoine	0.0	0.0	0.0	0.0	0.0	0.0	0.0	0.0	0.0	0.0
5000 Impôts sur les biens et services	28.1	39.4	46.2	58.3	61.4	4.0	3.5	2.8	2.7	2.8
6000 Autres impôts	0.0	0.0	0.0	0.0	0.0	0.0	0.0	0.0	0.0	0.0
Administrations d'un État/Régions										
Recettes fiscales totales	**89.3**	**148.2**	**201.1**	**281.1**	**292.0**	**12.8**	**13.2**	**12.1**	**13.1**	**13.1**
1000 Impôts sur revenu, bénéfices et gains en capital	44.9	69.0	92.2	132.5	137.3	6.5	6.1	5.5	6.2	6.2
2000 Cotisations de sécurité sociale	0.0	8.3	11.7	14.6	15.2	0.0	0.7	0.7	0.7	0.7
3000 Sur salaires ou main d'oeuvre	5.5	8.0	10.8	14.2	14.9	0.8	0.7	0.6	0.7	0.7
4000 Impôts sur le patrimoine	4.2	8.4	9.8	13.5	13.6	0.6	0.7	0.6	0.6	0.6
5000 Impôts sur les biens et services	34.6	54.5	76.7	106.3	111.0	5.0	4.8	4.6	5.0	5.0
6000 Autres impôts	0.0	0.0	0.0	0.0	0.0	0.0	0.0	0.0	0.0	0.0
Administrations locales										
Recettes fiscales totales	**23.5**	**31.5**	**55.4**	**72.5**	**74.2**	**3.4**	**2.8**	**3.3**	**3.4**	**3.3**
1000 Impôts sur revenu, bénéfices et gains en capital	0.0	0.0	0.0	0.0	0.0	0.0	0.0	0.0	0.0	0.0
2000 Cotisations de sécurité sociale	0.0	0.0	0.0	0.0	0.0	0.0	0.0	0.0	0.0	0.0
3000 Sur salaires ou main d'oeuvre	0.0	0.0	0.0	0.0	0.0	0.0	0.0	0.0	0.0	0.0
4000 Impôts sur le patrimoine	20.3	28.8	53.9	70.6	72.2	2.9	2.6	3.2	3.3	3.2
5000 Impôts sur les biens et services	0.4	0.6	0.9	1.2	1.2	0.1	0.1	0.1	0.1	0.1
6000 Autres impôts	2.9	2.2	0.6	0.7	0.8	0.4	0.2	0.0	0.0	0.0
Administrations de sécurité sociale										
Recettes fiscales totales	**29.7**	**26.0**	**47.2**	**63.6**	**65.6**	**4.3**	**2.3**	**2.8**	**3.0**	**3.0**
1000 Impôts sur revenu, bénéfices et gains en capital	0.0	0.0	0.0	0.0	0.0	0.0	0.0	0.0	0.0	0.0
2000 Cotisations de sécurité sociale	29.7	26.0	47.2	63.6	65.6	4.3	2.3	2.8	3.0	3.0
3000 Sur salaires ou main d'oeuvre	0.0	0.0	0.0	0.0	0.0	0.0	0.0	0.0	0.0	0.0
4000 Impôts sur le patrimoine	0.0	0.0	0.0	0.0	0.0	0.0	0.0	0.0	0.0	0.0
5000 Impôts sur les biens et services	0.0	0.0	0.0	0.0	0.0	0.0	0.0	0.0	0.0	0.0
6000 Autres impôts	0.0	0.0	0.0	0.0	0.0	0.0	0.0	0.0	0.0	0.0

Note : Des données et des notes plus détaillées par pays sont disponibles dans le chapitre 6 "Recettes fiscales des sous-secteurs de l'administration" accessible en ligne : https://doi.org/10.1787/df3c3b17-fr. Les séries temporelles complètes sont accessibles sur le site web http://oe.cd/series-temporelles-completes.

Source : Statistics Canada.

StatLink https://doi.org/10.1787/888934214112

Tableau 4.9. Chili, recettes fiscales et % du PIB (sélection de catégories d'impôts)

	Milliard CLP					% du PIB				
	1990	2000	2010	2017	2018	1990	2000	2010	2017	2018
Recettes fiscales totales	**1 777.2**	**7 902.0**	**21 845.7**	**36 238.6**	**40 314.7**	**16.9**	**18.8**	**19.6**	**20.2**	**21.1**
1000 Impôts sur le revenu, les bénéfices et les gains en capital	**413.0**	**1 841.6**	**8 329.1**	**12 516.2**	**14 418.9**	**3.9**	**4.4**	**7.5**	**7.0**	**7.5**
1100 Des personnes physiques	99.2	604.1	1 492.8	3 500.0	2 701.4	0.9	1.4	1.3	1.9	1.4
1200 Des sociétés	219.6	882.9	4 448.7	7 658.4	8 920.5	2.1	2.1	4.0	4.3	4.7
1300 Non-ventilables entre 1100 et 1200	94.2	354.6	2 387.5	1 357.7	2 796.9	0.9	0.8	2.1	0.8	1.5
2000 Cotisations de sécurité sociale	**159.6**	**576.8**	**1 494.0**	**2 627.6**	**2 786.2**	**1.5**	**1.4**	**1.3**	**1.5**	**1.5**
2100 À la charge des salariés	154.0	553.9	1 433.2	2 553.9	2 703.3	1.5	1.3	1.3	1.4	1.4
2200 À la charge des employeurs	5.5	22.8	60.8	73.6	82.9	0.1	0.1	0.1	0.0	0.0
2300 À la charge des indép. ou sans emploi	0.0	0.0	0.0	0.0	0.0	0.0	0.0	0.0	0.0	0.0
2400 Non-ventilables entre 2100, 2200 et 2300	0.0	0.0	0.0	0.0	0.0	0.0	0.0	0.0	0.0	0.0
3000 Sur les salaires ou main d'oeuvre	**0.0**	**0.0**	**0.0**	**0.0**	**0.0**	**0.0**	**0.0**	**0.0**	**0.0**	**0.0**
4000 Impôts sur le patrimoine	**109.3**	**554.0**	**898.6**	**1 950.2**	**2 086.9**	**1.0**	**1.3**	**0.8**	**1.1**	**1.1**
4100 Impôts périodiques sur la propriété immobilière	60.0	302.2	662.4	1 229.2	1 373.5	0.6	0.7	0.6	0.7	0.7
4200 Impôts périodiques sur l'actif net	0.0	0.0	0.0	0.0	0.0	0.0	0.0	0.0	0.0	0.0
4300 Impôts sur mut. par décès, succ. et donations	3.4	10.9	39.3	202.4	125.6	0.0	0.0	0.0	0.1	0.1
4400 Impôts sur transact. mobilières et immob.	45.9	240.9	196.9	518.6	587.7	0.4	0.6	0.2	0.3	0.3
4500 Impôts non périodiques sur	0.0	0.0	0.0	0.0	0.0	0.0	0.0	0.0	0.0	0.0
4600 Autres impôts périodiques sur patrimoine	0.0	0.0	0.0	0.0	0.0	0.0	0.0	0.0	0.0	0.0
5000 Impôts sur les biens et services	**1 118.7**	**5 041.8**	**11 185.2**	**19 858.9**	**21 470.5**	**10.6**	**12.0**	**10.0**	**11.0**	**11.2**
5100 Impôts sur production, vente, transfert, etc.	1 074.0	4 789.8	10 532.9	18 597.2	19 953.0	10.2	11.4	9.4	10.3	10.4
5110 Impôts généraux	664.4	3 306.4	8 399.9	15 069.5	16 211.6	6.3	7.9	7.5	8.4	8.5
5111 Taxes sur la valeur ajoutée	664.4	3 306.4	8 399.9	15 069.5	16 211.6	6.3	7.9	7.5	8.4	8.5
5120 Impôts sur biens et services déterminés	409.6	1 483.5	2 133.0	3 527.6	3 741.4	3.9	3.5	1.9	2.0	2.0
5121 Accises	166.0	816.2	1 561.2	2 682.7	2 796.0	1.6	1.9	1.4	1.5	1.5
5200 Impôts sur utilisation des biens et exerc. activités	44.7	251.9	652.3	1 261.7	1 517.5	0.4	0.6	0.6	0.7	0.8
5300 Non-ventilables entre 5100 et 5200	0.0	0.0	0.0	0.0	0.0	0.0	0.0	0.0	0.0	0.0
6000 Autres impôts	**-23.4**	**-112.2**	**-61.1**	**-714.3**	**-447.7**	**-0.2**	**-0.3**	**-0.1**	**-0.4**	**-0.2**
Crédits d'impôts récupérables										
Crédits d'impôts récupérables contre 1000	0.0	0.0	0.0	213.5	251.6	0.0	0.0	0.0	0.1	0.1
Composante transfert	..	..	..	151.4	186.8	..	..	..	0.1	0.1
Composante fiscale	..	..	..	62.1	64.8	..	..	..	0.0	0.0

.. Non disponible

Note : Des données et des notes plus détaillées par pays sont disponibles dans le chapitre 5 "Tableaux détaillés par pays" accessible en ligne : https://doi.org/10.1787/df3c3b17-fr. Les séries temporelles complètes sont accessibles sur le site web http://oe.cd/series-temporelles-completes.

Source : Servicio de Impuestos internos (Chile's Tax Service).

StatLink https://doi.org/10.1787/888934214131

Tableau 4.10. Chili, recettes fiscales et % du PIB par niveaux d'administration (principaux impôts)

	Milliard CLP					% du PIB				
	1990	2000	2010	2017	2018	1990	2000	2010	2017	2018
Administrations fédérale ou centrale										
Recettes fiscales totales	**1 579.7**	**6 936.8**	**19 214.8**	**31 274.2**	**34 816.0**	**15.0**	**16.5**	**17.2**	**17.4**	**18.2**
1000 Impôts sur revenu, bénéfices et gains en capital	413.0	1 841.6	8 329.1	12 516.2	14 418.9	3.9	4.4	7.5	7.0	7.5
2000 Cotisations de sécurité sociale	66.7	232.7	371.4	506.0	474.0	0.6	0.6	0.3	0.3	0.2
3000 Sur salaires ou main d'oeuvre	0.0	0.0	0.0	0.0	0.0	0.0	0.0	0.0	0.0	0.0
4000 Impôts sur le patrimoine	59.7	255.4	245.0	738.3	736.3	0.6	0.6	0.2	0.4	0.4
5000 Impôts sur les biens et services	1 063.7	4 719.3	10 330.4	18 228.0	19 634.6	10.1	11.2	9.3	10.1	10.3
6000 Autres impôts	-23.4	-112.2	-61.1	-714.3	-447.7	-0.2	-0.3	-0.1	-0.4	-0.2
Administrations d'un État/Régions										
Recettes fiscales totales	**..**	**..**	**..**	**..**	**..**	**..**	**..**	**..**	**..**	**..**
1000 Impôts sur revenu, bénéfices et gains en capital	..	..	..	..	..	..	..	..	..	..
2000 Cotisations de sécurité sociale	..	..	..	..	..	..	..	..	..	..
3000 Sur salaires ou main d'oeuvre	..	..	..	..	..	..	..	..	..	..
4000 Impôts sur le patrimoine	..	..	..	..	..	..	..	..	..	..
5000 Impôts sur les biens et services	..	..	..	..	..	..	..	..	..	..
6000 Autres impôts	..	..	..	..	..	..	..	..	..	..
Administrations locales										
Recettes fiscales totales	**104.7**	**621.2**	**1 508.3**	**2 842.8**	**3 186.5**	**1.0**	**1.5**	**1.4**	**1.6**	**1.7**
1000 Impôts sur revenu, bénéfices et gains en capital	0.0	0.0	0.0	0.0	0.0	0.0	0.0	0.0	0.0	0.0
2000 Cotisations de sécurité sociale	0.0	0.0	0.0	0.0	0.0	0.0	0.0	0.0	0.0	0.0
3000 Sur salaires ou main d'oeuvre	0.0	0.0	0.0	0.0	0.0	0.0	0.0	0.0	0.0	0.0
4000 Impôts sur le patrimoine	49.6	298.7	653.6	1 211.9	1 350.5	0.5	0.7	0.6	0.7	0.7
5000 Impôts sur les biens et services	55.0	322.5	854.8	1 630.9	1 835.9	0.5	0.8	0.8	0.9	1.0
6000 Autres impôts	0.0	0.0	0.0	0.0	0.0	0.0	0.0	0.0	0.0	0.0
Administrations de sécurité sociale										
Recettes fiscales totales	**92.8**	**344.0**	**1 122.6**	**2 121.5**	**2 312.2**	**0.9**	**0.8**	**1.0**	**1.2**	**1.2**
1000 Impôts sur revenu, bénéfices et gains en capital	0.0	0.0	0.0	0.0	0.0	0.0	0.0	0.0	0.0	0.0
2000 Cotisations de sécurité sociale	92.8	344.0	1 122.6	2 121.5	2 312.2	0.9	0.8	1.0	1.2	1.2
3000 Sur salaires ou main d'oeuvre	0.0	0.0	0.0	0.0	0.0	0.0	0.0	0.0	0.0	0.0
4000 Impôts sur le patrimoine	0.0	0.0	0.0	0.0	0.0	0.0	0.0	0.0	0.0	0.0
5000 Impôts sur les biens et services	0.0	0.0	0.0	0.0	0.0	0.0	0.0	0.0	0.0	0.0
6000 Autres impôts	0.0	0.0	0.0	0.0	0.0	0.0	0.0	0.0	0.0	0.0

.. Non disponible

Note : Des données et des notes plus détaillées par pays sont disponibles dans le chapitre 6 "Recettes fiscales des sous-secteurs de l'administration" accessible en ligne : https://doi.org/10.1787/df3c3b17-fr. Les séries temporelles complètes sont accessibles sur le site web http://oe.cd/series-temporelles-completes.

Source : Servicio de Impuestos internos (Chile's Tax Service).

StatLink https://doi.org/10.1787/888934214150

Tableau 4.11. Colombie, recettes fiscales et % du PIB (sélection de catégories d'impôts)

	Milliard COP					% du PIB				
	1990	2000	2010	2017	2018	1990	2000	2010	2017	2018
Recettes fiscales totales	**2 579.4**	**30 598.6**	**98 455.3**	**174 735.8**	**190 299.9**	**11.3**	**15.7**	**18.1**	**19.0**	**19.3**
1000 Impôts sur le revenu, les bénéfices et les gains en capital	**771.7**	**7 103.5**	**26 218.9**	**57 615.2**	**64 043.9**	**3.4**	**3.6**	**4.8**	**6.3**	**6.5**
1100 Des personnes physiques	47.2	1 499.3	5 192.4	10 367.6	12 216.0	0.2	0.8	1.0	1.1	1.2
1200 Des sociétés	359.8	5 119.8	20 405.2	44 970.5	48 529.3	1.6	2.6	3.8	4.9	4.9
1300 Non-ventilables entre 1100 et 1200	364.7	484.4	621.3	2 277.1	3 298.6	1.6	0.2	0.1	0.2	0.3
2000 Cotisations de sécurité sociale	**203.6**	**4 989.0**	**11 478.1**	**13 351.7**	**18 192.0**	**0.9**	**2.6**	**2.1**	**1.5**	**1.8**
2100 À la charge des salariés	..	..	..	..	..	..	..	..	..	..
2200 À la charge des employeurs	..	..	..	..	..	..	..	..	..	..
2300 À la charge des indép. ou sans emploi	..	..	..	..	..	..	..	..	..	..
2400 Non-ventilables entre 2100, 2200 et 2300	203.6	4 989.0	11 478.1	13 351.7	18 192.0	0.9	2.6	2.1	1.5	1.8
3000 Sur les salaires ou main d'oeuvre	**0.0**	**1 286.8**	**4 022.5**	**3 200.2**	**3 461.4**	**0.0**	**0.7**	**0.7**	**0.3**	**0.4**
4000 Impôts sur le patrimoine	**56.2**	**2 027.7**	**8 535.2**	**17 950.5**	**15 265.5**	**0.2**	**1.0**	**1.6**	**2.0**	**1.5**
4100 Impôts périodiques sur la propriété immobilière	56.2	991.1	3 338.9	7 310.2	7 982.0	0.2	0.5	0.6	0.8	0.8
4200 Impôts périodiques sur l'actif net	0.0	0.0	1 970.5	3 868.6	467.9	0.0	0.0	0.4	0.4	0.0
4300 Impôts sur mut. par décès, succ. et donations	0.0	0.0	0.0	0.0	0.0	0.0	0.0	0.0	0.0	0.0
4400 Impôts sur transact. mobilières et immob.	0.0	1 036.6	3 225.8	6 771.7	6 815.6	0.0	0.5	0.6	0.7	0.7
4500 Impôts non périodiques sur	0.0	0.0	0.0	0.0	0.0	0.0	0.0	0.0	0.0	0.0
4600 Autres impôts périodiques sur patrimoine	0.0	0.0	0.0	0.0	0.0	0.0	0.0	0.0	0.0	0.0
5000 Impôts sur les biens et services	**1 388.7**	**14 180.5**	**44 411.6**	**75 381.1**	**81 408.8**	**6.1**	**7.3**	**8.2**	**8.2**	**8.3**
5100 Impôts sur production, vente, transfert, etc.	1 388.7	14 048.7	44 038.1	74 003.6	79 935.3	6.1	7.2	8.1	8.0	8.1
5110 Impôts généraux	672.4	9 585.9	33 333.8	58 565.8	64 316.0	3.0	4.9	6.1	6.4	6.5
5111 Taxes sur la valeur ajoutée	583.1	8 445.8	28 811.7	50 619.8	55 879.1	2.6	4.3	5.3	5.5	5.7
5120 Impôts sur biens et services déterminés	716.3	4 462.8	10 704.3	15 437.8	15 619.3	3.2	2.3	2.0	1.7	1.6
5121 Accises	404.7	2 718.7	6 052.3	11 616.8	12 061.1	1.8	1.4	1.1	1.3	1.2
5200 Impôts sur utilisation des biens et exerc. activités	0.0	131.8	373.6	1 377.6	1 473.5	0.0	0.1	0.1	0.2	0.1
5300 Non-ventilables entre 5100 et 5200	0.0	0.0	0.0	0.0	0.0	0.0	0.0	0.0	0.0	0.0
6000 Autres impôts	**159.3**	**1 011.2**	**3 789.0**	**7 237.0**	**7 928.3**	**0.7**	**0.5**	**0.7**	**0.8**	**0.8**
Crédits d'impôts récupérables										
Crédits d'impôts récupérables contre 1000	..	..	..	..	..	..	..	..	..	..
Composante transfert	..	..	..	..	..	..	..	..	..	..
Composante fiscale	..	..	..	..	..	..	..	..	..	..

.. Non disponible

Note : Des données et des notes plus détaillées par pays sont disponibles dans le chapitre 5 "Tableaux détaillés par pays" accessible en ligne : https://doi.org/10.1787/df3c3b17-fr. Les séries temporelles complètes sont accessibles sur le site web http://oe.cd/series-temporelles-completes.

Source : Dirección de Impuestos y Aduanas Nacionales de Colombia, Ministerio de Hacienda y Crédito Público y Banco Central de Colombia. (National Tax and Customs Administration, Ministry of Finance and Public Credit and Central Bank of Colombia).

StatLink https://doi.org/10.1787/888934214169

Tableau 4.12. Colombie, recettes fiscales et % du PIB par niveaux d'administration (principaux impôts)

	Milliard COP					% du PIB				
	1990	2000	2010	2017	2018	1990	2000	2010	2017	2018
Administrations fédérale ou centrale										
Recettes fiscales totales	**1 885.9**	**21 016.3**	**71 304.3**	**130 704.4**	**139 228.1**	**8.3**	**10.8**	**13.1**	**14.2**	**14.1**
1000 Impôts sur revenu, bénéfices et gains en capital	771.7	7 103.5	26 218.9	57 615.2	64 043.9	3.4	3.6	4.8	6.3	6.5
2000 Cotisations de sécurité sociale	0.0	0.0	0.0	0.0	0.0	0.0	0.0	0.0	0.0	0.0
3000 Sur salaires ou main d'oeuvre	0.0	1 286.8	4 022.5	3 200.2	3 461.4	0.0	0.7	0.7	0.3	0.4
4000 Impôts sur le patrimoine	0.0	1 036.6	5 196.3	10 640.3	7 283.5	0.0	0.5	1.0	1.2	0.7
5000 Impôts sur les biens et services	1 035.9	11 108.6	35 382.9	58 769.7	63 898.3	4.6	5.7	6.5	6.4	6.5
6000 Autres impôts	78.3	480.8	483.8	479.0	541.0	0.3	0.2	0.1	0.1	0.1
Administrations d'un État/Régions										
Recettes fiscales totales	**263.4**	**1 723.2**	**4 781.3**	**8 952.6**	**9 419.1**	**1.2**	**0.9**	**0.9**	**1.0**	**1.0**
1000 Impôts sur revenu, bénéfices et gains en capital	0.0	0.0	0.0	0.0	0.0	0.0	0.0	0.0	0.0	0.0
2000 Cotisations de sécurité sociale	0.0	0.0	0.0	0.0	0.0	0.0	0.0	0.0	0.0	0.0
3000 Sur salaires ou main d'oeuvre	0.0	0.0	0.0	0.0	0.0	0.0	0.0	0.0	0.0	0.0
4000 Impôts sur le patrimoine	0.0	0.0	0.0	0.0	0.0	0.0	0.0	0.0	0.0	0.0
5000 Impôts sur les biens et services	263.4	1 481.7	3 406.3	6 522.3	6 812.7	1.2	0.8	0.6	0.7	0.7
6000 Autres impôts	0.0	241.5	1 375.0	2 430.3	2 606.4	0.0	0.1	0.3	0.3	0.3
Administrations locales										
Recettes fiscales totales	**226.5**	**2 870.1**	**10 891.7**	**21 727.1**	**23 460.7**	**1.0**	**1.5**	**2.0**	**2.4**	**2.4**
1000 Impôts sur revenu, bénéfices et gains en capital	0.0	0.0	0.0	0.0	0.0	0.0	0.0	0.0	0.0	0.0
2000 Cotisations de sécurité sociale	0.0	0.0	0.0	0.0	0.0	0.0	0.0	0.0	0.0	0.0
3000 Sur salaires ou main d'oeuvre	0.0	0.0	0.0	0.0	0.0	0.0	0.0	0.0	0.0	0.0
4000 Impôts sur le patrimoine	56.2	991.1	3 338.9	7 310.2	7 982.0	0.2	0.5	0.6	0.8	0.8
5000 Impôts sur les biens et services	89.3	1 590.1	5 622.5	10 089.1	10 697.8	0.4	0.8	1.0	1.1	1.1
6000 Autres impôts	81.0	288.9	1 930.3	4 327.7	4 780.9	0.4	0.1	0.4	0.5	0.5
Administrations de sécurité sociale										
Recettes fiscales totales	**203.6**	**4 989.0**	**11 478.1**	**13 351.7**	**18 192.0**	**0.9**	**2.6**	**2.1**	**1.5**	**1.8**
1000 Impôts sur revenu, bénéfices et gains en capital	0.0	0.0	0.0	0.0	0.0	0.0	0.0	0.0	0.0	0.0
2000 Cotisations de sécurité sociale	203.6	4 989.0	11 478.1	13 351.7	18 192.0	0.9	2.6	2.1	1.5	1.8
3000 Sur salaires ou main d'oeuvre	0.0	0.0	0.0	0.0	0.0	0.0	0.0	0.0	0.0	0.0
4000 Impôts sur le patrimoine	0.0	0.0	0.0	0.0	0.0	0.0	0.0	0.0	0.0	0.0
5000 Impôts sur les biens et services	0.0	0.0	0.0	0.0	0.0	0.0	0.0	0.0	0.0	0.0
6000 Autres impôts	0.0	0.0	0.0	0.0	0.0	0.0	0.0	0.0	0.0	0.0

Note : Des données et des notes plus détaillées par pays sont disponibles dans le chapitre 6 "Recettes fiscales des sous-secteurs de l'administration" accessible en ligne : https://doi.org/10.1787/df3c3b17-fr. Les séries temporelles complètes sont accessibles sur le site web http://oe.cd/series-temporelles-completes.

Source : Dirección de Impuestos y Aduanas Nacionales de Colombia, Ministerio de Hacienda y Crédito Público y Banco Central de Colombia. (National Tax and Customs Administration, Ministry of Finance and Public Credit and Central Bank of Colombia).

StatLink https://doi.org/10.1787/888934214188

Tableau 4.13. République tchèque, recettes fiscales et % du PIB (sélection de catégories d'impôts)

	Milliard CZK					% du PIB				
	1990	2000	2010	2017	2018	1990	2000	2010	2017	2018
Recettes fiscales totales	..	**771.6**	**1 286.9**	**1 760.0**	**1 892.4**	..	**32.3**	**32.2**	**34.4**	**35.0**
1000 Impôts sur le revenu, les bénéfices et les gains en capital	..	**175.8**	**259.9**	**390.6**	**427.0**	..	**7.4**	**6.5**	**7.6**	**7.9**
1100 Des personnes physiques	..	99.7	131.7	202.2	231.0	..	4.2	3.3	4.0	4.3
1200 Des sociétés	..	76.2	128.2	188.3	196.0	..	3.2	3.2	3.7	3.6
1300 Non-ventilables entre 1100 et 1200	..	0.0	0.0	0.0	0.0	..	0.0	0.0	0.0	0.0
2000 Cotisations de sécurité sociale	..	**341.5**	**576.0**	**757.2**	**829.7**	..	**14.3**	**14.4**	**14.8**	**15.3**
2100 À la charge des salariés	..	77.3	116.8	155.8	171.8	..	3.2	2.9	3.0	3.2
2200 À la charge des employeurs	..	220.2	363.1	483.4	531.6	..	9.2	9.1	9.5	9.8
2300 À la charge des indép. ou sans emploi	..	44.1	96.1	117.9	126.2	..	1.8	2.4	2.3	2.3
2400 Non-ventilables entre 2100, 2200 et 2300	..	0.0	0.0	0.0	0.0	..	0.0	0.0	0.0	0.0
3000 Sur les salaires ou main d'oeuvre	..	**0.0**	**0.0**	**0.0**	**0.0**	..	**0.0**	**0.0**	**0.0**	**0.0**
4000 Impôts sur le patrimoine	..	**10.9**	**16.4**	**23.8**	**24.6**	..	**0.5**	**0.4**	**0.5**	**0.5**
4100 Impôts périodiques sur la propriété immobilière	..	4.5	8.8	10.8	10.9	..	0.2	0.2	0.2	0.2
4200 Impôts périodiques sur l'actif net	..	0.0	0.0	0.0	0.0	..	0.0	0.0	0.0	0.0
4300 Impôts sur mut. par décès, succ. et donations	..	0.6	0.2	0.0	0.0	..	0.0	0.0	0.0	0.0
4400 Impôts sur transact. mobilières et immob.	..	5.8	7.4	13.1	13.8	..	0.2	0.2	0.3	0.3
4500 Impôts non périodiques sur	..	0.0	0.0	0.0	0.0	..	0.0	0.0	0.0	0.0
4600 Autres impôts périodiques sur patrimoine	..	0.0	0.0	0.0	0.0	..	0.0	0.0	0.0	0.0
5000 Impôts sur les biens et services	..	**243.0**	**434.4**	**587.5**	**610.8**	..	**10.2**	**10.9**	**11.5**	**11.3**
5100 Impôts sur production, vente, transfert, etc.	..	226.4	408.6	560.3	582.8	..	9.5	10.2	11.0	10.8
5110 Impôts généraux	..	141.2	263.5	387.5	408.5	..	5.9	6.6	7.6	7.6
5111 Taxes sur la valeur ajoutée	..	141.2	263.5	387.5	408.5	..	5.9	6.6	7.6	7.6
5120 Impôts sur biens et services déterminés	..	85.1	145.2	172.8	174.2	..	3.6	3.6	3.4	3.2
5121 Accises	..	71.4	138.4	164.1	165.4	..	3.0	3.5	3.2	3.1
5200 Impôts sur utilisation des biens et exerc. activités	..	16.6	25.7	27.2	28.1	..	0.7	0.6	0.5	0.5
5300 Non-ventilables entre 5100 et 5200	..	0.0	0.0	0.0	0.0	..	0.0	0.0	0.0	0.0
6000 Autres impôts	..	**0.4**	**0.1**	**0.9**	**0.3**	..	**0.0**	**0.0**	**0.0**	**0.0**
Crédits d'impôts récupérables										
Crédits d'impôts récupérables contre 1000	..	0.0	25.7	35.7	39.1	..	0.0	0.6	0.7	0.7
Composante transfert	..	..	7.8	8.9	8.7	..	..	0.2	0.2	0.2
Composante fiscale	..	..	17.9	26.8	30.3	..	..	0.4	0.5	0.6
Recettes fiscales collectés pour le compte de l'UE										
Recettes fiscales collectés pour le compte de l'UE, total	..	..	6.6	8.3	8.3	..	..	0.2	0.2	0.2
Droits de douane perçus pour le compte de l'UE	..	..	6.6	8.3	8.3	..	..	0.2	0.2	0.2

.. Non disponible

Note : Des données et des notes plus détaillées par pays sont disponibles dans le chapitre 5 "Tableaux détaillés par pays" accessible en ligne : https://doi.org/10.1787/df3c3b17-fr. Les séries temporelles complètes sont accessibles sur le site web http://oe.cd/series-temporelles-completes.

Source : Ministry of Finance, Economic Department.

StatLink https://doi.org/10.1787/888934214207

Tableau 4.14. République tchèque, recettes fiscales et % du PIB par niveaux d'administration (principaux impôts)

	Milliard CZK					% du PIB				
	1990	2000	2010	2017	2018	1990	2000	2010	2017	2018
Administrations fédérale ou centrale										
Recettes fiscales totales	**..**	**423.4**	**687.3**	**975.8**	**1 035.4**	**..**	**17.7**	**17.2**	**19.1**	**19.1**
1000 Impôts sur revenu, bénéfices et gains en capital	..	175.8	259.9	390.6	427.0	..	7.4	6.5	7.6	7.9
2000 Cotisations de sécurité sociale	..	0.0	0.0	0.0	0.0	..	0.0	0.0	0.0	0.0
3000 Sur salaires ou main d'oeuvre	..	0.0	0.0	0.0	0.0	..	0.0	0.0	0.0	0.0
4000 Impôts sur le patrimoine	..	6.4	7.6	13.1	13.8	..	0.3	0.2	0.3	0.3
5000 Impôts sur les biens et services	..	241.0	419.6	571.2	594.3	..	10.1	10.5	11.2	11.0
6000 Autres impôts	..	0.1	0.1	0.9	0.3	..	0.0	0.0	0.0	0.0
Administrations d'un État/Régions										
Recettes fiscales totales	**..**	**..**	**..**	**..**	**..**	**..**	**..**	**..**	**..**	**..**
1000 Impôts sur revenu, bénéfices et gains en capital	..	..	..	..	..	..	..	..	..	..
2000 Cotisations de sécurité sociale	..	..	..	..	..	..	..	..	..	..
3000 Sur salaires ou main d'oeuvre	..	..	..	..	..	..	..	..	..	..
4000 Impôts sur le patrimoine	..	..	..	..	..	..	..	..	..	..
5000 Impôts sur les biens et services	..	..	..	..	..	..	..	..	..	..
6000 Autres impôts	..	..	..	..	..	..	..	..	..	..
Administrations locales										
Recettes fiscales totales	**..**	**6.7**	**17.0**	**18.8**	**19.0**	**..**	**0.3**	**0.4**	**0.4**	**0.4**
1000 Impôts sur revenu, bénéfices et gains en capital	..	0.0	0.0	0.0	0.0	..	0.0	0.0	0.0	0.0
2000 Cotisations de sécurité sociale	..	0.0	0.0	0.0	0.0	..	0.0	0.0	0.0	0.0
3000 Sur salaires ou main d'oeuvre	..	0.0	0.0	0.0	0.0	..	0.0	0.0	0.0	0.0
4000 Impôts sur le patrimoine	..	4.5	8.7	10.8	10.8	..	0.2	0.2	0.2	0.2
5000 Impôts sur les biens et services	..	2.0	8.2	8.0	8.2	..	0.1	0.2	0.2	0.2
6000 Autres impôts	..	0.3	0.0	0.0	0.0	..	0.0	0.0	0.0	0.0
Administrations de sécurité sociale										
Recettes fiscales totales	**..**	**341.5**	**576.0**	**757.2**	**829.7**	**..**	**14.3**	**14.4**	**14.8**	**15.3**
1000 Impôts sur revenu, bénéfices et gains en capital	..	0.0	0.0	0.0	0.0	..	0.0	0.0	0.0	0.0
2000 Cotisations de sécurité sociale	..	341.5	576.0	757.2	829.7	..	14.3	14.4	14.8	15.3
3000 Sur salaires ou main d'oeuvre	..	0.0	0.0	0.0	0.0	..	0.0	0.0	0.0	0.0
4000 Impôts sur le patrimoine	..	0.0	0.0	0.0	0.0	..	0.0	0.0	0.0	0.0
5000 Impôts sur les biens et services	..	0.0	0.0	0.0	0.0	..	0.0	0.0	0.0	0.0
6000 Autres impôts	..	0.0	0.0	0.0	0.0	..	0.0	0.0	0.0	0.0

.. Non disponible

Note : Des données et des notes plus détaillées par pays sont disponibles dans le chapitre 6 "Recettes fiscales des sous-secteurs de l'administration" accessible en ligne : https://doi.org/10.1787/df3c3b17-fr. Les séries temporelles complètes sont accessibles sur le site web http://oe.cd/series-temporelles-completes.

Source : Ministry of Finance, Economic Department.

StatLink https://doi.org/10.1787/888934214226

Tableau 4.15. Danemark, recettes fiscales et % du PIB (sélection de catégories d'impôts)

	Milliard DKK					% du PIB				
	1990	2000	2010	2017	2018	1990	2000	2010	2017	2018
Recettes fiscales totales	**379.8**	**622.0**	**810.5**	**997.3**	**996.2**	**44.4**	**46.9**	**44.8**	**45.8**	**44.4**
1000 Impôts sur le revenu, les bénéfices et les gains en capital	**232.6**	**382.3**	**498.5**	**632.4**	**619.5**	**27.2**	**28.8**	**27.5**	**29.1**	**27.6**
1100 Des personnes physiques	205.6	327.8	421.3	530.1	541.6	24.0	24.7	23.3	24.4	24.1
1200 Des sociétés	14.5	42.1	40.8	70.5	64.3	1.7	3.2	2.3	3.2	2.9
1300 Non-ventilables entre 1100 et 1200	12.5	12.4	36.3	31.8	13.6	1.5	0.9	2.0	1.5	0.6
2000 Cotisations de sécurité sociale	**0.1**	**8.4**	**1.8**	**1.1**	**1.1**	**0.0**	**0.6**	**0.1**	**0.0**	**0.0**
2100 À la charge des salariés	0.1	8.2	0.9	0.7	0.7	0.0	0.6	0.0	0.0	0.0
2200 À la charge des employeurs	0.0	0.2	0.9	0.3	0.3	0.0	0.0	0.1	0.0	0.0
2300 À la charge des indép. ou sans emploi	0.0	0.0	0.0	0.0	0.0	0.0	0.0	0.0	0.0	0.0
2400 Non-ventilables entre 2100, 2200 et 2300	0.0	0.0	0.0	0.0	0.0	0.0	0.0	0.0	0.0	0.0
3000 Sur les salaires ou main d'oeuvre	**2.5**	**2.2**	**4.1**	**5.4**	**6.2**	**0.3**	**0.2**	**0.2**	**0.3**	**0.3**
4000 Impôts sur le patrimoine	**16.2**	**20.7**	**33.5**	**39.1**	**41.1**	**1.9**	**1.6**	**1.8**	**1.8**	**1.8**
4100 Impôts périodiques sur la propriété immobilière	8.9	13.6	24.2	28.5	29.6	1.0	1.0	1.3	1.3	1.3
4200 Impôts périodiques sur l'actif net	0.9	0.0	0.0	0.0	0.0	0.1	0.0	0.0	0.0	0.0
4300 Impôts sur mut. par décès, succ. et donations	2.2	2.8	3.6	4.3	4.7	0.3	0.2	0.2	0.2	0.2
4400 Impôts sur transact. mobilières et immob.	4.1	4.2	5.7	6.4	6.7	0.5	0.3	0.3	0.3	0.3
4500 Impôts non périodiques sur	0.1	0.1	0.0	0.0	0.0	0.0	0.0	0.0	0.0	0.0
4600 Autres impôts périodiques sur patrimoine	0.0	0.0	0.0	0.0	0.0	0.0	0.0	0.0	0.0	0.0
5000 Impôts sur les biens et services	**128.5**	**207.9**	**272.4**	**319.0**	**328.1**	**15.0**	**15.7**	**15.0**	**14.7**	**14.6**
5100 Impôts sur production, vente, transfert, etc.	122.5	197.1	252.8	294.5	302.1	14.3	14.9	14.0	13.5	13.5
5110 Impôts généraux	79.9	121.4	170.6	206.2	214.1	9.3	9.1	9.4	9.5	9.5
5111 Taxes sur la valeur ajoutée	71.5	121.4	170.6	206.2	214.1	8.4	9.1	9.4	9.5	9.5
5120 Impôts sur biens et services déterminés	42.6	75.7	82.3	88.3	88.0	5.0	5.7	4.5	4.1	3.9
5121 Accises	38.0	68.7	73.6	80.5	79.9	4.4	5.2	4.1	3.7	3.6
5200 Impôts sur utilisation des biens et exerc. activités	4.4	7.4	14.6	16.1	17.2	0.5	0.6	0.8	0.7	0.8
5300 Non-ventilables entre 5100 et 5200	1.6	3.4	4.9	8.4	8.8	0.2	0.3	0.3	0.4	0.4
6000 Autres impôts	**0.0**	**0.4**	**0.2**	**0.3**	**0.3**	**0.0**	**0.0**	**0.0**	**0.0**	**0.0**
Crédits d'impôts récupérables										
Crédits d'impôts récupérables contre 1000	..	..	5.0	4.2	3.7	..	..	0.3	0.2	0.2
Composante transfert	..	..	0.2	0.2	0.2	..	..	0.0	0.0	0.0
Composante fiscale	..	..	4.7	4.0	3.5	..	..	0.3	0.2	0.2
Recettes fiscales collectés pour le compte de l'UE										
Recettes fiscales collectés pour le compte de l'UE, total	2.7	2.6	3.3	3.2	3.2	0.3	0.2	0.2	0.1	0.1
Droits de douane perçus pour le compte de l'UE	1.8	2.3	3.2	3.1	3.2	0.2	0.2	0.2	0.1	0.1

.. Non disponible

Note : Des données et des notes plus détaillées par pays sont disponibles dans le chapitre 5 "Tableaux détaillés par pays" accessible en ligne : https://doi.org/10.1787/df3c3b17-fr. Les séries temporelles complètes sont accessibles sur le site web http://oe.cd/series-temporelles-completes. Le total des recettes fiscales a été diminué du montant de tout transfert en capital représentant les impôts non perçus. Le transfert en capital a été réparti entre les différentes rubriques en proportion des recettes fiscales. Par conséquent, les montants des recettes fiscales sont différents de ceux présentés dans le chapitre 5 "Tableaux détaillés par pays" accessible en ligne.

Source : Danmarks Statistik.

StatLink https://doi.org/10.1787/888934214245

Tableau 4.16. Danemark, recettes fiscales et % du PIB par niveaux d'administration (principaux impôts)

	Milliard DKK					% du PIB				
	1990	2000	2010	2017	2018	1990	2000	2010	2017	2018
Administrations fédérale ou centrale										
Recettes fiscales totales	**259.5**	**420.6**	**589.0**	**728.4**	**723.9**	**30.3**	**31.7**	**32.5**	**33.5**	**32.2**
1000 Impôts sur revenu, bénéfices et gains en capital	123.7	204.2	305.4	395.5	380.3	14.5	15.4	16.9	18.2	16.9
2000 Cotisations de sécurité sociale	0.1	1.4	0.9	0.7	0.8	0.0	0.1	0.1	0.0	0.0
3000 Sur salaires ou main d'oeuvre	2.5	2.2	4.1	5.4	6.2	0.3	0.2	0.2	0.3	0.3
4000 Impôts sur le patrimoine	7.5	7.1	9.3	10.7	11.5	0.9	0.5	0.5	0.5	0.5
5000 Impôts sur les biens et services	125.8	205.3	269.1	315.8	324.9	14.7	15.5	14.9	14.5	14.5
6000 Autres impôts	0.0	0.4	0.2	0.3	0.3	0.0	0.0	0.0	0.0	0.0
Administrations d'un État/Régions										
Recettes fiscales totales	**..**	**..**	**..**	**..**	**..**	**..**	**..**	**..**	**..**	**..**
1000 Impôts sur revenu, bénéfices et gains en capital	..	..	..	..	..	..	..	..	..	..
2000 Cotisations de sécurité sociale	..	..	..	..	..	..	..	..	..	..
3000 Sur salaires ou main d'oeuvre	..	..	..	..	..	..	..	..	..	..
4000 Impôts sur le patrimoine	..	..	..	..	..	..	..	..	..	..
5000 Impôts sur les biens et services	..	..	..	..	..	..	..	..	..	..
6000 Autres impôts	..	..	..	..	..	..	..	..	..	..
Administrations locales										
Recettes fiscales totales	**117.6**	**191.7**	**217.3**	**265.4**	**268.8**	**13.8**	**14.4**	**12.0**	**12.2**	**12.0**
1000 Impôts sur revenu, bénéfices et gains en capital	108.9	178.1	193.1	236.9	239.2	12.7	13.4	10.7	10.9	10.7
2000 Cotisations de sécurité sociale	0.0	0.0	0.0	0.0	0.0	0.0	0.0	0.0	0.0	0.0
3000 Sur salaires ou main d'oeuvre	0.0	0.0	0.0	0.0	0.0	0.0	0.0	0.0	0.0	0.0
4000 Impôts sur le patrimoine	8.7	13.6	24.2	28.5	29.6	1.0	1.0	1.3	1.3	1.3
5000 Impôts sur les biens et services	0.0	0.0	0.0	0.0	0.0	0.0	0.0	0.0	0.0	0.0
6000 Autres impôts	0.0	0.0	0.0	0.0	0.0	0.0	0.0	0.0	0.0	0.0
Administrations de sécurité sociale										
Recettes fiscales totales	**0.0**	**7.1**	**0.9**	**0.3**	**0.3**	**0.0**	**0.5**	**0.1**	**0.0**	**0.0**
1000 Impôts sur revenu, bénéfices et gains en capital	0.0	0.0	0.0	0.0	0.0	0.0	0.0	0.0	0.0	0.0
2000 Cotisations de sécurité sociale	0.0	7.1	0.9	0.3	0.3	0.0	0.5	0.1	0.0	0.0
3000 Sur salaires ou main d'oeuvre	0.0	0.0	0.0	0.0	0.0	0.0	0.0	0.0	0.0	0.0
4000 Impôts sur le patrimoine	0.0	0.0	0.0	0.0	0.0	0.0	0.0	0.0	0.0	0.0
5000 Impôts sur les biens et services	0.0	0.0	0.0	0.0	0.0	0.0	0.0	0.0	0.0	0.0
6000 Autres impôts	0.0	0.0	0.0	0.0	0.0	0.0	0.0	0.0	0.0	0.0

.. Non disponible

Note : Des données et des notes plus détaillées par pays sont disponibles dans le chapitre 6 "Recettes fiscales des sous-secteurs de l'administration" accessible en ligne : https://doi.org/10.1787/df3c3b17-fr. Les séries temporelles complètes sont accessibles sur le site web http://oe.cd/series-temporelles-completes.

Le total des recettes fiscales a été diminué du montant de tout transfert en capital représentant les impôts non perçus. Le transfert en capital a été réparti entre les différentes rubriques en proportion des recettes fiscales. Par conséquent, les montants des recettes fiscales sont différents de ceux présentés dans le chapitre 6 "Recettes fiscales des sous-secteurs de l'administration" accessible en ligne.

Source : Danmarks Statistik.

StatLink https://doi.org/10.1787/888934214264

Tableau 4.17. Estonie, recettes fiscales et % du PIB (sélection de catégories d'impôts)

	Milliard EUR					% du PIB				
	1990	2000	2010	2017	2018	1990	2000	2010	2017	2018
Recettes fiscales totales	..	**1.9**	**4.9**	**7.8**	**8.5**	..	**31.0**	**32.9**	**32.5**	**32.9**
1000 Impôts sur le revenu, les bénéfices et les gains en capital	..	**0.5**	**1.0**	**1.7**	**1.9**	..	**7.7**	**6.5**	**7.2**	**7.4**
1100 Des personnes physiques	..	0.4	0.8	1.3	1.4	..	6.8	5.2	5.6	5.4
1200 Des sociétés	..	0.1	0.2	0.4	0.5	..	0.9	1.3	1.5	2.0
1300 Non-ventilables entre 1100 et 1200	..	0.0	0.0	0.0	0.0	..	0.0	0.0	0.0	0.0
2000 Cotisations de sécurité sociale	..	**0.7**	**1.9**	**2.7**	**3.0**	..	**10.9**	**12.6**	**11.1**	**11.5**
2100 À la charge des salariés	..	0.0	0.1	0.1	0.1	..	0.0	0.8	0.5	0.5
2200 À la charge des employeurs	..	0.7	1.7	2.5	2.8	..	10.7	11.7	10.6	10.9
2300 À la charge des indép. ou sans emploi	..	0.0	0.0	0.0	0.0	..	0.2	0.1	0.1	0.1
2400 Non-ventilables entre 2100, 2200 et 2300	..	0.0	0.0	0.0	0.0	..	0.0	0.0	0.0	0.0
3000 Sur les salaires ou main d'oeuvre	..	**0.0**	**0.0**	**0.0**	**0.0**	..	**0.0**	**0.0**	**0.0**	**0.0**
4000 Impôts sur le patrimoine	..	**0.0**	**0.1**	**0.1**	**0.1**	..	**0.4**	**0.3**	**0.2**	**0.2**
4100 Impôts périodiques sur la propriété immobilière	..	0.0	0.1	0.1	0.1	..	0.4	0.3	0.2	0.2
4200 Impôts périodiques sur l'actif net	..	0.0	0.0	0.0	0.0	..	0.0	0.0	0.0	0.0
4300 Impôts sur mut. par décès, succ. et donations	..	0.0	0.0	0.0	0.0	..	0.0	0.0	0.0	0.0
4400 Impôts sur transact. mobilières et immob.	..	0.0	0.0	0.0	0.0	..	0.0	0.0	0.0	0.0
4500 Impôts non périodiques sur	..	0.0	0.0	0.0	0.0	..	0.0	0.0	0.0	0.0
4600 Autres impôts périodiques sur patrimoine	..	0.0	0.0	0.0	0.0	..	0.0	0.0	0.0	0.0
5000 Impôts sur les biens et services	..	**0.7**	**2.0**	**3.3**	**3.6**	..	**12.1**	**13.4**	**14.0**	**13.8**
5100 Impôts sur production, vente, transfert, etc.	..	0.7	1.9	3.2	3.4	..	11.7	13.0	13.5	13.3
5110 Impôts généraux	..	0.5	1.3	2.1	2.3	..	8.4	8.5	9.0	9.0
5111 Taxes sur la valeur ajoutée	..	0.5	1.3	2.1	2.3	..	8.4	8.5	9.0	9.0
5120 Impôts sur biens et services déterminés	..	0.2	0.7	1.1	1.1	..	3.3	4.5	4.5	4.3
5121 Accises	..	0.2	0.6	1.0	1.0	..	3.0	4.2	4.1	3.9
5200 Impôts sur utilisation des biens et exerc. activités	..	0.0	0.1	0.1	0.1	..	0.4	0.4	0.5	0.5
5300 Non-ventilables entre 5100 et 5200	..	0.0	0.0	0.0	0.0	..	0.0	0.0	0.0	0.0
6000 Autres impôts	..	**0.0**	**0.0**	**0.0**	**0.0**	..	**0.0**	**0.0**	**0.0**	**0.0**
Crédits d'impôts récupérables										
Crédits d'impôts récupérables contre 1000	..	..	..	..	..	..	..	..	..	..
Composante transfert	..	..	..	..	..	..	..	..	..	..
Composante fiscale	..	..	..	..	..	..	..	..	..	..
Recettes fiscales collectés pour le compte de l'UE										
Recettes fiscales collectés pour le compte de l'UE, total	..	..	0.0	0.0	0.0	..	..	0.2	0.2	0.2
Droits de douane perçus pour le compte de l'UE	..	..	0.0	0.0	0.0	..	..	0.2	0.2	0.2
Contributions au Fonds de résolution unique collectées pour le compte de l'UE	..	..	..	0.0	0.0	..	..	..	0.0	0.0

.. Non disponible

Note : Des données et des notes plus détaillées par pays sont disponibles dans le chapitre 5 "Tableaux détaillés par pays" accessible en ligne : https://doi.org/10.1787/df3c3b17-fr. Les séries temporelles complètes sont accessibles sur le site web http://oe.cd/series-temporelles-completes.

Source : Statistics Estonia.

StatLink https://doi.org/10.1787/888934214283

Tableau 4.18. Estonie, recettes fiscales et % du PIB par niveaux d'administration (principaux impôts)

	Milliard EUR					% du PIB				
	1990	2000	2010	2017	2018	1990	2000	2010	2017	2018
Administrations fédérale ou centrale										
Recettes fiscales totales	**..**	**1.6**	**3.9**	**6.4**	**7.0**	**..**	**26.3**	**26.4**	**26.7**	**27.0**
1000 Impôts sur revenu, bénéfices et gains en capital	..	0.5	1.0	1.7	1.9	..	7.7	6.5	7.2	7.4
2000 Cotisations de sécurité sociale	..	0.4	1.0	1.4	1.6	..	6.6	6.8	5.7	6.1
3000 Sur salaires ou main d'oeuvre	..	0.0	0.0	0.0	0.0	..	0.0	0.0	0.0	0.0
4000 Impôts sur le patrimoine	..	0.0	0.0	0.0	0.0	..	0.0	0.0	0.0	0.0
5000 Impôts sur les biens et services	..	0.7	2.0	3.3	3.5	..	12.0	13.1	13.8	13.5
6000 Autres impôts	..	0.0	0.0	0.0	0.0	..	0.0	0.0	0.0	0.0
Administrations d'un État/Régions										
Recettes fiscales totales	**..**	**..**	**..**	**..**	**..**	**..**	**..**	**..**	**..**	**..**
1000 Impôts sur revenu, bénéfices et gains en capital	..	..	..	..	..	..	..	..	..	..
2000 Cotisations de sécurité sociale	..	..	..	..	..	..	..	..	..	..
3000 Sur salaires ou main d'oeuvre	..	..	..	..	..	..	..	..	..	..
4000 Impôts sur le patrimoine	..	..	..	..	..	..	..	..	..	..
5000 Impôts sur les biens et services	..	..	..	..	..	..	..	..	..	..
6000 Autres impôts	..	..	..	..	..	..	..	..	..	..
Administrations locales										
Recettes fiscales totales	**..**	**0.0**	**0.1**	**0.1**	**0.1**	**..**	**0.5**	**0.5**	**0.3**	**0.3**
1000 Impôts sur revenu, bénéfices et gains en capital	..	0.0	0.0	0.0	0.0	..	0.0	0.0	0.0	0.0
2000 Cotisations de sécurité sociale	..	0.0	0.0	0.0	0.0	..	0.0	0.0	0.0	0.0
3000 Sur salaires ou main d'oeuvre	..	0.0	0.0	0.0	0.0	..	0.0	0.0	0.0	0.0
4000 Impôts sur le patrimoine	..	0.0	0.1	0.1	0.1	..	0.4	0.3	0.2	0.2
5000 Impôts sur les biens et services	..	0.0	0.0	0.0	0.0	..	0.1	0.1	0.1	0.0
6000 Autres impôts	..	0.0	0.0	0.0	0.0	..	0.0	0.0	0.0	0.0
Administrations de sécurité sociale										
Recettes fiscales totales	**..**	**0.3**	**0.9**	**1.3**	**1.4**	**..**	**4.3**	**5.9**	**5.4**	**5.4**
1000 Impôts sur revenu, bénéfices et gains en capital	..	0.0	0.0	0.0	0.0	..	0.0	0.0	0.0	0.0
2000 Cotisations de sécurité sociale	..	0.3	0.9	1.3	1.4	..	4.3	5.9	5.4	5.4
3000 Sur salaires ou main d'oeuvre	..	0.0	0.0	0.0	0.0	..	0.0	0.0	0.0	0.0
4000 Impôts sur le patrimoine	..	0.0	0.0	0.0	0.0	..	0.0	0.0	0.0	0.0
5000 Impôts sur les biens et services	..	0.0	0.0	0.0	0.0	..	0.0	0.0	0.0	0.0
6000 Autres impôts	..	0.0	0.0	0.0	0.0	..	0.0	0.0	0.0	0.0

.. Non disponible

Note : Des données et des notes plus détaillées par pays sont disponibles dans le chapitre 6 "Recettes fiscales des sous-secteurs de l'administration" accessible en ligne : https://doi.org/10.1787/df3c3b17-fr. Les séries temporelles complètes sont accessibles sur le site web http://oe.cd/series-temporelles-completes.

Source : Statistics Estonia.

StatLink https://doi.org/10.1787/888934214302

Tableau 4.19. Finlande, recettes fiscales et % du PIB (sélection de catégories d'impôts)

	Milliard EUR					% du PIB				
	1990	2000	2010	2017	2018	1990	2000	2010	2017	2018
Recettes fiscales totales	**39.1**	**62.4**	**76.3**	**97.0**	**99.0**	**42.9**	**45.8**	**40.6**	**42.9**	**42.4**
1000 Impôts sur le revenu, les bénéfices et les gains en capital	**15.3**	**26.9**	**27.1**	**34.4**	**34.5**	**16.8**	**19.7**	**14.4**	**15.2**	**14.8**
1100 Des personnes physiques	13.6	19.1	22.5	28.3	28.6	14.9	14.0	12.0	12.5	12.2
1200 Des sociétés	1.8	7.8	4.6	6.1	5.9	1.9	5.7	2.4	2.7	2.5
1300 Non-ventilables entre 1100 et 1200	0.0	0.0	0.0	0.0	0.0	0.0	0.0	0.0	0.0	0.0
2000 Cotisations de sécurité sociale	**10.0**	**15.8**	**22.6**	**27.0**	**27.6**	**11.0**	**11.5**	**12.0**	**12.0**	**11.8**
2100 À la charge des salariés	1.2	2.9	4.7	7.5	8.1	1.3	2.1	2.5	3.3	3.5
2200 À la charge des employeurs	8.1	11.6	16.0	17.6	17.6	8.9	8.5	8.5	7.8	7.5
2300 À la charge des indép. ou sans emploi	0.7	1.3	1.9	1.9	1.9	0.8	0.9	1.0	0.9	0.8
2400 Non-ventilables entre 2100, 2200 et 2300	0.0	0.0	0.0	0.0	0.0	0.0	0.0	0.0	0.0	0.0
3000 Sur les salaires ou main d'oeuvre	**0.0**	**0.0**	**0.0**	**0.0**	**0.0**	**0.0**	**0.0**	**0.0**	**0.0**	**0.0**
4000 Impôts sur le patrimoine	**1.0**	**1.5**	**2.1**	**3.5**	**3.3**	**1.1**	**1.1**	**1.1**	**1.5**	**1.4**
4100 Impôts périodiques sur la propriété immobilière	0.1	0.6	1.2	1.8	1.8	0.1	0.4	0.6	0.8	0.8
4200 Impôts périodiques sur l'actif net	0.0	0.2	0.0	0.0	0.0	0.0	0.1	0.0	0.0	0.0
4300 Impôts sur mut. par décès, succ. et donations	0.1	0.4	0.4	0.9	0.7	0.2	0.3	0.2	0.4	0.3
4400 Impôts sur transact. mobilières et immob.	0.7	0.4	0.5	0.8	0.8	0.8	0.3	0.3	0.3	0.4
4500 Impôts non périodiques sur	0.0	0.0	0.0	0.0	0.0	0.0	0.0	0.0	0.0	0.0
4600 Autres impôts périodiques sur patrimoine	0.0	0.0	0.0	0.0	0.0	0.0	0.0	0.0	0.0	0.0
5000 Impôts sur les biens et services	**12.7**	**18.2**	**24.4**	**32.1**	**33.5**	**14.0**	**13.4**	**13.0**	**14.2**	**14.3**
5100 Impôts sur production, vente, transfert, etc.	12.6	17.8	23.6	30.8	32.1	13.8	13.0	12.6	13.6	13.7
5110 Impôts généraux	7.5	10.9	15.5	20.4	21.4	8.3	8.0	8.3	9.0	9.1
5111 Taxes sur la valeur ajoutée	7.5	10.9	15.5	20.4	21.4	8.3	8.0	8.3	9.0	9.1
5120 Impôts sur biens et services déterminés	5.0	6.9	8.1	10.3	10.7	5.5	5.1	4.3	4.6	4.6
5121 Accises	3.8	5.6	6.3	8.0	8.4	4.2	4.1	3.3	3.5	3.6
5200 Impôts sur utilisation des biens et exerc. activités	0.2	0.4	0.8	1.3	1.4	0.2	0.3	0.4	0.6	0.6
5300 Non-ventilables entre 5100 et 5200	0.0	0.0	0.0	0.0	0.0	0.0	0.0	0.0	0.0	0.0
6000 Autres impôts	**0.1**	**0.0**	**0.1**	**0.1**	**0.0**	**0.1**	**0.0**	**0.0**	**0.0**	**0.0**
Crédits d'impôts récupérables										
Crédits d'impôts récupérables contre 1000	..	..	..	..	..	..	..	..	..	..
Composante transfert	..	..	..	..	..	..	..	..	..	..
Composante fiscale	..	..	..	..	..	..	..	..	..	..
Recettes fiscales collectés pour le compte de l'UE										
Recettes fiscales collectés pour le compte de l'UE, total	..	0.1	0.2	0.3	0.2	..	0.1	0.1	0.1	0.1
Droits de douane perçus pour le compte de l'UE	..	0.1	0.2	0.2	0.2	..	0.1	0.1	0.1	0.1
Contributions au Fonds de résolution unique collectées pour le compte de l'UE	..	..	..	0.1	0.1	..	..	..	0.1	0.0

.. Non disponible

Note : Des données et des notes plus détaillées par pays sont disponibles dans le chapitre 5 "Tableaux détaillés par pays" accessible en ligne : https://doi.org/10.1787/df3c3b17-fr. Les séries temporelles complètes sont accessibles sur le site web http://oe.cd/series-temporelles-completes.

Source : Bulletin of Statistics; Central Statistical Office (for Central Government revenues); the Annual report of the National Pension Institute and Official Statistics of Finland Series XXIIA published by the Ministry and Social Affairs (for the Social Security and private pension respectively); supplementary information from unpublished sources.

StatLink https://doi.org/10.1787/888934214321

Tableau 4.20. Finlande, recettes fiscales et % du PIB par niveaux d'administration (principaux impôts)

	Milliard EUR					% du PIB				
	1990	2000	2010	2017	2018	1990	2000	2010	2017	2018
Administrations fédérale ou centrale										
Recettes fiscales totales	**20.7**	**33.1**	**35.0**	**46.9**	**48.7**	**22.7**	**24.2**	**18.6**	**20.8**	**20.8**
1000 Impôts sur revenu, bénéfices et gains en capital	7.0	14.0	9.8	13.4	13.9	7.7	10.3	5.2	5.9	5.9
2000 Cotisations de sécurité sociale	0.0	0.0	0.0	0.0	0.0	0.0	0.0	0.0	0.0	0.0
3000 Sur salaires ou main d'oeuvre	0.0	0.0	0.0	0.0	0.0	0.0	0.0	0.0	0.0	0.0
4000 Impôts sur le patrimoine	0.9	0.9	0.9	1.7	1.5	1.0	0.7	0.5	0.7	0.7
5000 Impôts sur les biens et services	12.7	18.1	24.3	31.8	33.2	14.0	13.2	12.9	14.1	14.2
6000 Autres impôts	0.1	0.0	0.1	0.1	0.0	0.1	0.0	0.0	0.0	0.0
Administrations d'un État/Régions										
Recettes fiscales totales	..	..	..	..	..	..	..	..	..	..
1000 Impôts sur revenu, bénéfices et gains en capital	..	..	..	..	..	..	..	..	..	..
2000 Cotisations de sécurité sociale	..	..	..	..	..	..	..	..	..	..
3000 Sur salaires ou main d'oeuvre	..	..	..	..	..	..	..	..	..	..
4000 Impôts sur le patrimoine	..	..	..	..	..	..	..	..	..	..
5000 Impôts sur les biens et services	..	..	..	..	..	..	..	..	..	..
6000 Autres impôts	..	..	..	..	..	..	..	..	..	..
Administrations locales										
Recettes fiscales totales	**8.4**	**13.5**	**18.5**	**22.8**	**22.5**	**9.2**	**9.9**	**9.8**	**10.1**	**9.6**
1000 Impôts sur revenu, bénéfices et gains en capital	8.3	12.9	17.3	21.0	20.7	9.1	9.4	9.2	9.3	8.8
2000 Cotisations de sécurité sociale	0.0	0.0	0.0	0.0	0.0	0.0	0.0	0.0	0.0	0.0
3000 Sur salaires ou main d'oeuvre	0.0	0.0	0.0	0.0	0.0	0.0	0.0	0.0	0.0	0.0
4000 Impôts sur le patrimoine	0.1	0.6	1.2	1.8	1.8	0.1	0.4	0.6	0.8	0.8
5000 Impôts sur les biens et services	0.0	0.0	0.0	0.0	0.0	0.0	0.0	0.0	0.0	0.0
6000 Autres impôts	0.0	0.0	0.0	0.0	0.0	0.0	0.0	0.0	0.0	0.0
Administrations de sécurité sociale										
Recettes fiscales totales	**10.0**	**15.8**	**22.6**	**27.0**	**27.6**	**11.0**	**11.5**	**12.0**	**12.0**	**11.8**
1000 Impôts sur revenu, bénéfices et gains en capital	0.0	0.0	0.0	0.0	0.0	0.0	0.0	0.0	0.0	0.0
2000 Cotisations de sécurité sociale	10.0	15.8	22.6	27.0	27.6	11.0	11.5	12.0	12.0	11.8
3000 Sur salaires ou main d'oeuvre	0.0	0.0	0.0	0.0	0.0	0.0	0.0	0.0	0.0	0.0
4000 Impôts sur le patrimoine	0.0	0.0	0.0	0.0	0.0	0.0	0.0	0.0	0.0	0.0
5000 Impôts sur les biens et services	0.0	0.0	0.0	0.0	0.0	0.0	0.0	0.0	0.0	0.0
6000 Autres impôts	0.0	0.0	0.0	0.0	0.0	0.0	0.0	0.0	0.0	0.0

.. Non disponible

Note : Des données et des notes plus détaillées par pays sont disponibles dans le chapitre 6 "Recettes fiscales des sous-secteurs de l'administration" accessible en ligne : https://doi.org/10.1787/df3c3b17-fr. Les séries temporelles complètes sont accessibles sur le site web http://oe.cd/series-temporelles-completes.

Source : Bulletin of Statistics; Central Statistical Office (for Central Government revenues); the Annual report of the National Pension Institute and Official Statistics of Finland Series XXIIA published by the Ministry and Social Affairs (for the Social Security and private pension respectively); supplementary information from unpublished sources.

StatLink https://doi.org/10.1787/888934214340

Tableau 4.21. France, recettes fiscales et % du PIB (sélection de catégories d'impôts)

	Milliard EUR					% du PIB				
	1990	2000	2010	2017	2018	1990	2000	2010	2017	2018
Recettes fiscales totales	**433.8**	**642.2**	**840.9**	**1 058.3**	**1 084.2**	**41.2**	**43.4**	**42.1**	**46.1**	**45.9**
1000 Impôts sur le revenu, les bénéfices et les gains en capital	**69.6**	**159.5**	**189.7**	**249.8**	**272.3**	**6.6**	**10.8**	**9.5**	**10.9**	**11.5**
1100 Des personnes physiques	46.3	115.2	143.1	196.5	222.8	4.4	7.8	7.2	8.6	9.4
1200 Des sociétés	23.1	44.3	46.6	53.4	49.6	2.2	3.0	2.3	2.3	2.1
1300 Non-ventilables entre 1100 et 1200	0.3	0.0	0.0	0.0	0.0	0.0	0.0	0.0	0.0	0.0
2000 Cotisations de sécurité sociale	**191.1**	**230.2**	**321.3**	**384.4**	**378.5**	**18.1**	**15.6**	**16.1**	**16.7**	**16.0**
2100 À la charge des salariés	57.3	57.3	77.7	100.1	88.5	5.4	3.9	3.9	4.4	3.8
2200 À la charge des employeurs	118.1	158.3	218.0	256.7	263.5	11.2	10.7	10.9	11.2	11.2
2300 À la charge des indép. ou sans emploi	15.7	14.6	25.7	27.6	26.4	1.5	1.0	1.3	1.2	1.1
2400 Non-ventilables entre 2100, 2200 et 2300	0.0	0.0	0.0	0.0	0.0	0.0	0.0	0.0	0.0	0.0
3000 Sur les salaires ou main d'oeuvre	**8.3**	**14.9**	**26.8**	**35.6**	**35.7**	**0.8**	**1.0**	**1.3**	**1.5**	**1.5**
4000 Impôts sur le patrimoine	**27.4**	**46.1**	**73.0**	**100.8**	**97.4**	**2.6**	**3.1**	**3.7**	**4.4**	**4.1**
4100 Impôts périodiques sur la propriété immobilière	14.8	29.4	50.0	64.1	62.8	1.4	2.0	2.5	2.8	2.7
4200 Impôts périodiques sur l'actif net	2.6	2.4	4.4	5.0	1.8	0.2	0.2	0.2	0.2	0.1
4300 Impôts sur mut. par décès, succ. et donations	4.1	6.9	7.7	14.2	14.3	0.4	0.5	0.4	0.6	0.6
4400 Impôts sur transact. mobilières et immob.	5.9	7.4	10.8	17.4	18.5	0.6	0.5	0.5	0.8	0.8
4500 Impôts non périodiques sur	0.0	0.0	0.0	0.0	0.0	0.0	0.0	0.0	0.0	0.0
4600 Autres impôts périodiques sur patrimoine	0.0	0.0	0.0	0.0	0.0	0.0	0.0	0.0	0.0	0.0
5000 Impôts sur les biens et services	**123.2**	**167.4**	**220.9**	**276.3**	**288.3**	**11.7**	**11.3**	**11.1**	**12.0**	**12.2**
5100 Impôts sur production, vente, transfert, etc.	119.2	162.8	214.6	268.8	280.1	11.3	11.0	10.8	11.7	11.9
5110 Impôts généraux	81.3	109.8	150.6	178.7	185.3	7.7	7.4	7.5	7.8	7.9
5111 Taxes sur la valeur ajoutée	80.0	107.1	135.2	161.6	167.4	7.6	7.2	6.8	7.0	7.1
5120 Impôts sur biens et services déterminés	37.9	53.0	64.0	90.2	94.7	3.6	3.6	3.2	3.9	4.0
5121 Accises	26.8	39.7	45.6	61.5	64.6	2.5	2.7	2.3	2.7	2.7
5200 Impôts sur utilisation des biens et exerc. activités	4.0	4.6	6.3	7.5	8.2	0.4	0.3	0.3	0.3	0.3
5300 Non-ventilables entre 5100 et 5200	0.0	0.0	0.0	0.0	0.0	0.0	0.0	0.0	0.0	0.0
6000 Autres impôts	**14.1**	**24.1**	**9.2**	**11.3**	**12.1**	**1.3**	**1.6**	**0.5**	**0.5**	**0.5**
Crédits d'impôts récupérables										
Crédits d'impôts récupérables contre 1000	..	0.5	17.4	29.0	35.8	..	0.0	0.9	1.3	1.5
Composante transfert	..	..	7.9	14.6	19.7	..	..	0.4	0.6	0.8
Composante fiscale	..	..	9.5	14.4	16.1	..	..	0.5	0.6	0.7
Recettes fiscales collectés pour le compte de l'UE										
Recettes fiscales collectés pour le compte de l'UE, total	2.6	1.9	2.0	4.0	4.6	0.2	0.1	0.1	0.2	0.2
Droits de douane perçus pour le compte de l'UE	..	1.5	1.8	1.9	2.1	..	0.1	0.1	0.1	0.1
Contributions au Fonds de résolution unique collectées pour le compte de l'UE	..	..	..	1.9	2.3	..	..	..	0.1	0.1

.. Non disponible

Note : Des données et des notes plus détaillées par pays sont disponibles dans le chapitre 5 "Tableaux détaillés par pays" accessible en ligne : https://doi.org/10.1787/df3c3b17-fr. Les séries temporelles complètes sont accessibles sur le site web http://oe.cd/series-temporelles-completes. Le total des recettes fiscales a été diminué du montant de tout transfert en capital représentant les impôts non perçus. Le transfert en capital a été réparti entre les différentes rubriques en proportion des recettes fiscales. Par conséquent, les montants des recettes fiscales sont différents de ceux présentés dans le chapitre 5 "Tableaux détaillés par pays" accessible en ligne.

Source : Compte général de l'Administration des finances pour les chiffres de recettes fiscales. OSCE pour les chiffres de sécurité sociale de 1965 à 1969 et SEC pour les années suivantes.

StatLink https://doi.org/10.1787/888934214359

Tableau 4.22. France, recettes fiscales et % du PIB par niveaux d'administration (principaux impôts)

	Milliard EUR					% du PIB				
	1990	2000	2010	2017	2018	1990	2000	2010	2017	2018
Administrations fédérale ou centrale										
Recettes fiscales totales	**200.1**	**270.3**	**299.6**	**361.5**	**364.0**	**19.0**	**18.3**	**15.0**	**15.7**	**15.4**
1000 Impôts sur revenu, bénéfices et gains en capital	69.6	94.4	97.0	132.4	130.6	6.6	6.4	4.9	5.8	5.5
2000 Cotisations de sécurité sociale	3.2	5.4	7.6	8.3	8.2	0.3	0.4	0.4	0.4	0.3
3000 Sur salaires ou main d'oeuvre	6.2	10.6	4.2	3.7	3.8	0.6	0.7	0.2	0.2	0.2
4000 Impôts sur le patrimoine	8.6	13.4	15.9	25.4	22.7	0.8	0.9	0.8	1.1	1.0
5000 Impôts sur les biens et services	112.1	143.4	167.5	190.6	197.2	10.6	9.7	8.4	8.3	8.4
6000 Autres impôts	0.4	3.1	7.4	1.1	1.6	0.0	0.2	0.4	0.0	0.1
Administrations d'un État/Régions										
Recettes fiscales totales	..	..	..	..	..	..	..	..	..	..
1000 Impôts sur revenu, bénéfices et gains en capital	..	..	..	..	..	..	..	..	..	..
2000 Cotisations de sécurité sociale	..	..	..	..	..	..	..	..	..	..
3000 Sur salaires ou main d'oeuvre	..	..	..	..	..	..	..	..	..	..
4000 Impôts sur le patrimoine	..	..	..	..	..	..	..	..	..	..
5000 Impôts sur les biens et services	..	..	..	..	..	..	..	..	..	..
6000 Autres impôts	..	..	..	..	..	..	..	..	..	..
Administrations locales										
Recettes fiscales totales	**40.2**	**64.7**	**89.3**	**141.6**	**146.8**	**3.8**	**4.4**	**4.5**	**6.2**	**6.2**
1000 Impôts sur revenu, bénéfices et gains en capital	0.0	0.0	0.1	0.0	0.0	0.0	0.0	0.0	0.0	0.0
2000 Cotisations de sécurité sociale	0.0	0.0	0.0	0.0	0.0	0.0	0.0	0.0	0.0	0.0
3000 Sur salaires ou main d'oeuvre	1.7	3.9	7.5	10.3	10.6	0.2	0.3	0.4	0.4	0.5
4000 Impôts sur le patrimoine	18.8	32.7	57.1	75.4	74.7	1.8	2.2	2.9	3.3	3.2
5000 Impôts sur les biens et services	6.0	7.3	23.0	46.0	51.3	0.6	0.5	1.2	2.0	2.2
6000 Autres impôts	13.7	20.9	1.6	9.9	10.1	1.3	1.4	0.1	0.4	0.4
Administrations de sécurité sociale										
Recettes fiscales totales	**190.9**	**305.3**	**450.1**	**551.2**	**568.7**	**18.1**	**20.6**	**22.6**	**24.0**	**24.1**
1000 Impôts sur revenu, bénéfices et gains en capital	0.0	65.0	92.7	117.4	141.7	0.0	4.4	4.6	5.1	6.0
2000 Cotisations de sécurité sociale	187.9	224.8	313.7	376.2	370.2	17.8	15.2	15.7	16.4	15.7
3000 Sur salaires ou main d'oeuvre	0.4	0.4	15.1	21.6	21.2	0.0	0.0	0.8	0.9	0.9
4000 Impôts sur le patrimoine	0.0	0.0	0.0	0.0	0.0	0.0	0.0	0.0	0.0	0.0
5000 Impôts sur les biens et services	2.5	14.9	28.4	35.7	35.2	0.2	1.0	1.4	1.6	1.5
6000 Autres impôts	0.0	0.1	0.2	0.4	0.4	0.0	0.0	0.0	0.0	0.0

.. Non disponible

Note : Des données et des notes plus détaillées par pays sont disponibles dans le chapitre 6 "Recettes fiscales des sous-secteurs de l'administration" accessible en ligne : https://doi.org/10.1787/df3c3b17-fr. Les séries temporelles complètes sont accessibles sur le site web http://oe.cd/series-temporelles-completes.

Le total des recettes fiscales a été diminué du montant de tout transfert en capital représentant les impôts non perçus. Le transfert en capital a été réparti entre les différentes rubriques en proportion des recettes fiscales. Par conséquent, les montants des recettes fiscales sont différents de ceux présentés dans le chapitre 6 "Recettes fiscales des sous-secteurs de l'administration" accessible en ligne.

Source : Compte général de l'Administration des finances pour les chiffres de recettes fiscales. OSCE pour les chiffres de sécurité sociale de 1965 à 1969 et SEC pour les années suivantes.

StatLink https://doi.org/10.1787/888934214378

Tableau 4.23. Allemagne, recettes fiscales et % du PIB (sélection de catégories d'impôts)

	Milliard EUR					% du PIB				
	1990	2000	2010	2017	2018	1990	2000	2010	2017	2018
Recettes fiscales totales	**454.8**	**767.0**	**911.2**	**1 232.0**	**1 293.7**	**34.8**	**36.4**	**35.5**	**37.8**	**38.5**
1000 Impôts sur le revenu, les bénéfices et les gains en capital	**147.3**	**231.2**	**257.8**	**400.7**	**423.8**	**11.3**	**11.0**	**10.1**	**12.3**	**12.6**
1100 Des personnes physiques	125.3	194.2	219.4	334.7	351.9	9.6	9.2	8.6	10.3	10.5
1200 Des sociétés	22.0	37.1	38.4	66.0	71.9	1.7	1.8	1.5	2.0	2.1
1300 Non-ventilables entre 1100 et 1200	0.0	0.0	0.0	0.0	0.0	0.0	0.0	0.0	0.0	0.0
2000 Cotisations de sécurité sociale	**170.4**	**299.4**	**354.3**	**467.2**	**487.8**	**13.0**	**14.2**	**13.8**	**14.3**	**14.5**
2100 À la charge des salariés	73.6	131.6	152.8	206.8	216.7	5.6	6.2	6.0	6.3	6.5
2200 À la charge des employeurs	86.7	147.4	165.5	214.1	223.8	6.6	7.0	6.5	6.6	6.7
2300 À la charge des indép. ou sans emploi	10.2	20.4	36.0	46.2	47.3	0.8	1.0	1.4	1.4	1.4
2400 Non-ventilables entre 2100, 2200 et 2300	0.0	0.0	0.0	0.0	0.0	0.0	0.0	0.0	0.0	0.0
3000 Sur les salaires ou main d'oeuvre	**0.0**	**0.0**	**0.0**	**0.0**	**0.0**	**0.0**	**0.0**	**0.0**	**0.0**	**0.0**
4000 Impôts sur le patrimoine	**15.3**	**17.5**	**21.0**	**33.6**	**35.5**	**1.2**	**0.8**	**0.8**	**1.0**	**1.1**
4100 Impôts périodiques sur la propriété immobilière	4.5	8.8	11.3	14.0	14.2	0.3	0.4	0.4	0.4	0.4
4200 Impôts périodiques sur l'actif net	6.2	0.4	0.0	0.4	0.4	0.5	0.0	0.0	0.0	0.0
4300 Impôts sur mut. par décès, succ. et donations	1.5	3.0	4.4	6.1	6.8	0.1	0.1	0.2	0.2	0.2
4400 Impôts sur transact. mobilières et immob.	3.1	5.2	5.3	13.1	14.1	0.2	0.2	0.2	0.4	0.4
4500 Impôts non périodiques sur	0.0	0.0	0.0	0.0	0.0	0.0	0.0	0.0	0.0	0.0
4600 Autres impôts périodiques sur patrimoine	0.0	0.0	0.0	0.0	0.0	0.0	0.0	0.0	0.0	0.0
5000 Impôts sur les biens et services	**121.6**	**218.7**	**277.9**	**330.3**	**346.3**	**9.3**	**10.4**	**10.8**	**10.1**	**10.3**
5100 Impôts sur production, vente, transfert, etc.	117.2	211.4	261.2	318.4	327.4	9.0	10.0	10.2	9.8	9.8
5110 Impôts généraux	75.5	140.9	180.5	226.9	235.4	5.8	6.7	7.0	7.0	7.0
5111 Taxes sur la valeur ajoutée	75.5	140.9	180.5	226.9	235.4	5.8	6.7	7.0	7.0	7.0
5120 Impôts sur biens et services déterminés	41.7	70.6	80.3	91.2	91.7	3.2	3.3	3.1	2.8	2.7
5121 Accises	31.2	57.2	63.4	66.5	66.1	2.4	2.7	2.5	2.0	2.0
5200 Impôts sur utilisation des biens et exerc. activités	4.4	7.2	16.8	11.9	18.9	0.3	0.3	0.7	0.4	0.6
5300 Non-ventilables entre 5100 et 5200	0.0	0.0	0.0	0.0	0.0	0.0	0.0	0.0	0.0	0.0
6000 Autres impôts	**0.2**	**0.2**	**0.1**	**0.3**	**0.3**	**0.0**	**0.0**	**0.0**	**0.0**	**0.0**
Crédits d'impôts récupérables										
Crédits d'impôts récupérables contre 1000	..	39.3	46.3	43.5	43.9	..	1.9	1.8	1.3	1.3
Composante transfert	..	..	17.7	15.3	14.7	..	..	0.7	0.5	0.4
Composante fiscale	..	..	28.6	28.2	29.2	..	..	1.1	0.9	0.9
Recettes fiscales collectés pour le compte de l'UE										
Recettes fiscales collectés pour le compte de l'UE, total	4.1	3.7	4.3	6.8	7.0	0.3	0.2	0.2	0.2	0.2
Droits de douane perçus pour le compte de l'UE	3.7	3.4	4.2	5.0	5.0	0.3	0.2	0.2	0.2	0.2
Contributions au Fonds de résolution unique collectées pour le compte de l'UE	..	..	..	1.7	2.0	..	..	..	0.1	0.1

.. Non disponible

Note : Des données et des notes plus détaillées par pays sont disponibles dans le chapitre 5 "Tableaux détaillés par pays" accessible en ligne : https://doi.org/10.1787/df3c3b17-fr. Les séries temporelles complètes sont accessibles sur le site web http://oe.cd/series-temporelles-completes.

Source : Finanzbericht, Bonn; Tax Statistics. Unpublished estimates by the Ministry of Finance.

StatLink https://doi.org/10.1787/888934214397

Tableau 4.24. Allemagne, recettes fiscales et % du PIB par niveaux d'administration (principaux impôts)

	Milliard EUR					% du PIB				
	1990	2000	2010	2017	2018	1990	2000	2010	2017	2018
Administrations fédérale ou centrale										
Recettes fiscales totales	**143.9**	**234.8**	**283.2**	**363.6**	**382.1**	**11.0**	**11.1**	**11.0**	**11.2**	**11.4**
1000 Impôts sur revenu, bénéfices et gains en capital	58.2	97.9	104.5	164.1	173.8	4.5	4.6	4.1	5.0	5.2
2000 Cotisations de sécurité sociale	0.0	0.0	0.0	0.0	0.0	0.0	0.0	0.0	0.0	0.0
3000 Sur salaires ou main d'oeuvre	0.0	0.0	0.0	0.0	0.0	0.0	0.0	0.0	0.0	0.0
4000 Impôts sur le patrimoine	1.2	0.0	0.0	0.4	0.4	0.1	0.0	0.0	0.0	0.0
5000 Impôts sur les biens et services	84.6	136.9	178.6	199.1	207.9	6.5	6.5	7.0	6.1	6.2
6000 Autres impôts	0.0	0.0	0.0	0.0	0.0	0.0	0.0	0.0	0.0	0.0
Administrations d'un État/Régions										
Recettes fiscales totales	**97.8**	**172.1**	**198.1**	**289.0**	**305.5**	**7.5**	**8.2**	**7.7**	**8.9**	**9.1**
1000 Impôts sur revenu, bénéfices et gains en capital	58.2	88.9	97.6	152.9	162.1	4.5	4.2	3.8	4.7	4.8
2000 Cotisations de sécurité sociale	0.0	0.0	0.0	0.0	0.0	0.0	0.0	0.0	0.0	0.0
3000 Sur salaires ou main d'oeuvre	0.0	0.0	0.0	0.0	0.0	0.0	0.0	0.0	0.0	0.0
4000 Impôts sur le patrimoine	7.0	8.5	9.7	19.3	20.9	0.5	0.4	0.4	0.6	0.6
5000 Impôts sur les biens et services	32.6	74.6	90.8	116.8	122.5	2.5	3.5	3.5	3.6	3.6
6000 Autres impôts	0.0	0.0	0.0	0.0	0.0	0.0	0.0	0.0	0.0	0.0
Administrations locales										
Recettes fiscales totales	**38.4**	**57.0**	**71.4**	**105.4**	**111.3**	**2.9**	**2.7**	**2.8**	**3.2**	**3.3**
1000 Impôts sur revenu, bénéfices et gains en capital	30.9	44.4	55.7	83.7	87.9	2.4	2.1	2.2	2.6	2.6
2000 Cotisations de sécurité sociale	0.0	0.0	0.0	0.0	0.0	0.0	0.0	0.0	0.0	0.0
3000 Sur salaires ou main d'oeuvre	0.0	0.0	0.0	0.0	0.0	0.0	0.0	0.0	0.0	0.0
4000 Impôts sur le patrimoine	7.2	9.0	11.3	14.0	14.2	0.5	0.4	0.4	0.4	0.4
5000 Impôts sur les biens et services	0.3	3.4	4.3	7.5	9.0	0.0	0.2	0.2	0.2	0.3
6000 Autres impôts	0.2	0.1	0.1	0.3	0.3	0.0	0.0	0.0	0.0	0.0
Administrations de sécurité sociale										
Recettes fiscales totales	**170.4**	**299.4**	**354.3**	**467.2**	**487.8**	**13.0**	**14.2**	**13.8**	**14.3**	**14.5**
1000 Impôts sur revenu, bénéfices et gains en capital	0.0	0.0	0.0	0.0	0.0	0.0	0.0	0.0	0.0	0.0
2000 Cotisations de sécurité sociale	170.4	299.4	354.3	467.2	487.8	13.0	14.2	13.8	14.3	14.5
3000 Sur salaires ou main d'oeuvre	0.0	0.0	0.0	0.0	0.0	0.0	0.0	0.0	0.0	0.0
4000 Impôts sur le patrimoine	0.0	0.0	0.0	0.0	0.0	0.0	0.0	0.0	0.0	0.0
5000 Impôts sur les biens et services	0.0	0.0	0.0	0.0	0.0	0.0	0.0	0.0	0.0	0.0
6000 Autres impôts	0.0	0.0	0.0	0.0	0.0	0.0	0.0	0.0	0.0	0.0

Note : Des données et des notes plus détaillées par pays sont disponibles dans le chapitre 6 "Recettes fiscales des sous-secteurs de l'administration" accessible en ligne : https://doi.org/10.1787/df3c3b17-fr. Les séries temporelles complètes sont accessibles sur le site web http://oe.cd/series-temporelles-completes.

Source : Finanzbericht, Bonn; Tax Statistics. Unpublished estimates by the Ministry of Finance.

StatLink https://doi.org/10.1787/888934214416

Tableau 4.25. Grèce, recettes fiscales et % du PIB (sélection de catégories d'impôts)

	Milliard EUR					% du PIB				
	1990	2000	2010	2017	2018	1990	2000	2010	2017	2018
Recettes fiscales totales	**11.5**	**47.2**	**72.4**	**69.6**	**71.9**	**25.2**	**33.4**	**32.0**	**38.6**	**38.9**
1000 Impôts sur le revenu, les bénéfices et les gains en capital	**2.3**	**12.7**	**16.0**	**15.6**	**16.5**	**5.0**	**9.0**	**7.1**	**8.7**	**8.9**
1100 Des personnes physiques	1.6	6.1	9.0	11.2	11.6	3.6	4.3	4.0	6.2	6.3
1200 Des sociétés	0.6	5.6	5.7	3.5	4.0	1.4	4.0	2.5	1.9	2.2
1300 Non-ventilables entre 1100 et 1200	0.0	0.9	1.2	0.9	0.9	0.1	0.6	0.5	0.5	0.5
2000 Cotisations de sécurité sociale	**3.5**	**14.3**	**24.7**	**20.7**	**21.5**	**7.6**	**10.1**	**10.9**	**11.5**	**11.6**
2100 À la charge des salariés	1.7	7.6	13.3	12.2	11.9	3.8	5.4	5.9	6.8	6.4
2200 À la charge des employeurs	1.7	6.7	11.5	8.5	9.6	3.8	4.7	5.1	4.7	5.2
2300 À la charge des indép. ou sans emploi	0.0	0.0	0.0	0.0	0.0	0.0	0.0	0.0	0.0	0.0
2400 Non-ventilables entre 2100, 2200 et 2300	0.0	0.0	0.0	0.0	0.0	0.0	0.0	0.0	0.0	0.0
3000 Sur les salaires ou main d'oeuvre	**0.1**	**0.0**	**0.0**	**0.0**	**0.0**	**0.2**	**0.0**	**0.0**	**0.0**	**0.0**
4000 Impôts sur le patrimoine	**0.5**	**3.6**	**3.7**	**5.6**	**5.6**	**1.2**	**2.6**	**1.7**	**3.1**	**3.0**
4100 Impôts périodiques sur la propriété immobilière	0.0	0.4	0.6	3.7	3.6	0.0	0.3	0.2	2.0	1.9
4200 Impôts périodiques sur l'actif net	0.0	0.7	1.3	1.2	1.2	0.0	0.5	0.6	0.6	0.6
4300 Impôts sur mut. par décès, succ. et donations	0.1	0.4	0.2	0.2	0.1	0.3	0.3	0.1	0.1	0.1
4400 Impôts sur transact. mobilières et immob.	0.4	2.0	1.1	0.6	0.6	0.8	1.4	0.5	0.3	0.3
4500 Impôts non périodiques sur	0.0	0.0	0.0	0.0	0.0	0.0	0.0	0.0	0.0	0.0
4600 Autres impôts périodiques sur patrimoine	0.0	0.1	0.6	0.0	0.0	0.0	0.1	0.3	0.0	0.0
5000 Impôts sur les biens et services	**5.1**	**16.6**	**28.0**	**27.7**	**28.4**	**11.2**	**11.8**	**12.4**	**15.4**	**15.4**
5100 Impôts sur production, vente, transfert, etc.	4.9	14.8	25.5	23.5	24.7	10.7	10.5	11.3	13.0	13.4
5110 Impôts généraux	3.0	9.2	16.5	14.7	15.4	6.7	6.5	7.3	8.2	8.3
5111 Taxes sur la valeur ajoutée	2.8	8.9	16.0	14.6	15.3	6.2	6.3	7.1	8.1	8.3
5120 Impôts sur biens et services déterminés	1.8	5.5	8.9	8.6	9.1	3.9	3.9	3.9	4.8	5.0
5121 Accises	1.4	4.1	7.6	6.9	7.1	3.0	2.9	3.3	3.8	3.9
5200 Impôts sur utilisation des biens et exerc. activités	0.2	1.3	1.7	3.4	3.1	0.5	0.9	0.7	1.9	1.7
5300 Non-ventilables entre 5100 et 5200	0.0	0.5	0.8	0.8	0.6	0.0	0.4	0.3	0.4	0.3
6000 Autres impôts	**0.0**	**0.0**	**0.0**	**0.0**	**0.0**	**0.0**	**0.0**	**0.0**	**0.0**	**0.0**
Crédits d'impôts récupérables										
Crédits d'impôts récupérables contre 1000	..	..	..	..	..	..	..	..	..	..
Composante transfert	..	..	..	..	..	..	..	..	..	..
Composante fiscale	..	..	..	..	..	..	..	..	..	..
Recettes fiscales collectés pour le compte de l'UE										
Recettes fiscales collectés pour le compte de l'UE, total	0.1	0.2	0.3	0.4	0.3	0.2	0.2	0.1	0.2	0.2
Droits de douane perçus pour le compte de l'UE	0.1	0.2	0.3	0.3	0.2	0.2	0.1	0.1	0.1	0.1
Contributions au Fonds de résolution unique collectées pour le compte de l'UE	..	..	..	0.1	0.1	..	..	..	0.0	0.1

.. Non disponible

Note : Des données et des notes plus détaillées par pays sont disponibles dans le chapitre 5 "Tableaux détaillés par pays" accessible en ligne : https://doi.org/10.1787/df3c3b17-fr. Les séries temporelles complètes sont accessibles sur le site web http://oe.cd/series-temporelles-completes.

Source : Ministry of Finance, General accounting Office, 20th Directorate of Budget except the heading 2000 provided by the National Statistics Bureau.

StatLink https://doi.org/10.1787/888934214435

Tableau 4.26. Grèce, recettes fiscales et % du PIB par niveaux d'administration (principaux impôts)

	Milliard EUR					% du PIB				
	1990	2000	2010	2017	2018	1990	2000	2010	2017	2018
Administrations fédérale ou centrale										
Recettes fiscales totales	**7.8**	**31.9**	**46.5**	**46.8**	**48.3**	**17.1**	**22.6**	**20.6**	**26.0**	**26.2**
1000 Impôts sur revenu, bénéfices et gains en capital	2.3	12.7	15.9	15.6	16.5	5.0	9.0	7.0	8.7	8.9
2000 Cotisations de sécurité sociale	0.0	0.7	1.3	0.1	0.1	0.1	0.5	0.6	0.0	0.0
3000 Sur salaires ou main d'oeuvre	0.0	0.0	0.0	0.0	0.0	0.0	0.0	0.0	0.0	0.0
4000 Impôts sur le patrimoine	0.5	2.6	2.1	4.0	4.0	1.2	1.8	0.9	2.2	2.1
5000 Impôts sur les biens et services	4.9	16.0	27.1	27.1	27.8	10.9	11.3	12.0	15.1	15.1
6000 Autres impôts	0.0	0.0	0.0	0.0	0.0	0.0	0.0	0.0	0.0	0.0
Administrations d'un État/Régions										
Recettes fiscales totales	..	..	..	..	..	..	..	..	..	..
1000 Impôts sur revenu, bénéfices et gains en capital	..	..	..	..	..	..	..	..	..	..
2000 Cotisations de sécurité sociale	..	..	..	..	..	..	..	..	..	..
3000 Sur salaires ou main d'oeuvre	..	..	..	..	..	..	..	..	..	..
4000 Impôts sur le patrimoine	..	..	..	..	..	..	..	..	..	..
5000 Impôts sur les biens et services	..	..	..	..	..	..	..	..	..	..
6000 Autres impôts	..	..	..	..	..	..	..	..	..	..
Administrations locales										
Recettes fiscales totales	**0.1**	**1.0**	**1.7**	**1.7**	**1.7**	**0.3**	**0.7**	**0.8**	**0.9**	**0.9**
1000 Impôts sur revenu, bénéfices et gains en capital	0.0	0.0	0.0	0.0	0.0	0.0	0.0	0.0	0.0	0.0
2000 Cotisations de sécurité sociale	0.0	0.0	0.0	0.0	0.0	0.0	0.0	0.0	0.0	0.0
3000 Sur salaires ou main d'oeuvre	0.1	0.0	0.0	0.0	0.0	0.2	0.0	0.0	0.0	0.0
4000 Impôts sur le patrimoine	0.0	0.8	1.5	1.6	1.6	0.0	0.6	0.7	0.9	0.9
5000 Impôts sur les biens et services	0.1	0.2	0.2	0.1	0.1	0.1	0.1	0.1	0.1	0.1
6000 Autres impôts	0.0	0.0	0.0	0.0	0.0	0.0	0.0	0.0	0.0	0.0
Administrations de sécurité sociale										
Recettes fiscales totales	**3.4**	**14.1**	**24.0**	**20.8**	**21.5**	**7.5**	**10.0**	**10.6**	**11.5**	**11.7**
1000 Impôts sur revenu, bénéfices et gains en capital	0.0	0.0	0.0	0.0	0.0	0.0	0.0	0.0	0.0	0.0
2000 Cotisations de sécurité sociale	3.4	13.6	23.4	20.7	21.4	7.5	9.6	10.4	11.5	11.6
3000 Sur salaires ou main d'oeuvre	0.0	0.0	0.0	0.0	0.0	0.0	0.0	0.0	0.0	0.0
4000 Impôts sur le patrimoine	0.0	0.2	0.1	0.0	0.0	0.0	0.1	0.1	0.0	0.0
5000 Impôts sur les biens et services	0.0	0.3	0.4	0.1	0.1	0.0	0.2	0.2	0.1	0.1
6000 Autres impôts	0.0	0.0	0.0	0.0	0.0	0.0	0.0	0.0	0.0	0.0

.. Non disponible

Note : Des données et des notes plus détaillées par pays sont disponibles dans le chapitre 6 "Recettes fiscales des sous-secteurs de l'administration" accessible en ligne : https://doi.org/10.1787/df3c3b17-fr. Les séries temporelles complètes sont accessibles sur le site web http://oe.cd/series-temporelles-completes.

Source : Ministry of Finance, General accounting Office, 20th Directorate of Budget except the heading 2000 provided by the National Statistics Bureau.

StatLink https://doi.org/10.1787/888934214454

Tableau 4.27. Hongrie, recettes fiscales et % du PIB (sélection de catégories d'impôts)

	Milliard HUF					% du PIB				
	1990	2000	2010	2017	2018	1990	2000	2010	2017	2018
Recettes fiscales totales	..	**5 140.9**	**10 142.3**	**14 867.3**	**15 976.9**	..	**38.6**	**37.2**	**38.3**	**37.5**
1000 Impôts sur le revenu, les bénéfices et les gains en capital	..	**1 247.4**	**2 093.8**	**2 862.6**	**2 912.2**	..	**9.4**	**7.7**	**7.4**	**6.8**
1100 Des personnes physiques	..	954.7	1 764.1	2 088.8	2 340.3	..	7.2	6.5	5.4	5.5
1200 Des sociétés	..	292.7	329.7	773.8	571.9	..	2.2	1.2	2.0	1.3
1300 Non-ventilables entre 1100 et 1200	..	0.0	0.0	0.0	0.0	..	0.0	0.0	0.0	0.0
2000 Cotisations de sécurité sociale	..	**1 506.8**	**3 179.5**	**4 822.2**	**5 049.6**	..	**11.3**	**11.7**	**12.4**	**11.8**
2100 À la charge des salariés	..	275.3	1 112.6	2 343.5	2 432.7	..	2.1	4.1	6.0	5.7
2200 À la charge des employeurs	..	1 213.2	2 043.8	2 452.5	2 590.1	..	9.1	7.5	6.3	6.1
2300 À la charge des indép. ou sans emploi	..	0.9	0.0	0.0	0.0	..	0.0	0.0	0.0	0.0
2400 Non-ventilables entre 2100, 2200 et 2300	..	17.4	23.2	26.1	26.8	..	0.1	0.1	0.1	0.1
3000 Sur les salaires ou main d'oeuvre	..	**183.4**	**113.7**	**340.2**	**410.2**	..	**1.4**	**0.4**	**0.9**	**1.0**
4000 Impôts sur le patrimoine	..	**89.0**	**312.1**	**408.9**	**417.8**	..	**0.7**	**1.1**	**1.1**	**1.0**
4100 Impôts périodiques sur la propriété immobilière	..	30.8	92.5	218.1	219.1	..	0.2	0.3	0.6	0.5
4200 Impôts périodiques sur l'actif net	..	0.0	135.7	51.6	42.6	..	0.0	0.5	0.1	0.1
4300 Impôts sur mut. par décès, succ. et donations	..	5.5	6.3	9.4	8.5	..	0.0	0.0	0.0	0.0
4400 Impôts sur transact. mobilières et immob.	..	52.8	77.6	129.8	147.6	..	0.4	0.3	0.3	0.3
4500 Impôts non périodiques sur	..	0.0	0.0	0.0	0.0	..	0.0	0.0	0.0	0.0
4600 Autres impôts périodiques sur patrimoine	..	0.0	0.0	0.0	0.0	..	0.0	0.0	0.0	0.0
5000 Impôts sur les biens et services	..	**2 081.4**	**4 383.9**	**6 385.9**	**7 148.8**	..	**15.6**	**16.1**	**16.4**	**16.8**
5100 Impôts sur production, vente, transfert, etc.	..	2 052.7	4 272.3	6 236.6	6 987.0	..	15.4	15.7	16.1	16.4
5110 Impôts généraux	..	1 340.6	3 010.8	4 461.7	5 042.4	..	10.1	11.0	11.5	11.8
5111 Taxes sur la valeur ajoutée	..	1 153.7	2 325.6	3 626.6	4 129.5	..	8.7	8.5	9.3	9.7
5120 Impôts sur biens et services déterminés	..	712.1	1 261.5	1 774.9	1 944.6	..	5.3	4.6	4.6	4.6
5121 Accises	..	533.5	929.9	1 157.6	1 270.1	..	4.0	3.4	3.0	3.0
5200 Impôts sur utilisation des biens et exerc. activités	..	28.7	111.6	149.3	161.8	..	0.2	0.4	0.4	0.4
5300 Non-ventilables entre 5100 et 5200	..	0.0	0.0	0.0	0.0	..	0.0	0.0	0.0	0.0
6000 Autres impôts	..	**32.9**	**59.4**	**47.6**	**38.4**	..	**0.2**	**0.2**	**0.1**	**0.1**
Crédits d'impôts récupérables										
Crédits d'impôts récupérables contre 1000	..	..	..	..	..	..	..	..	..	..
Composante transfert	..	..	..	..	..	..	..	..	..	..
Composante fiscale	..	..	..	..	..	..	..	..	..	..
Recettes fiscales collectés pour le compte de l'UE										
Recettes fiscales collectés pour le compte de l'UE, total	..	..	25.7	46.3	63.4	..	..	0.1	0.1	0.1
Droits de douane perçus pour le compte de l'UE	..	..	25.0	45.4	63.4	..	..	0.1	0.1	0.1

.. Non disponible

Note : Des données et des notes plus détaillées par pays sont disponibles dans le chapitre 5 "Tableaux détaillés par pays" accessible en ligne : https://doi.org/10.1787/df3c3b17-fr. Les séries temporelles complètes sont accessibles sur le site web http://oe.cd/series-temporelles-completes.

Source : Ministry of Finance, Economic Department.

StatLink https://doi.org/10.1787/888934214473

Tableau 4.28. Hongrie, recettes fiscales et % du PIB par niveaux d'administration (principaux impôts)

	Milliard HUF					% du PIB				
	1990	2000	2010	2017	2018	1990	2000	2010	2017	2018
Administrations fédérale ou centrale										
Recettes fiscales totales	**..**	**3 316.3**	**6 400.0**	**9 228.2**	**9 850.0**	**..**	**24.9**	**23.5**	**23.8**	**23.1**
1000 Impôts sur revenu, bénéfices et gains en capital	..	1 230.8	2 064.3	2 725.6	2 773.4	..	9.2	7.6	7.0	6.5
2000 Cotisations de sécurité sociale	..	136.6	182.0	353.2	199.7	..	1.0	0.7	0.9	0.5
3000 Sur salaires ou main d'oeuvre	..	15.4	103.1	327.4	399.1	..	0.1	0.4	0.8	0.9
4000 Impôts sur le patrimoine	..	29.1	182.8	245.9	252.9	..	0.2	0.7	0.6	0.6
5000 Impôts sur les biens et services	..	1 878.6	3 808.5	5 538.5	6 193.3	..	14.1	14.0	14.3	14.5
6000 Autres impôts	..	25.8	59.4	37.7	31.6	..	0.2	0.2	0.1	0.1
Administrations d'un État/Régions										
Recettes fiscales totales	**..**	**..**	**..**	**..**	**..**	**..**	**..**	**..**	**..**	**..**
1000 Impôts sur revenu, bénéfices et gains en capital	..	..	..	..	..	..	..	..	..	..
2000 Cotisations de sécurité sociale	..	..	..	..	..	..	..	..	..	..
3000 Sur salaires ou main d'oeuvre	..	..	..	..	..	..	..	..	..	..
4000 Impôts sur le patrimoine	..	..	..	..	..	..	..	..	..	..
5000 Impôts sur les biens et services	..	..	..	..	..	..	..	..	..	..
6000 Autres impôts	..	..	..	..	..	..	..	..	..	..
Administrations locales										
Recettes fiscales totales	**..**	**266.0**	**652.2**	**846.2**	**923.8**	**..**	**2.0**	**2.4**	**2.2**	**2.2**
1000 Impôts sur revenu, bénéfices et gains en capital	..	2.2	0.1	0.0	0.0	..	0.0	0.0	0.0	0.0
2000 Cotisations de sécurité sociale	..	0.0	0.0	0.0	0.0	..	0.0	0.0	0.0	0.0
3000 Sur salaires ou main d'oeuvre	..	1.2	1.2	0.0	0.0	..	0.0	0.0	0.0	0.0
4000 Impôts sur le patrimoine	..	59.9	129.3	163.0	164.9	..	0.4	0.5	0.4	0.4
5000 Impôts sur les biens et services	..	202.8	521.6	683.2	758.9	..	1.5	1.9	1.8	1.8
6000 Autres impôts	..	0.0	0.0	0.0	0.0	..	0.0	0.0	0.0	0.0
Administrations de sécurité sociale										
Recettes fiscales totales	**..**	**1 558.6**	**3 064.5**	**4 746.6**	**5 139.7**	**..**	**11.7**	**11.2**	**12.2**	**12.0**
1000 Impôts sur revenu, bénéfices et gains en capital	..	14.5	29.4	136.9	138.7	..	0.1	0.1	0.4	0.3
2000 Cotisations de sécurité sociale	..	1 370.2	2 997.5	4 469.0	4 849.9	..	10.3	11.0	11.5	11.4
3000 Sur salaires ou main d'oeuvre	..	166.9	9.4	12.8	11.1	..	1.3	0.0	0.0	0.0
4000 Impôts sur le patrimoine	..	0.0	0.0	0.0	0.0	..	0.0	0.0	0.0	0.0
5000 Impôts sur les biens et services	..	0.0	28.1	118.0	133.2	..	0.0	0.1	0.3	0.3
6000 Autres impôts	..	7.0	0.0	9.9	6.8	..	0.1	0.0	0.0	0.0

.. Non disponible

Note : Des données et des notes plus détaillées par pays sont disponibles dans le chapitre 6 "Recettes fiscales des sous-secteurs de l'administration" accessible en ligne : https://doi.org/10.1787/df3c3b17-fr. Les séries temporelles complètes sont accessibles sur le site web http://oe.cd/series-temporelles-completes.

Source : Ministry of Finance, Economic Department.

StatLink https://doi.org/10.1787/888934214492

Tableau 4.29. Islande, recettes fiscales et % du PIB (sélection de catégories d'impôts)

	Milliard ISK					% du PIB				
	1990	2000	2010	2017	2018	1990	2000	2010	2017	2018
Recettes fiscales totales	**114.9**	**254.6**	**540.3**	**982.8**	**1 037.6**	**30.4**	**36.0**	**32.3**	**37.6**	**37.2**
1000 Impôts sur le revenu, les bénéfices et les gains en capital	**34.1**	**101.5**	**239.7**	**484.0**	**511.7**	**9.0**	**14.3**	**14.3**	**18.5**	**18.4**
1100 Des personnes physiques	30.9	88.5	197.3	374.4	412.4	8.2	12.5	11.8	14.3	14.8
1200 Des sociétés	3.2	8.4	14.6	80.0	67.7	0.8	1.2	0.9	3.1	2.4
1300 Non-ventilables entre 1100 et 1200	0.0	4.6	27.7	29.6	31.6	0.0	0.7	1.7	1.1	1.1
2000 Cotisations de sécurité sociale	**3.6**	**19.7**	**63.6**	**89.6**	**98.2**	**1.0**	**2.8**	**3.8**	**3.4**	**3.5**
2100 À la charge des salariés	0.3	..	..	..	..	0.1	..	..	..	..
2200 À la charge des employeurs	3.3	..	..	..	..	0.9	..	..	..	..
2300 À la charge des indép. ou sans emploi	0.0	..	..	..	..	0.0	..	..	..	..
2400 Non-ventilables entre 2100, 2200 et 2300	0.0	19.7	63.6	89.6	98.2	0.0	2.8	3.8	3.4	3.5
3000 Sur les salaires ou main d'oeuvre	**4.1**	**0.2**	**2.8**	**7.9**	**8.5**	**1.1**	**0.0**	**0.2**	**0.3**	**0.3**
4000 Impôts sur le patrimoine	**9.7**	**20.0**	**38.1**	**54.0**	**56.8**	**2.6**	**2.8**	**2.3**	**2.1**	**2.0**
4100 Impôts périodiques sur la propriété immobilière	4.1	10.1	28.5	43.4	46.5	1.1	1.4	1.7	1.7	1.7
4200 Impôts périodiques sur l'actif net	2.4	5.2	3.8	0.3	0.1	0.6	0.7	0.2	0.0	0.0
4300 Impôts sur mut. par décès, succ. et donations	0.2	0.8	2.6	4.3	4.7	0.1	0.1	0.2	0.2	0.2
4400 Impôts sur transact. mobilières et immob.	2.9	3.1	2.7	4.6	5.0	0.8	0.4	0.2	0.2	0.2
4500 Impôts non périodiques sur	0.0	0.1	0.1	0.5	0.5	0.0	0.0	0.0	0.0	0.0
4600 Autres impôts périodiques sur patrimoine	0.0	0.7	0.3	0.9	0.1	0.0	0.1	0.0	0.0	0.0
5000 Impôts sur les biens et services	**58.9**	**112.2**	**190.1**	**330.8**	**345.3**	**15.6**	**15.9**	**11.4**	**12.6**	**12.4**
5100 Impôts sur production, vente, transfert, etc.	56.6	100.7	179.0	311.2	324.8	15.0	14.2	10.7	11.9	11.7
5110 Impôts généraux	37.1	72.7	122.4	234.0	244.6	9.8	10.3	7.3	8.9	8.8
5111 Taxes sur la valeur ajoutée	32.7	72.7	122.4	234.0	244.6	8.7	10.3	7.3	8.9	8.8
5120 Impôts sur biens et services déterminés	19.5	28.0	56.6	77.2	80.1	5.2	4.0	3.4	3.0	2.9
5121 Accises	2.3	23.6	46.7	67.7	69.5	0.6	3.3	2.8	2.6	2.5
5200 Impôts sur utilisation des biens et exerc. activités	2.4	11.6	11.1	19.6	20.5	0.6	1.6	0.7	0.7	0.7
5300 Non-ventilables entre 5100 et 5200	0.0	0.0	0.0	0.0	0.0	0.0	0.0	0.0	0.0	0.0
6000 Autres impôts	**4.5**	**1.0**	**6.0**	**16.4**	**17.0**	**1.2**	**0.1**	**0.4**	**0.6**	**0.6**
Crédits d'impôts récupérables										
Crédits d'impôts récupérables contre 1000	..	..	..	2.7	3.1	..	..	..	0.1	0.1
Composante transfert	..	..	..	2.2	2.5	..	..	..	0.1	0.1
Composante fiscale	..	..	..	0.5	0.6	..	..	..	0.0	0.0

.. Non disponible

Note : Des données et des notes plus détaillées par pays sont disponibles dans le chapitre 5 "Tableaux détaillés par pays" accessible en ligne : https://doi.org/10.1787/df3c3b17-fr. Les séries temporelles complètes sont accessibles sur le site web http://oe.cd/series-temporelles-completes.

Source : Ministry of Finance, Economic Department.

StatLink https://doi.org/10.1787/888934214511

Tableau 4.30. Islande, recettes fiscales et % du PIB par niveaux d'administration (principaux impôts)

	Milliard ISK					% du PIB				
	1990	2000	2010	2017	2018	1990	2000	2010	2017	2018
Administrations fédérale ou centrale										
Recettes fiscales totales	**91.6**	**195.1**	**402.3**	**721.7**	**751.7**	**24.3**	**27.6**	**24.1**	**27.6**	**27.0**
1000 Impôts sur revenu, bénéfices et gains en capital	19.9	55.5	132.9	274.6	281.0	5.3	7.8	7.9	10.5	10.1
2000 Cotisations de sécurité sociale	3.6	19.7	63.6	89.6	98.2	1.0	2.8	3.8	3.4	3.5
3000 Sur salaires ou main d'oeuvre	4.1	0.2	2.8	7.9	8.5	1.1	0.0	0.2	0.3	0.3
4000 Impôts sur le patrimoine	6.0	9.9	9.7	10.8	10.5	1.6	1.4	0.6	0.4	0.4
5000 Impôts sur les biens et services	57.7	108.9	187.4	322.3	336.5	15.3	15.4	11.2	12.3	12.1
6000 Autres impôts	0.4	1.0	6.0	16.4	17.0	0.1	0.1	0.4	0.6	0.6
Administrations d'un État/Régions										
Recettes fiscales totales	..	..	..	..	..	..	..	..	..	..
1000 Impôts sur revenu, bénéfices et gains en capital	..	..	..	..	..	..	..	..	..	..
2000 Cotisations de sécurité sociale	..	..	..	..	..	..	..	..	..	..
3000 Sur salaires ou main d'oeuvre	..	..	..	..	..	..	..	..	..	..
4000 Impôts sur le patrimoine	..	..	..	..	..	..	..	..	..	..
5000 Impôts sur les biens et services	..	..	..	..	..	..	..	..	..	..
6000 Autres impôts	..	..	..	..	..	..	..	..	..	..
Administrations locales										
Recettes fiscales totales	**23.3**	**59.4**	**138.0**	**261.1**	**285.9**	**6.2**	**8.4**	**8.2**	**10.0**	**10.3**
1000 Impôts sur revenu, bénéfices et gains en capital	14.2	46.0	106.8	209.4	230.8	3.8	6.5	6.4	8.0	8.3
2000 Cotisations de sécurité sociale	0.0	0.0	0.0	0.0	0.0	0.0	0.0	0.0	0.0	0.0
3000 Sur salaires ou main d'oeuvre	0.0	0.0	0.0	0.0	0.0	0.0	0.0	0.0	0.0	0.0
4000 Impôts sur le patrimoine	3.7	10.1	28.4	43.2	46.3	1.0	1.4	1.7	1.7	1.7
5000 Impôts sur les biens et services	1.2	3.3	2.8	8.5	8.8	0.3	0.5	0.2	0.3	0.3
6000 Autres impôts	4.1	0.0	0.0	0.0	0.0	1.1	0.0	0.0	0.0	0.0
Administrations de sécurité sociale										
Recettes fiscales totales	**0.0**	**0.0**	**0.0**	**0.0**	**0.0**	**0.0**	**0.0**	**0.0**	**0.0**	**0.0**
1000 Impôts sur revenu, bénéfices et gains en capital	0.0	0.0	0.0	0.0	0.0	0.0	0.0	0.0	0.0	0.0
2000 Cotisations de sécurité sociale	0.0	0.0	0.0	0.0	0.0	0.0	0.0	0.0	0.0	0.0
3000 Sur salaires ou main d'oeuvre	0.0	0.0	0.0	0.0	0.0	0.0	0.0	0.0	0.0	0.0
4000 Impôts sur le patrimoine	0.0	0.0	0.0	0.0	0.0	0.0	0.0	0.0	0.0	0.0
5000 Impôts sur les biens et services	0.0	0.0	0.0	0.0	0.0	0.0	0.0	0.0	0.0	0.0
6000 Autres impôts	0.0	0.0	0.0	0.0	0.0	0.0	0.0	0.0	0.0	0.0

.. Non disponible

Note : Des données et des notes plus détaillées par pays sont disponibles dans le chapitre 5 "Tableaux détaillés par pays" accessible en ligne : https://doi.org/10.1787/df3c3b17-fr. Les séries temporelles complètes sont accessibles sur le site web http://oe.cd/series-temporelles-completes.

Source : Ministry of Finance, Economic Department.

StatLink https://doi.org/10.1787/888934214530

Tableau 4.31. Irlande, recettes fiscales et % du PIB (sélection de catégories d'impôts)

	Milliard EUR					% du PIB				
	1990	2000	2010	2017	2018	1990	2000	2010	2017	2018
Recettes fiscales totales	**12.3**	**33.4**	**46.4**	**67.6**	**73.5**	**32.4**	**30.8**	**27.7**	**22.8**	**22.7**
1000 Impôts sur le revenu, les bénéfices et les gains en capital	**4.7**	**14.6**	**18.6**	**29.6**	**33.3**	**12.3**	**13.4**	**11.1**	**10.0**	**10.3**
1100 Des personnes physiques	4.1	10.6	14.7	21.4	22.9	10.7	9.8	8.7	7.2	7.1
1200 Des sociétés	0.6	3.9	3.9	8.2	10.4	1.6	3.6	2.4	2.8	3.2
1300 Non-ventilables entre 1100 et 1200	0.0	0.0	0.0	0.0	0.0	0.0	0.0	0.0	0.0	0.0
2000 Cotisations de sécurité sociale	**1.7**	**4.0**	**8.5**	**11.7**	**12.7**	**4.6**	**3.7**	**5.0**	**3.9**	**3.9**
2100 À la charge des salariés	0.6	1.0	3.2	4.0	4.4	1.5	0.9	1.9	1.3	1.3
2200 À la charge des employeurs	1.1	2.8	4.9	7.2	7.7	2.9	2.6	2.9	2.4	2.4
2300 À la charge des indép. ou sans emploi	0.1	0.2	0.3	0.5	0.6	0.2	0.2	0.2	0.2	0.2
2400 Non-ventilables entre 2100, 2200 et 2300	0.0	0.0	0.0	0.0	0.0	0.0	0.0	0.0	0.0	0.0
3000 Sur les salaires ou main d'oeuvre	**0.2**	**0.0**	**0.3**	**0.4**	**0.6**	**0.4**	**0.0**	**0.2**	**0.1**	**0.2**
4000 Impôts sur le patrimoine	**0.6**	**1.9**	**2.4**	**3.9**	**4.3**	**1.5**	**1.8**	**1.4**	**1.3**	**1.3**
4100 Impôts périodiques sur la propriété immobilière	0.3	0.6	1.3	1.9	1.9	0.8	0.5	0.8	0.6	0.6
4200 Impôts périodiques sur l'actif net	0.0	0.0	0.0	0.0	0.0	0.0	0.0	0.0	0.0	0.0
4300 Impôts sur mut. par décès, succ. et donations	0.0	0.2	0.2	0.4	0.5	0.1	0.2	0.1	0.2	0.2
4400 Impôts sur transact. mobilières et immob.	0.2	1.1	0.8	1.5	1.9	0.6	1.0	0.5	0.5	0.6
4500 Impôts non périodiques sur	0.0	0.0	0.0	0.0	0.0	0.0	0.0	0.0	0.0	0.0
4600 Autres impôts périodiques sur patrimoine	0.0	0.0	0.0	0.0	0.0	0.0	0.0	0.0	0.0	0.0
5000 Impôts sur les biens et services	**5.1**	**12.9**	**16.6**	**22.1**	**22.6**	**13.6**	**11.9**	**9.9**	**7.4**	**7.0**
5100 Impôts sur production, vente, transfert, etc.	4.9	12.4	15.3	20.1	20.6	13.0	11.4	9.1	6.8	6.4
5110 Impôts généraux	2.5	7.6	10.1	13.1	14.2	6.6	7.1	6.0	4.4	4.4
5111 Taxes sur la valeur ajoutée	2.5	7.6	10.1	13.1	14.2	6.6	7.1	6.0	4.4	4.4
5120 Impôts sur biens et services déterminés	2.4	4.7	5.3	7.0	6.5	6.4	4.4	3.1	2.4	2.0
5121 Accises	2.1	4.4	4.9	6.2	5.5	5.5	4.1	2.9	2.1	1.7
5200 Impôts sur utilisation des biens et exerc. activités	0.2	0.6	1.3	2.0	2.0	0.5	0.5	0.8	0.7	0.6
5300 Non-ventilables entre 5100 et 5200	0.0	0.0	0.0	0.0	0.0	0.0	0.0	0.0	0.0	0.0
6000 Autres impôts	**0.0**	**0.0**	**0.0**	**0.0**	**0.0**	**0.0**	**0.0**	**0.0**	**0.0**	**0.0**
Crédits d'impôts récupérables										
Crédits d'impôts récupérables contre 1000	..	..	1.1	0.5	0.5	..	..	0.6	0.2	0.1
Composante transfert	..	..	0.0	0.0	0.0	..	..	0.0	0.0	0.0
Composante fiscale	..	..	1.1	0.5	0.5	..	..	0.6	0.2	0.1
Recettes fiscales collectés pour le compte de l'UE										
Recettes fiscales collectés pour le compte de l'UE, total	0.2	0.2	0.2	0.4	0.4	0.5	0.2	0.1	0.1	0.1
Droits de douane perçus pour le compte de l'UE	0.1	0.2	0.2	0.3	0.3	0.4	0.2	0.1	0.1	0.1
Contributions au Fonds de résolution unique collectées pour le compte de l'UE	..	..	..	0.1	0.1	..	..	..	0.0	0.0

.. Non disponible

Note : Des données et des notes plus détaillées par pays sont disponibles dans le chapitre 5 "Tableaux détaillés par pays" accessible en ligne : https://doi.org/10.1787/df3c3b17-fr. Les séries temporelles complètes sont accessibles sur le site web http://oe.cd/series-temporelles-completes.

Source : Annual Report of the Revenue Commissioners, Financial Accounts and National Income and Expenditure Accounts.

StatLink https://doi.org/10.1787/888934214549

Tableau 4.32. Irlande, recettes fiscales et % du PIB par niveaux d'administration (principaux impôts)

	Milliard EUR					% du PIB				
	1990	2000	2010	2017	2018	1990	2000	2010	2017	2018
Administrations fédérale ou centrale										
Recettes fiscales totales	**10.1**	**28.7**	**37.9**	**55.8**	**60.8**	**26.7**	**26.5**	**22.6**	**18.8**	**18.8**
1000 Impôts sur revenu, bénéfices et gains en capital	4.7	14.6	18.6	29.6	33.3	12.3	13.4	11.1	10.0	10.3
2000 Cotisations de sécurité sociale	0.1	0.1	1.5	1.7	1.9	0.2	0.1	0.9	0.6	0.6
3000 Sur salaires ou main d'oeuvre	0.2	0.0	0.3	0.4	0.6	0.4	0.0	0.2	0.1	0.2
4000 Impôts sur le patrimoine	0.3	1.3	1.1	2.5	2.9	0.7	1.2	0.6	0.8	0.9
5000 Impôts sur les biens et services	5.0	12.7	16.4	21.6	22.2	13.1	11.7	9.8	7.3	6.8
6000 Autres impôts	0.0	0.0	0.0	0.0	0.0	0.0	0.0	0.0	0.0	0.0
Administrations d'un État/Régions										
Recettes fiscales totales	**..**	**..**	**..**	**..**	**..**	**..**	**..**	**..**	**..**	**..**
1000 Impôts sur revenu, bénéfices et gains en capital	..	..	..	..	..	..	..	..	..	..
2000 Cotisations de sécurité sociale	..	..	..	..	..	..	..	..	..	..
3000 Sur salaires ou main d'oeuvre	..	..	..	..	..	..	..	..	..	..
4000 Impôts sur le patrimoine	..	..	..	..	..	..	..	..	..	..
5000 Impôts sur les biens et services	..	..	..	..	..	..	..	..	..	..
6000 Autres impôts	..	..	..	..	..	..	..	..	..	..
Administrations locales										
Recettes fiscales totales	**0.3**	**0.7**	**1.5**	**1.5**	**1.6**	**0.9**	**0.6**	**0.9**	**0.5**	**0.5**
1000 Impôts sur revenu, bénéfices et gains en capital	0.0	0.0	0.0	0.0	0.0	0.0	0.0	0.0	0.0	0.0
2000 Cotisations de sécurité sociale	0.0	0.1	0.2	0.1	0.2	0.1	0.1	0.1	0.0	0.0
3000 Sur salaires ou main d'oeuvre	0.0	0.0	0.0	0.0	0.0	0.0	0.0	0.0	0.0	0.0
4000 Impôts sur le patrimoine	0.3	0.6	1.3	1.4	1.4	0.8	0.5	0.8	0.5	0.4
5000 Impôts sur les biens et services	0.0	0.0	0.0	0.0	0.0	0.0	0.0	0.0	0.0	0.0
6000 Autres impôts	0.0	0.0	0.0	0.0	0.0	0.0	0.0	0.0	0.0	0.0
Administrations de sécurité sociale										
Recettes fiscales totales	**1.6**	**3.8**	**6.7**	**9.8**	**10.6**	**4.3**	**3.5**	**4.0**	**3.3**	**3.3**
1000 Impôts sur revenu, bénéfices et gains en capital	0.0	0.0	0.0	0.0	0.0	0.0	0.0	0.0	0.0	0.0
2000 Cotisations de sécurité sociale	1.6	3.8	6.7	9.8	10.6	4.3	3.5	4.0	3.3	3.3
3000 Sur salaires ou main d'oeuvre	0.0	0.0	0.0	0.0	0.0	0.0	0.0	0.0	0.0	0.0
4000 Impôts sur le patrimoine	0.0	0.0	0.0	0.0	0.0	0.0	0.0	0.0	0.0	0.0
5000 Impôts sur les biens et services	0.0	0.0	0.0	0.0	0.0	0.0	0.0	0.0	0.0	0.0
6000 Autres impôts	0.0	0.0	0.0	0.0	0.0	0.0	0.0	0.0	0.0	0.0

.. Non disponible

Note : Des données et des notes plus détaillées par pays sont disponibles dans le chapitre 6 "Recettes fiscales des sous-secteurs de l'administration" accessible en ligne : https://doi.org/10.1787/df3c3b17-fr. Les séries temporelles complètes sont accessibles sur le site web http://oe.cd/series-temporelles-completes.

Source : Annual Report of the Revenue Commissioners, Financial Accounts and National Income and Expenditure Accounts.

StatLink https://doi.org/10.1787/888934214568

Tableau 4.33. Israël, recettes fiscales et % du PIB (sélection de catégories d'impôts)

	Milliard ILS					% du PIB				
	1990	2000	2010	2017	2018	1990	2000	2010	2017	2018
Recettes fiscales totales	..	**188.3**	**268.6**	**413.1**	**411.6**	..	**34.8**	**30.7**	**32.5**	**30.9**
1000 Impôts sur le revenu, les bénéfices et les gains en capital	..	**74.6**	**78.3**	**146.9**	**135.0**	..	**13.8**	**8.9**	**11.6**	**10.1**
1100 Des personnes physiques	..	54.8	48.2	85.4	84.9	..	10.1	5.5	6.7	6.4
1200 Des sociétés	..	18.0	23.1	41.9	42.9	..	3.3	2.6	3.3	3.2
1300 Non-ventilables entre 1100 et 1200	..	1.8	6.9	19.6	7.1	..	0.3	0.8	1.5	0.5
2000 Cotisations de sécurité sociale	..	**27.6**	**45.3**	**66.8**	**69.0**	..	**5.1**	**5.2**	**5.3**	**5.2**
2100 À la charge des salariés	..	15.8	27.8	37.9	39.2	..	2.9	3.2	3.0	2.9
2200 À la charge des employeurs	..	8.2	11.4	20.6	21.0	..	1.5	1.3	1.6	1.6
2300 À la charge des indép. ou sans emploi	..	3.6	6.1	8.3	8.8	..	0.7	0.7	0.7	0.7
2400 Non-ventilables entre 2100, 2200 et 2300	..	0.0	0.0	0.0	0.0	..	0.0	0.0	0.0	0.0
3000 Sur les salaires ou main d'oeuvre	..	**6.8**	**10.3**	**15.2**	**15.8**	..	**1.3**	**1.2**	**1.2**	**1.2**
4000 Impôts sur le patrimoine	..	**16.9**	**28.8**	**40.9**	**42.3**	..	**3.1**	**3.3**	**3.2**	**3.2**
4100 Impôts périodiques sur la propriété immobilière	..	11.3	18.8	25.3	26.3	..	2.1	2.1	2.0	2.0
4200 Impôts périodiques sur l'actif net	..	0.0	0.0	0.0	0.0	..	0.0	0.0	0.0	0.0
4300 Impôts sur mut. par décès, succ. et donations	..	0.0	0.0	0.0	0.0	..	0.0	0.0	0.0	0.0
4400 Impôts sur transact. mobilières et immob.	..	3.2	4.1	6.6	6.7	..	0.6	0.5	0.5	0.5
4500 Impôts non périodiques sur	..	2.4	6.0	9.0	9.3	..	0.5	0.7	0.7	0.7
4600 Autres impôts périodiques sur patrimoine	..	0.0	0.0	0.0	0.0	..	0.0	0.0	0.0	0.0
5000 Impôts sur les biens et services	..	**62.4**	**105.9**	**143.2**	**149.5**	..	**11.5**	**12.1**	**11.3**	**11.2**
5100 Impôts sur production, vente, transfert, etc.	..	57.9	98.1	133.3	138.9	..	10.7	11.2	10.5	10.4
5110 Impôts généraux	..	49.9	79.9	111.0	117.3	..	9.2	9.1	8.7	8.8
5111 Taxes sur la valeur ajoutée	..	39.8	65.5	94.5	99.4	..	7.4	7.5	7.4	7.5
5120 Impôts sur biens et services déterminés	..	8.0	18.1	22.3	21.7	..	1.5	2.1	1.8	1.6
5121 Accises	..	6.6	15.5	19.3	18.9	..	1.2	1.8	1.5	1.4
5200 Impôts sur utilisation des biens et exerc. activités	..	4.5	7.8	10.0	10.6	..	0.8	0.9	0.8	0.8
5300 Non-ventilables entre 5100 et 5200	..	0.0	0.0	0.0	0.0	..	0.0	0.0	0.0	0.0
6000 Autres impôts	..	**0.0**	**0.0**	**0.0**	**0.0**	..	**0.0**	**0.0**	**0.0**	**0.0**
Crédits d'impôts récupérables										
Crédits d'impôts récupérables contre 1000	..	..	0.1	1.6	0.8	..	..	0.0	0.1	0.1
Composante transfert	..	..	0.1	1.6	0.8	..	..	0.0	0.1	0.1
Composante fiscale	..	..	0.0	0.0	0.0	..	..	0.0	0.0	0.0

.. Non disponible

Note : Des données et des notes plus détaillées par pays sont disponibles dans le chapitre 5 "Tableaux détaillés par pays" accessible en ligne : https://doi.org/10.1787/df3c3b17-fr. Les séries temporelles complètes sont accessibles sur le site web http://oe.cd/series-temporelles-completes.

Source : Israel Central Bureau of Statistics and Israel Ministry of Finance.

StatLink https://doi.org/10.1787/888934214587

Tableau 4.34. Israël, recettes fiscales et % du PIB par niveaux d'administration (principaux impôts)

	Milliard ILS					% du PIB				
	1990	2000	2010	2017	2018	1990	2000	2010	2017	2018
Administrations fédérale ou centrale										
Recettes fiscales totales	..	**148.0**	**199.9**	**315.1**	**310.1**	..	**27.4**	**22.8**	**24.8**	**23.3**
1000 Impôts sur revenu, bénéfices et gains en capital	..	74.6	78.3	146.9	135.0	..	13.8	8.9	11.6	10.1
2000 Cotisations de sécurité sociale	..	0.0	0.0	0.0	0.0	..	0.0	0.0	0.0	0.0
3000 Sur salaires ou main d'oeuvre	..	6.8	10.3	15.2	15.8	..	1.3	1.2	1.2	1.2
4000 Impôts sur le patrimoine	..	4.8	6.6	11.3	11.3	..	0.9	0.8	0.9	0.9
5000 Impôts sur les biens et services	..	61.8	104.7	141.7	147.9	..	11.4	12.0	11.2	11.1
6000 Autres impôts	..	0.0	0.0	0.0	0.0	..	0.0	0.0	0.0	0.0
Administrations d'un État/Régions										
Recettes fiscales totales	..	..	..	..	..	..	..	..	..	..
1000 Impôts sur revenu, bénéfices et gains en capital	..	..	..	..	..	..	..	..	..	..
2000 Cotisations de sécurité sociale	..	..	..	..	..	..	..	..	..	..
3000 Sur salaires ou main d'oeuvre	..	..	..	..	..	..	..	..	..	..
4000 Impôts sur le patrimoine	..	..	..	..	..	..	..	..	..	..
5000 Impôts sur les biens et services	..	..	..	..	..	..	..	..	..	..
6000 Autres impôts	..	..	..	..	..	..	..	..	..	..
Administrations locales										
Recettes fiscales totales	..	**12.7**	**23.4**	**31.2**	**32.6**	..	**2.3**	**2.7**	**2.5**	**2.4**
1000 Impôts sur revenu, bénéfices et gains en capital	..	0.0	0.0	0.0	0.0	..	0.0	0.0	0.0	0.0
2000 Cotisations de sécurité sociale	..	0.0	0.0	0.0	0.0	..	0.0	0.0	0.0	0.0
3000 Sur salaires ou main d'oeuvre	..	0.0	0.0	0.0	0.0	..	0.0	0.0	0.0	0.0
4000 Impôts sur le patrimoine	..	12.1	22.2	29.7	30.9	..	2.2	2.5	2.3	2.3
5000 Impôts sur les biens et services	..	0.6	1.1	1.5	1.6	..	0.1	0.1	0.1	0.1
6000 Autres impôts	..	0.0	0.0	0.0	0.0	..	0.0	0.0	0.0	0.0
Administrations de sécurité sociale										
Recettes fiscales totales	..	**27.6**	**45.3**	**66.8**	**69.0**	..	**5.1**	**5.2**	**5.3**	**5.2**
1000 Impôts sur revenu, bénéfices et gains en capital	..	0.0	0.0	0.0	0.0	..	0.0	0.0	0.0	0.0
2000 Cotisations de sécurité sociale	..	27.6	45.3	66.8	69.0	..	5.1	5.2	5.3	5.2
3000 Sur salaires ou main d'oeuvre	..	0.0	0.0	0.0	0.0	..	0.0	0.0	0.0	0.0
4000 Impôts sur le patrimoine	..	0.0	0.0	0.0	0.0	..	0.0	0.0	0.0	0.0
5000 Impôts sur les biens et services	..	0.0	0.0	0.0	0.0	..	0.0	0.0	0.0	0.0
6000 Autres impôts	..	0.0	0.0	0.0	0.0	..	0.0	0.0	0.0	0.0

.. Non disponible

Note : Des données et des notes plus détaillées par pays sont disponibles dans le chapitre 6 "Recettes fiscales des sous-secteurs de l'administration" accessible en ligne : https://doi.org/10.1787/df3c3b17-fr. Les séries temporelles complètes sont accessibles sur le site web http://oe.cd/series-temporelles-completes.

Source : Israel Central Bureau of Statistics and Israel Ministry of Finance.

StatLink https://doi.org/10.1787/888934214606

Tableau 4.35. Italie, recettes fiscales et % du PIB (sélection de catégories d'impôts)

	Milliard EUR					% du PIB				
	1990	2000	2010	2017	2018	1990	2000	2010	2017	2018
Recettes fiscales totales	**265.1**	**503.1**	**671.9**	**727.8**	**739.5**	**36.3**	**40.5**	**41.7**	**41.9**	**41.9**
1000 Impôts sur le revenu, les bénéfices et les gains en capital	**96.7**	**166.9**	**219.5**	**230.8**	**228.9**	**13.2**	**13.4**	**13.6**	**13.3**	**13.0**
1100 Des personnes physiques	69.7	124.9	180.5	187.1	189.3	9.5	10.1	11.2	10.8	10.7
1200 Des sociétés	26.6	34.7	36.7	36.1	32.9	3.6	2.8	2.3	2.1	1.9
1300 Non-ventilables entre 1100 et 1200	0.4	7.3	2.3	7.6	6.7	0.1	0.6	0.1	0.4	0.4
2000 Cotisations de sécurité sociale	**87.3**	**143.6**	**209.1**	**220.6**	**229.6**	**11.9**	**11.6**	**13.0**	**12.7**	**13.0**
2100 À la charge des salariés	16.8	27.3	37.6	40.9	42.7	2.3	2.2	2.3	2.4	2.4
2200 À la charge des employeurs	62.5	99.9	144.3	147.3	153.9	8.6	8.0	9.0	8.5	8.7
2300 À la charge des indép. ou sans emploi	8.0	16.4	27.2	32.5	33.0	1.1	1.3	1.7	1.9	1.9
2400 Non-ventilables entre 2100, 2200 et 2300	0.0	0.0	0.0	0.0	0.0	0.0	0.0	0.0	0.0	0.0
3000 Sur les salaires ou main d'oeuvre	**0.9**	**0.0**	**0.0**	**0.0**	**0.0**	**0.1**	**0.0**	**0.0**	**0.0**	**0.0**
4000 Impôts sur le patrimoine	**6.0**	**23.4**	**32.4**	**44.2**	**44.9**	**0.8**	**1.9**	**2.0**	**2.5**	**2.5**
4100 Impôts périodiques sur la propriété immobilière	0.0	9.4	9.7	21.9	22.0	0.0	0.8	0.6	1.3	1.2
4200 Impôts périodiques sur l'actif net	0.0	0.0	2.1	0.4	0.3	0.0	0.0	0.1	0.0	0.0
4300 Impôts sur mut. par décès, succ. et donations	0.4	1.0	0.5	0.8	0.8	0.1	0.1	0.0	0.0	0.0
4400 Impôts sur transact. mobilières et immob.	5.6	12.3	17.4	17.7	18.8	0.8	1.0	1.1	1.0	1.1
4500 Impôts non périodiques sur	0.0	0.1	0.9	1.2	0.4	0.0	0.0	0.1	0.1	0.0
4600 Autres impôts périodiques sur patrimoine	0.0	0.6	1.9	2.3	2.6	0.0	0.0	0.1	0.1	0.1
5000 Impôts sur les biens et services	**74.3**	**141.9**	**178.9**	**209.9**	**212.1**	**10.2**	**11.4**	**11.1**	**12.1**	**12.0**
5100 Impôts sur production, vente, transfert, etc.	67.1	127.3	160.8	184.3	184.7	9.2	10.3	10.0	10.6	10.5
5110 Impôts généraux	38.9	77.5	97.6	107.6	109.3	5.3	6.2	6.1	6.2	6.2
5111 Taxes sur la valeur ajoutée	38.9	77.5	97.6	107.6	109.3	5.3	6.2	6.1	6.2	6.2
5120 Impôts sur biens et services déterminés	28.0	49.8	63.2	76.7	75.4	3.8	4.0	3.9	4.4	4.3
5121 Accises	20.3	31.5	36.4	47.6	47.1	2.8	2.5	2.3	2.7	2.7
5200 Impôts sur utilisation des biens et exerc. activités	4.5	8.5	10.5	13.1	14.5	0.6	0.7	0.7	0.8	0.8
5300 Non-ventilables entre 5100 et 5200	2.7	6.1	7.6	12.4	12.9	0.4	0.5	0.5	0.7	0.7
6000 Autres impôts	**0.0**	**27.3**	**31.9**	**22.2**	**23.9**	**0.0**	**2.2**	**2.0**	**1.3**	**1.4**
Crédits d'impôts récupérables										
Crédits d'impôts récupérables contre 1000	..	..	0.0	16.2	11.8	..	..	0.0	0.9	0.7
Composante transfert	..	..	0.1	7.1	2.6	..	..	0.0	0.4	0.1
Composante fiscale	..	..	-0.1	9.1	9.1	..	..	0.0	0.5	0.5
Recettes fiscales collectés pour le compte de l'UE										
Recettes fiscales collectés pour le compte de l'UE, total	1.3	1.5	2.2	4.6	3.4	0.2	0.1	0.1	0.3	0.2
Droits de douane perçus pour le compte de l'UE	0.8	1.5	2.2	2.3	2.3	0.1	0.1	0.1	0.1	0.1
Contributions au Fonds de résolution unique collectées pour le compte de l'UE	..	..	..	2.3	1.1	..	..	..	0.1	0.1

.. Non disponible

Note : Des données et des notes plus détaillées par pays sont disponibles dans le chapitre 5 "Tableaux détaillés par pays" accessible en ligne : https://doi.org/10.1787/df3c3b17-fr. Les séries temporelles complètes sont accessibles sur le site web http://oe.cd/series-temporelles-completes.

Source : Ministero dell'economia e delle finanze; Istituto nazionale di statistica.

StatLink https://doi.org/10.1787/888934214625

Tableau 4.36. Italie, recettes fiscales et % du PIB par niveaux d'administration (principaux impôts)

	Milliard EUR					% du PIB				
	1990	2000	2010	2017	2018	1990	2000	2010	2017	2018
Administrations fédérale ou centrale										
Recettes fiscales totales	**168.9**	**280.8**	**357.3**	**419.6**	**420.2**	**23.1**	**22.6**	**22.2**	**24.2**	**23.8**
1000 Impôts sur revenu, bénéfices et gains en capital	92.7	154.2	193.9	214.2	212.3	12.7	12.4	12.0	12.3	12.0
2000 Cotisations de sécurité sociale	0.0	0.0	0.0	0.0	0.0	0.0	0.0	0.0	0.0	0.0
3000 Sur salaires ou main d'oeuvre	0.9	0.0	0.0	0.0	0.0	0.1	0.0	0.0	0.0	0.0
4000 Impôts sur le patrimoine	6.0	12.9	21.0	25.5	25.7	0.8	1.0	1.3	1.5	1.5
5000 Impôts sur les biens et services	69.3	113.6	142.5	179.8	182.1	9.5	9.2	8.8	10.4	10.3
6000 Autres impôts	0.0	0.0	0.0	0.0	0.0	0.0	0.0	0.0	0.0	0.0
Administrations d'un État/Régions										
Recettes fiscales totales	**..**	**..**	**..**	**..**	**..**	**..**	**..**	**..**	**..**	**..**
1000 Impôts sur revenu, bénéfices et gains en capital	..	..	..	..	..	..	..	..	..	..
2000 Cotisations de sécurité sociale	..	..	..	..	..	..	..	..	..	..
3000 Sur salaires ou main d'oeuvre	..	..	..	..	..	..	..	..	..	..
4000 Impôts sur le patrimoine	..	..	..	..	..	..	..	..	..	..
5000 Impôts sur les biens et services	..	..	..	..	..	..	..	..	..	..
6000 Autres impôts	..	..	..	..	..	..	..	..	..	..
Administrations locales										
Recettes fiscales totales	**7.7**	**77.2**	**103.2**	**83.1**	**86.3**	**1.1**	**6.2**	**6.4**	**4.8**	**4.9**
1000 Impôts sur revenu, bénéfices et gains en capital	4.0	12.7	25.6	16.6	16.6	0.6	1.0	1.6	1.0	0.9
2000 Cotisations de sécurité sociale	0.0	0.0	0.0	0.0	0.0	0.0	0.0	0.0	0.0	0.0
3000 Sur salaires ou main d'oeuvre	0.0	0.0	0.0	0.0	0.0	0.0	0.0	0.0	0.0	0.0
4000 Impôts sur le patrimoine	0.0	10.5	11.5	18.7	19.2	0.0	0.8	0.7	1.1	1.1
5000 Impôts sur les biens et services	3.7	26.7	34.2	25.5	26.6	0.5	2.2	2.1	1.5	1.5
6000 Autres impôts	0.0	27.3	31.9	22.2	23.9	0.0	2.2	2.0	1.3	1.4
Administrations de sécurité sociale										
Recettes fiscales totales	**87.3**	**143.6**	**209.1**	**220.6**	**229.6**	**11.9**	**11.6**	**13.0**	**12.7**	**13.0**
1000 Impôts sur revenu, bénéfices et gains en capital	0.0	0.0	0.0	0.0	0.0	0.0	0.0	0.0	0.0	0.0
2000 Cotisations de sécurité sociale	87.3	143.6	209.1	220.6	229.6	11.9	11.6	13.0	12.7	13.0
3000 Sur salaires ou main d'oeuvre	0.0	0.0	0.0	0.0	0.0	0.0	0.0	0.0	0.0	0.0
4000 Impôts sur le patrimoine	0.0	0.0	0.0	0.0	0.0	0.0	0.0	0.0	0.0	0.0
5000 Impôts sur les biens et services	0.0	0.0	0.0	0.0	0.0	0.0	0.0	0.0	0.0	0.0
6000 Autres impôts	0.0	0.0	0.0	0.0	0.0	0.0	0.0	0.0	0.0	0.0

.. Non disponible

Note : Des données et des notes plus détaillées par pays sont disponibles dans le chapitre 6 "Recettes fiscales des sous-secteurs de l'administration" accessible en ligne : https://doi.org/10.1787/df3c3b17-fr. Les séries temporelles complètes sont accessibles sur le site web http://oe.cd/series-temporelles-completes.

Source : Ministero dell'economia e delle finanze; Istituto nazionale di statistica.

StatLink https://doi.org/10.1787/888934214644

Tableau 4.37. Japon, recettes fiscales et % du PIB (sélection de catégories d'impôts)

	Milliard JPY					% du PIB				
	1990	2000	2010	2017	2018	1990	2000	2010	2017	2018
Recettes fiscales totales	**130 842.7**	**136 235.8**	**132 484.3**	**171 805.5**	**175 563.6**	**28.2**	**25.8**	**26.5**	**31.4**	**32.0**
1000 Impôts sur le revenu, les bénéfices et les gains en capital	**65 681.6**	**47 398.2**	**40 034.3**	**52 657.9**	**56 083.2**	**14.2**	**9.0**	**8.0**	**9.6**	**10.2**
1100 Des personnes physiques	36 393.6	28 677.3	24 662.7	32 324.6	33 491.8	7.8	5.4	4.9	5.9	6.1
1200 Des sociétés	29 288.0	18 720.9	15 371.6	20 333.3	22 591.4	6.3	3.5	3.1	3.7	4.1
1300 Non-ventilables entre 1100 et 1200	0.0	0.0	0.0	0.0	0.0	0.0	0.0	0.0	0.0	0.0
2000 Cotisations de sécurité sociale	**34 612.6**	**47 968.3**	**54 460.6**	**68 615.8**	**70 588.1**	**7.5**	**9.1**	**10.9**	**12.5**	**12.9**
2100 À la charge des salariés	13 895.0	19 829.9	23 592.6	32 577.8	33 656.3	3.0	3.8	4.7	6.0	6.1
2200 À la charge des employeurs	16 648.8	22 455.5	24 674.2	31 648.1	32 663.5	3.6	4.2	4.9	5.8	6.0
2300 À la charge des indép. ou sans emploi	4 068.8	5 682.9	6 193.8	4 389.8	4 268.3	0.9	1.1	1.2	0.8	0.8
2400 Non-ventilables entre 2100, 2200 et 2300	0.0	0.0	0.0	0.0	0.0	0.0	0.0	0.0	0.0	0.0
3000 Sur les salaires ou main d'oeuvre	**0.0**	**0.0**	**0.0**	**0.0**	**0.0**	**0.0**	**0.0**	**0.0**	**0.0**	**0.0**
4000 Impôts sur le patrimoine	**12 296.3**	**14 294.4**	**12 878.3**	**14 073.1**	**14 195.5**	**2.7**	**2.7**	**2.6**	**2.6**	**2.6**
4100 Impôts périodiques sur la propriété immobilière	7 098.5	10 413.7	10 225.0	10 323.1	10 385.7	1.5	2.0	2.0	1.9	1.9
4200 Impôts périodiques sur l'actif net	0.0	0.0	0.0	0.0	0.0	0.0	0.0	0.0	0.0	0.0
4300 Impôts sur mut. par décès, succ. et donations	1 918.0	1 782.2	1 250.4	2 292.0	2 333.3	0.4	0.3	0.3	0.4	0.4
4400 Impôts sur transact. mobilières et immob.	3 279.8	2 098.5	1 402.9	1 458.0	1 476.5	0.7	0.4	0.3	0.3	0.3
4500 Impôts non périodiques sur	0.0	0.0	0.0	0.0	0.0	0.0	0.0	0.0	0.0	0.0
4600 Autres impôts périodiques sur patrimoine	0.0	0.0	0.0	0.0	0.0	0.0	0.0	0.0	0.0	0.0
5000 Impôts sur les biens et services	**17 916.8**	**26 227.2**	**24 730.2**	**36 031.3**	**34 251.8**	**3.9**	**5.0**	**5.0**	**6.6**	**6.2**
5100 Impôts sur production, vente, transfert, etc.	15 646.5	23 180.2	22 160.4	33 581.7	31 754.0	3.4	4.4	4.4	6.1	5.8
5110 Impôts généraux	5 778.3	12 350.3	12 675.2	22 249.2	22 496.4	1.2	2.3	2.5	4.1	4.1
5111 Taxes sur la valeur ajoutée	5 778.3	12 350.3	12 675.2	22 249.2	22 496.4	1.2	2.3	2.5	4.1	4.1
5120 Impôts sur biens et services déterminés	9 868.2	10 829.9	9 485.2	11 332.5	9 257.6	2.1	2.0	1.9	2.1	1.7
5121 Accises	8 637.2	9 837.0	8 622.4	10 241.0	8 120.8	1.9	1.9	1.7	1.9	1.5
5200 Impôts sur utilisation des biens et exerc. activités	2 270.3	3 047.0	2 569.8	2 449.6	2 497.8	0.5	0.6	0.5	0.4	0.5
5300 Non-ventilables entre 5100 et 5200	0.0	0.0	0.0	0.0	0.0	0.0	0.0	0.0	0.0	0.0
6000 Autres impôts	**335.4**	**347.7**	**381.1**	**427.4**	**445.0**	**0.1**	**0.1**	**0.1**	**0.1**	**0.1**
Crédits d'impôts récupérables										
Crédits d'impôts récupérables contre 1000	..	..	..	..	..	..	..	..	..	..
Composante transfert	..	..	..	..	..	..	..	..	..	..
Composante fiscale	..	..	..	..	..	..	..	..	..	..

.. Non disponible
Note : Des données et des notes plus détaillées par pays sont disponibles dans le chapitre 5 "Tableaux détaillés par pays" accessible en ligne : https://doi.org/10.1787/df3c3b17-fr. Les séries temporelles complètes sont accessibles sur le site web http://oe.cd/series-temporelles-completes.
Source : Tax Bureau, Ministry of Finance.

StatLink https://doi.org/10.1787/888934214663

Tableau 4.38. Japon, recettes fiscales et % du PIB par niveaux d'administration (principaux impôts)

	Milliard JPY					% du PIB				
	1990	2000	2010	2017	2018	1990	2000	2010	2017	2018
Administrations fédérale ou centrale										
Recettes fiscales totales	**62 779.7**	**52 720.8**	**43 707.4**	**64 284.1**	**64 224.1**	**13.5**	**10.0**	**8.8**	**11.7**	**11.7**
1000 Impôts sur revenu, bénéfices et gains en capital	44 379.1	30 536.2	23 372.1	33 782.5	35 402.6	9.6	5.8	4.7	6.2	6.5
2000 Cotisations de sécurité sociale	0.0	0.0	0.0	0.0	0.0	0.0	0.0	0.0	0.0	0.0
3000 Sur salaires ou main d'oeuvre	0.0	0.0	0.0	0.0	0.0	0.0	0.0	0.0	0.0	0.0
4000 Impôts sur le patrimoine	4 601.6	3 314.9	2 274.5	3 343.5	3 406.2	1.0	0.6	0.5	0.6	0.6
5000 Impôts sur les biens et services	13 799.0	18 869.7	18 060.9	27 158.1	25 413.7	3.0	3.6	3.6	5.0	4.6
6000 Autres impôts	0.0	0.0	0.0	0.0	1.6	0.0	0.0	0.0	0.0	0.0
Administrations d'un État/Régions										
Recettes fiscales totales	..	..	..	..	..	..	..	..	..	..
1000 Impôts sur revenu, bénéfices et gains en capital	..	..	..	..	..	..	..	..	..	..
2000 Cotisations de sécurité sociale	..	..	..	..	..	..	..	..	..	..
3000 Sur salaires ou main d'oeuvre	..	..	..	..	..	..	..	..	..	..
4000 Impôts sur le patrimoine	..	..	..	..	..	..	..	..	..	..
5000 Impôts sur les biens et services	..	..	..	..	..	..	..	..	..	..
6000 Autres impôts	..	..	..	..	..	..	..	..	..	..
Administrations locales										
Recettes fiscales totales	**33 450.4**	**35 546.7**	**34 316.3**	**38 905.6**	**40 751.4**	**7.2**	**6.7**	**6.9**	**7.1**	**7.4**
1000 Impôts sur revenu, bénéfices et gains en capital	21 302.5	16 862.0	16 662.3	18 875.4	20 680.6	4.6	3.2	3.3	3.4	3.8
2000 Cotisations de sécurité sociale	0.0	0.0	0.0	0.0	0.0	0.0	0.0	0.0	0.0	0.0
3000 Sur salaires ou main d'oeuvre	0.0	0.0	0.0	0.0	0.0	0.0	0.0	0.0	0.0	0.0
4000 Impôts sur le patrimoine	7 694.7	10 979.5	10 603.8	10 729.6	10 789.3	1.7	2.1	2.1	2.0	2.0
5000 Impôts sur les biens et services	4 117.8	7 357.5	6 669.2	8 873.2	8 838.1	0.9	1.4	1.3	1.6	1.6
6000 Autres impôts	335.4	347.7	381.1	427.4	443.4	0.1	0.1	0.1	0.1	0.1
Administrations de sécurité sociale										
Recettes fiscales totales	**34 612.6**	**47 968.3**	**54 460.6**	**68 615.8**	**70 588.1**	**7.5**	**9.1**	**10.9**	**12.5**	**12.9**
1000 Impôts sur revenu, bénéfices et gains en capital	0.0	0.0	0.0	0.0	0.0	0.0	0.0	0.0	0.0	0.0
2000 Cotisations de sécurité sociale	34 612.6	47 968.3	54 460.6	68 615.8	70 588.1	7.5	9.1	10.9	12.5	12.9
3000 Sur salaires ou main d'oeuvre	0.0	0.0	0.0	0.0	0.0	0.0	0.0	0.0	0.0	0.0
4000 Impôts sur le patrimoine	0.0	0.0	0.0	0.0	0.0	0.0	0.0	0.0	0.0	0.0
5000 Impôts sur les biens et services	0.0	0.0	0.0	0.0	0.0	0.0	0.0	0.0	0.0	0.0
6000 Autres impôts	0.0	0.0	0.0	0.0	0.0	0.0	0.0	0.0	0.0	0.0

.. Non disponible

Note : Des données et des notes plus détaillées par pays sont disponibles dans le chapitre 6 "Recettes fiscales des sous-secteurs de l'administration" accessible en ligne : https://doi.org/10.1787/df3c3b17-fr. Les séries temporelles complètes sont accessibles sur le site web http://oe.cd/series-temporelles-completes.

Source : Tax Bureau, Ministry of Finance.

StatLink https://doi.org/10.1787/888934214682

Tableau 4.39. Corée, recettes fiscales et % du PIB (sélection de catégories d'impôts)

	Milliard KRW					% du PIB				
	1990	2000	2010	2017	2018	1990	2000	2010	2017	2018
Recettes fiscales totales	**37 261.7**	**136 295.0**	**295 968.0**	**465 470.0**	**506 548.0**	**18.4**	**20.9**	**22.4**	**25.4**	**26.8**
1000 Impôts sur le revenu, les bénéfices et les gains en capital	**12 203.5**	**39 254.0**	**82 905.0**	**149 420.0**	**172 976.0**	**6.0**	**6.0**	**6.3**	**8.1**	**9.1**
1100 Des personnes physiques	7 440.4	19 950.0	42 098.0	83 121.0	93 274.0	3.7	3.1	3.2	4.5	4.9
1200 Des sociétés	4 756.6	19 271.0	40 807.0	66 299.0	79 702.0	2.3	3.0	3.1	3.6	4.2
1300 Non-ventilables entre 1100 et 1200	6.5	33.0	0.0	0.0	0.0	0.0	0.0	0.0	0.0	0.0
2000 Cotisations de sécurité sociale	**3 760.0**	**22 759.0**	**69 090.0**	**119 676.0**	**128 660.0**	**1.9**	**3.5**	**5.2**	**6.5**	**6.8**
2100 À la charge des salariés	1 464.0	8 578.0	28 213.0	51 125.0	55 257.0	0.7	1.3	2.1	2.8	2.9
2200 À la charge des employeurs	1 694.0	9 409.0	30 856.0	54 063.0	58 712.0	0.8	1.4	2.3	2.9	3.1
2300 À la charge des indép. ou sans emploi	602.0	4 772.0	10 021.0	14 488.0	14 691.0	0.3	0.7	0.8	0.8	0.8
2400 Non-ventilables entre 2100, 2200 et 2300	0.0	0.0	0.0	0.0	0.0	0.0	0.0	0.0	0.0	0.0
3000 Sur les salaires ou main d'oeuvre	**152.8**	**258.0**	**714.0**	**1 376.0**	**1 492.0**	**0.1**	**0.0**	**0.1**	**0.1**	**0.1**
4000 Impôts sur le patrimoine	**4 388.9**	**16 846.0**	**33 516.0**	**54 406.0**	**58 811.0**	**2.2**	**2.6**	**2.5**	**3.0**	**3.1**
4100 Impôts périodiques sur la propriété immobilière	980.0	3 385.0	9 270.0	14 319.0	15 589.0	0.5	0.5	0.7	0.8	0.8
4200 Impôts périodiques sur l'actif net	0.0	0.0	0.0	0.0	0.0	0.0	0.0	0.0	0.0	0.0
4300 Impôts sur mut. par décès, succ. et donations	353.9	989.0	3 076.0	6 785.0	7 359.0	0.2	0.2	0.2	0.4	0.4
4400 Impôts sur transact. mobilières et immob.	2 959.7	11 935.0	21 170.0	33 302.0	35 863.0	1.5	1.8	1.6	1.8	1.9
4500 Impôts non périodiques sur	95.3	537.0	0.0	0.0	0.0	0.0	0.1	0.0	0.0	0.0
4600 Autres impôts périodiques sur patrimoine	0.0	0.0	0.0	0.0	0.0	0.0	0.0	0.0	0.0	0.0
5000 Impôts sur les biens et services	**16 497.5**	**52 271.0**	**99 769.0**	**129 065.0**	**133 095.0**	**8.1**	**8.0**	**7.5**	**7.0**	**7.0**
5100 Impôts sur production, vente, transfert, etc.	16 023.5	50 023.0	96 573.0	121 293.0	125 207.0	7.9	7.7	7.3	6.6	6.6
5110 Impôts généraux	6 964.4	23 212.0	51 800.0	74 361.0	77 471.0	3.4	3.6	3.9	4.1	4.1
5111 Taxes sur la valeur ajoutée	6 964.4	23 212.0	51 800.0	74 361.0	77 471.0	3.4	3.6	3.9	4.1	4.1
5120 Impôts sur biens et services déterminés	9 059.1	26 811.0	44 773.0	46 932.0	47 736.0	4.5	4.1	3.4	2.6	2.5
5121 Accises	4 923.7	18 155.0	31 340.0	35 779.0	36 218.0	2.4	2.8	2.4	1.9	1.9
5200 Impôts sur utilisation des biens et exerc. activités	473.9	2 248.0	3 196.0	7 772.0	7 888.0	0.2	0.3	0.2	0.4	0.4
5300 Non-ventilables entre 5100 et 5200	0.0	0.0	0.0	0.0	0.0	0.0	0.0	0.0	0.0	0.0
6000 Autres impôts	**259.1**	**4 907.0**	**9 974.0**	**11 527.0**	**11 514.0**	**0.1**	**0.8**	**0.8**	**0.6**	**0.6**
Crédits d'impôts récupérables										
Crédits d'impôts récupérables contre 1000	..	..	..	..	..	..	..	..	..	..
Composante transfert	..	..	..	..	..	..	..	..	..	..
Composante fiscale	..	..	..	..	..	..	..	..	..	..

.. Non disponible

Note : Des données et des notes plus détaillées par pays sont disponibles dans le chapitre 5 "Tableaux détaillés par pays" accessible en ligne : https://doi.org/10.1787/df3c3b17-fr. Les séries temporelles complètes sont accessibles sur le site web http://oe.cd/series-temporelles-completes.

Source : Ministry of Finance and Economy, Ministry of Home Affairs.

StatLink https://doi.org/10.1787/888934214701

Tableau 4.40. Corée, recettes fiscales et % du PIB par niveaux d'administration (principaux impôts)

	Milliard KRW					% du PIB				
	1990	2000	2010	2017	2018	1990	2000	2010	2017	2018
Administrations fédérale ou centrale										
Recettes fiscales totales	**27 140.8**	**92 935.0**	**177 718.0**	**265 385.0**	**293 570.0**	**13.4**	**14.3**	**13.4**	**14.5**	**15.5**
1000 Impôts sur revenu, bénéfices et gains en capital	11 655.2	35 824.0	75 352.0	134 685.0	155 969.0	5.7	5.5	5.7	7.3	8.2
2000 Cotisations de sécurité sociale	0.0	0.0	0.0	0.0	0.0	0.0	0.0	0.0	0.0	0.0
3000 Sur salaires ou main d'oeuvre	29.3	0.0	0.0	0.0	0.0	0.0	0.0	0.0	0.0	0.0
4000 Impôts sur le patrimoine	866.3	5 866.0	11 288.0	16 946.0	19 920.0	0.4	0.9	0.9	0.9	1.1
5000 Impôts sur les biens et services	14 377.5	46 812.0	86 629.0	109 365.0	113 251.0	7.1	7.2	6.6	6.0	6.0
6000 Autres impôts	212.5	4 433.0	4 449.0	4 389.0	4 430.0	0.1	0.7	0.3	0.2	0.2
Administrations d'un État/Régions										
Recettes fiscales totales	..	..	..	..	..	..	..	..	..	..
1000 Impôts sur revenu, bénéfices et gains en capital	..	..	..	..	..	..	..	..	..	..
2000 Cotisations de sécurité sociale	..	..	..	..	..	..	..	..	..	..
3000 Sur salaires ou main d'oeuvre	..	..	..	..	..	..	..	..	..	..
4000 Impôts sur le patrimoine	..	..	..	..	..	..	..	..	..	..
5000 Impôts sur les biens et services	..	..	..	..	..	..	..	..	..	..
6000 Autres impôts	..	..	..	..	..	..	..	..	..	..
Administrations locales										
Recettes fiscales totales	**6 360.9**	**20 601.0**	**49 160.0**	**80 409.0**	**84 318.0**	**3.1**	**3.2**	**3.7**	**4.4**	**4.5**
1000 Impôts sur revenu, bénéfices et gains en capital	548.3	3 430.0	7 553.0	14 735.0	17 007.0	0.3	0.5	0.6	0.8	0.9
2000 Cotisations de sécurité sociale	0.0	0.0	0.0	0.0	0.0	0.0	0.0	0.0	0.0	0.0
3000 Sur salaires ou main d'oeuvre	123.5	258.0	714.0	1 376.0	1 492.0	0.1	0.0	0.1	0.1	0.1
4000 Impôts sur le patrimoine	3 522.6	10 980.0	22 228.0	37 460.0	38 891.0	1.7	1.7	1.7	2.0	2.1
5000 Impôts sur les biens et services	2 120.0	5 459.0	13 140.0	19 700.0	19 844.0	1.0	0.8	1.0	1.1	1.0
6000 Autres impôts	46.6	474.0	5 525.0	7 138.0	7 084.0	0.0	0.1	0.4	0.4	0.4
Administrations de sécurité sociale										
Recettes fiscales totales	**3 760.0**	**22 759.0**	**69 090.0**	**119 676.0**	**128 660.0**	**1.9**	**3.5**	**5.2**	**6.5**	**6.8**
1000 Impôts sur revenu, bénéfices et gains en capital	0.0	0.0	0.0	0.0	0.0	0.0	0.0	0.0	0.0	0.0
2000 Cotisations de sécurité sociale	3 760.0	22 759.0	69 090.0	119 676.0	128 660.0	1.9	3.5	5.2	6.5	6.8
3000 Sur salaires ou main d'oeuvre	0.0	0.0	0.0	0.0	0.0	0.0	0.0	0.0	0.0	0.0
4000 Impôts sur le patrimoine	0.0	0.0	0.0	0.0	0.0	0.0	0.0	0.0	0.0	0.0
5000 Impôts sur les biens et services	0.0	0.0	0.0	0.0	0.0	0.0	0.0	0.0	0.0	0.0
6000 Autres impôts	0.0	0.0	0.0	0.0	0.0	0.0	0.0	0.0	0.0	0.0

.. Non disponible

Note : Des données et des notes plus détaillées par pays sont disponibles dans le chapitre 6 "Recettes fiscales des sous-secteurs de l'administration" accessible en ligne : https://doi.org/10.1787/df3c3b17-fr. Les séries temporelles complètes sont accessibles sur le site web http://oe.cd/series-temporelles-completes.

Source : Ministry of Finance and Economy, Ministry of Home Affairs.

StatLink https://doi.org/10.1787/888934214720

Tableau 4.41. Lettonie, recettes fiscales et % du PIB (sélection de catégories d'impôts)

	Milliard EUR					% du PIB				
	1990	2000	2010	2017	2018	1990	2000	2010	2017	2018
Recettes fiscales totales	..	**2.0**	**5.2**	**8.4**	**9.1**	..	**29.1**	**28.7**	**31.4**	**31.2**
1000 Impôts sur le revenu, les bénéfices et les gains en capital	..	**0.5**	**1.3**	**2.2**	**2.0**	..	**7.0**	**7.2**	**8.2**	**7.1**
1100 Des personnes physiques	..	0.4	1.1	1.8	1.7	..	5.5	6.2	6.6	6.0
1200 Des sociétés	..	0.1	0.2	0.4	0.3	..	1.5	1.0	1.6	1.1
1300 Non-ventilables entre 1100 et 1200	..	0.0	0.0	0.0	0.0	..	0.0	0.0	0.0	0.0
2000 Cotisations de sécurité sociale	..	**0.7**	**1.6**	**2.3**	**2.7**	..	**9.8**	**8.6**	**8.4**	**9.1**
2100 À la charge des salariés	..	0.2	0.4	0.6	0.8	..	2.4	2.2	2.3	2.7
2200 À la charge des employeurs	..	0.5	1.2	1.6	1.9	..	7.3	6.4	6.0	6.4
2300 À la charge des indép. ou sans emploi	..	0.0	0.0	0.0	0.0	..	0.0	0.1	0.1	0.1
2400 Non-ventilables entre 2100, 2200 et 2300	..	0.0	0.0	0.0	0.0	..	0.0	0.0	0.0	0.0
3000 Sur les salaires ou main d'oeuvre	..	**0.0**	**0.0**	**0.0**	**0.0**	..	**0.0**	**0.0**	**0.0**	**0.0**
4000 Impôts sur le patrimoine	..	**0.1**	**0.2**	**0.3**	**0.3**	..	**1.1**	**0.9**	**1.0**	**0.9**
4100 Impôts périodiques sur la propriété immobilière	..	0.1	0.1	0.2	0.2	..	0.9	0.7	0.9	0.8
4200 Impôts périodiques sur l'actif net	..	0.0	0.0	0.0	0.0	..	0.0	0.0	0.0	0.0
4300 Impôts sur mut. par décès, succ. et donations	..	0.0	0.0	0.0	0.0	..	0.0	0.0	0.0	0.0
4400 Impôts sur transact. mobilières et immob.	..	0.0	0.0	0.0	0.0	..	0.2	0.1	0.2	0.1
4500 Impôts non périodiques sur	..	0.0	0.0	0.0	0.0	..	0.0	0.0	0.0	0.0
4600 Autres impôts périodiques sur patrimoine	..	0.0	0.0	0.0	0.0	..	0.0	0.0	0.0	0.0
5000 Impôts sur les biens et services	..	**0.8**	**2.2**	**3.7**	**4.1**	..	**11.2**	**12.0**	**13.7**	**14.1**
5100 Impôts sur production, vente, transfert, etc.	..	0.7	2.0	3.5	3.9	..	10.8	11.3	13.0	13.3
5110 Impôts généraux	..	0.5	1.3	2.4	2.7	..	7.0	7.2	9.1	9.3
5111 Taxes sur la valeur ajoutée	..	0.5	1.2	2.2	2.4	..	7.0	6.7	8.1	8.4
5120 Impôts sur biens et services déterminés	..	0.3	0.7	1.0	1.2	..	3.8	4.1	3.9	4.1
5121 Accises	..	0.2	0.6	0.9	1.0	..	3.4	3.6	3.4	3.6
5200 Impôts sur utilisation des biens et exerc. activités	..	0.0	0.1	0.2	0.2	..	0.5	0.7	0.7	0.7
5300 Non-ventilables entre 5100 et 5200	..	0.0	0.0	0.0	0.0	..	0.0	0.0	0.0	0.0
6000 Autres impôts	..	**0.0**	**0.0**	**0.0**	**0.0**	..	**0.0**	**0.0**	**0.0**	**0.0**
Crédits d'impôts récupérables										
Crédits d'impôts récupérables contre 1000	..	..	..	..	..	..	..	..	..	..
Composante transfert	..	..	..	..	..	..	..	..	..	..
Composante fiscale	..	..	..	..	..	..	..	..	..	..
Recettes fiscales collectés pour le compte de l'UE										
Recettes fiscales collectés pour le compte de l'UE, total	..	..	0.0	0.1	0.1	..	..	0.1	0.2	0.2
Droits de douane perçus pour le compte de l'UE	..	..	0.0	0.0	0.1	..	..	0.1	0.2	0.2
Contributions au Fonds de résolution unique collectées pour le compte de l'UE	..	..	..	0.0	0.0	..	..	..	0.0	0.0

.. Non disponible

Note : Des données et des notes plus détaillées par pays sont disponibles dans le chapitre 5 "Tableaux détaillés par pays" accessible en ligne : https://doi.org/10.1787/df3c3b17-fr. Les séries temporelles complètes sont accessibles sur le site web http://oe.cd/series-temporelles-completes.

Source : Ministry of Finance.

StatLink https://doi.org/10.1787/888934214739

Tableau 4.42. Lettonie, recettes fiscales et % du PIB par niveaux d'administration (principaux impôts)

	Milliard EUR					% du PIB				
	1990	2000	2010	2017	2018	1990	2000	2010	2017	2018
Administrations fédérale ou centrale										
Recettes fiscales totales	**..**	**1.0**	**2.5**	**4.5**	**4.8**	**..**	**14.4**	**14.2**	**16.7**	**16.5**
1000 Impôts sur revenu, bénéfices et gains en capital	..	0.2	0.4	0.8	0.6	..	3.1	2.2	3.1	2.2
2000 Cotisations de sécurité sociale	..	0.0	0.0	0.0	0.1	..	0.0	0.0	0.0	0.3
3000 Sur salaires ou main d'oeuvre	..	0.0	0.0	0.0	0.0	..	0.0	0.0	0.0	0.0
4000 Impôts sur le patrimoine	..	0.0	0.0	0.0	0.0	..	0.2	0.2	0.2	0.2
5000 Impôts sur les biens et services	..	0.8	2.1	3.6	4.0	..	11.2	11.8	13.4	13.8
6000 Autres impôts	..	0.0	0.0	0.0	0.0	..	0.0	0.0	0.0	0.0
Administrations d'un État/Régions										
Recettes fiscales totales	**..**	**..**	**..**	**..**	**..**	**..**	**..**	**..**	**..**	**..**
1000 Impôts sur revenu, bénéfices et gains en capital	..	..	..	..	..	..	..	..	..	..
2000 Cotisations de sécurité sociale	..	..	..	..	..	..	..	..	..	..
3000 Sur salaires ou main d'oeuvre	..	..	..	..	..	..	..	..	..	..
4000 Impôts sur le patrimoine	..	..	..	..	..	..	..	..	..	..
5000 Impôts sur les biens et services	..	..	..	..	..	..	..	..	..	..
6000 Autres impôts	..	..	..	..	..	..	..	..	..	..
Administrations locales										
Recettes fiscales totales	**..**	**0.3**	**1.0**	**1.6**	**1.6**	**..**	**4.9**	**5.7**	**6.0**	**5.7**
1000 Impôts sur revenu, bénéfices et gains en capital	..	0.3	0.9	1.4	1.4	..	3.9	5.0	5.1	4.8
2000 Cotisations de sécurité sociale	..	0.0	0.0	0.0	0.0	..	0.0	0.0	0.0	0.0
3000 Sur salaires ou main d'oeuvre	..	0.0	0.0	0.0	0.0	..	0.0	0.0	0.0	0.0
4000 Impôts sur le patrimoine	..	0.1	0.1	0.2	0.2	..	0.9	0.7	0.9	0.8
5000 Impôts sur les biens et services	..	0.0	0.0	0.0	0.0	..	0.1	0.1	0.1	0.1
6000 Autres impôts	..	0.0	0.0	0.0	0.0	..	0.0	0.0	0.0	0.0
Administrations de sécurité sociale										
Recettes fiscales totales	**..**	**0.7**	**1.6**	**2.3**	**2.6**	**..**	**9.8**	**8.7**	**8.5**	**8.9**
1000 Impôts sur revenu, bénéfices et gains en capital	..	0.0	0.0	0.0	0.0	..	0.0	0.0	0.0	0.0
2000 Cotisations de sécurité sociale	..	0.7	1.6	2.3	2.6	..	9.8	8.6	8.4	8.9
3000 Sur salaires ou main d'oeuvre	..	0.0	0.0	0.0	0.0	..	0.0	0.0	0.0	0.0
4000 Impôts sur le patrimoine	..	0.0	0.0	0.0	0.0	..	0.0	0.0	0.0	0.0
5000 Impôts sur les biens et services	..	0.0	0.0	0.0	0.0	..	0.0	0.0	0.0	0.0
6000 Autres impôts	..	0.0	0.0	0.0	0.0	..	0.0	0.0	0.0	0.0

.. Non disponible

Note : Des données et des notes plus détaillées par pays sont disponibles dans le chapitre 6 "Recettes fiscales des sous-secteurs de l'administration" accessible en ligne : https://doi.org/10.1787/df3c3b17-fr. Les séries temporelles complètes sont accessibles sur le site web http://oe.cd/series-temporelles-completes.

Source : Ministry of Finance.

StatLink https://doi.org/10.1787/888934214758

Tableau 4.43. Lituanie, recettes fiscales et % du PIB (sélection de catégories d'impôts)

	Milliard EUR					% du PIB				
	1990	2000	2010	2017	2018	1990	2000	2010	2017	2018
Recettes fiscales totales	..	**4.1**	**7.9**	**12.5**	**13.7**	..	**30.8**	**28.4**	**29.5**	**30.2**
1000 Impôts sur le revenu, les bénéfices et les gains en capital	..	**1.1**	**1.3**	**2.3**	**2.5**	..	**8.3**	**4.6**	**5.3**	**5.6**
1100 Des personnes physiques	..	1.0	1.0	1.6	1.8	..	7.6	3.6	3.8	4.1
1200 Des sociétés	..	0.1	0.3	0.6	0.7	..	0.7	1.0	1.5	1.5
1300 Non-ventilables entre 1100 et 1200	..	0.0	0.0	0.0	0.0	..	0.0	0.0	0.0	0.0
2000 Cotisations de sécurité sociale	..	**1.3**	**3.3**	**5.2**	**5.7**	..	**9.9**	**11.7**	**12.2**	**12.7**
2100 À la charge des salariés	..	0.1	0.6	1.1	1.2	..	0.8	2.3	2.5	2.6
2200 À la charge des employeurs	..	1.1	2.1	3.5	3.9	..	8.1	7.5	8.3	8.6
2300 À la charge des indép. ou sans emploi	..	0.1	0.5	0.6	0.7	..	1.0	1.9	1.4	1.5
2400 Non-ventilables entre 2100, 2200 et 2300	..	0.0	0.0	0.0	0.0	..	0.0	0.0	0.0	0.0
3000 Sur les salaires ou main d'oeuvre	..	**0.0**	**0.0**	**0.0**	**0.0**	..	**0.0**	**0.0**	**0.0**	**0.0**
4000 Impôts sur le patrimoine	..	**0.1**	**0.1**	**0.1**	**0.1**	..	**0.5**	**0.4**	**0.3**	**0.3**
4100 Impôts périodiques sur la propriété immobilière	..	0.1	0.1	0.1	0.1	..	0.5	0.4	0.3	0.3
4200 Impôts périodiques sur l'actif net	..	0.0	0.0	0.0	0.0	..	0.0	0.0	0.0	0.0
4300 Impôts sur mut. par décès, succ. et donations	..	0.0	0.0	0.0	0.0	..	0.0	0.0	0.0	0.0
4400 Impôts sur transact. mobilières et immob.	..	0.0	0.0	0.0	0.0	..	0.0	0.0	0.0	0.0
4500 Impôts non périodiques sur	..	0.0	0.0	0.0	0.0	..	0.0	0.0	0.0	0.0
4600 Autres impôts périodiques sur patrimoine	..	0.0	0.0	0.0	0.0	..	0.0	0.0	0.0	0.0
5000 Impôts sur les biens et services	..	**1.6**	**3.3**	**4.9**	**5.2**	..	**12.1**	**11.7**	**11.6**	**11.6**
5100 Impôts sur production, vente, transfert, etc.	..	1.6	3.2	4.8	5.2	..	11.6	11.5	11.4	11.4
5110 Impôts généraux	..	1.1	2.2	3.3	3.6	..	8.1	7.8	7.9	7.8
5111 Taxes sur la valeur ajoutée	..	1.0	2.2	3.3	3.5	..	7.5	7.8	7.8	7.8
5120 Impôts sur biens et services déterminés	..	0.5	1.0	1.5	1.6	..	3.5	3.6	3.5	3.5
5121 Accises	..	0.4	0.9	1.3	1.4	..	3.2	3.2	3.2	3.2
5200 Impôts sur utilisation des biens et exerc. activités	..	0.1	0.1	0.1	0.1	..	0.5	0.3	0.2	0.2
5300 Non-ventilables entre 5100 et 5200	..	0.0	0.0	0.0	0.0	..	0.0	0.0	0.0	0.0
6000 Autres impôts	..	**0.0**	**0.0**	**0.0**	**0.0**	..	**0.0**	**0.0**	**0.0**	**0.0**
Crédits d'impôts récupérables										
Crédits d'impôts récupérables contre 1000	..	..	..	..	..	..	..	..	..	..
Composante transfert	..	..	..	..	..	..	..	..	..	..
Composante fiscale	..	..	..	..	..	..	..	..	..	..
Recettes fiscales collectés pour le compte de l'UE										
Recettes fiscales collectés pour le compte de l'UE, total	..	..	0.1	0.1	0.1	..	..	0.2	0.3	0.3
Droits de douane perçus pour le compte de l'UE	..	..	0.1	0.1	0.1	..	..	0.2	0.2	0.3
Contributions au Fonds de résolution unique collectées pour le compte de l'UE	..	..	..	0.0	0.0	..	..	..	0.0	0.0

.. Non disponible

Note : Des données et des notes plus détaillées par pays sont disponibles dans le chapitre 5 "Tableaux détaillés par pays" accessible en ligne : https://doi.org/10.1787/df3c3b17-fr. Les séries temporelles complètes sont accessibles sur le site web http://oe.cd/series-temporelles-completes. Le total des recettes fiscales a été diminué du montant de tout transfert en capital représentant les impôts non perçus. Le transfert en capital a été réparti entre les différentes rubriques en proportion des recettes fiscales. Par conséquent, les montants des recettes fiscales sont différents de ceux présentés dans le chapitre 5 "Tableaux détaillés par pays" accessible en ligne.

Source : Ministry of Finance.

StatLink https://doi.org/10.1787/888934214777

Tableau 4.44. Lituanie, recettes fiscales et % du PIB par niveaux d'administration (principaux impôts)

	Milliard EUR					% du PIB				
	1990	2000	2010	2017	2018	1990	2000	2010	2017	2018
Administrations fédérale ou centrale										
Recettes fiscales totales	**..**	**2.7**	**4.5**	**7.0**	**7.6**	**..**	**20.3**	**16.0**	**16.6**	**16.9**
1000 Impôts sur revenu, bénéfices et gains en capital	..	1.1	1.3	2.3	2.5	..	8.3	4.6	5.3	5.6
2000 Cotisations de sécurité sociale	..	0.0	0.0	0.0	0.0	..	0.0	0.0	0.0	0.0
3000 Sur salaires ou main d'oeuvre	..	0.0	0.0	0.0	0.0	..	0.0	0.0	0.0	0.0
4000 Impôts sur le patrimoine	..	0.0	0.0	0.0	0.0	..	0.0	0.0	0.0	0.0
5000 Impôts sur les biens et services	..	1.6	3.2	4.8	5.1	..	12.0	11.4	11.3	11.3
6000 Autres impôts	..	0.0	0.0	0.0	0.0	..	0.0	0.0	0.0	0.0
Administrations d'un État/Régions										
Recettes fiscales totales	**..**	**..**	**..**	**..**	**..**	**..**	**..**	**..**	**..**	**..**
1000 Impôts sur revenu, bénéfices et gains en capital	..	..	..	..	..	..	..	..	..	..
2000 Cotisations de sécurité sociale	..	..	..	..	..	..	..	..	..	..
3000 Sur salaires ou main d'oeuvre	..	..	..	..	..	..	..	..	..	..
4000 Impôts sur le patrimoine	..	..	..	..	..	..	..	..	..	..
5000 Impôts sur les biens et services	..	..	..	..	..	..	..	..	..	..
6000 Autres impôts	..	..	..	..	..	..	..	..	..	..
Administrations locales										
Recettes fiscales totales	**..**	**0.1**	**0.1**	**0.1**	**0.2**	**..**	**0.6**	**0.5**	**0.3**	**0.4**
1000 Impôts sur revenu, bénéfices et gains en capital	..	0.0	0.0	0.0	0.0	..	0.0	0.0	0.0	0.0
2000 Cotisations de sécurité sociale	..	0.0	0.0	0.0	0.0	..	0.0	0.0	0.0	0.0
3000 Sur salaires ou main d'oeuvre	..	0.0	0.0	0.0	0.0	..	0.0	0.0	0.0	0.0
4000 Impôts sur le patrimoine	..	0.1	0.1	0.1	0.1	..	0.5	0.4	0.3	0.3
5000 Impôts sur les biens et services	..	0.0	0.0	0.0	0.0	..	0.1	0.1	0.0	0.1
6000 Autres impôts	..	0.0	0.0	0.0	0.0	..	0.0	0.0	0.0	0.0
Administrations de sécurité sociale										
Recettes fiscales totales	**..**	**1.3**	**3.3**	**5.2**	**5.7**	**..**	**9.9**	**11.7**	**12.2**	**12.7**
1000 Impôts sur revenu, bénéfices et gains en capital	..	0.0	0.0	0.0	0.0	..	0.0	0.0	0.0	0.0
2000 Cotisations de sécurité sociale	..	1.3	3.3	5.2	5.7	..	9.9	11.7	12.2	12.7
3000 Sur salaires ou main d'oeuvre	..	0.0	0.0	0.0	0.0	..	0.0	0.0	0.0	0.0
4000 Impôts sur le patrimoine	..	0.0	0.0	0.0	0.0	..	0.0	0.0	0.0	0.0
5000 Impôts sur les biens et services	..	0.0	0.0	0.0	0.0	..	0.0	0.0	0.0	0.0
6000 Autres impôts	..	0.0	0.0	0.0	0.0	..	0.0	0.0	0.0	0.0

.. Non disponible

Note : Des données et des notes plus détaillées par pays sont disponibles dans le chapitre 6 "Recettes fiscales des sous-secteurs de l'administration" accessible en ligne : https://doi.org/10.1787/df3c3b17-fr. Les séries temporelles complètes sont accessibles sur le site web http://oe.cd/series-temporelles-completes.

Le total des recettes fiscales a été diminué du montant de tout transfert en capital représentant les impôts non perçus. Le transfert en capital a été réparti entre les différentes rubriques en proportion des recettes fiscales. Par conséquent, les montants des recettes fiscales sont différents de ceux présentés dans le chapitre 6 "Recettes fiscales des sous-secteurs de l'administration" accessible en ligne.

Source : Ministry of Finance.

StatLink https://doi.org/10.1787/888934214796

Tableau 4.45. Luxembourg, recettes fiscales et % du PIB (sélection de catégories d'impôts)

	Milliard EUR					% du PIB				
	1990	2000	2010	2017	2018	1990	2000	2010	2017	2018
Recettes fiscales totales	**3.7**	**8.5**	**15.1**	**21.4**	**23.9**	**33.5**	**36.9**	**37.5**	**37.6**	**39.7**
1000 Impôts sur le revenu, les bénéfices et les gains en capital	**1.5**	**3.1**	**5.5**	**8.0**	**9.4**	**13.5**	**13.5**	**13.6**	**14.0**	**15.6**
1100 Des personnes physiques	0.9	1.6	3.2	5.1	5.6	8.1	6.8	7.9	8.9	9.3
1200 Des sociétés	0.6	1.5	2.3	2.9	3.8	5.4	6.6	5.8	5.1	6.3
1300 Non-ventilables entre 1100 et 1200	0.0	0.0	0.0	0.0	0.0	0.0	0.0	0.0	0.0	0.0
2000 Cotisations de sécurité sociale	**1.0**	**2.2**	**4.4**	**6.1**	**6.5**	**9.2**	**9.6**	**10.9**	**10.8**	**10.8**
2100 À la charge des salariés	0.4	1.0	2.0	2.8	3.0	3.5	4.3	5.0	4.9	4.9
2200 À la charge des employeurs	0.5	1.0	1.9	2.6	2.7	4.5	4.2	4.7	4.5	4.5
2300 À la charge des indép. ou sans emploi	0.1	0.3	0.5	0.8	0.8	1.2	1.2	1.2	1.4	1.3
2400 Non-ventilables entre 2100, 2200 et 2300	0.0	0.0	0.0	0.0	0.0	0.0	0.0	0.0	0.0	0.0
3000 Sur les salaires ou main d'oeuvre	**0.0**	**0.0**	**0.0**	**0.0**	**0.0**	**0.0**	**0.0**	**0.0**	**0.0**	**0.0**
4000 Impôts sur le patrimoine	**0.3**	**0.9**	**1.1**	**2.1**	**2.3**	**2.8**	**3.9**	**2.6**	**3.6**	**3.9**
4100 Impôts périodiques sur la propriété immobilière	0.0	0.0	0.0	0.0	0.0	0.1	0.1	0.1	0.1	0.1
4200 Impôts périodiques sur l'actif net	0.2	0.6	0.8	1.5	1.7	1.6	2.7	2.1	2.7	2.8
4300 Impôts sur mut. par décès, succ. et donations	0.0	0.0	0.1	0.1	0.1	0.1	0.1	0.1	0.2	0.2
4400 Impôts sur transact. mobilières et immob.	0.1	0.2	0.2	0.4	0.5	1.0	1.0	0.4	0.7	0.8
4500 Impôts non périodiques sur	0.0	0.0	0.0	0.0	0.0	0.0	0.0	0.0	0.0	0.0
4600 Autres impôts périodiques sur patrimoine	0.0	0.0	0.0	0.0	0.0	0.0	0.0	0.0	0.0	0.0
5000 Impôts sur les biens et services	**0.9**	**2.3**	**4.1**	**5.2**	**5.7**	**7.9**	**9.8**	**10.3**	**9.1**	**9.4**
5100 Impôts sur production, vente, transfert, etc.	0.8	2.2	4.1	5.1	5.6	7.7	9.7	10.1	9.0	9.3
5110 Impôts généraux	0.4	1.1	2.6	3.4	3.7	4.0	4.9	6.4	5.9	6.1
5111 Taxes sur la valeur ajoutée	0.4	1.1	2.6	3.4	3.7	4.0	4.9	6.4	5.9	6.1
5120 Impôts sur biens et services déterminés	0.4	1.1	1.5	1.7	1.9	3.7	4.8	3.7	3.1	3.1
5121 Accises	0.4	1.0	1.4	1.4	1.6	3.3	4.5	3.5	2.6	2.6
5200 Impôts sur utilisation des biens et exerc. activités	0.0	0.0	0.1	0.1	0.1	0.2	0.1	0.2	0.2	0.2
5300 Non-ventilables entre 5100 et 5200	0.0	0.0	0.0	0.0	0.0	0.0	0.0	0.0	0.0	0.0
6000 Autres impôts	**0.0**	**0.0**	**0.0**	**0.0**	**0.0**	**0.1**	**0.0**	**0.1**	**0.0**	**0.0**
Crédits d'impôts récupérables										
Crédits d'impôts récupérables contre 1000	..	..	..	0.2	0.2	..	..	..	0.3	0.3
Composante transfert	..	..	..	..	..	..	..	..	..	..
Composante fiscale	..	..	..	..	..	..	..	..	..	..
Recettes fiscales collectés pour le compte de l'UE										
Recettes fiscales collectés pour le compte de l'UE, total	0.0	0.0	0.0	0.1	0.2	0.2	0.1	0.0	0.2	0.3
Droits de douane perçus pour le compte de l'UE	0.0	0.0	0.0	0.0	0.0	0.1	0.1	0.0	0.0	0.0
Contributions au Fonds de résolution unique collectées pour le compte de l'UE	..	..	..	0.1	0.1	..	..	..	0.2	0.2

.. Non disponible

Note : Des données et des notes plus détaillées par pays sont disponibles dans le chapitre 5 "Tableaux détaillés par pays" accessible en ligne : https://doi.org/10.1787/df3c3b17-fr. Les séries temporelles complètes sont accessibles sur le site web http://oe.cd/series-temporelles-completes. Le total des recettes fiscales a été diminué du montant de tout transfert en capital représentant les impôts non perçus. Le transfert en capital a été réparti entre les différentes rubriques en proportion des recettes fiscales. Par conséquent, les montants des recettes fiscales sont différents de ceux présentés dans le chapitre 5 "Tableaux détaillés par pays" accessible en ligne.

Source : Compte Général de l'État.

StatLink https://doi.org/10.1787/888934214815

Tableau 4.46. Luxembourg, recettes fiscales et % du PIB par niveaux d'administration (principaux impôts)

	Milliard EUR					% du PIB				
	1990	2000	2010	2017	2018	1990	2000	2010	2017	2018
Administrations fédérale ou centrale										
Recettes fiscales totales	**2.4**	**5.8**	**10.1**	**14.4**	**16.3**	**22.1**	**25.3**	**25.2**	**25.4**	**27.2**
1000 Impôts sur revenu, bénéfices et gains en capital	1.3	2.6	4.9	7.2	8.4	11.6	11.5	12.1	12.6	14.0
2000 Cotisations de sécurité sociale	0.0	0.1	0.1	0.2	0.2	0.1	0.3	0.3	0.3	0.3
3000 Sur salaires ou main d'oeuvre	0.0	0.0	0.0	0.0	0.0	0.0	0.0	0.0	0.0	0.0
4000 Impôts sur le patrimoine	0.3	0.9	1.0	2.0	2.2	2.6	3.8	2.5	3.5	3.7
5000 Impôts sur les biens et services	0.8	2.2	4.1	5.1	5.5	7.7	9.6	10.2	8.9	9.1
6000 Autres impôts	0.0	0.0	0.0	0.0	0.0	0.1	0.0	0.0	0.0	0.0
Administrations d'un État/Régions										
Recettes fiscales totales	..	..	..	..	..	..	..	..	..	..
1000 Impôts sur revenu, bénéfices et gains en capital	..	..	..	..	..	..	..	..	..	..
2000 Cotisations de sécurité sociale	..	..	..	..	..	..	..	..	..	..
3000 Sur salaires ou main d'oeuvre	..	..	..	..	..	..	..	..	..	..
4000 Impôts sur le patrimoine	..	..	..	..	..	..	..	..	..	..
5000 Impôts sur les biens et services	..	..	..	..	..	..	..	..	..	..
6000 Autres impôts	..	..	..	..	..	..	..	..	..	..
Administrations locales										
Recettes fiscales totales	**0.2**	**0.5**	**0.7**	**0.9**	**1.1**	**2.1**	**2.1**	**1.6**	**1.5**	**1.8**
1000 Impôts sur revenu, bénéfices et gains en capital	0.2	0.5	0.6	0.8	1.0	1.9	2.0	1.5	1.4	1.7
2000 Cotisations de sécurité sociale	0.0	0.0	0.0	0.0	0.0	0.0	0.0	0.0	0.0	0.0
3000 Sur salaires ou main d'oeuvre	0.0	0.0	0.0	0.0	0.0	0.0	0.0	0.0	0.0	0.0
4000 Impôts sur le patrimoine	0.0	0.0	0.0	0.1	0.1	0.2	0.1	0.1	0.1	0.1
5000 Impôts sur les biens et services	0.0	0.0	0.0	0.0	0.0	0.0	0.0	0.0	0.0	0.0
6000 Autres impôts	0.0	0.0	0.0	0.0	0.0	0.0	0.0	0.0	0.0	0.0
Administrations de sécurité sociale										
Recettes fiscales totales	**1.0**	**2.2**	**4.3**	**6.0**	**6.3**	**9.1**	**9.4**	**10.6**	**10.5**	**10.5**
1000 Impôts sur revenu, bénéfices et gains en capital	0.0	0.0	0.0	0.0	0.0	0.0	0.0	0.0	0.0	0.0
2000 Cotisations de sécurité sociale	1.0	2.2	4.3	6.0	6.3	9.1	9.4	10.6	10.5	10.5
3000 Sur salaires ou main d'oeuvre	0.0	0.0	0.0	0.0	0.0	0.0	0.0	0.0	0.0	0.0
4000 Impôts sur le patrimoine	0.0	0.0	0.0	0.0	0.0	0.0	0.0	0.0	0.0	0.0
5000 Impôts sur les biens et services	0.0	0.0	0.0	0.0	0.0	0.0	0.0	0.0	0.0	0.0
6000 Autres impôts	0.0	0.0	0.0	0.0	0.0	0.0	0.0	0.0	0.0	0.0

.. Non disponible

Note : Des données et des notes plus détaillées par pays sont disponibles dans le chapitre 6 "Recettes fiscales des sous-secteurs de l'administration" accessible en ligne : https://doi.org/10.1787/df3c3b17-fr. Les séries temporelles complètes sont accessibles sur le site web http://oe.cd/series-temporelles-completes.

Le total des recettes fiscales a été diminué du montant de tout transfert en capital représentant les impôts non perçus. Le transfert en capital a été réparti entre les différentes rubriques en proportion des recettes fiscales. Par conséquent, les montants des recettes fiscales sont différents de ceux présentés dans le chapitre 6 "Recettes fiscales des sous-secteurs de l'administration" accessible en ligne.

Source : Compte Général de l'État.

StatLink https://doi.org/10.1787/888934214834

Tableau 4.47. Mexique, recettes fiscales et % du PIB (sélection de catégories d'impôts)

	Milliard MXN					% du PIB				
	1990	2000	2010	2017	2018	1990	2000	2010	2017	2018
Recettes fiscales totales	**102.0**	**767.2**	**1 716.2**	**3 527.0**	**3 797.9**	**12.1**	**11.5**	**12.8**	**16.1**	**16.2**
1000 Impôts sur le revenu, les bénéfices et les gains en capital	**34.7**	**276.5**	**683.6**	**1 572.0**	**1 671.5**	**4.1**	**4.1**	**5.1**	**7.2**	**7.1**
1100 Des personnes physiques	..	..	313.5	754.1	804.2	..	..	2.3	3.4	3.4
1200 Des sociétés	..	..	246.7	769.2	809.8	..	..	1.8	3.5	3.4
1300 Non-ventilables entre 1100 et 1200	34.7	276.5	123.4	48.7	57.4	4.1	4.1	0.9	0.2	0.2
2000 Cotisations de sécurité sociale	**17.2**	**138.2**	**277.5**	**467.6**	**509.1**	**2.0**	**2.1**	**2.1**	**2.1**	**2.2**
2100 À la charge des salariés	..	..	..	..	..	..	..	..	..	..
2200 À la charge des employeurs	..	..	..	..	..	..	..	..	..	..
2300 À la charge des indép. ou sans emploi	..	..	..	..	..	..	..	..	..	..
2400 Non-ventilables entre 2100, 2200 et 2300	17.2	138.2	277.5	467.6	509.1	2.0	2.1	2.1	2.1	2.2
3000 Sur les salaires ou main d'oeuvre	**1.8**	**11.2**	**36.9**	**84.1**	**93.3**	**0.2**	**0.2**	**0.3**	**0.4**	**0.4**
4000 Impôts sur le patrimoine	**1.9**	**14.0**	**39.0**	**67.8**	**77.1**	**0.2**	**0.2**	**0.3**	**0.3**	**0.3**
4100 Impôts périodiques sur la propriété immobilière	1.0	9.9	25.7	44.7	49.4	0.1	0.1	0.2	0.2	0.2
4200 Impôts périodiques sur l'actif net	0.0	0.0	0.0	0.0	0.0	0.0	0.0	0.0	0.0	0.0
4300 Impôts sur mut. par décès, succ. et donations	0.0	0.0	0.0	0.0	0.0	0.0	0.0	0.0	0.0	0.0
4400 Impôts sur transact. mobilières et immob.	0.9	4.0	13.2	23.2	27.7	0.1	0.1	0.1	0.1	0.1
4500 Impôts non périodiques sur	0.0	0.0	0.0	0.0	0.0	0.0	0.0	0.0	0.0	0.0
4600 Autres impôts périodiques sur patrimoine	0.0	0.0	0.0	0.0	0.0	0.0	0.0	0.0	0.0	0.0
5000 Impôts sur les biens et services	**44.8**	**319.6**	**651.9**	**1 283.0**	**1 381.7**	**5.3**	**4.8**	**4.9**	**5.9**	**5.9**
5100 Impôts sur production, vente, transfert, etc.	44.2	310.3	630.1	1 262.8	1 364.2	5.2	4.6	4.7	5.8	5.8
5110 Impôts généraux	26.6	189.6	504.5	816.0	922.2	3.2	2.8	3.8	3.7	3.9
5111 Taxes sur la valeur ajoutée	26.6	189.6	504.5	816.0	922.2	3.2	2.8	3.8	3.7	3.9
5120 Impôts sur biens et services déterminés	17.5	120.7	125.6	446.7	442.0	2.1	1.8	0.9	2.0	1.9
5121 Accises	10.1	86.2	86.1	378.5	358.6	1.2	1.3	0.6	1.7	1.5
5200 Impôts sur utilisation des biens et exerc. activités	0.7	9.3	21.8	20.3	17.5	0.1	0.1	0.2	0.1	0.1
5300 Non-ventilables entre 5100 et 5200	0.0	0.0	0.0	0.0	0.0	0.0	0.0	0.0	0.0	0.0
6000 Autres impôts	**1.6**	**7.7**	**27.4**	**52.5**	**65.2**	**0.2**	**0.1**	**0.2**	**0.2**	**0.3**
Crédits d'impôts récupérables										
Crédits d'impôts récupérables contre 1000	..	..	40.3	46.8	49.1	..	..	0.3	0.2	0.2
Composante transfert	..	..	9.7	1.0	1.2	..	..	0.1	0.0	0.0
Composante fiscale	..	..	30.6	45.8	47.9	..	..	0.2	0.2	0.2

.. Non disponible

Note : Des données et des notes plus détaillées par pays sont disponibles dans le chapitre 5 "Tableaux détaillés par pays" accessible en ligne : https://doi.org/10.1787/df3c3b17-fr. Les séries temporelles complètes sont accessibles sur le site web http://oe.cd/series-temporelles-completes.

Source : Ministry of Finance, Economic Department.

StatLink https://doi.org/10.1787/888934214853

Tableau 4.48. Mexique, recettes fiscales et % du PIB par niveaux d'administration (principaux impôts)

	Milliard MXN					% du PIB				
	1990	2000	2010	2017	2018	1990	2000	2010	2017	2018
Administrations fédérale ou centrale										
Recettes fiscales totales	**81.4**	**600.5**	**1 351.5**	**2 859.3**	**3 073.4**	**9.7**	**9.0**	**10.1**	**13.0**	**13.1**
1000 Impôts sur revenu, bénéfices et gains en capital	34.7	276.5	683.6	1 572.0	1 671.5	4.1	4.1	5.1	7.2	7.1
2000 Cotisations de sécurité sociale	0.0	0.0	0.0	0.0	0.0	0.0	0.0	0.0	0.0	0.0
3000 Sur salaires ou main d'oeuvre	0.8	0.0	0.0	0.0	0.0	0.1	0.0	0.0	0.0	0.0
4000 Impôts sur le patrimoine	0.0	0.0	0.0	0.0	0.0	0.0	0.0	0.0	0.0	0.0
5000 Impôts sur les biens et services	44.6	318.1	645.6	1 254.9	1 355.6	5.3	4.8	4.8	5.7	5.8
6000 Autres impôts	1.3	5.9	22.2	32.4	46.3	0.2	0.1	0.2	0.1	0.2
Administrations d'un État/Régions										
Recettes fiscales totales	**2.2**	**20.5**	**58.3**	**144.2**	**153.7**	**0.3**	**0.3**	**0.4**	**0.7**	**0.7**
1000 Impôts sur revenu, bénéfices et gains en capital	0.0	0.0	0.0	0.0	0.0	0.0	0.0	0.0	0.0	0.0
2000 Cotisations de sécurité sociale	0.0	0.0	0.0	0.0	0.0	0.0	0.0	0.0	0.0	0.0
3000 Sur salaires ou main d'oeuvre	1.0	11.2	36.8	84.1	93.3	0.1	0.2	0.3	0.4	0.4
4000 Impôts sur le patrimoine	0.9	7.0	13.1	26.1	28.7	0.1	0.1	0.1	0.1	0.1
5000 Impôts sur les biens et services	0.1	1.3	5.8	26.8	24.3	0.0	0.0	0.0	0.1	0.1
6000 Autres impôts	0.2	0.9	2.5	7.2	7.4	0.0	0.0	0.0	0.0	0.0
Administrations locales										
Recettes fiscales totales	**1.3**	**8.0**	**29.0**	**56.0**	**61.7**	**0.1**	**0.1**	**0.2**	**0.3**	**0.3**
1000 Impôts sur revenu, bénéfices et gains en capital	0.0	0.0	0.0	0.0	0.0	0.0	0.0	0.0	0.0	0.0
2000 Cotisations de sécurité sociale	0.0	0.0	0.0	0.0	0.0	0.0	0.0	0.0	0.0	0.0
3000 Sur salaires ou main d'oeuvre	0.0	0.0	0.1	0.0	0.0	0.0	0.0	0.0	0.0	0.0
4000 Impôts sur le patrimoine	1.0	6.9	25.8	41.8	48.4	0.1	0.1	0.2	0.2	0.2
5000 Impôts sur les biens et services	0.1	0.2	0.5	1.4	1.7	0.0	0.0	0.0	0.0	0.0
6000 Autres impôts	0.1	0.9	2.6	12.8	11.5	0.0	0.0	0.0	0.1	0.0
Administrations de sécurité sociale										
Recettes fiscales totales	**17.2**	**138.2**	**277.5**	**467.6**	**509.1**	**2.0**	**2.1**	**2.1**	**2.1**	**2.2**
1000 Impôts sur revenu, bénéfices et gains en capital	0.0	0.0	0.0	0.0	0.0	0.0	0.0	0.0	0.0	0.0
2000 Cotisations de sécurité sociale	17.2	138.2	277.5	467.6	509.1	2.0	2.1	2.1	2.1	2.2
3000 Sur salaires ou main d'oeuvre	0.0	0.0	0.0	0.0	0.0	0.0	0.0	0.0	0.0	0.0
4000 Impôts sur le patrimoine	0.0	0.0	0.0	0.0	0.0	0.0	0.0	0.0	0.0	0.0
5000 Impôts sur les biens et services	0.0	0.0	0.0	0.0	0.0	0.0	0.0	0.0	0.0	0.0
6000 Autres impôts	0.0	0.0	0.0	0.0	0.0	0.0	0.0	0.0	0.0	0.0

Note : Des données et des notes plus détaillées par pays sont disponibles dans le chapitre 6 "Recettes fiscales des sous-secteurs de l'administration" accessible en ligne : https://doi.org/10.1787/df3c3b17-fr. Les séries temporelles complètes sont accessibles sur le site web http://oe.cd/series-temporelles-completes.

Source : Ministry of Finance, Economic Department.

StatLink https://doi.org/10.1787/888934214872

Tableau 4.49. Pays-Bas, recettes fiscales et % du PIB (sélection de catégories d'impôts)

	Milliard EUR					% du PIB				
	1990	2000	2010	2017	2018	1990	2000	2010	2017	2018
Recettes fiscales totales	**104.4**	**166.8**	**227.9**	**285.7**	**300.3**	**39.7**	**36.9**	**35.7**	**38.7**	**38.8**
1000 Impôts sur le revenu, les bénéfices et les gains en capital	**33.7**	**43.3**	**63.6**	**85.8**	**88.8**	**12.8**	**9.6**	**9.9**	**11.6**	**11.5**
1100 Des personnes physiques	25.8	25.1	49.0	61.6	61.7	9.8	5.6	7.7	8.3	8.0
1200 Des sociétés	7.9	18.1	14.6	24.2	27.1	3.0	4.0	2.3	3.3	3.5
1300 Non-ventilables entre 1100 et 1200	0.0	0.0	0.0	0.0	0.0	0.0	0.0	0.0	0.0	0.0
2000 Cotisations de sécurité sociale	**39.1**	**64.5**	**82.7**	**101.9**	**108.0**	**14.9**	**14.3**	**12.9**	**13.8**	**14.0**
2100 À la charge des salariés	24.1	35.3	41.6	39.9	41.8	9.2	7.8	6.5	5.4	5.4
2200 À la charge des employeurs	7.8	18.7	29.4	37.7	40.7	3.0	4.1	4.6	5.1	5.3
2300 À la charge des indép. ou sans emploi	7.1	10.5	11.7	24.3	25.6	2.7	2.3	1.8	3.3	3.3
2400 Non-ventilables entre 2100, 2200 et 2300	0.0	0.0	0.0	0.0	0.0	0.0	0.0	0.0	0.0	0.0
3000 Sur les salaires ou main d'oeuvre	**0.0**	**0.0**	**0.0**	**0.0**	**0.0**	**0.0**	**0.0**	**0.0**	**0.0**	**0.0**
4000 Impôts sur le patrimoine	**3.8**	**8.8**	**8.8**	**11.5**	**12.1**	**1.5**	**1.9**	**1.4**	**1.6**	**1.6**
4100 Impôts périodiques sur la propriété immobilière	1.7	3.1	4.2	6.9	7.4	0.7	0.7	0.7	0.9	1.0
4200 Impôts périodiques sur l'actif net	0.6	0.8	0.0	0.0	0.0	0.2	0.2	0.0	0.0	0.0
4300 Impôts sur mut. par décès, succ. et donations	0.5	1.5	1.7	1.8	1.7	0.2	0.3	0.3	0.2	0.2
4400 Impôts sur transact. mobilières et immob.	1.0	3.4	2.8	2.7	3.0	0.4	0.8	0.4	0.4	0.4
4500 Impôts non périodiques sur	0.0	0.0	0.0	0.0	0.0	0.0	0.0	0.0	0.0	0.0
4600 Autres impôts périodiques sur patrimoine	0.0	0.0	0.0	0.0	0.0	0.0	0.0	0.0	0.0	0.0
5000 Impôts sur les biens et services	**27.6**	**49.5**	**71.9**	**85.7**	**90.5**	**10.5**	**10.9**	**11.2**	**11.6**	**11.7**
5100 Impôts sur production, vente, transfert, etc.	25.1	44.9	64.2	76.8	81.5	9.5	9.9	10.1	10.4	10.5
5110 Impôts généraux	17.2	28.9	42.7	49.9	52.8	6.5	6.4	6.7	6.8	6.8
5111 Taxes sur la valeur ajoutée	17.2	28.8	42.7	49.8	52.7	6.5	6.4	6.7	6.8	6.8
5120 Impôts sur biens et services déterminés	7.9	16.0	21.6	26.9	28.7	3.0	3.5	3.4	3.6	3.7
5121 Accises	6.0	13.8	18.4	19.7	21.0	2.3	3.0	2.9	2.7	2.7
5200 Impôts sur utilisation des biens et exerc. activités	2.5	4.6	7.6	8.8	9.1	1.0	1.0	1.2	1.2	1.2
5300 Non-ventilables entre 5100 et 5200	0.0	0.0	0.0	0.0	0.0	0.0	0.0	0.0	0.0	0.0
6000 Autres impôts	**0.3**	**0.8**	**1.0**	**0.9**	**0.8**	**0.1**	**0.2**	**0.2**	**0.1**	**0.1**
Crédits d'impôts récupérables										
Crédits d'impôts récupérables contre 1000	..	..	..	..	..	..	..	..	..	..
Composante transfert	..	..	..	..	..	..	..	..	..	..
Composante fiscale	..	..	..	..	..	..	..	..	..	..
Recettes fiscales collectés pour le compte de l'UE										
Recettes fiscales collectés pour le compte de l'UE, total	1.5	1.6	2.0	3.2	3.4	0.6	0.4	0.3	0.4	0.4
Droits de douane perçus pour le compte de l'UE	..	1.3	1.7	2.4	2.5	..	0.3	0.3	0.3	0.3
Contributions au Fonds de résolution unique collectées pour le compte de l'UE	..	..	..	0.5	0.6	..	..	..	0.1	0.1

.. Non disponible

Note : Des données et des notes plus détaillées par pays sont disponibles dans le chapitre 5 "Tableaux détaillés par pays" accessible en ligne : https://doi.org/10.1787/df3c3b17-fr. Les séries temporelles complètes sont accessibles sur le site web http://oe.cd/series-temporelles-completes.

Source : Social security contributions and local taxes: Central Bureau of Statistics. Other taxes: Ministry of Finance.

StatLink https://doi.org/10.1787/888934214891

Tableau 4.50. Pays-Bas, recettes fiscales et % du PIB par niveaux d'administration (principaux impôts)

	Milliard EUR					% du PIB				
	1990	2000	2010	2017	2018	1990	2000	2010	2017	2018
Administrations fédérale ou centrale										
Recettes fiscales totales	**61.4**	**95.1**	**135.1**	**170.4**	**178.4**	**23.3**	**21.0**	**21.1**	**23.1**	**23.1**
1000 Impôts sur revenu, bénéfices et gains en capital	33.7	43.3	63.6	85.8	88.8	12.8	9.6	9.9	11.6	11.5
2000 Cotisations de sécurité sociale	0.0	0.0	0.0	0.0	0.0	0.0	0.0	0.0	0.0	0.0
3000 Sur salaires ou main d'oeuvre	0.0	0.0	0.0	0.0	0.0	0.0	0.0	0.0	0.0	0.0
4000 Impôts sur le patrimoine	2.1	5.7	4.6	6.2	6.7	0.8	1.3	0.7	0.8	0.9
5000 Impôts sur les biens et services	25.3	45.4	66.2	77.6	82.2	9.6	10.0	10.4	10.5	10.6
6000 Autres impôts	0.3	0.8	0.8	0.9	0.8	0.1	0.2	0.1	0.1	0.1
Administrations d'un État/Régions										
Recettes fiscales totales	..	..	..	..	..	..	..	..	..	..
1000 Impôts sur revenu, bénéfices et gains en capital	..	..	..	..	..	..	..	..	..	..
2000 Cotisations de sécurité sociale	..	..	..	..	..	..	..	..	..	..
3000 Sur salaires ou main d'oeuvre	..	..	..	..	..	..	..	..	..	..
4000 Impôts sur le patrimoine	..	..	..	..	..	..	..	..	..	..
5000 Impôts sur les biens et services	..	..	..	..	..	..	..	..	..	..
6000 Autres impôts	..	..	..	..	..	..	..	..	..	..
Administrations locales										
Recettes fiscales totales	**2.5**	**5.6**	**8.1**	**10.2**	**10.5**	**0.9**	**1.2**	**1.3**	**1.4**	**1.4**
1000 Impôts sur revenu, bénéfices et gains en capital	0.0	0.0	0.0	0.0	0.0	0.0	0.0	0.0	0.0	0.0
2000 Cotisations de sécurité sociale	0.0	0.0	0.0	0.0	0.0	0.0	0.0	0.0	0.0	0.0
3000 Sur salaires ou main d'oeuvre	0.0	0.0	0.0	0.0	0.0	0.0	0.0	0.0	0.0	0.0
4000 Impôts sur le patrimoine	1.7	3.1	4.2	5.3	5.5	0.7	0.7	0.7	0.7	0.7
5000 Impôts sur les biens et services	0.8	2.5	3.7	4.8	5.0	0.3	0.6	0.6	0.7	0.6
6000 Autres impôts	0.0	0.0	0.2	0.0	0.0	0.0	0.0	0.0	0.0	0.0
Administrations de sécurité sociale										
Recettes fiscales totales	**39.1**	**64.5**	**82.7**	**101.9**	**108.0**	**14.9**	**14.3**	**12.9**	**13.8**	**14.0**
1000 Impôts sur revenu, bénéfices et gains en capital	0.0	0.0	0.0	0.0	0.0	0.0	0.0	0.0	0.0	0.0
2000 Cotisations de sécurité sociale	39.1	64.5	82.7	101.9	108.0	14.9	14.3	12.9	13.8	14.0
3000 Sur salaires ou main d'oeuvre	0.0	0.0	0.0	0.0	0.0	0.0	0.0	0.0	0.0	0.0
4000 Impôts sur le patrimoine	0.0	0.0	0.0	0.0	0.0	0.0	0.0	0.0	0.0	0.0
5000 Impôts sur les biens et services	0.0	0.0	0.0	0.0	0.0	0.0	0.0	0.0	0.0	0.0
6000 Autres impôts	0.0	0.0	0.0	0.0	0.0	0.0	0.0	0.0	0.0	0.0

.. Non disponible

Note : Des données et des notes plus détaillées par pays sont disponibles dans le chapitre 6 "Recettes fiscales des sous-secteurs de l'administration" accessible en ligne : https://doi.org/10.1787/df3c3b17-fr. Les séries temporelles complètes sont accessibles sur le site web http://oe.cd/series-temporelles-completes.

Source : Social security contributions and local taxes: Central Bureau of Statistics. Other taxes: Ministry of Finance.

StatLink https://doi.org/10.1787/888934214910

Tableau 4.51. Nouvelle-Zélande, recettes fiscales et % du PIB (sélection de catégories d'impôts)

	Milliard NZD					% du PIB				
	1990	2000	2010	2017	2018	1990	2000	2010	2017	2018
Recettes fiscales totales	**27.5**	**39.8**	**62.3**	**92.6**	**99.8**	**36.2**	**32.5**	**30.3**	**31.6**	**32.9**
1000 Impôts sur le revenu, les bénéfices et les gains en capital	**16.4**	**23.9**	**33.5**	**51.5**	**56.2**	**21.6**	**19.5**	**16.3**	**17.6**	**18.5**
1100 Des personnes physiques	13.2	17.1	23.5	35.0	37.5	17.4	14.0	11.4	11.9	12.3
1200 Des sociétés	1.8	4.9	7.6	13.6	15.6	2.3	4.0	3.7	4.6	5.1
1300 Non-ventilables entre 1100 et 1200	1.4	1.8	2.4	2.9	3.1	1.9	1.5	1.1	1.0	1.0
2000 Cotisations de sécurité sociale	**0.0**	**0.0**	**0.0**	**0.0**	**0.0**	**0.0**	**0.0**	**0.0**	**0.0**	**0.0**
2100 À la charge des salariés	0.0	0.0	0.0	0.0	0.0	0.0	0.0	0.0	0.0	0.0
2200 À la charge des employeurs	0.0	0.0	0.0	0.0	0.0	0.0	0.0	0.0	0.0	0.0
2300 À la charge des indép. ou sans emploi	0.0	0.0	0.0	0.0	0.0	0.0	0.0	0.0	0.0	0.0
2400 Non-ventilables entre 2100, 2200 et 2300	0.0	0.0	0.0	0.0	0.0	0.0	0.0	0.0	0.0	0.0
3000 Sur les salaires ou main d'oeuvre	**0.0**	**0.0**	**0.0**	**0.0**	**0.0**	**0.0**	**0.0**	**0.0**	**0.0**	**0.0**
4000 Impôts sur le patrimoine	**1.9**	**2.1**	**4.1**	**5.5**	**5.8**	**2.5**	**1.7**	**2.0**	**1.9**	**1.9**
4100 Impôts périodiques sur la propriété immobilière	1.7	2.0	4.0	5.4	5.7	2.3	1.7	2.0	1.9	1.9
4200 Impôts périodiques sur l'actif net	0.0	0.0	0.0	0.0	0.0	0.0	0.0	0.0	0.0	0.0
4300 Impôts sur mut. par décès, succ. et donations	0.1	0.0	0.0	0.0	0.0	0.1	0.0	0.0	0.0	0.0
4400 Impôts sur transact. mobilières et immob.	0.1	0.1	0.1	0.1	0.1	0.1	0.1	0.0	0.0	0.0
4500 Impôts non périodiques sur	0.0	0.0	0.0	0.0	0.0	0.0	0.0	0.0	0.0	0.0
4600 Autres impôts périodiques sur patrimoine	0.0	0.0	0.0	0.0	0.0	0.0	0.0	0.0	0.0	0.0
5000 Impôts sur les biens et services	**9.2**	**13.8**	**24.7**	**35.6**	**37.8**	**12.1**	**11.3**	**12.0**	**12.2**	**12.5**
5100 Impôts sur production, vente, transfert, etc.	8.7	12.9	23.1	33.2	35.3	11.4	10.5	11.2	11.3	11.6
5110 Impôts généraux	6.2	9.9	19.1	28.0	29.5	8.1	8.1	9.3	9.5	9.7
5111 Taxes sur la valeur ajoutée	6.2	9.9	19.1	28.0	29.5	8.1	8.1	9.3	9.5	9.7
5120 Impôts sur biens et services déterminés	2.5	3.0	4.0	5.3	5.8	3.3	2.5	1.9	1.8	1.9
5121 Accises	1.9	2.1	1.8	2.2	2.6	2.5	1.8	0.9	0.8	0.9
5200 Impôts sur utilisation des biens et exerc. activités	0.5	0.9	1.6	2.4	2.6	0.7	0.7	0.8	0.8	0.8
5300 Non-ventilables entre 5100 et 5200	0.0	0.0	0.0	0.0	0.0	0.0	0.0	0.0	0.0	0.0
6000 Autres impôts	**0.0**	**0.0**	**0.0**	**0.0**	**0.0**	**0.0**	**0.0**	**0.0**	**0.0**	**0.0**
Crédits d'impôts récupérables										
Crédits d'impôts récupérables contre 1000	..	1.1	2.8	2.2	2.8	..	0.9	1.4	0.7	0.9
Composante transfert	..	0.7	1.8	1.0	1.2	..	0.6	0.9	0.3	0.4
Composante fiscale	..	0.3	1.0	1.2	1.5	..	0.3	0.5	0.4	0.5

.. Non disponible

Note : Des données et des notes plus détaillées par pays sont disponibles dans le chapitre 5 "Tableaux détaillés par pays" accessible en ligne : https://doi.org/10.1787/df3c3b17-fr. Les séries temporelles complètes sont accessibles sur le site web http://oe.cd/series-temporelles-completes.

Source : Local Authorities Statistics, Department of Statistics, Wellington.

StatLink https://doi.org/10.1787/888934214929

Tableau 4.52. Nouvelle-Zélande, recettes fiscales et % du PIB par niveaux d'administration (principaux impôts)

	Milliard NZD					% du PIB				
	1990	2000	2010	2017	2018	1990	2000	2010	2017	2018
Administrations fédérale ou centrale										
Recettes fiscales totales	**25.8**	**37.5**	**57.9**	**86.6**	**93.3**	**34.0**	**30.7**	**28.1**	**29.5**	**30.7**
1000 Impôts sur revenu, bénéfices et gains en capital	16.4	23.9	33.5	51.5	56.2	21.6	19.5	16.3	17.6	18.5
2000 Cotisations de sécurité sociale	0.0	0.0	0.0	0.0	0.0	0.0	0.0	0.0	0.0	0.0
3000 Sur salaires ou main d'oeuvre	0.0	0.0	0.0	0.0	0.0	0.0	0.0	0.0	0.0	0.0
4000 Impôts sur le patrimoine	0.3	0.1	0.1	0.1	0.1	0.4	0.1	0.0	0.0	0.0
5000 Impôts sur les biens et services	9.1	13.6	24.3	35.0	37.0	12.0	11.1	11.8	11.9	12.2
6000 Autres impôts	0.0	0.0	0.0	0.0	0.0	0.0	0.0	0.0	0.0	0.0
Administrations d'un État/Régions										
Recettes fiscales totales	**..**	**..**	**..**	**..**	**..**	**..**	**..**	**..**	**..**	**..**
1000 Impôts sur revenu, bénéfices et gains en capital	..	..	..	..	..	..	..	..	..	..
2000 Cotisations de sécurité sociale	..	..	..	..	..	..	..	..	..	..
3000 Sur salaires ou main d'oeuvre	..	..	..	..	..	..	..	..	..	..
4000 Impôts sur le patrimoine	..	..	..	..	..	..	..	..	..	..
5000 Impôts sur les biens et services	..	..	..	..	..	..	..	..	..	..
6000 Autres impôts	..	..	..	..	..	..	..	..	..	..
Administrations locales										
Recettes fiscales totales	**1.7**	**2.3**	**4.5**	**6.1**	**6.6**	**2.2**	**1.9**	**2.2**	**2.1**	**2.2**
1000 Impôts sur revenu, bénéfices et gains en capital	0.0	0.0	0.0	0.0	0.0	0.0	0.0	0.0	0.0	0.0
2000 Cotisations de sécurité sociale	0.0	0.0	0.0	0.0	0.0	0.0	0.0	0.0	0.0	0.0
3000 Sur salaires ou main d'oeuvre	0.0	0.0	0.0	0.0	0.0	0.0	0.0	0.0	0.0	0.0
4000 Impôts sur le patrimoine	1.6	2.0	4.0	5.4	5.7	2.0	1.7	2.0	1.9	1.9
5000 Impôts sur les biens et services	0.1	0.2	0.4	0.6	0.9	0.2	0.2	0.2	0.2	0.3
6000 Autres impôts	0.0	0.0	0.0	0.0	0.0	0.0	0.0	0.0	0.0	0.0
Administrations de sécurité sociale										
Recettes fiscales totales	**0.0**	**0.0**	**0.0**	**0.0**	**0.0**	**0.0**	**0.0**	**0.0**	**0.0**	**0.0**
1000 Impôts sur revenu, bénéfices et gains en capital	0.0	0.0	0.0	0.0	0.0	0.0	0.0	0.0	0.0	0.0
2000 Cotisations de sécurité sociale	0.0	0.0	0.0	0.0	0.0	0.0	0.0	0.0	0.0	0.0
3000 Sur salaires ou main d'oeuvre	0.0	0.0	0.0	0.0	0.0	0.0	0.0	0.0	0.0	0.0
4000 Impôts sur le patrimoine	0.0	0.0	0.0	0.0	0.0	0.0	0.0	0.0	0.0	0.0
5000 Impôts sur les biens et services	0.0	0.0	0.0	0.0	0.0	0.0	0.0	0.0	0.0	0.0
6000 Autres impôts	0.0	0.0	0.0	0.0	0.0	0.0	0.0	0.0	0.0	0.0

.. Non disponible

Note : Des données et des notes plus détaillées par pays sont disponibles dans le chapitre 6 "Recettes fiscales des sous-secteurs de l'administration" accessible en ligne : https://doi.org/10.1787/df3c3b17-fr. Les séries temporelles complètes sont accessibles sur le site web http://oe.cd/series-temporelles-completes.

Source : Local Authorities Statistics, Department of Statistics, Wellington.

StatLink https://doi.org/10.1787/888934214948

Tableau 4.53. Norvège, recettes fiscales et % du PIB (sélection de catégories d'impôts)

	Milliard NOK					% du PIB				
	1990	2000	2010	2017	2018	1990	2000	2010	2017	2018
Recettes fiscales totales	**301.8**	**628.0**	**1 083.3**	**1 277.9**	**1 397.2**	**40.2**	**41.7**	**41.8**	**38.8**	**39.6**
1000 Impôts sur le revenu, les bénéfices et les gains en capital	**106.3**	**284.2**	**512.2**	**499.7**	**582.9**	**14.2**	**18.9**	**19.8**	**15.2**	**16.5**
1100 Des personnes physiques	79.1	152.0	256.5	339.1	353.4	10.5	10.1	9.9	10.3	10.0
1200 Des sociétés	27.2	132.2	255.7	160.6	229.6	3.6	8.8	9.9	4.9	6.5
1300 Non-ventilables entre 1100 et 1200	0.0	0.0	0.0	0.0	0.0	0.0	0.0	0.0	0.0	0.0
2000 Cotisations de sécurité sociale	**79.4**	**132.2**	**243.0**	**339.8**	**356.6**	**10.6**	**8.8**	**9.4**	**10.3**	**10.1**
2100 À la charge des salariés	25.3	45.2	81.0	119.0	124.5	3.4	3.0	3.1	3.6	3.5
2200 À la charge des employeurs	50.1	79.2	148.0	197.8	208.2	6.7	5.3	5.7	6.0	5.9
2300 À la charge des indép. ou sans emploi	3.9	7.8	13.9	23.0	24.0	0.5	0.5	0.5	0.7	0.7
2400 Non-ventilables entre 2100, 2200 et 2300	0.0	0.0	0.0	0.0	0.0	0.0	0.0	0.0	0.0	0.0
3000 Sur les salaires ou main d'oeuvre	**0.0**	**0.0**	**0.0**	**1.9**	**2.0**	**0.0**	**0.0**	**0.0**	**0.1**	**0.1**
4000 Impôts sur le patrimoine	**8.9**	**14.4**	**28.5**	**41.9**	**43.9**	**1.2**	**1.0**	**1.1**	**1.3**	**1.2**
4100 Impôts périodiques sur la propriété immobilière	2.2	2.7	7.1	13.6	14.2	0.3	0.2	0.3	0.4	0.4
4200 Impôts périodiques sur l'actif net	5.1	7.7	13.2	19.0	20.1	0.7	0.5	0.5	0.6	0.6
4300 Impôts sur mut. par décès, succ. et donations	0.4	1.3	2.4	0.1	0.1	0.1	0.1	0.1	0.0	0.0
4400 Impôts sur transact. mobilières et immob.	1.1	2.7	5.9	9.2	9.6	0.1	0.2	0.2	0.3	0.3
4500 Impôts non périodiques sur	0.0	0.0	0.0	0.0	0.0	0.0	0.0	0.0	0.0	0.0
4600 Autres impôts périodiques sur patrimoine	0.0	0.0	0.0	0.0	0.0	0.0	0.0	0.0	0.0	0.0
5000 Impôts sur les biens et services	**107.3**	**197.2**	**299.5**	**394.6**	**411.8**	**14.3**	**13.1**	**11.6**	**12.0**	**11.7**
5100 Impôts sur production, vente, transfert, etc.	102.9	185.9	284.6	376.3	392.8	13.7	12.3	11.0	11.4	11.1
5110 Impôts généraux	56.7	125.0	201.8	284.5	297.9	7.6	8.3	7.8	8.6	8.4
5111 Taxes sur la valeur ajoutée	56.7	124.2	201.2	283.5	296.9	7.6	8.2	7.8	8.6	8.4
5120 Impôts sur biens et services déterminés	46.2	60.9	82.8	91.7	94.9	6.2	4.0	3.2	2.8	2.7
5121 Accises	37.5	54.9	76.3	81.3	84.0	5.0	3.6	2.9	2.5	2.4
5200 Impôts sur utilisation des biens et exerc. activités	4.4	11.3	14.9	18.3	19.0	0.6	0.7	0.6	0.6	0.5
5300 Non-ventilables entre 5100 et 5200	0.0	0.0	0.0	0.0	0.0	0.0	0.0	0.0	0.0	0.0
6000 Autres impôts	**0.0**	**0.0**	**0.0**	**0.0**	**0.0**	**0.0**	**0.0**	**0.0**	**0.0**	**0.0**
Crédits d'impôts récupérables										
Crédits d'impôts récupérables contre 1000	..	..	1.2	4.0	4.0	..	..	0.0	0.1	0.1
Composante transfert	..	..	1.2	3.2	3.2	..	..	0.0	0.1	0.1
Composante fiscale	..	..	0.1	0.8	0.8	..	..	0.0	0.0	0.0

.. Non disponible

Note : Des données et des notes plus détaillées par pays sont disponibles dans le chapitre 5 "Tableaux détaillés par pays" accessible en ligne : https://doi.org/10.1787/df3c3b17-fr. Les séries temporelles complètes sont accessibles sur le site web http://oe.cd/series-temporelles-completes.

Source : Statistics Norway; National Accounts.

StatLink https://doi.org/10.1787/888934214967

Tableau 4.54. Norvège, recettes fiscales et % du PIB par niveaux d'administration (principaux impôts)

	Milliard NOK					% du PIB				
	1990	2000	2010	2017	2018	1990	2000	2010	2017	2018
Administrations fédérale ou centrale										
Recettes fiscales totales	**165.4**	**532.5**	**935.7**	**1 075.0**	**1 183.5**	**22.1**	**35.3**	**36.1**	**32.6**	**33.5**
1000 Impôts sur revenu, bénéfices et gains en capital	50.6	198.4	381.0	324.7	398.2	6.8	13.2	14.7	9.9	11.3
2000 Cotisations de sécurité sociale	4.7	132.2	243.0	339.8	356.6	0.6	8.8	9.4	10.3	10.1
3000 Sur salaires ou main d'oeuvre	0.0	0.0	0.0	1.9	2.0	0.0	0.0	0.0	0.1	0.1
4000 Impôts sur le patrimoine	3.4	6.8	13.7	15.6	16.7	0.5	0.5	0.5	0.5	0.5
5000 Impôts sur les biens et services	106.7	195.1	298.0	393.0	410.1	14.2	12.9	11.5	11.9	11.6
6000 Autres impôts	0.0	0.0	0.0	0.0	0.0	0.0	0.0	0.0	0.0	0.0
Administrations d'un État/Régions										
Recettes fiscales totales	..	..	..	..	..	..	..	..	..	..
1000 Impôts sur revenu, bénéfices et gains en capital	..	..	..	..	..	..	..	..	..	..
2000 Cotisations de sécurité sociale	..	..	..	..	..	..	..	..	..	..
3000 Sur salaires ou main d'oeuvre	..	..	..	..	..	..	..	..	..	..
4000 Impôts sur le patrimoine	..	..	..	..	..	..	..	..	..	..
5000 Impôts sur les biens et services	..	..	..	..	..	..	..	..	..	..
6000 Autres impôts	..	..	..	..	..	..	..	..	..	..
Administrations locales										
Recettes fiscales totales	**61.6**	**95.5**	**147.7**	**202.9**	**213.7**	**8.2**	**6.3**	**5.7**	**6.2**	**6.1**
1000 Impôts sur revenu, bénéfices et gains en capital	55.7	85.8	131.2	175.0	184.8	7.4	5.7	5.1	5.3	5.2
2000 Cotisations de sécurité sociale	0.0	0.0	0.0	0.0	0.0	0.0	0.0	0.0	0.0	0.0
3000 Sur salaires ou main d'oeuvre	0.0	0.0	0.0	0.0	0.0	0.0	0.0	0.0	0.0	0.0
4000 Impôts sur le patrimoine	5.5	7.6	14.9	26.3	27.3	0.7	0.5	0.6	0.8	0.8
5000 Impôts sur les biens et services	0.4	2.1	1.6	1.6	1.7	0.1	0.1	0.1	0.1	0.0
6000 Autres impôts	0.0	0.0	0.0	0.0	0.0	0.0	0.0	0.0	0.0	0.0
Administrations de sécurité sociale										
Recettes fiscales totales	**74.8**	**0.0**	**0.0**	**0.0**	**0.0**	**10.0**	**0.0**	**0.0**	**0.0**	**0.0**
1000 Impôts sur revenu, bénéfices et gains en capital	0.0	0.0	0.0	0.0	0.0	0.0	0.0	0.0	0.0	0.0
2000 Cotisations de sécurité sociale	74.6	0.0	0.0	0.0	0.0	10.0	0.0	0.0	0.0	0.0
3000 Sur salaires ou main d'oeuvre	0.0	0.0	0.0	0.0	0.0	0.0	0.0	0.0	0.0	0.0
4000 Impôts sur le patrimoine	0.0	0.0	0.0	0.0	0.0	0.0	0.0	0.0	0.0	0.0
5000 Impôts sur les biens et services	0.2	0.0	0.0	0.0	0.0	0.0	0.0	0.0	0.0	0.0
6000 Autres impôts	0.0	0.0	0.0	0.0	0.0	0.0	0.0	0.0	0.0	0.0

.. Non disponible

Note : Des données et des notes plus détaillées par pays sont disponibles dans le chapitre 6 "Recettes fiscales des sous-secteurs de l'administration" accessible en ligne : https://doi.org/10.1787/df3c3b17-fr. Les séries temporelles complètes sont accessibles sur le site web http://oe.cd/series-temporelles-completes.

Source : Statistics Norway; National Accounts.

StatLink https://doi.org/10.1787/888934214986

Tableau 4.55. Pologne, recettes fiscales et % du PIB (sélection de catégories d'impôts)

	Milliard PLN					% du PIB				
	1990	2000	2010	2017	2018	1990	2000	2010	2017	2018
Recettes fiscales totales	..	**246.0**	**453.3**	**678.9**	**745.5**	..	**32.9**	**31.4**	**34.1**	**35.2**
1000 Impôts sur le revenu, les bénéfices et les gains en capital	..	**50.3**	**91.0**	**137.5**	**157.0**	..	**6.7**	**6.3**	**6.9**	**7.4**
1100 Des personnes physiques	..	32.4	62.9	99.1	112.7	..	4.3	4.4	5.0	5.3
1200 Des sociétés	..	17.9	28.1	38.4	44.3	..	2.4	1.9	1.9	2.1
1300 Non-ventilables entre 1100 et 1200	..	0.0	0.0	0.0	0.0	..	0.0	0.0	0.0	0.0
2000 Cotisations de sécurité sociale	..	**96.4**	**156.0**	**254.9**	**277.7**	..	**12.9**	**10.8**	**12.8**	**13.1**
2100 À la charge des salariés	..	42.4	60.2	105.8	115.8	..	5.7	4.2	5.3	5.5
2200 À la charge des employeurs	..	41.1	65.4	100.9	108.7	..	5.5	4.5	5.1	5.1
2300 À la charge des indép. ou sans emploi	..	12.9	30.4	48.2	53.2	..	1.7	2.1	2.4	2.5
2400 Non-ventilables entre 2100, 2200 et 2300	..	0.0	0.0	0.0	0.0	..	0.0	0.0	0.0	0.0
3000 Sur les salaires ou main d'oeuvre	..	**1.6**	**3.7**	**4.5**	**4.7**	..	**0.2**	**0.3**	**0.2**	**0.2**
4000 Impôts sur le patrimoine	..	**10.6**	**19.1**	**27.1**	**27.9**	..	**1.4**	**1.3**	**1.4**	**1.3**
4100 Impôts périodiques sur la propriété immobilière	..	8.4	16.4	23.8	24.3	..	1.1	1.1	1.2	1.1
4200 Impôts périodiques sur l'actif net	..	0.0	0.0	0.0	0.0	..	0.0	0.0	0.0	0.0
4300 Impôts sur mut. par décès, succ. et donations	..	0.2	0.3	0.3	0.3	..	0.0	0.0	0.0	0.0
4400 Impôts sur transact. mobilières et immob.	..	2.0	2.4	3.0	3.2	..	0.3	0.2	0.2	0.2
4500 Impôts non périodiques sur	..	0.0	0.0	0.0	0.0	..	0.0	0.0	0.0	0.0
4600 Autres impôts périodiques sur patrimoine	..	0.0	0.0	0.0	0.0	..	0.0	0.0	0.0	0.0
5000 Impôts sur les biens et services	..	**86.9**	**182.8**	**253.9**	**277.2**	..	**11.6**	**12.6**	**12.8**	**13.1**
5100 Impôts sur production, vente, transfert, etc.	..	84.9	176.0	246.5	268.2	..	11.4	12.2	12.4	12.7
5110 Impôts généraux	..	51.6	109.7	154.7	172.2	..	6.9	7.6	7.8	8.1
5111 Taxes sur la valeur ajoutée	..	51.6	109.7	154.7	172.2	..	6.9	7.6	7.8	8.1
5120 Impôts sur biens et services déterminés	..	33.3	66.3	91.9	96.0	..	4.5	4.6	4.6	4.5
5121 Accises	..	27.2	62.0	79.0	82.1	..	3.6	4.3	4.0	3.9
5200 Impôts sur utilisation des biens et exerc. activités	..	2.0	6.8	7.4	9.0	..	0.3	0.5	0.4	0.4
5300 Non-ventilables entre 5100 et 5200	..	0.0	0.0	0.0	0.0	..	0.0	0.0	0.0	0.0
6000 Autres impôts	..	**0.3**	**0.6**	**1.0**	**1.1**	..	**0.0**	**0.0**	**0.1**	**0.1**
Crédits d'impôts récupérables										
Crédits d'impôts récupérables contre 1000	..	..	..	..	..	..	..	..	..	..
Composante transfert	..	..	..	..	..	..	..	..	..	..
Composante fiscale	..	..	..	..	..	..	..	..	..	..
Recettes fiscales collectés pour le compte de l'UE										
Recettes fiscales collectés pour le compte de l'UE, total	..	..	1.7	3.6	3.9	..	..	0.1	0.2	0.2
Droits de douane perçus pour le compte de l'UE	..	..	1.6	3.5	3.9	..	..	0.1	0.2	0.2

.. Non disponible

Note : Des données et des notes plus détaillées par pays sont disponibles dans le chapitre 5 "Tableaux détaillés par pays" accessible en ligne : https://doi.org/10.1787/df3c3b17-fr. Les séries temporelles complètes sont accessibles sur le site web http://oe.cd/series-temporelles-completes.

Source : Ministry of Finance, Economic Department.

StatLink https://doi.org/10.1787/888934215005

Tableau 4.56. Pologne, recettes fiscales et % du PIB par niveaux d'administration (principaux impôts)

	Milliard PLN					% du PIB				
	1990	2000	2010	2017	2018	1990	2000	2010	2017	2018
Administrations fédérale ou centrale										
Recettes fiscales totales	**..**	**126.9**	**238.4**	**334.1**	**369.0**	**..**	**17.0**	**16.5**	**16.8**	**17.4**
1000 Impôts sur revenu, bénéfices et gains en capital	..	40.0	57.7	83.4	95.2	..	5.3	4.0	4.2	4.5
2000 Cotisations de sécurité sociale	..	0.0	0.0	0.0	0.0	..	0.0	0.0	0.0	0.0
3000 Sur salaires ou main d'oeuvre	..	1.6	3.7	4.5	4.7	..	0.2	0.3	0.2	0.2
4000 Impôts sur le patrimoine	..	0.0	0.0	0.0	0.0	..	0.0	0.0	0.0	0.0
5000 Impôts sur les biens et services	..	85.3	177.0	246.2	269.1	..	11.4	12.2	12.4	12.7
6000 Autres impôts	..	0.0	0.0	0.0	0.0	..	0.0	0.0	0.0	0.0
Administrations d'un État/Régions										
Recettes fiscales totales	**..**	**..**	**..**	**..**	**..**	**..**	**..**	**..**	**..**	**..**
1000 Impôts sur revenu, bénéfices et gains en capital	..	..	..	..	..	..	..	..	..	..
2000 Cotisations de sécurité sociale	..	..	..	..	..	..	..	..	..	..
3000 Sur salaires ou main d'oeuvre	..	..	..	..	..	..	..	..	..	..
4000 Impôts sur le patrimoine	..	..	..	..	..	..	..	..	..	..
5000 Impôts sur les biens et services	..	..	..	..	..	..	..	..	..	..
6000 Autres impôts	..	..	..	..	..	..	..	..	..	..
Administrations locales										
Recettes fiscales totales	**..**	**22.7**	**57.1**	**86.2**	**94.9**	**..**	**3.0**	**4.0**	**4.3**	**4.5**
1000 Impôts sur revenu, bénéfices et gains en capital	..	10.3	33.3	54.1	61.8	..	1.4	2.3	2.7	2.9
2000 Cotisations de sécurité sociale	..	0.0	0.0	0.0	0.0	..	0.0	0.0	0.0	0.0
3000 Sur salaires ou main d'oeuvre	..	0.0	0.0	0.0	0.0	..	0.0	0.0	0.0	0.0
4000 Impôts sur le patrimoine	..	10.6	19.1	27.1	27.9	..	1.4	1.3	1.4	1.3
5000 Impôts sur les biens et services	..	1.5	4.1	4.1	4.2	..	0.2	0.3	0.2	0.2
6000 Autres impôts	..	0.3	0.6	1.0	1.1	..	0.0	0.0	0.1	0.1
Administrations de sécurité sociale										
Recettes fiscales totales	**..**	**96.4**	**156.0**	**254.9**	**277.7**	**..**	**12.9**	**10.8**	**12.8**	**13.1**
1000 Impôts sur revenu, bénéfices et gains en capital	..	0.0	0.0	0.0	0.0	..	0.0	0.0	0.0	0.0
2000 Cotisations de sécurité sociale	..	96.4	156.0	254.9	277.7	..	12.9	10.8	12.8	13.1
3000 Sur salaires ou main d'oeuvre	..	0.0	0.0	0.0	0.0	..	0.0	0.0	0.0	0.0
4000 Impôts sur le patrimoine	..	0.0	0.0	0.0	0.0	..	0.0	0.0	0.0	0.0
5000 Impôts sur les biens et services	..	0.0	0.0	0.0	0.0	..	0.0	0.0	0.0	0.0
6000 Autres impôts	..	0.0	0.0	0.0	0.0	..	0.0	0.0	0.0	0.0

.. Non disponible

Note : Des données et des notes plus détaillées par pays sont disponibles dans le chapitre 6 "Recettes fiscales des sous-secteurs de l'administration" accessible en ligne : https://doi.org/10.1787/df3c3b17-fr. Les séries temporelles complètes sont accessibles sur le site web http://oe.cd/series-temporelles-completes.

Source : Ministry of Finance, Economic Department.

StatLink https://doi.org/10.1787/888934215024

Tableau 4.57. Portugal, recettes fiscales et % du PIB (sélection de catégories d'impôts)

	Milliard EUR					% du PIB				
	1990	2000	2010	2017	2018	1990	2000	2010	2017	2018
Recettes fiscales totales	**14.8**	**39.9**	**54.7**	**66.9**	**71.1**	**26.5**	**31.1**	**30.5**	**34.1**	**34.8**
1000 Impôts sur le revenu, les bénéfices et les gains en capital	**3.8**	**11.7**	**14.6**	**18.9**	**20.1**	**6.8**	**9.1**	**8.2**	**9.6**	**9.8**
1100 Des personnes physiques	2.4	6.9	9.6	12.6	13.3	4.2	5.4	5.4	6.4	6.5
1200 Des sociétés	1.2	4.7	4.9	6.3	6.8	2.1	3.7	2.7	3.2	3.3
1300 Non-ventilables entre 1100 et 1200	0.3	0.0	0.1	0.0	0.0	0.5	0.0	0.0	0.0	0.0
2000 Cotisations de sécurité sociale	**4.0**	**10.2**	**15.5**	**18.0**	**19.1**	**7.2**	**7.9**	**8.6**	**9.2**	**9.4**
2100 À la charge des salariés	1.5	4.3	6.7	7.6	7.7	2.6	3.3	3.7	3.9	3.8
2200 À la charge des employeurs	2.4	5.9	8.8	10.3	11.4	4.3	4.6	4.9	5.3	5.6
2300 À la charge des indép. ou sans emploi	0.1	0.0	0.0	0.0	0.0	0.3	0.0	0.0	0.0	0.0
2400 Non-ventilables entre 2100, 2200 et 2300	0.0	0.0	0.0	0.0	0.0	0.0	0.0	0.0	0.0	0.0
3000 Sur les salaires ou main d'oeuvre	**0.0**	**0.0**	**0.0**	**0.0**	**0.0**	**0.0**	**0.0**	**0.0**	**0.0**	**0.0**
4000 Impôts sur le patrimoine	**0.4**	**1.5**	**1.9**	**2.7**	**2.9**	**0.7**	**1.1**	**1.1**	**1.4**	**1.4**
4100 Impôts périodiques sur la propriété immobilière	0.1	0.5	1.1	1.6	1.6	0.2	0.4	0.6	0.8	0.8
4200 Impôts périodiques sur l'actif net	0.0	0.0	0.0	0.0	0.0	0.0	0.0	0.0	0.0	0.0
4300 Impôts sur mut. par décès, succ. et donations	0.1	0.1	0.0	0.0	0.0	0.1	0.1	0.0	0.0	0.0
4400 Impôts sur transact. mobilières et immob.	0.2	0.9	0.8	1.1	1.2	0.3	0.7	0.5	0.6	0.6
4500 Impôts non périodiques sur	0.0	0.0	0.0	0.0	0.0	0.0	0.0	0.0	0.0	0.0
4600 Autres impôts périodiques sur patrimoine	0.0	0.0	0.0	0.0	0.0	0.0	0.0	0.0	0.0	0.0
5000 Impôts sur les biens et services	**6.6**	**16.3**	**22.2**	**26.8**	**28.3**	**11.7**	**12.7**	**12.3**	**13.7**	**13.9**
5100 Impôts sur production, vente, transfert, etc.	6.4	15.8	21.4	25.8	27.1	11.5	12.3	11.9	13.2	13.3
5110 Impôts généraux	2.9	9.7	13.5	16.8	17.9	5.2	7.6	7.5	8.6	8.7
5111 Taxes sur la valeur ajoutée	2.9	9.7	13.5	16.8	17.9	5.2	7.6	7.5	8.6	8.7
5120 Impôts sur biens et services déterminés	3.5	6.1	7.9	9.0	9.2	6.3	4.8	4.4	4.6	4.5
5121 Accises	2.1	4.5	5.7	6.1	6.2	3.7	3.5	3.2	3.1	3.1
5200 Impôts sur utilisation des biens et exerc. activités	0.1	0.4	0.7	1.0	1.2	0.2	0.3	0.4	0.5	0.6
5300 Non-ventilables entre 5100 et 5200	0.0	0.1	0.0	0.0	0.0	0.0	0.0	0.0	0.0	0.0
6000 Autres impôts	**0.0**	**0.3**	**0.5**	**0.6**	**0.7**	**0.1**	**0.2**	**0.3**	**0.3**	**0.3**
Crédits d'impôts récupérables										
Crédits d'impôts récupérables contre 1000	..	..	..	..	..	..	..	..	..	..
Composante transfert	..	..	..	..	..	..	..	..	..	..
Composante fiscale	..	..	..	..	..	..	..	..	..	..
Recettes fiscales collectés pour le compte de l'UE										
Recettes fiscales collectés pour le compte de l'UE, total	0.2	0.2	0.2	0.3	0.4	0.3	0.2	0.1	0.2	0.2
Droits de douane perçus pour le compte de l'UE	..	0.2	0.2	0.2	0.2	..	0.2	0.1	0.1	0.1
Contributions au Fonds de résolution unique collectées pour le compte de l'UE	..	..	..	0.1	0.1	..	..	..	0.1	0.1

.. Non disponible

Note : Des données et des notes plus détaillées par pays sont disponibles dans le chapitre 5 "Tableaux détaillés par pays" accessible en ligne : https://doi.org/10.1787/df3c3b17-fr. Les séries temporelles complètes sont accessibles sur le site web http://oe.cd/series-temporelles-completes.

Source : Instituto Nacionale de Estatistica; Conta do Estado, Contas de Gerência dos Fundos e Serviços Autonomos da Administraçao Central; Estatisticas das Financas publicas; Relatorio do Instituto de Gestao Financeira da Seguranta Social, Contas de Gerência das Regioes Autonomas da Madeira e dos Atores.

StatLink https://doi.org/10.1787/888934215043

Tableau 4.58. Portugal, recettes fiscales et % du PIB par niveaux d'administration (principaux impôts)

	Milliard EUR					% du PIB				
	1990	2000	2010	2017	2018	1990	2000	2010	2017	2018
Administrations fédérale ou centrale										
Recettes fiscales totales	**9.8**	**27.8**	**36.5**	**44.9**	**47.5**	**17.6**	**21.6**	**20.3**	**22.9**	**23.3**
1000 Impôts sur revenu, bénéfices et gains en capital	3.6	11.1	13.6	17.7	18.8	6.4	8.7	7.6	9.0	9.2
2000 Cotisations de sécurité sociale	0.0	1.3	1.9	2.1	2.1	0.0	1.0	1.1	1.1	1.0
3000 Sur salaires ou main d'oeuvre	0.0	0.0	0.0	0.0	0.0	0.0	0.0	0.0	0.0	0.0
4000 Impôts sur le patrimoine	0.1	0.3	0.2	0.4	0.4	0.1	0.2	0.1	0.2	0.2
5000 Impôts sur les biens et services	6.1	14.8	20.3	24.2	25.6	10.9	11.5	11.3	12.4	12.5
6000 Autres impôts	0.0	0.3	0.5	0.6	0.7	0.1	0.2	0.3	0.3	0.3
Administrations d'un État/Régions										
Recettes fiscales totales	**..**	**..**	**..**	**..**	**..**	**..**	**..**	**..**	**..**	**..**
1000 Impôts sur revenu, bénéfices et gains en capital	..	..	..	..	..	..	..	..	..	..
2000 Cotisations de sécurité sociale	..	..	..	..	..	..	..	..	..	..
3000 Sur salaires ou main d'oeuvre	..	..	..	..	..	..	..	..	..	..
4000 Impôts sur le patrimoine	..	..	..	..	..	..	..	..	..	..
5000 Impôts sur les biens et services	..	..	..	..	..	..	..	..	..	..
6000 Autres impôts	..	..	..	..	..	..	..	..	..	..
Administrations locales										
Recettes fiscales totales	**0.8**	**2.5**	**3.6**	**4.7**	**5.1**	**1.5**	**2.0**	**2.0**	**2.4**	**2.5**
1000 Impôts sur revenu, bénéfices et gains en capital	0.2	0.6	1.1	1.2	1.3	0.4	0.4	0.6	0.6	0.6
2000 Cotisations de sécurité sociale	0.0	0.0	0.0	0.0	0.0	0.0	0.0	0.0	0.0	0.0
3000 Sur salaires ou main d'oeuvre	0.0	0.0	0.0	0.0	0.0	0.0	0.0	0.0	0.0	0.0
4000 Impôts sur le patrimoine	0.3	1.2	1.7	2.3	2.5	0.6	0.9	1.0	1.2	1.2
5000 Impôts sur les biens et services	0.3	0.7	0.8	1.2	1.4	0.5	0.6	0.5	0.6	0.7
6000 Autres impôts	0.0	0.0	0.0	0.0	0.0	0.0	0.0	0.0	0.0	0.0
Administrations de sécurité sociale										
Recettes fiscales totales	**4.0**	**9.4**	**14.4**	**16.9**	**18.1**	**7.2**	**7.3**	**8.0**	**8.6**	**8.9**
1000 Impôts sur revenu, bénéfices et gains en capital	0.0	0.0	0.0	0.0	0.0	0.0	0.0	0.0	0.0	0.0
2000 Cotisations de sécurité sociale	4.0	8.8	13.5	15.8	17.0	7.2	6.9	7.5	8.1	8.3
3000 Sur salaires ou main d'oeuvre	0.0	0.0	0.0	0.0	0.0	0.0	0.0	0.0	0.0	0.0
4000 Impôts sur le patrimoine	0.0	0.0	0.0	0.0	0.0	0.0	0.0	0.0	0.0	0.0
5000 Impôts sur les biens et services	0.0	0.5	0.8	1.0	1.1	0.0	0.4	0.5	0.5	0.5
6000 Autres impôts	0.0	0.0	0.0	0.0	0.0	0.0	0.0	0.0	0.0	0.0

.. Non disponible

Note : Des données et des notes plus détaillées par pays sont disponibles dans le chapitre 6 "Recettes fiscales des sous-secteurs de l'administration" accessible en ligne : https://doi.org/10.1787/df3c3b17-fr. Les séries temporelles complètes sont accessibles sur le site web http://oe.cd/series-temporelles-completes.

Source : Instituto Nacionale de Estatistica; Conta do Estado, Contas de Gerência dos Fundos e Serviços Autonomos da Administraçao Central; Estatisticas das Financas publicas; Relatorio do Instituto de Gestao Financeira da Seguranta Social, Contas de Gerência das Regioes Autonomas da Madeira e dos Atores.

StatLink https://doi.org/10.1787/888934215062

Tableau 4.59. République slovaque, recettes fiscales et % du PIB (sélection de catégories d'impôts)

	Milliard EUR					% du PIB				
	1990	2000	2010	2017	2018	1990	2000	2010	2017	2018
Recettes fiscales totales	..	**10.6**	**19.2**	**28.9**	**30.8**	..	**33.6**	**28.1**	**34.2**	**34.3**
1000 Impôts sur le revenu, les bénéfices et les gains en capital	..	**2.2**	**3.6**	**6.0**	**6.4**	..	**6.9**	**5.3**	**7.1**	**7.1**
1100 Des personnes physiques	..	1.1	1.8	2.9	3.2	..	3.3	2.6	3.4	3.6
1200 Des sociétés	..	0.8	1.7	2.9	2.9	..	2.6	2.4	3.5	3.3
1300 Non-ventilables entre 1100 et 1200	..	0.3	0.2	0.2	0.2	..	1.0	0.2	0.2	0.2
2000 Cotisations de sécurité sociale	..	**4.4**	**8.2**	**12.4**	**13.2**	..	**13.9**	**12.0**	**14.7**	**14.8**
2100 À la charge des salariés	..	0.9	2.1	2.9	3.3	..	2.8	3.1	3.5	3.6
2200 À la charge des employeurs	..	2.9	4.6	7.3	7.9	..	9.0	6.7	8.6	8.8
2300 À la charge des indép. ou sans emploi	..	0.7	1.5	2.2	2.1	..	2.1	2.2	2.6	2.3
2400 Non-ventilables entre 2100, 2200 et 2300	..	0.0	0.0	0.0	0.0	..	0.0	0.0	0.0	0.0
3000 Sur les salaires ou main d'oeuvre	..	**0.0**	**0.0**	**0.0**	**0.0**	..	**0.0**	**0.0**	**0.0**	**0.0**
4000 Impôts sur le patrimoine	..	**0.2**	**0.3**	**0.4**	**0.4**	..	**0.6**	**0.4**	**0.4**	**0.4**
4100 Impôts périodiques sur la propriété immobilière	..	0.1	0.3	0.4	0.4	..	0.5	0.4	0.4	0.4
4200 Impôts périodiques sur l'actif net	..	0.0	0.0	0.0	0.0	..	0.0	0.0	0.0	0.0
4300 Impôts sur mut. par décès, succ. et donations	..	0.0	0.0	0.0	0.0	..	0.0	0.0	0.0	0.0
4400 Impôts sur transact. mobilières et immob.	..	0.0	0.0	0.0	0.0	..	0.1	0.0	0.0	0.0
4500 Impôts non périodiques sur	..	0.0	0.0	0.0	0.0	..	0.0	0.0	0.0	0.0
4600 Autres impôts périodiques sur patrimoine	..	0.0	0.0	0.0	0.0	..	0.0	0.0	0.0	0.0
5000 Impôts sur les biens et services	..	**3.9**	**7.1**	**10.2**	**10.8**	..	**12.2**	**10.5**	**12.1**	**12.0**
5100 Impôts sur production, vente, transfert, etc.	..	3.6	6.6	9.5	10.0	..	11.5	9.7	11.2	11.2
5110 Impôts généraux	..	2.2	4.2	5.9	6.3	..	6.8	6.1	7.0	7.1
5111 Taxes sur la valeur ajoutée	..	2.2	4.2	5.9	6.3	..	6.8	6.1	7.0	7.1
5120 Impôts sur biens et services déterminés	..	1.5	2.4	3.6	3.7	..	4.6	3.5	4.2	4.1
5121 Accises	..	1.0	2.1	2.8	2.9	..	3.1	3.1	3.3	3.3
5200 Impôts sur utilisation des biens et exerc. activités	..	0.2	0.4	0.6	0.6	..	0.7	0.6	0.7	0.7
5300 Non-ventilables entre 5100 et 5200	..	0.0	0.1	0.2	0.2	..	0.0	0.2	0.2	0.2
6000 Autres impôts	..	**0.0**	**0.0**	**0.0**	**0.0**	..	**0.0**	**0.0**	**0.0**	**0.0**
Crédits d'impôts récupérables										
Crédits d'impôts récupérables contre 1000	..	..	0.3	0.3	0.3	..	..	0.4	0.3	0.3
Composante transfert	..	..	..	..	..	..	..	..	..	..
Composante fiscale	..	..	..	..	..	..	..	..	..	..
Recettes fiscales collectés pour le compte de l'UE										
Recettes fiscales collectés pour le compte de l'UE, total	..	..	0.1	0.2	0.2	..	..	0.2	0.2	0.2
Droits de douane perçus pour le compte de l'UE	..	..	0.1	0.1	0.1	..	..	0.2	0.2	0.2
Contributions au Fonds de résolution unique collectées pour le compte de l'UE	..	..	..	0.0	0.0	..	..	..	0.0	0.0

.. Non disponible

Note : Des données et des notes plus détaillées par pays sont disponibles dans le chapitre 5 "Tableaux détaillés par pays" accessible en ligne : https://doi.org/10.1787/df3c3b17-fr. Les séries temporelles complètes sont accessibles sur le site web http://oe.cd/series-temporelles-completes.

Source : Ministry of Finance.

StatLink https://doi.org/10.1787/888934215081

Tableau 4.60. République slovaque, recettes fiscales et % du PIB par niveaux d'administration (principaux impôts)

	Milliard EUR					% du PIB				
	1990	2000	2010	2017	2018	1990	2000	2010	2017	2018
Administrations fédérale ou centrale										
Recettes fiscales totales	..	**6.2**	**10.5**	**16.2**	**17.2**	..	**19.5**	**15.5**	**19.2**	**19.2**
1000 Impôts sur revenu, bénéfices et gains en capital	..	2.2	3.6	6.0	6.4	..	6.9	5.3	7.1	7.1
2000 Cotisations de sécurité sociale	..	0.1	0.2	0.4	0.4	..	0.3	0.3	0.5	0.5
3000 Sur salaires ou main d'oeuvre	..	0.0	0.0	0.0	0.0	..	0.0	0.0	0.0	0.0
4000 Impôts sur le patrimoine	..	0.1	0.0	0.0	0.0	..	0.2	0.0	0.0	0.0
5000 Impôts sur les biens et services	..	3.9	6.7	9.9	10.4	..	12.2	9.9	11.7	11.6
6000 Autres impôts	..	0.0	0.0	0.0	0.0	..	0.0	0.0	0.0	0.0
Administrations d'un État/Régions										
Recettes fiscales totales	..	..	..	..	..	..	..	..	..	..
1000 Impôts sur revenu, bénéfices et gains en capital	..	..	..	..	..	..	..	..	..	..
2000 Cotisations de sécurité sociale	..	..	..	..	..	..	..	..	..	..
3000 Sur salaires ou main d'oeuvre	..	..	..	..	..	..	..	..	..	..
4000 Impôts sur le patrimoine	..	..	..	..	..	..	..	..	..	..
5000 Impôts sur les biens et services	..	..	..	..	..	..	..	..	..	..
6000 Autres impôts	..	..	..	..	..	..	..	..	..	..
Administrations locales										
Recettes fiscales totales	..	**0.1**	**0.5**	**0.5**	**0.6**	..	**0.5**	**0.8**	**0.6**	**0.6**
1000 Impôts sur revenu, bénéfices et gains en capital	..	0.0	0.0	0.0	0.0	..	0.0	0.0	0.0	0.0
2000 Cotisations de sécurité sociale	..	0.0	0.0	0.0	0.0	..	0.0	0.0	0.0	0.0
3000 Sur salaires ou main d'oeuvre	..	0.0	0.0	0.0	0.0	..	0.0	0.0	0.0	0.0
4000 Impôts sur le patrimoine	..	0.1	0.3	0.4	0.4	..	0.4	0.4	0.4	0.4
5000 Impôts sur les biens et services	..	0.0	0.3	0.2	0.2	..	0.0	0.4	0.2	0.2
6000 Autres impôts	..	0.0	0.0	0.0	0.0	..	0.0	0.0	0.0	0.0
Administrations de sécurité sociale										
Recettes fiscales totales	..	**4.3**	**7.9**	**12.0**	**12.8**	..	**13.6**	**11.7**	**14.2**	**14.3**
1000 Impôts sur revenu, bénéfices et gains en capital	..	0.0	0.0	0.0	0.0	..	0.0	0.0	0.0	0.0
2000 Cotisations de sécurité sociale	..	4.3	7.9	12.0	12.8	..	13.6	11.7	14.2	14.3
3000 Sur salaires ou main d'oeuvre	..	0.0	0.0	0.0	0.0	..	0.0	0.0	0.0	0.0
4000 Impôts sur le patrimoine	..	0.0	0.0	0.0	0.0	..	0.0	0.0	0.0	0.0
5000 Impôts sur les biens et services	..	0.0	0.0	0.0	0.0	..	0.0	0.0	0.0	0.0
6000 Autres impôts	..	0.0	0.0	0.0	0.0	..	0.0	0.0	0.0	0.0

.. Non disponible

Note : Des données et des notes plus détaillées par pays sont disponibles dans le chapitre 6 "Recettes fiscales des sous-secteurs de l'administration" accessible en ligne : https://doi.org/10.1787/df3c3b17-fr. Les séries temporelles complètes sont accessibles sur le site web http://oe.cd/series-temporelles-completes.

Source : Ministry of Finance.

StatLink https://doi.org/10.1787/888934215100

Tableau 4.61. Slovénie, recettes fiscales et % du PIB (sélection de catégories d'impôts)

	Milliard EUR					% du PIB				
	1990	2000	2010	2017	2018	1990	2000	2010	2017	2018
Recettes fiscales totales	..	**7.1**	**13.8**	**16.0**	**17.1**	..	**37.7**	**37.8**	**37.1**	**37.4**
1000 Impôts sur le revenu, les bénéfices et les gains en capital	..	**1.3**	**2.7**	**3.0**	**3.3**	..	**6.8**	**7.4**	**6.9**	**7.3**
1100 Des personnes physiques	..	1.0	2.0	2.2	2.4	..	5.5	5.6	5.1	5.3
1200 Des sociétés	..	0.2	0.7	0.8	0.9	..	1.1	1.8	1.8	1.9
1300 Non-ventilables entre 1100 et 1200	..	0.0	0.0	0.0	0.0	..	0.1	0.0	0.0	0.0
2000 Cotisations de sécurité sociale	..	**2.8**	**5.8**	**6.6**	**7.1**	..	**15.0**	**15.8**	**15.4**	**15.5**
2100 À la charge des salariés	..	1.4	2.8	3.2	3.5	..	7.7	7.7	7.6	7.6
2200 À la charge des employeurs	..	1.0	2.1	2.4	2.6	..	5.4	5.7	5.6	5.7
2300 À la charge des indép. ou sans emploi	..	0.4	0.9	1.0	1.0	..	1.9	2.5	2.3	2.2
2400 Non-ventilables entre 2100, 2200 et 2300	..	0.0	0.0	0.0	0.0	..	0.0	0.0	0.0	0.0
3000 Sur les salaires ou main d'oeuvre	..	**0.3**	**0.0**	**0.0**	**0.0**	..	**1.5**	**0.1**	**0.1**	**0.0**
4000 Impôts sur le patrimoine	..	**0.1**	**0.2**	**0.3**	**0.3**	..	**0.6**	**0.6**	**0.6**	**0.6**
4100 Impôts périodiques sur la propriété immobilière	..	0.1	0.2	0.2	0.2	..	0.4	0.5	0.5	0.5
4200 Impôts périodiques sur l'actif net	..	0.0	0.0	0.0	0.0	..	0.0	0.0	0.0	0.0
4300 Impôts sur mut. par décès, succ. et donations	..	0.0	0.0	0.0	0.0	..	0.0	0.0	0.0	0.0
4400 Impôts sur transact. mobilières et immob.	..	0.0	0.0	0.0	0.0	..	0.1	0.1	0.1	0.1
4500 Impôts non périodiques sur	..	0.0	0.0	0.0	0.0	..	0.1	0.0	0.0	0.0
4600 Autres impôts périodiques sur patrimoine	..	0.0	0.0	0.0	0.0	..	0.0	0.0	0.0	0.0
5000 Impôts sur les biens et services	..	**2.6**	**5.1**	**6.1**	**6.4**	..	**13.8**	**13.9**	**14.1**	**14.0**
5100 Impôts sur production, vente, transfert, etc.	..	2.5	4.8	5.7	6.0	..	13.2	13.3	13.2	13.0
5110 Impôts généraux	..	1.6	2.9	3.5	3.8	..	8.7	8.1	8.1	8.2
5111 Taxes sur la valeur ajoutée	..	1.6	2.9	3.5	3.8	..	8.5	8.1	8.1	8.2
5120 Impôts sur biens et services déterminés	..	0.8	1.9	2.2	2.2	..	4.5	5.3	5.1	4.8
5121 Accises	..	0.6	1.6	1.7	1.7	..	3.1	4.3	4.0	3.7
5200 Impôts sur utilisation des biens et exerc. activités	..	0.1	0.2	0.4	0.4	..	0.6	0.6	0.9	1.0
5300 Non-ventilables entre 5100 et 5200	..	0.0	0.0	0.0	0.0	..	0.0	0.0	0.0	0.0
6000 Autres impôts	..	**0.0**	**0.0**	**0.0**	**0.0**	..	**0.0**	**0.0**	**0.0**	**0.0**
Crédits d'impôts récupérables										
Crédits d'impôts récupérables contre 1000	..	..	..	..	..	..	..	..	..	..
Composante transfert	..	..	..	..	..	..	..	..	..	..
Composante fiscale	..	..	..	..	..	..	..	..	..	..
Recettes fiscales collectés pour le compte de l'UE										
Recettes fiscales collectés pour le compte de l'UE, total	..	..	0.1	0.1	0.1	..	..	0.2	0.2	0.1
Droits de douane perçus pour le compte de l'UE	..	..	0.1	0.1	0.1	..	..	0.2	0.1	0.1
Contributions au Fonds de résolution unique collectées pour le compte de l'UE	..	..	..	0.0	0.0	..	..	..	0.0	0.0

.. Non disponible

Note : Des données et des notes plus détaillées par pays sont disponibles dans le chapitre 5 "Tableaux détaillés par pays" accessible en ligne : https://doi.org/10.1787/df3c3b17-fr. Les séries temporelles complètes sont accessibles sur le site web http://oe.cd/series-temporelles-completes.

Source : Statistical Office of the Republic of Slovenia.

StatLink https://doi.org/10.1787/888934215119

Tableau 4.62. Slovénie, recettes fiscales et % du PIB par niveaux d'administration (principaux impôts)

	Milliard EUR					% du PIB				
	1990	2000	2010	2017	2018	1990	2000	2010	2017	2018
Administrations fédérale ou centrale										
Recettes fiscales totales	**..**	**3.8**	**6.5**	**7.9**	**8.5**	**..**	**20.2**	**18.0**	**18.3**	**18.6**
1000 Impôts sur revenu, bénéfices et gains en capital	..	0.9	1.6	1.9	2.2	..	4.8	4.3	4.3	4.7
2000 Cotisations de sécurité sociale	..	0.0	0.1	0.1	0.1	..	0.1	0.2	0.2	0.2
3000 Sur salaires ou main d'oeuvre	..	0.3	0.0	0.0	0.0	..	1.5	0.1	0.1	0.0
4000 Impôts sur le patrimoine	..	0.0	0.0	0.0	0.0	..	0.1	0.0	0.0	0.0
5000 Impôts sur les biens et services	..	2.6	4.9	5.9	6.2	..	13.7	13.5	13.8	13.7
6000 Autres impôts	..	0.0	0.0	0.0	0.0	..	0.0	0.0	0.0	0.0
Administrations d'un État/Régions										
Recettes fiscales totales	**..**	**..**	**..**	**..**	**..**	**..**	**..**	**..**	**..**	**..**
1000 Impôts sur revenu, bénéfices et gains en capital	..	..	..	..	..	..	..	..	..	..
2000 Cotisations de sécurité sociale	..	..	..	..	..	..	..	..	..	..
3000 Sur salaires ou main d'oeuvre	..	..	..	..	..	..	..	..	..	..
4000 Impôts sur le patrimoine	..	..	..	..	..	..	..	..	..	..
5000 Impôts sur les biens et services	..	..	..	..	..	..	..	..	..	..
6000 Autres impôts	..	..	..	..	..	..	..	..	..	..
Administrations locales										
Recettes fiscales totales	**..**	**0.5**	**1.5**	**1.5**	**1.5**	**..**	**2.7**	**4.0**	**3.4**	**3.4**
1000 Impôts sur revenu, bénéfices et gains en capital	..	0.4	1.1	1.1	1.2	..	2.0	3.1	2.6	2.6
2000 Cotisations de sécurité sociale	..	0.0	0.0	0.0	0.0	..	0.0	0.0	0.0	0.0
3000 Sur salaires ou main d'oeuvre	..	0.0	0.0	0.0	0.0	..	0.0	0.0	0.0	0.0
4000 Impôts sur le patrimoine	..	0.1	0.2	0.3	0.3	..	0.6	0.6	0.6	0.6
5000 Impôts sur les biens et services	..	0.0	0.1	0.1	0.1	..	0.1	0.3	0.2	0.2
6000 Autres impôts	..	0.0	0.0	0.0	0.0	..	0.0	0.0	0.0	0.0
Administrations de sécurité sociale										
Recettes fiscales totales	**..**	**2.8**	**5.7**	**6.6**	**7.0**	**..**	**14.8**	**15.7**	**15.3**	**15.3**
1000 Impôts sur revenu, bénéfices et gains en capital	..	0.0	0.0	0.0	0.0	..	0.0	0.0	0.0	0.0
2000 Cotisations de sécurité sociale	..	2.8	5.7	6.6	7.0	..	14.8	15.7	15.3	15.3
3000 Sur salaires ou main d'oeuvre	..	0.0	0.0	0.0	0.0	..	0.0	0.0	0.0	0.0
4000 Impôts sur le patrimoine	..	0.0	0.0	0.0	0.0	..	0.0	0.0	0.0	0.0
5000 Impôts sur les biens et services	..	0.0	0.0	0.0	0.0	..	0.0	0.0	0.0	0.0
6000 Autres impôts	..	0.0	0.0	0.0	0.0	..	0.0	0.0	0.0	0.0

.. Non disponible

Note : Des données et des notes plus détaillées par pays sont disponibles dans le chapitre 6 "Recettes fiscales des sous-secteurs de l'administration" accessible en ligne : https://doi.org/10.1787/df3c3b17-fr. Les séries temporelles complètes sont accessibles sur le site web http://oe.cd/series-temporelles-completes.

Source : Statistical Office of the Republic of Slovenia.

StatLink https://doi.org/10.1787/888934215138

Tableau 4.63. Espagne, recettes fiscales et % du PIB (sélection de catégories d'impôts)

	Milliard EUR					% du PIB				
	1990	2000	2010	2017	2018	1990	2000	2010	2017	2018
Recettes fiscales totales	**103.7**	**214.1**	**335.6**	**393.5**	**416.7**	**31.5**	**33.1**	**31.3**	**33.9**	**34.6**
1000 Impôts sur le revenu, les bénéfices et les gains en capital	**31.8**	**60.1**	**93.8**	**111.8**	**122.0**	**9.7**	**9.3**	**8.7**	**9.6**	**10.1**
1100 Des personnes physiques	22.5	41.2	74.1	85.8	92.3	6.9	6.4	6.9	7.4	7.7
1200 Des sociétés	9.1	18.9	19.7	26.0	29.7	2.8	2.9	1.8	2.2	2.5
1300 Non-ventilables entre 1100 et 1200	0.1	0.0	0.0	0.0	0.0	0.0	0.0	0.0	0.0	0.0
2000 Cotisations de sécurité sociale	**36.7**	**74.7**	**127.2**	**134.1**	**141.2**	**11.2**	**11.5**	**11.9**	**11.5**	**11.7**
2100 À la charge des salariés	6.0	11.7	19.4	20.6	21.6	1.8	1.8	1.8	1.8	1.8
2200 À la charge des employeurs	26.4	54.2	89.7	97.5	103.3	8.0	8.4	8.4	8.4	8.6
2300 À la charge des indép. ou sans emploi	4.4	8.7	18.1	16.0	16.3	1.3	1.4	1.7	1.4	1.4
2400 Non-ventilables entre 2100, 2200 et 2300	0.0	0.0	0.0	0.0	0.0	0.0	0.0	0.0	0.0	0.0
3000 Sur les salaires ou main d'oeuvre	**0.0**	**0.0**	**0.0**	**0.0**	**0.0**	**0.0**	**0.0**	**0.0**	**0.0**	**0.0**
4000 Impôts sur le patrimoine	**5.7**	**13.8**	**22.2**	**29.5**	**30.3**	**1.7**	**2.1**	**2.1**	**2.5**	**2.5**
4100 Impôts périodiques sur la propriété immobilière	1.5	4.0	9.7	13.2	13.2	0.5	0.6	0.9	1.1	1.1
4200 Impôts périodiques sur l'actif net	0.6	1.4	0.7	2.1	2.2	0.2	0.2	0.1	0.2	0.2
4300 Impôts sur mut. par décès, succ. et donations	0.4	1.4	2.4	2.7	2.7	0.1	0.2	0.2	0.2	0.2
4400 Impôts sur transact. mobilières et immob.	2.5	5.9	7.6	8.5	9.3	0.8	0.9	0.7	0.7	0.8
4500 Impôts non périodiques sur	0.6	1.1	1.8	3.0	2.9	0.2	0.2	0.2	0.3	0.2
4600 Autres impôts périodiques sur patrimoine	0.0	0.0	0.0	0.0	0.0	0.0	0.0	0.0	0.0	0.0
5000 Impôts sur les biens et services	**29.4**	**65.5**	**92.3**	**118.0**	**123.0**	**9.0**	**10.1**	**8.6**	**10.2**	**10.2**
5100 Impôts sur production, vente, transfert, etc.	26.7	59.4	85.0	109.4	113.8	8.1	9.2	7.9	9.4	9.5
5110 Impôts généraux	16.6	37.8	55.6	75.8	79.5	5.1	5.8	5.2	6.5	6.6
5111 Taxes sur la valeur ajoutée	16.3	37.8	55.3	75.6	79.3	5.0	5.8	5.2	6.5	6.6
5120 Impôts sur biens et services déterminés	10.1	21.6	29.4	33.7	34.4	3.1	3.3	2.7	2.9	2.9
5121 Accises	6.0	18.0	24.4	26.5	26.8	1.8	2.8	2.3	2.3	2.2
5200 Impôts sur utilisation des biens et exerc. activités	2.6	6.1	7.4	8.6	9.1	0.8	0.9	0.7	0.7	0.8
5300 Non-ventilables entre 5100 et 5200	0.1	0.0	0.0	0.0	0.0	0.0	0.0	0.0	0.0	0.0
6000 Autres impôts	**0.0**	**0.0**	**0.0**	**0.1**	**0.2**	**0.0**	**0.0**	**0.0**	**0.0**	**0.0**
Crédits d'impôts récupérables										
Crédits d'impôts récupérables contre 1000	..	..	1.9	2.5	3.1	..	..	0.2	0.2	0.3
Composante transfert	..	..	1.2	1.5	2.2	..	..	0.1	0.1	0.2
Composante fiscale	..	..	0.7	0.9	1.0	..	..	0.1	0.1	0.1
Recettes fiscales collectés pour le compte de l'UE										
Recettes fiscales collectés pour le compte de l'UE, total	0.5	1.0	1.5	2.6	2.7	0.2	0.2	0.1	0.2	0.2
Droits de douane perçus pour le compte de l'UE	..	1.0	1.5	1.9	1.9	..	0.2	0.1	0.2	0.2
Contributions au Fonds de résolution unique collectées pour le compte de l'UE	..	..	..	0.7	0.7	..	..	..	0.1	0.1

.. Non disponible

Note : Des données et des notes plus détaillées par pays sont disponibles dans le chapitre 5 "Tableaux détaillés par pays" accessible en ligne : https://doi.org/10.1787/df3c3b17-fr. Les séries temporelles complètes sont accessibles sur le site web http://oe.cd/series-temporelles-completes.

Source : Información Estadística del Ministerio de Hacienda (for national taxes). Cuentas de las Administraciones Públicas (for local taxes and social security) both published by Secretaría General Técnica del Ministerio de Hacienda.

StatLink https://doi.org/10.1787/888934215157

Tableau 4.64. Espagne, recettes fiscales et % du PIB par niveaux d'administration (principaux impôts)

	Milliard EUR					% du PIB				
	1990	2000	2010	2017	2018	1990	2000	2010	2017	2018
Administrations fédérale ou centrale										
Recettes fiscales totales	**53.7**	**104.7**	**135.9**	**161.9**	**173.8**	**16.3**	**16.2**	**12.7**	**13.9**	**14.4**
1000 Impôts sur revenu, bénéfices et gains en capital	29.5	51.0	60.6	63.8	71.7	9.0	7.9	5.6	5.5	6.0
2000 Cotisations de sécurité sociale	0.4	2.3	3.5	3.4	3.5	0.1	0.4	0.3	0.3	0.3
3000 Sur salaires ou main d'oeuvre	0.0	0.0	0.0	0.0	0.0	0.0	0.0	0.0	0.0	0.0
4000 Impôts sur le patrimoine	0.4	0.4	0.1	0.4	0.4	0.1	0.1	0.0	0.0	0.0
5000 Impôts sur les biens et services	23.4	51.1	71.7	94.2	98.0	7.1	7.9	6.7	8.1	8.1
6000 Autres impôts	0.0	0.0	0.0	0.1	0.2	0.0	0.0	0.0	0.0	0.0
Administrations d'un État/Régions										
Recettes fiscales totales	**5.0**	**16.9**	**44.1**	**60.9**	**63.8**	**1.5**	**2.6**	**4.1**	**5.2**	**5.3**
1000 Impôts sur revenu, bénéfices et gains en capital	0.4	5.6	28.1	41.7	43.4	0.1	0.9	2.6	3.6	3.6
2000 Cotisations de sécurité sociale	0.0	0.0	0.0	0.0	0.0	0.0	0.0	0.0	0.0	0.0
3000 Sur salaires ou main d'oeuvre	0.0	0.0	0.0	0.0	0.0	0.0	0.0	0.0	0.0	0.0
4000 Impôts sur le patrimoine	3.0	7.7	9.7	11.8	12.7	0.9	1.2	0.9	1.0	1.1
5000 Impôts sur les biens et services	1.6	3.6	6.3	7.4	7.7	0.5	0.6	0.6	0.6	0.6
6000 Autres impôts	0.0	0.0	0.0	0.0	0.0	0.0	0.0	0.0	0.0	0.0
Administrations locales										
Recettes fiscales totales	**8.1**	**19.0**	**30.3**	**37.4**	**38.7**	**2.5**	**2.9**	**2.8**	**3.2**	**3.2**
1000 Impôts sur revenu, bénéfices et gains en capital	1.9	3.5	5.2	6.3	6.9	0.6	0.5	0.5	0.5	0.6
2000 Cotisations de sécurité sociale	0.0	0.0	0.0	0.0	0.0	0.0	0.0	0.0	0.0	0.0
3000 Sur salaires ou main d'oeuvre	0.0	0.0	0.0	0.0	0.0	0.0	0.0	0.0	0.0	0.0
4000 Impôts sur le patrimoine	2.3	5.8	12.4	17.2	17.2	0.7	0.9	1.2	1.5	1.4
5000 Impôts sur les biens et services	3.9	9.7	12.8	13.9	14.5	1.2	1.5	1.2	1.2	1.2
6000 Autres impôts	0.0	0.0	0.0	0.0	0.0	0.0	0.0	0.0	0.0	0.0
Administrations de sécurité sociale										
Recettes fiscales totales	**36.4**	**72.4**	**123.7**	**130.7**	**137.8**	**11.1**	**11.2**	**11.5**	**11.2**	**11.4**
1000 Impôts sur revenu, bénéfices et gains en capital	0.0	0.0	0.0	0.0	0.0	0.0	0.0	0.0	0.0	0.0
2000 Cotisations de sécurité sociale	36.4	72.4	123.7	130.7	137.8	11.1	11.2	11.5	11.2	11.4
3000 Sur salaires ou main d'oeuvre	0.0	0.0	0.0	0.0	0.0	0.0	0.0	0.0	0.0	0.0
4000 Impôts sur le patrimoine	0.0	0.0	0.0	0.0	0.0	0.0	0.0	0.0	0.0	0.0
5000 Impôts sur les biens et services	0.0	0.0	0.0	0.0	0.0	0.0	0.0	0.0	0.0	0.0
6000 Autres impôts	0.0	0.0	0.0	0.0	0.0	0.0	0.0	0.0	0.0	0.0

Note : Des données et des notes plus détaillées par pays sont disponibles dans le chapitre 6 "Recettes fiscales des sous-secteurs de l'administration" accessible en ligne : https://doi.org/10.1787/df3c3b17-fr. Les séries temporelles complètes sont accessibles sur le site web http://oe.cd/series-temporelles-completes.

Source : Información Estadística del Ministerio de Hacienda (for national taxes). Cuentas de las Administraciones Públicas (for local taxes and social security) both published by Secretaría General Técnica del Ministerio de Hacienda.

StatLink https://doi.org/10.1787/888934215176

Tableau 4.65. Suède, recettes fiscales et % du PIB (sélection de catégories d'impôts)

	Milliard SEK					% du PIB				
	1990	2000	2010	2017	2018	1990	2000	2010	2017	2018
Recettes fiscales totales	**759.1**	**1 174.5**	**1 538.7**	**2 049.3**	**2 120.6**	**49.0**	**48.8**	**43.1**	**44.3**	**43.9**
1000 Impôts sur le revenu, les bénéfices et les gains en capital	**314.8**	**480.4**	**546.7**	**744.9**	**761.0**	**20.3**	**19.9**	**15.3**	**16.1**	**15.8**
1100 Des personnes physiques	291.1	392.6	430.9	616.3	623.6	18.8	16.3	12.1	13.3	12.9
1200 Des sociétés	23.7	87.8	115.8	128.6	137.4	1.5	3.6	3.2	2.8	2.8
1300 Non-ventilables entre 1100 et 1200	0.0	0.0	0.0	0.0	0.0	0.0	0.0	0.0	0.0	0.0
2000 Cotisations de sécurité sociale	**205.9**	**307.0**	**384.7**	**443.1**	**463.3**	**13.3**	**12.7**	**10.8**	**9.6**	**9.6**
2100 À la charge des salariés	0.8	63.1	89.2	118.7	123.7	0.1	2.6	2.5	2.6	2.6
2200 À la charge des employeurs	196.9	237.5	288.4	320.4	335.4	12.7	9.9	8.1	6.9	6.9
2300 À la charge des indép. ou sans emploi	8.1	5.6	7.5	4.8	4.8	0.5	0.2	0.2	0.1	0.1
2400 Non-ventilables entre 2100, 2200 et 2300	0.0	0.8	-0.4	-0.8	-0.5	0.0	0.0	0.0	0.0	0.0
3000 Sur les salaires ou main d'oeuvre	**18.7**	**50.1**	**107.5**	**233.2**	**245.0**	**1.2**	**2.1**	**3.0**	**5.0**	**5.1**
4000 Impôts sur le patrimoine	**26.6**	**39.9**	**36.5**	**45.5**	**45.8**	**1.7**	**1.7**	**1.0**	**1.0**	**0.9**
4100 Impôts périodiques sur la propriété immobilière	8.9	23.3	26.4	32.9	33.2	0.6	1.0	0.7	0.7	0.7
4200 Impôts périodiques sur l'actif net	3.2	8.2	0.0	0.0	0.0	0.2	0.3	0.0	0.0	0.0
4300 Impôts sur mut. par décès, succ. et donations	1.4	2.5	0.0	0.0	0.0	0.1	0.1	0.0	0.0	0.0
4400 Impôts sur transact. mobilières et immob.	13.1	5.8	10.1	12.6	12.6	0.8	0.2	0.3	0.3	0.3
4500 Impôts non périodiques sur	0.0	0.0	0.0	0.0	0.0	0.0	0.0	0.0	0.0	0.0
4600 Autres impôts périodiques sur patrimoine	0.0	0.0	0.0	0.0	0.0	0.0	0.0	0.0	0.0	0.0
5000 Impôts sur les biens et services	**188.7**	**292.3**	**456.5**	**574.1**	**596.9**	**12.2**	**12.1**	**12.8**	**12.4**	**12.4**
5100 Impôts sur production, vente, transfert, etc.	181.6	284.8	440.1	554.2	577.1	11.7	11.8	12.3	12.0	12.0
5110 Impôts généraux	112.4	199.6	326.7	427.7	445.8	7.3	8.3	9.1	9.2	9.2
5111 Taxes sur la valeur ajoutée	112.4	197.5	322.6	425.1	445.7	7.3	8.2	9.0	9.2	9.2
5120 Impôts sur biens et services déterminés	69.2	85.2	113.4	126.4	131.3	4.5	3.5	3.2	2.7	2.7
5121 Accises	55.3	70.3	91.5	97.9	102.1	3.6	2.9	2.6	2.1	2.1
5200 Impôts sur utilisation des biens et exerc. activités	7.1	7.4	16.4	19.9	19.8	0.5	0.3	0.5	0.4	0.4
5300 Non-ventilables entre 5100 et 5200	0.0	0.0	0.0	0.0	0.0	0.0	0.0	0.0	0.0	0.0
6000 Autres impôts	**1.3**	**1.5**	**1.4**	**2.3**	**1.9**	**0.1**	**0.1**	**0.0**	**0.0**	**0.0**
Crédits d'impôts récupérables										
Crédits d'impôts récupérables contre 1000	..	..	..	..	..	..	..	..	..	..
Composante transfert	..	..	..	..	..	..	..	..	..	..
Composante fiscale	..	..	..	..	..	..	..	..	..	..
Recettes fiscales collectés pour le compte de l'UE										
Recettes fiscales collectés pour le compte de l'UE, total	..	7.2	11.1	12.5	13.0	..	0.3	0.3	0.3	0.3
Droits de douane perçus pour le compte de l'UE	..	3.4	5.4	6.2	6.5	..	0.1	0.2	0.1	0.1

.. Non disponible

Note : Des données et des notes plus détaillées par pays sont disponibles dans le chapitre 5 "Tableaux détaillés par pays" accessible en ligne : https://doi.org/10.1787/df3c3b17-fr. Les séries temporelles complètes sont accessibles sur le site web http://oe.cd/series-temporelles-completes.

Source : Monthly reports of central Government Revenues (unpublished) National Audit Bureau, Stockholm. Local Government Finance (SOS), Tax assessment statistics (SOS), National Central Bureau of Statistics, Stockholm. National Accounts (Statistical Reports), National Bureau of Statistics, Stockholm.

StatLink https://doi.org/10.1787/888934215195

Tableau 4.66. Suède, recettes fiscales et % du PIB par niveaux d'administration (principaux impôts)

	Milliard SEK					% du PIB				
	1990	2000	2010	2017	2018	1990	2000	2010	2017	2018
Administrations fédérale ou centrale										
Recettes fiscales totales	**387.0**	**704.1**	**807.2**	**1 074.7**	**1 106.6**	**25.0**	**29.2**	**22.6**	**23.2**	**22.9**
1000 Impôts sur revenu, bénéfices et gains en capital	94.7	144.1	23.8	44.8	34.8	6.1	6.0	0.7	1.0	0.7
2000 Cotisations de sécurité sociale	54.8	180.2	201.2	198.1	206.6	3.5	7.5	5.6	4.3	4.3
3000 Sur salaires ou main d'oeuvre	18.7	50.1	107.5	233.2	245.0	1.2	2.1	3.0	5.0	5.1
4000 Impôts sur le patrimoine	26.6	39.9	22.4	28.5	27.8	1.7	1.7	0.6	0.6	0.6
5000 Impôts sur les biens et services	187.8	288.5	450.8	567.8	590.4	12.1	12.0	12.6	12.3	12.2
6000 Autres impôts	1.3	1.5	1.4	2.3	1.9	0.1	0.1	0.0	0.0	0.0
Administrations d'un État/Régions										
Recettes fiscales totales	..	..	..	..	..	..	..	..	..	..
1000 Impôts sur revenu, bénéfices et gains en capital	..	..	..	..	..	..	..	..	..	..
2000 Cotisations de sécurité sociale	..	..	..	..	..	..	..	..	..	..
3000 Sur salaires ou main d'oeuvre	..	..	..	..	..	..	..	..	..	..
4000 Impôts sur le patrimoine	..	..	..	..	..	..	..	..	..	..
5000 Impôts sur les biens et services	..	..	..	..	..	..	..	..	..	..
6000 Autres impôts	..	..	..	..	..	..	..	..	..	..
Administrations locales										
Recettes fiscales totales	**221.0**	**336.3**	**537.0**	**717.0**	**744.3**	**14.3**	**14.0**	**15.0**	**15.5**	**15.4**
1000 Impôts sur revenu, bénéfices et gains en capital	220.1	336.3	522.9	700.1	726.2	14.2	14.0	14.6	15.1	15.0
2000 Cotisations de sécurité sociale	0.0	0.0	0.0	0.0	0.0	0.0	0.0	0.0	0.0	0.0
3000 Sur salaires ou main d'oeuvre	0.0	0.0	0.0	0.0	0.0	0.0	0.0	0.0	0.0	0.0
4000 Impôts sur le patrimoine	0.0	0.0	14.1	16.9	18.1	0.0	0.0	0.4	0.4	0.4
5000 Impôts sur les biens et services	0.9	0.0	0.0	0.0	0.0	0.1	0.0	0.0	0.0	0.0
6000 Autres impôts	0.0	0.0	0.0	0.0	0.0	0.0	0.0	0.0	0.0	0.0
Administrations de sécurité sociale										
Recettes fiscales totales	**151.1**	**126.8**	**183.5**	**245.0**	**256.7**	**9.7**	**5.3**	**5.1**	**5.3**	**5.3**
1000 Impôts sur revenu, bénéfices et gains en capital	0.0	0.0	0.0	0.0	0.0	0.0	0.0	0.0	0.0	0.0
2000 Cotisations de sécurité sociale	151.1	126.8	183.5	245.0	256.7	9.7	5.3	5.1	5.3	5.3
3000 Sur salaires ou main d'oeuvre	0.0	0.0	0.0	0.0	0.0	0.0	0.0	0.0	0.0	0.0
4000 Impôts sur le patrimoine	0.0	0.0	0.0	0.0	0.0	0.0	0.0	0.0	0.0	0.0
5000 Impôts sur les biens et services	0.0	0.0	0.0	0.0	0.0	0.0	0.0	0.0	0.0	0.0
6000 Autres impôts	0.0	0.0	0.0	0.0	0.0	0.0	0.0	0.0	0.0	0.0

.. Non disponible

Note : Des données et des notes plus détaillées par pays sont disponibles dans le chapitre 6 "Recettes fiscales des sous-secteurs de l'administration" accessible en ligne : https://doi.org/10.1787/df3c3b17-fr. Les séries temporelles complètes sont accessibles sur le site web http://oe.cd/series-temporelles-completes.

Source : Monthly reports of central Government Revenues (unpublished) National Audit Bureau, Stockholm. Local Government Finance (SOS), Tax assessment statistics (SOS), National Central Bureau of Statistics, Stockholm. National Accounts (Statistical Reports), National Bureau of Statistics, Stockholm.

StatLink https://doi.org/10.1787/888934215214

Tableau 4.67. Suisse, recettes fiscales et % du PIB (sélection de catégories d'impôts)

	Milliard CHF					% du PIB				
	1990	2000	2010	2017	2018	1990	2000	2010	2017	2018
Recettes fiscales totales	**85.1**	**126.8**	**161.9**	**190.2**	**193.4**	**23.7**	**27.6**	**26.6**	**28.4**	**28.0**
1000 Impôts sur le revenu, les bénéfices et les gains en capital	**40.0**	**55.9**	**73.7**	**90.0**	**92.2**	**11.2**	**12.2**	**12.1**	**13.4**	**13.4**
1100 Des personnes physiques	27.7	37.6	51.3	57.5	59.3	7.7	8.2	8.4	8.6	8.6
1200 Des sociétés	6.3	11.2	16.2	20.4	22.1	1.8	2.4	2.7	3.1	3.2
1300 Non-ventilables entre 1100 et 1200	6.1	7.1	6.2	12.1	10.8	1.7	1.6	1.0	1.8	1.6
2000 Cotisations de sécurité sociale	**19.9**	**30.6**	**38.3**	**44.9**	**45.7**	**5.5**	**6.7**	**6.3**	**6.7**	**6.6**
2100 À la charge des salariés	9.3	14.3	17.5	20.8	21.3	2.6	3.1	2.9	3.1	3.1
2200 À la charge des employeurs	9.3	14.3	17.6	20.9	21.3	2.6	3.1	2.9	3.1	3.1
2300 À la charge des indép. ou sans emploi	1.3	2.0	3.2	3.2	3.1	0.4	0.4	0.5	0.5	0.5
2400 Non-ventilables entre 2100, 2200 et 2300	0.0	0.0	0.0	0.0	0.0	0.0	0.0	0.0	0.0	0.0
3000 Sur les salaires ou main d'oeuvre	**0.0**	**0.0**	**0.0**	**0.0**	**0.0**	**0.0**	**0.0**	**0.0**	**0.0**	**0.0**
4000 Impôts sur le patrimoine	**7.6**	**12.2**	**12.3**	**14.2**	**14.2**	**2.1**	**2.7**	**2.0**	**2.1**	**2.1**
4100 Impôts périodiques sur la propriété immobilière	0.4	0.7	1.0	1.2	1.2	0.1	0.2	0.2	0.2	0.2
4200 Impôts périodiques sur l'actif net	3.4	5.2	7.0	8.9	9.1	0.9	1.1	1.2	1.3	1.3
4300 Impôts sur mut. par décès, succ. et donations	0.9	1.2	1.0	1.2	1.2	0.2	0.3	0.2	0.2	0.2
4400 Impôts sur transact. mobilières et immob.	2.2	4.3	2.4	2.0	1.7	0.6	0.9	0.4	0.3	0.2
4500 Impôts non périodiques sur	0.0	0.0	0.0	0.0	0.0	0.0	0.0	0.0	0.0	0.0
4600 Autres impôts périodiques sur patrimoine	0.6	0.8	0.9	1.0	1.1	0.2	0.2	0.2	0.1	0.2
5000 Impôts sur les biens et services	**17.5**	**27.8**	**37.1**	**40.2**	**40.3**	**4.9**	**6.1**	**6.1**	**6.0**	**5.8**
5100 Impôts sur production, vente, transfert, etc.	16.0	25.3	32.2	34.3	34.4	4.5	5.5	5.3	5.1	5.0
5110 Impôts généraux	9.9	16.9	21.0	23.3	23.0	2.8	3.7	3.4	3.5	3.3
5111 Taxes sur la valeur ajoutée	9.9	16.6	20.6	22.9	22.6	2.8	3.6	3.4	3.4	3.3
5120 Impôts sur biens et services déterminés	6.1	8.3	11.1	11.0	11.3	1.7	1.8	1.8	1.6	1.6
5121 Accises	4.6	6.8	8.3	8.1	8.4	1.3	1.5	1.4	1.2	1.2
5200 Impôts sur utilisation des biens et exerc. activités	1.6	2.5	4.9	5.8	5.9	0.4	0.6	0.8	0.9	0.9
5300 Non-ventilables entre 5100 et 5200	0.0	0.0	0.0	0.0	0.0	0.0	0.0	0.0	0.0	0.0
6000 Autres impôts	**0.1**	**0.2**	**0.6**	**1.0**	**1.0**	**0.0**	**0.0**	**0.1**	**0.1**	**0.1**
Crédits d'impôts récupérables										
Crédits d'impôts récupérables contre 1000	..	..	..	..	..	..	..	..	..	..
Composante transfert	..	..	..	..	..	..	..	..	..	..
Composante fiscale	..	..	..	..	..	..	..	..	..	..

.. Non disponible

Note : Des données et des notes plus détaillées par pays sont disponibles dans le chapitre 5 "Tableaux détaillés par pays" accessible en ligne : https://doi.org/10.1787/df3c3b17-fr. Les séries temporelles complètes sont accessibles sur le site web http://oe.cd/series-temporelles-completes. Le total des recettes fiscales a été diminué du montant de tout transfert en capital représentant les impôts non perçus. Le transfert en capital a été réparti entre les différentes rubriques en proportion des recettes fiscales. Par conséquent, les montants des recettes fiscales sont différents de ceux présentés dans le chapitre 5 "Tableaux détaillés par pays" accessible en ligne.

Source : Statistique financière, Administration fédérale des finances.

StatLink https://doi.org/10.1787/888934215233

Tableau 4.68. Suisse, recettes fiscales et % du PIB par niveaux d'administration (principaux impôts)

	Milliard CHF					% du PIB				
	1990	2000	2010	2017	2018	1990	2000	2010	2017	2018
Administrations fédérale ou centrale										
Recettes fiscales totales	**29.0**	**46.9**	**59.2**	**69.6**	**69.5**	**8.1**	**10.2**	**9.7**	**10.4**	**10.1**
1000 Impôts sur revenu, bénéfices et gains en capital	10.9	17.0	22.7	30.8	30.9	3.0	3.7	3.7	4.6	4.5
2000 Cotisations de sécurité sociale	0.0	0.0	0.0	0.0	0.0	0.0	0.0	0.0	0.0	0.0
3000 Sur salaires ou main d'oeuvre	0.0	0.0	0.0	0.0	0.0	0.0	0.0	0.0	0.0	0.0
4000 Impôts sur le patrimoine	2.1	4.1	2.2	1.7	1.4	0.6	0.9	0.4	0.3	0.2
5000 Impôts sur les biens et services	16.0	25.7	34.3	37.1	37.1	4.5	5.6	5.6	5.5	5.4
6000 Autres impôts	0.0	0.0	0.0	0.1	0.1	0.0	0.0	0.0	0.0	0.0
Administrations d'un État/Régions										
Recettes fiscales totales	**21.3**	**28.9**	**39.9**	**46.6**	**48.2**	**6.0**	**6.3**	**6.5**	**7.0**	**7.0**
1000 Impôts sur revenu, bénéfices et gains en capital	16.4	21.8	30.9	35.5	36.8	4.6	4.7	5.1	5.3	5.3
2000 Cotisations de sécurité sociale	0.0	0.0	0.0	0.0	0.0	0.0	0.0	0.0	0.0	0.0
3000 Sur salaires ou main d'oeuvre	0.0	0.0	0.0	0.0	0.0	0.0	0.0	0.0	0.0	0.0
4000 Impôts sur le patrimoine	3.5	5.0	6.3	7.9	8.0	1.0	1.1	1.0	1.2	1.2
5000 Impôts sur les biens et services	1.4	2.1	2.7	3.0	3.0	0.4	0.4	0.4	0.4	0.4
6000 Autres impôts	0.0	0.0	0.0	0.3	0.4	0.0	0.0	0.0	0.0	0.1
Administrations locales										
Recettes fiscales totales	**14.9**	**20.5**	**24.6**	**29.1**	**30.0**	**4.2**	**4.5**	**4.0**	**4.4**	**4.3**
1000 Impôts sur revenu, bénéfices et gains en capital	12.7	17.1	20.2	23.8	24.5	3.5	3.7	3.3	3.6	3.6
2000 Cotisations de sécurité sociale	0.0	0.0	0.0	0.0	0.0	0.0	0.0	0.0	0.0	0.0
3000 Sur salaires ou main d'oeuvre	0.0	0.0	0.0	0.0	0.0	0.0	0.0	0.0	0.0	0.0
4000 Impôts sur le patrimoine	2.0	3.1	3.8	4.6	4.7	0.6	0.7	0.6	0.7	0.7
5000 Impôts sur les biens et services	0.1	0.1	0.1	0.2	0.2	0.0	0.0	0.0	0.0	0.0
6000 Autres impôts	0.1	0.2	0.6	0.6	0.6	0.0	0.0	0.1	0.1	0.1
Administrations de sécurité sociale										
Recettes fiscales totales	**19.9**	**30.6**	**38.3**	**44.9**	**45.7**	**5.5**	**6.7**	**6.3**	**6.7**	**6.6**
1000 Impôts sur revenu, bénéfices et gains en capital	0.0	0.0	0.0	0.0	0.0	0.0	0.0	0.0	0.0	0.0
2000 Cotisations de sécurité sociale	19.9	30.6	38.3	44.9	45.7	5.5	6.7	6.3	6.7	6.6
3000 Sur salaires ou main d'oeuvre	0.0	0.0	0.0	0.0	0.0	0.0	0.0	0.0	0.0	0.0
4000 Impôts sur le patrimoine	0.0	0.0	0.0	0.0	0.0	0.0	0.0	0.0	0.0	0.0
5000 Impôts sur les biens et services	0.0	0.0	0.0	0.0	0.0	0.0	0.0	0.0	0.0	0.0
6000 Autres impôts	0.0	0.0	0.0	0.0	0.0	0.0	0.0	0.0	0.0	0.0

Note : Des données et des notes plus détaillées par pays sont disponibles dans le chapitre 6 "Recettes fiscales des sous-secteurs de l'administration" accessible en ligne : https://doi.org/10.1787/df3c3b17-fr. Les séries temporelles complètes sont accessibles sur le site web http://oe.cd/series-temporelles-completes.

Le total des recettes fiscales a été diminué du montant de tout transfert en capital représentant les impôts non perçus. Le transfert en capital a été réparti entre les différentes rubriques en proportion des recettes fiscales. Par conséquent, les montants des recettes fiscales sont différents de ceux présentés dans le chapitre 6 "Recettes fiscales des sous-secteurs de l'administration" accessible en ligne.

Source : Statistique financière, Administration fédérale des finances.

StatLink https://doi.org/10.1787/888934215252

Tableau 4.69. Turquie, recettes fiscales et % du PIB (sélection de catégories d'impôts)

	Milliard TRY					% du PIB				
	1990	2000	2010	2017	2018	1990	2000	2010	2017	2018
Recettes fiscales totales	**0.1**	**40.3**	**287.9**	**773.4**	**901.5**	**14.5**	**23.5**	**24.7**	**24.7**	**24.0**
1000 Impôts sur le revenu, les bénéfices et les gains en capital	**0.0**	**11.9**	**61.3**	**165.3**	**217.7**	**4.9**	**6.9**	**5.3**	**5.3**	**5.8**
1100 Des personnes physiques	0.0	9.0	40.4	112.4	139.0	3.9	5.2	3.5	3.6	3.7
1200 Des sociétés	0.0	2.9	20.9	52.9	78.7	1.0	1.7	1.8	1.7	2.1
1300 Non-ventilables entre 1100 et 1200	0.0	0.0	0.0	0.0	0.0	0.0	0.0	0.0	0.0	0.0
2000 Cotisations de sécurité sociale	**0.0**	**7.5**	**71.7**	**226.7**	**269.9**	**2.9**	**4.4**	**6.1**	**7.2**	**7.2**
2100 À la charge des salariés	0.0	2.7	26.9	86.4	101.7	1.1	1.6	2.3	2.8	2.7
2200 À la charge des employeurs	0.0	3.6	39.4	128.3	151.4	1.6	2.1	3.4	4.1	4.0
2300 À la charge des indép. ou sans emploi	0.0	1.2	5.4	12.0	16.9	0.2	0.7	0.5	0.4	0.4
2400 Non-ventilables entre 2100, 2200 et 2300	0.0	0.0	0.0	0.0	0.0	0.0	0.0	0.0	0.0	0.0
3000 Sur les salaires ou main d'oeuvre	**0.0**	**0.0**	**0.0**	**0.0**	**0.0**	**0.0**	**0.0**	**0.0**	**0.0**	**0.0**
4000 Impôts sur le patrimoine	**0.0**	**1.3**	**11.7**	**34.9**	**38.9**	**0.3**	**0.7**	**1.0**	**1.1**	**1.0**
4100 Impôts périodiques sur la propriété immobilière	0.0	0.2	2.7	6.8	8.7	0.0	0.1	0.2	0.2	0.2
4200 Impôts périodiques sur l'actif net	0.0	0.0	0.0	0.0	0.0	0.0	0.0	0.0	0.0	0.0
4300 Impôts sur mut. par décès, succ. et donations	0.0	0.0	0.2	0.7	0.9	0.0	0.0	0.0	0.0	0.0
4400 Impôts sur transact. mobilières et immob.	0.0	1.1	8.8	27.3	29.3	0.3	0.6	0.8	0.9	0.8
4500 Impôts non périodiques sur	0.0	0.0	0.0	0.0	0.0	0.0	0.0	0.0	0.0	0.0
4600 Autres impôts périodiques sur patrimoine	0.0	0.0	0.0	0.0	0.0	0.0	0.0	0.0	0.0	0.0
5000 Impôts sur les biens et services	**0.0**	**16.9**	**137.3**	**336.3**	**365.0**	**4.1**	**9.9**	**11.8**	**10.7**	**9.7**
5100 Impôts sur production, vente, transfert, etc.	0.0	16.3	131.9	324.9	351.5	4.0	9.5	11.3	10.4	9.4
5110 Impôts généraux	0.0	9.7	62.5	155.7	178.6	2.9	5.7	5.4	5.0	4.8
5111 Taxes sur la valeur ajoutée	0.0	9.7	62.5	155.7	178.6	2.7	5.7	5.4	5.0	4.8
5120 Impôts sur biens et services déterminés	0.0	6.6	69.3	169.3	172.8	1.1	3.8	5.9	5.4	4.6
5121 Accises	0.0	4.7	57.3	138.3	133.9	0.1	2.8	4.9	4.4	3.6
5200 Impôts sur utilisation des biens et exerc. activités	0.0	0.6	5.4	11.3	13.5	0.1	0.3	0.5	0.4	0.4
5300 Non-ventilables entre 5100 et 5200	0.0	0.0	0.0	0.0	0.0	0.0	0.0	0.0	0.0	0.0
6000 Autres impôts	**0.0**	**2.7**	**5.9**	**10.3**	**10.0**	**2.4**	**1.6**	**0.5**	**0.3**	**0.3**
Crédits d'impôts récupérables										
Crédits d'impôts récupérables contre 1000	..	..	..	..	..	..	..	..	..	..
Composante transfert	..	..	..	..	..	..	..	..	..	..
Composante fiscale	..	..	..	..	..	..	..	..	..	..

.. Non disponible

Note : Des données et des notes plus détaillées par pays sont disponibles dans le chapitre 5 "Tableaux détaillés par pays" accessible en ligne : https://doi.org/10.1787/df3c3b17-fr. Les séries temporelles complètes sont accessibles sur le site web http://oe.cd/series-temporelles-completes.

Source : Bulletin of national accounts and the Budget revenue Bulletin.

StatLink https://doi.org/10.1787/888934215271

Tableau 4.70. Turquie, recettes fiscales et % du PIB par niveaux d'administration (principaux impôts)

	Milliard TRY					% du PIB				
	1990	2000	2010	2017	2018	1990	2000	2010	2017	2018
Administrations fédérale ou centrale										
Recettes fiscales totales	**0.1**	**29.1**	**189.4**	**473.2**	**545.0**	**10.4**	**17.0**	**16.2**	**15.1**	**14.5**
1000 Impôts sur revenu, bénéfices et gains en capital	0.0	10.5	54.6	145.3	191.7	4.3	6.1	4.7	4.6	5.1
2000 Cotisations de sécurité sociale	0.0	0.0	0.0	0.0	0.0	0.0	0.0	0.0	0.0	0.0
3000 Sur salaires ou main d'oeuvre	0.0	0.0	0.0	0.0	0.0	0.0	0.0	0.0	0.0	0.0
4000 Impôts sur le patrimoine	0.0	0.9	8.1	24.6	26.5	0.3	0.5	0.7	0.8	0.7
5000 Impôts sur les biens et services	0.0	15.2	124.0	299.4	322.7	3.6	8.9	10.6	9.6	8.6
6000 Autres impôts	0.0	2.5	2.7	3.8	4.2	2.2	1.4	0.2	0.1	0.1
Administrations d'un État/Régions										
Recettes fiscales totales	..	..	..	..	..	..	..	..	..	..
1000 Impôts sur revenu, bénéfices et gains en capital	..	..	..	..	..	..	..	..	..	..
2000 Cotisations de sécurité sociale	..	..	..	..	..	..	..	..	..	..
3000 Sur salaires ou main d'oeuvre	..	..	..	..	..	..	..	..	..	..
4000 Impôts sur le patrimoine	..	..	..	..	..	..	..	..	..	..
5000 Impôts sur les biens et services	..	..	..	..	..	..	..	..	..	..
6000 Autres impôts	..	..	..	..	..	..	..	..	..	..
Administrations locales										
Recettes fiscales totales	**0.0**	**3.6**	**26.8**	**73.5**	**86.5**	**1.3**	**2.1**	**2.3**	**2.3**	**2.3**
1000 Impôts sur revenu, bénéfices et gains en capital	0.0	1.4	6.7	20.0	26.0	0.6	0.8	0.6	0.6	0.7
2000 Cotisations de sécurité sociale	0.0	0.0	0.0	0.0	0.0	0.0	0.0	0.0	0.0	0.0
3000 Sur salaires ou main d'oeuvre	0.0	0.0	0.0	0.0	0.0	0.0	0.0	0.0	0.0	0.0
4000 Impôts sur le patrimoine	0.0	0.3	3.6	10.2	12.5	0.0	0.2	0.3	0.3	0.3
5000 Impôts sur les biens et services	0.0	1.7	13.3	36.8	42.3	0.5	1.0	1.1	1.2	1.1
6000 Autres impôts	0.0	0.2	3.2	6.4	5.8	0.2	0.1	0.3	0.2	0.2
Administrations de sécurité sociale										
Recettes fiscales totales	**0.0**	**7.5**	**71.7**	**226.7**	**269.9**	**2.9**	**4.4**	**6.1**	**7.2**	**7.2**
1000 Impôts sur revenu, bénéfices et gains en capital	0.0	0.0	0.0	0.0	0.0	0.0	0.0	0.0	0.0	0.0
2000 Cotisations de sécurité sociale	0.0	7.5	71.7	226.7	269.9	2.9	4.4	6.1	7.2	7.2
3000 Sur salaires ou main d'oeuvre	0.0	0.0	0.0	0.0	0.0	0.0	0.0	0.0	0.0	0.0
4000 Impôts sur le patrimoine	0.0	0.0	0.0	0.0	0.0	0.0	0.0	0.0	0.0	0.0
5000 Impôts sur les biens et services	0.0	0.0	0.0	0.0	0.0	0.0	0.0	0.0	0.0	0.0
6000 Autres impôts	0.0	0.0	0.0	0.0	0.0	0.0	0.0	0.0	0.0	0.0

.. Non disponible

Note : Des données et des notes plus détaillées par pays sont disponibles dans le chapitre 6 "Recettes fiscales des sous-secteurs de l'administration" accessible en ligne : https://doi.org/10.1787/df3c3b17-fr. Les séries temporelles complètes sont accessibles sur le site web http://oe.cd/series-temporelles-completes.

Source : Bulletin of national accounts and the Budget revenue Bulletin.

StatLink https://doi.org/10.1787/888934215290

Tableau 4.71. Royaume-Uni, recettes fiscales et % du PIB (sélection de catégories d'impôts)

	Milliard GBP					% du PIB				
	1990	2000	2010	2017	2018	1990	2000	2010	2017	2018
Recettes fiscales totales	**202.4**	**359.4**	**514.7**	**680.0**	**705.2**	**32.9**	**32.8**	**32.1**	**32.8**	**32.9**
1000 Impôts sur le revenu, les bénéfices et les gains en capital	**79.6**	**142.2**	**192.7**	**240.4**	**249.1**	**12.9**	**13.0**	**12.0**	**11.6**	**11.6**
1100 Des personnes physiques	59.5	104.1	147.0	185.6	192.8	9.7	9.5	9.2	9.0	9.0
1200 Des sociétés	20.1	38.1	45.7	54.8	56.3	3.3	3.5	2.9	2.6	2.6
1300 Non-ventilables entre 1100 et 1200	0.0	0.0	0.0	0.0	0.0	0.0	0.0	0.0	0.0	0.0
2000 Cotisations de sécurité sociale	**34.5**	**60.3**	**97.3**	**130.4**	**135.0**	**5.6**	**5.5**	**6.1**	**6.3**	**6.3**
2100 À la charge des salariés	13.3	24.2	38.7	50.4	52.1	2.2	2.2	2.4	2.4	2.4
2200 À la charge des employeurs	20.0	34.0	55.9	76.6	79.2	3.2	3.1	3.5	3.7	3.7
2300 À la charge des indép. ou sans emploi	1.2	2.0	2.8	3.4	3.7	0.2	0.2	0.2	0.2	0.2
2400 Non-ventilables entre 2100, 2200 et 2300	0.0	0.0	0.0	0.0	0.0	0.0	0.0	0.0	0.0	0.0
3000 Sur les salaires ou main d'oeuvre	**0.0**	**0.0**	**0.0**	**1.8**	**2.6**	**0.0**	**0.0**	**0.0**	**0.1**	**0.1**
4000 Impôts sur le patrimoine	**16.5**	**41.1**	**61.8**	**85.6**	**88.4**	**2.7**	**3.8**	**3.9**	**4.1**	**4.1**
4100 Impôts périodiques sur la propriété immobilière	13.5	30.6	50.0	62.9	66.2	2.2	2.8	3.1	3.0	3.1
4200 Impôts périodiques sur l'actif net	0.0	0.0	0.0	0.0	0.0	0.0	0.0	0.0	0.0	0.0
4300 Impôts sur mut. par décès, succ. et donations	1.3	2.2	2.6	5.4	5.3	0.2	0.2	0.2	0.3	0.2
4400 Impôts sur transact. mobilières et immob.	1.8	8.4	9.1	17.1	16.7	0.3	0.8	0.6	0.8	0.8
4500 Impôts non périodiques sur	0.0	0.0	0.0	0.3	0.3	0.0	0.0	0.0	0.0	0.0
4600 Autres impôts périodiques sur patrimoine	0.0	0.0	0.0	0.0	0.0	0.0	0.0	0.0	0.0	0.0
5000 Impôts sur les biens et services	**62.8**	**115.8**	**162.9**	**221.7**	**230.1**	**10.2**	**10.6**	**10.2**	**10.7**	**10.7**
5100 Impôts sur production, vente, transfert, etc.	59.4	110.8	155.5	214.0	222.0	9.6	10.1	9.7	10.3	10.4
5110 Impôts généraux	34.1	65.0	97.6	142.4	149.1	5.5	5.9	6.1	6.9	7.0
5111 Taxes sur la valeur ajoutée	34.1	65.0	97.6	142.4	149.1	5.5	5.9	6.1	6.9	7.0
5120 Impôts sur biens et services déterminés	25.2	45.8	57.8	71.6	73.0	4.1	4.2	3.6	3.5	3.4
5121 Accises	19.7	37.3	45.5	48.7	49.1	3.2	3.4	2.8	2.4	2.3
5200 Impôts sur utilisation des biens et exerc. activités	3.4	5.0	7.4	7.8	8.1	0.6	0.5	0.5	0.4	0.4
5300 Non-ventilables entre 5100 et 5200	0.0	0.0	0.0	0.0	0.0	0.0	0.0	0.0	0.0	0.0
6000 Autres impôts	**9.0**	**0.0**	**0.0**	**0.0**	**0.0**	**1.5**	**0.0**	**0.0**	**0.0**	**0.0**
Crédits d'impôts récupérables										
Crédits d'impôts récupérables contre 1000	7.5	4.7	30.2	31.3	29.0	1.2	0.4	1.9	1.5	1.4
Composante transfert	0.5	3.4	23.7	27.3	25.0	0.1	0.3	1.5	1.3	1.2
Composante fiscale	7.0	1.2	6.5	4.0	4.0	1.1	0.1	0.4	0.2	0.2
Recettes fiscales collectés pour le compte de l'UE										
Recettes fiscales collectés pour le compte de l'UE, total	1.8	2.1	2.9	3.4	3.6	0.3	0.2	0.2	0.2	0.2
Droits de douane perçus pour le compte de l'UE	..	1.8	2.9	3.4	3.3	..	0.2	0.2	0.2	0.2

.. Non disponible

Note : Veuillez noter que les données relatives aux crédits d'impôt récupérables pour le Royaume-Uni sont en droits constatés et incluent des estimations pour certaines années. Veuillez consulter les notes de bas de page du tableau pour le Royaume-Uni au chapitre 5 pour plus d'informations.

Note : Des données et des notes plus détaillées par pays sont disponibles dans le chapitre 5 "Tableaux détaillés par pays" accessible en ligne : https://doi.org/10.1787/df3c3b17-fr. Les séries temporelles complètes sont accessibles sur le site web http://oe.cd/series-temporelles-completes.

Source : National Income and Expenditure; Central Statistical Office; Annual reports of Her Majesty's Revenue and Customs.

StatLink https://doi.org/10.1787/888934215309

Tableau 4.72. Royaume-Uni, recettes fiscales et % du PIB par niveaux d'administration (principaux impôts)

	Milliard GBP					% du PIB				
	1990	2000	2010	2017	2018	1990	2000	2010	2017	2018
Administrations fédérale ou centrale										
Recettes fiscales totales	**151.9**	**282.8**	**388.2**	**513.0**	**531.0**	**24.7**	**25.8**	**24.2**	**24.8**	**24.8**
1000 Impôts sur revenu, bénéfices et gains en capital	79.6	142.2	192.7	240.4	249.1	12.9	13.0	12.0	11.6	11.6
2000 Cotisations de sécurité sociale	0.0	0.0	0.0	0.0	0.0	0.0	0.0	0.0	0.0	0.0
3000 Sur salaires ou main d'oeuvre	0.0	0.0	0.0	1.8	2.6	0.0	0.0	0.0	0.1	0.1
4000 Impôts sur le patrimoine	11.4	26.9	35.5	52.5	52.8	1.9	2.5	2.2	2.5	2.5
5000 Impôts sur les biens et services	60.9	113.7	160.0	218.3	226.6	9.9	10.4	10.0	10.5	10.6
6000 Autres impôts	0.0	0.0	0.0	0.0	0.0	0.0	0.0	0.0	0.0	0.0
Administrations d'un État/Régions										
Recettes fiscales totales	**..**	**..**	**..**	**..**	**..**	**..**	**..**	**..**	**..**	**..**
1000 Impôts sur revenu, bénéfices et gains en capital	..	..	..	..	..	..	..	..	..	..
2000 Cotisations de sécurité sociale	..	..	..	..	..	..	..	..	..	..
3000 Sur salaires ou main d'oeuvre	..	..	..	..	..	..	..	..	..	..
4000 Impôts sur le patrimoine	..	..	..	..	..	..	..	..	..	..
5000 Impôts sur les biens et services	..	..	..	..	..	..	..	..	..	..
6000 Autres impôts	..	..	..	..	..	..	..	..	..	..
Administrations locales										
Recettes fiscales totales	**14.1**	**14.2**	**26.2**	**33.1**	**35.7**	**2.3**	**1.3**	**1.6**	**1.6**	**1.7**
1000 Impôts sur revenu, bénéfices et gains en capital	0.0	0.0	0.0	0.0	0.0	0.0	0.0	0.0	0.0	0.0
2000 Cotisations de sécurité sociale	0.0	0.0	0.0	0.0	0.0	0.0	0.0	0.0	0.0	0.0
3000 Sur salaires ou main d'oeuvre	0.0	0.0	0.0	0.0	0.0	0.0	0.0	0.0	0.0	0.0
4000 Impôts sur le patrimoine	5.1	14.2	26.2	33.1	35.7	0.8	1.3	1.6	1.6	1.7
5000 Impôts sur les biens et services	0.0	0.0	0.0	0.0	0.0	0.0	0.0	0.0	0.0	0.0
6000 Autres impôts	9.0	0.0	0.0	0.0	0.0	1.5	0.0	0.0	0.0	0.0
Administrations de sécurité sociale										
Recettes fiscales totales	**34.5**	**60.3**	**97.3**	**130.4**	**135.0**	**5.6**	**5.5**	**6.1**	**6.3**	**6.3**
1000 Impôts sur revenu, bénéfices et gains en capital	0.0	0.0	0.0	0.0	0.0	0.0	0.0	0.0	0.0	0.0
2000 Cotisations de sécurité sociale	34.5	60.3	97.3	130.4	135.0	5.6	5.5	6.1	6.3	6.3
3000 Sur salaires ou main d'oeuvre	0.0	0.0	0.0	0.0	0.0	0.0	0.0	0.0	0.0	0.0
4000 Impôts sur le patrimoine	0.0	0.0	0.0	0.0	0.0	0.0	0.0	0.0	0.0	0.0
5000 Impôts sur les biens et services	0.0	0.0	0.0	0.0	0.0	0.0	0.0	0.0	0.0	0.0
6000 Autres impôts	0.0	0.0	0.0	0.0	0.0	0.0	0.0	0.0	0.0	0.0

.. Non disponible

Note : Des données et des notes plus détaillées par pays sont disponibles dans le chapitre 5 "Tableaux détaillés par pays" accessible en ligne : https://doi.org/10.1787/df3c3b17-fr. Les séries temporelles complètes sont accessibles sur le site web http://oe.cd/series-temporelles-completes.

Source : National Income and Expenditure; Central Statistical Office; Annual reports of Her Majesty's Revenue and Customs.

StatLink https://doi.org/10.1787/888934215328

Tableau 4.73. États-Unis, recettes fiscales et % du PIB (sélection de catégories d'impôts)

	Milliard USD					% du PIB				
	1990	2000	2010	2017	2018	1990	2000	2010	2017	2018
Recettes fiscales totales	**1 552.4**	**2 900.5**	**3 517.1**	**5 225.9**	**5 031.7**	**26.0**	**28.3**	**23.5**	**26.7**	**24.4**
1000 Impôts sur le revenu, les bénéfices et les gains en capital	**701.7**	**1 453.9**	**1 488.7**	**2 342.8**	**2 274.6**	**11.8**	**14.2**	**9.9**	**12.0**	**11.0**
1100 Des personnes physiques	584.7	1 224.5	1 223.2	2 036.8	2 068.8	9.8	11.9	8.2	10.4	10.0
1200 Des sociétés	117.0	229.3	265.5	306.0	205.8	2.0	2.2	1.8	1.6	1.0
1300 Non-ventilables entre 1100 et 1200	0.0	0.0	0.0	0.0	0.0	0.0	0.0	0.0	0.0	0.0
2000 Cotisations de sécurité sociale	**397.0**	**683.1**	**917.4**	**1 205.3**	**1 250.4**	**6.7**	**6.7**	**6.1**	**6.2**	**6.1**
2100 À la charge des salariés	173.9	305.6	406.4	543.3	568.3	2.9	3.0	2.7	2.8	2.8
2200 À la charge des employeurs	204.1	343.2	461.7	598.6	616.1	3.4	3.3	3.1	3.1	3.0
2300 À la charge des indép. ou sans emploi	19.0	34.4	49.3	63.5	66.0	0.3	0.3	0.3	0.3	0.3
2400 Non-ventilables entre 2100, 2200 et 2300	0.0	0.0	0.0	0.0	0.0	0.0	0.0	0.0	0.0	0.0
3000 Sur les salaires ou main d'oeuvre	**0.0**	**0.0**	**2.3**	**2.0**	**2.2**	**0.0**	**0.0**	**0.0**	**0.0**	**0.0**
4000 Impôts sur le patrimoine	**182.4**	**299.5**	**473.4**	**850.5**	**617.7**	**3.1**	**2.9**	**3.2**	**4.4**	**3.0**
4100 Impôts périodiques sur la propriété immobilière	161.5	254.7	438.6	545.8	562.0	2.7	2.5	2.9	2.8	2.7
4200 Impôts périodiques sur l'actif net	0.0	0.0	0.0	0.0	0.0	0.0	0.0	0.0	0.0	0.0
4300 Impôts sur mut. par décès, succ. et donations	15.8	35.6	19.7	28.5	28.5	0.3	0.3	0.1	0.1	0.1
4400 Impôts sur transact. mobilières et immob.	2.1	4.4	7.5	16.5	17.1	0.0	0.0	0.1	0.1	0.1
4500 Impôts non périodiques sur	0.0	0.0	0.0	250.0	0.0	0.0	0.0	0.0	1.3	0.0
4600 Autres impôts périodiques sur patrimoine	3.0	4.8	7.7	9.7	10.0	0.1	0.0	0.1	0.1	0.0
5000 Impôts sur les biens et services	**271.3**	**464.0**	**635.3**	**825.2**	**886.9**	**4.6**	**4.5**	**4.2**	**4.2**	**4.3**
5100 Impôts sur production, vente, transfert, etc.	235.2	404.1	546.7	722.0	777.1	3.9	3.9	3.6	3.7	3.8
5110 Impôts généraux	125.6	221.4	295.1	394.7	411.9	2.1	2.2	2.0	2.0	2.0
5111 Taxes sur la valeur ajoutée	0.0	0.0	0.0	0.0	0.0	0.0	0.0	0.0	0.0	0.0
5120 Impôts sur biens et services déterminés	109.7	182.7	251.6	327.3	365.2	1.8	1.8	1.7	1.7	1.8
5121 Accises	65.0	108.6	146.6	162.2	164.4	1.1	1.1	1.0	0.8	0.8
5200 Impôts sur utilisation des biens et exerc. activités	36.1	59.9	88.6	103.2	109.8	0.6	0.6	0.6	0.5	0.5
5300 Non-ventilables entre 5100 et 5200	0.0	0.0	0.0	0.0	0.0	0.0	0.0	0.0	0.0	0.0
6000 Autres impôts	**0.0**	**0.0**	**0.0**	**0.0**	**0.0**	**0.0**	**0.0**	**0.0**	**0.0**	**0.0**
Crédits d'impôts récupérables										
Crédits d'impôts récupérables contre 1000	6.2	36.5	171.9	177.0	194.7	0.1	0.4	1.1	0.9	0.9
Composante transfert	4.4	26.9	101.8	127.6	137.0	0.1	0.3	0.7	0.7	0.7
Composante fiscale	1.8	9.6	70.1	49.4	57.7	0.0	0.1	0.5	0.3	0.3

Note : Des données et des notes plus détaillées par pays sont disponibles dans le chapitre 5 "Tableaux détaillés par pays" accessible en ligne : https://doi.org/10.1787/df3c3b17-fr. Les séries temporelles complètes sont accessibles sur le site web http://oe.cd/series-temporelles-completes.

Source : Federal estimates are derived from the US Budget, the Final Monthly Treasury Statement and the Annual Report of the US Treasury Department. The State and Local estimates are derived from Government Finances, published by the Bureau of the Census.

StatLink https://doi.org/10.1787/888934215347

Tableau 4.74. États-Unis, recettes fiscales et % du PIB par niveaux d'administration (principaux impôts)

	Milliard USD					% du PIB				
	1990	2000	2010	2017	2018	1990	2000	2010	2017	2018
Administrations fédérale ou centrale										
Recettes fiscales totales	**632.2**	**1 316.6**	**1 288.7**	**2 292.3**	**1 979.0**	**10.6**	**12.8**	**8.6**	**11.7**	**9.6**
1000 Impôts sur revenu, bénéfices et gains en capital	569.7	1 201.3	1 176.8	1 890.5	1 795.3	9.6	11.7	7.9	9.7	8.7
2000 Cotisations de sécurité sociale	0.0	0.0	0.0	0.0	0.0	0.0	0.0	0.0	0.0	0.0
3000 Sur salaires ou main d'oeuvre	0.0	0.0	0.0	0.0	0.0	0.0	0.0	0.0	0.0	0.0
4000 Impôts sur le patrimoine	11.6	28.1	15.1	273.2	22.9	0.2	0.3	0.1	1.4	0.1
5000 Impôts sur les biens et services	50.9	87.3	96.8	128.7	160.8	0.9	0.9	0.6	0.7	0.8
6000 Autres impôts	0.0	0.0	0.0	0.0	0.0	0.0	0.0	0.0	0.0	0.0
Administrations d'un État/Régions										
Recettes fiscales totales	**309.7**	**547.6**	**723.9**	**983.5**	**1 036.8**	**5.2**	**5.3**	**4.8**	**5.0**	**5.0**
1000 Impôts sur revenu, bénéfices et gains en capital	120.2	231.0	279.4	411.2	437.0	2.0	2.3	1.9	2.1	2.1
2000 Cotisations de sécurité sociale	0.0	0.0	0.0	0.0	0.0	0.0	0.0	0.0	0.0	0.0
3000 Sur salaires ou main d'oeuvre	0.0	0.0	2.3	2.0	2.2	0.0	0.0	0.0	0.0	0.0
4000 Impôts sur le patrimoine	12.2	21.9	23.1	33.5	35.0	0.2	0.2	0.2	0.2	0.2
5000 Impôts sur les biens et services	177.3	294.7	419.1	536.8	562.7	3.0	2.9	2.8	2.7	2.7
6000 Autres impôts	0.0	0.0	0.0	0.0	0.0	0.0	0.0	0.0	0.0	0.0
Administrations locales										
Recettes fiscales totales	**213.6**	**353.2**	**587.2**	**744.7**	**765.7**	**3.6**	**3.4**	**3.9**	**3.8**	**3.7**
1000 Impôts sur revenu, bénéfices et gains en capital	11.9	21.6	32.5	41.2	42.4	0.2	0.2	0.2	0.2	0.2
2000 Cotisations de sécurité sociale	0.0	0.0	0.0	0.0	0.0	0.0	0.0	0.0	0.0	0.0
3000 Sur salaires ou main d'oeuvre	0.0	0.0	0.0	0.0	0.0	0.0	0.0	0.0	0.0	0.0
4000 Impôts sur le patrimoine	158.6	249.5	435.3	543.9	559.8	2.7	2.4	2.9	2.8	2.7
5000 Impôts sur les biens et services	43.1	82.0	119.4	159.7	163.5	0.7	0.8	0.8	0.8	0.8
6000 Autres impôts	0.0	0.0	0.0	0.0	0.0	0.0	0.0	0.0	0.0	0.0
Administrations de sécurité sociale										
Recettes fiscales totales	**397.0**	**683.1**	**917.4**	**1 205.3**	**1 250.4**	**6.7**	**6.7**	**6.1**	**6.2**	**6.1**
1000 Impôts sur revenu, bénéfices et gains en capital	0.0	0.0	0.0	0.0	0.0	0.0	0.0	0.0	0.0	0.0
2000 Cotisations de sécurité sociale	397.0	683.1	917.4	1 205.3	1 250.4	6.7	6.7	6.1	6.2	6.1
3000 Sur salaires ou main d'oeuvre	0.0	0.0	0.0	0.0	0.0	0.0	0.0	0.0	0.0	0.0
4000 Impôts sur le patrimoine	0.0	0.0	0.0	0.0	0.0	0.0	0.0	0.0	0.0	0.0
5000 Impôts sur les biens et services	0.0	0.0	0.0	0.0	0.0	0.0	0.0	0.0	0.0	0.0
6000 Autres impôts	0.0	0.0	0.0	0.0	0.0	0.0	0.0	0.0	0.0	0.0

Note : Des données et des notes plus détaillées par pays sont disponibles dans le chapitre 6 "Recettes fiscales des sous-secteurs de l'administration" accessible en ligne : https://doi.org/10.1787/df3c3b17-fr. Les séries temporelles complètes sont accessibles sur le site web http://oe.cd/series-temporelles-completes.

Source : Federal estimates are derived from the US Budget, the Final Monthly Treasury Statement and the Annual Report of the US Treasury Department. The State and Local estimates are derived from Government Finances, published by the Bureau of the Census.

StatLink https://doi.org/10.1787/888934215366

4.2. Tableaux pour mémoire

Le Tableau 4.75 présente les différentes sources de financement des prestations sociales, au-delà des cotisations obligatoires de sécurité sociale reportées dans la section 4.1. Cette table montre également les données concernant les autres impôts, les cotisations volontaires aux administrations et les cotisations obligatoires au secteur privé.

Le Tableau 4.76 contient les cotisations de sécurité sociale et les impôts sur les salaires acquittés par les administrations. Lors de la révision du Guide d'interprétation en 1984, la question s'est posée de savoir comment il convenait de traiter les impôts acquittés par les administrations. Les deux exemples les plus marquants d'impôts de ce type sont les cotisations de sécurité sociale et les impôts sur les salaires acquittés par les administrations au titre de leurs agents. Après un échange de vues approfondi, il a été décidé que les données présentées dans cette publication continueraient d'inclure les impôts acquittés par les administrations (voir le §7 du Guide d'interprétation dans l'Annexe A).

Alors qu'il a été admis qu'à certaines fins (par exemple, pour mesurer le flux de paiements allant du secteur privé au secteur des administrations), il conviendrait d'exclure les impôts payés par un secteur de l'administration à un autre ou les impôts acquittés entre les différentes unités d'un même secteur de l'administration, il a été décidé que les impôts acquittés par les administrations devaient être inclus dans les données lorsque l'on comptabilise tous les flux d'impôts de l'ensemble de l'économie. Cette prise en compte permet d'être sûr que les différents flux de ressources d'une économie, y compris la valeur de la production des administrations, sont bien mesurés de façon cohérente nette d'impôt.

Il a été toutefois décidé que les données sur les impôts acquittés par les administrations et que l'on pouvait identifier isolément seraient présentées séparément dans un poste pour mémoire et c'est l'objet des tableaux par pays qui suivent.

Les données reproduites dans les tableaux suivants ont trait aux montants effectifs versés par les administrations publiques au titre de leurs agents. Les cotisations fictives, volontaires et imputées sont exclues de ces données. Les définitions des cotisations de sécurité sociale, des impôts sur les salaires et des administrations publiques correspondent aux définitions données aux §40 á § 46, §47 et §3 á § 4 du Guide d'interprétation. Les informations sur les autres impôts payés par les administrations (à savoir impôts sur la propriété et impôts sur la consommation) ne sont pas disponibles pour la plupart des pays, même s'il semble bien que, dans tous les pays, les impôts assis sur les salaires sont les impôts les plus importants qu'acquittent les administrations. Dans beaucoup de cas, les données sont estimées et ne sont pas toujours établies sur une base compatible avec celle utilisée dans les tableaux principaux.

Tableau 4.75. Le financement des prestations sociales, totaux

En % du PIB

	Total					2018				
	1990	2000	2010	2017	2018	Cotisations de sécurité sociale	Autres impôts	Contributions volontaires au gouvernement	Contributions obligatoires au secteur privé	Total
Allemagne	14.2	15.6	14.4	14.9	15.1	14.5	0.0	0.2	0.4	15.1
Australie	0.0	0.0	0.0	0.0	0.0	..	..	..	..	0.0
Autriche	13.0	14.4	14.1	14.6	14.8	14.7	0.0	0.1	0.0	14.8
Belgique	14.2	15.7	18.6	17.2	17.3	13.3	4.0	0.0	0.0	17.3
Canada	4.3	4.7	4.6	4.6	4.6	4.6	0.0	0.0	0.0	4.6
Chili	4.6	6.2	6.2	7.2	7.2	1.5	0.0	0.0	5.8	7.2
Colombie	0.9	2.6	7.1	5.4	5.9	1.8	0.0	0.0	4.0	5.9
Corée	1.9	3.5	5.2	6.5	6.8	6.8	0.0	0.0	0.0	6.8
Danemark	1.1	2.0	1.3	0.9	0.8	0.0	0.0	0.7	0.1	0.8
Espagne	11.2	11.6	12.0	11.6	11.8	11.7	0.0	0.1	0.0	11.8
Estonie	..	10.9	12.9	13.0	13.0	11.5	0.0	0.0	1.5	13.0
États-Unis	6.9	6.9	6.5	6.6	6.6	6.1	0.0	0.5	0.0	6.6
Finlande	12.2	12.4	12.5	12.4	12.2	11.8	0.0	0.1	0.3	12.2
France	18.4	21.2	23.1	24.5	24.6	16.1	8.5	0.0	0.0	24.6
Grèce	7.6	10.1	10.9	11.5	11.6	11.6	0.0	0.0	0.0	11.6
Hongrie	..	13.2	13.0	13.2	12.6	11.8	0.8	0.0	0.0	12.6
Irlande	4.6	3.7	5.0	3.9	3.9	3.9	0.0	0.0	0.0	3.9
Islande	10.0	13.5	14.1	17.8	16.3	3.5	5.3	0.0	7.5	16.3
Israël	..	5.1	6.2	7.9	7.9	5.2	0.0	0.0	2.7	7.9
Italie	11.9	11.6	13.0	12.7	13.0	13.0	0.0	0.0	0.0	13.0
Japon	7.5	9.1	10.9	12.5	12.9	12.9	0.0	0.0	0.0	12.9
Lettonie	..	10.0	8.8	8.8	9.5	9.1	0.4	0.0	0.0	9.5
Lituanie	..	10.2	12.1	12.6	13.1	12.7	0.0	0.0	0.4	13.1
Luxembourg	9.3	9.7	11.0	10.9	10.9	10.8	0.0	0.1	0.0	10.9
Mexique	2.5	3.1	3.2	3.2	3.3	2.2	0.0	0.0	1.1	3.3
Norvège	10.6	8.8	9.4	10.3	10.1	10.1	0.0	0.0	0.0	10.1
Nouvelle-Zélande	0.0	0.0	0.0	0.0	0.0	..	..	..	..	0.0
Pays-Bas	17.1	22.5	12.9	13.8	14.0	14.0	0.0	0.0	..	14.0
Pologne	..	12.9	10.8	12.8	13.1	13.1	0.0	0.0	0.0	13.1
Portugal	7.2	8.3	9.0	9.6	9.8	9.4	0.4	0.0	0.0	9.8
République slovaque	..	13.9	13.1	15.3	15.5	14.8	0.0	0.0	0.7	15.5
République tchèque	..	14.5	14.6	15.0	15.5	15.3	0.0	0.0	0.2	15.5
Royaume-Uni	7.4	7.0	8.0	7.6	7.6	6.3	0.0	1.3	0.0	7.6
Slovénie	..	15.0	15.8	15.4	15.5	15.5	0.0	0.0	0.0	15.5
Suède	13.3	13.1	11.1	10.0	10.1	9.6	0.0	0.5	0.0	10.1
Suisse	11.7	14.1	14.9	16.4	16.1	6.7	1.0	0.0	8.5	16.1
Turquie	2.9	4.4	6.1	7.2	7.2	7.2	0.0	0.0	0.0	7.2

.. Non disponible

StatLink https://doi.org/10.1787/888934215385

Tableau 4.76. Les cotisations de sécurité sociale et impôts sur les salaires payés par les administrations publiques, totaux

En % du PIB

	Total					2018				
	1990	2000	2010	2017	2018	Administrations fédérale ou centrale	Administrations d'un État/ Régions	Administrations locales	Administrations de sécurité sociale	Total
Allemagne	1.0	0.8	0.8	0.8	0.8	0.1	0.3	0.4	0.1	0.8
Australie[1]	0.0	0.0	0.0	0.0	0.0	0.0	0.0	0.0	0.0	0.0
Autriche	1.0	1.4	1.9	1.9	1.9	0.7	0.5	0.6	0.1	1.9
Belgique	1.0	1.2	1.5	1.8	1.8	0.2	0.6	0.9	0.1	1.8
Canada	..	0.6	0.6	0.6	0.6	0.1	0.3	0.2	0.0	0.6
Chili	..	0.1	0.2	0.2	0.2	0.1	..	0.0	0.0	0.2
Colombie	..	..	..	0.2	0.2	0.1	0.0	0.0	0.2	0.2
Corée	..	..	..	..	..	..	..	..	..	..
Danemark	0.0	0.0	0.0	0.0	0.0	..	..	..	..	0.0
Espagne	1.2	1.5	1.7	1.7	1.8	0.2	1.1	0.4	0.0	1.8
Estonie	..	2.9	3.6	3.5	3.5	2.0	..	1.2	0.3	3.5
États-Unis	0.5	0.4	0.5	0.4	0.4	0.1	0.3	0.0	0.0	0.4
Finlande	2.1	2.8	3.0	2.4	2.3	0.4	..	1.8	0.1	2.3
France	2.2	2.5	2.7	2.7	2.6	0.7	..	1.0	1.0	2.6
Grèce	0.3	1.2	1.6	0.9	1.1	0.9	..	0.0	0.2	1.1
Hongrie	..	2.8	2.4	1.8	1.6	1.3	..	0.3	0.0	1.6
Irlande	0.4	0.4	0.7	0.6	0.6	0.2	..	0.4	0.0	0.6
Islande	..	..	..	..	..	..	..	..	..	..
Israël	..	0.8	0.8	0.8	0.8	0.7	..	0.2	0.0	0.8
Italie	..	3.0	3.1	2.9	2.9	0.0	..	0.0	2.9	2.9
Japon	0.4	0.5	0.6	0.6	0.6	0.2	..	0.5	0.0	0.6
Lettonie	..	0.6	1.0	0.9	1.2	..	..	..	..	1.2
Lituanie	..	2.7	2.5	2.2	2.2	1.2	..	1.0	0.0	2.2
Luxembourg	2.4	1.2	1.3	1.3	1.3	1.3	..	0.0	0.0	1.3
Mexique	0.3	0.7	0.8	0.7	0.7	0.7	0.0	0.0	0.0	0.7
Norvège	2.4	2.4	2.9	3.4	3.3	1.4	..	1.9	0.0	3.3
Nouvelle-Zélande	0.0	0.0	0.0	0.0	0.0	..	..	..	..	0.0
Pays-Bas	0.1	0.4	0.0	0.0	0.0	..	..	..	..	0.0
Pologne	..	1.6	1.3	1.4	1.4	0.6	..	0.8	0.0	1.4
Portugal	0.1	0.2	0.0	0.0	0.0	..	..	..	..	0.0
République slovaque	..	2.0	1.9	2.2	2.3	1.3	..	0.9	0.0	2.3
République tchèque	..	1.4	1.4	1.8	1.9	0.9	..	1.0	0.0	1.9
Royaume-Uni	0.7	0.6	0.7	0.7	0.7	0.4	..	0.2	0.0	0.7
Slovénie	..	1.9	1.7	1.5	1.5	1.0	..	0.5	0.0	1.5
Suède	4.5	4.2	3.8	4.1	4.0	0.9	..	3.1	0.0	4.0
Suisse	0.4	0.4	0.5	0.5	0.5	0.1	0.3	0.1	0.0	0.5
Turquie	1.6	2.1	3.4	4.1	4.0	4.0	..	0.0	0.0	4.0

.. Non disponible

1. Pour l'Australie, le total diffère de la somme des quatre niveaux d'administration publique. La différence résulte de l'existence d'un secteur multi-juridictionnel (université) spécifique à ce pays. Ce secteur contient des unités où la juridiction est partagée entre deux administrations publiques au moins, ou contient des unités dont le classement dans une juridiction n'est pas clair. Les universités publiques sont le principal type d'unités appartenant actuellement à cette catégorie.

StatLink https://doi.org/10.1787/888934215404

5 Tableaux détaillés par pays, 1965-2018

Le Chapitre 5 fournit des tableaux détaillés sur les recettes fiscales de chaque pays membre de l'OCDE.

5.1. Recettes fiscales

Dans tous les tableaux suivants, le symbole (..) signifie que l'information n'est pas disponible ou qu'elle n'est pas applicable. La principale série chronologique des statistiques de recettes fiscales couvre une sélection d'années entre 1965 et 2018. Des séries complètes sont disponible en ligne. La partie V dans l'édition 1998 de ce Rapport fournit des données pour les années 1955 et 1960 (pour dix-neuf pays de l'OCDE).

Tableau 5.1. Australie : recettes fiscales détaillées, 1965-2018

Million AUD

	1965	1980	1990	2000	2007	2010	2013	2015	2017	2018
Recettes fiscales totales	**5 024**	**39 878**	**116 500**	**214 752**	**347 545**	**357 958**	**433 342**	**463 350**	**527 181**	**558 453**
1000 Impôts sur revenu, bénéfices et gains en capital	**2 547**	**22 383**	**66 542**	**124 427**	**206 134**	**202 184**	**246 073**	**262 357**	**310 041**	**336 239**
1100 Des personnes physiques	1 729	17 532	50 062	80 991	127 587	138 163	169 972	191 747	212 520	229 499
1110 Sur le revenu et les bénéfices	1 729	17 532	49 888	80 991	127 587	138 163	169 972	191 747	212 520	229 499
1120 Sur les gains en capital	0	0	174	0	0	0	0	0	0	0
1200 Des sociétés	818	4 851	16 480	43 436	78 547	64 021	76 101	70 610	97 521	106 740
1210 Sur les bénéfices	818	4 851	16 315	43 436	78 547	64 021	76 101	70 610	97 521	106 740
Income tax on companies	791	4 574	15 220	42 221	76 655	62 549	74 535	68 779	95 539	104 641
Dividend and interest taxes	17	161	899	846	1 892	1 472	1 566	1 831	1 982	2 099
Other withholding taxes	0	116	196	369	0	0	0	0	0	0
1220 Sur les gains en capital	0	0	165	0	0	0	0	0	0	0
1300 Non-ventilables entre 1100 et 1200	0	0	0	0	0	0	0	0	0	0
2000 Cotisations de sécurité sociale	**0**	**0**	**0**	**0**	**0**	**0**	**0**	**0**	**0**	**0**
2100 À la charge des salariés	0	0	0	0	0	0	0	0	0	0
2110 Sur la base du salaire	..	..	..	..	..	..	..	..	..	..
2120 Sur la base de l'impôt sur les revenus	..	..	..	..	..	..	..	..	..	..
2200 À la charge des employeurs	0	0	0	0	0	0	0	0	0	0
2210 Sur la base du salaire	..	..	..	..	..	..	..	..	..	..
2220 Sur la base de l'impôt sur les revenus	..	..	..	..	..	..	..	..	..	..
2300 A charge des travailleurs indép. ou sans emploi	0	0	0	0	0	0	0	0	0	0
2310 Sur la base du salaire	..	..	..	..	..	..	..	..	..	..
2320 Sur la base de l'impôt sur les revenus	..	..	..	..	..	..	..	..	..	..
2400 Non-ventilables entre 2100, 2200 et 2300	0	0	0	0	0	0	0	0	0	0
2410 Sur la base du salaire	..	..	..	..	..	..	..	..	..	..
2420 Sur la base de l'impôt sur les revenus	..	..	..	..	..	..	..	..	..	..
3000 Sur salaires ou main d'oeuvre	**157**	**1 988**	**7 115**	**9 624**	**16 407**	**18 492**	**22 210**	**23 354**	**25 520**	**26 923**
4000 Impôts sur le patrimoine	**576**	**3 105**	**10 427**	**18 825**	**31 156**	**33 526**	**40 963**	**49 641**	**52 967**	**53 142**
4100 Impôts périodiques sur la propriété immobilière	341	1 886	6 148	9 067	15 615	19 907	23 603	27 093	30 305	32 694
4110 Ménages	..	..	..	..	..	..	..	..	..	..
4120 Autres agents	..	..	..	..	..	..	..	..	..	..
4200 Impôts périodiques sur l'actif net	0	0	0	0	0	0	0	0	0	0
4210 Personnes physiques	..	..	..	..	..	..	..	..	..	..
4220 Sociétés	..	..	..	..	..	..	..	..	..	..
4300 Impôts sur mut. par décès, succ. et donations	137	175	0	0	0	0	0	0	0	0
4310 Impôts sur mut. par décès et successions	131	174	..	..	..	..	..	..	..	..
Estate duty central government	36	17	..	..	..	..	..	..	..	..
St. and loc. estate probate and succession	95	157	..	..	..	..	..	..	..	..
4320 Impôts sur les donations	7	1	..	..	..	..	..	..	..	..
4400 Impôts sur transact. mobilières et immob.	98	1 044	4 279	9 758	15 541	13 619	17 360	22 548	22 662	20 448
4500 Impôts non-périodiques	0	0	0	0	0	0	0	0	0	0
4510 Sur l'actif net	..	..	..	..	..	..	..	..	..	..
4520 Autres non-périodiques	..	..	..	..	..	..	..	..	..	..
4600 Autres impôts périodiques sur patrimoine	0	0	0	0	0	0	0	0	0	0
5000 Impôts sur les biens et services	**1 744**	**12 402**	**32 416**	**61 876**	**93 848**	**103 756**	**124 096**	**127 998**	**138 653**	**142 149**
5100 Impôts sur production, vente, transfert, etc.	1 508	11 097	27 213	56 178	84 851	92 007	103 419	110 185	118 867	122 064
5110 Impôts généraux	370	2 102	9 365	25 830	45 486	49 329	56 819	61 815	65 700	66 829
5111 Taxes sur la valeur ajoutée	0	0	0	23 854	44 381	48 093	55 517	60 312	64 062	65 147
5112 Impôts sur les ventes	370	2 102	9 365	1 976	1 105	1 236	1 302	1 503	1 638	1 682
5113 Autres impôts	0	0	0	0	0	0	0	0	0	0
5120 Impôts sur biens et services déterminés	1 138	8 995	17 848	30 348	39 365	42 678	46 600	48 370	53 167	55 235
5121 Accises	781	6 183	11 975	19 768	24 357	26 689	26 472	22 541	23 673	24 497
Excises central government	752	5 834	10 359	19 019	23 526	25 803	25 648	21 625	22 763	23 488
Statutory corporate payments	0	83	378	295	231	452	343	405	346	446
Primary production charges	29	266	1 238	454	600	434	481	511	564	563
5122 Bénéfices des monopoles fiscaux	0	0	0	0	0	0	0	0	0	0
5123 Droits de douane et droits à l'importation	271	1 799	3 319	4 606	6 070	5 828	9 280	14 046	15 690	15 944
Customs duties central government	271	1 799	3 319	4 606	6 070	5 828	9 280	14 046	15 690	15 944
5124 Taxes à l'exportation	1	117	57	0	10	11	10	11	0	0
Customs duties on coal exports	0	85	54	..	0	0	0	0	0	0
Other	1	32	3	..	10	11	10	11	..	..
5125 Impôts sur biens d'équipement	0	0	0	0	0	0	0	0	0	0
5126 Impôts sur services déterminés	85	896	2 497	5 974	8 928	10 150	10 838	11 772	13 804	14 794
Taxes race meetings	31	240	651	300	358	366	318	257	265	411
Poker machines	16	140	295	2 074	3 009	3 125	3 238	3 684	3 881	3 986
Lotteries	7	122	325	890	1 118	1 147	1 257	1 369	1 330	1 632
Levies on fire insurance companies	16	157	363	574	937	1 232	740	786	812	806
Other	15	237	863	2 136	3 506	4 280	5 285	5 676	7 516	7 959
5127 Autres impôts sur commerce et transact. internat.	0	0	0	0	0	0	0	0	0	0

	1965	1980	1990	2000	2007	2010	2013	2015	2017	2018
5128 Autres impôts	0	0	0	0	0	0	0	0	0	0
5130 Non-ventilables entre 5110 et 5120	0	0	0	0	0	0	0	0	0	0
5200 Impôts sur utilisation des biens et exerc. activités	236	1 305	5 203	5 698	8 997	11 749	20 677	17 813	19 786	20 085
5210 Impôts périodiques	197	1 260	5 109	5 698	8 997	11 749	20 677	17 813	19 786	20 085
5211 À la charge des ménages : véhicules à moteur	65	448	1 373	3 908	6 196	7 229	8 591	9 586	7 781	7 990
5212 À la charge autres agents : véhicules à moteur	65	351	937	125	189	232	301	318	3 005	2 996
Fees on motor vehicle registry	46	312	794	0	0	0	0	0	1 766	1 788
Drivers licences	12	30	111	0	0	0	0	0	0	0
Stamp duty on vehicle registry	6	9	32	125	189	232	301	318	1 239	1 208
5213 Autres impôts périodiques	67	461	2 799	1 665	2 611	4 288	11 786	7 910	9 000	9 099
Broadcasting tv licences	37	21	125	210	288	150	157	128	52	52
Business franchise lic. tobac. fuel	0	221	2 016	227	0	0	2	1	1	0
Other taxes	2	12	33	1 129	2 321	4 136	11 603	7 760	8 911	9 002
Liquor taxes	28	206	603	97	2	1	24	22	36	45
Dog licenses	0	1	22	0	0	0	0	0	0	0
5220 Impôts non-périodiques	39	45	94	0	0	0	0	0	0	0
5300 Non-ventilables entre 5100 et 5200	0	0	0	0	0	0	0	0	0	0
6000 Autres impôts	**0**	**0**	**0**	**0**	**0**	**0**	**0**	**0**	**0**	**0**
6100 À la charge exclusive des entreprises	..	..	..	..	..	..	..	..	..	..
6200 À la charge d'autres agents	..	..	..	..	..	..	..	..	..	..
Crédits d'impôts récupérables										
Crédits d'impôts récupérables contre 1110	..	..	..	195	2 585	991	323	453	402	384
Composante fiscale	..	..	..	175	178	110	215	307	267	250
Composante transfert	..	..	..	20	2 407	881	108	146	135	134
Crédits d'impôts récupérables contre 1210	..	..	..	0	4 534	5 726	7 914	8 966	9 069	9 454
Composante fiscale	..	..	..	..	1 922	2 253	2 147	2 453	2 166	2 178
Composante transfert	..	..	..	..	2 642	3 473	5 767	6 513	6 903	7 276
Recettes fiscales totales sur la base d'encaissements	**5 024**	**39 878**	**116 500**	..	..	..	..	..	..	..
Recettes fiscales totales sur la base des droits constatés	..	..	..	**214 752**	**347 545**	**357 958**	**433 342**	**463 350**	**527 181**	**558 453**
Conciliation avec les Comptes nationaux										
Impôts additionnels inclus dans les comptes nationaux	..	..	..	0	0	0	0	0	0	0
Impôt exclus des comptes nationaux	..	..	..	0	0	0	0	0	0	0
Différence dans les traitements des crédits d'impôts	..	..	..	175	2 100	2 363	2 362	2 760	2 433	2 428
Transfert en capital des recettes non collectées	..	..	..	0	0	0	0	0	0	0
Cotisations de sécurité sociale volontaires	..	..	..	0	0	0	0	0	0	0
Différences diverses	..	..	..	0	0	0	0	0	0	0
Comptes nationaux : impôts et cotisations sociales effectives	..	..	..	214 927	349 645	360 321	435 704	466 110	529 614	560 881
Cotisations sociales imputées	..	..	..	0	0	0	0	0	0	0
Comptes nationaux : impôts et toutes les cotisations sociales	..	..	..	214 927	349 645	360 321	435 704	466 110	529 614	560 881

.. Non disponible

Note : Data are on a fiscal year basis beginning 1st July.

From 1998 taxes are recorded on an accrual basis; prior to that they were on a cash basis.

Direct taxes paid by public trading enterprises are excluded from receipts.

The figures for total tax revenue do not match the published totals in Taxation Revenue Australia. The latter is based on an accrual IMF GFS methodology and there are some differences between that and the OECD equivalent.

Heading 5213 includes radio and television licenses fees, though these are usually not regarded as a tax revenue in the OECD list.

Headings for non-wastable tax credits 1110 and 1210 include the private health insurance tax offset, family benefit, baby bonus tax offsets (paid during the 2003-04 budget year), film tax offset, and research and development tax offsets. The estimation of non-wastable credits into the expenditure and transfer components is in accordance with the OECD guidelines on the treatment and the data for this memorandum item has been provided by the Australian Taxation Office.

Source : Australian Bureau of Statistics.

StatLink https://doi.org/10.1787/888934215423

Tableau 5.2. Autriche : recettes fiscales détaillées, 1965-2018

Million EUR

	1965	1980	1990	2000	2007	2010	2013	2015	2017	2018
Recettes fiscales totales	**6 210**	**29 759**	**54 040**	**90 324**	**115 146**	**121 192**	**138 099**	**148 469**	**154 624**	**162 818**
Recettes fiscales totales excluant les taxes collectés pour le compte de l'UE	..	..	**54 040**	**89 897**	**114 728**	**120 843**	**137 741**	**147 841**	**153 964**	**162 161**
1000 Impôts sur revenu, bénéfices et gains en capital	**1 584**	**7 959**	**13 797**	**25 553**	**34 319**	**34 021**	**39 792**	**44 796**	**43 735**	**47 758**
1100 Des personnes physiques	1 240	6 899	11 326	19 890	25 741	27 098	31 474	35 841	33 523	36 194
1110 Sur le revenu et les bénéfices	1 240	6 899	11 326	19 890	25 741	27 098	31 474	35 841	33 523	36 194
Income tax	415	1 576	2 501	3 202	3 253	3 358	3 737	4 274	4 502	5 014
Special income tax	0	0	0	0	0	0	0	0	0	0
Wage tax	417	4 626	7 823	15 630	20 607	21 783	25 669	28 429	26 459	28 344
Tax on industry and trade	196	402	454	7	0	0	0	0	0	0
Tax on capital yields	2	14	46	354	970	938	981	1 979	1 305	1 533
Contribution to chambers	60	279	501	697	910	1 018	1 087	1 159	1 256	1 302
Water supply fund	151	0	0	0	0	0	0	0	0	0
Contribution emergency fund	0	0	0	0	0	0	0	0	0	0
1120 Sur les gains en capital	0	0	0	0	0	0	0	0	0	0
1200 Des sociétés	334	1 049	1 930	4 157	6 622	5 519	6 963	7 659	9 121	10 440
1210 Sur les bénéfices	334	1 049	1 930	4 157	6 622	5 519	6 963	7 659	9 121	10 440
Corporation tax	195	698	998	3 865	6 094	4 978	6 377	6 752	8 438	9 676
Tax on industry and trade	83	254	624	10	0	1	0	0	0	0
Special tax on income	0	0	0	0	0	0	0	0	0	0
Tax on capital yields	5	33	108	118	346	347	370	684	447	513
Water supply fund	35	0	0	0	0	0	0	0	0	0
Contribution emergency fund	0	0	0	0	0	0	0	0	0	0
Contribution to chambers	14	58	200	164	182	193	216	224	237	251
Directors tax	2	6	0	0	0	0	0	0	0	0
1220 Sur les gains en capital	0	0	0	0	0	0	0	0	0	0
1300 Non-ventilables entre 1100 et 1200	10	12	540	1 506	1 956	1 405	1 354	1 295	1 091	1 125
Fines related to tax offences	10	12	18	33	77	99	73	70	77	96
Tax on interest	0	0	522	1 473	1 879	1 305	1 282	1 225	1 014	1 028
2000 Cotisations de sécurité sociale	**1 548**	**9 200**	**17 763**	**30 510**	**38 453**	**41 423**	**46 845**	**49 867**	**53 918**	**56 624**
2100 À la charge des salariés	686	3 792	7 512	12 477	15 612	16 846	18 931	20 115	21 719	22 806
2110 Sur la base du salaire	..	..	..	12 477	15 612	16 846	18 931	20 115	21 719	22 806
Health insurance contributions	..	..	..	2 606	3 326	3 675	4 082	4 347	4 733	4 989
Pension insurance contributions	..	..	..	6 410	8 274	8 986	10 183	10 896	11 866	12 568
Pension contributions, civil servants	..	..	..	1 489	1 579	1 625	1 672	1 629	1 596	1 570
Unemployment insurance contributions	..	..	..	1 854	2 284	2 385	2 803	3 040	3 307	3 453
Health insurance contributions, local government employees	..	..	..	100	130	156	169	181	191	199
Special unemployment insurance contributions	..	..	..	17	19	20	22	23	25	27
2120 Sur la base de l'impôt sur les revenus	..	..	..	0	0	0	0	0	0	0
2200 À la charge des employeurs	721	4 563	8 768	14 651	18 091	19 421	21 922	23 281	25 286	26 662
2210 Sur la base du salaire	..	..	..	14 651	18 091	19 421	21 922	23 281	25 286	26 662
Health insurance contributions	..	..	..	2 667	3 395	3 669	4 075	4 339	4 724	4 980
Pension insurance contributions	..	..	..	7 888	10 214	11 144	12 642	13 549	14 764	15 630
Pension contributions, civil servants	..	..	..	438	376	361	297	298	276	268
Accident insurance contributions	..	..	..	952	1 157	1 254	1 409	1 394	1 498	1 573
Unemployment insurance contributions	..	..	..	1 854	2 284	2 385	2 803	3 040	3 307	3 453
Health insurance contributions, local government employees	..	..	..	101	141	157	170	181	192	199
Contributions to sickness benefit fund	..	..	..	341	0	0	0	0	0	0
Special pension contributions, nightshift workers	..	..	..	11	18	15	31	38	38	42
Contributions to insolvency fund	..	..	..	381	488	416	473	419	355	374
Special unemployment insurance contributions construction workers	..	..	..	17	19	20	22	23	132	143
2220 Sur la base de l'impôt sur les revenus	..	..	..	0	0	0	0	0	0	0
2300 A charge des travailleurs indép. ou sans emploi	141	845	1 482	3 382	4 750	5 155	5 993	6 470	6 913	7 156
2310 Sur la base du salaire	..	..	..	3 382	4 750	5 155	5 993	6 470	6 913	7 156
Health insurance contributions	..	..	..	1 971	2 724	3 090	3 441	3 664	3 857	3 987
Pension insurance contributions	..	..	..	1 117	1 527	1 524	1 973	2 210	2 451	2 562
Pension contributions, civil servants (retired)	..	..	..	116	274	297	315	317	311	309
Accident insurance contributions	..	..	..	77	85	88	95	98	103	98
Health insurance contributions, local government employees	..	..	..	101	140	156	169	181	191	199
2320 Sur la base de l'impôt sur les revenus	..	..	..	0	0	0	0	0	0	0
2400 Non-ventilables entre 2100, 2200 et 2300	0	0	0	0	0	0	0	0	0	0
2410 Sur la base du salaire	..	..	..	..	..	..	..	..	..	..
2420 Sur la base de l'impôt sur les revenus	..	..	..	..	..	..	..	..	..	..

	1965	1980	1990	2000	2007	2010	2013	2015	2017	2018
3000 Sur salaires ou main d'oeuvre	**472**	**2 097**	**3 259**	**5 788**	**7 266**	**8 359**	**9 489**	**10 040**	**10 245**	**10 416**
Emplr. contr. equaliz. of family.burdens	318	1 397	2 147	3 140	3 915	4 762	5 319	5 623	5 487	5 399
Tax on sum of wages	82	375	669	1 735	2 238	2 402	2 742	2 911	3 126	3 300
Promotion residential buildings	44	217	389	595	754	811	915	965	1 068	1 125
Tax on employment (Vienna undergr.)	0	20	21	21	22	22	67	65	66	67
Special levy for households allowances	26	80	0	0	0	0	0	0	0	0
Disabled persons equalization levy	2	8	34	54	83	91	138	148	154	155
Contributions to chambers	0	0	0	242	253	271	308	327	344	369
4000 Impôts sur le patrimoine	**246**	**858**	**1 473**	**1 206**	**1 572**	**1 555**	**2 341**	**1 965**	**1 942**	**2 100**
4100 Impôts périodiques sur la propriété immobilière	92	231	355	526	626	682	736	761	805	807
4110 Ménages	47	66	84	87	92	93	105	107	125	110
Duty on farms	9	15	20	20	20	20	29	30	37	30
Farm contr. equaliz. of family burdens	5	6	6	6	6	6	6	6	8	7
Farm contribution to chambers	14	23	32	32	39	40	43	44	52	46
Contr. residential buildings reconstruction	4	0	0	0	0	0	0	0	0	0
Land tax A	16	22	25	28	26	26	26	26	28	28
4120 Autres agents	45	165	271	440	534	589	631	654	681	697
Tax on vacant plots	1	4	5	5	5	6	6	6	6	6
Land tax B	44	161	266	435	529	583	625	649	675	691
4200 Impôts périodiques sur l'actif net	103	401	642	1	0	0	0	0	0	0
4210 Personnes physiques	37	140	189	1	..	..	..	..	..	..
Capital tax	25	109	189	1	..	..	..	..	..	..
Contribution emergency fund	0	0	0	0	..	..	..	..	..	..
Tax on industry and trade	10	26	0	0	..	..	..	..	..	..
Contribution to chambers	2	6	0	0	..	..	..	..	..	..
4220 Sociétés	66	260	453	0	..	..	..	..	..	..
Capital tax	24	139	322	0	..	..	..	..	..	..
Capital death duty	20	53	131	0	..	..	..	..	..	..
Contribution emergency fund	0	0	0	0	..	..	..	..	..	..
Tax on industry and trade	19	56	0	0	..	..	..	..	..	..
Contribution to chambers	3	13	0	0	..	..	..	..	..	..
4300 Impôts sur mut. par décès, succ. et donations	16	50	77	111	155	35	19	12	1	9
4310 Impôts sur mut. par décès et successions	..	..	..	..	..	..	..	..	..	..
4320 Impôts sur les donations	..	..	..	..	..	..	..	..	..	..
4400 Impôts sur transact. mobilières et immob.	35	176	399	568	791	828	858	1 116	1 110	1 210
Land transfer tax	30	150	251	452	644	727	790	1 014	1 105	1 208
Capital transfer tax	5	27	148	115	147	102	67	102	5	2
4500 Impôts non-périodiques	0	0	0	0	0	10	728	76	27	75
4510 Sur l'actif net	..	..	..	..	..	0	717	4	10	-1
Withholding tax	..	..	..	..	..	..	717	4	10	-1
4520 Autres non-périodiques	..	..	..	..	..	10	11	72	16	75
Foundation tax	..	..	..	..	..	10	11	72	16	75
4600 Autres impôts périodiques sur patrimoine	0	0	0	0	0	0	0	0	0	0
5000 Impôts sur les biens et services	**2 321**	**9 379**	**17 034**	**26 497**	**32 609**	**34 740**	**38 701**	**41 064**	**43 989**	**45 143**
5100 Impôts sur production, vente, transfert, etc.	2 275	9 006	16 169	24 616	30 180	32 114	35 721	37 633	40 258	41 268
5110 Impôts généraux	1 160	5 984	11 229	16 857	20 941	22 711	24 920	26 282	28 312	29 324
5111 Taxes sur la valeur ajoutée	0	5 984	11 229	16 857	20 941	22 711	24 920	26 282	28 312	29 324
5112 Impôts sur les ventes	0	0	0	0	0	0	0	0	0	0
5113 Autres impôts	1 160	0	0	0	0	0	0	0	0	0
Turnover tax	664	..	..	..	..	..	..	..	..	..
Additional federal levy-turnover	332	..	..	..	..	..	..	..	..	..
Additional lieu invoice stp.	164	..	..	..	..	..	..	..	..	..
5120 Impôts sur biens et services déterminés	1 115	2 996	4 873	7 721	9 236	9 400	10 800	11 348	11 942	11 942

	1965	1980	1990	2000	2007	2010	2013	2015	2017	2018
5121 Accises	610	2 219	3 290	5 484	6 760	6 921	7 598	7 749	8 272	8 196
Tax on beer	39	44	56	161	200	198	193	189	192	200
Tax on wine	7	0	0	0	0	0	0	0	0	0
Tax on sparkling wine	1	7	25	25	1	1	1	19	23	23
Tax on tobacco	188	519	820	1 197	1 446	1 502	1 664	1 782	1 896	1 919
Tax on mineral oils	50	136	1 426	2 726	3 689	3 854	4 173	4 218	4 551	4 363
Additional federal levy mineral oils	202	876	0	0	0	0	0	0	0	0
Special duty alcoholic drinks	0	142	193	0	0	0	0	0	0	0
Special duty vehicles	0	0	0	0	0	0	0	0	0	0
Duty on starch products	0	4	13	0	0	0	0	0	0	0
Beverage tax	46	216	364	178	3	-1	-1	0	0	0
Other receipts-Market Organisation Act	26	35	9	0	1	0	0	0	0	0
Transport equality levy	0	5	1	0	0	0	0	0	0	0
Market Organisation Act - milk	35	177	192	0	0	0	0	0	0	0
Market Organisation Act - livestock	0	0	0	0	0	0	0	0	0	0
Market Organisation Act - grain	16	23	142	0	0	0	0	0	0	0
Duty promotion milk distrib.	0	34	13	0	0	0	0	0	0	0
Special tax on mineral oils	0	0	37	0	0	0	0	0	0	0
Duty on vehicles (fuel consumption)	0	0	0	433	457	453	455	395	473	532
Agricultural fund	0	0	0	23	16	18	18	17	17	18
Tax on energy	0	0	0	562	764	726	886	931	926	943
Social contributions to the artists' fund	0	0	0	0	11	6	7	13	7	7
Duty on exceeding milk-quota	0	0	0	36	24	6	26	11	0	0
Car registration taxes	0	0	0	143	148	158	175	174	188	191
5122 Bénéfices des monopoles fiscaux	37	57	52	130	122	129	324	328	384	403
Duty on spirits	5	14	17	130	122	129	130	120	142	154
Federal monopolies salt	1	0	0	0	0	0	0	0	0	0
Federal monopolies spirits	30	43	35	0	0	0	0	0	0	0
Federal monopolies gambling	0	0	0	0	0	0	194	208	242	248
5123 Droits de douane et droits à l'importation	332	354	677	351	390	340	328	415	468	461
Customs duties	310	237	418	352	390	339	328	415	468	461
Other import duties	0	21	61	0	0	0	0	0	0	0
Contribution promote foreign trade	10	63	171	0	0	0	0	0	0	0
Import equalization duties	12	33	27	0	0	0	0	0	0	0
5124 Taxes à l'exportation	8	36	1	0	0	0	0	0	0	0
Contribution to promote foreign trade	8	36	1	..	..	..	..	..	..	..
5125 Impôts sur biens d'équipement	0	33	0	0	0	0	0	0	0	0
5126 Impôts sur services déterminés	129	297	854	1 720	1 967	2 005	2 545	2 852	2 814	2 886
Insurance tax	25	135	384	745	993	1 017	1 056	1 122	1 128	1 179
Transport tax	63	0	0	0	0	0	0	0	0	0
Duty on casinos	2	28	64	105	71	55	45	70	99	104
Fire protection tax	5	24	50	45	54	56	57	61	62	63
Advertisement tax	7	31	65	62	0	0	0	0	0	0
Entertainment tax	2	2	2	5	8	9	21	18	1	1
Tax on tourism	8	43	71	103	142	171	182	186	233	239
Amusement tax	13	17	51	73	94	107	84	30	18	16
Announcement tax	3	18	40	81	0	1	0	0	0	0
Tax on interest yields	0	0	0	0	0	0	0	0	0	0
Tax on gambling stakes - licences	0	0	116	197	202	221	251	254	250	292
Tax on advertisement	0	0	0	33	108	110	110	107	110	108
Levy on dangerous waste	0	0	10	71	72	51	53	56	62	79
Duty for airways security	0	0	0	28	56	30	0	0	0	0
Tax on gambling stakes - gains	0	0	0	171	166	176	0	0	0	0
Flight Charge	0	0	0	0	0	0	98	109	115	71
Financial Institutions Stability Fee	0	0	0	0	0	0	588	640	546	534
SRF Contributions	..	..	..	..	..	..	..	198	188	199
5127 Autres impôts sur commerce et transact. internat.	0	0	0	0	0	0	0	0	0	0
5128 Autres impôts	0	0	0	34	-3	4	4	4	4	-3
Levy on sugar	..	..	..	34	-3	4	4	4	4	-3
5130 Non-ventilables entre 5110 et 5120	0	26	66	38	3	4	2	4	4	3
Fines related to tax offenses	..	26	66	38	3	4	2	4	4	3
5200 Impôts sur utilisation des biens et exerc. activités	46	373	865	1 881	2 429	2 626	2 980	3 431	3 731	3 875
5210 Impôts périodiques	38	335	757	1 733	2 253	2 416	2 715	3 124	3 412	3 469
5211 À la charge des ménages : véhicules à moteur	22	156	366	811	1 173	1 293	1 482	1 814	1 986	2 033
5212 À la charge autres agents : véhicules à moteur	13	41	97	298	370	334	352	421	460	471
5213 Autres impôts périodiques	3	138	294	624	710	789	881	890	966	965
Hunting and fishing duties	1	4	7	10	10	10	19	22	21	22
Dog tax	1	4	6	8	10	11	17	18	20	20
Contribution to promotion of arts	1	3	8	71	120	132	147	143	183	167
Tax on radio and tv - licenses	0	15	46	450	571	636	698	708	742	756
Road transport duty	0	112	226	84	0	0	0	0	0	0

	1965	1980	1990	2000	2007	2010	2013	2015	2017	2018
5220 Impôts non-périodiques	8	38	108	147	175	210	265	307	319	405
Certain user fees; taxes on emission of noxious gases	8	38	108	147	175	210	265	307	319	405
5300 Non-ventilables entre 5100 et 5200	0	0	0	0	0	0	0	0	0	0
6000 Autres impôts	**38**	**266**	**714**	**770**	**928**	**1 095**	**931**	**737**	**796**	**776**
Tax on financial institutions	0	0	123	-3	0	0	0	0	0	0
Administration duties	4	17	32	278	366	521	517	302	315	331
Stamp fees	7	46	76	135	92	84	27	32	37	33
Contributions of interested persons	0	0	130	0	0	0	0	0	0	0
Parking duty	0	0	6	0	0	0	0	0	0	0
Contrbutions to students' associations	0	0	0	4	8	11	12	11	12	14
Duty on contribution to political parties	0	0	0	0	-1	1	0	0	0	0
Other fees, taxes on production n.e.c.	0	0	0	272	346	353	227	252	279	248
Embossing fee	0	0	0	0	1	1	1	1	1	1
Other taxes	28	202	347	82	115	124	145	137	150	147
Compensation levy according to the Vienna Tree Protection Act	..	..	0	1	1	2	1	2	3	3
6100 À la charge exclusive des entreprises	..	..	..	..	..	..	..	..	..	..
6200 À la charge d'autres agents	..	..	..	..	..	..	..	..	..	..
Pour mémoire										
Droits de douane perçus pour le compte de l'UE	..	..	..	352	390	339	328	415	468	461
Contributions au Fonds de résolution unique collectées pour le compte de l'UE	..	..	..	..	..	..	..	198	188	199
Crédits d'impôts récupérables										
Crédits d'impôts récupérables contre 1110	..	..	..	650	650	650	570	540	330	330
Composante fiscale	..	..	..	590	450	422	341	295	228	230
Composante transfert	..	..	..	60	200	228	229	245	102	100
Crédits d'impôts récupérables contre 1210	..	..	..	0	0	0	0	0	0	0
Composante fiscale	..	..	..	..	..	..	..	..	..	..
Composante transfert	..	..	..	..	..	..	..	..	..	..
Recettes fiscales totales sur la base d'encaissements	**6 210**	**29 759**	**54 040**	**90 299**	**115 045**	**120 735**	**137 970**	**148 036**	**154 401**	**162 777**
Recettes fiscales totales sur la base des droits constatés	**..**	**..**	**..**	**90 324**	**115 146**	**121 192**	**138 099**	**148 469**	**154 624**	**162 818**
Conciliation avec les comptes nationaux										
Impôts additionnels inclus dans les comptes nationaux	..	..	..	0	0	0	0	0	0	0
Impôt exclus des comptes nationaux	..	..	..	0	0	0	0	0	0	0
Différence dans les traitements des crédits d'impôts	..	..	..	590	450	422	341	295	228	230
Transfert en capital des recettes non collectées	..	..	..	0	0	0	0	0	0	0
Cotisations de sécurité sociale volontaires	..	..	..	206	256	339	299	321	317	321
Différences diverses	..	..	..	0	0	0	0	0	0	0
Comptes nationaux : impôts et cotisations sociales effectives	..	..	..	91 120	115 853	121 953	138 739	149 085	155 170	163 369
Cotisations sociales imputées	..	..	..	2 485	2 177	2 106	1 972	1 925	1 807	1 757
Comptes nationaux : impôts et toutes les cotisations sociales	..	..	..	93 605	118 030	124 060	140 711	151 010	156 976	165 126

.. Non disponible

Note : Year ending 31st December.

From 1995 data are on accrual basis.

Following national practice, one-third of the revenues from stamp fees (heading 6000) and fifty percent of the revenues from administration duties (heading 6000) are treated as tax revenues, the remainder being treated as non-tax revenue.

From 1988 onwards promoting residential building is being mainly financed by capital transfers from the Federal Government to the Länder. For the years 1985 to 1987 legally fixed shares of some taxes have been transmitted automatically from Federal Government to the Länder for this purpose and these funds have been classified as tax receipts of the Länder in those years. From 1988, they are classified as Federal Government tax revenues. This break in the time series (1987/1988) affects only the shares of the different subsectors and not total tax revenues.

From 1998 contributions of interested persons and parking duties are classified as non-tax revenues (sales) and no longer reported under heading 6000.

Source : Statistics Austria.

StatLink https://doi.org/10.1787/888934215442

Tableau 5.3. Belgique : recettes fiscales détaillées, 1965-2018

Million EUR

	1965	1980	1990	2000	2007	2010	2013	2015	2017	2018
Recettes fiscales totales	**6 421**	**37 443**	**70 408**	**112 710**	**147 861**	**156 317**	**177 665**	**184 429**	**195 930**	**202 645**
Recettes fiscales totales excluant les taxes collectés pour le compte de l'UE	..	..	..	**111 675**	**146 411**	**155 042**	**176 488**	**182 812**	**194 093**	**200 728**
1000 Impôts sur revenu, bénéfices et gains en capital	**1 774**	**15 379**	**25 983**	**43 461**	**52 854**	**53 313**	**62 762**	**65 572**	**71 379**	**74 373**
1100 Des personnes physiques	1 317	13 626	22 538	35 318	41 020	44 027	50 518	51 877	53 218	54 566
1110 Sur le revenu et les bénéfices	1 317	13 626	22 538	35 318	41 020	44 027	50 518	51 877	53 218	54 566
Précompte immobilier	148	532	1 053	1 857	0	0	0	0	0	0
Précompte mobilier	119	1 062	3 014	1 755	2 351	2 426	4 314	4 104	3 769	3 693
Précompte professionnel	740	9 119	15 422	27 778	36 022	39 829	44 686	45 658	46 889	47 575
Impôt versé par non-salariés	125	1 776	2 144	1 959	1 747	1 611	1 508	1 547	1 593	1 663
Impôt des non-résidents	0	-2	4	585	792	810	841	926	966	1 108
Impôt sur revenu global	183	1 128	878	774	-915	-1 697	-1 988	-1 512	-1 252	-765
Cotisation spéciale séc. sociale	0	0	19	602	957	1 032	1 117	1 106	1 209	1 253
Autres (personnes physiques)	0	12	2	8	65	17	41	48	44	39
1120 Sur les gains en capital	0	0	0	0	0	0	0	0	0	0
1200 Des sociétés	397	1 744	3 405	8 065	11 749	9 249	12 192	13 644	18 098	19 736
1210 Sur les bénéfices	397	1 744	3 405	8 065	11 749	9 249	12 192	13 644	18 098	19 736
Précompte immobilier	33	0	0	0	0	0	0	0	0	0
Précompte mobilier	41	367	1 206	527	686	315	477	466	290	303
Versements anticipés (sociétés)	262	1 273	2 735	7 112	9 733	7 691	7 930	8 539	11 586	13 965
Impôt sur revenu global	60	79	-553	404	1 270	1 196	3 662	4 466	5 936	5 276
Impôt des non-résidents (sociétés)	0	-6	18	17	41	43	113	154	270	194
Autres (sociétés)	0	32	-2	5	19	4	10	19	15	-2
1220 Sur les gains en capital	0	0	0	0	0	0	0	0	0	0
1300 Non-ventilables entre 1100 et 1200	61	9	40	77	85	38	52	51	63	71
Anciens impôts sur revenu	51	0	0	0	0	0	0	0	0	0
Amendes	3	0	0	0	0	0	0	0	0	0
Autres	7	9	40	77	85	38	52	51	63	71
2000 Cotisations de sécurité sociale	**2 018**	**10 798**	**23 386**	**34 865**	**45 929**	**50 674**	**56 527**	**58 812**	**59 779**	**61 070**
2100 À la charge des salariés	569	3 130	7 152	10 932	13 847	14 996	16 476	17 036	17 744	18 419
2110 Sur la base du salaire	..	3 130	7 152	10 932	13 847	14 996	16 476	17 036	17 744	18 419
Sur les salaires et traitements bruts	..	3 130	7 062	10 932	13 847	14 996	16 476	17 036	17 744	18 419
Sur les prestations sociales	..	0	89	0	0	0	0	0	0	0
2120 Sur la base de l'impôt sur les revenus	..	0	0	0	0	0	0	0	0	0
2200 À la charge des employeurs	1 320	6 791	14 689	21 027	28 216	31 041	34 915	36 240	36 114	36 551
2210 Sur la base du salaire	..	6 791	14 689	21 027	28 216	31 041	34 915	36 240	36 114	36 551
À la charge des administrations publiques	..	1 059	1 769	3 105	4 493	5 381	6 678	7 686	8 008	8 338
À la charge des autres secteurs	..	5 732	12 920	17 922	23 723	25 661	28 236	28 554	28 106	28 213
2220 Sur la base de l'impôt sur les revenus	..	0	0	0	0	0	0	0	0	0
2300 A charge des travailleurs indép. ou sans emploi	129	877	1 546	2 906	3 866	4 637	5 136	5 537	5 921	6 100
Travailleurs indépendants	..	803	1 230	2 053	2 678	3 342	3 703	3 975	4 153	4 238
Sans emploi	..	0	0	0	0	0	0	0	0	0
Pensionnés, retraités	..	29	198	709	1 012	1 134	1 324	1 449	1 658	1 743
Autres	..	45	118	144	176	161	109	113	110	120
2310 Sur la base du salaire	..	877	1 546	2 906	3 866	4 637	5 136	5 537	5 921	6 100
2320 Sur la base de l'impôt sur les revenus	..	0	0	0	0	0	0	0	0	0
2400 Non-ventilables entre 2100, 2200 et 2300	0	0	0	0	0	0	0	0	0	0
2410 Sur la base du salaire	..	..	..	..	..	..	..	..	..	..
2420 Sur la base de l'impôt sur les revenus	..	..	..	..	..	..	..	..	..	..
3000 Sur salaires ou main d'oeuvre	**0**	**0**	**0**	**0**	**6**	**7**	**8**	**8**	**8**	**7**
Cotisation mandats publics	..	..	..	..	6	7	8	8	8	7
4000 Impôts sur le patrimoine	**240**	**1 161**	**2 679**	**5 282**	**10 550**	**11 252**	**13 805**	**14 408**	**15 393**	**15 832**
4100 Impôts périodiques sur la propriété immobilière	2	210	599	1 164	4 146	4 632	5 187	5 433	5 754	5 685
4110 Ménages	0	26	63	102	2 779	3 115	3 478	3 651	3 876	3 855
4120 Autres agents	2	184	536	1 063	1 367	1 517	1 710	1 782	1 879	1 831
Taxes sur associations sans but lucratif	2	7	17	41	32	33	38	41	45	47
Précompte immobilier (soc.)	0	177	519	929	1 269	1 416	1 584	1 651	1 746	1 686
Taxe régionale (Br.)	0	0	0	94	66	68	88	90	89	98
4200 Impôts périodiques sur l'actif net	0	0	0	92	253	237	451	661	929	952
4210 Personnes physiques	..	..	..	0	0	0	0	0	0	0
4220 Sociétés	..	..	..	92	253	237	451	661	929	952
4300 Impôts sur mut. par décès, succ. et donations	75	309	504	1 101	2 053	2 269	3 096	3 004	3 131	3 250
4310 Impôts sur mut. par décès et successions	69	281	475	1 042	1 702	1 939	2 634	2 511	2 526	2 731
4320 Impôts sur les donations	6	29	29	59	351	330	463	492	604	519

	1965	1980	1990	2000	2007	2010	2013	2015	2017	2018
4400 Impôts sur transact. mobilières et immob.	163	633	1 478	2 669	3 704	3 493	3 886	4 358	4 800	4 899
Droits d'enregistrement	153	527	1 213	1 967	3 325	3 210	3 542	3 899	4 342	4 439
Droits d'hypothèque	2	10	29	37	76	75	72	93	83	83
Droits de greffe	2	8	29	38	31	34	37	41	40	31
Fonds d'expansion économique	0	0	0	0	0	0	0	0	0	0
Taxe sur opérations de bourse	4	31	92	386	234	134	193	287	296	307
Taxe sur titres cotés en bourse	2	4	21	0	0	0	0	0	0	0
Taxe sur les titres au porteur	0	0	0	79	3	0	6	0	0	0
Droits de timbre, droits d'écriture	0	53	94	161	35	40	36	38	40	41
4500 Impôts non-périodiques	0	0	0	74	163	328	877	635	486	522
4510 Sur l'actif net	..	..	..	0	0	0	0	0	0	0
4520 Autres non-périodiques	..	..	..	74	163	328	877	635	486	522
Taxe sur l'épargne à long terme	..	..	..	74	163	194	207	413	369	361
Déclaration libératoire unique (DLU)	..	..	..	0	0	0	0	0	0	0
Déclaration libératoire unique (Diamant)	..	..	..	0	0	0	0	0	0	0
Régularisation fiscale (DLU bis)	..	..	..	0	0	134	614	145	12	12
Régularisation fiscale (DLU ter)	..	..	..	0	0	0	54	78	105	148
Contr. spéciale associations de crédit	..	..	..	0	0	0	2	0	0	0
4600 Autres impôts périodiques sur patrimoine	0	8	99	182	232	294	309	318	293	524
Prélèvement visant à lutter contre la non-utilisation d'un site de production d'électricité par un producteur	..	..	..	0	-16	0	0	0	0	0
Transfert au Fonds des Accidents de Travail en provenance des caisses privées d'assurance contre les accidents de travail	..	..	..	182	249	294	309	318	293	297
Taxe sur les comptes titres	..	..	..	0	0	0	0	0	0	226
5000 Impôts sur les biens et services	**2 386**	**10 105**	**18 360**	**29 103**	**38 462**	**41 035**	**44 517**	**45 589**	**49 371**	**51 364**
5100 Impôts sur production, vente, transfert, etc.	2 187	9 606	17 387	27 000	36 091	38 646	42 087	43 098	46 816	48 731
5110 Impôts généraux	1 355	6 321	11 570	18 258	24 411	25 882	27 979	28 170	30 449	31 775
5111 Taxes sur la valeur ajoutée	0	6 321	11 547	18 132	24 140	25 628	27 738	27 952	30 255	31 545
T V A	..	6 293	11 491	18 132	24 140	25 628	27 738	27 952	30 255	31 545
Taxe d'immatriculation	..	28	56	0	0	0	0	0	0	0
5112 Impôts sur les ventes	0	0	23	126	271	253	241	219	194	230
5113 Autres impôts	1 355	0	0	0	0	0	0	0	0	0
Taxes assimilées au timbre	1 355	..	..	..	..	..	..	..	..	..
5120 Impôts sur biens et services déterminés	832	3 285	5 818	8 742	11 680	12 764	14 109	14 927	16 368	16 955
5121 Accises	531	1 997	3 478	5 690	7 367	7 783	8 036	8 649	9 906	10 127
Huiles minérales	278	1 109	2 017	3 392	3 891	4 148	4 072	4 556	5 195	5 543
Gaz de pétrole, hydroc. liquéfiés, benzoles	0	4	0	0	0	0	0	0	0	0
Sur le tabac	132	501	868	1 342	1 821	1 885	2 197	2 262	2 245	2 363
Eaux de vie	23	123	191	206	225	235	272	318	320	314
Taxe consommation alcools, eaux de vie	26	54	0	0	0	0	0	0	0	0
Boissons fermentées mousseuses	1	7	11	24	39	57	77	92	103	102
Boissons fermentées de fruits	18	57	88	101	115	116	132	148	172	173
Bières	38	93	170	208	191	188	183	194	201	201
Eaux de boisson et limonades	10	44	113	148	49	54	58	56	103	175
Sucres et sirops de raffinage + café	5	5	22	13	12	13	15	14	15	14
Cotisation sur l'énergie	0	0	0	193	341	383	337	343	340	337
Produits intermédiaires alcoolisés	0	0	0	32	28	26	26	26	28	26
Redevance de contrôle fuel domestique	0	0	0	29	43	51	41	36	32	31
Ecotaxes	0	0	0	2	1	0	1	0	0	0
Cotisation d'emballage	0	0	0	0	296	320	332	336	341	352
Cotisation fédérale sur l'électricité et le gaz naturel	0	0	0	0	311	292	281	269	812	497
Cotisation environnementale	0	0	0	0	5	15	14	1	0	0
5122 Bénéfices des monopoles fiscaux	0	0	0	0	0	0	0	0	0	0
5123 Droits de douane et droits à l'importation	272	627	809	960	1 388	1 234	1 185	1 373	1 585	1 632
Droits d'entrée	206	0	0	0	0	0	0	0	0	0
Prélèvements agricoles	63	0	0	0	0	0	0	0	0	0
Prélèvements CECA	2	0	0	0	0	0	0	0	0	0
Prélèvements UE, droit d'entrée	0	383	716	932	1 365	1 210	1 149	1 368	1 585	1 632
Prélèvements agricoles UE	0	244	93	28	23	23	36	5	0	0
5124 Taxes à l'exportation	0	1	0	0	0	0	0	0	0	0
5125 Impôts sur biens d'équipement	0	0	0	0	0	0	0	0	0	0
5126 Impôts sur services déterminés	29	452	937	1 365	2 044	2 454	3 145	3 265	3 406	3 651
Taxes jeux et paris	9	47	51	45	64	77	73	80	94	103
Taxe annuelle contrats assurances	19	404	885	1 282	1 930	2 123	2 285	2 307	2 382	2 469
Taxe d'affichage	0	0	1	1	3	3	3	3	3	3
Protection des dépots	0	0	0	36	48	252	609	441	440	432
Fonds de résolution	0	0	0	0	0	0	167	380	250	285
Contrats art. 81 médicaments	..	..	..	0	0	0	8	55	238	360
5127 Autres impôts sur commerce et transact. internat.	0	0	0	0	0	0	0	0	0	0
5128 Autres impôts	0	208	593	726	881	1 294	1 743	1 640	1 470	1 544
5130 Non-ventilables entre 5110 et 5120	0	0	0	0	0	0	0	0	0	0
5200 Impôts sur utilisation des biens et exerc. activités	199	496	966	2 096	2 363	2 384	2 420	2 482	2 540	2 622

	1965	1980	1990	2000	2007	2010	2013	2015	2017	2018
5210 Impôts périodiques	199	496	966	1 887	2 032	2 005	2 023	2 032	1 993	1 955
Taxe de circulation	100	368	712	1 413	1 693	1 702	1 830	1 851	1 802	1 852
5211 À la charge des ménages : véhicules à moteur	0	204	458	889	1 051	1 054	1 148	1 163	1 210	1 240
5212 À la charge autres agents : véhicules à moteur	0	164	254	525	642	648	683	689	591	612
5213 Autres impôts périodiques	99	127	254	474	338	303	193	181	191	104
Taxe appareils de divertissement	6	20	20	71	56	58	74	56	54	52
Taxe débits de boissons	1	5	24	18	0	0	0	0	0	0
Taxe sur la chasse	2	0	0	0	0	0	0	0	0	0
Collectivités locales	90	15	19	38	99	112	10	22	22	23
Radio, TV	0	87	191	347	184	133	108	103	115	29
5220 Impôts non-périodiques	0	0	0	209	332	379	397	451	548	667
Taxe de mise en circulation	..	..	..	209	332	379	360	349	435	473
Ménages	..	..	..	139	221	252	240	233	290	315
Autres agents	..	..	..	70	111	126	120	116	145	158
Droits d'émission	..	..	..	0	0	0	36	101	112	193
5300 Non-ventilables entre 5100 et 5200	0	3	7	7	7	6	10	9	15	11
6000 Autres impôts	**2**	**0**	**0**	**0**	**61**	**36**	**46**	**40**	**0**	**0**
6100 À la charge exclusive des entreprises	0	..	..	..	0	0	0	0	0	..
6200 À la charge d'autres agents	2	..	..	..	61	36	46	40	0	..
Amendes et intérets	2	..	..	..	0	0	0	0	0	..
Pour mémoire										
Droits de douane perçus pour le compte de l'UE	..	..	..	960	1 388	1 234	1 185	1 373	1 585	1 632
Contributions au Fonds de résolution unique collectées pour le compte de l'UE	..	..	..	..	..	..	167	380	250	285
Autres taxes pour le compte de l'UE	..	..	..	75	62	42	-7	9	2	..
Crédits d'impôts récupérables										
Crédits d'impôts récupérables contre 1110	..	..	..	..	348	1 037	1 492	830	919	906
Composante fiscale	..	..	..	..	78	588	1 077	537	600	616
Composante transfert	..	..	..	..	270	449	415	293	319	291
Crédits d'impôts récupérables contre 1210	..	..	..	..	0	0	0	0	0	0
Composante fiscale	..	..	..	..	..	..	..	..	..	..
Composante transfert	..	..	..	..	..	..	..	..	..	..
Recettes fiscales totales sur la base d'encaissements	**6 421**	**37 438**	**70 268**	**..**	**..**	**..**	**..**	**..**	**..**	**..**
Recettes fiscales totales sur la base des droits constatés	**..**	**37 443**	**70 408**	**112 710**	**147 861**	**156 317**	**177 665**	**184 429**	**195 930**	**202 645**
Conciliation avec les Comptes nationaux										
Impôts additionnels inclus dans les comptes nationaux	..	107	447	1 300	1 740	2 458	3 354	3 616	3 863	4 099
Bénéfices de la loterie nationale	..	107	262	279	225	243	215	206	185	185
Taxes sur les eaux (RF, RW et RB-C)	..	0	66	378	119	137	122	104	119	140
Cot. producteurs produits animaux (Sanitel)	..	0	0	14	13	15	14	6	12	14
Taxe sur les déchets industriels	..	0	27	74	68	54	46	55	79	88
Taxe sur le lisier (RF)	..	0	0	11	11	5	5	1	2	4
Taxe sur les déchets ménagers (RW)	..	0	0	20	..	..	..	..	..	..
Retenue à la source sur salaires (UE)	..	0	93	174	270	345	336	370	411	420
Cotisations de sécurité sociale (UE)	..	0	0	136	250	340	330	360	400	408
Cotisations sociales imputées (UE)	..	0	0	213	431	508	511	554	615	627
Certificats verts	..	..	..	..	354	812	1 777	1 959	2 041	2 213
Impôt exclus des comptes nationaux	..	0	0	0	0	0	0	0	0	0
Protection des dépots	..	..	..	..	..	..	..	..	..	..
Différence dans les traitements des crédits d'impôts	..	0	0	..	78	588	1 077	537	600	616
Transfert en capital des recettes non collectées	..	0	0	-291	-381	-597	-730	-547	-624	-689
TVA grevant les produits non recouvrable	..	..	..	-18	-276	-367	-488	-357	-492	-492
Précompte professionnel non recouvrable	..	..	..	-40	-53	-71	-47	-49	-50	-47
Cotisations sociales effectives à la charge des employeurs dues non recouvrables	..	..	..	-233	-52	-159	-194	-141	-81	-150
Cotisations de sécurité sociale volontaires	..	41	52	58	57	59	77	70	75	85
Différences diverses	..	0	0	0	0	0	0	0	0	0
Réallocation niveaux d'administration nationaux	..	..	..	..	..	..	..	..	..	..
Réallocation UE	..	..	..	..	..	..	..	..	..	..
Comptes nationaux : impôts et cotisations sociales effectives	..	37 590	70 907	113 564	148 924	158 318	180 932	187 550	199 228	206 127
Cotisations sociales imputées	..	1 497	2 886	5 377	7 568	8 713	10 071	9 812	10 550	10 820
Comptes nationaux : impôts et toutes les cotisations sociales	..	39 087	73 793	118 940	156 492	167 031	191 003	197 362	209 778	216 948

.. Non disponible

Note : Données établies sur la base de l'année civile se terminant le 31 décembre. A partir de 1970, les données sont sur la base des droits constatés.

Source : Service Public Fédéral Finances.

StatLink https://doi.org/10.1787/888934215461

Tableau 5.4. Canada : recettes fiscales détaillées, 1965-2018

Millions CAD

	1965	1980	1990	2000	2007	2010	2013	2015	2017	2018
Recettes fiscales totales	**15 318**	**101 015**	**244 152**	**390 234**	**512 663**	**516 591**	**592 206**	**653 269**	**709 003**	**738 733**
1000 Impôts sur revenu, bénéfices et gains en capital	**5 910**	**47 064**	**118 566**	**195 320**	**251 198**	**240 961**	**281 787**	**314 841**	**345 179**	**360 457**
1100 Des personnes physiques	3 464	34 451	99 722	143 652	190 025	180 894	214 054	240 304	254 723	267 594
1110 Sur le revenu et les bénéfices	3 464	34 451	99 722	143 652	190 025	180 894	214 054	240 304	254 723	267 594
Taxes federal government	2 635	21 231	60 252	90 694	116 395	109 341	127 655	143 315	154 267	162 295
Taxes on individuals - province	829	13 220	39 470	52 958	73 630	71 553	86 399	96 989	100 456	105 299
1120 Sur les gains en capital	0	0	0	0	0	0	0	0	0	0
1200 Des sociétés	2 276	11 741	17 190	47 643	54 272	54 101	62 359	67 894	82 936	83 763
1210 Sur les bénéfices	2 276	11 741	17 190	47 643	54 272	54 101	62 359	67 894	82 936	83 763
Taxes federal government	1 752	8 110	11 726	31 570	37 093	33 419	38 142	41 726	50 932	51 769
Taxes on corporations - province	524	3 631	5 464	16 073	17 179	20 682	24 217	26 168	32 004	31 994
1220 Sur les gains en capital	0	0	0	0	0	0	0	0	0	0
1300 Non-ventilables entre 1100 et 1200	170	872	1 654	4 025	6 901	5 966	5 374	6 643	7 520	9 100
Non-resident withhold taxes - federal	170	872	1 654	4 025	6 901	5 966	5 374	6 643	7 520	9 100
2000 Cotisations de sécurité sociale	**854**	**10 649**	**29 653**	**53 109**	**73 722**	**76 787**	**90 394**	**96 371**	**99 035**	**103 213**
2100 À la charge des salariés	318	3 756	10 634	21 361	29 361	30 626	36 057	38 685	39 920	41 548
Canada pension plan	47	1 265	3 745	9 401	16 194	16 852	20 021	21 491	23 025	23 558
Quebec pension plan	15	431	1 108	2 897	4 124	5 450	5 815	6 293	6 991	7 413
Employment insurance	164	1 393	5 284	7 782	7 084	7 388	9 198	9 772	8 623	9 255
Hospital insurance premiums	92	667	496	1 281	1 959	937	1 023	1 128	1 281	1 322
2110 Sur la base du salaire	..	..	10 634	20 976	28 654	29 689	35 034	37 557	38 639	40 226
2120 Sur la base de l'impôt sur les revenus	..	..	0	385	707	937	1 023	1 128	1 281	1 322
2200 À la charge des employeurs	536	6 697	18 449	30 307	41 922	43 525	51 261	54 380	55 552	57 997
Canada pension plan	48	1 266	3 745	9 401	16 194	16 852	20 021	21 491	23 025	23 558
Quebec pension plan	15	432	1 108	2 897	4 124	5 450	5 815	6 293	6 991	7 413
Employment insurance	164	2 006	7 398	10 894	9 917	10 343	12 877	13 681	12 072	12 956
Hospital insurance premiums	92	1 270	496	897	1 252	0	0	0	0	0
Social insurance levies	217	1 723	5 702	6 218	10 434	10 881	12 548	12 914	13 464	14 070
2210 Sur la base du salaire	..	..	18 449	30 307	41 922	43 525	51 261	54 380	55 552	57 997
2220 Sur la base de l'impôt sur les revenus	..	..	0	0	0	0	0	0	0	0
2300 A charge des travailleurs indép. ou sans emploi	0	196	570	1 442	2 440	2 636	3 076	3 307	3 563	3 667
Canada pension plan	..	153	478	1 200	2 096	2 181	2 591	2 781	2 979	3 049
Quebec pension plan	..	43	92	242	344	455	486	525	584	619
2310 Sur la base du salaire	..	196	570	1 442	2 440	2 636	3 076	3 307	3 563	3 667
2320 Sur la base de l'impôt sur les revenus	..	0	0	0	0	0	0	0	0	0
2400 Non-ventilables entre 2100, 2200 et 2300	0	0	0	0	0	0	0	0	0	0
2410 Sur la base du salaire	..	..	..	..	..	..	..	..	..	..
2420 Sur la base de l'impôt sur les revenus	..	..	..	..	..	..	..	..	..	..
3000 Sur salaires ou main d'oeuvre	**0**	**0**	**5 499**	**8 013**	**10 038**	**10 760**	**12 482**	**13 256**	**14 223**	**14 871**
4000 Impôts sur le patrimoine	**2 186**	**9 195**	**24 467**	**37 157**	**54 507**	**63 735**	**70 451**	**77 778**	**84 081**	**85 859**
4100 Impôts périodiques sur la propriété immobilière	1 830	8 315	20 189	30 242	44 567	51 702	57 769	62 651	66 699	69 750
On property provincial government	11	133	1 645	3 078	3 164	4 476	4 946	5 410	5 766	6 690
Personal property local government	17	0	18 544	27 165	41 403	47 226	52 823	57 241	60 933	63 060
Real property local government	1 802	8 182	0	0	0	0	0	0	0	0
4110 Ménages	..	..	..	..	..	..	..	..	..	..
4120 Autres agents	..	..	..	..	..	..	..	..	..	..
4200 Impôts périodiques sur l'actif net	25	512	1 911	4 171	2 970	1 523	414	372	425	436
4210 Personnes physiques	0	0	0	0	0	0	0	0	0	0
4220 Sociétés	25	512	1 911	4 171	2 970	1 523	414	372	425	436
4300 Impôts sur mut. par décès, succ. et donations	223	75	3	2	0	178	221	268	304	331
4310 Impôts sur mut. par décès et successions	216	75	3	2	..	178	221	268	304	331
On inheritances federal government	108	0	0	0	..	0	0	0	0	0
Succession duties provincial government	108	75	3	2	..	178	221	268	304	331
4320 Impôts sur les donations	7	0	0	0	..	0	0	0	0	0
On gifts federal government	7	..	..	..	..	..	..	..	..	..
4400 Impôts sur transact. mobilières et immob.	0	0	0	0	2 868	3 077	3 646	4 975	7 167	6 303
4500 Impôts non-périodiques	108	293	2 365	2 742	4 102	7 254	8 401	9 512	9 486	9 039
4510 Sur l'actif net	0	0	0	0	0	0	0	0	0	0
4520 Autres non-périodiques	108	293	2 365	2 742	4 102	7 254	8 401	9 512	9 486	9 039
Special assessments and charges local govt.	108	293	2 365	2 742	4 102	7 254	8 401	9 512	9 486	9 039
4600 Autres impôts périodiques sur patrimoine	0	0	0	0	0	0	0	0	0	0
5000 Impôts sur les biens et services	**6 202**	**32 909**	**63 092**	**94 468**	**122 855**	**123 752**	**136 396**	**150 275**	**165 739**	**173 583**
5100 Impôts sur production, vente, transfert, etc.	5 310	24 808	59 627	88 879	114 701	116 160	128 554	140 750	153 901	161 640
5110 Impôts généraux	2 730	11 658	34 475	55 313	71 242	72 130	81 452	90 598	99 893	104 962
5111 Taxes sur la valeur ajoutée	0	0	0	35 884	46 072	70 712	78 292	86 694	96 040	100 570
5112 Impôts sur les ventes	2 730	11 658	34 475	19 429	25 170	1 418	3 160	3 904	3 853	4 392
Sales taxes federal government	813	5 429	16 866	0	0	0	0	0	0	0
Sales taxes provincial, local govt.	1 917	6 229	17 609	19 429	25 170	1 418	3 160	3 904	3 853	4 392

	1965	1980	1990	2000	2007	2010	2013	2015	2017	2018
5113 Autres impôts	0	0	0	0	0	0	0	0	0	0
5120 Impôts sur biens et services déterminés	2 580	13 150	25 153	33 565	43 459	44 030	47 102	50 152	54 008	56 678
5121 Accises	1 499	6 805	14 473	18 417	22 759	23 281	24 470	25 284	27 342	28 040
Excises federal government	740	3 850	6 405	8 377	9 249	10 244	10 261	10 372	11 166	11 529
Liquor	..	..	926	1 103	1 224	1 554	1 488	1 521	1 700	1 811
Tobacco	..	..	2 247	2 176	2 466	3 025	3 019	2 875	3 115	3 406
Gasoline and motive fuel	..	..	2 472	4 807	5 272	5 306	5 460	5 678	6 040	6 015
Remitted gaming profits	..	..	45	0	0	0	0	0	0	0
Miscellaneous consumption taxes	..	..	715	291	287	358	294	297	311	297
Excises provincial government	759	2 955	8 067	10 039	13 510	13 037	14 209	14 912	16 176	16 511
Motor fuel	680	1 863	4 674	7 031	8 065	8 198	9 094	9 727	10 163	10 209
Tobacco	53	772	2 776	2 279	4 181	4 620	4 879	5 108	5 041	4 963
Other	26	320	617	730	1 264	219	236	77	972	1 339
5122 Bénéfices des monopoles fiscaux	294	1 406	3 758	8 756	11 565	11 565	12 059	13 016	13 915	14 316
Own enterprises contributions	294	1 406	3 758	8 756	11 565	11 565	12 059	13 016	13 915	14 316
5123 Droits de douane et droits à l'importation	686	3 199	4 021	2 824	3 829	3 441	4 193	5 181	5 593	6 640
Customs and import duties federal govt.	686	3 199	4 021	2 824	3 829	3 441	4 193	5 181	5 593	6 640
5124 Taxes à l'exportation	0	842	0	0	0	0	0	0	0	0
5125 Impôts sur biens d'équipement	0	0	0	0	0	0	0	0	0	0
5126 Impôts sur services déterminés	84	575	2 385	2 524	4 088	4 489	5 087	5 213	5 983	6 536
Tax on insurance premiums, provincial govt.	45	261	1 141	1 740	2 796	3 305	3 901	3 962	4 544	5 014
Tax on insurance premiums, federal govt.	0	1	1	1	11	28	13	10	1	0
Amusement and admission taxes	4	25	126	538	537	322	280	291	333	320
Air transportation taxes	0	166	488	0	403	600	662	722	823	872
Racetrack betting	35	122	155	55	36	36	32	33	25	25
Tax on meals and hotels	0	0	473	191	305	198	199	195	257	305
5127 Autres impôts sur commerce et transact. internat.	0	0	0	0	0	0	0	0	0	0
5128 Autres impôts	17	323	517	1 045	1 217	1 255	1 292	1 458	1 176	1 146
Other taxes federal government	0	98	272	758	762	557	439	544	417	446
Other taxes provincial government	17	225	245	287	455	698	853	914	759	700
5130 Non-ventilables entre 5110 et 5120	0	0	0	0	0	0	0	0	0	0
5200 Impôts sur utilisation des biens et exerc. activités	892	8 101	3 465	5 589	8 154	7 592	7 842	9 525	11 838	11 943
5210 Impôts périodiques	306	1 500	2 393	3 644	4 368	4 452	5 017	5 589	6 119	6 264
5211 À la charge des ménages : véhicules à moteur	103	666	1 056	1 696	2 241	1 986	2 237	2 478	2 854	2 946
5212 À la charge autres agents : véhicules à moteur	141	509	697	1 039	1 242	1 153	1 343	1 552	1 664	1 719
5213 Autres impôts périodiques	62	325	640	909	885	1 313	1 437	1 559	1 601	1 599
5220 Impôts non-périodiques	586	6 601	1 072	1 945	3 786	3 140	2 825	3 936	5 719	5 679
Licences and permits local govt.	36	132	317	499	889	807	952	1 023	1 035	1 036
Licences and permits provincial govt.	550	6 469	755	1 446	2 897	2 333	1 873	2 913	4 684	4 643
5300 Non-ventilables entre 5100 et 5200	0	0	0	0	0	0	0	0	0	0
6000 Autres impôts	**166**	**1 198**	**2 875**	**2 167**	**342**	**596**	**696**	**748**	**745**	**750**
6100 À la charge exclusive des entreprises	139	943	2 386	1 280	0	0	0	0	0	0
6200 À la charge d'autres agents	27	255	489	887	342	596	696	748	745	750
Poll tax local government	5	0	0	0	0	0	0	0	0	0
Miscellaneous local government	11	358	489	887	342	596	696	748	745	750
Other federal government	11	-103	0	0	0	0	0	0	0	0
Crédits d'impôts récupérables										
Crédits d'impôts récupérables contre 1110	..	..	..	1 633	5 550	6 415	7 326	7 510	8 007	10 709
Composante fiscale	..	..	..	276	824	875	965	968	1 057	2 395
Composante transfert	..	..	..	1 357	4 726	5 540	6 361	6 542	6 950	8 314
Crédits d'impôts récupérables contre 1210	..	..	..	1 758	3 445	4 726	3 754	3 768	3 649	3 059
Composante fiscale	..	..	..	20	12	19	17	15	16	12
Composante transfert	..	..	..	1 738	3 433	4 707	3 737	3 753	3 633	3 047
Recettes fiscales totales sur la base d'encaissements	**15 318**	**101 015**	**244 152**	**388 833**	**527 734**	..	..	..	..	..
Recettes fiscales totales sur la base des droits constatés	..	..	..	**390 234**	**512 663**	**516 591**	**592 206**	**653 269**	**709 003**	**738 733**
Conciliation avec les comptes nationaux										
Impôts additionnels inclus dans les comptes nationaux	..	..	..	0	0	0	0	0	0	0
Impôt exclus des comptes nationaux	..	..	..	0	0	0	0	0	0	0
Différence dans les traitements des crédits d'impôts	..	..	..	296	836	894	982	983	1 073	2 407
Transfert en capital des recettes non collectées	..	..	..	0	0	0	0	0	0	0
Cotisations de sécurité sociale volontaires	..	..	..	0	0	0	0	0	0	0
Différences diverses	..	..	..	0	0	0	0	0	0	0
Comptes nationaux : impôts et cotisations sociales effectives	..	..	..	390 234	513 499	517 485	593 188	654 252	710 076	741 140
Cotisations sociales imputées	..	..	..	0	0	0	0	0	0	0
Comptes nationaux : impôts et toutes les cotisations sociales	..	..	..	390 234	513 499	517 485	593 188	654 252	710 076	741 140

.. Non disponible

Note : From 2001, all data are for the year ending 31st December. For 2000 and earlier years, data for the Federal, Provincial and Territorial governments and Social security funds are on a fiscal year basis commencing 1st April. Data for local government are on a fiscal year basis commencing 1st January.
From 1999 data are on accrual basis except that personal income taxes are on a modified cash basis.
There are some minor differences between the data for the years 1965 to 1978 and those for subsequent years. These mostly relate to the inclusion of fines and penalities or late payment of taxes and deductions for the child tax credits in the data for the years 1979 to 1983.
Heading 1210 - Taxes federal government: Federal corporate taxes include capital taxes.
Heading 2000: Includes receipts from the Canadian Pension Plan, Quebec Pension Plan, Unemployement Insurance Fund and Provincial Health Insurance. Premiums, Medicare Premiums and Social Insurance levies but excludes that part of the taxes on income and sales taxes earmarked for old age security. The practice of earmarking these taxes was discontinued in June 1975.
Heading 4400: From 2002 onward includes land transfer taxes of the provincial, territorial and local governments. Prior to 2002 land transfer taxes of the local government were included in line 6000 and those provincial and territorial governments were included in line 4520.
Heading 5121: The large increase in this heading between 1980 and 1981 is due to the introduction of a 'special petroleum compensation charge', a 'Canadian ownership special charge' and to an increase in the natural gas tax of C$ 2399 millions.
Heading 5122: From 1988, profits on fiscal monopolies include lottery profits.
Heading 5128: From 1988, other taxes of Federal Government include the annual fees for managing the spectrum (airwaves) allocation to the cellular industry.
Heading 5211: Some Québec motor vehicle licence administrative fees are included in sales of goods and services for the period 1988-89 to 1997-98. From 1998-99 onward, these fees are included under other taxes - motor vehicle licences.
Source : Statistics Canada.

StatLink https://doi.org/10.1787/888934215480

Tableau 5.5. Chili : recettes fiscales détaillées, 1965-2018

Million CLP

	1965	1980	1990	2000	2007	2010	2013	2015	2017	2018
Recettes fiscales totales	..	..	**1 777 218**	**7 901 998**	**20 598 963**	**21 845 693**	**27 381 686**	**32 532 354**	**36 238 558**	**40 314 703**
1000 Impôts sur revenu, bénéfices et gains en capital	..	..	**412 974**	**1 841 630**	**9 412 056**	**8 329 060**	**9 520 709**	**11 840 521**	**12 516 154**	**14 418 859**
1100 Des personnes physiques	..	..	99 154	604 100	989 348	1 492 837	1 964 172	3 199 876	3 500 023	2 701 416
Second category tax	..	..	65 552	490 980	993 129	1 449 099	1 981 699	2 350 120	2 585 694	2 848 205
Global complementary tax	..	..	33 603	113 120	-3 781	43 738	-17 527	-36 757	50 495	-146 789
Other	..	..	0	0	0	0	0	886 513	863 834	0
1110 Sur le revenu et les bénéfices	..	..	..	..	..	..	..	..	..	..
1120 Sur les gains en capital	..	..	..	..	..	..	..	..	..	..
1200 Des sociétés	..	..	219 586	882 896	6 054 487	4 448 745	6 041 089	6 839 133	7 658 420	8 920 497
First category tax	..	..	200 891	815 747	5 084 996	3 913 870	5 473 355	6 183 830	7 049 471	7 836 379
Surtax on state owned enterprises	..	..	16 074	47 634	113 334	194 203	124 220	132 352	193 058	184 442
Mining tax	..	..	0	0	835 452	298 558	324 577	323 507	101 970	184 382
Other	..	..	2 621	19 516	20 705	42 114	118 937	199 444	313 921	715 293
1210 Sur les bénéfices	..	..	..	..	..	..	..	..	..	..
1220 Sur les gains en capital	..	..	..	..	..	..	..	..	..	..
1300 Non-ventilables entre 1100 et 1200	..	..	94 233	354 634	2 368 221	2 387 478	1 515 449	1 801 512	1 357 711	2 796 947
Additional tax	..	..	59 082	350 301	1 462 715	1 414 057	1 337 721	1 429 758	1 453 577	2 127 948
Other	..	..	35 151	4 332	905 507	973 421	177 727	371 755	-95 865	668 998
2000 Cotisations de sécurité sociale	..	..	**159 559**	**576 758**	**1 148 647**	**1 493 987**	**1 968 973**	**2 252 489**	**2 627 558**	**2 786 173**
2100 À la charge des salariés	..	..	154 021	553 937	1 098 620	1 433 159	1 906 340	2 188 575	2 553 916	2 703 261
2110 Sur la base du salaire	..	..	154 021	553 937	1 098 620	1 433 159	1 906 340	2 188 575	2 553 916	2 703 261
2120 Sur la base de l'impôt sur les revenus	..	..	0	0	0	0	0	0	0	0
2200 À la charge des employeurs	..	..	5 538	22 821	50 027	60 828	62 633	63 914	73 643	82 912
2210 Sur la base du salaire	..	..	5 538	22 821	50 027	60 828	62 633	63 914	73 643	82 912
2220 Sur la base de l'impôt sur les revenus	..	..	0	0	0	0	0	0	0	0
2300 A charge des travailleurs indép. ou sans emploi	..	..	0	0	0	0	0	0	0	0
2310 Sur la base du salaire	..	..	..	..	..	..	..	..	..	..
2320 Sur la base de l'impôt sur les revenus	..	..	..	..	..	..	..	..	..	..
2400 Non-ventilables entre 2100, 2200 et 2300	..	..	0	0	0	0	0	0	0	0
2410 Sur la base du salaire	..	..	..	..	..	..	..	..	..	..
2420 Sur la base de l'impôt sur les revenus	..	..	..	..	..	..	..	..	..	..
3000 Sur salaires ou main d'oeuvre	..	..	**0**	**0**	**0**	**0**	**0**	**0**	**0**	**0**
4000 Impôts sur le patrimoine	..	..	**109 319**	**554 037**	**1 013 571**	**898 607**	**1 133 765**	**1 421 274**	**1 950 217**	**2 086 866**
4100 Impôts périodiques sur la propriété immobilière	..	..	59 968	302 244	496 311	662 368	840 842	1 056 920	1 229 195	1 373 495
4110 Ménages	..	..	..	..	..	..	..	..	..	..
4120 Autres agents	..	..	..	..	..	..	..	..	..	..
4200 Impôts périodiques sur l'actif net	..	..	0	0	0	0	0	0	0	0
4210 Personnes physiques	..	..	..	..	..	..	..	..	..	..
4220 Sociétés	..	..	..	..	..	..	..	..	..	..
4300 Impôts sur mut. par décès, succ. et donations	..	..	3 444	10 906	28 501	39 338	45 550	92 236	202 376	125 649
4310 Impôts sur mut. par décès et successions	..	..	..	..	..	..	..	..	..	..
4320 Impôts sur les donations	..	..	..	..	..	..	..	..	..	..
4400 Impôts sur transact. mobilières et immob.	..	..	45 907	240 886	488 759	196 901	247 373	272 118	518 645	587 721
4500 Impôts non-périodiques	..	..	0	0	0	0	0	0	0	0
4510 Sur l'actif net	..	..	..	..	..	..	..	..	..	..
4520 Autres non-périodiques	..	..	..	..	..	..	..	..	..	..
4600 Autres impôts périodiques sur patrimoine	..	..	0	0	0	0	0	0	0	0
5000 Impôts sur les biens et services	..	..	**1 118 722**	**5 041 769**	**9 023 666**	**11 185 156**	**14 779 915**	**17 597 378**	**19 858 881**	**21 470 498**
5100 Impôts sur production, vente, transfert, etc.	..	..	1 074 009	4 789 827	8 578 636	10 532 904	13 869 529	16 515 485	18 597 180	19 953 036
5110 Impôts généraux	..	..	664 421	3 306 350	6 781 501	8 399 926	11 170 794	13 273 958	15 069 540	16 211 646
5111 Taxes sur la valeur ajoutée	..	..	664 421	3 306 350	6 781 501	8 399 926	11 170 794	13 273 958	15 069 540	16 211 646
5112 Impôts sur les ventes	..	..	0	0	0	0	0	0	0	0
5113 Autres impôts	..	..	0	0	0	0	0	0	0	0
5120 Impôts sur biens et services déterminés	..	..	409 588	1 483 477	1 797 135	2 132 978	2 698 735	3 241 527	3 527 640	3 741 389
5121 Accises	..	..	166 050	816 160	1 299 844	1 561 205	1 987 475	2 412 773	2 682 659	2 796 033
Cigarettes and tobacco	..	..	60 604	283 275	455 595	647 637	815 991	981 422	978 696	981 456
Gasolene and diesel	..	..	105 445	532 885	844 249	913 568	1 171 483	1 388 218	1 629 561	1 727 392
Oil stabilisation fund	..	..	0	0	0	0	0	0	0	0
Fisheries Law Extraction Rights	..	..	0	0	0	0	0	8 558	11 749	19 623
Additional tax on new motor vehicles	..	..	0	0	0	0	0	34 575	62 654	67 561
5122 Bénéfices des monopoles fiscaux	..	..	0	0	0	0	0	0	0	0
5123 Droits de douane et droits à l'importation	..	..	222 486	548 571	300 416	267 331	303 393	343 491	321 156	347 555
5124 Taxes à l'exportation	..	..	0	0	0	0	0	0	0	0
5125 Impôts sur biens d'équipement	..	..	0	0	0	0	0	0	0	0
5126 Impôts sur services déterminés	..	..	21 052	118 746	196 875	304 442	407 867	485 263	523 824	597 802
5127 Autres impôts sur commerce et transact. internat.	..	..	0	0	0	0	0	0	0	0
5128 Autres impôts	..	..	0	0	0	0	0	0	0	0
5130 Non-ventilables entre 5110 et 5120	..	..	0	0	0	0	0	0	0	0

	1965	1980	1990	2000	2007	2010	2013	2015	2017	2018
5200 Impôts sur utilisation des biens et exerc. activités	..	..	44 714	251 942	445 030	652 252	910 386	1 081 893	1 261 702	1 517 462
5210 Impôts périodiques	..	..	44 714	251 942	445 030	652 252	910 386	1 081 893	1 261 702	1 402 110
Motor vehicles	..	..	24 469	93 880	155 158	218 219	330 754	397 608	482 009	539 918
5211 À la charge des ménages : véhicules à moteur	..	..	0	0	0	0	0	0	0	0
5212 À la charge autres agents : véhicules à moteur	..	..	0	0	0	0	0	0	0	0
5213 Autres impôts périodiques	..	..	20 245	158 062	289 872	434 033	579 632	684 285	779 693	862 192
Municipal permits	..	..	18 401	136 138	263 996	396 944	527 955	630 943	725 954	806 734
Mining patents	..	..	3 374	34 730	25 184	36 213	50 094	51 767	52 254	53 854
Other	..	..	-1 530	-12 806	692	876	1 583	1 575	1 485	1 604
5220 Impôts non-périodiques	..	..	0	0	0	0	0	0	0	115 352
Tax on Polluting Fixed Sources	..	..	..	..	..	..	..	..	..	115 352
5300 Non-ventilables entre 5100 et 5200	..	..	0	0	0	0	0	0	0	0
6000 Autres impôts	**..**	**..**	**-23 356**	**-112 195**	**1 023**	**-61 117**	**-21 676**	**-579 308**	**-714 253**	**-447 692**
6100 À la charge exclusive des entreprises	..	..	0	0	0	0	0	0	0	0
6200 À la charge d'autres agents	..	..	-23 356	-112 195	1 023	-61 117	-21 676	-579 308	-714 253	-447 692
Crédits d'impôts récupérables										
Crédits d'impôts récupérables contre 1110	..	..	0	0	0	0	0	0	0	0
Composante fiscale	..	..	..	..	..	..	..	..	..	..
Composante transfert	..	..	..	..	..	..	..	..	..	..
Crédits d'impôts récupérables contre 1210	..	..	0	0	0	0	0	175 468	213 519	251 606
Composante fiscale	..	..	..	..	..	..	..	45 774	62 076	64 837
Composante transfert	..	..	..	..	..	..	..	129 694	151 443	186 769
Recettes fiscales totales sur la base d'encaissements	**..**	**..**	**1 777 218**	**7 901 998**	**20 598 963**	**21 845 693**	**27 381 686**	**32 532 354**	**36 238 558**	**40 314 703**
Recettes fiscales totales sur la base des droits constatés	**..**	**..**	**..**	**..**	**..**	**..**	**..**	**..**	**..**	**..**
Conciliation avec les comptes nationaux										
Impôts additionnels inclus dans les comptes nationaux	..	..	..	..	..	..	..	..	..	..
Impôt exclus des comptes nationaux	..	..	..	..	..	..	..	..	..	..
Différence dans les traitements des crédits d'impôts	..	..	..	..	..	..	..	..	..	..
Transfert en capital des recettes non collectées	..	..	..	..	..	..	..	..	..	..
Cotisations de sécurité sociale volontaires	..	..	..	..	..	..	..	..	..	..
Différences diverses	..	..	..	..	..	..	..	..	..	..
Comptes nationaux : impôts et cotisations sociales effectives	..	..	..	..	..	..	..	..	..	..
Cotisations sociales imputées	..	..	..	..	..	..	..	..	..	..
Comptes nationaux : impôts et toutes les cotisations sociales	..	..	..	..	..	..	..	..	..	..

.. Non disponible

Note : Year ending 31st December.

The data are on a cash basis.

Source : Servicio de Impuestos internos (Chile's Tax Service).

StatLink https://doi.org/10.1787/888934215499

Tableau 5.6. Colombie : recettes fiscales détaillées, 1965-2018

Million COP

	1965	1980	1990	2000	2007	2010	2013	2015	2017	2018
Recettes fiscales totales	..	..	**2 579 426**	**30 598 630**	**82 697 457**	**98 455 335**	**142 976 023**	**160 157 693**	**174 735 823**	**190 299 911**
1000 Impôts sur revenu, bénéfices et gains en capital	..	..	**771 694**	**7 103 525**	**24 010 404**	**26 218 852**	**47 743 096**	**52 656 876**	**57 615 236**	**64 043 928**
1100 Des personnes physiques	..	..	47 210	1 499 345	4 751 580	5 192 384	7 787 050	9 210 448	10 367 606	12 215 963
1110 Sur le revenu et les bénéfices	..	..	47 210	1 499 345	4 751 580	5 192 384	7 787 050	9 210 448	10 367 606	12 215 963
Income tax	..	..	47 210	1 499 345	4 751 580	5 192 384	7 787 050	9 210 448	10 367 606	12 215 963
Simple tax regime	..	..	0	0	0	0	0	0	0	0
1120 Sur les gains en capital	..	..	..	..	..	..	..	..	..	..
1200 Des sociétés	..	..	359 758	5 119 828	18 427 899	20 405 209	38 788 077	41 398 731	44 970 528	48 529 320
1210 Sur les bénéfices	..	..	359 758	5 119 828	18 427 899	20 405 209	38 788 077	41 398 731	44 970 528	48 529 320
Income tax	..	..	359 758	5 119 828	18 427 899	20 405 209	35 848 498	27 472 562	40 124 337	48 396 597
Pro Equity Income Tax - CREE	..	..	0	0	0	0	2 939 579	13 926 169	4 846 190	132 723
Simple tax regime	..	..	0	0	0	0	0	0	0	0
1220 Sur les gains en capital	..	..	..	..	..	..	..	..	..	..
1300 Non-ventilables entre 1100 et 1200	..	..	364 726	484 352	830 925	621 258	1 167 968	2 047 697	2 277 102	3 298 645
Income tax	..	..	364 726	484 352	830 925	621 258	1 167 968	2 047 697	2 277 102	3 298 645
Pro Equity Income Tax - CREE	..	..	0	0	0	0	0	0	0	0
2000 Cotisations de sécurité sociale	..	..	**203 596**	**4 989 000**	**9 694 000**	**11 478 085**	**16 644 445**	**13 585 138**	**13 351 711**	**18 192 049**
2100 À la charge des salariés	..	..	..	..	..	..	..	..	..	..
2110 Sur la base du salaire	..	..	..	..	..	..	..	..	..	..
2120 Sur la base de l'impôt sur les revenus	..	..	..	..	..	..	..	..	..	..
2200 À la charge des employeurs	..	..	..	..	..	..	..	..	..	..
2210 Sur la base du salaire	..	..	..	..	..	..	..	..	..	..
2220 Sur la base de l'impôt sur les revenus	..	..	..	..	..	..	..	..	..	..
2300 A charge des travailleurs indép. ou sans emploi	..	..	..	..	..	..	..	..	..	..
2310 Sur la base du salaire	..	..	..	..	..	..	..	..	..	..
2320 Sur la base de l'impôt sur les revenus	..	..	..	..	..	..	..	..	..	..
2400 Non-ventilables entre 2100, 2200 et 2300	..	..	203 596	4 989 000	9 694 000	11 478 085	16 644 445	13 585 138	13 351 711	18 192 049
2410 Sur la base du salaire	..	..	203 596	4 989 000	9 694 000	11 478 085	16 644 445	13 585 138	13 351 711	18 192 049
2420 Sur la base de l'impôt sur les revenus	..	..	0	0	0	0	0	0	0	0
3000 Sur salaires ou main d'oeuvre	..	..	**0**	**1 286 803**	**2 798 906**	**4 022 503**	**3 527 459**	**2 797 308**	**3 200 238**	**3 461 352**
4000 Impôts sur le patrimoine	..	..	**56 160**	**2 027 654**	**6 459 259**	**8 535 238**	**14 907 909**	**18 156 105**	**17 950 494**	**15 265 472**
4100 Impôts périodiques sur la propriété immobilière	..	..	56 160	991 070	2 298 829	3 338 935	4 735 321	6 061 965	7 310 244	7 981 989
4110 Ménages	..	..	0	0	0	0	0	0	0	0
4120 Autres agents	..	..	56 160	991 070	2 298 829	3 338 935	4 735 321	6 061 965	7 310 244	7 981 989
4200 Impôts périodiques sur l'actif net	..	..	0	0	1 170 908	1 970 530	4 274 832	5 352 940	3 868 595	467 925
4210 Personnes physiques	..	..	..	..	1 170 908	1 970 530	4 274 832	5 352 940	3 868 595	467 925
4220 Sociétés	..	..	..	..	0	0	0	0	0	0
4300 Impôts sur mut. par décès, succ. et donations	..	..	0	0	0	0	0	0	0	0
4310 Impôts sur mut. par décès et successions	..	..	..	..	..	..	..	..	..	..
4320 Impôts sur les donations	..	..	..	..	..	..	..	..	..	..
4400 Impôts sur transact. mobilières et immob.	..	..	0	1 036 584	2 989 522	3 225 773	5 897 755	6 741 200	6 771 655	6 815 558
4500 Impôts non-périodiques	..	..	0	0	0	0	0	0	0	0
4510 Sur l'actif net	..	..	..	..	..	..	..	..	..	..
4520 Autres non-périodiques	..	..	..	..	..	..	..	..	..	..
4600 Autres impôts périodiques sur patrimoine	..	..	0	0	0	0	0	0	0	0
5000 Impôts sur les biens et services	..	..	**1 388 653**	**14 180 450**	**36 766 741**	**44 411 642**	**55 285 569**	**65 716 566**	**75 381 123**	**81 408 789**
5100 Impôts sur production, vente, transfert, etc.	..	..	1 388 653	14 048 655	36 447 297	44 038 074	54 326 006	64 688 081	74 003 567	79 935 336
5110 Impôts généraux	..	..	672 368	9 585 866	26 910 512	33 333 802	40 479 366	48 684 900	58 565 799	64 316 019
5111 Taxes sur la valeur ajoutée	..	..	583 078	8 445 776	23 377 821	28 811 682	34 642 822	41 659 696	50 619 849	55 879 110
5112 Impôts sur les ventes	..	..	89 290	1 140 090	3 532 691	4 522 121	5 836 544	7 025 204	7 945 950	8 436 909
Industry and commerce tax (State)	..	..	89 290	1 140 090	3 532 691	4 522 121	5 836 544	7 025 204	7 945 950	8 436 909
5113 Autres impôts	..	..	0	0	0	0	0	0	0	0
5120 Impôts sur biens et services déterminés	..	..	716 285	4 462 789	9 536 785	10 704 271	13 846 640	16 003 181	15 437 768	15 619 317
5121 Accises	..	..	404 699	2 718 692	5 276 999	6 052 273	9 949 457	11 412 250	11 616 844	12 061 132
Petrol	..	..	141 270	833 004	1 211 511	1 418 766	2 883 410	3 297 392	1 352 793	1 517 546
Tobacco (State)	..	..	52 898	213 412	330 016	390 472	496 513	524 357	887 534	1 145 879
Beer (State)	..	..	85 722	471 135	1 203 838	1 432 453	2 031 349	2 305 895	2 572 771	2 637 674
Liquors (State)	..	..	124 808	520 394	834 390	929 328	1 292 743	1 253 466	1 907 802	1 800 605
Restaurant service, vehicle sale and mobile telephone service	..	..	0	0	0	0	1 181 998	1 684 179	1 948 718	2 047 419
Carbon	..	..	0	0	0	0	0	0	474 596	288 373
Plastic bags	..	..	0	0	0	0	0	0	6 546	28 099
Medicinal cannabis	..	..	0	0	0	0	0	0	10	3
Diesel surcharge	..	..	0	85 716	388 091	500 405	572 022	598 993	546 243	579 613
Petrol surcharge	..	..	0	595 031	1 309 154	1 380 848	1 491 423	1 747 969	1 919 830	2 015 922
5122 Bénéfices des monopoles fiscaux	..	..	0	0	0	0	0	0	0	0

	1965	1980	1990	2000	2007	2010	2013	2015	2017	2018
5123 Droits de douane et droits à l'importation	..	..	311 586	1 744 097	4 259 786	4 651 999	3 897 184	4 590 931	3 820 924	3 558 185
Custom duties	..	..	180 989	1 744 097	4 259 786	4 651 999	3 897 184	4 590 931	3 820 924	3 558 185
Imports surcharge	..	..	130 597	0	0	0	0	0	0	0
5124 Taxes à l'exportation	..	..	0	0	0	0	0	0	0	0
5125 Impôts sur biens d'équipement	..	..	0	0	0	0	0	0	0	0
5126 Impôts sur services déterminés	..	..	0	0	0	0	0	0	0	0
5127 Autres impôts sur commerce et transact. internat.	..	..	0	0	0	0	0	0	0	0
5128 Autres impôts	..	..	0	0	0	0	0	0	0	0
5130 Non-ventilables entre 5110 et 5120	..	..	0	0	0	0	0	0	0	0
5200 Impôts sur utilisation des biens et exerc. activités	..	..	0	131 795	319 444	373 568	959 563	1 028 485	1 377 556	1 473 453
5210 Impôts périodiques	..	..	..	131 795	319 444	373 568	959 563	1 028 485	1 377 556	1 473 453
5211 À la charge des ménages : véhicules à moteur	..	..	..	131 795	319 444	373 568	959 563	1 028 485	1 377 556	1 473 453
Tax on motor vehicle ownership	..	..	..	131 795	319 444	373 568	959 563	1 028 485	1 377 556	1 473 453
5212 À la charge autres agents : véhicules à moteur	..	..	..	..	..	..	..	..	..	..
5213 Autres impôts périodiques	..	..	..	..	..	..	..	..	..	..
5220 Impôts non-périodiques	..	..	..	..	..	..	..	..	..	..
5300 Non-ventilables entre 5100 et 5200	..	..	0	0	0	0	0	0	0	0
6000 Autres impôts	**..**	**..**	**159 323**	**1 011 197**	**2 968 147**	**3 789 014**	**4 867 545**	**7 245 701**	**7 237 021**	**7 928 320**
6100 À la charge exclusive des entreprises	..	..	0	0	0	0	0	0	0	0
6200 À la charge d'autres agents	..	..	159 323	1 011 197	2 968 147	3 789 014	4 867 545	7 245 701	7 237 021	7 928 320
Stamp tax	..	..	0	401 497	759 787	357 160	58 378	101 668	75 493	79 868
Other	..	..	78 306	79 287	86 297	126 602	200 465	318 271	403 473	461 160
Other (sub-national)	..	..	81 017	530 413	2 122 062	3 305 252	4 608 702	6 825 762	6 758 055	7 387 293
Recettes fiscales totales sur la base d'encaissements	**..**	**..**	**2 579 426**	**30 598 630**	**82 697 457**	**98 455 335**	**142 976 023**	**160 157 693**	**174 735 823**	**190 299 911**
Recettes fiscales totales sur la base des droits constatés	**..**	**..**	**..**	**..**	**..**	**..**	**..**	**..**	**..**	**..**
Conciliation avec les comptes nationaux										
Impôts additionnels inclus dans les comptes nationaux	..	..	..	..	..	..	..	..	..	..
Impôt exclus des comptes nationaux	..	..	..	..	..	..	..	..	..	..
Différence dans les traitements des crédits d'impôts	..	..	..	..	..	..	..	..	..	..
Transfert en capital des recettes non collectées	..	..	..	..	..	..	..	..	..	..
Cotisations de sécurité sociale volontaires	..	..	..	..	..	..	..	..	..	..
Différences diverses	..	..	..	..	..	..	..	..	..	..
Comptes nationaux : impôts et cotisations sociales effectives	..	..	..	..	..	..	..	..	..	..
Cotisations sociales imputées	..	..	..	..	..	..	..	..	..	..
Comptes nationaux : impôts et toutes les cotisations sociales	..	..	..	..	..	..	..	..	..	..

.. Non disponible

Note : Year ending 31st December.

Data on an cash basis.

Includes the reported consolidated revenues of the territorial entities (departments and municipalities).

Heading 2000: Before 2013, social security contributions did not include all the contributions entering FOSYGA (Solidarity and Guarantee Fund). Only the portion of the contributions used to finance the subsidised regime (up to 1.5 pp of the 12.5% of the monthly wage paid by employers and employees as an obligatory health contribution) was included. The part of the contributions entering FOSYGA to finance the contributory regime was classified in the social security sector as “other incomes”.

From 2013 onwards, all of the health contributions entering FOSYGA are classified as social security contributions. The portion of the contributions not entering FOSYGA that is both collected and spent by the health insurers – EPS - is not part of the fiscal accounts.

Headings 1100 and 1200: The data are estimated.

Source : Dirección de Impuestos y Aduanas Nacionales de Colombia, Ministerio de Hacienda y Crédito Público y Banco Central de Colombia. (National Tax and Customs Administration, Ministry of Finance and Public Credit and Central Bank of Colombia).

StatLink https://doi.org/10.1787/888934215518

Tableau 5.7. République tchèque : recettes fiscales détaillées, 1965-2018

Million CZK

	1965	1980	1990	2000	2007	2010	2013	2015	2017	2018
Recettes fiscales totales	..	..	..	**771 596**	**1 316 197**	**1 286 861**	**1 396 555**	**1 532 565**	**1 760 047**	**1 892 396**
Recettes fiscales totales excluant les taxes collectés pour le compte de l'UE	..	..	..	**771 596**	**1 309 754**	**1 280 288**	**1 390 999**	**1 524 653**	**1 751 777**	**1 884 100**
1000 Impôts sur revenu, bénéfices et gains en capital	..	..	..	**175 846**	**327 771**	**259 934**	**290 263**	**329 768**	**390 566**	**426 988**
1100 Des personnes physiques	..	..	..	99 668	155 817	131 706	149 831	164 678	202 244	230 973
1110 Sur le revenu et les bénéfices	..	..	..	99 668	155 817	131 706	149 831	164 678	202 244	230 973
Wages and salaries withholding	..	..	..	73 474	127 524	115 755	129 793	139 888	175 301	198 827
Of unincorporated individuals	..	..	..	17 254	19 568	5 747	7 437	9 100	10 974	13 632
Withheld on interest and dividends paid to individuals	..	..	..	8 940	8 725	10 204	12 602	15 691	15 969	18 513
1120 Sur les gains en capital	..	..	..	0	0	0	0	0	0	0
1200 Des sociétés	..	..	..	76 178	171 954	128 228	140 432	165 090	188 322	196 015
1210 Sur les bénéfices	..	..	..	76 178	171 954	128 228	140 432	165 090	188 322	196 015
Profit tax	..	..	..	68 945	164 016	118 248	124 820	147 157	167 120	179 022
Withheld on interest and dividends paid to corporations	..	..	..	7 233	7 162	9 156	7 736	9 415	8 760	7 892
Levy on lottery revenue	..	..	..	0	776	824	7 876	8 518	12 442	9 101
1220 Sur les gains en capital	..	..	..	0	0	0	0	0	0	0
1300 Non-ventilables entre 1100 et 1200	..	..	..	0	0	0	0	0	0	0
2000 Cotisations de sécurité sociale	..	..	..	**341 544**	**573 417**	**576 029**	**603 072**	**659 743**	**757 183**	**829 702**
2100 À la charge des salariés	..	..	..	77 272	127 662	116 818	123 353	133 878	155 827	171 835
2110 Sur la base du salaire	..	..	..	77 272	127 662	116 818	123 353	133 878	155 827	171 835
Retirement	..	..	..	40 489	66 644	69 272	71 871	78 120	91 414	100 580
State employment policy	..	..	..	2 492	4 101	0	0	0	0	0
Sick leave	..	..	..	6 852	11 279	0	0	0	0	0
Health insurance	..	..	..	27 439	45 638	47 546	51 482	55 758	64 413	71 255
2120 Sur la base de l'impôt sur les revenus	..	..	..	0	0	0	0	0	0	0
2200 À la charge des employeurs	..	..	..	220 207	359 493	363 074	382 498	417 778	483 437	531 640
2210 Sur la base du salaire	..	..	..	220 207	359 493	363 074	382 498	417 778	483 437	531 640
Retirement	..	..	..	121 547	220 591	229 450	239 248	261 786	302 926	333 281
State employment policy	..	..	..	19 933	12 303	12 756	13 345	14 604	16 897	18 590
Sick leave	..	..	..	20 555	33 834	24 332	25 454	27 851	32 231	35 450
Health insurance	..	..	..	54 879	91 275	95 095	102 964	111 517	128 825	142 511
Penalties	..	..	..	3 293	1 490	1 441	1 487	2 020	2 558	1 808
2220 Sur la base de l'impôt sur les revenus	..	..	..	0	0	0	0	0	0	0
2300 A charge des travailleurs indép. ou sans emploi	..	..	..	44 065	86 262	96 137	97 221	108 088	117 919	126 227
2310 Sur la base du salaire	..	..	..	44 065	86 262	96 137	97 221	108 088	117 919	126 227
Retirement	..	..	..	7 819	19 508	20 510	21 262	22 472	25 197	26 825
State employment policy	..	..	..	1 082	1 114	1 173	911	962	1 080	1 149
Sick leave	..	..	..	0	0	0	0	0	0	0
Health insurance	..	..	..	34 992	65 483	74 299	74 908	84 460	91 027	98 089
Self-employed	..	..	..	7 328	15 921	17 603	18 732	20 748	22 075	25 583
Non-employed	..	..	..	200	2 103	3 996	2 500	2 768	3 699	4 146
Government	..	..	..	27 464	47 459	52 700	53 676	60 944	65 253	68 360
Penalties	..	..	..	172	157	155	140	193	615	164
2320 Sur la base de l'impôt sur les revenus	..	..	..	0	0	0	0	0	0	0
2400 Non-ventilables entre 2100, 2200 et 2300	..	..	..	0	0	0	0	0	0	0
2410 Sur la base du salaire	..	..	..	..	..	..	..	..	..	..
2420 Sur la base de l'impôt sur les revenus	..	..	..	..	..	..	..	..	..	..
3000 Sur salaires ou main d'oeuvre	..	..	..	**0**	**0**	**0**	**0**	**0**	**0**	**0**
4000 Impôts sur le patrimoine	..	..	..	**10 890**	**15 495**	**16 364**	**19 210**	**21 920**	**23 850**	**24 618**
4100 Impôts périodiques sur la propriété immobilière	..	..	..	4 469	5 126	8 752	9 852	10 333	10 783	10 855
4110 Ménages	..	..	..	1 452	2 228	4 302	5 387	5 433	5 660	5 772
Real property tax	..	..	..	1 452	2 228	4 302	5 387	5 433	5 660	5 772
4120 Autres agents	..	..	..	3 017	2 898	4 450	4 465	4 900	5 123	5 084
Levy collected by Winery Fund	..	..	..	0	2	5	5	20	25	26
Real property tax	..	..	..	3 017	2 895	4 445	4 461	4 880	5 098	5 057
4200 Impôts périodiques sur l'actif net	..	..	..	0	0	0	0	0	0	0
4210 Personnes physiques	..	..	..	..	..	..	..	..	..	..
4220 Sociétés	..	..	..	..	..	..	..	..	..	..
4300 Impôts sur mut. par décès, succ. et donations	..	..	..	587	460	218	215	20	13	3
4310 Impôts sur mut. par décès et successions	..	..	..	112	115	78	76	10	3	1
Inheritance tax	..	..	..	112	115	78	76	10	3	1
4320 Impôts sur les donations	..	..	..	475	345	140	139	10	9	1
Gift tax	..	..	..	475	345	140	139	10	9	1
4400 Impôts sur transact. mobilières et immob.	..	..	..	5 834	9 909	7 394	9 143	11 566	13 054	13 760
Real property transfer tax	..	..	..	5 834	9 909	7 394	9 143	11 566	13 054	13 760
4500 Impôts non-périodiques	..	..	..	0	0	0	0	0	0	0
4510 Sur l'actif net	..	..	..	..	..	..	..	..	..	..
4520 Autres non-périodiques	..	..	..	..	..	..	..	..	..	..

	1965	1980	1990	2000	2007	2010	2013	2015	2017	2018
4600 Autres impôts périodiques sur patrimoine	..	..	..	0	0	0	0	0	0	0
5000 Impôts sur les biens et services	**..**	**..**	**..**	**242 960**	**399 484**	**434 386**	**483 943**	**520 747**	**587 544**	**610 830**
5100 Impôts sur production, vente, transfert, etc.	..	..	..	226 354	372 441	408 645	459 419	495 291	560 303	582 754
5110 Impôts généraux	..	..	..	141 235	232 288	263 457	303 822	333 274	387 537	408 538
5111 Taxes sur la valeur ajoutée	..	..	..	141 235	232 288	263 457	303 822	333 274	387 537	408 538
5112 Impôts sur les ventes	..	..	..	0	0	0	0	0	0	0
5113 Autres impôts	..	..	..	0	0	0	0	0	0	0
Previous turnover tax	..	..	..	..	..	..	..	..	..	..
5120 Impôts sur biens et services déterminés	..	..	..	85 119	140 153	145 188	155 597	162 017	172 766	174 216
5121 Accises	..	..	..	71 404	133 492	138 401	149 760	153 785	164 114	165 377
On mineral oils	..	..	..	46 998	81 661	80 508	77 160	83 460	88 878	89 990
On alcohol and liquor	..	..	..	5 629	7 201	5 820	6 658	7 203	7 354	8 075
On beer	..	..	..	3 410	3 564	4 396	4 545	4 648	4 657	4 756
On wine	..	..	..	350	342	317	288	332	368	423
On tobacco products	..	..	..	14 984	40 713	44 062	52 193	53 380	57 524	56 621
Duty on CFC	..	..	..	33	0	0	0	0	0	0
Levy collected by Winery Fund	..	..	..	0	11	24	21	0	5	5
On electricity	..	..	..	0	0	1 433	1 305	1 229	1 537	1 562
On natural gas	..	..	..	0	0	1 347	1 256	1 146	1 301	1 346
On solid fuels	..	..	..	0	0	495	469	415	452	401
Fee on electricity from solar radiation	..	..	..	0	0	0	5 866	1 972	2 038	2 198
5122 Bénéfices des monopoles fiscaux	..	..	..	0	0	0	0	0	0	0
5123 Droits de douane et droits à l'importation	..	..	..	13 572	6 443	6 573	5 556	7 912	8 271	8 296
Customs duties	..	..	..	13 572	6 443	6 573	5 556	7 912	8 271	8 296
Previous import surcharge	..	..	..	0	0	0	0	0	0	0
5124 Taxes à l'exportation	..	..	..	0	0	0	0	0	0	0
5125 Impôts sur biens d'équipement	..	..	..	0	0	0	0	0	0	0
5126 Impôts sur services déterminés	..	..	..	143	218	214	281	320	382	543
Fees on entry tickets	..	..	..	65	61	53	56	53	69	70
Fees on recreational units (based on capacity)	..	..	..	69	144	147	213	240	279	288
Fees on advertising facilities	..	..	..	0	0	0	0	0	0	0
Restaurant sale alcoh. beverages and tobac. products	..	..	..	0	0	0	0	0	0	0
Fees collected by the cinematography EBF	..	..	..	9	13	14	12	27	34	0
Fees on advertisement	..	..	..	0	0	0	126	191	150	185
5127 Autres impôts sur commerce et transact. internat.	..	..	..	0	0	0	0	0	0	0
5128 Autres impôts	..	..	..	0	0	0	0	0	0	0
5130 Non-ventilables entre 5110 et 5120	..	..	..	0	0	0	0	0	0	0
5200 Impôts sur utilisation des biens et exerc. activités	..	..	..	16 606	27 043	25 740	24 523	25 456	27 241	28 076
5210 Impôts périodiques	..	..	..	10 788	18 100	18 461	18 176	19 023	20 278	20 911
Highway fee	..	..	..	1 753	2 429	3 061	3 803	4 397	4 991	5 212
5211 À la charge des ménages : véhicules à moteur	..	..	..	0	0	0	0	0	0	0
5212 À la charge autres agents : véhicules à moteur	..	..	..	5 456	5 882	5 138	5 323	5 868	6 245	6 319
Road tax (commercial)	..	..	..	5 456	5 882	5 138	5 323	5 868	6 245	6 319
5213 Autres impôts périodiques	..	..	..	3 579	9 790	10 262	9 050	8 758	9 042	9 379
Resort and recreation fees on visitors	..	..	..	232	312	284	301	327	387	407
Dog fees	..	..	..	191	277	281	281	277	274	273
Motor vehicle entry fees	..	..	..	32	25	23	14	13	19	19
Water pollution fee	..	..	..	520	404	202	208	173	193	201
Air pollution fee	..	..	..	685	525	399	268	283	171	270
Waste deposit fee	..	..	..	454	5 728	5 948	6 162	6 218	6 361	6 443
Levy on temp. withdrawal of land from agriculture	..	..	..	94	40	34	52	39	59	86
Radioactive waste fee	..	..	..	642	1 310	1 430	1 563	1 393	1 547	1 646
Fees on operated gambling machines	..	..	..	722	1 145	927	131	0	0	0
Fees on registration and recording of packaging	..	..	..	0	17	17	16	18	17	17
Levy on temp. withdrawal of land from forestry	..	..	..	7	6	6	6	7	7	8
Other environmental fees	..	..	..	0	0	710	47	11	7	9
5220 Impôts non-périodiques	..	..	..	5 818	8 943	7 280	6 348	6 433	6 963	7 165
Levy on withdrawal of land from agriculture	..	..	..	532	361	306	469	348	534	776
Levy on withdrawal of land from forestry	..	..	..	40	57	57	55	59	60	72
Tax on use of public space	..	..	..	645	639	626	629	632	635	674
Misc. licence and permit fees	..	..	..	4 601	7 881	6 279	5 187	5 382	5 705	5 621
Land betterment fee	..	..	..	0	4	11	7	11	29	22
Licence for lorry transport	..	..	..	0	1	1	0	1	0	0
5300 Non-ventilables entre 5100 et 5200	..	..	..	0	0	0	0	0	0	0
6000 Autres impôts	**..**	**..**	**..**	**356**	**29**	**149**	**67**	**387**	**904**	**258**
Unallocated previous taxes and levies	..	..	..	0	0	0	0	0	0	0
6100 À la charge exclusive des entreprises	..	..	..	0	0	0	0	0	0	0
6200 À la charge d'autres agents	..	..	..	356	29	149	67	387	904	258
Other taxes, fees and related payments	..	..	..	356	29	149	67	387	904	258
Pour mémoire										
Droits de douane perçus pour le compte de l'UE	..	..	..	..	6 443	6 573	5 556	7 912	8 271	8 296

	1965	1980	1990	2000	2007	2010	2013	2015	2017	2018
Crédits d'impôts récupérables										
Crédits d'impôts récupérables contre 1110	..	..	..	0	13 093	25 727	28 696	31 415	35 673	39 057
Composante fiscale	..	..	..	..	10 487	17 922	20 203	22 532	26 776	30 320
Composante transfert	..	..	..	..	2 606	7 805	8 493	8 883	8 896	8 737
Recettes fiscales totales sur la base d'encaissements	..	..	..	**772 272**	**1 310 618**	**1 273 676**	**1 353 469**	**1 478 758**	**1 712 822**	**1 867 024**
Recettes fiscales totales sur la base des droits constatés	..	..	..	**771 596**	**1 316 197**	**1 286 861**	**1 396 555**	**1 532 565**	**1 760 047**	**1 892 396**
Conciliation avec les comptes nationaux										
Impôts additionnels inclus dans les comptes nationaux	..	..	..	2 837	5 757	6 094	6 424	0	0	0
Compulsory injury insurance	..	..	..	2 837	5 757	6 094	6 424	0	0	0
Driving licence fees	..	..	..	0	0	0	0	0	0	0
Impôt exclus des comptes nationaux	..	..	..	-9 488	-17 797	-20 096	-18 893	-20 314	-23 258	-22 904
Tax on use of public space	..	..	..	-645	-639	-632	-629	-632	-635	-674
Waste deposit fee	..	..	..	-454	-5 728	-5 948	-6 162	-6 218	-6 361	-6 443
Misc. licence and permit fees	..	..	..	-2 301	-3 940	-3 139	-2 593	-2 691	2 852	-2 010
Radioactive waste fee	..	..	..	-642	-1 310	-1 430	-1 563	-1 393	-1 547	-1 646
Health insurance: non-employed	..	..	..	-200	-2 103	-3 996	-2 500	-2 768	-3 699	-4 146
Health insurance: government	..	..	..	0	0	0	0	0	0	0
Soc. Security contr. employers: Penalties	..	..	..	-3 293	-1 490	-1 441	-1 487	-2 020	-2 558	-1 808
Soc. Security contr. Self-employed or non-employed: Penalties	..	..	..	-200	-157	-155	-140	-193	-615	-164
Licence for lorry transport	..	..	..	0	-1	-1	0	-1	0	0
Highway fee	..	..	..	-1 753	-2 429	-3 061	-3 803	-4 397	-4 991	-5 212
Other environmental fees	..	..	..	0	0	-105	-14	0	0	0
Levy on loterry revenue	..	..	..	0	0	-187	0	0	0	0
Value added taxes	..	..	..	0	0	0	0	0	0	0
Différence dans les traitements des crédits d'impôts	..	..	..	0	-127	451	-778	118	469	-28
Transfert en capital des recettes non collectées	..	..	..	0	0	0	0	0	0	0
Cotisations de sécurité sociale volontaires	..	..	..	1 099	974	661	337	386	463	523
Différences diverses	..	..	..	2 162	0	0	0	0	0	0
Comptes nationaux : impôts et cotisations sociales effectives	..	..	..	768 206	1 305 004	1 273 971	1 383 645	1 512 755	1 737 721	1 869 988
Cotisations sociales imputées	..	..	..	423	299	600	934	1 027	1 170	1 426
Comptes nationaux : impôts et toutes les cotisations sociales	..	..	..	768 629	1 305 303	1 274 571	1 384 579	1 513 782	1 738 891	1 871 414

.. Non disponible

Note : Year ending 31st December.

From 1995 data are on accrual basis.

Source : Ministry of Finance, Economic Department.

StatLink https://doi.org/10.1787/888934215537

Tableau 5.8. Danemark : recettes fiscales détaillées, 1965-2018

Million DKK

	1965	1980	1990	2000	2007	2010	2013	2015	2017	2018
Recettes fiscales totales	**20 821**	**166 358**	**382 232**	**623 911**	**809 988**	**813 972**	**901 001**	**957 281**	**1 005 914**	**1 005 957**
Recettes fiscales totales excluant les taxes collectés pour le compte de l'UE	..	..	**379 547**	**621 274**	**806 337**	**810 697**	**898 126**	**953 963**	**1 002 745**	**1 002 772**
1000 Impôts sur revenu, bénéfices et gains en capital	**9 712**	**92 404**	**233 739**	**383 244**	**486 845**	**500 276**	**564 937**	**605 698**	**637 102**	**624 641**
1100 Des personnes physiques	8 758	86 958	206 478	328 532	427 412	422 685	490 887	525 144	533 557	545 670
1110 Sur le revenu et les bénéfices	8 758	86 909	206 335	328 305	427 070	422 364	490 627	524 856	533 263	545 400
Central government income tax	5 020	33 351	91 638	77 491	155 540	124 943	141 399	169 059	180 081	185 679
County income tax	0	10 742	31 361	56 135	0	0	0	0	0	0
Municipality income tax	2 948	33 555	77 571	121 975	173 114	193 111	209 303	220 815	236 900	239 221
Seaman's income tax	66	457	0	0	0	0	0	0	0	0
Old-age pension fund contributions	592	2 163	0	0	0	0	0	0	0	0
Social pension fund contributions	0	3 340	0	0	0	0	0	0	0	0
Sickness benefit fund contributions	0	1 804	0	0	0	0	0	0	0	0
Pension schemes and annuity insurance	22	355	2 627	6 923	8 948	9 842	42 974	22 842	5 663	5 559
Special income tax	101	1 054	2 810	0	0	0	0	0	0	0
Duty on canceled pension schemes	9	82	0	0	0	0	0	0	0	0
Duty on feed rent increases	0	8	5	0	0	0	0	0	0	0
Duty on employees' remuneration compens. fund releases	0	0	325	654	1 144	982	1 129	11 177	2 198	2 360
Duty on interest on consumer loans	0	0	0	0	0	0	0	0	0	0
Labour market contributions	0	0	0	56 729	76 609	80 863	82 599	87 359	94 248	98 099
Imputed income from owner-occupied dwelling	0	0	0	8 399	11 716	12 623	13 223	13 604	14 172	14 481
1120 Sur les gains en capital	0	49	144	226	343	321	260	289	294	270
Tax on winnings from lotteries, pools, etc.	..	49	144	226	343	321	260	289	294	270
1200 Des sociétés	954	5 446	14 660	42 279	54 871	41 057	54 066	57 723	71 347	65 207
1210 Sur les bénéfices	954	5 446	14 660	42 279	54 871	41 057	54 066	57 723	71 347	65 207
1220 Sur les gains en capital	0	0	0	0	0	0	0	0	0	0
1300 Non-ventilables entre 1100 et 1200	0	0	12 601	12 434	4 562	36 535	19 984	22 832	32 198	13 764
2000 Cotisations de sécurité sociale	**690**	**710**	**101**	**8 453**	**1 286**	**1 815**	**1 618**	**1 378**	**1 060**	**1 061**
2100 À la charge des salariés	567	1	98	8 209	1 057	900	879	826	729	751
Sickness benefit fund contributions	30	0	0	0	0	0	0	0	0	0
Sickday benefit contributions, ordinary	534	0	0	0	0	0	0	0	0	0
Sickday benefit contributions, special	3	0	0	0	0	0	0	0	0	0
Contribution to merchant marine's welf. board	0	1	1	0	0	0	0	0	0	0
Special pension scheme savings	0	0	0	6 846	0	0	0	0	0	0
Contr. to pension funds from officials in companies	0	0	0	879	555	450	476	438	377	410
Contr. to pension funds from officials in non-profit institutions	0	0	96	485	502	450	403	388	352	341
2110 Sur la base du salaire	..	..	..	..	..	..	..	..	..	..
2120 Sur la base de l'impôt sur les revenus	..	..	..	..	..	..	..	..	..	..
2200 À la charge des employeurs	123	709	3	244	229	914	739	552	331	311
Unemployment insurance contributions	41	598	0	0	0	0	0	0	0	0
Disablement insurance contributions	21	58	0	0	0	0	0	0	0	0
Sickness benefit fund contributions	61	0	0	0	0	0	0	0	0	0
Contribution to employee's wage guarantee fund	0	50	0	241	227	908	731	542	323	299
Contribution to merchant marine's welf. board	0	1	1	0	0	0	0	0	0	0
Shipping owners contr. sickness assist. seamen	0	1	2	3	2	6	8	10	8	12
2210 Sur la base du salaire	..	..	..	..	..	..	..	..	..	..
2220 Sur la base de l'impôt sur les revenus	..	..	..	..	..	..	..	..	..	..
2300 A charge des travailleurs indép. ou sans emploi	0	0	0	0	0	0	0	0	0	0
2310 Sur la base du salaire	..	..	..	..	..	..	..	..	..	..
2320 Sur la base de l'impôt sur les revenus	..	..	..	..	..	..	..	..	..	..
2400 Non-ventilables entre 2100, 2200 et 2300	0	0	0	0	0	0	0	0	0	0
2410 Sur la base du salaire	..	..	..	..	..	..	..	..	..	..
2420 Sur la base de l'impôt sur les revenus	..	..	..	..	..	..	..	..	..	..
3000 Sur salaires ou main d'oeuvre	**0**	**0**	**2 494**	**2 258**	**3 975**	**4 160**	**6 130**	**5 894**	**5 494**	**6 314**
4000 Impôts sur le patrimoine	**1 691**	**9 806**	**16 269**	**20 738**	**31 556**	**33 533**	**34 995**	**39 169**	**39 258**	**41 215**
4100 Impôts périodiques sur la propriété immobilière	1 029	5 676	8 891	13 565	18 996	24 161	26 370	28 085	28 465	29 578
Central government land tax	130	264	0	0	0	0	0	0	0	0
County land tax	169	2 315	2 915	4 070	0	0	0	0	0	0
Municipal land tax	408	2 257	4 123	7 049	15 601	19 645	22 580	24 707	25 233	26 394
Centr. Govt. fixed tax on real property	32	11	0	0	0	0	0	0	0	0
County fixed tax on real property	45	0	0	0	0	0	0	0	0	0
Municipal fixed tax on real property	190	91	0	0	0	0	0	0	0	0
County duty on land (public property)	4	22	22	25	0	0	0	0	0	0
County duty on buildings (public property)	0	53	88	97	0	0	0	0	0	0
Municipal duty on land (public property)	26	103	244	383	393	434	359	364	374	339
Municipal duty on buildings (residential)	0	195	335	381	757	814	641	599	594	554
Municipal duty on buildings (business)	25	366	1 165	1 560	2 244	3 269	2 789	2 416	2 264	2 291

	1965	1980	1990	2000	2007	2010	2013	2015	2017	2018
4110 Ménages	..	..	..	..	..	..	..	..	..	..
4120 Autres agents	..	..	..	..	..	..	..	..	..	..
4200 Impôts périodiques sur l'actif net	306	963	934	0	0	0	0	0	0	0
4210 Personnes physiques	306	963	934	..	..	..	..	..	..	..
4220 Sociétés	0	0	0	..	..	..	..	..	..	..
4300 Impôts sur mut. par décès, succ. et donations	137	738	2 197	2 863	3 896	3 646	3 940	5 177	4 368	4 810
4310 Impôts sur mut. par décès et successions	..	..	..	..	..	..	..	..	..	..
4320 Impôts sur les donations	..	..	..	..	..	..	..	..	..	..
4400 Impôts sur transact. mobilières et immob.	219	2 313	4 166	4 171	8 659	5 726	4 685	5 907	6 426	6 828
Stamp duties	214	2 243	2 829	4 125	8 574	5 695	4 664	5 879	6 386	6 786
Duty on share capital creation	0	32	500	0	0	0	0	0	0	0
Duty to land registry office	5	38	28	46	85	30	21	28	40	41
Duty on transfers of shares	0	0	809	0	0	0	0	0	0	0
4500 Impôts non-périodiques	0	116	81	140	6	0	0	0	0	0
4510 Sur l'actif net	..	0	0	0	0	0	..	..	..	..
4520 Autres non-périodiques	..	116	81	140	6	0	..	..	..	..
4600 Autres impôts périodiques sur patrimoine	0	0	0	0	0	0	0	0	0	0
5000 Impôts sur les biens et services	**8 727**	**63 437**	**129 630**	**208 826**	**286 136**	**273 982**	**293 170**	**304 823**	**322 729**	**332 461**
5100 Impôts sur production, vente, transfert, etc.	8 239	60 545	123 645	197 991	267 325	254 303	270 493	281 109	297 925	306 191
5110 Impôts généraux	2 139	37 727	80 650	121 955	174 639	171 583	181 378	191 479	208 643	217 046
5111 Taxes sur la valeur ajoutée	2 139	37 727	72 120	121 955	174 639	171 583	181 378	191 479	208 643	217 046
5112 Impôts sur les ventes	0	0	0	0	0	0	0	0	0	0
5113 Autres impôts	0	0	8 530	0	0	0	0	0	0	0
Labour market contrib. concerning imports	..	..	4 903	..	..	..	..	..	..	..
Labour market contrib. concerning value added	..	..	3 627	..	..	..	..	..	..	..
5120 Impôts sur biens et services déterminés	6 100	22 817	42 995	76 036	92 686	82 720	89 116	89 630	89 282	89 145

	1965	1980	1990	2000	2007	2010	2013	2015	2017	2018
5121 Accises	5 466	20 473	38 339	68 977	82 861	74 032	81 894	81 893	81 482	81 021
Duty on petrol	1 016	3 713	5 637	10 005	9 154	8 029	7 286	7 348	7 499	7 521
Motor vehicle registration duty	818	2 989	7 917	13 858	24 289	13 586	15 218	17 988	19 976	20 602
Cigarettes and tobacco duties	1 469	4 472	6 516	7 489	7 201	8 283	8 417	7 658	7 547	7 045
Duties on cigars, cheroots and cigarillos	234	220	128	80	40	32	47	113	66	45
Sale of revenue labels	0	3	10	13	13	5	4	4	2	0
Sales duties on chocolate and sugar	254	331	801	1 205	1 289	1 470	2 020	2 156	2 184	2 168
Raw material duty on chocolate and sugar	11	14	54	60	93	144	180	187	169	132
Special tax on chocolate and sugar	0	2	13	76	46	51	68	103	126	104
Duty on ice-cream	33	58	135	168	180	201	297	297	308	354
Duty on coffee	5	249	224	266	250	243	271	280	254	280
Duty on mineral water	68	195	466	505	418	383	374	0	0	0
Duty on beer	622	1 983	3 100	1 510	1 080	895	977	916	918	943
Duty on wine	122	611	1 448	1 166	1 032	1 071	1 674	1 764	1 724	1 732
Duty on spirits	412	1 432	1 982	1 756	1 213	1 028	1 127	1 201	1 212	1 187
Duty on restaurant sales of alcoholic bev.	150	0	0	0	0	0	0	0	0	0
Duty on wireless sets	55	67	0	0	0	0	0	0	0	0
Duty on television sets	0	93	-18	0	0	0	0	0	0	0
Duty on video recorders	0	17	-15	0	0	0	0	0	0	0
Duty on major household appliances	0	199	-10	0	0	0	0	0	0	0
Duty on grammophone records	10	46	84	0	0	0	0	0	0	0
Duty on playing cards	1	2	0	0	0	0	0	0	0	0
Duty on matches	5	3	-1	0	0	0	0	0	0	0
Duty on lighters	1	8	-4	0	0	0	0	0	0	0
Duty on electric bulbs	36	67	152	176	211	117	95	86	65	54
Duty on perfumery and toilet articles	91	214	506	0	0	0	0	0	0	0
Duty on almanacs	3	0	0	0	0	0	0	0	0	0
Duty on salmon	0	1	0	0	0	0	0	0	0	0
Duty on paper and cardboard	45	0	0	0	0	0	0	0	0	0
Duty on sugar	0	174	-8	0	0	0	0	0	0	0
Duty on tea	0	12	10	8	8	8	8	8	5	0
Duty on electricity	0	1 222	4 317	7 430	8 665	10 195	10 013	11 501	12 164	12 119
Duty on certain oil products	0	1 719	2 938	6 757	8 549	8 623	9 306	9 347	9 804	10 012
Duty on certain retail containers	0	100	397	594	727	706	715	316	335	365
Duty on gas	0	56	47	0	0	0	0	0	0	0
Duty on extraction and import of raw materials	0	16	129	172	220	119	132	148	165	165
Duty on disposable tableware	0	0	72	65	126	120	121	138	141	148
Duty on insecticides, herbicides, etc.	0	0	13	366	449	466	656	598	532	568
Duty on videotapes	0	0	0	0	0	0	0	0	0	0
Duty on coal, etc.	0	0	849	1 217	1 450	2 587	2 991	2 255	1 916	1 852
Other duties on goods and services	5	186	20	53	147	189	-13	186	160	178
Duty on waste	0	0	404	1 025	1 225	51	167	130	161	154
Duty on CFC	0	0	27	0	53	56	82	65	58	55
Duty on CO2	0	0	0	4 883	5 108	5 822	5 762	3 652	3 632	3 627
Duty on cigarette paper	0	0	0	68	32	28	36	38	32	31
Duty on rechargeable Ni-Cd batteries	0	0	0	21	17	4	3	2	1	0
Duty on piped water	0	0	0	1 357	1 371	1 334	1 584	1 688	1 571	1 649
Duty on carrier bags made of paper, plastic, etc.	0	0	0	178	210	201	186	208	190	178
Duty on tires	0	0	0	29	45	62	50	57	54	53
Duty on sulphur	0	0	0	165	108	48	51	42	39	39
Duty on chlorinated solvents	0	0	0	2	0	0	0	0	0	0
Duty on natural gas	0	0	0	2 532	3 375	4 524	5 255	3 160	3 002	3 325
Duty on nitrogen	0	0	0	30	27	26	21	17	15	13
Duty on specific growth stimulants	0	0	0	0	0	0	0	0	0	0
Duty on PVC-film	0	0	0	7	12	11	10	11	11	11
Duty on PVC and phathalates	0	0	0	31	42	23	18	19	16	16
Duty on lead accumulators	0	0	0	14	0	0	0	0	0	0
Duty on mineral phosphorus	0	0	0	0	51	51	49	52	52	53
Surcharge on alcoholic soft drinks	0	0	0	0	17	26	33	33	33	0
Duty on nitrogen oxides	0	0	0	0	0	212	870	820	159	183
Duty on saturated fat	0	0	0	0	0	0	0	0	0	0
Duty on PSO (Public Service Obligations)	0	0	0	3 641	4 319	3 004	5 734	7 302	5 184	4 060
5122 Bénéfices des monopoles fiscaux	16	183	404	1 402	1 648	1 481	1 339	1 230	1 282	1 535
5123 Droits de douane et droits à l'importation	556	1 113	1 849	2 325	3 282	3 242	2 824	3 285	3 136	3 186
Customs duties	0	1 032	1 779	2 325	3 282	3 242	2 824	3 285	3 136	3 186
Temporary import surcharge	556	0	0	0	0	0	0	0	0	0
Import duties on agricultural produce	0	81	70	0	0	0	0	0	0	0
5124 Taxes à l'exportation	0	0	0	0	0	0	0	0	0	0
5125 Impôts sur biens d'équipement	0	0	0	0	0	0	0	0	0	0

	1965	1980	1990	2000	2007	2010	2013	2015	2017	2018
5126 Impôts sur services déterminés	62	771	1 567	3 019	4 525	3 932	3 008	3 189	3 348	3 404
Sales tax on gambling stakes races	17	28	20	12	18	16	15	14	13	0
Tax on football pools	31	152	284	942	1 143	1 071	0	0	0	0
Tax on cinema tickets	14	0	0	0	0	0	0	0	0	0
Duty on motor vehicle compl. insurance	0	470	923	1 327	2 104	1 854	1 598	1 529	1 519	1 491
Duty on insurance on pleasure boats	0	13	57	66	100	122	127	126	124	119
Duty on charter flight	0	109	283	0	0	0	0	0	0	0
Turnover tax on 6-win horse race betting	0	0	0	0	0	0	0	0	0	0
Duty on casinos	0	0	0	180	261	173	192	200	216	202
Passenger duty	0	0	0	477	6	0	0	0	0	0
Duty on the Danish State Lottery	0	0	0	16	35	41	42	44	46	44
Duty on slot machines	0	0	0	0	858	656	545	618	627	592
Duty on gambling	0	0	0	0	0	0	288	397	450	511
Duty on online casinos	0	0	0	0	0	0	202	261	354	445
5127 Autres impôts sur commerce et transact. internat.	0	0	0	0	0	0	0	0	0	0
5128 Autres impôts	0	277	837	312	370	33	51	33	33	0
Duty paid to ECSC	..	4	5	0	0	0	0	0	0	..
Sugar storing duty	..	83	113	62	0	0	0	0	0	..
Duty on the production of sugar	..	81	145	249	-26	33	51	33	33	..
Duty on milk co-reponsibility levy	..	109	255	0	0	0	0	0	0	..
Grain co-reponsibility levy	..	0	319	0	0	0	0	0	0	..
Restructuring scheme for EU sugar system	..	0	0	0	397	0	0	0	0	..
5130 Non-ventilables entre 5110 et 5120	0	0	0	0	0	0	0	0	0	0
5200 Impôts sur utilisation des biens et exerc. activités	488	2 893	4 410	7 468	14 088	14 731	16 180	16 537	16 268	17 383
5210 Impôts périodiques	488	2 893	4 410	7 468	14 088	14 731	15 966	16 171	15 735	15 968
5211 À la charge des ménages : véhicules à moteur	199	1 874	2 922	5 485	7 105	7 614	8 094	8 136	7 549	7 773
Weight duty automobiles	199	1 874	2 922	5 318	6 954	7 467	7 936	7 859	7 280	7 526
Recycling fee on cars	0	0	0	167	151	147	158	277	270	247
5212 À la charge autres agents : véhicules à moteur	287	1 014	1 441	1 919	3 125	2 980	3 336	3 483	3 659	3 605
Weight duty automobiles	287	1 014	1 441	1 612	2 652	2 611	2 952	3 088	3 188	3 116
Road charges	0	0	0	307	473	370	383	395	471	489
5213 Autres impôts périodiques	2	5	47	64	3 858	4 137	4 537	4 552	4 526	4 590
5220 Impôts non-périodiques	0	0	0	0	0	0	214	365	534	1 415
5300 Non-ventilables entre 5100 et 5200	0	0	1 575	3 368	4 724	4 948	6 497	7 177	8 536	8 887
6000 Autres impôts	**0**	**0**	**0**	**391**	**190**	**206**	**152**	**320**	**272**	**265**
6100 À la charge exclusive des entreprises	..	..	..	391	190	206	152	320	272	265
6200 À la charge d'autres agents	..	..	..	0	0	0	0	0	0	0
Pour mémoire										
Droits de douane perçus pour le compte de l'UE	..	..	1 779	2 325	3 282	3 242	2 824	3 285	3 136	3 186
Crédits d'impôts récupérables										
Crédits d'impôts récupérables contre 1110	..	..	..	..	..	4 960	5 515	4 228	4 229	3 736
Composante fiscale	..	..	..	..	..	4 712	5 240	4 016	4 018	3 549
Composante transfert	..	..	..	..	..	248	276	211	211	187
Crédits d'impôts récupérables contre 1210	..	..	..	..	..	0	0	0	0	0
Composante fiscale	..	..	..	..	..	..	..	..	..	..
Composante transfert	..	..	..	..	..	..	..	..	..	..
Recettes fiscales totales sur la base d'encaissements	..	..	..	..	..	..	..	..	..	..
Recettes fiscales totales sur la base des droits constatés	**20 821**	**166 358**	**382 232**	**623 911**	**809 988**	**813 972**	**901 001**	**957 281**	**1 005 914**	**1 005 957**
Conciliation avec les comptes nationaux										
Impôts additionnels inclus dans les comptes nationaux	0	0	..	..	..	..	..	..	..	..
Impôt exclus des comptes nationaux	0	0	..	..	..	..	..	..	..	..
Différence dans les traitements des crédits d'impôts	0	0	0	0	0	4 712	5 240	4 016	4 018	3 549
Transfert en capital des recettes non collectées	0	-1 374	-2 387	-1 917	-2 726	-3 475	-15 512	-19 396	-8 640	-9 791
Cotisations de sécurité sociale volontaires	0	1 673	8 087	16 633	17 061	17 192	14 655	14 721	14 891	14 751
Différences diverses	0	0	..	..	..	..	..	..	..	..
Comptes nationaux : impôts et cotisations sociales effectives	20 821	166 657	387 932	638 626	824 324	832 401	905 384	956 623	1 016 183	1 014 466
Cotisations sociales imputées	0	5 958	4 592	6 223	5 693	5 356	4 520	4 067	3 507	3 158
Comptes nationaux : impôts et toutes les cotisations sociales	20 821	172 615	392 525	644 849	830 017	837 757	909 904	960 690	1 019 690	1 017 624

.. Non disponible

Note : Year ending 31st December.

The figures are on an accrual basis.

Heading 2300 includes a small amount of voluntary contributions which cannot be isolated.

Source : Danmarks Statistik.

StatLink https://doi.org/10.1787/888934215556

Tableau 5.9. Estonie : recettes fiscales détaillées, 1965-2018

Million EUR

	1965	1980	1990	2000	2007	2010	2013	2015	2017	2018
Recettes fiscales totales	..	..	..	**1 919**	**5 082**	**4 894**	**5 988**	**6 874**	**7 757**	**8 532**
Recettes fiscales totales excluant les taxes collectés pour le compte de l'UE	..	..	..	**1 919**	**5 047**	**4 870**	**5 960**	**6 840**	**7 715**	**8 484**
1000 Impôts sur revenu, bénéfices et gains en capital	..	..	..	**476**	**1 197**	**970**	**1 357**	**1 607**	**1 710**	**1 929**
1100 Des personnes physiques	..	..	..	421	936	776	1 031	1 182	1 344	1 411
1110 Sur le revenu et les bénéfices	..	..	..	421	936	776	1 031	1 182	1 344	1 411
1120 Sur les gains en capital	..	..	..	0	0	0	0	0	0	0
1200 Des sociétés	..	..	..	55	261	194	327	424	366	518
1210 Sur les bénéfices	..	..	..	55	65	35	62	38	40	71
1220 Sur les gains en capital	..	..	..	0	196	159	265	386	325	447
1300 Non-ventilables entre 1100 et 1200	..	..	..	0	0	0	0	0	0	0
2000 Cotisations de sécurité sociale	..	..	..	**674**	**1 683**	**1 879**	**2 077**	**2 300**	**2 653**	**2 978**
2100 À la charge des salariés	..	..	..	0	28	116	109	99	112	123
2110 Sur la base du salaire	..	..	..	..	28	116	109	99	112	123
2120 Sur la base de l'impôt sur les revenus	..	..	..	..	0	0	0	0	0	0
2200 À la charge des employeurs	..	..	..	662	1 635	1 742	1 949	2 181	2 520	2 835
2210 Sur la base du salaire	..	..	..	662	1 635	1 742	1 949	2 181	2 520	2 835
2220 Sur la base de l'impôt sur les revenus	..	..	..	0	0	0	0	0	0	0
2300 A charge des travailleurs indép. ou sans emploi	..	..	..	12	21	21	19	20	21	21
2310 Sur la base du salaire	..	..	..	12	21	21	19	20	21	21
2320 Sur la base de l'impôt sur les revenus	..	..	..	0	0	0	0	0	0	0
2400 Non-ventilables entre 2100, 2200 et 2300	..	..	..	0	0	0	0	0	0	0
2410 Sur la base du salaire	..	..	..	..	..	..	..	..	..	..
2420 Sur la base de l'impôt sur les revenus	..	..	..	..	..	..	..	..	..	..
3000 Sur salaires ou main d'oeuvre	..	..	..	**0**	**0**	**0**	**0**	**0**	**0**	**0**
4000 Impôts sur le patrimoine	..	..	..	**24**	**35**	**51**	**57**	**58**	**58**	**58**
4100 Impôts périodiques sur la propriété immobilière	..	..	..	24	35	51	57	58	58	58
Land tax	..	..	..	24	35	51	57	58	58	58
4110 Ménages	..	..	..	..	..	..	..	..	..	..
4120 Autres agents	..	..	..	..	..	..	..	..	..	..
4200 Impôts périodiques sur l'actif net	..	..	..	0	0	0	0	0	0	0
4210 Personnes physiques	..	..	..	..	..	..	..	..	..	..
4220 Sociétés	..	..	..	..	..	..	..	..	..	..
4300 Impôts sur mut. par décès, succ. et donations	..	..	..	0	0	0	0	0	0	0
4310 Impôts sur mut. par décès et successions	..	..	..	..	..	..	..	..	..	..
4320 Impôts sur les donations	..	..	..	..	..	..	..	..	..	..
4400 Impôts sur transact. mobilières et immob.	..	..	..	0	0	0	0	0	0	0
4500 Impôts non-périodiques	..	..	..	0	0	0	0	0	0	0
4510 Sur l'actif net	..	..	..	..	..	..	..	..	..	..
4520 Autres non-périodiques	..	..	..	..	..	..	..	..	..	..
4600 Autres impôts périodiques sur patrimoine	..	..	..	0	0	0	0	0	0	0
5000 Impôts sur les biens et services	..	..	..	**745**	**2 166**	**1 993**	**2 496**	**2 909**	**3 337**	**3 566**
5100 Impôts sur production, vente, transfert, etc.	..	..	..	723	2 099	1 938	2 431	2 829	3 227	3 437
5110 Impôts généraux	..	..	..	521	1 423	1 263	1 558	1 873	2 149	2 331
5111 Taxes sur la valeur ajoutée	..	..	..	520	1 423	1 257	1 558	1 873	2 149	2 331
5112 Impôts sur les ventes	..	..	..	0	0	6	0	0	0	0
5113 Autres impôts	..	..	..	0	0	0	0	0	0	0
5120 Impôts sur biens et services déterminés	..	..	..	202	675	675	873	956	1 078	1 106
5121 Accises	..	..	..	183	577	619	796	869	990	1 012
Alcohol	..	..	..	62	153	154	212	207	222	232
Tobacco	..	..	..	36	134	91	169	183	197	200
Fuel	..	..	..	76	290	343	383	444	535	543
Motor vehicle	..	..	..	9	0	0	0	0	0	0
Package	..	..	..	0	0	0	0	1	0	0
Fur	..	..	..	0	0	0	0	0	0	0
Electricity	..	..	..	0	0	31	33	34	36	37
5122 Bénéfices des monopoles fiscaux	..	..	..	0	0	0	0	0	0	0
5123 Droits de douane et droits à l'importation	..	..	..	2	35	24	29	34	38	43
5124 Taxes à l'exportation	..	..	..	0	0	0	0	0	0	0
5125 Impôts sur biens d'équipement	..	..	..	0	0	0	0	0	0	0
5126 Impôts sur services déterminés	..	..	..	17	64	33	48	53	50	52
Gambling tax	..	..	..	7	30	21	22	23	27	27
Advertising tax	..	..	..	1	3	2	4	4	6	6
Postal service payment	..	..	..	0	0	0	0	0	0	0
Liquid fuel stockpiling fee	..	..	..	0	2	5	6	5	5	4
Contributions to the Guarantee Fund	..	..	..	9	29	5	17	20	13	14
5127 Autres impôts sur commerce et transact. internat.	..	..	..	0	0	0	0	0	0	0
5128 Autres impôts	..	..	..	0	0	0	0	0	0	0

	1965	1980	1990	2000	2007	2010	2013	2015	2017	2018
5130 Non-ventilables entre 5110 et 5120	..	..	..	0	0	0	0	0	0	0
5200 Impôts sur utilisation des biens et exerc. activités	..	..	..	22	68	55	65	80	110	129
5210 Impôts périodiques	..	..	..	22	68	55	65	73	86	90
Car registration fee	..	..	..	2	5	4	7	7	8	8
Heavy vehicle tax	..	..	..	0	4	4	4	5	5	5
5211 À la charge des ménages : véhicules à moteur	..	..	..	..	..	..	..	..	..	..
5212 À la charge autres agents : véhicules à moteur	..	..	..	..	..	..	..	..	..	..
5213 Autres impôts périodiques	..	..	..	20	58	47	55	61	73	77
Business and professional licenses	..	..	..	3	2	1	1	1	3	3
Pollution fee	..	..	..	10	44	31	37	44	53	54
Specific use of water	..	..	..	4	9	13	14	13	15	16
Fees for closure of roads, streets and squares	..	..	..	0	1	1	1	2	1	2
Fishing fees	..	..	..	1	1	1	2	2	1	2
Tax on motor vehicle	..	..	..	2	0	0	0	0	0	0
Boat tax	..	..	..	0	0	0	0	0	0	0
Animal tax	..	..	..	0	0	0	0	0	0	0
5220 Impôts non-périodiques	..	..	..	0	0	0	0	7	24	39
Revenue from the sale of emission permits	..	..	..	..	..	..	..	7	24	39
5300 Non-ventilables entre 5100 et 5200	..	..	..	0	0	0	0	0	0	0
6000 Autres impôts	**..**	**..**	**..**	**0**	**0**	**0**	**0**	**0**	**0**	**0**
6100 À la charge exclusive des entreprises	..	..	..	..	..	..	..	..	..	..
6200 À la charge d'autres agents	..	..	..	..	..	..	..	..	..	..
Other taxes	..	..	..	..	..	..	..	..	..	..
Pour mémoire										
Droits de douane perçus pour le compte de l'UE	..	..	..	..	35	24	29	34	38	43
Contributions au Fonds de résolution unique collectées pour le compte de l'UE	..	..	..	..	..	..	..	..	5	5
Recettes fiscales totales sur la base d'encaissements	**..**	**..**	**..**	**1 907**	**5 003**	**4 921**	**5 964**	**6 848**	**7 713**	**8 528**
Recettes fiscales totales sur la base des droits constatés	**..**	**..**	**..**	**1 919**	**5 082**	**4 894**	**5 988**	**6 874**	**7 757**	**8 532**
Conciliation avec les comptes nationaux										
Impôts additionnels inclus dans les comptes nationaux	..	..	..	0	0	0	0	0	0	0
Impôt exclus des comptes nationaux	..	..	..	0	0	0	0	0	0	0
Différence dans les traitements des crédits d'impôts	..	..	..	0	0	0	0	0	0	0
Transfert en capital des recettes non collectées	..	..	..	0	0	0	0	0	0	0
Cotisations de sécurité sociale volontaires	..	..	..	0	0	0	0	0	0	0
Différences diverses	..	..	..	0	0	0	0	0	0	0
Comptes nationaux : impôts et cotisations sociales effectives	..	..	..	1 919	5 082	4 894	5 988	6 874	7 757	8 532
Cotisations sociales imputées	..	..	..	4	20	30	38	49	62	66
Comptes nationaux : impôts et toutes les cotisations sociales	..	..	..	1 922	5 102	4 924	6 026	6 923	7 819	8 597

.. Non disponible

Note : Year ending 31st December.
Data on an accrual basis.

Source : Statistics Estonia.

StatLink https://doi.org/10.1787/888934215575

Tableau 5.10. Finlande : recettes fiscales détaillées, 1965-2018

Million EUR

	1965	1980	1990	2000	2007	2010	2013	2015	2017	2018
Recettes fiscales totales	**1 362**	**11 895**	**39 052**	**62 435**	**77 447**	**76 315**	**88 688**	**92 003**	**96 985**	**99 025**
Recettes fiscales totales excluant les taxes collectés pour le compte de l'UE	..	..	**39 052**	**62 296**	**77 247**	**76 163**	**88 521**	**91 760**	**96 688**	**98 795**
1000 Impôts sur revenu, bénéfices et gains en capital	**564**	**4 654**	**15 323**	**26 910**	**30 358**	**27 104**	**30 797**	**32 371**	**34 404**	**34 505**
1100 Des personnes physiques	453	4 248	13 562	19 118	23 396	22 545	25 998	27 824	28 277	28 569
1110 Sur le revenu et les bénéfices	453	4 234	13 520	19 118	23 396	22 545	25 998	27 824	28 277	28 569
Tax on income	125	1 827	5 917	9 036	9 086	6 465	7 903	9 138	9 109	9 734
The final withdrawal tax on interest income	0	0	0	92	254	205	207	110	66	44
Communal tax	279	2 376	7 603	9 990	14 056	15 875	17 888	18 576	19 102	18 791
Seaman's tax	3	31	0	0	0	0	0	0	0	0
National pension contributions	32	0	0	0	0	0	0	0	0	0
National health insurance contributions	15	0	0	0	0	0	0	0	0	0
1120 Sur les gains en capital	0	14	42	0	0	0	0	0	0	0
Tax on lottery prizes	..	14	42	..	..	..	..	..	..	..
1200 Des sociétés	111	405	1 761	7 792	6 962	4 559	4 799	4 547	6 127	5 936
1210 Sur les bénéfices	111	405	1 761	7 792	6 962	4 559	4 799	4 547	6 127	5 936
Tax on income	72	202	1 001	4 758	5 298	2 972	3 227	2 761	4 238	4 077
Communal tax	36	187	699	2 900	1 541	1 471	1 456	1 668	1 889	1 859
Church tax	3	16	61	134	123	116	116	118	0	0
1220 Sur les gains en capital	0	0	0	0	0	0	0	0	0	0
1300 Non-ventilables entre 1100 et 1200	0	0	0	0	0	0	0	0	0	0
2000 Cotisations de sécurité sociale	**93**	**2 776**	**10 012**	**15 756**	**21 384**	**22 648**	**25 632**	**26 639**	**27 000**	**27 647**
2100 À la charge des salariés	1	394	1 152	2 926	4 050	4 710	5 811	6 364	7 467	8 102
For employment pension schemes	1	10	23	2 120	2 950	3 386	4 235	4 714	5 182	5 567
For unemployment schemes	0	0	0	435	369	267	457	489	1 242	1 519
2110 Sur la base du salaire	..	10	23	2 565	3 319	3 653	4 692	5 203	6 424	7 086
2120 Sur la base de l'impôt sur les revenus	..	384	1 129	361	731	1 057	1 119	1 161	1 043	1 016
National pension contributions	..	251	502	2	0	0	0	0	0	0
National health insurance contributions	..	133	627	359	731	1 057	1 119	1 161	1 043	1 016
2200 À la charge des employeurs	93	2 230	8 127	11 571	15 715	16 041	17 888	18 232	17 585	17 631
For national pension schemes	29	685	1 502	1 566	1 331	0	0	0	0	0
For national health insurance	10	244	792	839	1 142	1 590	1 612	1 662	914	748
For unemployment schemes	3	106	206	1 143	1 346	1 377	1 775	1 676	1 817	1 493
For employment pension schemes	50	1 195	5 627	8 023	11 896	13 074	14 501	14 894	14 854	15 390
For accident and group life insurance premiums	0	0	0	0	0	0	0	0	0	0
2210 Sur la base du salaire	..	2 230	8 127	11 571	15 715	16 041	17 888	18 232	17 585	17 631
2220 Sur la base de l'impôt sur les revenus	..	0	0	0	0	0	0	0	0	0
2300 A charge des travailleurs indép. ou sans emploi	0	152	733	1 259	1 619	1 897	1 933	2 043	1 948	1 914
For employment pension schemes	..	84	394	576	817	932	1 187	1 269	1 252	1 237
2310 Sur la base du salaire	..	84	394	576	817	932	1 187	1 269	1 252	1 237
2320 Sur la base de l'impôt sur les revenus	..	68	339	683	802	965	746	774	696	677
National pension contributions	..	43	151	5	0	0	0	0	0	0
National health insurance contributions	..	25	188	678	802	965	746	774	696	677
2400 Non-ventilables entre 2100, 2200 et 2300	0	0	0	0	0	0	0	0	0	0
2410 Sur la base du salaire	..	..	..	..	..	..	..	..	..	..
2420 Sur la base de l'impôt sur les revenus	..	..	..	..	..	..	..	..	..	..
3000 Sur salaires ou main d'oeuvre	**70**	**22**	**0**	**0**	**0**	**0**	**0**	**0**	**0**	**0**
Soc. Sec. contr. for children allowance	70	22	..	..	..	..	..	..	..	..
4000 Impôts sur le patrimoine	**54**	**221**	**956**	**1 518**	**2 012**	**2 087**	**2 599**	**3 017**	**3 459**	**3 349**
4100 Impôts périodiques sur la propriété immobilière	0	0	76	570	855	1 169	1 363	1 603	1 774	1 813
4110 Ménages	..	..	46	273	405	576	623	733	811	834
4120 Autres agents	..	..	30	297	450	593	740	870	963	979
4200 Impôts périodiques sur l'actif net	24	24	27	179	0	0	0	0	0	0
4210 Personnes physiques	11	23	25	175	..	..	..	..	..	..
4220 Sociétés	13	2	2	4	..	..	..	..	..	..
4300 Impôts sur mut. par décès, succ. et donations	3	26	146	368	459	387	646	631	909	692
4310 Impôts sur mut. par décès et successions	3	21	121	307	384	324	541	528	761	579
4320 Impôts sur les donations	1	5	25	61	75	63	105	103	148	113
4400 Impôts sur transact. mobilières et immob.	27	170	707	401	698	531	590	783	776	844
Stamp duty excluded entertainment	27	170	688	-20	0	0	0	0	0	0
Credit tax	0	0	19	0	0	0	0	0	0	0
Transfer tax	0	0	0	421	698	531	590	783	776	844
4500 Impôts non-périodiques	0	0	0	0	0	0	0	0	0	0
4510 Sur l'actif net	..	..	..	..	..	..	..	..	..	..
4520 Autres non-périodiques	..	..	..	..	..	..	..	..	..	..
4600 Autres impôts périodiques sur patrimoine	0	0	0	0	0	0	0	0	0	0
5000 Impôts sur les biens et services	**578**	**4 202**	**12 711**	**18 221**	**23 624**	**24 407**	**29 596**	**29 895**	**32 061**	**33 480**
5100 Impôts sur production, vente, transfert, etc.	570	4 158	12 555	17 781	22 953	23 642	28 662	28 836	30 751	32 107

	1965	1980	1990	2000	2007	2010	2013	2015	2017	2018
5110 Impôts généraux	251	2 062	7 519	10 869	15 207	15 533	18 888	18 974	20 404	21 364
5111 Taxes sur la valeur ajoutée	251	2 062	7 519	10 869	15 207	15 533	18 888	18 974	20 404	21 364
Value added taxes	251	2 062	7 519	9 616	13 657	13 691	16 561	16 680	17 707	18 487
VAT repayments of local government	0	0	0	849	1 550	1 842	2 327	2 294	2 697	2 877
Social Insur. Institutions' part of VAT revenue	0	0	0	404	0	0	0	0	0	0
5112 Impôts sur les ventes	0	0	0	0	0	0	0	0	0	0
5113 Autres impôts	0	0	0	0	0	0	0	0	0	0
Suppl. sales tax on consumer durables	..	..	..	..	..	..	..	..	..	..
5120 Impôts sur biens et services déterminés	319	2 096	5 036	6 912	7 746	8 109	9 774	9 862	10 347	10 743
5121 Accises	183	1 615	3 813	5 613	6 013	6 286	7 511	7 678	8 002	8 390
Excise on tobacco products	52	206	473	561	622	655	852	885	962	1 115
Excise on sweetments	6	23	26	0	0	0	0	0	0	0
Excise on medium, strong beer	3	109	419	0	0	0	0	0	0	0
Excise on non-alcoholic beverages	2	17	22	32	35	37	204	250	151	154
Excise on certain foodstuffs	3	218	36	0	0	0	0	0	0	0
Excise on liquid fuels	58	504	986	2 583	2 907	3 167	3 925	4 054	4 324	4 395
Excise on motor cars	28	238	697	1 059	1 217	941	931	882	972	995
Tax on alcoholic beverages	29	353	813	1 239	1 016	1 279	1 355	1 356	1 340	1 475
Levies on pharmacy	2	16	46	85	113	122	153	165	182	180
Levies for price reduction on butter	0	3	0	0	0	0	0	0	0	0
Levies for marketing of milk	0	12	58	0	0	0	0	0	0	0
Excise on margarines	0	18	55	0	0	0	0	0	0	0
Stock-building levies on liquid fuels	0	15	44	46	50	48	45	43	43	45
Excise on sugar products	0	18	34	0	0	0	0	0	0	0
Excise on feeding stuffs	0	0	0	0	0	0	0	0	0	0
Excise on fertilizers	0	21	21	0	0	0	0	0	0	0
Excise on oil-based concentrated feed	0	1	0	0	0	0	0	0	0	0
Excise on protein feed	0	0	0	0	0	0	0	0	0	0
Equalization fee agricultural products	0	8	29	0	0	0	0	0	0	0
Excise on albumen	0	0	30	0	0	0	0	0	0	0
Tax on electricity	0	65	0	0	0	0	0	0	0	0
Oil damage levy	0	0	7	5	8	20	27	24	8	12
Oil waste levy	0	0	4	3	4	4	4	4	4	4
Price difference compensations	0	-231	0	0	0	0	0	0	0	0
The milk quota charge	0	0	6	0	0	0	0	0	0	0
Levies for marketing of special agric. prod.	0	0	0	0	0	0	0	0	0	0
Excise on phosphorous fertilizers	0	0	7	0	0	0	0	0	0	0
Excise on certain beverage packages	0	0	0	0	41	13	15	15	16	15
5122 Bénéfices des monopoles fiscaux	38	86	202	0	0	0	0	0	0	0
Excess profits on alcohol	38	86	202	..	..	..	..	..	..	..
5123 Droits de douane et droits à l'importation	88	235	423	130	199	151	166	166	174	174
Import duties	62	126	232	0	0	0	0	0	0	0
Import levies on agricultural products	26	6	12	0	0	0	0	0	0	0
Local import duties (Town dues)	1	0	0	0	0	0	0	0	0	0
Import levies price stabilisation fund	0	3	0	0	0	0	0	0	0	0
Agricultural levies	0	0	0	0	0	0	0	0	0	0
Equalization tax	0	100	179	0	0	0	0	0	0	0
Custom duties	..	..	0	130	199	151	166	166	174	174
5124 Taxes à l'exportation	0	0	0	0	0	0	0	0	0	0
Export duties	..	..	..	..	..	..	..	..	..	..
Levies on export	..	..	..	..	..	..	..	..	..	..
Counter-cyclical tax exports	..	..	..	..	..	..	..	..	..	..
5125 Impôts sur biens d'équipement	0	0	0	0	0	0	0	0	0	0
Investment tax on buildings	..	..	..	..	..	..	..	..	..	..
5126 Impôts sur services déterminés	9	161	598	1 160	1 533	1 671	2 096	2 017	2 170	2 178
Net revenue of betting	8	94	328	704	807	874	948	967	1 060	1 109
Tax on motion pictures	0	0	0	0	0	0	0	0	0	0
Stamp duties on entertainment	2	5	0	0	0	0	0	0	0	0
Fire protection levy	0	3	7	6	8	9	10	11	11	11
Tax on waste	0	0	0	33	56	42	56	32	12	7
Rail tax	0	0	0	0	18	18	19	6	5	2
Tax on insurance premiums	0	58	263	337	509	584	712	777	768	772
Tax on lottery prizes	0	0	0	80	135	144	217	222	228	226
Tax on telecommunications	0	0	0	0	0	0	0	0	0	0
Bank tax	0	0	0	0	0	0	134	-74	-36	-4
Contributions to the Resolution Fund	..	..	..	..	..	..	..	76	122	55
5127 Autres impôts sur commerce et transact. internat.	0	0	0	0	0	0	0	0	0	0
Tax on charter flights	..	..	..	..	..	..	..	..	..	..
5128 Autres impôts	0	0	0	9	1	1	1	1	1	1
Sugar levy	..	..	..	9	1	1	1	1	1	1
Steel and coal levy	..	..	..	0	0	0	0	0	0	0
5130 Non-ventilables entre 5110 et 5120	0	0	0	0	0	0	0	0	0	0

	1965	1980	1990	2000	2007	2010	2013	2015	2017	2018
5200 Impôts sur utilisation des biens et exerc. activités	8	44	156	440	671	765	934	1 059	1 310	1 373
5210 Impôts périodiques	8	44	156	423	637	725	897	960	1 204	1 233
5211 À la charge des ménages : véhicules à moteur	0	2	5	165	486	541	696	748	960	979
5212 À la charge autres agents : véhicules à moteur	7	32	135	235	126	150	170	182	209	215
5213 Autres impôts périodiques	1	10	16	23	25	34	31	30	35	39
Dog licenses	1	2	4	5	3	2	2	1	1	0
Hunting and fishing licenses	1	7	12	17	17	24	23	22	22	27
Seamens welfare and rescue levy	0	0	0	1	1	1	1	0	0	0
Nuclear energy research levy	0	0	0	0	4	7	5	7	12	12
5220 Impôts non-périodiques	0	0	0	17	34	40	37	99	106	140
Vehicle registration tax	..	..	..	17	34	40	37	36	31	27
Income from auction of emission allowances	..	..	..	0	0	0	0	63	75	113
5300 Non-ventilables entre 5100 et 5200	0	0	0	0	0	0	0	0	0	0
6000 Autres impôts	**2**	**21**	**50**	**30**	**69**	**69**	**64**	**81**	**61**	**44**
6100 À la charge exclusive des entreprises	0	0	0	0	0	0	0	0	0	0
6200 À la charge d'autres agents	2	21	50	30	69	69	64	81	61	44
Pour mémoire										
Droits de douane perçus pour le compte de l'UE	..	..	..	130	199	151	166	166	174	174
Contributions au Fonds de résolution unique collectées pour le compte de l'UE	..	..	..	..	..	..	..	76	122	55
Recettes fiscales totales sur la base d'encaissements	**1 362**	**11 895**	**39 396**	**61 638**	**77 110**	**76 214**	**88 416**	**91 846**	**96 563**	**98 552**
Recettes fiscales totales sur la base des droits constatés	**..**	**..**	**39 052**	**62 435**	**77 447**	**76 315**	**88 688**	**92 003**	**96 985**	**99 025**
Conciliation avec les comptes nationaux										
Impôts additionnels inclus dans les comptes nationaux	..	0	0	0	0	0	0	0	0	0
Impôt exclus des comptes nationaux	..	0	0	0	0	0	0	0	0	0
Différence dans les traitements des crédits d'impôts	..	0	0	0	0	0	0	0	0	0
Transfert en capital des recettes non collectées	..	0	0	0	0	0	0	0	0	0
Cotisations de sécurité sociale volontaires	..	262	632	236	228	254	270	303	300	269
Différences diverses	..	0	0	0	0	0	0	0	0	0
Comptes nationaux : impôts et cotisations sociales effectives	..	12 157	39 684	62 671	77 675	76 569	88 958	92 306	97 285	99 294
Cotisations sociales imputées	..	513	688	30	0	0	0	0	0	0
Comptes nationaux : impôts et toutes les cotisations sociales	..	12 670	40 372	62 701	77 675	76 569	88 958	92 306	97 285	99 294

.. Non disponible

Note : Year ending 31st December.

From 1988 data are on accrual basis.

Finland has an imputation system where the full credit is taken into account in shareholders taxation. According to estimates made by the National Board of Taxation, the credit given to shareholders was 193 millions euros in 1991; the effects on personal income taxation are estimated.

Headings 2120 and 2320: The breakdown of contributions paid by employees and self-employed or non-employed is estimated.

Heading 4200: All figures in this subheading are estimated.

Heading 4400: Stamp duties include payment for some government services where the levy can be regarded as requited (the levy is linked to the cost of providing the service). However they are classified as taxes and recorded under this subheading as taxes on financial and capital transactions because the amounts involved cannot be identified.

Heading 5121: The negative item under the title 'Price difference compensations' refers to the subsidies paid out on agricultural products under the price compensation scheme which can be offset against any positive tax liability which arising under the same scheme. From 1983 this item has been offset against revenues from excises on certain foodstuffs, on medium and stronger beer and on non-alcoholic beverages.

Heading 5126: Prior to 1979, no figures are available for amounts paid under the Fire protection levy .

Heading 5212: Prior to 1990, a part of the tax is paid by 'households'.

Source : Bulletin of Statistics; Central Statistical Office (for Central Government revenues); the Annual report of the National Pension Institute and Official Statistics of Finland Series XXIIA published by the Ministry and Social Affairs (for the Social Security and private pension respectively); supplementary information from unpublished sources.

StatLink https://doi.org/10.1787/888934215594

Tableau 5.11. France : recettes fiscales détaillées, 1965-2018

Million EUR

	1965	1980	1990	2000	2007	2010	2013	2015	2017	2018
Recettes fiscales totales	**25 776**	**178 576**	**433 771**	**645 528**	**831 226**	**846 318**	**966 817**	**1 002 131**	**1 065 075**	**1 090 163**
Recettes fiscales totales excluant les taxes collectés pour le compte de l'UE	..	..	..	**643 655**	**829 411**	**844 346**	**964 743**	**999 064**	**1 061 026**	**1 085 584**
1000 Impôts sur revenu, bénéfices et gains en capital	**4 095**	**30 019**	**69 649**	**160 363**	**197 939**	**191 085**	**235 964**	**234 532**	**251 712**	**274 103**
1100 Des personnes physiques	2 736	20 734	46 272	115 885	141 405	144 165	179 715	188 357	197 915	224 196
1110 Sur le revenu et les bénéfices	2 723	20 674	46 252	115 884	141 405	144 165	179 715	188 357	197 915	224 196
Impôt sur revenu personnes physiques	..	18 207	39 237	49 548	48 597	49 575	70 098	72 750	76 744	77 573
Retenue source sur B.N.C.	..	51	189	293	559	446	598	927	800	808
Retenue sur capitaux mobiliers	..	2 333	3 971	0	0	0	0	0	0	0
CSG, CRDS, prélèvements sociaux au profit du FSV, du FNAL ou/et du FS	..	0	0	65 953	92 204	93 972	108 247	113 065	115 449	140 372
Taxe forfaitaire sur métaux précieux	..	70	58	47	37	52	69	71	72	78
Ressources sur cumuls rémunérations	..	7	20	38	0	0	0	0	0	0
Contribution sociale de solidarité	..	0	2 207	5	0	82	381	0	2 633	2 746
Autres	..	6	571	0	8	38	322	1 544	2 217	2 619
1120 Sur les gains en capital	14	59	20	1	0	0	0	0	0	0
Sur les gains en capital	..	0	0	0	..	..	..	..	..	..
Prélèv. sur bénéf. construction immobilière	..	59	20	1	..	..	..	..	..	..
1200 Des sociétés	1 358	9 158	23 117	44 478	56 534	46 920	56 249	46 175	53 797	49 907
1210 Sur les bénéfices	1 358	9 158	23 117	44 478	56 534	46 920	56 249	46 175	53 797	49 907
Impôts sur les sociétés (émission de rôles)	..	8 524	20 804	39 755	51 063	39 095	46 474	39 579	47 832	44 834
3% dividendes	..	0	0	0	0	0	1 943	2 165	1 677	4
Retenue sur capitaux mobiliers	..	487	1 333	1 460	3 492	5 952	5 894	3 325	3 063	3 814
Précomptes sur bénéfices distribués (devenu prélèvement exceptionnel de 25% en 2005)	..	36	247	1 135	88	28	-6	4	1	0
Prélèv. except. entrep. travail temporaire	..	0	0	0	0	0	0	0	0	0
Contribution sociale sur bénéfices des sociétés	..	0	0	589	158	842	1 160	971	1 142	1 119
Imposition annuelle forfaitaire	..	111	658	1 484	1 656	599	680	4	2	1
Prélèvement except. assurances	..	0	61	55	64	94	104	127	80	135
Autres	..	0	14	0	13	310	0	0	0	0
1220 Sur les gains en capital	0	0	0	0	0	0	0	0	0	0
1300 Non-ventilables entre 1100 et 1200	0	127	260	0	0	0	0	0	0	0
2000 Cotisations de sécurité sociale	**8 804**	**76 235**	**191 141**	**231 875**	**307 663**	**323 816**	**356 934**	**370 375**	**387 171**	**380 728**
2100 À la charge des salariés	1 701	19 851	57 347	57 686	76 815	78 268	88 097	93 767	100 797	89 076
Cotisations effectives	0	19 851	57 347	57 686	76 815	78 268	88 097	93 767	100 797	89 076
2110 Sur la base du salaire	0	0	0	57 686	76 815	78 268	88 097	93 767	100 797	89 076
2120 Sur la base de l'impôt sur les revenus	0	0	0	0	0	0	0	0	0	0
2200 À la charge des employeurs	6 525	50 742	118 079	159 476	208 688	219 687	240 672	248 173	258 532	265 116
Cotisations effectives	0	50 742	118 079	159 476	208 688	219 687	240 672	248 173	258 532	265 116
2210 Sur la base du salaire	0	0	0	159 476	208 688	219 687	240 672	248 173	258 532	265 116
2220 Sur la base de l'impôt sur les revenus	0	0	0	0	0	0	0	0	0	0
2300 A charge des travailleurs indép. ou sans emploi	578	5 642	15 714	14 713	22 160	25 861	28 165	28 435	27 842	26 536
Cotisations effectives	..	5 642	15 714	14 713	22 160	25 861	28 165	28 435	27 842	26 536
2310 Sur la base du salaire	0	0	0	14 713	22 160	25 861	28 165	28 435	27 842	26 536
2320 Sur la base de l'impôt sur les revenus	0	0	0	0	0	0	0	0	0	0
2400 Non-ventilables entre 2100, 2200 et 2300	0	0	0	0	0	0	0	0	0	0
2410 Sur la base du salaire	0	0	0	..	..	..	..	..	..	..
2420 Sur la base de l'impôt sur les revenus	0	0	0	..	..	..	..	..	..	..
3000 Sur salaires ou main d'oeuvre	**1 189**	**3 935**	**8 254**	**14 916**	**22 874**	**26 926**	**33 595**	**34 574**	**35 742**	**35 822**
Taxe sur les salaires	0	2 413	5 208	7 583	10 272	11 440	13 127	13 165	13 855	13 287
Forfait social	0	0	0	0	0	657	4 654	5 019	5 497	5 715
Taxe d'apprentissage	0	172	101	102	964	1 130	1 317	1 436	1 602	1 938
Taxe au profit de l'AGS : redevances pour concessions, brevets, licences, marques, procédés, droits et valeurs similaires	0	263	379	551	736	1 759	1 435	1 479	966	810
Taxe de formation professionnelle	0	236	30	97	19	13	17	17	21	20
Taxe au profit du FNAL : ACOSS (part cotisations employeurs)	0	120	754	1 506	2 412	2 465	3 123	2 929	2 683	2 692
Taxe au profit des syndicats de transports	0	731	1 600	3 786	5 738	6 344	7 326	7 842	8 699	8 953
Versement au profit de l'UNEDIC	0	0	23	24	0	0	0	0	0	0
Taxe sur salaires retraités réemployés	0	0	0	0	0	0	0	0	0	0
Cotisation de prévoyance	0	0	0	415	773	1 120	496	415	397	343
Autres	0	0	159	851	100	81	49	27	21	18
Caisse nationale de solidarité pour l'autonomie (CNSA)	0	0	0	0	1 860	1 917	2 051	1 891	1 985	2 033
Contribution employeurs pour le FCAATA	0	0	0	0	0	0	0	0	0	0
Taxe exceptionnelle de solidarité sur les hautes rémunérations	0	0	0	0	0	0	0	354	16	13
4000 Impôts sur le patrimoine	**1 105**	**8 591**	**27 434**	**46 169**	**67 573**	**73 085**	**84 209**	**92 323**	**100 989**	**97 559**
4100 Impôts périodiques sur la propriété immobilière	506	5 358	14 808	29 439	42 130	50 061	57 411	60 443	64 153	62 811

	1965	1980	1990	2000	2007	2010	2013	2015	2017	2018
4110 Ménages	198	4 454	11 493	22 285	32 839	38 952	44 684	46 873	49 557	47 817
Taxe d'habitation	0	2 306	5 100	8 366	12 433	15 254	17 470	18 424	19 311	16 892
Contributions foncieres (bâti)	0	1 034	4 040	8 460	11 983	14 403	16 539	17 557	18 926	19 484
Taxe d'enlèvement ordures ménagères	0	534	1 219	3 103	5 117	5 699	6 552	6 567	6 803	6 942
Contribution à l'audiovisuel public	0	0	0	2 099	2 255	2 472	2 866	3 012	3 248	3 215
Imposition foncier non-bâti	0	506	979	172	851	919	955	980	971	977
Taxe au profit chambre d'agriculture	0	0	0	53	59	61	62	61	61	55
Taxe de balayage	0	0	0	68	74	75	109	109	113	114
Autres	0	74	156	-36	67	69	131	163	124	138
4120 Autres agents	308	904	3 315	7 154	9 291	11 109	12 727	13 570	14 596	14 994
Contribution foncière propriété bâtie	0	759	3 032	6 256	9 054	10 865	12 477	13 246	14 278	14 698
Impositions foncier non-bâti	0	127	245	688	0	0	0	0	0	0
Taxe au profit chambre d'agriculture	0	18	39	210	237	244	250	242	243	221
Autres	0	0	0	0	0	0	0	82	75	75
4200 Impôts périodiques sur l'actif net	0	0	2 615	2 440	4 390	4 461	4 372	5 224	5 068	1 847
4210 Personnes physiques	..	..	938	2 440	4 390	4 461	4 372	5 224	5 068	1 847
4220 Sociétés	..	..	1 677	0	0	0	0	0	0	0
4300 Impôts sur mut. par décès, succ. et donations	145	1 010	4 124	6 907	8 910	7 738	10 456	12 317	14 344	14 399
4310 Impôts sur mut. par décès et successions	140	875	3 490	5 508	7 853	6 862	9 368	10 690	11 898	11 982
Mutations à titre gratuit	0	861	3 453	5 428	7 794	6 806	8 433	10 540	11 785	11 895
Recettes diverses et pénalités	0	14	37	80	59	56	935	150	113	87
4320 Impôts sur les donations	5	135	634	1 399	1 057	876	1 088	1 627	2 446	2 417
Donations	0	113	568	1 399	1 057	876	1 088	1 627	2 446	2 417
Recettes diverses et pénalités	0	0	0	0	0	0	0	0	0	0
Autres	0	22	66	0	0	0	0	0	0	0
4400 Impôts sur transact. mobilières et immob.	447	2 224	5 886	7 383	12 143	10 825	11 970	14 339	17 424	18 502
Créances rentes offices	0	30	209	279	443	279	359	335	325	514
Fonds de commerce	0	253	518	199	268	154	135	132	153	146
Meubles corporels	0	14	18	0	0	1	0	1	1	1
Immeubles et droits immobiliers	0	63	4	2	2	3	1	1	1	0
Conventions et actes civils entre sociétés	0	95	218	4	5	8	6	7	4	1
Recettes diverses et pénalités	0	35	60	367	179	253	4	6	10	15
Actes judiciaires et extra-judiciaires	0	6	10	0	0	0	0	0	0	0
Taxe de publicité foncière	0	781	38	68	130	140	703	770	897	960
Droits et timbres divers	0	94	242	0	0	0	0	0	0	0
Impôts sur opérations de bourse	0	168	525	407	271	0	0	0	0	0
Taxe sur les transactions financières	0	0	0	0	0	0	697	917	964	1 047
Taxe additionnelle droits d'enregistrement	0	679	4 002	5 339	10 396	9 567	9 538	11 618	14 535	15 226
Autres droits et recettes	0	5	44	718	449	420	527	552	534	592
4500 Impôts non-périodiques	8	0	0	0	0	0	0	0	0	0
4510 Sur l'actif net	8	..	..	..	..	..	..	..	..	..
4520 Autres non-périodiques	0	..	..	..	..	..	..	..	..	..
4600 Autres impôts périodiques sur patrimoine	0	0	0	0	0	0	0	0	0	0
5000 Impôts sur les biens et services	**9 902**	**54 317**	**123 235**	**168 121**	**207 950**	**222 165**	**245 423**	**258 741**	**278 119**	**289 869**
5100 Impôts sur production, vente, transfert, etc.	9 676	52 719	119 201	163 520	202 109	215 844	238 774	251 793	270 606	281 681
5110 Impôts généraux	5 994	37 760	81 341	110 296	142 033	151 565	163 103	169 913	179 964	186 522
5111 Taxes sur la valeur ajoutée	5 173	37 282	79 972	107 511	137 137	136 129	145 264	152 550	162 877	168 526
TVA (budget général)	0	36 895	78 902	103 054	136 927	135 578	144 490	151 680	162 011	167 618
TVA (BAPSA)	0	62	101	4 111	0	0	0	0	0	0
Autres TVA	0	325	969	0	0	0	0	0	0	0
Sous-compensation TVA agriculture	0	0	0	346	138	330	462	381	369	397
TVA sur subventions	0	0	0	0	72	221	312	489	497	511
5112 Impôts sur les ventes	822	0	0	0	0	0	0	0	0	0
5113 Autres impôts	0	477	1 369	2 784	4 896	15 436	17 839	17 363	17 087	17 996
Contribution sociale de solidarité	..	477	1 369	2 784	4 896	5 090	5 671	4 390	3 561	3 769
Cotisation sur la valeur ajoutée des entreprises	..	..	..	0	0	10 346	12 168	12 973	13 526	14 227
Taxe sur les services numériques	..	..	..	0	0	0	0	0	0	0
5120 Impôts sur biens et services déterminés	3 682	14 960	37 860	53 225	60 076	64 279	75 671	81 880	90 642	95 159

	1965	1980	1990	2000	2007	2010	2013	2015	2017	2018
5121 Accises	2 775	11 013	26 834	39 850	44 013	45 770	52 343	56 660	61 864	64 894
Taxe intérieure de consommation sur les produits énergétiques	0	7 136	17 476	23 493	24 318	23 577	23 693	26 238	29 589	31 898
Prélèv. except. sur entrep. produits pétroliers	0	0	0	0	0	0	0	0	0	0
Droits sur vins, cidres et hydromels	0	97	174	0	121	121	486	501	495	534
Droits sur alcools	0	1 238	1 593	3 025	484	2 482	2 950	2 956	2 974	2 945
Droits sur bières et eaux minérales	0	58	91	20	409	538	803	931	999	1 055
Autres droits et recettes	0	136	38	19	2 169	100	90	110	72	139
Impôts et taxes sur tabacs et allumettes	0	1 188	2 989	7 965	9 659	11 083	12 227	12 318	12 326	13 342
Amendes et confiscations	0	2	1	0	0	0	0	0	0	0
Garantie matières or et argent	0	6	19	29	2	0	0	0	0	0
Taxes au profit de l'ANDA	0	84	147	89	0	0	0	0	0	0
Taxe de protection sanitaire et d'organisation du marché des viandes	0	0	0	48	46	43	41	43	42	43
Taxe sur les céréales	0	147	275	19	19	24	18	14	8	8
Redevances débits de tabac	0	0	0	0	0	0	0	0	0	0
Redevances sur sel de potasse	0	0	0	0	0	0	0	0	0	0
Taxe sur les farines	0	0	0	38	0	0	0	0	0	0
Redevances incluses dans prix carburants	0	36	32	453	485	495	499	493	539	555
Taxe au profit du Fonds National du Livre	0	7	17	0	0	0	0	0	0	0
Taxe sur produit exploitations forestières	0	11	0	0	0	0	0	0	0	0
Redevances des mines	0	16	59	43	23	25	22	16	15	18
Taxe sur électricité et chauffage	0	426	1 340	1 061	2 990	3 717	7 253	8 703	9 991	9 844
Surtaxe sur les apéritifs	0	12	17	0	0	0	0	0	0	0
Vignettes pharmaceutiques	0	4	559	0	0	0	0	0	0	0
Taxe sur betterave, sucre et alcool	0	22	400	0	0	0	0	0	0	0
Taxe solidarité sur graines oléagineuses	0	8	41	0	0	0	0	0	0	0
Taxe sur corps gras alimentaires	0	32	89	99	0	0	0	0	0	0
Taxe au profit Caisse Nationale des Lettres	0	23	0	0	0	0	0	0	0	0
Taxe sur consommation eau au profit FNAE	0	34	51	74	5	11	1	2	2	0
Taxe sur les viandes	0	25	36	0	19	1	1	0	0	0
Taxe au profit agences financières de bassin	0	217	609	1 624	1 821	1 763	2 175	2 268	2 364	2 340
Taxe au profit du FIRS (marché du sucre)	0	0	0	0	0	0	0	0	0	0
Contrib. except. pharmacies et laboratoires	0	16	0	522	0	0	0	0	0	0
Taxe locale	0	5	8	241	247	325	127	126	145	66
Contrib. distributeurs énergie élec. au profit du FACE	0	0	0	183	322	324	374	375	378	377
Taxe au profit de l'ADEME	0	0	0	80	212	489	499	449	449	0
Octroi de mer	0	0	0	449	544	581	386	422	439	453
Taxe générale sur les activités polluantes	0	0	0	6	16	16	205	117	81	316
Stocks sur les produits pétroliers	0	0	0	0	0	0	367	379	377	386
Autres	0	30	772	78	102	55	126	199	579	575
Taxe au profit de l'Institut français du pétrole (IFP)	0	0	0	193	0	0	0	0	0	0
5122 Bénéfices des monopoles fiscaux	0	0	0	0	0	0	0	0	0	0
5123 Droits de douane et droits à l'importation	471	966	1 669	1 810	2 043	2 180	2 605	2 665	2 663	2 858
Droits à l'importation (Etat)	0	0	0	0	0	0	0	0	0	0
Droits à l'importation (UE)	0	873	1 623	0	0	0	0	0	0	0
Octroi de mer	0	0	0	267	327	361	627	678	707	741
Autres	0	94	46	30	59	67	136	55	48	48
5124 Taxes à l'exportation	0	75	15	0	0	0	0	0	0	0
Prélèv. agricoles (part de l'Etat)	..	0	0	..	..	..	..	..	..	..
Prélèv. agricoles (part UE)	..	75	15	..	..	..	..	..	..	..
5125 Impôts sur biens d'équipement	0	0	0	0	0	0	0	0	0	0

	1965	1980	1990	2000	2007	2010	2013	2015	2017	2018
5126 Impôts sur services déterminés	431	2 690	8 373	11 204	14 007	16 274	20 656	22 501	26 061	27 353
Prélèvements sur le PMU	0	446	545	502	719	626	434	446	434	431
Prélèv. produit jeux et casinos	0	0	0	727	1 022	748	708	691	741	746
Prélèv. sur loterie nationale et loto	0	200	702	1 305	1 982	1 800	1 941	2 118	2 290	2 387
Prélèv. except. sur banque et établ. crédit	0	0	0	0	0	0	0	0	0	0
Taxe sur convention d'assurance	0	1 292	4 782	5 097	6 571	7 099	9 973	10 386	10 618	11 001
Baux enregistrement	0	264	633	573	29	-5	-1	0	0	0
Taxes funéraires	0	11	32	14	11	12	12	12	13	13
Droits de timbre contrat transport	0	9	77	10	0	0	0	0	0	0
Expertises et vérifications techniques	0	0	0	0	0	0	0	0	0	0
Taxe au profit de l'ANAEM	0	0	0	33	58	129	145	146	150	115
Taxe sur l'utilisation des voies navigables	0	0	0	104	157	169	192	183	178	177
Autres taxes diverses	0	98	272	273	449	1 007	547	798	1 913	2 484
Taxes sur les jeux et spectacles	0	75	195	274	372	425	799	785	867	1 086
Taxe sur fonds de garantie automobile (FGAC)	0	32	135	223	274	323	387	450	755	757
Taxes assurance auto. (Etat + Séc. Soc.)	0	0	0	55	0	0	0	0	0	0
Taxe Fonds National Calamités Agricoles	0	0	0	261	96	101	120	125	60	60
Prélèv. 5% Fonds Nat. Amélioration Habitat	0	114	258	678	604	604	726	932	1 145	977
Cotisat. des entrep. au Centre Nat. du Cinéma	0	52	207	397	144	766	735	695	697	708
Taxe alimentation au Fonds Assurances Agricoles	0	0	0	0	0	0	0	0	0	0
Taxe au profit du Fonds National Sportif	0	3	0	0	0	0	0	0	0	0
Taxe Fonds de Revalorisation Rentes et Pensions	0	15	0	0	0	0	0	0	0	0
Taxe annuelle sur encours de crédits	0	0	0	0	0	0	0	0	0	0
Taxe sur la publicité	0	0	26	52	38	156	219	232	235	248
Prélèv. sur salaires des conserv. hypothèques	0	67	188	0	0	0	0	0	0	0
Taxe de sécurité et sûreté	0	0	0	220	353	459	521	574	655	725
Taxe de risque systémique	0	0	0	0	0	0	899	591	436	285
Taxe sur les mutuelles au profit de la CMU	0	0	0	247	560	1 637	1 851	1 909	2 370	2 305
Taxe au profit du FPRNM (Fonds de prévention des risques naturels majeurs)	0	0	0	0	0	0	197	205	211	129
Contributions au Fonds de résolution unique collectées pour le compte de l'UE	..	..	..	..	..	..	..	916	1 922	2 291
Autres	0	10	320	159	568	218	251	307	371	428
5127 Autres impôts sur commerce et transact. internat.	0	0	0	0	0	0	0	0	0	0
5128 Autres impôts	5	215	970	360	13	55	67	54	54	54
Taxe de co-responsabilité sur le lait	0	48	119	0	0	0	0	0	0	0
Taxe de co-responsabilité sur les céréales	0	0	520	0	0	0	0	0	0	0
Prélèvement pour la CECA	0	14	0	0	0	0	0	0	0	0
Receveur des douanes	0	9	24	0	0	0	0	0	0	0
Divers (collect. locales)	0	0	0	0	0	0	0	0	0	0
Cotisations sur les sucres	0	68	185	270	0	42	54	41	41	41
Taxe au profit du FIRS (marché du sucre)	0	76	120	76	0	0	0	0	0	0
Autres	0	0	2	14	13	13	13	13	13	13
5130 Non-ventilables entre 5110 et 5120	0	0	0	0	0	0	0	0	0	0
5200 Impôts sur utilisation des biens et exerc. activités	226	1 598	4 034	4 601	5 841	6 321	6 649	6 948	7 513	8 188
5210 Impôts périodiques	178	1 226	3 024	2 810	3 009	2 866	2 849	2 669	2 859	3 072
5211 À la charge des ménages : véhicules à moteur	27	545	1 236	126	0	0	0	0	0	0
Taxe différentielle (budget gén. et collect. loc.)	0	545	1 236	126	..	..	..	..	..	..
5212 À la charge autres agents : véhicules à moteur	79	545	1 086	1 280	1 559	1 269	1 181	1 028	780	896
Taxe sur les véhicules des sociétés	0	197	345	644	891	992	876	753	638	751
Taxe sur les véhicules (budg. gén. et coll. loc.)	0	348	741	636	668	277	305	275	142	145
5213 Autres impôts périodiques	72	136	702	1 404	1 450	1 597	1 668	1 641	2 079	2 176
Taxe spéciale usage des routes	0	0	0	420	526	539	573	574	608	618
Droit de pesage	0	17	14	0	0	0	0	0	0	0
Divers taxes (collectivités locales)	0	7	33	0	0	0	0	0	0	0
Taxe magnétoscopes	0	0	0	0	0	0	0	0	0	0
Redev. pour surveillance centrales nucléaires	0	8	41	0	0	0	0	0	0	0
Taxe d'usage des abattoirs	0	19	13	0	0	0	0	0	0	0
Contrib. des entrepr. à la prépa. médicaments	0	0	20	238	0	379	213	255	296	284
Taxe sur les pylones électriques	0	1	66	128	183	213	244	231	251	258
Licence débit de boisson	0	8	22	23	0	0	0	0	0	0
Droit annuel de francisation et de navigation	0	0	0	0	0	39	37	37	38	38
Redevances d'usage des fréquences radioélectriques	0	0	0	191	280	275	262	187	307	301
Autres	0	75	493	404	461	152	339	357	579	677

	1965	1980	1990	2000	2007	2010	2013	2015	2017	2018
5220 Impôts non-périodiques	47	372	1 010	1 791	2 832	3 455	3 800	4 279	4 654	5 116
Récépissés de mise en circulation	0	75	0	0	0	0	0	0	0	0
Taxes et licences débits de boissons	0	0	0	3	0	0	0	0	0	0
Redevance pour droit de construire	0	79	53	72	0	18	18	0	0	0
Taxe locale d'équipement	0	146	263	305	848	1 252	1 381	1 839	2 073	2 231
Taxe sur les certificats d'immatriculation des véhicules	0	0	0	1 373	1 939	1 917	2 042	2 086	2 229	2 326
Dépassement plafond légal de densité	0	38	270	38	45	82	82	52	0	0
Taxe additionnelle sur certif. d'immatric. des véhicules	0	0	0	0	0	186	277	302	352	559
Autres	0	35	423	0	0	0	0	0	0	0
5300 Non-ventilables entre 5100 et 5200	0	0	0	0	0	0	0	0	0	0
6000 Autres impôts	**681**	**5 480**	**14 060**	**24 084**	**27 227**	**9 241**	**10 692**	**11 586**	**11 342**	**12 082**
6100 À la charge exclusive des entreprises	678	5 480	14 060	22 398	27 219	9 235	10 686	11 580	11 336	12 076
Taxes au profit de l'INPI	0	43	67	115	156	165	180	193	204	225
Taxe sur les frais généraux	0	0	0	0	0	0	0	0	0	0
Taxe professionnelle	0	5 152	13 381	19 641	22 035	0	0	0	0	0
Taxe des prestations des syndicats (collect. loc.)	0	36	197	293	0	0	0	0	0	0
Taxes diverses (budget gén. et org. div. adm. cent.)	0	0	0	61	236	255	478	649	637	722
Taxe annuelle sur les encours de crédits	0	110	0	0	0	0	0	0	0	0
Prélèv. except. sur entreprises d'assurances	0	0	0	0	0	0	0	0	0	0
Produit de l'imposition (Chambre des Métiers)	0	36	125	155	203	275	233	253	229	196
Versements des entreprises industrielles au profit du FNE	0	4	240	204	33	10	3	0	1	0
Autres	0	98	50	1 127	3 721	1 078	775	1 484	880	1 298
Taxe ANDA - ADAR	0	0	0	32	0	0	0	0	0	0
Cotisation foncière des entreprises	..	..	..	0	0	10 346	12 168	12 973	13 526	14 227
Imposition forfaitaire sur les entreprises de réseaux	0	0	0	0	0	1 223	1 206	1 297	1 329	1 346
Exit taxe sur les assurances	0	0	0	0	0	0	0	0	0	0
Produit imposition Chambre de Commerce	0	0	0	770	835	1 103	1 323	458	871	720
Contribution patronale sur stock-options	0	0	0	0	0	185	380	490	300	287
Taxe sur le résultat des entreprises ferroviaires	0	0	0	0	0	0	200	400	226	453
6200 À la charge d'autres agents	3	0	0	1 686	8	6	6	6	6	6
Autres	0	..	..	1 686	8	6	6	6	6	6
Ecart aux comptes de secteurs	0	..	..	0	0	0	0	0	0	0
Pour mémoire										
Droits de douane perçus pour le compte de l'UE	..	..	..	1 513	1 657	1 752	1 842	1 932	1 908	2 069
Contributions au Fonds de résolution unique collectées pour le compte de l'UE	..	..	..	..	..	..	..	916	1 922	2 291
Crédits d'impôts récupérables										
Crédits d'impôts récupérables contre 1110	0	0	0	0	7 663	10 761	8 214	8 041	6 346	9 236
Composante fiscale	0	0	0	0	0	8 234	6 755	5 669	3 721	5 448
Composante transfert	0	0	0	0	0	2 527	1 459	2 372	2 625	3 788
Crédits d'impôts récupérables contre 1210	0	0	0	457	1 860	6 655	5 466	18 618	22 640	26 573
Composante fiscale	0	0	0	0	0	1 277	3 572	10 560	10 663	10 663
Composante transfert	0	0	0	0	0	5 378	1 894	8 058	11 977	15 910
Crédits d'impôts récupérables contre 3000	0	0	0	0	0	0	0	0	0	574
Composante fiscale	0	0	0	0	0	0	0	0	0	574
Composante transfert	0	0	0	0	0	0	0	0	0	0
Recettes fiscales totales sur la base d'encaissements	**25 776**	**178 576**	**433 771**	**642 156**	**825 954**	**840 905**	**960 513**	**995 462**	**1 058 287**	**1 084 161**
Recettes fiscales totales sur la base des droits constatés	**0**	**0**	**0**	**645 528**	**831 226**	**846 318**	**966 817**	**1 002 131**	**1 065 075**	**1 090 163**
Conciliation avec les comptes nationaux										
Impôts additionnels inclus dans les comptes nationaux	0	0	0	0	0	0	0	0	0	0
Impôt exclus des comptes nationaux	0	0	0	-3 171	-5 191	-5 774	-6 661	-6 676	-6 916	-7 056
Taxe d'enlèvement des ordures ménagères	..	..	..	-3 103	-5 117	-5 699	-6 552	-6 567	-6 803	-6 942
Taxe sur les pylônes	..	..	..	0	0	0	0	0	0	0
Taxe de balayage	..	..	..	-68	-74	-75	-109	-109	-113	-114
Différence dans les traitements des crédits d'impôts	0	0	0	0	0	9 511	10 327	16 229	14 384	16 685
Transfert en capital des recettes non collectées	0	0	0	-3 372	-5 272	-5 413	-6 304	-6 669	-6 788	-6 002
Cotisations de sécurité sociale volontaires	0	0	0	0	0	0	0	0	0	0
Différences diverses	0	0	0	0	0	0	0	0	0	0
Comptes nationaux : impôts et cotisations sociales effectives	0	0	0	638 985	820 763	844 642	964 179	1 005 015	1 065 755	1 093 790
Cotisations sociales imputées	0	0	0	25 875	33 510	38 028	41 947	42 655	43 041	43 660
Comptes nationaux : impôts et toutes les cotisations sociales	0	0	0	664 860	854 273	882 670	1 006 126	1 047 670	1 108 796	1 137 450

.. Non disponible

Note : Année civile se terminant le 31 décembre.

A partir de 1992, les données sont sur la base des droits constatés.

A partir de 1970 les chiffres ont été calculés selon le nouveau Système de Comptes Nationaux et ne sont pas, de ce fait, comparables à ceux des années précédentes.

La rubrique 2000 comprend certaines contributions volontaires.

La rubrique 4220 correspond à la rémunération de la garantie de l'État accordée aux caisses d'épargne.

Source : Compte général de l'Administration des finances pour les chiffres de recettes fiscales. OSCE pour les chiffres de sécurité sociale de 1965 à 1969 et SEC pour les années suivantes.

StatLink https://doi.org/10.1787/888934215613

Tableau 5.12. Allemagne : recettes fiscales détaillées, 1965-2018

Million EUR

	1965	1980	1990	2000	2007	2010	2013	2015	2017	2018
Recettes fiscales totales	**74 359**	**287 373**	**454 764**	**767 045**	**884 216**	**911 161**	**1 038 902**	**1 127 631**	**1 232 001**	**1 293 678**
Recettes fiscales totales excluant les taxes collectés pour le compte de l'UE	..	..	**450 620**	**763 300**	**880 273**	**906 897**	**1 034 587**	**1 120 820**	**1 225 214**	**1 286 710**
1000 Impôts sur revenu, bénéfices et gains en capital	**25 059**	**100 821**	**147 257**	**231 249**	**273 596**	**257 817**	**319 926**	**351 473**	**400 672**	**423 781**
1100 Des personnes physiques	19 254	85 134	125 296	194 173	218 848	219 387	270 179	299 379	334 667	351 896
1110 Sur le revenu et les bénéfices	19 254	85 134	125 296	194 173	218 848	219 387	270 179	299 379	334 667	351 896
Taxes on wages and salaries	8 558	57 039	90 801	135 733	146 365	145 202	174 512	194 116	211 685	224 108
Assessed income tax	7 567	18 813	18 672	12 225	25 341	31 346	42 586	48 902	59 784	60 927
Withholding tax on dividends	691	2 135	5 538	13 515	13 572	12 982	17 258	17 944	20 918	23 196
Supplementary tax	0	0	0	10 347	10 907	10 706	13 085	14 555	16 141	17 041
Enterprise tax	2 438	7 147	10 285	16 486	14 630	13 709	17 305	18 570	21 294	22 518
Stabilisation tax	0	0	0	0	0	0	0	0	0	0
Withholding tax on interest	0	0	0	5 867	8 033	5 442	6 433	5 292	4 845	4 106
1120 Sur les gains en capital	0	0	0	0	0	0	0	0	0	0
1200 Des sociétés	5 806	15 686	21 961	37 076	54 748	38 430	49 747	52 094	66 005	71 885
1210 Sur les bénéfices	5 806	15 686	21 961	37 076	54 748	38 430	49 747	52 094	66 005	71 885
Corporation tax	4 177	10 902	15 385	23 575	23 386	12 516	19 762	20 224	29 832	34 216
Supplementary tax	0	20	1	1 494	1 550	982	1 337	1 409	1 902	1 975
Sacrifice for Berlin	3	0	0	0	0	0	0	0	0	0
Enterprise tax	1 625	4 765	6 576	10 540	25 486	22 002	25 722	27 613	31 663	33 484
Stabilisation tax	0	0	0	0	0	0	0	0	0	0
Withholding tax on interest	0	0	0	1 467	4 326	2 930	2 926	2 848	2 608	2 210
1220 Sur les gains en capital	0	0	0	0	0	0	0	0	0	0
1300 Non-ventilables entre 1100 et 1200	0	0	0	0	0	0	0	0	0	0
2000 Cotisations de sécurité sociale	**19 876**	**98 659**	**170 449**	**299 440**	**320 750**	**354 320**	**392 378**	**424 841**	**467 185**	**487 839**
2100 À la charge des salariés	8 723	43 833	73 580	131 610	139 927	152 843	171 657	186 305	206 813	216 745
Payments by employees total	8 723	43 833	73 580	131 610	139 927	152 843	171 657	186 305	206 813	216 745
2110 Sur la base du salaire	..	..	..	131 610	139 927	152 843	171 657	186 305	206 813	216 745
2120 Sur la base de l'impôt sur les revenus	..	..	..	0	0	0	0	0	0	0
2200 À la charge des employeurs	10 693	52 985	86 659	147 410	151 094	165 476	181 782	196 679	214 134	223 806
Payments by employers total	10 693	52 985	86 659	147 410	151 094	165 476	181 782	196 679	214 134	223 806
2210 Sur la base du salaire	..	..	..	147 410	151 094	165 476	181 782	196 679	214 134	223 806
2220 Sur la base de l'impôt sur les revenus	..	..	..	0	0	0	0	0	0	0
2300 A charge des travailleurs indép. ou sans emploi	460	1 841	10 210	20 420	29 729	36 001	38 939	41 857	46 238	47 288
Payments total	460	1 841	10 210	20 420	29 729	36 001	38 939	41 857	46 238	47 288
2310 Sur la base du salaire	..	..	..	20 420	29 729	36 001	38 939	41 857	46 238	47 288
2320 Sur la base de l'impôt sur les revenus	..	..	..	0	0	0	0	0	0	0
2400 Non-ventilables entre 2100, 2200 et 2300	0	0	0	0	0	0	0	0	0	0
2410 Sur la base du salaire	..	..	..	..	..	..	..	..	..	..
2420 Sur la base de l'impôt sur les revenus	..	..	..	..	..	..	..	..	..	..
3000 Sur salaires ou main d'oeuvre	**477**	**445**	**0**	**0**	**0**	**0**	**0**	**0**	**0**	**0**
Payroll tax	477	445	..	..	..	..	..	..	..	..
4000 Impôts sur le patrimoine	**4 313**	**9 414**	**15 321**	**17 505**	**21 873**	**21 012**	**26 104**	**31 076**	**33 600**	**35 499**
4100 Impôts périodiques sur la propriété immobilière	1 079	2 968	4 461	8 849	10 713	11 315	12 377	13 215	13 965	14 203
4110 Ménages	644	1 187	1 784	3 540	4 285	4 526	4 951	5 286	5 586	5 681
4120 Autres agents	435	1 780	2 676	5 309	6 428	6 789	7 426	7 929	8 379	8 522
4200 Impôts périodiques sur l'actif net	2 530	4 362	6 213	433	5	2	700	322	382	399
4210 Personnes physiques	973	977	1 425	191	2	1	0	-1	0	0
General wealth tax	471	954	1 425	191	2	1	..	-1	..	..
Equalization of war burden	502	23	0	0	0	0	..	0	..	..
4220 Sociétés	1 557	3 385	4 788	242	3	1	700	323	382	399
General wealth tax	490	1 431	1 813	242	3	1	0	-1	0	0
Equalization of war burden	350	15	0	0	0	0	0	0	0	0
Enterprise tax	717	1 939	2 975	0	0	0	0	0	0	0
Bank levy	0	0	0	0	0	0	520	0	10	11
Contribution to Deposit Protection Fund	0	0	0	0	0	0	180	324	372	388
4300 Impôts sur mut. par décès, succ. et donations	162	520	1 545	2 982	4 203	4 405	4 633	6 290	6 114	6 814
4310 Impôts sur mut. par décès et successions	134	416	1 359	2 624	3 699	3 876	4 077	5 535	5 380	5 996
4320 Impôts sur les donations	28	104	186	358	504	529	556	755	734	818
4400 Impôts sur transact. mobilières et immob.	542	1 564	3 103	5 241	6 952	5 290	8 394	11 249	13 139	14 083
Real property transfer tax	150	521	1 999	5 081	6 952	5 290	8 394	11 249	13 139	14 083
Additional real property transfer	198	680	148	160	0	0	0	0	0	0
Capital transfer tax	111	200	807	0	0	0	0	0	0	0
Bill of exchange tax	83	163	149	0	0	0	0	0	0	0
4500 Impôts non-périodiques	0	0	0	0	0	0	0	0	0	0
4510 Sur l'actif net	..	..	..	..	..	..	..	..	..	..
4520 Autres non-périodiques	..	..	..	..	..	..	..	..	..	..
4600 Autres impôts périodiques sur patrimoine	0	0	0	0	0	0	0	0	0	0

	1965	1980	1990	2000	2007	2010	2013	2015	2017	2018
5000 Impôts sur les biens et services	**24 462**	**77 863**	**121 577**	**218 686**	**267 901**	**277 912**	**300 366**	**320 025**	**330 292**	**346 289**
5100 Impôts sur production, vente, transfert, etc.	23 079	74 406	117 209	211 444	251 558	261 160	281 995	301 099	318 435	327 429
5110 Impôts généraux	12 235	47 779	75 459	140 871	170 387	180 533	197 326	211 936	226 901	235 449
5111 Taxes sur la valeur ajoutée	0	47 779	75 459	140 871	170 387	180 533	197 326	211 936	226 901	235 449
5112 Impôts sur les ventes	0	0	0	0	0	0	0	0	0	0
5113 Autres impôts	12 235	0	0	0	0	0	0	0	0	0
Turnover tax old	11 028	..	..	..	..	..	..	..	..	..
Old turnover tax on import	1 208	..	..	..	..	..	..	..	..	..
5120 Impôts sur biens et services déterminés	10 844	26 627	41 750	70 573	80 819	80 287	84 381	88 871	91 246	91 688
5121 Accises	8 213	20 566	31 158	57 224	63 780	63 438	64 621	65 330	66 507	66 137
Duty on mineral oils	3 798	10 917	17 701	37 826	38 877	39 601	39 260	39 605	40 998	40 834
Duty on power	0	0	0	3 356	6 439	6 167	6 987	6 560	7 003	6 848
Duty on tobacco	2 402	5 771	8 898	11 443	14 108	13 453	14 131	14 963	14 299	14 254
Duty on alcohol	771	1 986	2 162	2 151	2 169	2 049	2 098	2 073	2 090	2 116
Duty on beer	501	645	693	843	750	708	675	679	664	663
Duty on coffee	488	756	986	1 087	985	998	1 030	1 034	1 052	1 030
Duty on sugar	59	72	79	0	0	0	0	0	0	0
Duty on tea	16	32	31	0	0	0	0	0	0	0
Duty on salt	20	20	23	0	0	0	0	0	0	0
Duty on electric lamps	34	63	83	0	0	0	0	0	0	0
Duty on playing cards	2	4	0	0	0	0	0	0	0	0
Duty on beverages	46	22	8	6	1	0	0	0	0	0
Duty on acetic acid	3	2	0	0	0	0	0	0	0	0
Duty on champagne	69	274	494	512	451	462	440	416	401	392
Duty on matches	5	2	0	0	0	0	0	0	0	0
Duty on ice cream	1	0	0	0	0	0	0	0	0	0
5122 Bénéfices des monopoles fiscaux	8	2	0	0	0	0	0	0	0	0
5123 Droits de douane et droits à l'importation	1 658	3 125	3 847	3 394	3 972	4 234	4 251	5 195	5 043	5 018
Monetary compensation accounts	0	368	1	0	0	0	0	0	0	0
Customs (mainly EU)	1 294	2 353	3 662	3 394	3 972	4 234	4 251	5 195	5 043	5 018
Agricultural levies EU	364	404	184	0	0	0	0	0	0	0
5124 Taxes à l'exportation	0	0	0	0	0	0	0	0	0	0
5125 Impôts sur biens d'équipement	0	0	0	0	0	0	0	0	0	0
5126 Impôts sur services déterminés	942	2 689	6 443	9 599	13 095	12 583	15 443	18 306	19 660	20 567
Duty transport goods on residents	0	0	0	0	0	0	0	0	0	0
Transport tax	452	0	0	0	0	0	0	0	0	0
Insurance tax	198	910	2 266	7 243	10 410	10 261	11 588	12 445	13 317	13 747
Fire insurance tax	33	124	200	288	319	326	392	413	451	467
Entertainment tax	55	44	140	267	210	376	708	881	1 048	1 072
Taxes on betting and gambling	204	655	1 046	1 801	1 702	1 412	1 635	1 711	1 834	1 893
Tax on electricity bills	0	956	2 792	0	0	0	0	0	0	0
Aviation tax	0	0	0	0	0	0	955	1 027	1 116	1 203
Gaming casinos levy	0	0	0	0	454	208	165	251	184	199
SRF Contributions	..	..	..	..	..	..	..	1 578	1 710	1 986
5127 Autres impôts sur commerce et transact. internat.	0	0	4	5	1	2	2	2	2	2
5128 Autres impôts	24	244	298	351	-29	30	64	38	34	-36
Levies CECA	24	56	36	0	0	0	0	0	0	0
Cotisation sugar EU	0	112	224	351	-29	30	64	38	34	-36
Levy on milk	0	75	38	0	0	0	0	0	0	0
5130 Non-ventilables entre 5110 et 5120	0	0	0	0	352	340	288	292	288	292
Contributions to the German National Petroleum Stockpiling Agency	..	..	..	..	352	340	288	292	288	292
5200 Impôts sur utilisation des biens et exerc. activités	1 383	3 457	4 368	7 242	16 343	16 752	18 371	18 926	11 857	18 860
5210 Impôts périodiques	1 369	3 454	4 368	7 239	16 343	16 189	17 699	18 171	10 962	17 355
5211 À la charge des ménages : véhicules à moteur	614	1 892	2 950	5 177	6 823	6 447	6 393	6 992	7 054	7 102
5212 À la charge autres agents : véhicules à moteur	728	1 475	1 300	1 838	2 075	2 041	2 097	1 812	1 894	1 945
5213 Autres impôts périodiques	27	87	118	224	7 445	7 701	9 209	9 367	2 014	8 308
Dog taxes	24	75	101	198	240	258	299	322	349	359
Hunting and fishing taxes	4	13	17	26	23	19	10	10	9	9
Nuclear fuel tax	0	0	0	0	0	0	1 285	1 018	-6 284	0
Licence fee (private households)	0	0	0	0	6 464	6 681	6 914	7 280	7 210	7 210
Licence fee (companies)	0	0	0	0	718	743	701	737	730	730
5220 Impôts non-périodiques	14	3	1	3	0	563	672	755	895	1 505
Non-recurrent taxes	..	..	..	..	..	0	0	0	0	0
CO2 emission certificates	..	..	..	..	..	563	672	755	895	1 505
5300 Non-ventilables entre 5100 et 5200	0	0	0	0	0	0	0	0	0	0
6000 Autres impôts	**172**	**172**	**160**	**165**	**96**	**100**	**128**	**216**	**252**	**270**
6100 À la charge exclusive des entreprises	0	0	0	0	0	0	0	0	0	0
6200 À la charge d'autres agents	172	172	160	165	96	100	128	216	252	270
Pour mémoire										
Droits de douane perçus pour le compte de l'UE	..	..	3 662	3 394	3 972	4 234	4 251	5 195	5 043	5 018
Contributions au Fonds de résolution unique collectées pour le compte de l'UE	..	..	..	..	..	..	..	1 578	1 710	1 986

	1965	1980	1990	2000	2007	2010	2013	2015	2017	2018
Crédits d'impôts récupérables										
Crédits d'impôts récupérables contre 1110	..	..	..	38 356	43 602	45 475	41 890	41 951	43 440	43 913
Composante fiscale	..	..	..	..	29 499	28 268	26 275	26 817	28 141	29 186
Composante transfert	..	..	..	..	14 104	17 207	15 616	15 134	15 297	14 727
Crédits d'impôts récupérables contre 1210	..	..	..	962	804	802	426	200	24	12
Composante fiscale	..	..	..	..	348	326	172	120	18	12
Composante transfert	..	..	..	..	456	474	254	80	8	0
Recettes fiscales totales sur la base d'encaissements	**74 359**	**287 373**	**454 764**	**767 045**	**881 517**	**911 154**	**1 037 605**	**1 125 844**	**1 230 367**	**1 292 596**
Recettes fiscales totales sur la base des droits constatés	**..**	**..**	**..**	**..**	**884 216**	**911 161**	**1 038 902**	**1 127 631**	**1 232 001**	**1 293 678**
Conciliation avec les comptes nationaux										
Impôts additionnels inclus dans les comptes nationaux	..	..	..	..	2 406	2 067	2 411	2 856	2 646	2 637
Several duties, administrative fees and other revenues	..	..	..	..	2 406	2 067	2 411	2 856	2 646	2 637
Impôt exclus des comptes nationaux	..	..	..	..	0	0	0	0	0	0
Différence dans les traitements des crédits d'impôts	..	..	..	..	12 623	9 230	6 358	5 619	5 654	6 266
Transfert en capital des recettes non collectées	..	..	..	..	0	0	0	0	0	0
Cotisations de sécurité sociale volontaires	..	..	..	..	21 409	5 102	5 352	6 068	7 069	7 415
Différences diverses	..	..	..	..	33 134	34 234	34 083	35 690	44 520	39 264
Comptes nationaux : impôts et cotisations sociales effectives	..	..	..	..	953 788	961 794	1 087 106	1 177 864	1 291 890	1 349 260
Cotisations sociales imputées	..	..	..	..	29 509	32 687	33 506	34 543	37 014	38 031
Comptes nationaux : impôts et toutes les cotisations sociales	..	..	..	..	983 297	994 481	1 120 612	1 212 407	1 328 904	1 387 291

.. Non disponible

Note : Year ending 31st December.

From 2002 data are on accrual basis.

The tax revenues for Germany refer to the old Länder until 1990 and to all Germany beginning in 1991.

Heading 1000: In the years up to 2000, the revenues shown take into account the whole amount of non-wastable tax credits including that part paid out by the tax authorities which should, under the OECD criteria, be treated as expenditure. From 2001, the data necessary to make the adjustment have become available and the revenue figures comply with the OECD criteria from that year. The impact of this change is shown in Table D in Part I of this Report.

Heading for non-wastable tax credits against 1110 comprise child tax credits (paid out of wage tax revenue), tax credits for owner occupied housing (paid out of assessed income tax revenue) and investment tax credits for unincorporated businesses (for investment in former East Germany; paid out of assessed income tax revenue).

Heading for non-wastable tax credits against 1210 are investment tax credits for incorporated businesses (for investment in former East Germany; paid out of corporate income tax revenue).

Source : Finanzbericht, Bonn; Tax Statistics. Unpublished estimates by the Ministry of Finance.

StatLink https://doi.org/10.1787/888934215632

Tableau 5.13. Grèce : recettes fiscales détaillées, 1965-2018

Million EUR

	1965	1980	1990	2000	2007	2010	2013	2015	2017	2018
Recettes fiscales totales	**116**	**1 475**	**11 472**	**47 211**	**73 990**	**72 414**	**64 560**	**64 510**	**69 604**	**71 889**
Recettes fiscales totales excluant les taxes collectés pour le compte de l'UE	**..**	**..**	**11 361**	**46 990**	**73 683**	**72 134**	**64 410**	**64 327**	**69 247**	**71 562**
1000 Impôts sur revenu, bénéfices et gains en capital	**11**	**286**	**2 283**	**12 662**	**17 176**	**15 953**	**14 015**	**14 586**	**15 603**	**16 468**
1100 Des personnes physiques	8	220	1 619	6 127	10 554	9 015	10 780	10 155	11 228	11 550
1110 Sur le revenu et les bénéfices	8	220	1 619	6 102	10 500	8 948	10 698	10 047	11 149	11 427
Personal income tax	..	..	1 414	..	..	..	..	..	..	..
Receipts from previous years	..	..	62	..	..	..	..	..	..	..
Agricultural social security fund	..	..	143	..	..	..	..	..	..	..
1120 Sur les gains en capital	0	0	0	25	54	67	82	108	79	123
1200 Des sociétés	2	56	631	5 625	5 304	5 717	2 071	3 800	3 510	3 998
1210 Sur les bénéfices	2	56	631	5 625	5 304	5 717	2 071	3 800	3 510	3 998
Corporation income tax	2	39	553	..	..	..	..	..	..	..
Receipts from previous years	0	8	33	..	..	..	..	..	..	..
Agricultural social security fund	0	9	46	..	..	..	..	..	..	..
1220 Sur les gains en capital	0	0	0	0	0	0	0	0	0	0
1300 Non-ventilables entre 1100 et 1200	1	10	32	910	1 318	1 221	1 164	631	865	920
Extraordinary taxes	0	10	32	..	..	..	..	..	..	..
Other taxes on income and profits	1	0	0	..	..	..	..	..	..	..
2000 Cotisations de sécurité sociale	**37**	**485**	**3 466**	**14 284**	**24 940**	**24 748**	**19 354**	**18 807**	**20 743**	**21 473**
2100 À la charge des salariés	15	214	1 735	7 629	13 417	13 292	10 881	11 095	12 200	11 887
2110 Sur la base du salaire	..	..	..	..	..	..	..	..	..	..
2120 Sur la base de l'impôt sur les revenus	..	..	..	..	..	..	..	..	..	..
2200 À la charge des employeurs	14	213	1 728	6 655	11 523	11 456	8 473	7 712	8 543	9 586
2210 Sur la base du salaire	..	..	..	..	..	..	..	..	..	..
2220 Sur la base de l'impôt sur les revenus	..	..	..	..	..	..	..	..	..	..
2300 A charge des travailleurs indép. ou sans emploi	0	0	3	0	0	0	0	0	0	0
2310 Sur la base du salaire	..	..	..	..	..	..	..	..	..	..
2320 Sur la base de l'impôt sur les revenus	..	..	..	..	..	..	..	..	..	..
2400 Non-ventilables entre 2100, 2200 et 2300	7	58	0	0	0	0	0	0	0	0
2410 Sur la base du salaire	..	..	..	..	..	..	..	..	..	..
2420 Sur la base de l'impôt sur les revenus	..	..	..	..	..	..	..	..	..	..
3000 Sur salaires ou main d'oeuvre	**1**	**27**	**79**	**0**	**0**	**0**	**0**	**0**	**0**	**0**
4000 Impôts sur le patrimoine	**11**	**68**	**532**	**3 631**	**4 908**	**3 741**	**5 698**	**5 418**	**5 561**	**5 554**
4100 Impôts périodiques sur la propriété immobilière	0	4	22	372	709	553	2 619	3 592	3 654	3 594
4110 Ménages	0	3	22	..	..	..	..	..	..	..
4120 Autres agents	0	1	0	..	..	..	..	..	..	..
Taxes on immovable property	0	0	..	..	..	..	..	..	..	..
4200 Impôts périodiques sur l'actif net	0	0	0	714	1 208	1 272	1 084	1 083	1 167	1 175
4210 Personnes physiques	..	..	..	..	..	..	..	..	..	..
4220 Sociétés	..	..	..	..	..	..	..	..	..	..
4300 Impôts sur mut. par décès, succ. et donations	1	18	141	372	208	165	99	134	154	135
4310 Impôts sur mut. par décès et successions	1	13	85	..	..	..	..	..	..	..
4320 Impôts sur les donations	0	4	55	..	..	..	..	..	..	..
4400 Impôts sur transact. mobilières et immob.	10	44	368	2 035	2 556	1 146	615	547	577	640
Stamp and transaction taxes	10	41	368	2 035	2 556	1 146	615	547	577	640
Receipts from previous years	0	3	0	0	0	0	0	0	0	0
4500 Impôts non-périodiques	0	2	1	27	0	1	0	0	0	0
4510 Sur l'actif net	0	0	0	..	..	..	..	..	..	..
4520 Autres non-périodiques	0	2	1	..	..	..	..	..	..	..
4600 Autres impôts périodiques sur patrimoine	0	0	0	111	227	604	1 281	62	9	10
5000 Impôts sur les biens et services	**57**	**608**	**5 109**	**16 634**	**26 966**	**27 972**	**25 493**	**25 699**	**27 697**	**28 394**
5100 Impôts sur production, vente, transfert, etc.	51	564	4 881	14 797	24 541	25 505	21 536	21 388	23 461	24 670
5110 Impôts généraux	12	194	3 040	9 234	17 020	16 504	13 100	13 077	14 743	15 385
5111 Taxes sur la valeur ajoutée	0	0	2 821	8 927	16 511	15 958	12 593	12 885	14 642	15 288
5112 Impôts sur les ventes	9	185	123	0	0	0	0	0	0	0
5113 Autres impôts	2	9	96	307	509	546	507	192	101	97
Other taxes on goods and services	1	9	34	307	509	546	507	192	101	97
Receipts from previous years	1	0	62	0	0	0	0	0	0	0
5120 Impôts sur biens et services déterminés	39	370	1 789	5 526	7 407	8 922	8 327	8 210	8 582	9 143
5121 Accises	20	165	1 372	4 069	5 876	7 567	6 997	6 929	6 878	7 134
Duty on tobacco products	8	45	357	1 769	2 657	2 712	2 506	2 365	2 028	2 244
Duty on alcohol and spirits	1	7	50	262	334	501	417	393	535	530
Duty on mineral oil	7	75	637	2 016	2 878	4 242	3 894	3 971	4 052	4 052
Duty on sugar	3	6	0	0	0	0	0	0	0	0
Duty on coton and other products	0	30	328	22	7	112	180	200	263	308
5122 Bénéfices des monopoles fiscaux	2	6	0	0	0	0	0	0	0	0

	1965	1980	1990	2000	2007	2010	2013	2015	2017	2018
5123 Droits de douane et droits à l'importation	12	94	112	220	314	279	153	181	266	232
Import duties	11	90	111	220	314	279	153	181	266	232
Agricultural social security fund	1	5	1	0	0	0	0	0	0	0
5124 Taxes à l'exportation	0	1	1	0	0	0	0	0	0	0
5125 Impôts sur biens d'équipement	0	0	0	0	0	0	0	0	0	0
5126 Impôts sur services déterminés	2	47	293	1 237	1 217	1 076	1 177	1 100	1 438	1 777
5127 Autres impôts sur commerce et transact. internat.	0	0	0	0	0	0	0	0	0	0
5128 Autres impôts	4	58	10	0	0	0	0	0	0	0
Agricultural social security fund	2	..	..	..	..	..	..	..	..	..
Other taxes	2	..	..	..	..	..	..	..	..	..
5130 Non-ventilables entre 5110 et 5120	0	0	52	37	114	79	109	101	136	142
5200 Impôts sur utilisation des biens et exerc. activités	6	44	228	1 320	2 169	1 682	2 954	3 217	3 444	3 091
5210 Impôts périodiques	5	24	219	1 320	2 169	1 682	2 954	3 217	3 444	3 091
Motor vehicle tax	5	0	..	..	..	..	..	..	..	..
5211 À la charge des ménages : véhicules à moteur	..	23	210	281	598	825	781	780	795	804
5212 À la charge autres agents : véhicules à moteur	..	0	8	735	1 182	272	120	207	264	272
5213 Autres impôts périodiques	0	1	1	304	389	585	2 053	2 230	2 385	2 015
Taxes on boats/ships	0	0	1	..	..	..	..	..	..	..
5220 Impôts non-périodiques	1	20	9	0	0	0	0	0	0	0
Exceptional tax on construction of buildings	0	..	9	..	..	..	..	..	..	..
Building permits	0	..	0	..	..	..	..	..	..	..
5300 Non-ventilables entre 5100 et 5200	0	0	0	517	256	785	1 003	1 094	792	633
6000 Autres impôts	**0**	**1**	**3**	**0**	**0**	**0**	**0**	**0**	**0**	**0**
6100 À la charge exclusive des entreprises	..	0	0	..	..	..	..	..	..	..
6200 À la charge d'autres agents	..	1	3	..	..	..	..	..	..	..
Pour mémoire										
Droits de douane perçus pour le compte de l'UE	..	..	100	210	307	278	148	181	266	225
Contributions au Fonds de résolution unique collectées pour le compte de l'UE	..	..	..	..	..	..	..	..	89	102
Recettes fiscales totales sur la base d'encaissements	**116**	**1 475**	**11 472**	**45 979**	**72 429**	**73 083**	**62 632**	**63 118**	**67 116**	**70 110**
Recettes fiscales totales sur la base des droits constatés	**..**	**..**	**..**	**47 211**	**73 990**	**72 414**	**64 560**	**64 510**	**69 604**	**71 889**
Conciliation avec les comptes nationaux										
Impôts additionnels inclus dans les comptes nationaux	..	..	..	0	0	0	0	0	0	0
Impôt exclus des comptes nationaux	..	..	..	0	0	0	0	0	0	0
Différence dans les traitements des crédits d'impôts	..	..	..	0	0	0	0	0	0	0
Transfert en capital des recettes non collectées	..	..	..	0	0	0	0	0	0	0
Tax (Employer's actual social contributions)	..	..	..	..	..	..	..	..	..	..
Tax (Employee's actual social contributions)	..	..	..	..	..	..	..	..	..	..
Cotisations de sécurité sociale volontaires	..	..	..	0	0	0	0	0	0	0
Différences diverses	..	..	..	0	0	0	0	0	0	0
Comptes nationaux : impôts et cotisations sociales effectives	..	..	..	47 211	73 990	72 414	64 560	64 510	69 604	71 889
Cotisations sociales imputées	..	..	..	2 055	3 952	4 952	5 101	5 615	5 220	4 825
Comptes nationaux : impôts et toutes les cotisations sociales	..	..	..	49 266	77 942	77 366	69 661	70 125	74 824	76 714

.. Non disponible

Note : Year ending 31st December.

From 1998 data are on accrual basis.

Source : Ministry of Finance, General accounting Office, 20th Directorate of Budget except the heading 2000 provided by the National Statistics Bureau.

StatLink https://doi.org/10.1787/888934215651

Tableau 5.14. Hongrie : recettes fiscales détaillées, 1965-2018

Million HUF

	1965	1980	1990	2000	2007	2010	2013	2015	2017	2018
Recettes fiscales totales	..	..	..	**5 140 924**	**10 115 072**	**10 142 330**	**11 687 770**	**13 531 760**	**14 867 258**	**15 976 928**
Recettes fiscales totales excluant les taxes collectés pour le compte de l'UE	..	..	..	**5 140 924**	**10 071 432**	**10 116 676**	**11 660 552**	**13 492 035**	**14 821 001**	**15 913 497**
1000 Impôts sur revenu, bénéfices et gains en capital	..	..	..	**1 247 420**	**2 539 389**	**2 093 830**	**2 009 010**	**2 425 958**	**2 862 551**	**2 912 179**
1100 Des personnes physiques	..	..	..	954 698	1 838 563	1 764 082	1 604 686	1 824 671	2 088 801	2 340 282
1110 Sur le revenu et les bénéfices	..	..	..	954 698	1 838 563	1 764 082	1 604 686	1 824 671	2 088 801	2 340 282
1120 Sur les gains en capital	..	..	..	0	0	0	0	0	0	0
1200 Des sociétés	..	..	..	292 722	700 826	329 748	404 324	601 287	773 750	571 897
Corporate income tax	..	..	..	292 722	510 781	323 370	322 467	539 777	710 069	506 674
Research and development fund levy	..	..	..	0	0	0	0	0	0	0
Financial institutions' special tax	..	..	..	0	10 890	21 618	27 686	19 902	10 557	5 566
Separate tax for companies	..	..	..	0	178 598	-32 390	0	0	0	0
Medicine tax	..	..	..	0	558	163	111	0	0	0
Energy corporations' special tax	..	..	..	0	0	16 987	54 060	41 608	53 124	59 657
1210 Sur les bénéfices	..	..	..	..	..	..	..	..	..	..
1220 Sur les gains en capital	..	..	..	..	..	..	..	..	..	..
1300 Non-ventilables entre 1100 et 1200	..	..	..	0	0	0	0	0	0	0
Interest withholding	..	..	..	..	..	..	..	..	..	..
2000 Cotisations de sécurité sociale	..	..	..	**1 506 755**	**3 402 194**	**3 179 509**	**3 899 154**	**4 433 464**	**4 822 165**	**5 049 592**
2100 À la charge des salariés	..	..	..	275 323	941 682	1 112 583	1 592 995	1 770 923	2 343 539	2 432 664
Pensions	..	..	..	150 585	336 855	537 556	875 371	969 908	1 189 043	1 335 868
Health	..	..	..	81 874	513 633	467 208	591 224	656 147	802 505	898 485
Unemployment	..	..	..	42 864	91 194	107 819	126 400	144 868	351 991	198 311
2110 Sur la base du salaire	..	..	..	..	..	..	..	..	..	..
2120 Sur la base de l'impôt sur les revenus	..	..	..	..	..	..	..	..	..	..
2200 À la charge des employeurs	..	..	..	1 213 190	2 402 941	2 043 771	2 280 505	2 637 330	2 452 495	2 590 147
Pensions	..	..	..	734 456	1 508 490	1 800 864	2 254 959	2 235 536	1 889 638	2 037 421
Health	..	..	..	385 019	693 705	169 202	25 546	398 618	561 654	551 374
Unemployment	..	..	..	93 715	200 746	73 705	0	3 176	1 203	1 352
2210 Sur la base du salaire	..	..	..	..	..	..	..	..	..	..
2220 Sur la base de l'impôt sur les revenus	..	..	..	..	..	..	..	..	..	..
2300 A charge des travailleurs indép. ou sans emploi	..	..	..	873	2 534	0	0	0	0	0
Pensions: of which	..	..	..	0	0	..	..	..	..	..
Self-employed	..	..	..	0	0	..	..	..	..	..
Unemployed	..	..	..	0	0	..	..	..	..	..
Retired	..	..	..	0	0	..	..	..	..	..
Other	..	..	..	0	0	..	..	..	..	..
Health: of which	..	..	..	873	2 534	..	..	..	..	..
Self-employed	..	..	..	873	2 534	..	..	..	..	..
Unemployed	..	..	..	0	0	..	..	..	..	..
Retired	..	..	..	0	0	..	..	..	..	..
Other	..	..	..	0	0	..	..	..	..	..
2310 Sur la base du salaire	..	..	..	..	..	..	..	..	..	..
2320 Sur la base de l'impôt sur les revenus	..	..	..	..	..	..	..	..	..	..
2400 Non-ventilables entre 2100, 2200 et 2300	..	..	..	17 368	55 037	23 155	25 654	25 211	26 131	26 781
2410 Sur la base du salaire	..	..	..	..	..	..	..	..	..	..
2420 Sur la base de l'impôt sur les revenus	..	..	..	..	..	..	..	..	..	..
3000 Sur salaires ou main d'oeuvre	..	..	..	**183 430**	**82 068**	**113 689**	**206 426**	**241 750**	**340 175**	**410 179**
Rehabilitation contribution	..	..	..	2 184	13 559	56 004	64 400	67 460	80 661	92 654
Training levy	..	..	..	13 186	36 612	47 083	89 348	96 427	121 479	133 590
Wage guarantee contribution	..	..	..	0	0	0	0	0	0	0
Communal tax on enterprises	..	..	..	1 192	1 261	1 170	2	0	0	0
Health contribution	..	..	..	166 869	20 427	0	0	0	0	0
Medicine tax	..	..	..	0	10 209	9 431	9 547	10 283	12 757	11 113
Tax on home-workers	..	..	..	0	0	1	23	29	29	24
Lump sum tax for small taxpayers	..	..	..	0	0	0	31 241	55 409	100 972	127 779
Small business tax	..	..	..	0	0	0	11 865	12 142	24 277	45 019
4000 Impôts sur le patrimoine	..	..	..	**89 024**	**202 711**	**312 059**	**388 824**	**437 329**	**408 876**	**417 804**
4100 Impôts périodiques sur la propriété immobilière	..	..	..	30 810	72 071	92 525	190 249	200 906	218 058	219 132
Land tax	..	..	..	0	0	0	0	0	0	0
Building tax	..	..	..	22 262	54 556	71 025	102 719	111 963	123 130	126 277
Development land tax	..	..	..	3 099	6 900	9 861	19 395	19 102	24 018	23 165
Communal tax on recreational howes	..	..	..	893	1 412	1 515	21	26	8	0
Communal tax on households	..	..	..	4 557	9 069	10 124	13 175	13 451	14 765	14 621
Luxury tax	..	..	..	0	134	0	0	0	0	0
Public utility tax	..	..	..	0	0	0	54 939	55 906	55 042	54 254
Community tax	..	..	..	0	0	0	0	458	1 095	815
4110 Ménages	..	..	..	..	..	..	..	..	..	..

	1965	1980	1990	2000	2007	2010	2013	2015	2017	2018
4120 Autres agents	..	..	..	..	..	..	..	..	..	..
4200 Impôts périodiques sur l'actif net	..	..	..	0	0	135 652	128 560	135 661	51 594	42 591
Surtax payable by financial institutions	..	..	..	..	..	135 652	128 560	135 661	51 594	42 591
4210 Personnes physiques	..	..	..	..	..	..	..	..	..	..
4220 Sociétés	..	..	..	..	..	..	..	..	..	..
4300 Impôts sur mut. par décès, succ. et donations	..	..	..	5 460	13 175	6 264	5 307	7 373	9 393	8 519
4310 Impôts sur mut. par décès et successions	..	..	..	4 020	10 775	4 243	4 097	6 230	8 164	7 313
Inheritance tax-local	..	..	..	2 010	4 658	1 858	0	0	0	0
Inheritance tax-central	..	..	..	2 010	6 117	2 385	4 097	6 230	8 164	7 313
4320 Impôts sur les donations	..	..	..	1 440	2 400	2 021	1 210	1 143	1 229	1 206
Gift tax-local	..	..	..	720	1 038	885	0	0	0	0
Gift tax-central	..	..	..	720	1 363	1 136	1 210	1 143	1 229	1 206
4400 Impôts sur transact. mobilières et immob.	..	..	..	52 754	117 465	77 618	64 708	93 389	129 831	147 562
Property transfer tax-local	..	..	..	26 349	50 783	33 990	0	0	0	0
Property transfer tax-central	..	..	..	26 405	66 682	43 628	64 708	93 389	129 831	147 562
4500 Impôts non-périodiques	..	..	..	0	0	0	0	0	0	0
4510 Sur l'actif net	..	..		..	..	..	..	..	..	..
4520 Autres non-périodiques	..	..	..	..	..	..	..	..	..	..
4600 Autres impôts périodiques sur patrimoine	..	..	..	0	0	0	0	0	0	0
5000 Impôts sur les biens et services	**..**	**..**	**..**	**2 081 439**	**3 832 361**	**4 383 865**	**5 127 520**	**5 936 435**	**6 385 910**	**7 148 811**
5100 Impôts sur production, vente, transfert, etc.	..	..	..	2 052 712	3 751 218	4 272 312	5 002 824	5 798 298	6 236 617	6 986 982
5110 Impôts généraux	..	..	..	1 340 572	2 622 027	3 010 781	3 414 342	4 099 741	4 461 713	5 042 361
5111 Taxes sur la valeur ajoutée	..	..	..	1 153 750	2 013 271	2 325 608	2 693 555	3 309 540	3 626 566	4 129 537
5112 Impôts sur les ventes	..	..	..	0	0	37 795	47 927	50 635	65 133	73 573
Public health product tax	..	..	..	..	..	0	19 090	29 882	34 171	40 727
Hydrocarbons stockholding fee	..	..	..	..	..	37 795	28 837	20 753	30 962	32 846
5113 Autres impôts	..	..	..	186 823	608 756	647 378	672 860	739 566	770 014	839 251
Local tax on company sales	..	..	..	186 823	427 134	443 093	500 868	584 380	638 731	711 276
Simplified business tax	..	..	..	0	152 812	181 880	110 021	89 406	63 641	54 117
Research and development contribution	..	..	..	0	28 810	22 405	61 971	65 780	67 642	73 858
5120 Impôts sur biens et services déterminés	..	..	..	712 140	1 129 192	1 261 531	1 588 482	1 698 557	1 774 904	1 944 621
5121 Accises	..	..	..	533 502	969 730	929 881	992 269	1 119 189	1 157 642	1 270 130
Road fund petrol tax	..	..	..	0	0	0	0	0	0	0
Alcohol production duty	..	..	..	3 848	5 621	3 021	196	8 007	6 803	8 078
Water fund tax	..	..	..	6 017	13 171	14 444	13 164	12 305	12 225	12 701
Forestry fund tax	..	..	..	2 858	3 353	284	0	0	0	0
Environment petrol tax	..	..	..	14 837	19 447	17 274	46 711	65 534	77 792	77 024
Budget excises (central budget)	..	..	..	505 942	916 869	877 778	915 546	1 015 555	1 041 979	1 153 070
Coffee	..	..	..	3 200	0	0	0	0	0	0
Alcohol	..	..	..	53 500	88 600	83 078	85 487	87 369	86 315	104 113
Tobacco	..	..	..	107 000	252 400	251 778	312 509	321 922	294 071	349 483
Petrol	..	..	..	156 000	218 200	216 728	189 755	206 220	221 662	230 138
Diesel	..	..	..	157 000	256 600	293 588	308 736	375 026	411 037	441 366
Other oil	..	..	..	6 000	2 200	2 567	3 451	3 608	3 873	2 617
Other budget excises	..	..	..	30 343	93 442	30 039	15 608	21 410	25 021	25 353
Energy tax	..	..	..	0	11 269	17 080	16 652	17 788	18 843	19 257
5122 Bénéfices des monopoles fiscaux	..	..	..	0	0	0	0	0	0	0
5123 Droits de douane et droits à l'importation	..	..	..	137 730	37 174	33 446	35 307	52 395	57 423	79 130
Customs duties	..	..	..	137 730	37 174	33 446	35 307	52 395	57 423	79 130
5124 Taxes à l'exportation	..	..	..	0	0	0	0	0	0	0
5125 Impôts sur biens d'équipement	..	..	..	0	0	0	0	0	0	0

	1965	1980	1990	2000	2007	2010	2013	2015	2017	2018
5126 Impôts sur services déterminés	..	..	..	40 908	106 629	297 554	507 201	465 479	504 256	567 329
Gambling tax	..	..	..	27 935	71 804	62 718	41 316	44 972	38 066	39 265
Tourism tax	..	..	..	4 379	0	0	0	0	0	0
Communal tourism tax	..	..	..	2 943	4 935	5 798	8 411	10 475	13 602	14 863
Cultural contribution	..	..	..	4 387	8 432	1 096	105	127	93	152
Pork slaughterhouse tax	..	..	..	32	0	0	0	0	0	0
Breeding contribution	..	..	..	899	919	0	0	0	0	0
Medicine tax	..	..	..	0	19 789	28 104	40 496	45 529	45 939	48 676
Surtax payable by financial institutions	..	..	..	0	0	39 611	1 217	4 155	3 957	3 269
Specific sectors' surtax	..	..	..	0	0	151 693	9 815	285	1 112	669
Telecommunication services tax	..	..	..	0	0	0	50 176	54 516	53 609	53 732
Accident tax	..	..	..	0	0	0	23 313	27 694	37 904	43 801
Insurance tax	..	..	..	0	0	4 018	28 088	30 108	35 729	40 010
Financial transaction levy	..	..	..	0	0	0	289 321	205 616	216 337	234 364
Waste dumping contribution	..	..	..	0	0	0	6 639	11 123	12 036	14 648
Advertising tax	..	..	..	0	0	0	0	5 675	4 730	13 903
Protection Fund levies (BEVA)	..	..	..	0	0	1 036	1 000	2 600	10 221	7 545
Protection Fund levies (OBA)	..	..	..	0	0	2 435	7 299	14 391	15 613	15 347
Protection Fund levies (Resolution Fund)	..	..	..	0	0	0	0	7 290	8 712	10 553
Protection Fund levies (SZHTKA)	..	..	..	0	0	0	5	923	1 023	1 159
Protection Fund levies (KA)	..	..	..	0	0	0	0	0	5 573	4 285
Tourism development contribution	..	..	..	0	0	0	0	0	0	21 088
Protection Fund Levies (PGA)	..	..	..	332	750	1 045	0	0	0	0
5127 Autres impôts sur commerce et transact. internat.	..	..	..	0	0	0	0	0	0	0
Previous differential producer's turnover tax	..	..	..	..	..	..	..	..	..	..
5128 Autres impôts	..	..	..	0	15 659	650	53 705	61 494	55 583	28 032
Sugar duty	..	..	..	..	15 659	650	881	765	854	0
Payments by companies in the energy sector (MAVIR)	..	..	..	0	0	0	52 824	60 729	54 729	28 032
5130 Non-ventilables entre 5110 et 5120	..	..	..	0	0	0	0	0	0	0
5200 Impôts sur utilisation des biens et exerc. activités	..	..	..	28 727	81 143	111 553	124 696	138 137	149 293	161 829
5210 Impôts périodiques	..	..	..	25 454	74 268	106 903	121 126	130 238	136 129	149 641
Tax on domestically registered vehicles-local	..	..	..	12 622	62 432	71 112	69 248	73 248	76 361	79 811
Tax on domestically registered vehicles-extra budget	..	..	..	0	0	0	0	0	0	0
Tax on domestically registered vehicles-central	..	..	..	8 250	0	79	0	0	0	0
Tax on foreign registered vehicles extra budget fund	..	..	..	0	0	0	0	0	0	0
Tax on foreign registered vehicles-central	..	..	..	3 078	1 655	1 397	0	0	0	0
Company car tax	..	..	..	0	0	25 867	32 935	31 570	33 339	35 676
5211 À la charge des ménages : véhicules à moteur	..	..	..	0	0	0	0	0	0	0
5212 À la charge autres agents : véhicules à moteur	..	..	..	0	0	0	0	0	0	0
5213 Autres impôts périodiques	..	..	..	1 504	10 181	8 448	18 943	25 420	26 429	34 154
Environmental protection charge	..	..	..	5	13	27	0	0	0	0
Fishing development contribution	..	..	..	40	104	0	0	0	0	0
Environmental pollution charge	..	..	..	0	8 785	7 653	7 861	6 680	5 109	6 303
Air pollution levy	..	..	..	751	610	53	0	0	0	0
Water pollution levy	..	..	..	225	186	0	0	0	0	0
Toxic waste levy	..	..	..	65	42	130	0	0	0	0
Noise abatement levy	..	..	..	13	8	19	0	0	0	0
Unidentified environmental protection levies paid to local governments	..	..	..	404	433	566	521	265	274	193
Sale of emission allowances	..	..	..	0	0	0	10 561	17 479	19 830	26 411
Concession fees (tobacco shops)	..	..	..	0	0	0	0	996	1 216	1 247
5220 Impôts non-périodiques	..	..	..	3 273	6 875	4 650	3 570	7 899	13 164	12 188
Land protection levy	..	..	..	1 640	3 777	2 488	1 881	3 610	8 770	7 555
Vehicle weight fee	..	..	..	805	1 288	820	624	0	0	0
Game protection contribution	..	..	..	178	176	1	0	0	0	0
Casino license fee	..	..	..	650	1 635	1 341	1 065	4 289	4 394	4 633
5300 Non-ventilables entre 5100 et 5200	..	..	..	0	0	0	0	0	0	0
6000 Autres impôts	**..**	**..**	**..**	**32 857**	**56 348**	**59 378**	**56 836**	**56 824**	**47 581**	**38 363**
Unallocable tax penalties	..	..	..	23 546	33 321	36 250	37 507	35 530	24 783	15 565
6100 À la charge exclusive des entreprises	..	..	..	9 311	23 028	23 128	19 329	21 294	22 798	22 798
Nuclear contribution	..	..	..	9 311	22 828	23 128	19 329	21 294	22 798	22 798
Medicine tax	..	..	..	0	200	0	0	0	0	0
6200 À la charge d'autres agents	..	..	..	0	0	0	0	0	0	0
Pour mémoire										
Droits de douane perçus pour le compte de l'UE	..	..	..	..	27 981	25 004	26 337	38 960	45 403	63 431
Recettes fiscales totales sur la base d'encaissements	**..**	**..**	**..**	**5 140 924**	**10 020 734**	**10 137 257**	**11 479 816**	**13 218 609**	**14 412 430**	**15 345 821**
Recettes fiscales totales sur la base des droits constatés	**..**	**..**	**..**	**..**	**10 115 072**	**10 142 330**	**11 687 770**	**13 531 760**	**14 867 258**	**15 976 928**

	1965	1980	1990	2000	2007	2010	2013	2015	2017	2018
Conciliation avec les comptes nationaux										
Impôts additionnels inclus dans les comptes nationaux	..	..	..	..	45 120	49 057	73 565	76 364	73 769	74 070
Social security contributions	..	..	..	..	0	11 675	36 063	40 688	39 324	39 096
Duty for state procedures	..	..	..	..	45 084	37 331	37 417	35 653	34 424	34 954
Other taxes	..	..	..	..	36	51	85	23	21	20
Impôt exclus des comptes nationaux	..	..	..	..	-49 439	-53 707	-51 838	-48 414	-37 311	-28 483
Water fund tax	..	..	..	..	-13 171	-14 444	-13 164	-12 305	-12 225	-12 701
Tax on foreign registered vehicles	..	..	..	..	-1 655	-1 397	0	0	0	0
Environmental protection fee	..	..	..	..	-446	-593	-520	-265	-274	-193
Air pollution levy	..	..	..	..	-610	-53	0	0	0	0
Water pollution levy	..	..	..	..	-186	0	0	0	0	0
Toxic waste levy	..	..	..	..	-42	-130	0	0	0	0
Noise abatement levy	..	..	..	..	-8	-19	0	0	0	0
Vehicle weight fee	..	..	..	..	0	-820	-624	0	0	0
Unallocable tax penalties	..	..	..	..	-33 320	-36 250	-37 507	-35 530	-24 783	-15 565
Tax on home-workers	..	..	..	..	0	-1	-23	-20	-29	-24
Specific sectors' surtax correction	..	..	..	..	0	0	0	-285	0	0
Différence dans les traitements des crédits d'impôts	..	..	..	..	0	0	0	0	0	0
Transfert en capital des recettes non collectées	..	..	..	..	0	0	0	0	0	0
Cotisations de sécurité sociale volontaires	..	..	..	..	1 762	1 693	1 523	1 229	1 163	1 090
Différences diverses	..	..	..	..	-2 687	-28	2	-43	3 130	-866
Inheritance tax	..	..	..	..	0	0	0	0	0	0
Gift tax	..	..	..	..	0	0	0	0	0	0
Property transfer tax	..	..	..	..	0	0	0	0	0	0
Rounding	..	..	..	..	4	-2	2	0	2	0
Taxes on income and profits	..	..	..	..	-2 087	0	0	0	0	0
Corporate income tax	..	..	..	..	0	0	0	0	0	0
Customs duties	..	..	..	..	-603	-26	0	-43	3 128	-866
Vehicle weight fee	..	..	..	..	0	0	0	0	0	0
Environment petrol tax	..	..	..	..	0	0	0	0	0	0
Social security contributions	..	..	..	..	0	0	0	0	0	0
Credit institutions' special tax	..	..	..	..	0	0	0	0	0	0
Comptes nationaux : impôts et cotisations sociales effectives	..	..	..	..	10 109 828	10 139 345	11 711 022	13 560 896	14 908 009	16 022 739
Cotisations sociales imputées	..	..	..	..	21 113	24 841	21 669	28 783	18 618	22 374
Comptes nationaux : impôts et toutes les cotisations sociales	..	..	..	..	10 130 941	10 164 186	11 732 691	13 589 679	14 926 627	16 045 113

.. Non disponible

Note : Year ending 31st December.

For 2002-2018, data are on accrual basis. Preliminary data for 2019 are on a cash basis.

Heading 5121: the aggregate figure for excise tax revenues is on a cash basis. Revenue from specific excises is in several cases reported on an accrual basis.

Tax base for "Environment petrol tax" is broader than petrol only.

Heading 5123: part of environmentally related payments is attributable to Local government. It is not possible to present a more detailed breakdown of these figures.

Source : Ministry of Finance, Economic Department.

StatLink https://doi.org/10.1787/888934215670

Tableau 5.15. Islande : recettes fiscales détaillées, 1965-2018

Million ISK

	1965	1980	1990	2000	2007	2010	2013	2015	2017	2018
Recettes fiscales totales	**60**	**4 731**	**114 932**	**254 556**	**531 760**	**540 276**	**676 142**	**812 002**	**982 792**	**1 037 608**
1000 Impôts sur revenu, bénéfices et gains en capital	**13**	**1 211**	**34 106**	**101 473**	**241 378**	**239 664**	**315 577**	**380 979**	**483 996**	**511 724**
1100 Des personnes physiques	12	1 092	30 908	88 492	180 070	197 318	258 623	297 979	374 437	412 430
1110 Sur le revenu et les bénéfices	..	..	30 908	88 492	180 070	197 318	258 623	297 979	374 437	412 430
1120 Sur les gains en capital	..	..	..	0	0	0	0	0	0	0
1200 Des sociétés	1	119	3 198	8 356	32 555	14 609	40 479	52 544	79 993	67 724
1210 Sur les bénéfices	..	..	3 198	8 356	32 555	14 609	40 479	52 544	79 993	67 724
1220 Sur les gains en capital	..	..	..	0	0	0	0	0	0	0
1300 Non-ventilables entre 1100 et 1200	0	0	0	4 625	28 754	27 737	16 475	30 457	29 566	31 569
2000 Cotisations de sécurité sociale	**5**	**102**	**3 607**	**19 680**	**39 594**	**63 599**	**69 899**	**79 707**	**89 649**	**98 230**
2100 À la charge des salariés	0	0	315	..	..	..	..	..	..	..
2110 Sur la base du salaire	..	..	..	..	..	..	..	..	..	..
2120 Sur la base de l'impôt sur les revenus	..	..	..	..	..	..	..	..	..	..
2200 À la charge des employeurs	5	102	3 292	..	..	..	..	..	..	..
2210 Sur la base du salaire	..	..	..	..	..	..	..	..	..	..
2220 Sur la base de l'impôt sur les revenus	..	..	..	..	..	..	..	..	..	..
2300 A charge des travailleurs indép. ou sans emploi	0	0	0	..	..	..	..	..	..	..
2310 Sur la base du salaire	..	..	..	..	..	..	..	..	..	..
2320 Sur la base de l'impôt sur les revenus	..	..	..	..	..	..	..	..	..	..
2400 Non-ventilables entre 2100, 2200 et 2300	0	0	0	19 680	39 594	63 599	69 899	79 707	89 649	98 230
2410 Sur la base du salaire	..	..	..	19 680	39 594	63 599	69 899	79 707	89 649	98 230
2420 Sur la base de l'impôt sur les revenus	..	..	..	0	0	0	0	0	0	0
3000 Sur salaires ou main d'oeuvre	**1**	**180**	**4 071**	**184**	**1 519**	**2 827**	**6 534**	**6 638**	**7 946**	**8 542**
4000 Impôts sur le patrimoine	**2**	**297**	**9 689**	**19 983**	**32 523**	**38 068**	**46 493**	**43 487**	**53 958**	**56 798**
4100 Impôts périodiques sur la propriété immobilière	1	138	4 131	10 107	20 567	28 542	30 664	34 879	43 364	46 497
4110 Ménages	0	50	1 862	..	..	..	..	..	..	..
4120 Autres agents	1	88	2 269	..	..	..	..	..	..	..
4200 Impôts périodiques sur l'actif net	0	69	2 402	5 173	-8	3 849	8 886	657	346	100
4210 Personnes physiques	..	29	1 476	..	..	..	..	..	..	..
4220 Sociétés	..	40	926	..	..	..	..	..	..	..
4300 Impôts sur mut. par décès, succ. et donations	0	6	235	765	1 663	2 613	2 437	2 919	4 268	4 703
4310 Impôts sur mut. par décès et successions	0	6	235	765	1 663	2 613	2 437	2 919	4 268	4 703
4320 Impôts sur les donations	0	0	0	0	0	0	0	0	0	0
4400 Impôts sur transact. mobilières et immob.	1	84	2 921	3 143	9 484	2 656	3 973	4 327	4 581	4 962
4500 Impôts non-périodiques	0	0	0	113	460	146	233	362	528	470
4510 Sur l'actif net	..	..	..	0	0	0	0	0	0	0
4520 Autres non-périodiques	..	..	..	113	460	146	233	362	528	470
4600 Autres impôts périodiques sur patrimoine	0	0	0	681	356	263	299	343	871	65
5000 Impôts sur les biens et services	**37**	**2 834**	**58 943**	**112 245**	**214 988**	**190 131**	**226 619**	**262 828**	**330 795**	**345 295**
5100 Impôts sur production, vente, transfert, etc.	37	2 778	56 564	100 669	191 957	178 995	215 271	250 095	311 200	324 763
5110 Impôts généraux	10	1 368	37 084	72 667	137 593	122 393	149 828	183 674	233 951	244 624
5111 Taxes sur la valeur ajoutée	0	0	32 698	72 667	137 593	122 393	149 828	183 674	233 951	244 624
5112 Impôts sur les ventes	10	1 368	4 386	0	0	0	0	0	0	0
5113 Autres impôts	0	0	0	0	0	0	0	0	0	0
5120 Impôts sur biens et services déterminés	27	1 410	19 480	28 002	54 364	56 603	65 444	66 421	77 249	80 138
5121 Accises	1	311	2 346	23 585	45 891	46 711	55 171	56 909	67 717	69 524
5122 Bénéfices des monopoles fiscaux	5	263	5 986	0	0	0	0	0	0	0
5123 Droits de douane et droits à l'importation	20	715	9 181	2 702	5 446	5 950	5 815	4 989	3 912	4 118
5124 Taxes à l'exportation	1	2	0	1	0	2	0	0	0	0
5125 Impôts sur biens d'équipement	0	0	0	0	0	0	0	0	0	0
5126 Impôts sur services déterminés	1	69	1 404	1 715	3 026	3 940	4 457	4 523	5 620	6 497
5127 Autres impôts sur commerce et transact. internat.	0	50	563	0	0	0	0	0	0	0
5128 Autres impôts	0	0	0	0	0	0	0	0	0	0
5130 Non-ventilables entre 5110 et 5120	0	0	0	0	0	0	0	0	0	0
5200 Impôts sur utilisation des biens et exerc. activités	1	56	2 379	11 576	23 032	11 135	11 347	12 733	19 595	20 533
5210 Impôts périodiques	1	56	2 379	..	..	..	..	..	..	..
5211 À la charge des ménages : véhicules à moteur	0	10	970	..	..	..	..	..	..	..
5212 À la charge autres agents : véhicules à moteur	0	41	1 331	..	..	..	..	..	..	..
5213 Autres impôts périodiques	0	5	78	..	..	..	..	..	..	..
5220 Impôts non-périodiques	0	0	0	..	..	..	..	..	..	..
5300 Non-ventilables entre 5100 et 5200	0	0	0	0	0	0	0	0	0	0
6000 Autres impôts	**2**	**107**	**4 516**	**991**	**1 758**	**5 988**	**11 020**	**38 364**	**16 448**	**17 019**
6100 À la charge exclusive des entreprises	2	107	4 145	418	628	763	5 255	32 477	10 331	10 414
6200 À la charge d'autres agents	0	0	371	573	1 130	5 225	5 766	5 887	6 117	6 605

	1965	1980	1990	2000	2007	2010	2013	2015	2017	2018
Crédits d'impôts récupérables										
Crédits d'impôts récupérables contre 1110	..	..	..	..	..	..	0	0	0	0
Composante fiscale	..	..	..	..	..	..	0	0	0	0
Composante transfert	..	..	..	..	..	..	0	0	0	0
Crédits d'impôts récupérables contre 1210	..	..	..	..	..	..	1 085	1 304	2 659	3 079
Composante fiscale	..	..	..	..	..	..	148	176	477	572
Composante transfert	..	..	..	..	..	..	937	1 128	2 182	2 507
Recettes fiscales totales sur la base d'encaissements	**60**	**4 731**	**114 932**	**..**	**..**	**..**	**..**	**..**	**..**	**..**
Recettes fiscales totales sur la base des droits constatés	**..**	**..**	**..**	**254 556**	**531 760**	**540 276**	**676 142**	**812 002**	**982 792**	**1 037 608**
Conciliation avec les comptes nationaux										
Impôts additionnels inclus dans les comptes nationaux	..	..	..	0	0	0	0	0	0	0
Impôt exclus des comptes nationaux	..	..	..	-765	-1 663	-2 613	-2 437	-2 919	-4 268	-4 703
Estate and inheritance taxes (4310)	..	..	..	-765	-1 663	-2 613	-2 437	-2 919	-4 268	-4 703
Différence dans les traitements des crédits d'impôts	..	..	..	0	0	0	0	0	0	0
Transfert en capital des recettes non collectées	..	..	..	0	0	0	0	0	0	0
Cotisations de sécurité sociale volontaires	..	..	..	0	0	0	0	0	0	0
Différences diverses	..	..	..	0	0	0	0	0	0	0
Comptes nationaux : impôts et cotisations sociales effectives	..	..	..	253 791	530 097	537 662	673 704	809 084	978 524	1 032 904
Cotisations sociales imputées	..	..	..	0	0	0	0	0	0	0
Comptes nationaux : impôts et toutes les cotisations sociales	..	..	..	253 791	530 097	537 662	673 704	809 084	978 524	1 032 904

.. Non disponible

Note : Year ending 31st December.

From 1998 data are on accrual basis.

Source : Ministry of Finance, Economic Department.

StatLink https://doi.org/10.1787/888934215689

Tableau 5.16. Irlande : recettes fiscales détaillées, 1965-2018

Million EUR

	1965	1980	1990	2000	2007	2010	2013	2015	2017	2018
Recettes fiscales totales	**317**	**4 046**	**12 260**	**33 363**	**60 790**	**46 399**	**51 947**	**61 424**	**67 630**	**73 468**
Recettes fiscales totales excluant les taxes collectés pour le compte de l'UE	..	..	**12 075**	**33 155**	**60 517**	**46 170**	**51 700**	**61 097**	**67 197**	**73 035**
1000 Impôts sur revenu, bénéfices et gains en capital	**82**	**1 478**	**4 662**	**14 551**	**25 364**	**18 617**	**21 298**	**26 599**	**29 601**	**33 291**
1100 Des personnes physiques	53	1 294	4 059	10 650	18 970	14 665	17 020	19 722	21 399	22 889
1110 Sur le revenu et les bénéfices	53	1 286	4 023	9 876	15 872	14 320	16 652	19 053	20 573	21 897
Income tax	66	1 286	4 023	9 876	15 872	14 320	16 652	19 053	20 573	21 897
Surtax	3	0	0	0	0	0	0	0	0	0
Income tax paid by corporations	-17	0	0	0	0	0	0	0	0	0
1120 Sur les gains en capital	0	8	36	774	3 097	345	369	669	826	992
1200 Des sociétés	29	184	603	3 900	6 395	3 945	4 273	6 873	8 198	10 402
1210 Sur les bénéfices	29	184	603	3 900	6 395	3 945	4 273	6 873	8 198	10 402
Corporation profits tax	12	2	0	0	0	0	0	0	0	0
Corporation tax	0	176	603	3 885	6 393	3 944	4 272	6 872	8 197	10 401
Income tax paid by corporation	17	0	0	0	0	0	0	0	0	0
Agricultural produce duty	0	6	0	14	1	1	1	1	1	1
1220 Sur les gains en capital	0	0	0	0	0	0	0	0	0	0
1300 Non-ventilables entre 1100 et 1200	0	0	0	2	0	7	4	4	4	0
2000 Cotisations de sécurité sociale	**21**	**578**	**1 729**	**3 966**	**8 143**	**8 458**	**9 359**	**10 524**	**11 661**	**12 707**
2100 À la charge des salariés	10	190	570	962	1 926	3 195	3 630	3 853	3 963	4 368
2110 Sur la base du salaire	..	..	570	962	1 926	3 195	3 630	3 853	3 963	4 368
2120 Sur la base de l'impôt sur les revenus	..	..	0	0	0	0	0	0	0	0
2200 À la charge des employeurs	10	380	1 092	2 814	5 796	4 932	5 326	6 211	7 177	7 734
2210 Sur la base du salaire	..	..	1 092	2 814	5 796	4 932	5 326	6 211	7 177	7 734
2220 Sur la base de l'impôt sur les revenus	..	..	0	0	0	0	0	0	0	0
2300 A charge des travailleurs indép. ou sans emploi	0	8	67	190	421	331	403	460	522	605
2310 Sur la base du salaire	..	..	67	190	421	331	403	460	522	605
2320 Sur la base de l'impôt sur les revenus	..	..	0	0	0	0	0	0	0	0
2400 Non-ventilables entre 2100, 2200 et 2300	0	0	0	0	0	0	0	0	0	0
2410 Sur la base du salaire	..	..	..	..	..	..	..	..	..	..
2420 Sur la base de l'impôt sur les revenus	..	..	..	..	..	..	..	..	..	..
3000 Sur salaires ou main d'oeuvre	**0**	**9**	**159**	**15**	**411**	**310**	**314**	**357**	**431**	**565**
4000 Impôts sur le patrimoine	**48**	**213**	**569**	**1 902**	**4 789**	**2 389**	**3 632**	**3 918**	**3 852**	**4 278**
4100 Impôts périodiques sur la propriété immobilière	39	139	312	587	1 233	1 322	1 724	1 864	1 856	1 880
4110 Ménages	..	..	..	..	..	..	..	..	..	..
4120 Autres agents	..	..	..	..	..	..	..	..	..	..
4200 Impôts périodiques sur l'actif net	0	1	0	0	0	0	536	169	0	0
4210 Personnes physiques	..	..	..	..	..	..	0	0	0	0
4220 Sociétés	..	..	..	..	..	..	536	169	0	0
4300 Impôts sur mut. par décès, succ. et donations	6	14	48	225	405	235	278	401	448	518
4310 Impôts sur mut. par décès et successions	6	14	45	210	337	192	259	365	417	469
Estate duty	5	..	0	0	0	0	0	0	0	0
Legacy duty	1	..	0	0	0	0	0	0	0	0
Succession duty	0	..	0	0	0	0	0	0	0	0
4320 Impôts sur les donations	0	0	3	15	68	43	20	36	31	50
4400 Impôts sur transact. mobilières et immob.	3	59	209	1 090	3 151	832	1 093	1 484	1 547	1 880
Stamp duty	3	59	209	1 090	3 151	832	1 093	1 484	1 547	1 880
4500 Impôts non-périodiques	0	0	0	0	0	0	0	0	0	0
4510 Sur l'actif net	..	..	..	..	..	..	..	..	..	..
4520 Autres non-périodiques	..	..	..	..	..	..	..	..	..	..
4600 Autres impôts périodiques sur patrimoine	0	0	0	0	0	0	0	0	0	0
5000 Impôts sur les biens et services	**167**	**1 769**	**5 140**	**12 929**	**22 082**	**16 619**	**17 321**	**20 013**	**22 076**	**22 617**
5100 Impôts sur production, vente, transfert, etc.	155	1 741	4 939	12 374	20 982	15 319	15 789	18 036	20 080	20 650
5110 Impôts généraux	18	597	2 500	7 643	14 355	10 067	10 372	11 831	13 060	14 175
5111 Taxes sur la valeur ajoutée	0	597	2 500	7 643	14 355	10 067	10 372	11 831	13 060	14 175
Value added tax	..	597	2 500	7 643	14 355	10 067	10 372	11 831	13 060	14 175
5112 Impôts sur les ventes	18	0	0	0	0	0	0	0	0	0
Turnover tax	18	..	..	..	..	..	..	..	..	..
Wholesale tax	0	..	..	..	..	..	..	..	..	..
5113 Autres impôts	0	0	0	0	0	0	0	0	0	0
5120 Impôts sur biens et services déterminés	137	1 143	2 439	4 731	6 627	5 252	5 417	6 205	7 020	6 475

	1965	1980	1990	2000	2007	2010	2013	2015	2017	2018
5121 Accises	124	1 045	2 084	4 402	6 125	4 859	5 013	5 474	6 163	5 487
Beer	19	192	356	475	459	316	363	418	419	433
Oils	31	330	745	1 491	2 204	2 099	2 035	2 120	2 233	2 154
Spirits	16	148	153	241	363	244	282	313	352	373
Table waters	0	11	23	0	0	0	0	0	0	0
Tobacco	50	187	419	1 035	1 192	1 160	1 064	1 055	1 397	748
Wine, cider, perry	1	18	46	154	297	266	354	414	446	431
Motor vehicle (incl. tyres)	7	148	331	985	1 554	395	459	702	850	872
Others	1	11	11	20	57	379	457	451	467	476
5122 Bénéfices des monopoles fiscaux	0	0	0	0	0	0	0	0	0	0
5123 Droits de douane et droits à l'importation	10	62	147	208	273	229	247	327	334	325
5124 Taxes à l'exportation	0	0	0	0	0	0	0	0	0	0
UE agriculture levies	..	..	0	..	..	..	..	..	..	..
5125 Impôts sur biens d'équipement	0	0	0	0	0	0	0	0	0	0
5126 Impôts sur services déterminés	3	21	171	122	229	164	157	404	523	662
Duty on betting	2	19	37	59	36	30	26	37	52	51
Sweepstakes duty	1	1	0	0	0	0	0	0	0	0
Bank levy	0	0	46	61	66	-70	-23	190	249	422
Other	0	1	88	2	127	204	154	178	221	190
5127 Autres impôts sur commerce et transact. internat.	0	0	0	0	0	0	0	0	0	0
5128 Autres impôts	0	14	37	0	0	0	0	0	0	0
5130 Non-ventilables entre 5110 et 5120	0	0	0	0	0	0	0	0	0	0
5200 Impôts sur utilisation des biens et exerc. activités	11	28	201	555	1 100	1 300	1 532	1 977	1 996	1 967
5210 Impôts périodiques	11	28	201	555	1 100	1 300	1 532	1 977	1 996	1 967
5211 À la charge des ménages : véhicules à moteur	6	14	100	373	723	768	888	904	824	799
5212 À la charge autres agents : véhicules à moteur	5	11	82	124	239	256	284	281	255	245
5213 Autres impôts périodiques	0	3	20	58	138	276	360	792	917	922
5220 Impôts non-périodiques	0	0	0	0	0	0	0	0	0	0
5300 Non-ventilables entre 5100 et 5200	0	0	0	0	0	0	0	0	0	0
6000 Autres impôts	**0**	**0**	**0**	**0**	**0**	**6**	**23**	**12**	**8**	**9**
6100 À la charge exclusive des entreprises	..	..	..	..	..	..	..	..	..	..
6200 À la charge d'autres agents	..	..	..	0	0	6	23	12	8	9
Pour mémoire										
Droits de douane perçus pour le compte de l'UE	..	..	148	208	273	229	247	327	334	325
Contributions au Fonds de résolution unique collectées pour le compte de l'UE	..	..	..	..	..	..	..	..	98	107
Crédits d'impôts récupérables										
Crédits d'impôts récupérables contre 1110	..	..	..	..	843	1 073	816	555	504	472
Composante fiscale	..	..	0	0	843	1 073	816	555	504	472
Composante transfert	..	..	0	0	0	0	0	0	0	0
Recettes fiscales totales sur la base d'encaissements	**317**	**4 046**	**12 260**	**32 997**	**60 836**	**46 609**	**51 979**	**61 393**	**67 835**	**73 466**
Recettes fiscales totales sur la base des droits constatés	**..**	**..**	**..**	**33 363**	**60 790**	**46 399**	**51 947**	**61 424**	**67 630**	**73 468**
Conciliation avec les comptes nationaux										
Impôts additionnels inclus dans les comptes nationaux	..	..	..	0	0	178	178	177	178	182
Impôt exclus des comptes nationaux	..	..	..	0	0	0	0	0	0	0
Différence dans les traitements des crédits d'impôts	..	..	..	0	0	0	0	0	0	0
Transfert en capital des recettes non collectées	..	..	..	0	0	0	0	0	0	0
Cotisations de sécurité sociale volontaires	..	..	..	0	0	0	0	0	0	0
Différences diverses	..	..	..	0	0	0	0	0	0	0
Comptes nationaux : impôts et cotisations sociales effectives	..	..	..	33 363	60 790	46 577	52 125	61 601	67 808	73 650
Cotisations sociales imputées	..	..	..	1 366	2 579	1 053	1 669	1 797	2 247	2 244
Comptes nationaux : impôts et toutes les cotisations sociales	..	..	..	34 729	63 369	47 630	53 795	63 398	70 055	75 894

.. Non disponible

Note : The personal income tax data shown for the country table for Ireland is different to the ESA2010 presentation as the expenditure component of the payable tax credits are excluded in accordance with the OECD Interpretative Guide.

The data for years 1965 to 1973 are on fiscal year basis (commencing on 1st April) and are therefore not strictly comparable with the data for later years, which are on a calendar year basis.

From 1998, data are on accrual basis.

Heading 1200: Capital gains taxes paid by corporations are included in heading 1210.

Heading 2100: Includes contributions by self-employed and certain voluntary contributions.

Heading 2200: Since 1976 income tax paid by corporations and corporation profits tax have been replaced by corporation tax.

Heading 5111: Includes arrears of the wholesale and turnover taxes.

Tax receipts in 1988 were inflated by the success of the new arrangements for assessment and collection of tax.These arrangements included an amnesty for tax arrears paid by 30th September. This amnesty waived penalities and interest charge tax. It resulted in payments of 631 millons of euros spread across the main tax headings.

Source : Annual Report of he Revenue Commissioners, Financial Accounts and National Income and Expenditure Accounts.

StatLink https://doi.org/10.1787/888934215708

Tableau 5.17. Israël : recettes fiscales détaillées, 1965-2018

Million ILS

	1965	1980	1990	2000	2007	2010	2013	2015	2017	2018
Recettes fiscales totales	..	..	..	**188 276**	**251 299**	**268 555**	**325 442**	**364 375**	**413 124**	**411 633**
1000 Impôts sur revenu, bénéfices et gains en capital	..	..	..	**74 551**	**91 530**	**78 265**	**101 481**	**113 966**	**146 949**	**135 001**
1100 Des personnes physiques	..	..	..	54 753	56 434	48 214	57 311	70 885	85 411	84 922
1110 Sur le revenu et les bénéfices	..	..	..	53 698	55 213	47 550	55 881	68 405	79 411	82 022
On wages – deduction at source	..	..	..	45 278	45 515	40 159	46 458	54 087	62 431	65 249
On self employement income – deduction at source	..	..	..	2 655	3 676	3 135	3 891	4 880	5 243	5 772
On self employement income – other	..	..	..	5 764	6 022	4 256	5 532	9 438	11 737	11 001
1120 Sur les gains en capital	..	..	..	1 055	1 221	664	1 430	2 480	6 000	2 900
1200 Des sociétés	..	..	..	18 001	30 210	23 113	36 639	34 676	41 909	42 932
1210 Sur les bénéfices	..	..	..	16 109	27 582	22 291	33 939	33 476	40 049	40 962
Déduction à la source	..	..	..	1 991	2 550	2 271	2 611	3 075	3 309	3 473
In lieu of VAT on the profits of Financial Institutions	..	..	..	1 290	2 200	1 920	2 440	1 910	2 070	2 150
Other	..	..	..	12 828	22 832	18 100	28 888	28 491	34 670	35 339
1220 Sur les gains en capital	..	..	..	1 892	2 628	822	2 700	1 200	1 860	1 970
1300 Non-ventilables entre 1100 et 1200	..	..	..	1 797	4 886	6 938	7 531	8 405	19 629	7 147
Tax deducted at the source on the capital market	..	..	..	1 797	4 886	6 938	7 531	8 405	19 629	7 147
2000 Cotisations de sécurité sociale	..	..	..	**27 565**	**37 909**	**45 343**	**53 364**	**59 561**	**66 783**	**69 016**
2100 À la charge des salariés	..	..	..	15 771	23 093	27 788	31 537	34 692	37 884	39 232
2110 Sur la base du salaire	..	..	..	15 771	23 093	27 788	31 537	34 692	37 884	39 232
2120 Sur la base de l'impôt sur les revenus	..	..	..	0	0	0	0	0	0	0
2200 À la charge des employeurs	..	..	..	8 182	9 960	11 427	15 026	17 247	20 596	20 990
2210 Sur la base du salaire	..	..	..	8 182	9 960	11 427	15 026	17 247	20 596	20 990
2220 Sur la base de l'impôt sur les revenus	..	..	..	0	0	0	0	0	0	0
2300 A charge des travailleurs indép. ou sans emploi	..	..	..	3 612	4 856	6 128	6 802	7 622	8 303	8 794
2310 Sur la base du salaire	..	..	..	3 612	4 856	6 128	6 802	7 622	8 303	8 794
2320 Sur la base de l'impôt sur les revenus	..	..	..	0	0	0	0	0	0	0
2400 Non-ventilables entre 2100, 2200 et 2300	..	..	..	0	0	0	0	0	0	0
2410 Sur la base du salaire	..	..	..	..	..	..	..	..	..	..
2420 Sur la base de l'impôt sur les revenus	..	..	..	..	..	..	..	..	..	..
3000 Sur salaires ou main d'oeuvre	..	..	..	**6 850**	**9 920**	**10 280**	**12 780**	**13 770**	**15 196**	**15 828**
Employers tax on the the non-profit sector other than govt	..	..	..	1 250	1 500	320	390	410	404	502
In lieu of VAT on the wage-bill in the non-profit sector	..	..	..	4 260	6 580	7 650	9 540	10 320	11 203	11 948
In lieu VAT on the wage-bill in Financial Institutions	..	..	..	1 340	1 840	2 310	2 850	3 040	3 589	3 378
4000 Impôts sur le patrimoine	..	..	..	**16 935**	**24 282**	**28 817**	**32 680**	**38 804**	**40 949**	**42 285**
4100 Impôts périodiques sur la propriété immobilière	..	..	..	11 311	16 156	18 768	21 541	23 765	25 296	26 311
Land tax	..	..	..	442	52	48	59	44	21	25
4110 Ménages	..	..	..	0	0	0	0	0	0	0
4120 Autres agents	..	..	..	10 869	16 104	18 720	21 483	23 721	25 275	26 286
4200 Impôts périodiques sur l'actif net	..	..	..	0	0	0	0	0	0	0
4210 Personnes physiques	..	..	..	..	..	..	..	..	..	..
4220 Sociétés	..	..	..	..	..	..	..	..	..	..
4300 Impôts sur mut. par décès, succ. et donations	..	..	..	0	0	0	0	0	0	0
4310 Impôts sur mut. par décès et successions	..	..	..	..	..	..	..	..	..	..
4320 Impôts sur les donations	..	..	..	..	..	..	..	..	..	..
4400 Impôts sur transact. mobilières et immob.	..	..	..	3 181	3 555	4 071	4 532	6 732	6 642	6 660
Transaction tax on the buyer of real estate	..	..	..	1 972	3 084	4 024	4 513	6 731	6 638	6 654
Transaction tax on the seller of real estate	..	..	..	206	404	27	19	1	4	6
Stamp tax	..	..	..	1 003	67	20	0	0	0	0
4500 Impôts non-périodiques	..	..	..	2 443	4 572	5 979	6 607	8 307	9 011	9 314
4510 Sur l'actif net	..	..	..	0	0	0	0	0	0	0
4520 Autres non-périodiques	..	..	..	2 443	4 572	5 979	6 607	8 307	9 011	9 314
Capital gains tax on real estate	..	..	..	2 443	4 572	5 979	6 607	8 307	9 011	9 314
4600 Autres impôts périodiques sur patrimoine	..	..	..	0	0	0	0	0	0	0
5000 Impôts sur les biens et services	..	..	..	**62 375**	**87 658**	**105 850**	**125 137**	**138 274**	**143 247**	**149 503**
5100 Impôts sur production, vente, transfert, etc.	..	..	..	57 887	81 107	98 092	116 335	128 277	133 293	138 931
5110 Impôts généraux	..	..	..	49 876	67 569	79 945	97 357	107 765	110 971	117 251
5111 Taxes sur la valeur ajoutée	..	..	..	39 805	53 982	65 508	81 524	90 824	94 531	99 442
5112 Impôts sur les ventes	..	..	..	10 071	13 587	14 437	15 833	16 941	16 440	17 809
On domestic production	..	..	..	662	287	291	457	450	290	328
On imports	..	..	..	9 409	13 300	14 146	15 376	16 491	16 150	17 481
5113 Autres impôts	..	..	..	0	0	0	0	0	0	0
5120 Impôts sur biens et services déterminés	..	..	..	8 012	13 538	18 147	18 978	20 512	22 322	21 680
5121 Accises	..	..	..	6 595	11 323	15 458	16 680	17 642	19 312	18 895
On domestically refined fuel	..	..	..	5 666	10 590	14 637	15 876	17 008	18 757	18 387
On domestically processed tobacco products	..	..	..	929	733	821	804	634	555	508
5122 Bénéfices des monopoles fiscaux	..	..	..	0	0	0	0	0	0	0
5123 Droits de douane et droits à l'importation	..	..	..	1 417	2 215	2 689	2 298	2 870	3 010	2 785

	1965	1980	1990	2000	2007	2010	2013	2015	2017	2018
5124 Taxes à l'exportation	..	..	..	0	0	0	0	0	0	0
5125 Impôts sur biens d'équipement	..	..	..	0	0	0	0	0	0	0
5126 Impôts sur services déterminés	..	..	..	0	0	0	0	0	0	0
5127 Autres impôts sur commerce et transact. internat.	..	..	..	0	0	0	0	0	0	0
5128 Autres impôts	..	..	..	0	0	0	0	0	0	0
5130 Non-ventilables entre 5110 et 5120	..	..	..	0	0	0	0	0	0	0
5200 Impôts sur utilisation des biens et exerc. activités	..	..	..	4 488	6 551	7 758	8 803	9 997	9 954	10 572
5210 Impôts périodiques	..	..	..	4 488	6 551	7 758	8 803	9 997	9 954	10 572
5211 À la charge des ménages : véhicules à moteur	..	..	..	1 436	1 895	2 274	2 872	3 179	3 623	3 597
5212 À la charge autres agents : véhicules à moteur	..	..	..	479	632	758	957	1 060	1 208	1 199
5213 Autres impôts périodiques	..	..	..	2 574	4 025	4 726	4 973	5 759	5 124	5 775
Licences collected by the Ministry of Transportation	..	..	..	257	535	350	132	196	61	128
Licences collected by the Ministry of Communication	..	..	..	151	0	274	299	338	199	338
Licences collected by other ministries	..	..	..	1 587	2 605	2 990	3 227	3 781	3 320	3 703
Business and professional licences paid locally	..	..	..	528	799	1 011	1 190	1 317	1 406	1 462
Other local authority fees	..	..	..	51	86	101	125	128	138	144
5220 Impôts non-périodiques	..	..	..	0	0	0	0	0	0	0
5300 Non-ventilables entre 5100 et 5200	..	..	..	0	0	0	0	0	0	0
6000 Autres impôts	**..**	**..**	**..**	**0**	**0**	**0**	**0**	**0**	**0**	**0**
6100 À la charge exclusive des entreprises	..	..	..	..	..	..	..	..	..	..
6200 À la charge d'autres agents	..	..	..	..	..	..	..	..	..	..
Crédits d'impôts récupérables										
Crédits d'impôts récupérables contre 1110	..	..	..	..	..	87	911	1 415	1 589	807
Composante fiscale	..	..	..	0	0	3	32	67	0	0
Composante transfert	..	..	..	0	0	84	879	1 348	1 589	807
Crédits d'impôts récupérables contre 1210	..	..	..	0	0	0	0	0	0	0
Composante fiscale	..	..	..	0	0	0	0	0	0	0
Composante transfert	..	..	..	0	0	0	0	0	0	0
Recettes fiscales totales sur la base d'encaissements	**..**	**..**	**..**	**188 276**	**251 299**	**268 555**	**325 442**	**364 375**	**413 124**	**411 633**
Recettes fiscales totales sur la base des droits constatés	**..**	**..**	**..**	**..**	**..**	**..**	**..**	**..**	**..**	**..**
Conciliation avec les comptes nationaux										
Impôts additionnels inclus dans les comptes nationaux	..	..	..	0	0	0	0	0	0	0
Impôt exclus des comptes nationaux	..	..	..	..	..	..	..	..	..	..
Différence dans les traitements des crédits d'impôts	..	..	..	..	..	..	..	..	..	..
Transfert en capital des recettes non collectées	..	..	..	..	..	..	..	..	..	..
Cotisations de sécurité sociale volontaires	..	..	..	..	..	..	..	..	..	..
Différences diverses	..	..	..	..	..	..	..	..	..	..
Comptes nationaux : impôts et cotisations sociales effectives	..	..	..	188 276	251 299	268 555	325 442	364 375	413 124	411 633
Cotisations sociales imputées	..	..	..	6 175	7 134	8 207	9 088	9 185	9 241	9 116
Comptes nationaux : impôts et toutes les cotisations sociales	..	..	..	194 451	258 433	276 762	334 530	373 560	422 364	420 749

.. Non disponible

Note : Year ending 31st December.

Data are on a cash basis.

Source : Israel Central Bureau of Statistics and Israel Ministry of Finance.

StatLink https://doi.org/10.1787/888934215727

Tableau 5.18. Italie : recettes fiscales détaillées, 1965-2018

Million EUR

	1965	1980	1990	2000	2007	2010	2013	2015	2017	2018
Recettes fiscales totales	**5 505**	**60 422**	**265 116**	**503 096**	**671 189**	**671 912**	**706 829**	**711 114**	**727 840**	**739 519**
Recettes fiscales totales excluant les taxes collectés pour le compte de l'UE	..	..	**263 829**	**501 560**	**668 928**	**669 687**	**704 939**	**706 522**	**723 272**	**736 087**
1000 Impôts sur revenu, bénéfices et gains en capital	**982**	**18 821**	**96 707**	**166 912**	**226 498**	**219 547**	**233 294**	**225 934**	**230 819**	**228 901**
1100 Des personnes physiques	603	13 940	69 654	124 918	172 136	180 512	185 996	184 622	187 143	189 298
1110 Sur le revenu et les bénéfices	603	13 796	68 786	124 233	172 122	180 505	185 991	184 619	187 143	189 298
Personal income tax	0	11 538	57 318	121 211	162 644	173 991	175 921	173 007	176 772	179 814
Local income tax paid by households	0	829	4 492	67	0	0	0	0	0	0
Tax on income from investiments (60%)	319	55	15	0	0	0	11	80	54	52
10% Surcharge on income	94	37	5	0	0	0	0	0	0	0
10% proportional surcharge	1	0	0	0	0	0	0	0	0	0
Withholding tax on company dividends paid by households	23	51	496	110	542	393	564	875	1 144	1 158
Law 1177 proportional surcharge (60%)	39	0	1	0	0	0	0	0	0	0
Direct taxes 5% proportional surcharge (60%)	0	8	72	0	0	0	0	0	0	0
Additional Treasury increase (60%)	23	6	1	0	0	0	0	0	0	0
Decree 1132 revenues (60%)	0	0	0	0	0	0	0	0	0	0
Tax on households	65	7	0	0	0	0	0	0	0	0
Rental value tax	2	0	0	0	0	0	0	0	0	0
Driving licence tax	1	0	0	0	0	0	0	0	0	0
Municipal surcharge on buildings (40%)	37	5	0	22	0	0	0	0	0	0
Withholding tax on income from deposits paid by households	0	1 206	6 223	2 823	8 402	5 440	8 994	10 076	8 525	7 488
Direct taxes refund (60%)	0	0	41	0	0	0	0	0	0	0
Other	0	53	123	0	534	681	501	581	648	786
1120 Sur les gains en capital	0	144	867	685	14	7	5	3	0	0
Tax on capital gains on land	..	0	0	0	0	0	0	0	..	..
Municipal capital gains tax on buildings paid by households (60%)	..	144	867	685	14	7	5	3	..	..
1200 Des sociétés	379	4 710	26 605	34 699	50 529	36 740	41 194	33 530	36 103	32 937
1210 Sur les bénéfices	379	4 494	26 027	34 242	50 520	36 736	41 190	33 528	36 095	32 932
Corporation tax	0	1 245	9 042	28 877	47 192	34 841	39 160	31 927	34 578	31 107
Municipal surcharge on buildings (60%)	37	8	0	32	0	0	0	0	0	0
Tax on income from investments (40%)	213	37	10	0	0	0	8	54	36	35
Company franchise and liabilities tax	88	12	2	0	0	0	0	0	0	0
Law 1177 proportional surcharge (40%)	26	0	0	0	0	0	0	0	0	0
Direct taxes 5% proportional surcharge (40%)	0	20	48	0	0	0	0	0	0	0
Decree 1132 revenues (40%)	0	0	0	0	0	0	0	0	0	0
Additional Treasury increase (40%)	15	4	0	0	0	0	0	0	0	0
Withholding tax on company dividends paid by firms	0	77	745	166	0	0	0	0	0	0
Withholding tax on income from deposits paid by firms	0	1 810	9 334	4 235	2 370	605	1 464	759	378	393
Local income tax paid by firms	0	1 245	6 738	100	15	13	12	12	15	14
Direct taxes refund (40%)	0	0	27	0	0	0	0	0	0	0
Other	0	36	82	832	943	1 277	546	776	1 088	1 383
1220 Sur les gains en capital	0	216	578	457	9	4	4	2	8	5
Municipal capital gains tax on buildings paid by firms (40%)	..	216	578	457	9	4	4	2	8	5
1300 Non-ventilables entre 1100 et 1200	0	171	448	7 295	3 833	2 295	6 104	7 782	7 573	6 667
Refunds tax on income	..	-240	-1 768	-5 175	0	0	0	0	0	0
Other	..	412	2 216	12 470	3 833	2 295	6 104	7 782	7 573	6 667
2000 Cotisations de sécurité sociale	**1 881**	**22 976**	**87 256**	**143 629**	**200 772**	**209 122**	**210 462**	**214 376**	**220 624**	**229 607**
2100 À la charge des salariés	..	4 171	16 753	27 333	35 715	37 598	39 284	39 805	40 860	42 708
2110 Sur la base du salaire	..	..	..	27 333	35 715	37 598	39 284	39 805	40 860	42 708
2120 Sur la base de l'impôt sur les revenus	..	..	..	0	0	0	0	0	0	0
2200 À la charge des employeurs	..	17 152	62 540	99 904	137 924	144 281	141 629	143 273	147 309	153 920
2210 Sur la base du salaire	..	..	..	99 904	137 924	144 281	141 629	143 273	147 309	153 920
2220 Sur la base de l'impôt sur les revenus	..	..	..	0	0	0	0	0	0	0
2300 A charge des travailleurs indép. ou sans emploi	..	1 654	7 962	16 392	27 133	27 243	29 549	31 298	32 455	32 979
2310 Sur la base du salaire	..	..	..	16 392	27 133	27 243	29 549	31 298	32 455	32 979
2320 Sur la base de l'impôt sur les revenus	..	..	..	0	0	0	0	0	0	0
2400 Non-ventilables entre 2100, 2200 et 2300	1 881	0	0	0	0	0	0	0	0	0
2410 Sur la base du salaire	..	..	..	..	..	..	..	..	..	..
2420 Sur la base de l'impôt sur les revenus	..	..	..	..	..	..	..	..	..	..
3000 Sur salaires ou main d'oeuvre	**0**	**387**	**890**	**0**	**0**	**0**	**0**	**0**	**0**	**0**
Contributions to GESCAL	..	387	890	..	..	..	..	..	..	..
4000 Impôts sur le patrimoine	**397**	**2 248**	**5 983**	**23 360**	**32 646**	**32 441**	**43 883**	**46 259**	**44 237**	**44 933**

	1965	1980	1990	2000	2007	2010	2013	2015	2017	2018
4100 Impôts périodiques sur la propriété immobilière	96	7	1	9 354	12 778	9 663	20 748	25 558	21 887	21 955
Income tax on landowners	2	0	0	0	0	0	0	0	0	0
Income tax on buildings	12	2	1	0	0	0	0	0	0	0
Income tax on luxury buildings	1	0	0	0	0	0	0	0	0	0
Surcharge on land (provincial)	16	0	0	0	0	0	0	0	0	0
Surcharge on land (municipal)	18	0	0	0	0	0	0	0	0	0
Surcharge on buildings (provincial)	26	2	0	0	0	0	0	0	0	0
Surcharge on buildings (municipal)	21	3	0	0	0	0	0	0	0	0
Municipal real estate tax	0	0	0	9 354	12 778	9 663	20 748	20 798	20 755	20 817
Tax on indivisible services (TASI)	0	0	0	0	0	0	0	4 760	1 132	1 138
4110 Ménages	..	..	..	..	..	..	..	..	..	..
4120 Autres agents	..	..	..	..	..	..	..	..	..	..
4200 Impôts périodiques sur l'actif net	0	0	0	14	1	2 118	2 547	231	355	311
4210 Personnes physiques	..	..	..	5	0	0	0	0	0	0
4220 Sociétés	..	..	..	9	1	2 118	2 547	231	355	311
4300 Impôts sur mut. par décès, succ. et donations	47	128	376	1 005	149	483	622	674	815	820
Inheritance and gift duty	33	119	376	1 005	149	483	622	674	815	820
Estate duty	11	9	0	0	0	0	0	0	0	0
Proportional surcharge and premium	3	0	0	0	0	0	0	0	0	0
4310 Impôts sur mut. par décès et successions	..	..	..	..	..	..	..	..	..	..
4320 Impôts sur les donations	..	..	..	..	..	..	..	..	..	..
4400 Impôts sur transact. mobilières et immob.	255	2 113	5 606	12 320	18 256	17 365	17 092	17 245	17 686	18 847
Registration tax	120	1 048	2 421	6 794	9 410	9 019	7 353	7 625	8 542	9 359
Mortgage taxes and land registry duties	22	190	469	1 067	2 525	2 071	1 841	1 529	1 723	1 657
5% proportional surcharge	6	0	0	0	0	0	0	0	0	0
Additional surcharge	4	0	0	0	0	0	0	0	0	0
Stamp duties and surcharges accruing on cadastral acts	104	751	2 185	4 459	6 321	6 275	7 898	7 600	6 969	7 376
Other	0	123	530	0	0	0	0	491	452	455
4500 Impôts non-périodiques	0	0	0	98	151	916	985	309	1 155	442
4510 Sur l'actif net	..	..	..	0	0	0	0	0	0	0
4520 Autres non-périodiques	..	..	..	98	151	916	985	309	1 155	442
4600 Autres impôts périodiques sur patrimoine	0	0	0	569	1 311	1 896	1 889	2 242	2 339	2 558
5000 Impôts sur les biens et services	**2 173**	**15 990**	**74 280**	**141 852**	**171 869**	**178 863**	**187 210**	**196 473**	**209 911**	**212 129**
5100 Impôts sur production, vente, transfert, etc.	2 037	15 251	67 083	127 281	155 191	160 775	164 597	174 443	184 318	184 748
Direct taxes refund	0	-73	-86	0	0	0	0	0	0	0
5110 Impôts généraux	710	9 438	38 940	77 473	95 623	97 586	93 921	100 692	107 576	109 333
5111 Taxes sur la valeur ajoutée	0	9 438	38 940	77 473	95 623	97 586	93 921	100 692	107 576	109 333
VAT	..	9 438	38 940	77 473	95 623	97 586	93 921	100 692	107 576	109 333
5112 Impôts sur les ventes	0	0	0	0	0	0	0	0	0	0
5113 Autres impôts	710	0	0	0	0	0	0	0	0	0
General tax on receipts	662	..	..	..	..	..	..	..	..	..
Compensation tax on imported products	48	..	..	..	..	..	..	..	..	..
5120 Impôts sur biens et services déterminés	1 327	5 886	28 048	49 808	59 568	63 189	70 676	73 751	76 742	75 415
5121 Accises	816	4 088	20 304	31 479	32 904	36 414	45 720	46 238	47 610	47 088
Duty on mineral oils	465	3 462	15 928	22 172	23 252	22 884	26 332	25 759	26 160	25 947
Duty on spirits	27	87	206	486	595	570	571	600	649	679
Duty on beer	12	54	172	242	489	476	532	633	693	818
Duty on sugars	22	25	68	120	0	5	10	5	5	-8
Duty on electricity	20	51	2 018	3 079	3 034	7 152	13 542	15 246	15 558	15 069
Duty on bananas	9	53	97	0	0	0	0	0	0	0
Duty on coffee	31	60	74	0	0	0	0	0	0	0
Duty on cocoa	3	4	7	0	0	0	0	0	0	0
Duty on olive oil	0	0	0	0	0	0	0	0	0	0
Other duty	44	190	1 037	5 201	5 385	5 268	4 659	3 898	4 519	4 556
Alcohol, spirits, liquor	5	0	0	0	0	0	0	0	0	0
On matches and flints	13	22	47	0	0	0	0	0	0	0
Meat	26	0	0	0	0	0	0	0	0	0
In-bond surcharge	0	81	650	174	143	54	67	90	19	20
Combustible materials	39	0	0	0	0	0	0	0	0	0
Construction materials	30	0	0	0	0	0	0	0	0	0
Excise duty on sound and video	3	0	0	0	0	0	0	0	0	0
Tax on phonograph records	1	0	0	0	0	0	0	0	0	0
Stamp duty on playing cards	1	0	0	0	0	0	0	0	0	0
Other	66	0	0	5	6	5	7	7	7	7
5122 Bénéfices des monopoles fiscaux	303	1 033	3 248	7 718	10 440	10 983	10 683	10 711	10 524	10 601
Duty on tobacco	292	1 033	3 248	7 712	10 436	10 978	10 679	10 710	10 523	10 600
On salt	10	0	0	0	0	0	0	0	0	0
Duty on products of Monopoli di Stato	1	0	0	6	4	5	4	1	1	1

	1965	1980	1990	2000	2007	2010	2013	2015	2017	2018
5123 Droits de douane et droits à l'importation	142	261	1 164	1 536	2 261	2 225	1 890	2 246	2 295	2 295
Common Customs tariff (CEE)	0	0	836	1 536	2 261	2 225	1 890	2 246	2 295	2 295
Customs and shipping duties	115	14	0	0	0	0	0	0	0	0
Administrative services duties	11	0	0	0	0	0	0	0	0	0
Tax on agriculture	15	228	207	0	0	0	0	0	0	0
Other duties	0	9	68	0	0	0	0	0	0	0
Compensatory amounts	0	9	53	0	0	0	0	0	0	0
5124 Taxes à l'exportation	0	0	0	0	0	0	0	0	0	0
5125 Impôts sur biens d'équipement	0	0	0	0	0	0	0	0	0	0
5126 Impôts sur services déterminés	67	483	3 141	9 029	13 932	13 567	12 383	14 556	16 313	15 431
Entertainment tax	20	59	167	118	68	58	42	40	42	34
Stamp duty	6	0	0	0	0	0	0	0	0	0
Tax on advertisements	6	56	168	389	392	384	424	405	452	456
Tax on lotto, lotteries, betting and Totocalcio game	3	123	617	4 164	7 144	7 983	7 088	7 488	9 240	9 350
Casino takings, special duties, etc.	0	0	0	158	152	192	130	112	125	114
Single tax on games of skill and betting-levied indirectly	9	74	476	487	405	242	85	116	123	143
Aerotaxi passengers tax	0	0	0	0	0	0	7	8	10	11
Local tax (including insurance)	23	171	1 714	3 713	5 771	4 708	4 607	3 835	4 048	4 186
Bank levy for the National Resolution Fund	..	..	..	..	..	..	..	2 552	2 273	1 137
5127 Autres impôts sur commerce et transact. internat.	0	0	0	0	0	0	0	0	0	0
Special Duty on foreign payments and currency selling	..	..	..	..	..	..	..	..	..	..
5128 Autres impôts	0	21	192	46	31	0	0	0	0	0
ECSC taxes and contributions on sugar and other levies	..	21	121	0	0	..	..	..	..	..
Other	..	0	70	46	31	..	..	..	..	..
Bank cont. to the unique European Resolution Fund	..	0	0	0	0	..	..	..	..	..
5130 Non-ventilables entre 5110 et 5120	0	0	180	0	0	0	0	0	0	0
5200 Impôts sur utilisation des biens et exerc. activités	136	456	4 474	8 479	10 550	10 531	11 352	11 130	13 144	14 462
5210 Impôts périodiques	136	456	4 474	8 479	10 550	1 155	1 359	1 653	1 801	1 873
Public motor vehicle register tax	64	152	967	1 034	1 326	1 155	1 359	1 653	1 801	1 873
Tax on vehicles 5% proportional surcharge	3	13	450	0	0	0	0	0	0	0
Surcharge on diesel cars	0	66	683	0	0	0	0	0	0	0
Surcharge on gas cars	0	0	171	0	0	0	0	0	0	0
5211 À la charge des ménages : véhicules à moteur	..	..	..	3 433	4 652	4 628	4 487	4 710	5 190	5 429
5212 À la charge autres agents : véhicules à moteur	..	..	..	1 006	1 332	1 300	1 395	1 446	1 356	1 429
Motor vehicle duty paid by firms	..	..	..	1 006	1 332	1 300	1 395	1 446	1 356	1 429
5213 Autres impôts périodiques	67	225	2 203	3 006	3 240	3 448	4 111	3 321	4 797	5 731
Law 1177 proportional surcharge	22	0	0	0	0	0	0	0	0	0
Taxes on signs	2	4	0	0	0	0	0	0	0	0
Tax on dog tags	0	7	12	0	0	0	0	0	0	0
Tax on hunting and fishing	0	0	0	0	0	0	0	0	0	0
Duty on official franchises	43	215	2 191	3 006	3 240	3 448	4 111	3 321	2 855	3 809
Television tax (households)	0	0	0	0	0	0	0	0	1 942	1 922
5220 Impôts non-périodiques	0	0	0	0	0	0	0	0	0	0
Motor vehicles, airplanes	..	..	..	..	..	..	..	..	..	..
Pro-Friuli tax on vehicles	..	..	..	..	..	..	..	..	..	..
5300 Non-ventilables entre 5100 et 5200	0	283	2 724	6 092	6 128	7 557	11 261	10 900	12 449	12 919
Indirect taxes refund	..	0	160	288	616	693	477	715	653	954
Other	..	283	2 564	5 804	5 512	6 864	10 784	10 185	11 796	11 965
6000 Autres impôts	**72**	**0**	**0**	**27 343**	**39 404**	**31 939**	**31 980**	**28 072**	**22 249**	**23 949**
6100 À la charge exclusive des entreprises	0	..	..	27 343	39 404	31 939	31 980	28 072	22 249	23 949
6200 À la charge d'autres agents	72	..	..	0	0	0	0	0	0	0
Capital levies	2	..	..	..	..	..	..	..	..	..
Other taxes	71	..	..	..	..	..	..	..	..	..
Pour mémoire										
Droits de douane perçus pour le compte de l'UE	..	..	836	1 536	2 261	2 225	1 890	2 246	2 295	2 295
Contributions au Fonds de résolution unique collectées pour le compte de l'UE	..	..	..	..	..	..	..	2 346	2 273	1 137
Crédits d'impôts récupérables										
Crédits d'impôts récupérables contre 1110	..	..	..	..	0	0	357	9 793	10 276	10 303
Composante fiscale	..	..	..	..	..	-109	206	8 615	9 075	9 142
Composante transfert	..	..	..	..	..	109	151	1 178	1 201	1 162
Crédits d'impôts récupérables contre 1210	..	..	..	..	0	0	2 401	4 866	5 935	1 451
Composante fiscale	..	..	..	..	..	0	0	0	0	0
Composante transfert	..	..	..	..	..	0	2 401	4 866	5 935	1 451
Recettes fiscales totales sur la base d'encaissements	**5 505**	**60 422**	**265 116**	**488 738**	**653 836**	**659 704**	**689 299**	**711 837**	**722 719**	**734 307**
Recettes fiscales totales sur la base des droits constatés	**..**	**..**	**..**	**503 096**	**671 189**	**671 912**	**706 829**	**711 114**	**727 840**	**739 519**

	1965	1980	1990	2000	2007	2010	2013	2015	2017	2018
Conciliation avec les comptes nationaux										
Impôts additionnels inclus dans les comptes nationaux	..	..	..	0	0	0	0	0	0	0
Impôt exclus des comptes nationaux	..	..	..	-5 416	-5 470	-6 538	-9 786	-9 801	-10 576	-10 740
The tax for the urban solid waste disposal (TARSU)	..	..	..	-4 387	-4 443	-5 519	-8 363	-8 519	-9 188	-9 296
Other	..	..	..	-1 029	-1 027	-1 019	-1 423	-1 282	-1 388	-1 444
Différence dans les traitements des crédits d'impôts	..	..	..	0	0	-109	206	8 615	9 075	9 142
Transfert en capital des recettes non collectées	..	..	..	0	0	0	0	0	0	0
Cotisations de sécurité sociale volontaires	..	..	..	464	567	561	738	750	769	790
Différences diverses	..	..	..	0	0	0	0	0	0	0
Comptes nationaux : impôts et cotisations sociales effectives	..	..	..	498 144	666 286	665 826	697 987	710 678	727 108	738 711
Cotisations sociales imputées	..	..	..	3 884	3 980	3 984	4 093	3 938	4 121	4 055
Comptes nationaux : impôts et toutes les cotisations sociales	..	..	..	502 028	670 266	669 810	702 080	714 616	731 229	742 766

.. Non disponible

Note : The tax year ends in December 31th.

As from 2000, revenues data are computed on accrual basis.

As from 1997, revenues data are based on data provided to the European Union as for the Treaty of Maastricht excessive deficit procedure.

Section 6000: Regional Tax on Productive Activities (IRAP); it is a tax on the value of production therefore its taxable base is different from other groups tax bases.

Regarding the section "Taxes excluded National Accounts" the item "Others" includes: tax on the public areas utilization and tax on the collection and disposal of waste water.

Source : Ministero dell'economia e delle finanze; Istituto nazionale di statistica.

StatLink https://doi.org/10.1787/888934215746

Tableau 5.19. Japon : recettes fiscales détaillées, 1965-2018

Billion JPY

	1965	1980	1990	2000	2007	2010	2013	2015	2017	2018
Recettes fiscales totales	**6 172**	**62 443**	**130 843**	**136 236**	**146 248**	**132 484**	**146 405**	**163 533**	**171 806**	**175 564**
1000 Impôts sur revenu, bénéfices et gains en capital	**2 708**	**28 800**	**65 682**	**47 398**	**53 174**	**40 034**	**47 534**	**50 969**	**52 658**	**56 083**
1100 Des personnes physiques	1 338	15 180	36 394	28 677	28 600	24 663	28 150	30 847	32 325	33 492
1110 Sur le revenu et les bénéfices	1 338	15 180	36 394	28 677	28 600	24 663	28 150	30 847	32 325	33 492
Income tax	970	10 800	25 996	18 789	16 080	12 984	15 865	18 178	19 276	20 316
Prefectural inhabitants tax	123	1 415	3 675	3 621	5 008	4 699	5 090	5 252	5 376	4 863
Municipal inhabitants tax	220	2 890	6 475	6 044	7 294	6 795	7 015	7 224	7 471	8 106
Enterprise tax	25	75	249	223	218	184	181	194	203	207
1120 Sur les gains en capital	0	0	0	0	0	0	0	0	0	0
1200 Des sociétés	1 370	13 620	29 288	18 721	24 573	15 372	19 384	20 122	20 333	22 591
1210 Sur les bénéfices	1 370	13 620	29 288	18 721	24 573	15 372	19 384	20 122	20 333	22 591
Corporation tax	927	8 923	18 384	11 747	14 744	8 968	11 698	10 832	11 995	12 318
Prefectural inhabitants tax	53	557	1 414	879	1 206	777	854	859	762	835
Municipal inhabitants tax	85	1 297	3 198	2 176	3 015	1 954	2 157	2 324	2 224	2 427
Enterprise tax	305	2 843	6 293	3 918	5 608	2 253	2 674	3 510	3 991	4 243
Local special corporate tax	0	0	0	0	0	1 420	2 001	2 081	1 858	2 088
Local corporate tax	0	0	0	0	0	0	0	516	654	681
1220 Sur les gains en capital	0	0	0	0	0	0	0	0	0	0
1300 Non-ventilables entre 1100 et 1200	0	0	0	0	0	0	0	0	0	0
2000 Cotisations de sécurité sociale	**1 344**	**18 178**	**34 613**	**47 968**	**53 325**	**54 461**	**59 803**	**64 465**	**68 616**	**70 588**
2100 À la charge des salariés	446	6 393	13 895	19 830	21 975	23 593	25 984	28 224	32 578	33 656
2110 Sur la base du salaire	..	..	13 895	19 830	21 975	23 593	25 984	28 224	32 578	33 656
2120 Sur la base de l'impôt sur les revenus	..	..	0	0	0	0	0	0	0	0
2200 À la charge des employeurs	588	9 267	16 649	22 456	24 243	24 674	27 143	29 479	31 648	32 664
2210 Sur la base du salaire	..	..	16 649	22 456	24 243	24 674	27 143	29 479	31 648	32 664
2220 Sur la base de l'impôt sur les revenus	..	..	0	0	0	0	0	0	0	0
2300 A charge des travailleurs indép. ou sans emploi	107	2 518	4 069	5 683	7 108	6 194	6 676	6 763	4 390	4 268
2310 Sur la base du salaire	..	..	4 069	5 683	7 108	6 194	6 676	6 763	4 390	4 268
2320 Sur la base de l'impôt sur les revenus	..	..	0	0	0	0	0	0	0	0
2400 Non-ventilables entre 2100, 2200 et 2300	203	0	0	0	0	0	0	0	0	0
2410 Sur la base du salaire	..	..	..	..	..	..	..	..	..	..
2420 Sur la base de l'impôt sur les revenus	..	..	..	..	..	..	..	..	..	..
3000 Sur salaires ou main d'oeuvre	**0**	**0**	**0**	**0**	**0**	**0**	**0**	**0**	**0**	**0**
4000 Impôts sur le patrimoine	**498**	**5 114**	**12 296**	**14 294**	**13 138**	**12 878**	**12 940**	**13 400**	**14 073**	**14 196**
4100 Impôts périodiques sur la propriété immobilière	319	3 326	7 099	10 414	9 949	10 225	9 882	10 005	10 323	10 386
Prefectural property tax	4	8	15	11	14	5	2	2	4	11
Municipal property tax	296	2 784	6 023	9 041	8 729	8 961	8 653	8 755	9 025	9 083
City planning tax	19	469	942	1 318	1 202	1 256	1 227	1 244	1 277	1 291
Special landholding tax	0	65	118	43	4	3	1	3	1	0
Water and land utilization tax	0	0	0	0	0	0	0	0	0	0
Land value tax	0	0	0	1	0	0	0	0	0	0
4110 Ménages	..	..	..	..	..	..	..	..	..	..
4120 Autres agents	..	..	..	..	..	..	..	..	..	..
4200 Impôts périodiques sur l'actif net	0	0	0	0	0	0	0	0	0	0
4210 Personnes physiques	..	..	..	..	..	..	..	..	..	..
4220 Sociétés	..	..	..	..	..	..	..	..	..	..
4300 Impôts sur mut. par décès, succ. et donations	44	441	1 918	1 782	1 503	1 250	1 574	1 968	2 292	2 333
4310 Impôts sur mut. par décès et successions	34	375	..	..	..	..	..	..	..	..
Inheritance tax	34	375	..	..	..	..	..	..	..	..
4320 Impôts sur les donations	10	65	..	..	..	..	..	..	..	..
Tax on gifts	10	65	..	..	..	..	..	..	..	..
4400 Impôts sur transact. mobilières et immob.	135	1 347	3 280	2 099	1 686	1 403	1 483	1 426	1 458	1 477
Bourse tax	3	15	41	0	0	0	0	0	0	0
Securities transaction	8	209	748	0	0	0	0	0	0	0
Bank of Japan note issue tax	0	0	0	0	0	0	0	0	0	0
Stamp revenues	83	841	1 894	1 532	1 202	1 024	1 126	1 050	1 052	1 073
Real property acquisition tax	41	282	596	567	485	379	357	377	407	404
4500 Impôts non-périodiques	0	0	0	0	0	0	0	0	0	0
4510 Sur l'actif net	..	..	..	..	..	..	..	..	..	..
4520 Autres non-périodiques	..	..	..	..	..	..	..	..	..	..
4600 Autres impôts périodiques sur patrimoine	0	0	0	0	0	0	0	0	0	0
5000 Impôts sur les biens et services	**1 620**	**10 200**	**17 917**	**26 227**	**26 256**	**24 730**	**25 744**	**34 286**	**36 031**	**34 252**
5100 Impôts sur production, vente, transfert, etc.	1 544	8 822	15 647	23 180	23 241	22 160	23 313	31 871	33 582	31 754
5110 Impôts généraux	0	0	5 778	12 350	12 841	12 675	13 479	22 400	22 249	22 496
5111 Taxes sur la valeur ajoutée	..	..	5 778	12 350	12 841	12 675	13 479	22 400	22 249	22 496
5112 Impôts sur les ventes	..	..	0	0	0	0	0	0	0	0
5113 Autres impôts	..	..	0	0	0	0	0	0	0	0
5120 Impôts sur biens et services déterminés	1 544	8 822	9 868	10 830	10 400	9 485	9 834	9 470	11 333	9 258

	1965	1980	1990	2000	2007	2010	2013	2015	2017	2018
5121 Accises	1 062	6 674	8 637	9 837	9 374	8 622	8 728	8 351	10 241	8 121
Liquor tax	353	1 424	1 935	1 816	1 524	1 389	1 371	1 338	1 304	1 275
Sugar excises	29	43	0	0	0	0	0	0	0	0
Local gasoline tax	46	278	361	296	302	294	275	264	256	251
Gasoline tax	254	1 547	2 007	2 769	2 820	2 750	2 574	2 465	2 396	2 348
Liquefied petroleum gas tax	0	30	31	28	27	24	21	18	17	15
Aviation fuel tax	0	58	76	104	104	89	67	66	67	68
Commodity tax	138	1 038	5	0	0	0	0	0	0	0
Playing-card tax	1	1	0	0	0	0	0	0	0	0
Prefectural tobacco tax	44	229	361	282	278	256	173	153	141	139
Municipal tobacco tax	73	402	636	865	853	788	983	936	862	850
Timber delivery tax	3	3	0	0	0	0	0	0	0	0
Mineral product tax	2	5	3	2	2	2	2	2	2	2
Electricity and gas tax	54	386	0	0	0	0	0	0	0	0
Diesel oil tax	65	447	834	1 208	1 034	918	943	925	949	958
Vehicle acquisition tax	0	270	613	464	425	192	193	137	190	198
Promotion of power resources development tax	0	109	295	375	352	349	328	316	326	322
Petroleum and coal tax	0	404	487	489	513	502	600	630	691	701
Tobacco tax	0	0	996	876	925	908	1 038	954	864	861
Special tobacco tax	0	0	0	264	214	163	161	148	134	125
International tourist tax	..	..	0	0	0	0	0	0	0	7
5122 Bénéfices des monopoles fiscaux	179	808	0	0	0	0	0	0	0	0
Monopoly profits	179	808	..	..	..	..	..	..	..	..
5123 Droits de douane et droits à l'importation	222	786	928	877	941	786	1 034	1 049	1 024	1 071
Customs duty	222	786	928	877	941	786	1 034	1 049	1 024	1 071
5124 Taxes à l'exportation	0	0	0	0	0	0	0	0	0	0
5125 Impôts sur biens d'équipement	0	0	0	0	0	0	0	0	0	0
5126 Impôts sur services déterminés	81	554	303	116	85	77	71	70	67	66
Travel tax	4	64	0	0	0	0	0	0	0	0
Admission tax	10	5	0	0	0	0	0	0	0	0
Local entertainment tax	10	74	0	0	0	0	0	0	0	0
Golf course utilization tax	0	0	90	81	60	55	49	48	45	43
Meal and lodging tax	56	398	0	0	0	0	0	0	0	0
Special local consumption tax	0	0	195	12	0	0	0	0	0	0
Bathing tax	1	13	18	23	25	22	22	23	23	22
5127 Autres impôts sur commerce et transact. internat.	0	0	0	0	0	0	0	0	0	0
5128 Autres impôts	0	0	0	0	0	0	0	0	0	0
5130 Non-ventilables entre 5110 et 5120	0	0	0	0	0	0	0	0	0	0
5200 Impôts sur utilisation des biens et exerc. activités	76	1 378	2 270	3 047	3 015	2 570	2 431	2 416	2 450	2 498
5210 Impôts périodiques	69	1 358	2 250	3 027	2 993	2 548	2 409	2 393	2 427	2 475
Automobile tax	55	781	1 276	1 765	1 717	1 616	1 574	1 543	1 541	1 550
Light vehicle tax	13	43	88	125	164	178	189	200	249	258
Motor vehicle tonnage tax	0	527	881	1 134	1 110	753	643	649	637	665
Hunter licence tax	0	3	2	2	0	0	0	0	0	0
Hunting tax	0	3	2	1	2	2	2	1	1	1
Mine lot tax	1	1	1	1	0	0	0	0	0	0
5211 À la charge des ménages : véhicules à moteur	..	..	..	..	..	..	..	..	..	..
5212 À la charge autres agents : véhicules à moteur	..	..	..	..	..	..	..	..	..	..
5213 Autres impôts périodiques	..	..	..	..	..	..	..	..	..	..
5220 Impôts non-périodiques	7	20	20	20	22	21	22	22	22	23
5300 Non-ventilables entre 5100 et 5200	0	0	0	0	0	0	0	0	0	0
6000 Autres impôts	**2**	**151**	**335**	**348**	**356**	**381**	**384**	**413**	**427**	**445**
6100 À la charge exclusive des entreprises	0	139	288	324	313	330	348	361	371	378
Business office tax	..	139	288	324	313	330	348	361	371	378
6200 À la charge d'autres agents	2	12	47	24	43	52	36	52	56	67
Taxes not in local tax law	2	12	47	24	43	52	36	52	56	65
Other	0	0	0	0	0	0	0	0	0	2
Recettes fiscales totales sur la base d'encaissements	**6 172**	**62 443**	**..**	**..**	**..**	**..**	**..**	**..**	**..**	**..**
Recettes fiscales totales sur la base des droits constatés	**..**	**..**	**130 843**	**136 236**	**146 248**	**132 484**	**146 405**	**163 533**	**171 806**	**175 564**
Conciliation avec les comptes nationaux										
Impôts additionnels inclus dans les comptes nationaux	..	..	..	..	..	..	..	..	..	..
Impôt exclus des comptes nationaux	..	..	..	..	..	..	..	..	..	..
Différence dans les traitements des crédits d'impôts	..	..	..	..	..	..	..	..	..	..
Transfert en capital des recettes non collectées	..	..	..	..	..	..	..	..	..	..
Cotisations de sécurité sociale volontaires	..	..	..	..	..	..	..	..	..	..
Différences diverses	..	..	..	..	..	..	..	..	..	..
Comptes nationaux : impôts et cotisations sociales effectives	..	..	..	..	..	..	..	..	..	..
Cotisations sociales imputées	..	..	..	..	..	..	..	..	..	..
Comptes nationaux : impôts et toutes les cotisations	..	..	..	..	..	..	..	..	..	..

	1965	1980	1990	2000	2007	2010	2013	2015	2017	2018
sociales										

.. Non disponible

Note : Data are on a fiscal year basis beginning 1st April.

From 1990, data are on accrual basis.

The figures for different groups of taxes are reported on different reporting bases, namely: Social security contributions (heading 2000) : in principle accrual basis, Central government taxes : accrual basis (revenues accrued during the fiscal year plus cash receipts collected before the end of May (the end of April until 1977), Local government taxes : accrual basis (due to be paid during the fiscal year and cash receipts collected before the end of May).

The Japanese authorities take the view that the Enterprise tax (classified in 1100 and 1200) and the Mineral product tax (classified in 5121) should be classified in heading 6000 since under articles 72 and 519 of the Local Tax Law these taxes are regarded as levies on the business or mining activity itself.

Heading 2000 includes some unidentifiable voluntary contributions.

Heading 2300: Includes contibutions to the National pension, National Health Insurance and the Farmer's pension fund. Contributions to the Farmer's pension fund are not available for the years before 1999.

Heading 4100: Municipal property tax, includes Prefectural property tax from 1990 to 1994 because data is not available to provide a breakdown.

Heading 5121: Municipal tobacco tax, includes Prefectural tobacco tax from 1990 to 1994 because data is not available to provide a breakdown.

Heading 5121: In sub-item Petroleum and coal tax, the data before 2003 refer to petroleum tax.

Source : Tax Bureau, Ministry of Finance.

StatLink https://doi.org/10.1787/888934215765

Tableau 5.20. Corée : recettes fiscales détaillées, 1965-2018

Billion KRW

	1965	1980	1990	2000	2007	2010	2013	2015	2017	2018
Recettes fiscales totales	..	**6 687**	**37 262**	**136 295**	**258 571**	**295 968**	**347 332**	**393 559**	**465 470**	**506 548**
1000 Impôts sur revenu, bénéfices et gains en capital	..	**1 704**	**12 203**	**39 254**	**82 239**	**82 905**	**101 792**	**119 151**	**149 420**	**172 976**
1100 Des personnes physiques	..	766	7 440	19 950	43 276	42 098	53 311	67 600	83 121	93 274
1110 Sur le revenu et les bénéfices	..	766	6 327	18 569	31 984	33 935	46 654	55 744	67 987	75 251
Income tax	..	0	0	0	0	0	0	0	0	0
Dividends and interest income tax	..	0	0	0	4 682	4 425	4 889	4 561	4 517	4 982
Wages and salaries income tax	..	0	0	0	14 124	15 517	21 931	27 055	34 034	38 000
Other income tax	..	0	0	0	2 607	2 986	3 432	4 467	5 333	5 975
Global income tax	..	661	4 723	16 128	6 151	6 369	10 901	12 784	16 049	17 483
Defence tax on income tax	..	105	938	0	0	0	0	0	0	0
Education tax on income tax	..	0	325	0	0	0	0	0	0	0
Rural dev. tax on interest, bus. Inc. & cap. gains relief	..	0	0	156	160	179	124	105	104	111
Inhabitant tax on income tax (local)	..	0	341	2 285	4 200	4 459	5 377	6 772	7 950	8 700
1120 Sur les gains en capital	..	0	1 113	1 381	11 292	8 163	6 657	11 856	15 134	18 023
Capital gains tax	..	..	1 113	1 381	11 292	8 163	6 657	11 856	15 134	18 023
1200 Des sociétés	..	738	4 757	19 271	38 963	40 807	48 481	51 551	66 299	79 702
1210 Sur les bénéfices	..	738	4 757	19 271	38 963	40 807	48 481	51 551	66 299	79 702
Corporation tax - withholding	..	..	677	8 577	8 360	9 095	12 176	12 317	11 990	13 174
Corporation tax - final returns	..	..	2 549	9 302	27 057	28 173	31 679	32 713	47 187	57 763
Defence tax on corporation tax	..	..	1 323	0	0	0	0	0	0	0
Inhabitant tax on corporation tax (local)	..	..	207	1 142	3 152	3 094	4 118	6 217	6 785	8 307
Rural development tax corporate income	..	..	0	251	394	445	508	304	337	458
Excess profit tax	..	0	0	0	0	0	0	0	0	0
1220 Sur les gains en capital	..	0	0	0	0	0	0	0	0	0
Capital gains tax	..	..	..	..	..	..	..	..	..	..
1300 Non-ventilables entre 1100 et 1200	..	199	6	33	0	0	0	0	0	0
Business income tax	..	0	0	0	..	..	..	..	..	..
Real estate income tax	..	0	0	0	..	..	..	..	..	..
Defence tax on real estate & business income	..	0	0	0	..	..	..	..	..	..
Rural dev. tax on bus. inc. & cap. gains relief	..	0	0	30	..	..	..	..	..	..
Inhabitant tax before 1990 (local)	..	117	0	0	..	..	..	..	..	..
Farm land tax (local)	..	83	6	3	..	..	..	..	..	..
Inhabitant tax on farm land tax (local)	..	0	0	0	..	..	..	..	..	..
2000 Cotisations de sécurité sociale	..	**73**	**3 760**	**22 759**	**53 588**	**69 090**	**91 596**	**104 693**	**119 676**	**128 660**
2100 À la charge des salariés	..	0	1 464	8 578	21 773	28 213	38 396	44 281	51 125	55 257
Veterans' relief fund	..	0	0	0	0	0	0	0	0	0
Soldiers' annuity fund	..	0	0	0	0	0	0	0	0	0
Unemployment assurance	..	0	0	598	1 164	1 358	2 418	3 076	3 418	3 666
National welfare pension fund	..	0	429	4 325	9 338	11 004	13 890	15 821	17 864	19 090
Social benefit fund	..	0	0	0	0	0	0	0	0	0
Health Insurance	..	0	483	2 066	8 180	11 783	17 128	19 868	22 814	24 920
Teachers' pensions	..	0	86	279	581	868	1 077	1 125	1 507	1 595
Government employees pensions	..	0	406	1 144	2 202	2 878	3 435	3 876	4 934	5 371
Military personal pensions	..	0	60	166	308	322	448	515	588	615
2110 Sur la base du salaire	..	..	..	8 578	21 773	28 213	38 396	44 281	51 125	55 257
2120 Sur la base de l'impôt sur les revenus	..	..	..	0	0	0	0	0	0	0
2200 À la charge des employeurs	..	73	1 694	9 409	23 557	30 856	41 518	47 846	54 063	58 712
Ind. works' insurance fund	..	73	550	1 876	4 431	4 632	5 436	6 062	6 429	7 346
Soldiers' annuity fund	..	0	0	0	0	0	0	0	0	0
Pneumoconiosis fund	..	0	0	0	0	0	0	0	0	0
Unemployment insurance	..	0	0	1 449	2 474	2 860	4 545	5 499	6 082	6 517
Veterans' relief fund	..	0	0	0	0	0	0	0	0	0
National welfare pension fund	..	0	430	4 340	9 383	11 052	13 958	15 895	17 922	19 155
Social benefit fund	..	0	0	0	0	0	0	0	0	0
Health Insurance	..	0	658	1 547	6 844	11 718	16 826	19 493	22 397	24 346
Teachers' pensions	..	0	56	197	425	594	753	897	1 233	1 348
Government employees pensions	..	0	0	0	0	0	0	0	0	0
2210 Sur la base du salaire	..	..	..	9 409	23 557	30 856	41 518	47 846	54 063	58 712
2220 Sur la base de l'impôt sur les revenus	..	..	..	0	0	0	0	0	0	0
2300 A charge des travailleurs indép. ou sans emploi	..	0	602	4 772	8 258	10 021	11 682	12 566	14 488	14 691
2310 Sur la base du salaire	..	..	0	0	0	0	0	0	0	0
2320 Sur la base de l'impôt sur les revenus	..	..	602	4 772	8 258	10 021	11 682	12 566	14 488	14 691
2400 Non-ventilables entre 2100, 2200 et 2300	..	0	0	0	0	0	0	0	0	0
2410 Sur la base du salaire	..	..	..	..	..	..	..	..	..	..
2420 Sur la base de l'impôt sur les revenus	..	..	..	..	..	..	..	..	..	..
3000 Sur salaires ou main d'oeuvre	..	**34**	**153**	**258**	**619**	**714**	**981**	**1 122**	**1 376**	**1 492**
Workshop tax on workforce (local)	..	31	124	258	619	714	981	1 122	1 376	1 492
Vocational training promotion fund	..	3	29	0	0	0	0	0	0	0

	1965	1980	1990	2000	2007	2010	2013	2015	2017	2018
4000 Impôts sur le patrimoine	**..**	**537**	**4 389**	**16 846**	**33 109**	**33 516**	**35 847**	**48 625**	**54 406**	**58 811**
4100 Impôts périodiques sur la propriété immobilière	..	183	980	3 385	9 196	9 270	10 809	12 486	14 319	15 589
Property tax (local)	..	119	227	728	3 755	4 817	8 267	9 294	10 662	11 532
City planning tax on urban real estate (local)	..	51	244	815	1 883	2 465	0	0	0	0
Community facilities tax (local)	..	13	86	341	543	650	912	1 351	1 513	1 626
Tax on excessive land holdings (local)	..	0	1	0	0	0	0	0	0	0
Tax on aggregate land holdings (local)	..	0	400	1 282	5	0	0	0	0	0
Rural dev. tax on local agg. land holdings tax	..	0	0	81	1	0	0	0	0	0
Tax on excessively increased land value	..	0	0	0	0	0	0	0	0	0
Comprehensive real estate tax	..	0	0	0	2 414	1 029	1 224	1 399	1 652	1 873
Rural dev. tax on comprehensive real estate tax	..	0	0	0	483	208	250	267	302	356
4110 Ménages	..	..	0	0	0	0	0	0	0	0
4120 Autres agents	..	..	22	138	112	101	156	175	190	202
Workshop tax on property (local)	..	..	22	138	112	101	156	175	190	202
4200 Impôts périodiques sur l'actif net	..	0	0	0	0	0	0	0	0	0
4210 Personnes physiques	..	..	..	..	..	..	..	..	..	..
4220 Sociétés	..	..	..	..	..	..	..	..	..	..
4300 Impôts sur mut. par décès, succ. et donations	..	12	354	989	2 842	3 076	4 290	5 044	6 785	7 359
4310 Impôts sur mut. par décès et successions	..	5	85	449	1 059	1 203	1 587	1 944	2 342	2 832
Inheritance tax	..	3	71	449	1 059	1 203	1 587	1 944	2 342	2 832
Defence tax on inheritance tax	..	2	14	0	0	0	0	0	0	0
4320 Impôts sur les donations	..	7	269	540	1 783	1 873	2 703	3 100	4 443	4 527
Gift tax	..	7	225	540	1 783	1 873	2 703	3 100	4 443	4 527
Defence tax on gift tax	..	0	44	0	0	0	0	0	0	0
4400 Impôts sur transact. mobilières et immob.	..	319	2 960	11 935	21 071	21 170	20 748	31 095	33 302	35 863
Registration tax (local)	..	122	1 378	4 528	7 254	7 370	1 312	1 831	1 608	1 718
Registration tax	..	0	0	0	0	0	0	0	0	0
Defence tax on registration tax	..	0	0	0	0	0	0	0	0	0
Rural dev. tax on local acquisition tax	..	0	0	246	627	632	874	969	1 028	993
Rural dev. tax on local registration tax	..	0	0	66	143	144	1	1	0	0
Securities transactions tax	..	0	224	2 736	3 469	3 667	3 077	4 670	4 508	6 241
Rural dev. tax on securities transaction tax	..	0	0	823	1 729	2 010	1 529	1 861	1 775	2 217
Acquisition tax (local)	..	163	1 165	3 148	7 261	6 825	13 318	20 810	23 487	23 813
Stamp tax	..	34	193	388	588	522	637	953	896	881
4500 Impôts non-périodiques	..	22	95	537	0	0	0	0	0	0
Asset revaluation tax	..	22	95	537	..	..	..	..	..	..
4510 Sur l'actif net	..	..	..	..	..	..	..	..	..	..
4520 Autres non-périodiques	..	..	..	..	..	..	..	..	..	..
4600 Autres impôts périodiques sur patrimoine	..	0	0	0	0	0	0	0	0	0
5000 Impôts sur les biens et services	**..**	**4 190**	**16 497**	**52 271**	**80 861**	**99 769**	**106 717**	**110 326**	**129 065**	**133 095**
5100 Impôts sur production, vente, transfert, etc.	..	4 114	16 024	50 023	78 414	96 573	99 970	103 254	121 293	125 207
5110 Impôts généraux	..	1 471	6 964	23 212	40 942	51 800	59 105	60 162	74 361	77 471
5111 Taxes sur la valeur ajoutée	..	1 471	6 964	23 212	40 942	51 800	59 105	60 162	74 361	77 471
Value added tax	..	1 471	6 964	23 212	40 942	51 800	59 105	60 162	74 361	77 471
5112 Impôts sur les ventes	..	0	0	0	0	0	0	0	0	0
Business tax	..	..	..	..	..	..	..	..	..	..
5113 Autres impôts	..	0	0	0	0	0	0	0	0	0
5120 Impôts sur biens et services déterminés	..	2 643	9 059	26 811	37 472	44 773	40 865	43 092	46 932	47 736
5121 Accises	..	1 029	4 924	18 155	27 880	31 340	27 661	31 857	35 779	36 218
Commodity tax	..	0	0	0	0	0	0	0	0	0
Defence tax on commodity tax	..	0	0	0	0	0	0	0	0	0
Liquor tax	..	298	1 022	1 963	2 268	2 878	2 947	3 228	3 035	3 261
Defence tax on liquor tax	..	78	0	0	0	0	0	0	0	0
Education tax on liquor tax	..	0	81	516	580	724	764	808	745	788
Textile tax	..	0	0	0	0	0	0	0	0	0
Petroleum tax	..	0	0	0	0	0	0	0	0	0
Transport tax on petrol products	..	0	0	8 404	11 464	13 970	13 248	14 055	15 553	15 335
Education tax on transport tax	..	0	0	1 247	1 715	2 133	1 895	2 154	2 320	2 304
Electricity and gas tax	..	0	0	0	0	0	0	0	0	0
Special excise tax	..	583	1 912	2 985	5 161	5 066	5 484	8 001	9 861	10 451
Defence tax on special excise tax	..	70	337	0	0	0	0	0	0	0
Education tax on special excise tax	..	0	0	498	607	501	485	515	602	545
Rural development on special excise tax	..	0	0	37	54	24	56	61	60	56
Tobacco sales tax (local)	..	0	0	0	0	0	0	0	0	0
Tobacco consumption tax (local)	..	0	1 572	2 251	2 761	2 875	2 782	3 035	3 603	3 478
Motor fuel tax (local)	..	0	0	254	3 270	3 169	0	0	0	0
5122 Bénéfices des monopoles fiscaux	..	510	0	0	0	0	0	0	0	0
Monopoly profit	..	510	..	..	..	..	..	..	..	..

	1965	1980	1990	2000	2007	2010	2013	2015	2017	2018
5123 Droits de douane et droits à l'importation	..	1 014	3 692	5 936	7 690	11 046	11 012	8 907	8 938	9 213
Customs duties	..	762	2 765	5 800	7 411	10 666	10 562	8 495	8 529	8 815
Defence tax on customs duties	..	248	919	0	0	0	0	0	0	0
Special customs duties	..	0	0	0	0	0	0	0	0	0
Tonnage tax	..	0	0	0	0	0	0	0	0	0
Education tax on imports	..	0	7	99	234	336	429	390	382	370
Rural dev. tax on customs exemptions	..	0	0	37	45	44	21	22	27	28
Previous year receipts	..	4	0	0	0	0	0	0	0	0
5124 Taxes à l'exportation	..	0	0	0	0	0	0	0	0	0
5125 Impôts sur biens d'équipement	..	0	0	0	0	0	0	0	0	0
5126 Impôts sur services déterminés	..	90	444	2 720	1 902	2 387	2 192	2 328	2 215	2 305
Telephone tax	..	50	262	1 457	0	0	0	0	0	0
Defence tax on telephone tax	..	33	0	0	0	0	0	0	0	0
Entertainment tax	..	0	0	0	0	0	0	0	0	0
Defence tax on entertainment tax	..	0	0	0	0	0	0	0	0	0
Entertainment tax (local)	..	0	0	0	0	0	0	0	0	0
Travel tax	..	0	0	0	0	0	0	0	0	0
Admission tax	..	0	0	0	0	0	0	0	0	0
Defence tax on admission tax	..	0	0	0	0	0	0	0	0	0
Education tax on banking & insurance	..	0	108	473	721	951	938	1 004	959	1 092
Horse race tax (local)	..	3	56	566	864	1 068	1 042	1 089	1 051	1 016
Rural dev. tax on horse race tax	..	0	0	84	165	215	212	235	205	197
Butchery tax (local)	..	5	18	51	52	58	0	0	0	0
Regional development tax (local)	..	0	0	89	100	95	0	0	0	0
5127 Autres impôts sur commerce et transact. internat.	..	0	0	0	0	0	0	0	0	0
5128 Autres impôts	..	0	0	0	0	0	0	0	0	0
5130 Non-ventilables entre 5110 et 5120	..	0	0	0	0	0	0	0	0	0
5200 Impôts sur utilisation des biens et exerc. activités	..	75	474	2 248	2 447	3 196	6 747	7 072	7 772	7 888
5210 Impôts périodiques	..	75	474	2 248	2 447	3 196	6 747	7 072	7 772	7 888
License tax (local)	..	18	48	241	77	76	0	0	0	0
Automobile tax (local)	..	57	426	2 007	2 370	3 120	6 747	7 072	7 772	7 888
5211 À la charge des ménages : véhicules à moteur	..	..	..	..	..	..	..	..	..	..
5212 À la charge autres agents : véhicules à moteur	..	..	..	..	..	..	..	..	..	..
5213 Autres impôts périodiques	..	..	..	..	..	..	..	..	..	..
5220 Impôts non-périodiques	..	0	0	0	0	0	0	0	0	0
5300 Non-ventilables entre 5100 et 5200	..	0	0	0	0	0	0	0	0	0
6000 Autres impôts	**..**	**150**	**259**	**4 907**	**8 155**	**9 974**	**10 399**	**9 642**	**11 527**	**11 514**
6100 À la charge exclusive des entreprises	..	0	0	0	0	0	0	0	0	0
6200 À la charge d'autres agents	..	150	259	4 907	8 155	9 974	10 399	9 642	11 527	11 514
Unallocable tax revenue	..	143	0	0	0	0	0	0	0	0
Previous year tax	..	0	213	1 474	2 965	4 449	4 774	3 435	4 389	4 430
Previous year tax (local)	..	6	47	474	672	654	601	392	715	540
Unallocable defence tax	..	0	0	-3	0	0	0	0	0	0
Education tax on local taxes	..	0	0	2 962	4 518	4 871	5 024	5 815	6 423	6 544
Recettes fiscales totales sur la base d'encaissements	**..**	**6 687**	**37 262**	**136 295**	**258 571**	**295 968**	**347 332**	**393 559**	**465 470**	**506 548**
Recettes fiscales totales sur la base des droits constatés	**..**	**..**	**..**	**..**	**..**	**..**	**..**	**..**	**..**	**..**
Conciliation avec les comptes nationaux										
Impôts additionnels inclus dans les comptes nationaux	..	..	..	..	..	..	..	..	..	..
Impôt exclus des comptes nationaux	..	..	..	..	..	..	..	..	..	..
Différence dans les traitements des crédits d'impôts	..	..	..	..	..	..	..	..	..	..
Transfert en capital des recettes non collectées	..	..	..	..	..	..	..	..	..	..
Cotisations de sécurité sociale volontaires	..	..	..	..	..	..	..	..	..	..
Différences diverses	..	..	..	..	..	..	..	..	..	..
Comptes nationaux : impôts et cotisations sociales effectives	..	..	..	..	..	..	..	..	..	..
Cotisations sociales imputées	..	..	..	..	..	..	..	..	..	..
Comptes nationaux : impôts et toutes les cotisations sociales	..	..	..	..	..	..	..	..	..	..

.. Non disponible

Note : Year ending 31st December.

Data are on cash basis.

Heading 2000: From 1997 the contributions to the three funds (civil servant pension fund, private school teachers pension fund and medical insurance fund) are classified as security social contributions. The reasons for the change are that the contributions either became mandatory or the fund started to be managed by public authorities in that year, thereby meeting the OECD definition of social security contributions.

Heading 2200: From 2007, this includes long-term care insurance.

Source : Ministry of Finance and Economy, Ministry of Home Affairs.

StatLink https://doi.org/10.1787/888934215784

Tableau 5.21. Lettonie : recettes fiscales détaillées, 1965-2018

Million EUR

	1965	1980	1990	2000	2007	2010	2013	2015	2017	2018
Recettes fiscales totales	..	..	..	**1 995**	**6 401**	**5 162**	**6 695**	**7 334**	**8 412**	**9 076**
Recettes fiscales totales excluant les taxes collectés pour le compte de l'UE	..	..	..	**1 995**	**6 362**	**5 137**	**6 667**	**7 286**	**8 359**	**9 016**
1000 Impôts sur revenu, bénéfices et gains en capital	..	..	..	**480**	**1 857**	**1 292**	**1 690**	**1 833**	**2 204**	**2 049**
1100 Des personnes physiques	..	..	..	376	1 287	1 116	1 320	1 445	1 777	1 742
1110 Sur le revenu et les bénéfices	..	..	..	376	1 287	1 116	1 320	1 445	1 777	1 742
Personal income tax	..	..	..	376	1 287	1 116	1 320	1 445	1 712	1 740
Solidarity tax	..	..	..	0	0	0	0	0	65	2
1120 Sur les gains en capital	..	..	..	0	0	0	0	0	0	0
1200 Des sociétés	..	..	..	105	570	175	370	389	427	308
1210 Sur les bénéfices	..	..	..	105	570	175	370	389	427	308
1220 Sur les gains en capital	..	..	..	0	0	0	0	0	0	0
1300 Non-ventilables entre 1100 et 1200	..	..	..	0	0	0	0	0	0	0
2000 Cotisations de sécurité sociale	..	..	..	**669**	**1 774**	**1 554**	**1 933**	**2 030**	**2 259**	**2 658**
2100 À la charge des salariés	..	..	..	167	479	389	531	585	627	779
2110 Sur la base du salaire	..	..	..	167	479	389	531	585	627	779
2120 Sur la base de l'impôt sur les revenus	..	..	..	0	0	0	0	0	0	0
2200 À la charge des employeurs	..	..	..	501	1 283	1 155	1 391	1 432	1 618	1 855
2210 Sur la base du salaire	..	..	..	501	1 283	1 155	1 391	1 432	1 618	1 855
2220 Sur la base de l'impôt sur les revenus	..	..	..	0	0	0	0	0	0	0
2300 A charge des travailleurs indép. ou sans emploi	..	..	..	1	12	9	11	12	15	25
2310 Sur la base du salaire	..	..	..	1	12	9	11	12	15	25
2320 Sur la base de l'impôt sur les revenus	..	..	..	0	0	0	0	0	0	0
2400 Non-ventilables entre 2100, 2200 et 2300	..	..	..	0	0	0	0	0	0	0
2410 Sur la base du salaire	..	..	..	..	..	..	..	..	..	..
2420 Sur la base de l'impôt sur les revenus	..	..	..	..	..	..	..	..	..	..
3000 Sur salaires ou main d'oeuvre	..	..	..	**0**	**4**	**3**	**3**	**3**	**3**	**3**
Risk duty of business	..	..	..	..	4	3	3	3	3	3
4000 Impôts sur le patrimoine	..	..	..	**76**	**195**	**157**	**221**	**246**	**278**	**275**
4100 Impôts périodiques sur la propriété immobilière	..	..	..	63	106	128	173	197	228	223
4110 Ménages	..	..	..	0	0	0	22	24	35	37
4120 Autres agents	..	..	..	63	106	128	151	173	193	186
Tax on property	..	..	..	63	106	128	151	173	193	186
Tax on land	..	..	..	0	0	0	0	0	0	0
4200 Impôts périodiques sur l'actif net	..	..	..	0	0	0	0	0	0	0
4210 Personnes physiques	..	..	..	..	..	..	..	..	..	..
4220 Sociétés	..	..	..	..	..	..	..	..	..	..
4300 Impôts sur mut. par décès, succ. et donations	..	..	..	0	3	3	5	7	9	10
4310 Impôts sur mut. par décès et successions	..	..	..	..	3	3	5	7	9	10
Duty for legacies and donations	..	..	..	..	0	2	3	4	6	8
Stamp duty for transactions made in Land Register in relation to legacies and donations	..	..	..	..	1	0	0	1	1	1
Duty for consolidation of ownership and legal cliens in Land Register anent legacies and donations	..	..	..	..	2	2	2	2	2	2
4320 Impôts sur les donations	..	..	..	..	0	0	0	0	0	0
4400 Impôts sur transact. mobilières et immob.	..	..	..	13	86	26	43	42	41	42
Duties on transactions with privatization vouchers	..	..	..	0	0	0	0	0	0	0
Stamp duty for transactions made in Land Register, which have been collected from juridical persons, except legacies and donations	..	..	..	0	1	1	1	1	1	1
Duty for consolidation of ownership and legal liens in Land Register, which have been collected from juridical persons, except legacies and donations	..	..	..	4	27	13	17	18	17	18
Stamp duty for transactions made in Land Register, which have been collected from physical persons, except legacies and donations	..	..	..	1	8	1	2	2	2	2
Duty for consolidation of ownership and legal liens in Land Register, which have been collected from physical persons, except legacies and donations	..	..	..	7	51	11	23	20	21	21
4500 Impôts non-périodiques	..	..	..	0	0	0	0	0	0	0
4510 Sur l'actif net	..	..	..	..	..	..	..	..	..	..
4520 Autres non-périodiques	..	..	..	..	..	..	..	..	..	..
4600 Autres impôts périodiques sur patrimoine	..	..	..	0	0	0	0	0	0	0
5000 Impôts sur les biens et services	..	..	..	**770**	**2 572**	**2 157**	**2 849**	**3 222**	**3 667**	**4 090**
5100 Impôts sur production, vente, transfert, etc.	..	..	..	739	2 515	2 031	2 695	3 052	3 474	3 875
5110 Impôts généraux	..	..	..	476	1 753	1 301	1 855	2 130	2 440	2 698
5111 Taxes sur la valeur ajoutée	..	..	..	476	1 727	1 202	1 690	1 876	2 164	2 449
5112 Impôts sur les ventes	..	..	..	0	0	0	0	31	31	0
Subsidised electricity tax	..	..	..	..	..	..	..	31	31	0

	1965	1980	1990	2000	2007	2010	2013	2015	2017	2018
5113 Autres impôts	..	..	..	0	27	99	165	223	245	249
Mandatory procurement public service obligation fee	..	..	..	0	27	99	165	223	245	249
5120 Impôts sur biens et services déterminés	..	..	..	262	761	730	840	922	1 035	1 177
5121 Accises	..	..	..	232	626	645	742	807	913	1 041
Excise duty on alcoholic beverages	..	..	..	63	127	111	124	128	162	194
Excise duty on beer	..	..	..	4	15	25	24	27	37	53
Excise duty on oil products	..	..	..	124	359	360	388	428	484	536
Excise duty on tobacco	..	..	..	27	92	130	160	178	191	213
Excise duty on other products	..	..	..	14	32	18	24	25	15	16
Excise duty on coffee and non alcoholic beverages	..	..	..	6	8	13	14	14	15	16
Excise duty / Tax on cars and motorcycles	..	..	..	8	24	5	10	11	0	0
Excise duty on natural gas	..	..	..	0	0	1	22	20	19	23
Tax on electricity	..	..	..	0	1	1	1	2	5	5
5122 Bénéfices des monopoles fiscaux	..	..	..	0	0	0	0	0	0	0
5123 Droits de douane et droits à l'importation	..	..	..	21	70	38	29	43	50	58
Customs duties	..	..	..	21	40	25	28	40	45	53
Levies on imported agricultural products	..	..	..	0	2	0	0	0	0	0
Excise duty of imported goods for omission for free turnover	..	..	..	0	28	14	2	3	4	5
5124 Taxes à l'exportation	..	..	..	0	0	0	0	0	0	0
5125 Impôts sur biens d'équipement	..	..	..	0	0	0	0	0	0	0
5126 Impôts sur services déterminés	..	..	..	10	66	47	68	72	72	78
Taxes on lotteries and gambling	..	..	..	7	42	22	29	32	36	44
Financial stability fee	..	..	..	0	0	0	5	4	11	10
Passenger departure duty	..	..	..	3	0	0	0	0	0	0
Contributions to the EU Single Resolution Fund	..	..	..	..	..	..	..	8	7	7
Contributions to the fund for the protection of the insured	..	..	..	0	1	1	1	1	0	0
Contributions to the deposit guarantee fund	..	..	..	0	22	24	32	28	17	17
5127 Autres impôts sur commerce et transact. internat.	..	..	..	0	0	0	0	0	0	0
5128 Autres impôts	..	..	..	0	0	0	0	0	0	0
5130 Non-ventilables entre 5110 et 5120	..	..	..	0	0	0	0	0	0	0
5200 Impôts sur utilisation des biens et exerc. activités	..	..	..	32	57	126	154	170	193	215
5210 Impôts périodiques	..	..	..	32	57	73	140	142	156	168
5211 À la charge des ménages : véhicules à moteur	..	..	..	12	16	34	48	54	61	62
Vehicle tax for vehicles which have been registered on physical persons	..	..	..	0	0	0	48	54	61	62
Annual vehicle duty for vehicles which have been registered on physical persons	..	..	..	12	16	34	0	0	0	0
5212 À la charge autres agents : véhicules à moteur	..	..	..	0	20	22	45	46	52	53
Tax on cars belonging to enterprises	..	..	..	..	0	0	21	20	22	21
Vehicle tax for vehicles which have been registered on judical persons	..	..	..	..	0	0	24	26	30	32
Annual vehicle duty for vehicles which have been registered on judical persons	..	..	..	..	20	22	0	0	0	0
5213 Autres impôts périodiques	..	..	..	20	21	17	47	42	43	52
Duty for keeping animals	..	..	..	0	0	0	0	0	0	0
Income from lease of reservoirs and fishing rights and non-production use of fishing rights (fishing cards)	..	..	..	0	0	0	1	1	1	1
Business and professional licences	..	..	..	5	6	4	27	20	17	21
State duties and payments for issue of special permits (licences) and registration of documents that commensurate correspondence of professional qualification	..	..	..	1	0	0	0	0	0	0
Lottery and gambling state duty	..	..	..	1	4	2	2	2	3	4
Gambling equipment marking duty	..	..	..	0	1	1	0	0	0	0
Payment for rental of commercial fishing rights	..	..	..	0	0	0	0	1	1	1
Lottery of goods and services organization duty	..	..	..	2	0	0	0	0	0	0
State duty for using numerative rights	..	..	..	0	0	0	0	0	0	0
State duty for keeping oil products` security reserves	..	..	..	0	0	0	24	16	12	16
Tax on natural resources	..	..	..	15	15	12	19	22	26	30
5220 Impôts non-périodiques	..	..	..	0	0	53	14	28	37	47
Revenue from state-owned greenhouse gas emission unit trade	..	..	..	..	..	53	14	0	0	0
Payment for emission quota trading	..	..	..	..	..	0	0	11	12	20
The fee for the appeal of procurement	..	..	..	..	..	0	0	0	0	0
Toll for the use of motorways	..	..	..	..	..	0	0	17	25	27
5300 Non-ventilables entre 5100 et 5200	..	..	..	0	0	0	0	0	0	0
6000 Autres impôts	**..**	**..**	**..**	**0**	**0**	**0**	**0**	**0**	**0**	**0**
6100 À la charge exclusive des entreprises	..	..	..	..	..	..	..	..	..	..
6200 À la charge d'autres agents	..	..	..	..	..	..	..	..	..	..

	1965	1980	1990	2000	2007	2010	2013	2015	2017	2018
Pour mémoire										
Droits de douane perçus pour le compte de l'UE	..	..	..	..	37	25	28	40	46	53
Contributions au Fonds de résolution unique collectées pour le compte de l'UE	..	..	..	..	..	..	..	8	7	7
Recettes fiscales totales sur la base d'encaissements	..	..	..	..	..	..	..	..	..	..
Recettes fiscales totales sur la base des droits constatés	..	..	..	**1 995**	**6 401**	**5 162**	**6 695**	**7 334**	**8 412**	**9 076**
Conciliation avec les comptes nationaux										
Impôts additionnels inclus dans les comptes nationaux	..	..	..	14	1	1	0	0	0	0
Impôt exclus des comptes nationaux	..	..	..	0	0	0	0	0	0	0
Différence dans les traitements des crédits d'impôts	..	..	..	0	0	0	0	0	0	0
Transfert en capital des recettes non collectées	..	..	..	0	0	0	0	0	0	0
Cotisations de sécurité sociale volontaires	..	..	..	0	0	0	0	0	0	0
Différences diverses	..	..	..	0	0	0	0	0	0	0
Comptes nationaux : impôts et cotisations sociales effectives	..	..	..	2 009	6 402	5 163	6 695	7 334	8 413	9 076
Cotisations sociales imputées	..	..	..	12	51	36	59	80	97	108
Comptes nationaux : impôts et toutes les cotisations sociales	..	..	..	2 022	6 453	5 199	6 754	7 415	8 509	9 184

.. Non disponible
Note : Year ending 31st December.
Data on accrual basis.
Source : Ministry of Finance.

StatLink https://doi.org/10.1787/888934215803

Tableau 5.22. Lituanie : recettes fiscales détaillées, 1965-2018

Million EUR

	1965	1980	1990	2000	2007	2010	2013	2015	2017	2018
Recettes fiscales totales	..	..	..	**4 154**	**8 730**	**7 961**	**9 377**	**10 727**	**12 459**	**13 664**
Recettes fiscales totales excluant les taxes collectés pour le compte de l'UE	..	..	..	**4 154**	**8 656**	**7 908**	**9 370**	**10 716**	**12 350**	**13 541**
1000 Impôts sur revenu, bénéfices et gains en capital	..	..	..	**1 111**	**2 625**	**1 281**	**1 726**	**2 013**	**2 256**	**2 529**
1100 Des personnes physiques	..	..	..	1 020	1 891	1 005	1 250	1 440	1 625	1 838
1110 Sur le revenu et les bénéfices	..	..	..	1 020	1 810	972	1 226	1 390	1 556	1 751
Tax on payroll and workforce	..	..	..	950	1 628	793	1 008	1 148	1 233	1 408
Tax on income from individual activities	..	..	..	40	81	36	48	55	79	83
Tax on capital income	..	..	..	31	102	143	170	187	243	260
1120 Sur les gains en capital	..	..	..	0	81	33	24	50	69	86
1200 Des sociétés	..	..	..	90	734	276	477	574	631	691
1210 Sur les bénéfices	..	..	..	90	734	276	477	574	631	691
1220 Sur les gains en capital	..	..	..	0	0	0	0	0	0	0
1300 Non-ventilables entre 1100 et 1200	..	..	..	0	0	0	0	0	0	0
2000 Cotisations de sécurité sociale	..	..	..	**1 362**	**2 643**	**3 293**	**3 791**	**4 338**	**5 170**	**5 752**
2100 À la charge des salariés	..	..	..	107	233	641	763	873	1 071	1 156
2110 Sur la base du salaire	..	..	..	107	233	641	763	873	1 071	1 156
2120 Sur la base de l'impôt sur les revenus	..	..	..	0	0	0	0	0	0	0
2200 À la charge des employeurs	..	..	..	1 119	2 180	2 109	2 526	2 916	3 512	3 894
2210 Sur la base du salaire	..	..	..	1 119	2 180	2 109	2 526	2 916	3 512	3 894
2220 Sur la base de l'impôt sur les revenus	..	..	..	0	0	0	0	0	0	0
2300 A charge des travailleurs indép. ou sans emploi	..	..	..	135	230	544	502	549	587	702
2310 Sur la base du salaire	..	..	..	135	230	544	502	549	587	702
2320 Sur la base de l'impôt sur les revenus	..	..	..	0	0	0	0	0	0	0
2400 Non-ventilables entre 2100, 2200 et 2300	..	..	..	0	0	0	0	0	0	0
2410 Sur la base du salaire	..	..	..	..	..	..	..	..	..	..
2420 Sur la base de l'impôt sur les revenus	..	..	..	..	..	..	..	..	..	..
3000 Sur salaires ou main d'oeuvre	..	..	..	**0**	**0**	**0**	**0**	**0**	**0**	**0**
4000 Impôts sur le patrimoine	..	..	..	**62**	**83**	**103**	**97**	**126**	**129**	**137**
4100 Impôts périodiques sur la propriété immobilière	..	..	..	61	82	102	96	125	127	135
4110 Ménages	..	..	..	3	6	7	8	17	25	36
4120 Autres agents	..	..	..	58	76	95	88	108	102	99
Tax on land from corporations	..	..	..	3	8	9	10	10	5	5
Tax on immovable property	..	..	..	55	69	86	77	98	97	94
4200 Impôts périodiques sur l'actif net	..	..	..	0	0	0	0	0	0	0
4210 Personnes physiques	..	..	..	..	..	..	..	..	..	..
4220 Sociétés	..	..	..	..	..	..	..	..	..	..
4300 Impôts sur mut. par décès, succ. et donations	..	..	..	1	2	1	1	1	2	2
4310 Impôts sur mut. par décès et successions	..	..	..	1	2	1	1	1	2	2
4320 Impôts sur les donations	..	..	..	0	0	0	0	0	0	0
4400 Impôts sur transact. mobilières et immob.	..	..	..	0	0	0	0	0	0	0
4500 Impôts non-périodiques	..	..	..	0	0	0	0	0	0	0
4510 Sur l'actif net	..	..	..	..	..	..	..	..	..	..
4520 Autres non-périodiques	..	..	..	..	..	..	..	..	..	..
4600 Autres impôts périodiques sur patrimoine	..	..	..	0	0	0	0	0	0	0
5000 Impôts sur les biens et services	..	..	..	**1 619**	**3 378**	**3 284**	**3 762**	**4 249**	**4 904**	**5 246**
5100 Impôts sur production, vente, transfert, etc.	..	..	..	1 556	3 298	3 202	3 685	4 176	4 823	5 150
5110 Impôts généraux	..	..	..	1 086	2 339	2 183	2 611	2 913	3 336	3 552
5111 Taxes sur la valeur ajoutée	..	..	..	1 005	2 330	2 180	2 611	2 889	3 310	3 522
5112 Impôts sur les ventes	..	..	..	0	0	0	0	0	0	0
5113 Autres impôts	..	..	..	81	8	3	0	24	26	30
Deductions from revenue according to the RoL on the financing of road maintence and development	..	..	..	81	0	0	..	0	0	0
Deductions from revenue according to the RoL Forestry Law	..	..	..	0	0	0	..	24	26	30
Turnover tax on goods	..	..	..	0	0	0	..	0	0	0
Deductions from Ignalina nuclear power plant income generated by sales of electricity	..	..	..	0	8	3	..	0	0	0
Turnover tax on publications of erotic and violent nature	..	..	..	0	0	0	..	0	0	0
Turnover tax on motor cars	..	..	..	0	0	0	..	0	0	0
Turnover tax on goods containing ethyl	..	..	..	0	0	0	..	0	0	0
5120 Impôts sur biens et services déterminés	..	..	..	470	960	1 019	1 073	1 263	1 486	1 598

	1965	1980	1990	2000	2007	2010	2013	2015	2017	2018
5121 Accises	..	..	..	428	835	903	996	1 165	1 339	1 444
Alcoholic beverages	..	..	..	10	2	10	12	6	13	17
Manufactured tabacco	..	..	..	41	121	170	209	270	286	293
Oil and other oil products	..	..	..	230	451	487	534	619	730	807
Electricity	..	..	..	2	0	3	3	4	2	2
Luxury cars	..	..	..	1	0	0	0	0	0	0
Sugar	..	..	..	25	13	1	7	1	1	0
Other former minor excises	..	..	..	5	0	0	0	0	0	0
Wine and sparkling wine	..	..	..	6	23	30	31	36	41	43
Beer	..	..	..	24	38	44	38	50	79	86
Other alcoholic beverages	..	..	..	84	186	158	162	179	187	196
5122 Bénéfices des monopoles fiscaux	..	..	..	0	0	0	0	0	0	0
5123 Droits de douane et droits à l'importation	..	..	..	41	61	53	0	0	101	116
Taxes on international trades and transactions	..	..	..	41	0	0	..	..	0	0
Imported sugar tax	..	..	..	0	0	0	..	..	0	0
Custom duties collected for the EU	..	..	..	..	61	53	68	99	101	116
5124 Taxes à l'exportation	..	..	..	0	0	0	0	0	0	0
5125 Impôts sur biens d'équipement	..	..	..	0	0	0	0	0	0	0
5126 Impôts sur services déterminés	..	..	..	0	64	63	77	98	47	37
Tax on lotteries and gambling	..	..	..	..	9	8	12	15	16	17
Contributions to the Guarantee Fund	..	..	..	..	11	5	12	16	0	0
Deposit and investment insurance tax	..	..	..	..	43	48	52	56	22	12
Resolution Fund	..	..	..	..	..	..	..	10	7	7
Other taxes on specific services	..	..	..	..	0	1	2	1	1	1
5127 Autres impôts sur commerce et transact. internat.	..	..	..	0	0	0	0	0	0	0
5128 Autres impôts	..	..	..	0	0	0	0	0	0	0
5130 Non-ventilables entre 5110 et 5120	..	..	..	0	0	0	0	0	0	0
5200 Impôts sur utilisation des biens et exerc. activités	..	..	..	64	80	83	78	74	81	96
5210 Impôts périodiques	..	..	..	64	80	83	78	74	81	96
5211 À la charge des ménages : véhicules à moteur	..	..	..	0	0	0	0	0	0	0
5212 À la charge autres agents : véhicules à moteur	..	..	..	7	30	13	31	32	34	39
Car registration taxes	..	..	..	0	0	0	15	15	15	17
Conveyance taxes	..	..	..	7	30	13	16	17	19	21
5213 Autres impôts périodiques	..	..	..	57	50	70	47	42	47	57
Pollution taxes	..	..	..	6	18	7	19	13	15	22
Payments by households for licences (not for business purposes)	..	..	..	5	3	6	2	2	2	2
Tax on market place	..	..	..	2	0	0	0	0	0	0
State-imposed fees and charges	..	..	..	34	22	44	6	5	6	5
Other taxes on production	..	..	..	10	6	13	21	22	24	28
5220 Impôts non-périodiques	..	..	..	0	0	0	0	0	0	0
5300 Non-ventilables entre 5100 et 5200	..	..	..	0	0	0	0	0	0	0
6000 Autres impôts	**..**	**..**	**..**	**0**	**0**	**0**	**0**	**0**	**0**	**0**
6100 À la charge exclusive des entreprises	..	..	..	..	..	..	..	..	..	..
6200 À la charge d'autres agents	..	..	..	..	..	..	..	..	..	..
Pour mémoire										
Droits de douane perçus pour le compte de l'UE	..	..	..	..	61	53	68	99	101	116
Contributions au Fonds de résolution unique collectées pour le compte de l'UE	..	..	..	..	..	..	..	10	7	7
Recettes fiscales totales sur la base d'encaissements	**..**	**..**	**..**	**..**	**..**	**..**	**..**	**..**	**..**	**..**
Recettes fiscales totales sur la base des droits constatés	**..**	**..**	**..**	**4 154**	**8 730**	**7 961**	**9 377**	**10 727**	**12 459**	**13 664**
Conciliation avec les comptes nationaux										
Impôts additionnels inclus dans les comptes nationaux	..	..	..	0	0	0	0	0	0	0
Impôt exclus des comptes nationaux	..	..	..	0	0	0	0	0	0	0
Différence dans les traitements des crédits d'impôts	..	..	..	0	0	0	0	0	0	0
Transfert en capital des recettes non collectées	..	..	..	-39	-9	-32	-17	-18	-3	-9
Cotisations de sécurité sociale volontaires	..	..	..	0	2	2	3	2	2	2
Différences diverses	..	..	..	0	0	0	0	0	0	0
Comptes nationaux : impôts et cotisations sociales effectives	..	..	..	4 115	8 723	7 932	9 362	10 712	12 458	13 657
Cotisations sociales imputées	..	..	..	3	91	103	99	116	128	138
Comptes nationaux : impôts et toutes les cotisations sociales	..	..	..	4 118	8 814	8 035	9 461	10 828	12 586	13 795

.. Non disponible

Note : Year ending 31st December.

Data on an accrual basis.

Source : Ministry of Finance.

StatLink https://doi.org/10.1787/888934215822

Tableau 5.23. Luxembourg : recettes fiscales détaillées, 1965-2018

Million EUR

	1965	1980	1990	2000	2007	2010	2013	2015	2017	2018
Recettes fiscales totales	**266**	**1 543**	**3 671**	**8 511**	**13 455**	**15 069**	**17 756**	**19 257**	**21 371**	**23 872**
Recettes fiscales totales excluant les taxes collectés pour le compte de l'UE	..	..	**3 654**	**8 482**	**13 431**	**15 051**	**17 740**	**19 205**	**21 244**	**23 719**
1000 Impôts sur revenu, bénéfices et gains en capital	**95**	**667**	**1 476**	**3 106**	**4 654**	**5 467**	**6 274**	**7 011**	**7 958**	**9 391**
1100 Des personnes physiques	66	417	884	1 573	2 677	3 156	4 061	4 716	5 056	5 599
1110 Sur le revenu et les bénéfices	66	417	884	1 573	2 677	3 156	4 061	4 716	5 056	5 599
Impôt sur le revenu des personnes physiques	27	106	184	258	389	540	666	721	822	751
Impôt solidarité majoration personnes physiques	0	10	41	37	59	74	268	305	329	362
Impôt sur traitements et salaires	36	287	601	1 177	1 909	2 136	2 797	3 227	3 424	3 904
Impôt sur le revenu des capitaux	2	11	52	88	188	315	223	313	385	488
Impôt sur les tantièmes	1	2	5	11	20	26	38	44	48	57
Impôt sur le revenu de certains non-résidents	0	1	1	2	1	1	1	1	1	1
Impôt retenu sur revenus épargne (non résidents)	0	0	0	0	51	33	40	0	0	0
Retenu libératoire nationale sur les intérêts	0	0	0	0	60	31	28	20	33	31
Contribution à la crise	0	0	0	0	0	0	0	0	0	0
Impôt d'équilibrage budgétaire temporaire	0	0	0	0	0	0	0	85	13	5
Impôt retenu sur les contributions versées à un régime complémentaire de pension agréé pour indépendants	..	..	0	0	0	0	0	0	0	0
1120 Sur les gains en capital	0	0	0	0	0	0	0	0	0	0
Prélèvement sur gains des paris	..	..	..	..	..	..	..	..	..	..
1200 Des sociétés	29	250	592	1 533	1 977	2 311	2 213	2 295	2 902	3 793
1210 Sur les bénéfices	29	250	592	1 533	1 977	2 311	2 213	2 295	2 902	3 793
Impôt sur le revenu des collectivites	18	168	376	1 031	1 381	1 646	1 530	1 569	1 951	2 616
Impôt de solidarité sur le revenu des collectivités	0	2	8	43	58	61	113	120	149	177
Impôt commercial communal	0	80	209	460	538	603	569	606	802	1 000
1220 Sur les gains en capital	0	0	0	0	0	0	0	0	0	0
1300 Non-ventilables entre 1100 et 1200	0	0	0	0	0	0	0	0	0	0
2000 Cotisations de sécurité sociale	**86**	**443**	**1 011**	**2 224**	**3 710**	**4 387**	**5 131**	**5 547**	**6 126**	**6 483**
2100 À la charge des salariés	32	175	388	993	1 691	2 017	2 308	2 498	2 786	2 972
2110 Sur la base du salaire	..	175	388	993	1 691	2 017	2 308	2 498	2 786	2 972
2120 Sur la base de l'impôt sur les revenus	..	0	0	0	0	0	0	0	0	0
2200 À la charge des employeurs	49	243	494	964	1 580	1 888	2 157	2 335	2 565	2 708
2210 Sur la base du salaire	..	243	494	964	1 580	1 888	2 157	2 335	2 565	2 708
2220 Sur la base de l'impôt sur les revenus	..	0	0	0	0	0	0	0	0	0
2300 A charge des travailleurs indép. ou sans emploi	5	25	129	266	438	482	666	714	775	802
2310 Sur la base du salaire	..	25	129	266	438	482	666	714	775	802
2320 Sur la base de l'impôt sur les revenus	..	0	0	0	0	0	0	0	0	0
2400 Non-ventilables entre 2100, 2200 et 2300	0	0	0	0	0	0	0	0	0	0
2410 Sur la base du salaire	..	..	..	..	..	..	..	..	..	..
2420 Sur la base de l'impôt sur les revenus	..	..	..	..	..	..	..	..	..	..
3000 Sur salaires ou main d'oeuvre	**2**	**10**	**0**	**0**	**0**	**0**	**0**	**0**	**0**	**0**
Impôt sur la somme des salaires	2	10	..	..	..	..	..	..	..	..
4000 Impôts sur le patrimoine	**16**	**87**	**309**	**910**	**1 294**	**1 062**	**1 296**	**1 715**	**2 065**	**2 315**
4100 Impôts périodiques sur la propriété immobilière	4	9	14	21	27	29	33	36	38	38
Impôt foncier	4	9	14	21	27	29	33	36	38	38
4110 Ménages	..	..	..	..	..	..	..	..	..	..
4120 Autres agents	..	..	..	..	..	..	..	..	..	..
4200 Impôts périodiques sur l'actif net	7	44	172	633	878	831	980	1 318	1 513	1 692
4210 Personnes physiques	0	0	0	0	0	0	0	0	0	0
Impôt sur la fortune	..	..	..	..	..	..	..	..	..	..
4220 Sociétés	7	44	172	633	878	831	980	1 318	1 513	1 692
Impôt sur la fortune	2	15	58	152	172	208	269	385	521	682
Taxe d'abonnement	3	29	114	481	706	622	710	933	992	1 010
4300 Impôts sur mut. par décès, succ. et donations	1	5	11	23	47	50	72	74	111	91
4310 Impôts sur mut. par décès et successions	1	5	11	23	47	50	72	74	111	91
4320 Impôts sur les donations	0	0	0	0	0	0	0	0	0	0
4400 Impôts sur transact. mobilières et immob.	4	30	112	232	343	152	212	287	404	494
Droits d'enregistrement	4	26	94	208	288	116	164	221	319	385
Droits d'hypothèque	1	3	9	12	29	21	28	39	56	66
Droits de timbre	0	2	2	5	7	5	7	8	8	8
Taxe pour construction dans secteurs centraux	0	0	0	0	1	1	1	2	1	2
Surtaxe sur les mutations immobilières	0	0	6	7	17	8	10	16	18	30
Hypothèques salaires	0	0	1	1	1	1	1	1	1	1
Autorisations à bâtir	0	0	0	0	0	0	0	0	0	0
Taxe d'infrastructure	0	0	0	0	0	0	0	0	0	0
Taxes d'autorisation sur les réservoirs de mazout	0	0	0	0	0	0	0	0	0	0
Taxe sur les résidences secondaires	0	0	0	0	0	1	0	0	0	0
4500 Impôts non-périodiques	0	0	0	0	0	0	0	0	0	0

	1965	1980	1990	2000	2007	2010	2013	2015	2017	2018
4510 Sur l'actif net	..	..	..	..	..	..	..	..	..	..
4520 Autres non-périodiques	..	..	..	..	..	..	..	..	..	..
4600 Autres impôts périodiques sur patrimoine	0	0	0	0	0	0	0	0	0	0
5000 Impôts sur les biens et services	**66**	**336**	**868**	**2 260**	**3 783**	**4 132**	**5 033**	**4 957**	**5 195**	**5 655**
5100 Impôts sur production, vente, transfert, etc.	62	327	848	2 230	3 708	4 057	4 950	4 871	5 110	5 558
5110 Impôts généraux	33	179	443	1 127	2 230	2 568	3 380	3 375	3 367	3 669
5111 Taxes sur la valeur ajoutée	0	179	443	1 127	2 230	2 568	3 380	3 375	3 367	3 669
TVA ressources propres UE	..	18	75	92	50	41	49	45	66	59
5112 Impôts sur les ventes	0	0	0	0	0	0	0	0	0	0
5113 Autres impôts	33	0	0	0	0	0	0	0	0	0
Impôt sur chiffre d'affaires	33	..	..	..	..	..	..	..	..	..
5120 Impôts sur biens et services déterminés	30	148	404	1 103	1 478	1 489	1 570	1 496	1 743	1 888
5121 Accises	26	134	365	1 036	1 394	1 401	1 484	1 374	1 449	1 556
Droits d'accises autonomes huiles minérales	1	1	10	100	135	145	197	184	185	197
Droits d'accises autonomes tabac	..	0	8	24	66	70	85	81	95	146
Droits d'accises sur les huiles minérales (R203)	..	76	173	414	559	536	530	495	497	532
Taxe sur la consommation d'alcool	1	5	19	20	21	20	25	28	38	42
Droits d'accises sur le tabac	..	40	141	407	418	422	445	394	440	430
Produit de la contrib.sociale prélevée sur les carburants	..	0	0	59	145	132	126	117	119	128
Redevance de contrôle sur le fuel domestique	..	0	0	2	3	3	2	2	2	2
Droits d'accises sur gaz liquéfiés (R203)	..	0	0	0	0	0	0	0	0	0
Droits d'accises sur benzols (R203)	..	0	0	1	1	1	1	1	1	1
Droits d'accises sur alcools étrangers (R203)	..	3	5	5	6	5	7	8	10	11
Droits d'accises sur bières indigènes	..	4	2	3	4	4	4	5	4	4
Droits d'accises sur boissons fermentées fruits (R203)	..	2	3	0	0	0	0	0	0	0
Droits d'accises boissons fermentées mousseuses (R203)	..	0	1	0	0	0	0	0	0	0
Droits d'accises sur sucres et sirops raffinés (R203)	..	0	1	0	0	0	0	0	0	0
Ajustement accises U.E.B.L.	..	0	0	0	0	0	0	0	0	0
Droits d'accises sur alcools indigènes	..	1	1	0	0	0	0	0	0	0
Accise "Kyoto"	..	0	0	0	37	62	62	58	58	62
Surtaxe sur les boissons confectionnées (alcopops)	..	0	0	0	0	0	0	0	0	0
5122 Bénéfices des monopoles fiscaux	0	0	0	0	0	0	0	0	0	0
5123 Droits de douane et droits à l'importation	1	5	11	27	24	18	16	23	27	24
Prélèvements agricoles UE	1	0	0	0	1	0	0	0	0	0
Droits de douane	0	0	0	0	0	0	0	0	0	0
Droits de douane + mobiles + C.E.C.A. + anti-dumping	0	4	11	27	23	18	15	23	27	24
Montants compensatoires agricoles communautaires	0	0	0	0	0	0	0	0	0	0
5124 Taxes à l'exportation	0	0	0	0	0	0	0	0	0	0
5125 Impôts sur biens d'équipement	0	0	0	0	0	0	0	0	0	0
5126 Impôts sur services déterminés	2	6	22	39	60	69	70	98	267	308
Prélèv. sommes engagées dans les paris	0	0	0	0	0	0	0	0	0	0
Taxe sur les assurances	1	5	15	23	32	40	45	46	60	53
Taxe sur les transports	1	0	0	0	0	0	0	0	0	0
Taxe de séjour	0	0	1	1	2	2	2	3	3	3
Taxe sur le loto	0	0	3	4	3	3	0	0	0	0
Prélèvement sur les jeux du casino	0	0	3	9	21	23	21	19	19	20
Impôts sur les billets de banque	0	0	0	0	0	0	0	0	0	0
Taxe sur amusements publics (nuits blanches)	0	1	1	2	2	1	2	2	2	1
Contributions au FGDL	0	0	0	0	0	0	0	0	79	95
Contributions au FRL	..	..	..	..	..	..	..	29	100	129
Impôt spécial en charge des assureurs dans l'intérêt du service des secours	0	0	0	0	0	0	0	0	5	7
5127 Autres impôts sur commerce et transact. internat.	0	0	0	0	0	0	0	0	0	0
5128 Autres impôts	0	4	6	1	0	1	1	1	0	0
C.E.C.A.	..	3	4	0	0	0	0	0	0	0
Taxe de coresponsabilité sur le lait	..	1	2	1	0	1	1	1	0	0
Taxe de coresponsabilité sur les céréales	..	0	0	0	0	0	0	0	0	0
5130 Non-ventilables entre 5110 et 5120	0	0	0	0	0	0	0	0	0	0
5200 Impôts sur utilisation des biens et exerc. activités	3	9	20	30	75	75	83	86	85	97
5210 Impôts périodiques	3	8	18	28	68	68	72	71	69	70
5211 À la charge des ménages : véhicules à moteur	2	4	9	16	39	39	40	41	40	40
5212 À la charge autres agents : véhicules à moteur	1	4	7	11	26	26	27	28	27	27
5213 Autres impôts périodiques	0	0	1	2	2	3	4	3	3	3
Taxe sur les cabarets	0	0	0	0	1	1	1	1	1	1
Taxes d'immatriculation (Com. aux affaires maritimes)	0	0	0	1	1	1	2	1	1	1
Taxe sur les chiens	0	0	1	1	1	1	1	1	1	1
Taxe de colportage	0	0	0	0	0	0	0	0	0	0
Taxe sur les navires	0	0	0	0	0	0	0	0	0	0

	1965	1980	1990	2000	2007	2010	2013	2015	2017	2018
5220 Impôts non-périodiques	0	0	2	2	7	7	11	15	16	27
Crédits d'émission	..	..	0	0	0	0	5	7	7	18
Taxes d'immatriculation de voitures	..	..	2	2	7	7	6	8	9	9
5300 Non-ventilables entre 5100 et 5200	0	0	0	0	0	0	0	0	0	0
6000 Autres impôts	**0**	**0**	**7**	**11**	**14**	**22**	**23**	**28**	**27**	**29**
6100 À la charge exclusive des entreprises	..	0	6	11	13	16	15	28	27	29
Taxe supplémentaire sur l'électricité	..	0	0	2	2	2	2	2	2	2
Taxe sur la distribution d'électricité	..	0	3	4	1	1	1	1	1	1
Taxe sur la production d'électricité	..	0	2	2	1	1	1	0	0	4
Taxe sur la consommation de gaz naturel	..	0	0	0	3	4	5	4	4	5
Registre aux firmes: taxes	..	0	1	1	0	0	0	0	0	0
Recettes conc. les dép. des affaires étrangères	..	0	0	0	2	5	5	4	7	5
Timbres de chancellerie	..	0	1	2	4	3	2	1	1	1
TVA reclassée et autres impôts sur la production	..	0	0	1	1	1	1	1	1	1
Sous-compensation TVA	..	0	2	0	0	0	0	0	0	0
Taxe de prélèvement sur l'eau	..	0	2	0	0	0	0	0	0	0
6200 À la charge d'autres agents	..	0	0	0	0	0	0	0	0	0
Pour mémoire										
Droits de douane perçus pour le compte de l'UE	..	..	11	27	23	18	15	23	27	24
Contributions au Fonds de résolution unique collectées pour le compte de l'UE	..	..	..	..	..	..	..	29	100	129
Crédits d'impôts récupérables										
Crédits d'impôts récupérables contre 1110	..	..	..	..	..	..	..	198	196	194
Composante fiscale	..	..	..	..	..	..	..	..	..	..
Composante transfert	..	..	..	..	..	..	..	..	..	..
Recettes fiscales totales sur la base d'encaissements	**266**	**1 543**	**3 722**	**8 612**	**13 385**	**14 746**	**17 798**	**19 420**	**21 452**	**23 649**
Recettes fiscales totales sur la base des droits constatés	**..**	**..**	**3 671**	**8 511**	**13 455**	**15 069**	**17 756**	**19 257**	**21 371**	**23 872**
Conciliation avec les comptes nationaux										
Impôts additionnels inclus dans les comptes nationaux	..	..	0	0	0	0	0	0	0	0
Impôt exclus des comptes nationaux	..	..	0	0	0	0	0	0	0	0
Différence dans les traitements des crédits d'impôts	..	..	0	0	0	0	0	0	0	0
Transfert en capital des recettes non collectées	..	..	0	0	0	0	-13	-1	-2	-6
Cotisations de sécurité sociale volontaires	..	..	4	18	18	28	33	38	44	46
Différences diverses	..	..	0	0	0	0	0	0	0	0
Comptes nationaux : impôts et cotisations sociales effectives	..	..	3 675	8 528	13 474	15 098	17 776	19 295	21 413	23 913
Cotisations sociales imputées	..	..	267	288	429	505	605	669	749	775
Comptes nationaux : impôts et toutes les cotisations sociales	..	..	3 941	8 816	13 902	15 603	18 382	19 964	22 162	24 688

.. Non disponible

Note : Année civile se terminant le 31 décembre.

A partir de 1990, les données sont sur la base des droits constatés.

A la rubrique 2000, la différence entre le total des cotisations de sécurité sociale et celles recueillies par les parastataux de la sécurité sociale correspond au prélèvement pour la péréquation des pensions opéré sur les rémunérations et les pensions des salariés et anciens agents de P&T de la Caisse d'épargne de l'État; ces établissements ressortissant l'un au secteur "sociétés et quasi-sociétés non financières" et l'autre à celui des institutions de crédit.

Source : Compte Général de l'État.

StatLink https://doi.org/10.1787/888934215841

Tableau 5.24. Mexique : recettes fiscales détaillées, 1965-2018

Million MXN

	1965	1980	1990	2000	2007	2010	2013	2015	2017	2018
Recettes fiscales totales	..	**771**	**102 005**	**767 216**	**1 382 103**	**1 716 243**	**2 165 501**	**2 953 480**	**3 527 032**	**3 797 888**
1000 Impôts sur revenu, bénéfices et gains en capital	..	**230**	**34 673**	**276 548**	**554 099**	**683 604**	**957 213**	**1 230 555**	**1 571 954**	**1 671 513**
1100 Des personnes physiques	..	..	..	..	238 938	313 473	425 621	609 384	754 109	804 236
Tax on income of individuals	..	..	..	..	238 938	313 473	425 621	609 384	754 109	804 236
1110 Sur le revenu et les bénéfices	..	..	..	..	..	..	..	..	..	..
1120 Sur les gains en capital	..	..	..	..	..	..	..	..	..	..
1200 Des sociétés	..	..	..	..	217 790	246 745	392 199	592 443	769 193	809 834
Tax on income of corporations	..	..	..	..	217 790	246 745	392 199	592 443	769 193	809 834
1210 Sur les bénéfices	..	..	..	..	..	..	..	..	..	..
1220 Sur les gains en capital	..	..	..	..	..	..	..	..	..	..
1300 Non-ventilables entre 1100 et 1200	..	230	34 673	276 548	97 370	123 386	139 393	28 728	48 652	57 443
Tax on income	..	..	..	244 841	54 785	66 937	89 028	36 268	46 004	50 878
Tax on asset	..	..	..	13 913	15 670	-624	-1 325	-502	-1 069	-396
Credit on salary	..	..	..	17 794	23 177	9 708	1 274	993	1 036	1 172
Oil yields tax	..	..	..	0	3 738	2 296	3 210	0	0	0
IETU	..	..	..	0	0	45 069	47 205	-11 777	-1 648	319
Imposed by activity exploration and extraction of hydrocarbon	..	..	..	0	0	0	0	3 746	4 330	5 470
2000 Cotisations de sécurité sociale	..	**109**	**17 165**	**138 223**	**236 727**	**277 459**	**351 993**	**409 249**	**467 619**	**509 087**
2100 À la charge des salariés	..	..	..	..	..	..	..	..	..	..
2110 Sur la base du salaire	..	..	..	..	..	..	..	..	..	..
2120 Sur la base de l'impôt sur les revenus	..	..	..	..	..	..	..	..	..	..
2200 À la charge des employeurs	..	..	..	..	..	..	..	..	..	..
2210 Sur la base du salaire	..	..	..	..	..	..	..	..	..	..
2220 Sur la base de l'impôt sur les revenus	..	..	..	..	..	..	..	..	..	..
2300 A charge des travailleurs indép. ou sans emploi	..	..	..	..	..	..	..	..	..	..
2310 Sur la base du salaire	..	..	..	..	..	..	..	..	..	..
2320 Sur la base de l'impôt sur les revenus	..	..	..	..	..	..	..	..	..	..
2400 Non-ventilables entre 2100, 2200 et 2300	..	109	17 165	138 223	236 727	277 459	351 993	409 249	467 619	509 087
2410 Sur la base du salaire	..	..	..	138 223	236 727	277 459	351 993	409 249	467 619	509 087
2420 Sur la base de l'impôt sur les revenus	..	..	..	0	0	0	0	0	0	0
3000 Sur salaires ou main d'oeuvre	..	**8**	**1 797**	**11 217**	**28 071**	**36 911**	**53 042**	**70 221**	**84 099**	**93 303**
Substitute tax on salary	..	..	..	0	0	0	0	0	0	0
Payroll tax	..	..	..	11 101	20 277	27 813	41 184	69 866	83 608	92 833
Tax on remuneration to the personal work	..	..	..	65	7 578	8 841	11 645	152	246	270
Tax on professions and fees	..	..	..	36	68	71	50	106	103	111
Tax on operations by contract	..	..	..	15	148	186	163	96	141	90
4000 Impôts sur le patrimoine	..	**15**	**1 914**	**13 964**	**33 161**	**38 955**	**46 238**	**57 673**	**67 836**	**77 110**
4100 Impôts périodiques sur la propriété immobilière	..	10	1 036	9 948	19 425	25 724	31 338	37 961	44 680	49 445
4110 Ménages	..	0	0	0	0	0	0	0	0	0
4120 Autres agents	..	10	1 036	9 948	19 425	25 724	31 338	37 961	44 680	49 445
Property tax	..	..	..	9 948	19 425	25 724	31 338	37 961	44 680	49 445
4200 Impôts périodiques sur l'actif net	..	0	0	0	0	0	0	0	0	0
4210 Personnes physiques	..	..	..	..	..	..	..	..	..	..
4220 Sociétés	..	..	..	..	..	..	..	..	..	..
4300 Impôts sur mut. par décès, succ. et donations	..	0	8	0	0	0	0	0	0	0
4310 Impôts sur mut. par décès et successions	..	..	8	..	..	..	..	..	..	..
4320 Impôts sur les donations	..	..	0	..	..	..	..	..	..	..
4400 Impôts sur transact. mobilières et immob.	..	5	870	4 017	13 736	13 231	14 900	19 712	23 156	27 665
Alienation of immovable property	..	..	..	1 763	1 076	1 122	1 271	1 595	1 623	1 823
Transfer of ownership of real estate	..	..	..	2 236	8 147	5 027	4 518	6 671	7 016	8 658
Purchasing property	..	..	..	18	4 513	7 082	9 110	11 447	14 516	17 184
4500 Impôts non-périodiques	..	0	0	0	0	0	0	0	0	0
4510 Sur l'actif net	..	..	..	..	..	..	..	..	..	..
4520 Autres non-périodiques	..	..	..	..	..	..	..	..	..	..
4600 Autres impôts périodiques sur patrimoine	..	0	0	0	0	0	0	0	0	0
5000 Impôts sur les biens et services	..	**395**	**44 837**	**319 612**	**513 140**	**651 915**	**715 811**	**1 141 170**	**1 283 049**	**1 381 659**
5100 Impôts sur production, vente, transfert, etc.	..	388	44 171	310 325	491 928	630 123	696 150	1 120 610	1 262 770	1 364 208
5110 Impôts généraux	..	121	26 635	189 606	409 013	504 509	556 794	707 213	816 048	922 238
5111 Taxes sur la valeur ajoutée	..	120	26 635	189 606	409 013	504 509	556 794	707 213	816 048	922 238
5112 Impôts sur les ventes	..	0	0	0	0	0	0	0	0	0
5113 Autres impôts	..	1	0	0	0	0	0	0	0	0
5120 Impôts sur biens et services déterminés	..	265	17 519	120 720	82 915	125 614	139 356	413 397	446 722	441 970
5121 Accises	..	45	10 072	86 163	47 008	86 098	104 111	361 538	378 537	358 577
Special tax on production and services	..	..	..	81 544	41 532	81 427	97 860	354 294	367 834	347 436
Tax on new automobiles	..	..	..	4 619	5 476	4 671	6 252	7 244	10 703	11 142
Tax on luxury goods and services	..	..	..	0	0	0	0	0	0	0
5122 Bénéfices des monopoles fiscaux	..	0	0	0	0	0	0	0	0	0

	1965	1980	1990	2000	2007	2010	2013	2015	2017	2018
5123 Droits de douane et droits à l'importation	..	45	6 998	33 285	33 344	26 602	32 324	45 366	53 793	67 232
Step customs officer	..	..	..	423	1 156	2 071	3 065	1 270	1 463	1 690
Import taxes	..	..	..	32 861	32 188	24 531	29 260	44 096	52 330	65 543
5124 Taxes à l'exportation	..	2	75	4	3	0	1	1	0	0
Tax on exports	..	..	..	4	3	0	1	1	0	0
5125 Impôts sur biens d'équipement	..	0	0	0	0	0	0	0	0	0
5126 Impôts sur services déterminés	..	8	132	1 042	2 146	10 958	-967	1 763	7 778	8 692
IDE	..	8	..	0	0	8 022	-5 988	-3 323	-739	-629
Tax on lodging	..	0	..	504	1 059	1 384	1 890	2 561	3 598	3 945
Public entertainment tax	..	0	..	240	365	462	566	689	839	909
Tax on lotteries, raffles and gambling	..	0	..	267	705	923	1 213	1 416	2 717	2 947
Tax on commercials	..	0	..	4	17	166	203	210	1 082	1 231
Various indirect taxes	..	0	..	28	0	1	1 149	209	282	288
5127 Autres impôts sur commerce et transact. internat.	..	0	0	0	0	0	0	0	0	0
5128 Autres impôts	..	165	242	226	414	1 956	3 886	4 730	6 613	7 468
Mining fees	..	..	..	226	414	1 956	3 886	4 730	6 613	7 468
5130 Non-ventilables entre 5110 et 5120	..	2	17	0	0	0	0	0	0	0
5200 Impôts sur utilisation des biens et exerc. activités	..	7	666	9 287	21 212	21 793	19 661	20 560	20 279	17 451
5210 Impôts périodiques	..	7	666	9 287	21 212	21 793	19 661	20 560	20 279	17 451
5211 À la charge des ménages : véhicules à moteur	..	3	567	8 878	20 692	21 319	19 174	19 880	19 530	16 533
Tax on motor vehicules	..	..	..	8 878	20 692	21 319	19 174	19 880	19 530	16 533
5212 À la charge autres agents : véhicules à moteur	..	0	0	301	275	281	357	439	554	640
Tax on federal auto transport	..	..	..	301	275	281	357	439	554	640
5213 Autres impôts périodiques	..	4	99	108	246	193	130	240	194	278
Sport fishing	..	..	..	40	98	59	50	62	71	73
Sport hunting	..	..	..	3	0	0	0	0	0	0
Tax on commercial activities	..	..	..	63	147	50	26	64	28	115
Trade in books and magazines	..	..	..	0	0	0	3	1	0	0
Tax on industrial activities	..	..	..	2	0	82	49	93	77	73
Mining	..	..	..	0	0	1	1	21	18	17
5220 Impôts non-périodiques	..	0	0	0	0	0	0	0	0	0
5300 Non-ventilables entre 5100 et 5200	..	0	0	0	0	0	0	0	0	0
6000 Autres impôts	**..**	**14**	**1 619**	**7 651**	**16 905**	**27 398**	**41 204**	**44 612**	**52 475**	**65 217**
6100 À la charge exclusive des entreprises	..	0	0	0	0	0	0	0	0	0
6200 À la charge d'autres agents	..	14	1 619	7 651	16 905	27 398	41 204	44 612	52 475	65 217
Accessories	..	..	..	5 504	12 403	22 206	25 301	23 211	32 153	45 864
Unallocable between 1000 and 5000 caused in exercices fiscal previous liquidation slopes or of payment	..	..	..	374	222	30	1 618	4 168	281	400
Additional state and local taxes	..	..	..	1 773	4 280	5 162	14 285	17 232	20 042	18 952
Crédits d'impôts récupérables										
Crédits d'impôts récupérables contre 1000	..	..	..	..	59 065	40 344	41 800	43 806	46 793	49 101
Composante fiscale	..	..	..	..	35 888	30 635	40 526	42 813	45 757	47 929
Composante transfert	..	..	..	..	23 177	9 708	1 274	993	1 036	1 172
Recettes fiscales totales sur la base d'encaissements	**..**	**771**	**102 005**	**767 216**	**1 382 103**	**1 716 243**	**2 165 501**	**2 953 480**	**3 527 032**	**3 797 888**
Recettes fiscales totales sur la base des droits constatés	**..**	**..**	**..**	**..**	**..**	**..**	**..**	**..**	**..**	**..**
Conciliation avec les comptes nationaux										
Impôts additionnels inclus dans les comptes nationaux	..	..	..	..	..	..	..	..	..	..
Impôt exclus des comptes nationaux	..	..	..	..	..	..	..	..	..	..
Différence dans les traitements des crédits d'impôts	..	..	..	..	..	..	..	..	..	..
Transfert en capital des recettes non collectées	..	..	..	..	..	..	..	..	..	..
Cotisations de sécurité sociale volontaires	..	..	..	..	..	..	..	..	..	..
Différences diverses	..	..	..	..	..	..	..	..	..	..
Comptes nationaux : impôts et cotisations sociales effectives	..	..	..	..	..	..	..	..	..	..
Cotisations sociales imputées	..	..	..	..	..	..	..	..	..	..
Comptes nationaux : impôts et toutes les cotisations sociales	..	..	..	..	..	..	..	..	..	..

.. Non disponible

Note : Year ending 31st December.

Data are on cash basis.

Source : Ministry of Finance, Economic Department.

StatLink https://doi.org/10.1787/888934215860

Tableau 5.25. Pays-Bas : recettes fiscales détaillées, 1965-2018

Million EUR

	1965	1980	1990	2000	2007	2010	2013	2015	2017	2018
Recettes fiscales totales	**10 860**	**69 982**	**104 419**	**166 824**	**220 950**	**227 911**	**238 488**	**255 348**	**285 671**	**300 298**
Recettes fiscales totales excluant les taxes collectés pour le compte de l'UE	**..**	**..**	**102 926**	**165 227**	**218 926**	**225 943**	**236 479**	**252 272**	**282 463**	**296 931**
1000 Impôts sur revenu, bénéfices et gains en capital	**3 884**	**22 998**	**33 689**	**43 256**	**62 463**	**63 581**	**59 085**	**70 849**	**85 761**	**88 769**
1100 Des personnes physiques	3 008	18 383	25 806	25 116	41 414	48 992	44 830	52 405	61 571	61 660
1110 Sur le revenu et les bénéfices	3 007	18 364	25 757	25 057	41 276	48 771	44 592	52 167	61 442	61 514
Income tax	1 359	2 895	2 455	-880	2 294	2 076	-1 337	-2 566	-1 183	-1 082
Wage tax	1 466	14 984	22 258	24 433	37 729	46 102	45 546	53 953	61 844	61 573
Dividend tax	123	486	1 044	1 504	1 253	593	383	780	781	1 023
Directors tax	14	0	0	0	0	0	0	0	0	0
Inhabited house tax	45	0	0	0	0	0	0	0	0	0
1120 Sur les gains en capital	1	18	50	59	138	221	238	238	129	146
Tax on games of chance	1	18	50	59	138	221	238	238	129	146
1200 Des sociétés	876	4 615	7 882	18 140	21 049	14 589	14 255	18 444	24 190	27 109
1210 Sur les bénéfices	876	4 615	7 882	18 140	21 049	14 589	14 255	18 444	24 190	27 109
Corporate income and dividend taxes	876	4 615	7 882	18 140	21 049	14 589	14 255	18 444	24 190	27 109
1220 Sur les gains en capital	0	0	0	0	0	0	0	0	0	0
1300 Non-ventilables entre 1100 et 1200	0	0	0	0	0	0	0	0	0	0
2000 Cotisations de sécurité sociale	**3 342**	**26 641**	**39 075**	**64 522**	**77 072**	**82 732**	**97 372**	**96 426**	**101 913**	**108 049**
2100 À la charge des salariés	1 659	11 018	24 109	35 305	40 918	41 637	49 327	48 213	39 875	41 775
2110 Sur la base du salaire	..	..	..	35 305	40 918	41 637	49 327	48 213	39 875	41 775
2120 Sur la base de l'impôt sur les revenus	..	..	..	0	0	0	0	0	0	0
2200 À la charge des employeurs	1 371	12 465	7 837	18 671	25 925	29 351	31 603	34 614	37 720	40 702
2210 Sur la base du salaire	..	..	..	18 671	25 925	29 351	31 603	34 614	37 720	40 702
2220 Sur la base de l'impôt sur les revenus	..	..	..	0	0	0	0	0	0	0
2300 A charge des travailleurs indép. ou sans emploi	311	3 158	7 129	10 546	10 229	11 744	16 442	13 599	24 318	25 572
2310 Sur la base du salaire	..	..	..	0	0	0	0	0	0	0
2320 Sur la base de l'impôt sur les revenus	..	..	..	10 546	10 229	11 744	16 442	13 599	24 318	25 572
2400 Non-ventilables entre 2100, 2200 et 2300	0	0	0	0	0	0	0	0	0	0
2410 Sur la base du salaire	..	..	..	..	..	..	..	..	..	..
2420 Sur la base de l'impôt sur les revenus	..	..	..	..	..	..	..	..	..	..
3000 Sur salaires ou main d'oeuvre	**0**	**0**	**0**	**0**	**0**	**0**	**0**	**0**	**0**	**0**
4000 Impôts sur le patrimoine	**476**	**2 509**	**3 816**	**8 797**	**10 363**	**8 770**	**8 084**	**9 768**	**11 487**	**12 142**
4100 Impôts périodiques sur la propriété immobilière	111	1 021	1 711	3 094	3 488	4 241	5 249	6 382	6 919	7 370
Municipal immovable property tax	-59	821	1 398	..	..	..	..	..	..	..
Other municipal taxes	66	5	18	..	..	..	..	..	..	..
Contributions polder boards	44	195	295	..	..	..	..	..	..	..
Tax on land	59	0	0	..	..	..	..	..	..	..
4110 Ménages	..	..	..	1 806	1 642	2 058	2 802	3 741	4 154	4 513
Municipal immovable property tax	..	..	..	1 651	1 368	1 553	1 754	1 882	1 975	2 032
Contributions polder boards	..	..	..	155	274	429	492	514	561	584
Levies on social housing corporations	..	..	..	0	0	76	556	1 345	1 618	1 897
4120 Autres agents	..	..	..	1 288	1 846	2 183	2 447	2 641	2 765	2 857
Municipal immovable property tax	..	..	..	893	1 319	1 488	1 686	1 809	1 898	1 952
Contributions polder boards	..	..	..	395	527	695	761	832	867	905
4200 Impôts périodiques sur l'actif net	86	517	554	824	30	23	1	0	0	0
4210 Personnes physiques	86	517	554	824	30	23	1	..	..	..
Property tax of individuals	86	517	554	824	30	23	1	..	..	..
4220 Sociétés	0	0	0	0	0	0	0	..	..	..
4300 Impôts sur mut. par décès, succ. et donations	117	336	522	1 483	1 877	1 721	1 730	1 614	1 841	1 731
4310 Impôts sur mut. par décès et successions	..	304	472	1 303	1 877	1 721	1 730	1 614	1 841	1 731
Estate tax	..	0	0	0	0	0	0	0	0	0
Inheritance tax	..	304	472	1 303	1 877	1 721	1 730	1 614	1 841	1 731
4320 Impôts sur les donations	..	32	50	180	0	0	0	0	0	0
4400 Impôts sur transact. mobilières et immob.	162	635	1 030	3 396	4 968	2 785	1 104	1 772	2 727	3 041
Stamp duties	44	0	0	0	0	0	0	0	0	0
Registration duties	118	0	0	0	0	0	0	0	0	0
Tax on legal transactions	0	635	1 030	0	0	0	0	0	0	0
Real estate transfer tax	0	0	0	2 804	4 925	2 785	1 104	1 772	2 727	3 041
Tax on capital formation	0	0	0	592	43	0	0	0	0	0
4500 Impôts non-périodiques	0	0	0	0	0	0	0	0	0	0
4510 Sur l'actif net	..	..	..	..	..	..	..	..	..	..
4520 Autres non-périodiques	..	..	..	..	..	..	..	..	..	..
4600 Autres impôts périodiques sur patrimoine	0	0	0	0	0	0	0	0	0	0
5000 Impôts sur les biens et services	**3 110**	**17 675**	**27 585**	**49 472**	**70 084**	**71 866**	**72 824**	**77 889**	**85 653**	**90 531**
5100 Impôts sur production, vente, transfert, etc.	2 943	16 204	25 067	44 871	63 673	64 247	65 030	69 315	76 819	81 470
5110 Impôts généraux	1 344	11 081	17 216	28 857	42 884	42 674	42 459	44 922	49 893	52 782
5111 Taxes sur la valeur ajoutée	0	11 081	17 216	28 849	42 873	42 654	42 424	44 879	49 833	52 712

	1965	1980	1990	2000	2007	2010	2013	2015	2017	2018
5112 Impôts sur les ventes	0	0	0	0	0	0	0	0	0	0
5113 Autres impôts	1 344	0	0	8	11	20	35	43	60	70
Turnover tax	1 344	..	..	..	..	..	..	..	..	..
5120 Impôts sur biens et services déterminés	1 600	5 123	7 850	16 014	20 789	21 573	22 571	24 393	26 926	28 688
5121 Accises	880	3 789	5 985	13 755	17 724	18 392	17 309	18 020	19 692	20 995
Excise on spirits	129	463	422	397	335	331	306	314	331	342
Excise on beer	34	123	259	263	310	389	413	451	447	457
Excise on sugar	45	9	27	0	0	0	0	0	0	0
Excise on tobacco	307	839	948	1 590	2 136	2 437	2 228	2 222	2 397	2 669
Excise on wine	14	82	91	173	257	304	348	354	346	347
Registration tax on motor vehicles	0	613	1 189	2 875	3 647	2 096	1 159	1 462	2 000	2 270
Excise on soft drinks	0	59	186	216	155	156	154	207	265	278
Levies for nuclear reactor	0	0	0	0	0	0	0	0	0	0
Excise on petrol	310	1 280	1 684	3 151	4 010	4 086	3 960	4 109	4 293	4 472
Excise on other mineral oils	41	295	808	2 139	2 965	3 573	3 630	3 757	3 875	3 919
Levies on air pollution	0	27	304	0	0	0	0	0	0	0
Taxes on pollution/resources	0	0	68	462	456	655	144	345	369	379
Levies on energy	0	0	0	2 387	3 333	4 250	4 856	4 679	5 213	5 724
Other excise duties and consumption taxes	0	0	0	0	0	0	0	0	0	0
Other environmental taxes	0	0	0	34	35	15	10	14	46	27
Strategic stockpile tax on mineral oils	0	0	0	68	85	100	101	106	110	111
5122 Bénéfices des monopoles fiscaux	0	0	0	0	0	0	0	0	0	0
5123 Droits de douane et droits à l'importation	702	971	1 375	1 310	1 679	1 732	1 756	2 266	2 420	2 504
EU levies on food products	338	295	168	0	0	0	0	0	0	0
MCA levy	0	9	0	0	0	0	0	0	0	0
Remaining import duties	364	667	1 207	0	0	0	0	0	0	0
Custom duties collected for the EU	..	..	..	1 310	1 679	1 732	1 756	2 266	2 420	2 504
5124 Taxes à l'exportation	0	0	0	0	0	0	0	0	0	0
5125 Impôts sur biens d'équipement	0	77	0	0	0	0	0	0	0	0
Selective investment regulation levy	..	77	..	..	..	..	..	..	..	..
5126 Impôts sur services déterminés	16	222	372	662	1 041	1 213	3 253	3 751	4 571	4 946
Tax on fire insurance	2	0	0	0	0	0	0	0	0	0
Entertainment tax	14	0	0	0	0	0	0	0	0	0
Tax on insurances	0	209	340	512	807	861	2 343	2 375	2 486	2 715
Tourist tax	0	14	32	83	125	131	164	206	252	288
Tax on games of chance	0	0	0	67	109	221	239	238	340	384
Flight tax	0	0	0	0	0	0	0	0	0	0
Bank levies	0	0	0	0	0	0	507	478	948	939
Contribution to EU Single Resolution Fund	..	..	..	..	..	..	..	454	545	620
5127 Autres impôts sur commerce et transact. internat.	0	0	0	0	0	0	0	0	0	0
5128 Autres impôts	1	64	118	287	345	236	253	356	243	243
ESCC levy	1	5	0	0	0	0	0	0	0	0
Sugar contribution	0	23	36	0	0	0	0	0	0	0
Milk levy	0	36	82	0	0	0	0	0	0	0
EU levies on food products	0	0	0	273	345	236	253	356	243	243
Sugar storage duty	0	0	0	14	0	0	0	0	0	0
5130 Non-ventilables entre 5110 et 5120	0	0	0	0	0	0	0	0	0	0
5200 Impôts sur utilisation des biens et exerc. activités	167	1 470	2 518	4 601	6 411	7 619	7 794	8 574	8 834	9 061
5210 Impôts périodiques	165	1 470	2 518	4 601	6 411	7 619	7 751	8 410	8 634	8 800
5211 À la charge des ménages : véhicules à moteur	27	463	799	2 288	3 211	4 084	4 008	4 470	4 582	4 686
Motor vehicle tax	27	427	744	2 288	3 211	4 084	4 008	4 470	4 582	4 686
Motor vehicle licence	0	36	54	0	0	0	0	0	0	0
5212 À la charge autres agents : véhicules à moteur	132	604	1 044	554	760	976	959	1 069	1 096	1 121
Motor vehicle tax	132	590	1 026	554	760	976	959	1 069	1 096	1 121
Motor vehicle licence	0	14	18	0	0	0	0	0	0	0
Heavy motor vehicle tax	0	0	0	0	0	0	0	0	0	0
5213 Autres impôts périodiques	6	404	676	1 759	2 440	2 559	2 784	2 871	2 956	2 993
Dog licences	3	23	27	40	54	59	67	65	61	56
Commuter tax	0	5	5	12	21	25	29	29	32	28
Levies on water pollution	1	372	644	1 003	1 220	1 127	1 182	1 212	1 257	1 284
Permission to sell spirits	2	5	0	0	0	0	0	0	1	0
Sewerage charges	0	0	0	650	1 094	1 304	1 463	1 531	1 597	1 619
Levies on manure surplus	0	0	0	18	-4	2	4	3	7	4
Noise nuisance tax civil aviation	0	0	0	36	55	42	39	31	1	2
5220 Impôts non-périodiques	2	0	0	0	0	0	43	164	200	261
Emission permits	..	..	..	..	..	..	43	164	200	261
5300 Non-ventilables entre 5100 et 5200	0	0	0	0	0	0	0	0	0	0
6000 Autres impôts	**48**	**159**	**254**	**777**	**968**	**962**	**1 123**	**416**	**857**	**807**
6100 À la charge exclusive des entreprises	48	159	254	410	322	326	139	0	0	0
Administrative levies	48	159	254	410	322	326	139	..	..	..

	1965	1980	1990	2000	2007	2010	2013	2015	2017	2018
6200 À la charge d'autres agents	0	0	0	367	646	636	984	416	857	807
Employers tax	..	..	..	331	497	609	804	208	569	563
Tax revenue from Caribbean Netherlands	..	..	..	0	0	13	100	128	153	152
Other taxes on wealth	..	..	..	36	149	14	80	80	135	92
Pour mémoire										
Droits de douane perçus pour le compte de l'UE	..	..	..	1 310	1 679	1 732	1 756	2 266	2 420	2 504
Contributions au Fonds de résolution unique collectées pour le compte de l'UE	..	..	..	..	..	..	..	454	545	620
Recettes fiscales totales sur la base d'encaissements	**10 860**	**69 982**	**104 419**	**165 503**	**..**	**..**	**..**	**..**	**..**	**..**
Recettes fiscales totales sur la base des droits constatés	**..**	**..**	**..**	**166 824**	**220 950**	**227 911**	**238 488**	**255 348**	**285 671**	**300 298**
Conciliation avec les comptes nationaux										
Impôts additionnels inclus dans les comptes nationaux	..	..	..	1 400	0	0	0	0	0	0
Wage Tax reductions	..	..	..	1 400	..	..	..	..	..	..
Impôt exclus des comptes nationaux	..	..	..	0	0	0	0	0	0	0
Différence dans les traitements des crédits d'impôts	..	..	..	0	0	0	0	0	0	0
Transfert en capital des recettes non collectées	..	..	..	0	0	0	0	0	0	0
Cotisations de sécurité sociale volontaires	..	..	..	0	0	0	0	0	0	0
Différences diverses	..	..	..	-70	0	0	0	0	0	0
Comptes nationaux : impôts et cotisations sociales effectives	..	..	..	168 154	220 950	227 911	238 488	255 348	285 671	300 298
Cotisations sociales imputées	..	..	..	3 808	3 509	3 545	3 414	3 160	3 622	3 685
Comptes nationaux : impôts et toutes les cotisations sociales	..	..	..	171 962	224 459	231 456	241 902	258 508	289 293	303 983

.. Non disponible

Note : Year ending 31st December.

From 1999 data are on accrual basis.

Heading 2000: From 1998 the figures include some violuntary contributions and the breakdown between premiums paid by employees (2100) and by self-employed / non-employed has been estimated. This is also the case for the breakdown between premiums paid on a payroll or on an income tax basis for those years where both apply.

Heading 4100: From 1992, there was a structural break in the data for the 'municipal immovable property tax'. The tax ceased to be collected by the central government at that time and the figures are presented on a different type of statistical registration (no longer cash basis).

Heading 5110: Includes 358 millions of euros (1969) and 186 millions of euros (1970) in respect of deduction of turnover tax on stocks existing at 1st January 1969.

Heading 5213: Small amounts (less than 2.3 millions euros) of hunting and fishing licence receipts which should be classified here have been omitted.

Source : Social security contributions and local taxes: Central Bureau of Statistics.

Other taxes: Ministry of Finance.

StatLink https://doi.org/10.1787/888934215879

Tableau 5.26. Nouvelle-Zélande : recettes fiscales détaillées, 1965-2018

Million NZD

	1965	1980	1990	2000	2007	2010	2013	2015	2017	2018
Recettes fiscales totales	**1 001**	**7 594**	**27 471**	**39 765**	**64 046**	**62 310**	**72 187**	**81 499**	**92 635**	**99 842**
1000 Impôts sur revenu, bénéfices et gains en capital	**606**	**5 299**	**16 370**	**23 861**	**40 308**	**33 494**	**39 415**	**44 723**	**51 489**	**56 173**
1100 Des personnes physiques	394	4 679	13 177	17 126	26 965	23 519	26 555	30 297	35 004	37 467
1110 Sur le revenu et les bénéfices	394	4 679	13 177	17 126	26 965	23 519	26 555	30 297	35 004	37 467
1120 Sur les gains en capital	0	0	0	0	0	0	0	0	0	0
1200 Des sociétés	207	589	1 780	4 914	9 069	7 609	10 344	11 407	13 584	15 559
1210 Sur les bénéfices	207	589	1 780	4 914	9 069	7 609	10 344	11 407	13 584	15 559
1220 Sur les gains en capital	0	0	0	0	0	0	0	0	0	0
1300 Non-ventilables entre 1100 et 1200	5	31	1 413	1 821	4 274	2 366	2 516	3 019	2 901	3 147
NRWT	5	24	277	760	1 506	467	427	733	619	651
Property speculation	0	0	0	0	0	0	0	0	0	0
Absentee income tax	0	7	0	0	0	0	0	0	0	0
Interest	0	0	1 028	990	2 699	1 704	1 643	1 660	1 530	1 659
Dividends	0	0	83	71	69	195	446	626	752	837
Other	0	0	25	0	0	0	0	0	0	0
2000 Cotisations de sécurité sociale	**0**	**0**	**0**	**0**	**0**	**0**	**0**	**0**	**0**	**0**
2100 À la charge des salariés	0	0	0	0	0	0	0	0	0	0
2110 Sur la base du salaire	..	..	..	..	..	..	..	..	..	..
2120 Sur la base de l'impôt sur les revenus	..	..	..	..	..	..	..	..	..	..
2200 À la charge des employeurs	0	0	0	0	0	0	0	0	0	0
2210 Sur la base du salaire	..	..	..	..	..	..	..	..	..	..
2220 Sur la base de l'impôt sur les revenus	..	..	..	..	..	..	..	..	..	..
2300 A charge des travailleurs indép. ou sans emploi	0	0	0	0	0	0	0	0	0	0
2310 Sur la base du salaire	..	..	..	..	..	..	..	..	..	..
2320 Sur la base de l'impôt sur les revenus	..	..	..	..	..	..	..	..	..	..
2400 Non-ventilables entre 2100, 2200 et 2300	0	0	0	0	0	0	0	0	0	0
2410 Sur la base du salaire	..	..	..	..	..	..	..	..	..	..
2420 Sur la base de l'impôt sur les revenus	..	..	..	..	..	..	..	..	..	..
3000 Sur salaires ou main d'oeuvre	**0**	**0**	**0**	**0**	**0**	**0**	**0**	**0**	**0**	**0**
4000 Impôts sur le patrimoine	**116**	**602**	**1 880**	**2 112**	**3 417**	**4 119**	**4 585**	**5 046**	**5 533**	**5 822**
4100 Impôts périodiques sur la propriété immobilière	84	515	1 722	2 049	3 322	4 031	4 492	4 962	5 426	5 717
Local govt rates and services	81	503	1 550	2 049	3 322	4 031	4 492	4 962	5 426	5 717
Land tax	3	12	172	0	0	0	0	0	0	0
4110 Ménages	..	..	0	..	..	..	..	..	..	..
4120 Autres agents	..	..	172	..	..	..	..	..	..	..
4200 Impôts périodiques sur l'actif net	0	0	0	0	0	0	0	0	0	0
4210 Personnes physiques	..	..	..	..	..	..	..	..	..	..
4220 Sociétés	..	..	..	..	..	..	..	..	..	..
4300 Impôts sur mut. par décès, succ. et donations	23	39	80	2	3	2	0	0	0	0
4310 Impôts sur mut. par décès et successions	21	37	74	0	0	0	..	..	..	..
4320 Impôts sur les donations	2	2	6	2	3	2	..	..	..	..
4400 Impôts sur transact. mobilières et immob.	9	48	78	61	92	86	93	84	107	105
Instrument duty	7	40	62	51	85	82	91	84	107	105
Cheque duty	2	8	16	10	7	4	2	0	0	0
4500 Impôts non-périodiques	0	0	0	0	0	0	0	0	0	0
4510 Sur l'actif net	..	..	..	..	..	..	..	..	..	..
4520 Autres non-périodiques	..	..	..	..	..	..	..	..	..	..
4600 Autres impôts périodiques sur patrimoine	0	0	0	0	0	0	0	0	0	0
5000 Impôts sur les biens et services	**280**	**1 693**	**9 220**	**13 792**	**20 290**	**24 692**	**28 184**	**31 728**	**35 612**	**37 845**
5100 Impôts sur production, vente, transfert, etc.	262	1 624	8 680	12 887	18 832	23 107	26 344	29 584	33 220	35 271
5110 Impôts généraux	77	776	6 163	9 885	15 046	19 143	22 063	24 587	27 951	29 521
5111 Taxes sur la valeur ajoutée	0	0	6 163	9 885	15 046	19 143	22 063	24 587	27 951	29 521
5112 Impôts sur les ventes	77	776	0	0	0	0	0	0	0	0
Motor vehicles	..	231	..	..	..	..	..	..	..	..
Other sales tax	..	544	..	..	..	..	..	..	..	..
5113 Autres impôts	0	0	0	0	0	0	0	0	0	0
5120 Impôts sur biens et services déterminés	186	849	2 517	3 002	3 786	3 964	4 281	4 997	5 269	5 750

	1965	1980	1990	2000	2007	2010	2013	2015	2017	2018
5121 Accises	124	548	1 929	2 148	1 627	1 782	1 854	2 280	2 214	2 622
On alcoholic beverages	37	84	411	436	573	622	650	672	699	722
Beer	33	64	0	201	290	207	250	262	265	274
Wine	0	0	0	100	163	181	204	216	227	225
Spirits	4	20	0	135	120	234	196	194	207	223
Tobacco	33	99	568	764	159	220	273	362	399	483
Motor vehicles	0	0	7	0	0	0	0	0	0	0
Refined sugar	2	0	0	0	0	0	0	0	0	0
CA petroleum fuels	0	140	835	810	819	872	865	1 185	1 057	1 201
NRF fuel excise	49	121	0	0	0	0	0	0	0	0
Local petroleum fuels	0	18	21	27	30	32	31	33	33	190
CA mileage tax	0	0	0	0	0	0	0	0	0	0
NRF mileage tax	3	0	0	0	0	0	0	0	0	0
Road user charges	0	68	0	0	0	0	0	0	0	0
Energy resources levy	0	20	87	111	46	36	35	28	26	26
5122 Bénéfices des monopoles fiscaux	0	0	0	0	0	0	0	0	0	0
5123 Droits de douane et droits à l'importation	49	231	505	648	1 857	1 916	2 160	2 442	2 738	2 814
5124 Taxes à l'exportation	0	0	0	0	0	0	0	0	0	0
5125 Impôts sur biens d'équipement	0	0	0	0	0	0	0	0	0	0
5126 Impôts sur services déterminés	13	57	83	206	302	266	267	275	317	314
Lottery (national)	1	6	26	167	290	253	254	260	301	299
Lottery (overseas)	0	0	0	0	0	0	0	0	0	0
Racing	12	46	57	39	12	13	13	15	16	15
Film hire tax	0	1	0	0	0	0	0	0	0	0
Domestic air travel tax	0	3	0	0	0	0	0	0	0	0
5127 Autres impôts sur commerce et transact. internat.	0	12	0	0	0	0	0	0	0	0
Foreign fishing vessels tax	..	0	..	..	..	..	..	..	..	..
Foreign travel tax	..	0	..	..	..	..	..	..	..	..
International departure tax	..	12	..	..	..	..	..	..	..	..
5128 Autres impôts	0	0	0	0	0	0	0	0	0	0
5130 Non-ventilables entre 5110 et 5120	0	0	0	0	0	0	0	0	0	0
5200 Impôts sur utilisation des biens et exerc. activités	18	69	539	905	1 458	1 585	1 840	2 144	2 392	2 574
5210 Impôts périodiques	18	69	539	905	1 458	1 585	1 840	2 144	2 392	2 574
Motor vehicle registration	7	47	154	181	226	172	187	214	227	227
Heavy traffic fees	8	0	285	532	851	1 016	1 205	1 381	1 551	1 673
Accident compensation levies	0	0	0	0	0	0	0	0	0	0
5211 À la charge des ménages : véhicules à moteur	0	0	0	0	0	0	0	0	0	0
5212 À la charge autres agents : véhicules à moteur	0	0	0	0	0	0	0	0	0	0
5213 Autres impôts périodiques	3	23	100	192	381	397	448	549	614	674
Local authority fees and charges	3	23	100	192	381	397	448	549	614	674
5220 Impôts non-périodiques	0	0	0	0	0	0	0	0	0	0
5300 Non-ventilables entre 5100 et 5200	0	0	0	0	0	0	0	0	0	0
6000 Autres impôts	**0**	**0**	**1**	**0**	**31**	**5**	**3**	**2**	**1**	**2**
6100 À la charge exclusive des entreprises	..	..	0	..	0	0	0	0	0	0
6200 À la charge d'autres agents	..	..	1	..	31	5	3	2	1	2
Crédits d'impôts récupérables										
Crédits d'impôts récupérables contre 1110	..	..	..	1 057	2 568	2 794	2 582	2 352	2 195	2 766
Composante fiscale	..	..	..	311	873	950	1 349	1 254	1 205	1 518
Composante transfert	..	..	..	746	1 695	1 844	1 233	1 098	990	1 248
Crédits d'impôts récupérables contre 1210	..	..	..	0	0	0	0	0	0	0
Composante fiscale	..	..	..	..	..	..	..	..	..	..
Composante transfert	..	..	..	..	..	..	..	..	..	..
Recettes fiscales totales sur la base d'encaissements	**1 001**	**7 594**	**27 471**	**39 276**	**64 273**	**62 053**	**73 172**	**82 481**	**93 901**	**98 594**
Recettes fiscales totales sur la base des droits constatés	**..**	**..**	**..**	**39 765**	**64 046**	**62 310**	**72 187**	**81 499**	**92 635**	**99 842**
Conciliation avec les comptes nationaux										
Impôts additionnels inclus dans les comptes nationaux	..	..	..	..	0	0	2 490	2 818	4 559	4 781
Impôt exclus des comptes nationaux	..	..	..	..	0	0	-4 955	-5 769	-7 404	-7 787
Différence dans les traitements des crédits d'impôts	..	..	..	..	873	950	1 349	1 254	1 205	1 518
Transfert en capital des recettes non collectées	..	..	..	..	0	0	0	0	0	0
Cotisations de sécurité sociale volontaires	..	..	..	..	0	0	0	0	0	0
Différences diverses	..	..	..	..	0	0	461	-1 602	-81	-3 325
Comptes nationaux : impôts et cotisations sociales effectives	..	..	..	..	64 919	63 260	71 532	78 200	90 914	95 029
Cotisations sociales imputées	..	..	..	..	0	0	2 617	2 063	1 948	2 060
Comptes nationaux : impôts et toutes les cotisations sociales	..	..	..	..	64 919	63 260	74 149	80 263	92 862	97 089

.. Non disponible

Note : For the years before 1989 data are on a fiscal year basis ending 31st March. The figures provided for 1989 and onwards relate to the financial year ending 30th June of the following year.

From 1993, data are on accrual basis.

Heading 1000: Tax credits to exporters under the export incentives schemes are non-wastable, but that part of the excess of tax liability paid out to taxpayers is not identifiable.

Heading 1100: The figures up to 1969 include revenues collected by a social security income tax. The base of this tax was the same as the ordinary income tax base and the two have now been incorporated into a single income tax.

Heading 5121: From October 1986 incorporates that portion of the selective impost on wine, spirits, tobacco and motor vehicles which was formerly collected and reported as sales tax. The revenue collected on those imported goods which are subject to the equivalent of the domestic excise has been classified as excise duty. In this respect, there is a discontinuity between the excises recorded before and after October 1986.

Heading 5210: The other local authority licence fees include some small items which could be regarded as non-tax revenues.

Heading for non-wastable tax credits 1110 comprises four Family assistance tax credits. The total in item 1100 is net of the tax expenditure component but not net of the transfer component.

Source : Local Authorities Statistics, Department of Statistics, Wellington.

StatLink https://doi.org/10.1787/888934215898

Tableau 5.27. Norvège : recettes fiscales détaillées, 1965-2018

Million NOK

	1965	1980	1990	2000	2007	2010	2013	2015	2017	2018
Recettes fiscales totales	**16 842**	**133 499**	**301 812**	**627 989**	**987 278**	**1 083 337**	**1 222 890**	**1 195 354**	**1 277 949**	**1 397 206**
1000 Impôts sur revenu, bénéfices et gains en capital	**7 316**	**55 837**	**106 290**	**284 189**	**474 460**	**512 244**	**558 171**	**475 374**	**499 695**	**582 916**
1100 Des personnes physiques	6 671	38 018	79 068	152 013	219 726	256 544	304 409	335 199	339 076	353 359
1110 Sur le revenu et les bénéfices	6 671	38 018	79 068	152 013	219 726	256 544	304 409	335 199	339 076	353 359
Employee social security contributions	1 305	0	0	0	0	0	0	0	0	0
Income taxes	5 366	38 018	79 068	152 013	219 726	256 544	304 409	335 199	339 076	353 359
1120 Sur les gains en capital	0	0	0	0	0	0	0	0	0	0
1200 Des sociétés	645	17 819	27 222	132 176	254 734	255 700	253 762	140 175	160 619	229 557
1210 Sur les bénéfices	..	..	..	132 176	254 734	255 700	253 762	140 175	160 619	229 557
1220 Sur les gains en capital	..	..	..	0	0	0	0	0	0	0
1300 Non-ventilables entre 1100 et 1200	0	0	0	0	0	0	0	0	0	0
2000 Cotisations de sécurité sociale	**2 009**	**28 205**	**79 362**	**132 170**	**204 473**	**243 002**	**292 461**	**325 130**	**339 848**	**356 610**
2100 À la charge des salariés	0	6 639	25 345	45 162	68 518	81 032	98 124	112 662	119 019	124 499
2110 Sur la base du salaire	..	..	..	45 162	68 518	81 032	98 124	112 662	119 019	124 499
2120 Sur la base de l'impôt sur les revenus	..	..	..	0	0	0	0	0	0	0
2200 À la charge des employeurs	1 716	20 454	50 116	79 242	124 178	148 047	177 458	190 923	197 813	208 153
2210 Sur la base du salaire	..	..	..	79 242	124 178	148 047	177 458	190 923	197 813	208 153
2220 Sur la base de l'impôt sur les revenus	..	..	..	0	0	0	0	0	0	0
2300 A charge des travailleurs indép. ou sans emploi	293	1 112	3 901	7 766	11 777	13 923	16 879	21 545	23 016	23 958
2310 Sur la base du salaire	..	..	..	7 766	11 777	13 923	16 879	21 545	23 016	23 958
2320 Sur la base de l'impôt sur les revenus	..	..	..	0	0	0	0	0	0	0
2400 Non-ventilables entre 2100, 2200 et 2300	0	0	0	0	0	0	0	0	0	0
2410 Sur la base du salaire	..	..	..	..	..	..	..	..	..	..
2420 Sur la base de l'impôt sur les revenus	..	..	..	..	..	..	..	..	..	..
3000 Sur salaires ou main d'oeuvre	**0**	**0**	**0**	**0**	**0**	**0**	**0**	**0**	**1 891**	**1 976**
4000 Impôts sur le patrimoine	**523**	**2 295**	**8 887**	**14 422**	**26 601**	**28 547**	**34 810**	**34 021**	**41 912**	**43 930**
4100 Impôts périodiques sur la propriété immobilière	100	431	2 216	2 724	5 571	7 109	8 879	11 177	13 611	14 205
4110 Ménages	..	431	2 216	2 724	2 149	3 024	3 693	5 437	7 067	7 446
4120 Autres agents	..	0	0	0	3 422	4 085	5 186	5 740	6 544	6 759
4200 Impôts périodiques sur l'actif net	341	1 450	5 118	7 703	12 900	13 193	16 376	14 123	18 965	20 083
4210 Personnes physiques	235	907	3 692	6 869	10 746	12 169	14 039	12 902	15 409	15 831
4220 Sociétés	106	543	1 426	834	2 154	1 024	2 337	1 221	3 556	4 252
4300 Impôts sur mut. par décès, succ. et donations	45	122	446	1 273	2 576	2 377	2 246	295	91	73
4310 Impôts sur mut. par décès et successions	..	122	446	1 273	2 576	2 377	2 246	295	91	73
4320 Impôts sur les donations	..	0	0	0	0	0	0	0	0	0
4400 Impôts sur transact. mobilières et immob.	37	292	1 107	2 722	5 554	5 868	7 309	8 426	9 245	9 569
4500 Impôts non-périodiques	0	0	0	0	0	0	0	0	0	0
4510 Sur l'actif net	..	..	..	..	..	..	..	..	..	..
4520 Autres non-périodiques	..	..	..	..	..	..	..	..	..	..
4600 Autres impôts périodiques sur patrimoine	0	0	0	0	0	0	0	0	0	0
5000 Impôts sur les biens et services	**6 928**	**47 154**	**107 262**	**197 208**	**281 744**	**299 544**	**337 448**	**360 829**	**394 603**	**411 774**
5100 Impôts sur production, vente, transfert, etc.	6 720	45 882	102 901	185 921	266 456	284 646	321 557	342 410	376 280	392 783
5110 Impôts généraux	3 622	24 350	56 656	124 985	189 424	201 802	235 771	256 029	284 534	297 918
5111 Taxes sur la valeur ajoutée	0	24 350	56 656	124 166	188 705	201 184	234 941	255 182	283 518	296 900
Value added tax	..	24 350	56 656	124 166	188 705	201 184	234 941	255 182	283 518	296 900
5112 Impôts sur les ventes	0	0	0	0	719	618	0	0	1 016	1 018
5113 Autres impôts	3 622	0	0	819	0	0	830	847	0	0
5120 Impôts sur biens et services déterminés	3 098	21 532	46 245	60 936	77 032	82 844	85 786	86 381	91 746	94 865
5121 Accises	2 338	14 914	37 453	54 871	71 047	76 328	78 515	78 845	81 252	84 000
Stamp duty on tobacco	392	1 076	3 750	6 806	6 815	7 768	6 375	7 219	7 564	6 863
Taxes on spirits and wines	449	2 013	3 454	5 217	0	0	0	0	0	0
Excise on beer	162	605	2 195	3 650	0	0	0	0	0	0
Excise on petrol	480	2 310	7 057	9 756	8 132	7 373	6 417	5 711	5 597	5 535
Vehicles transfer tax	395	2 761	4 554	10 956	22 898	21 835	22 229	19 355	17 360	15 916
Chocolate and sweets	123	247	551	789	1 078	1 173	1 261	1 324	1 439	2 277
Sugar	0	0	217	230	192	196	201	206	206	186
Non-alcoholic beverages	38	120	487	1 113	1 024	1 739	1 803	1 972	2 111	2 964
Electric energy	89	1 515	3 414	5 091	7 079	8 110	8 656	9 233	11 575	12 000
Oil and gas products	0	3 703	8 729	88	92	98	108	103	109	114
Sales of radio and tv sets	0	163	220	920	0	0	0	0	0	0
Mineral oil	0	113	1 098	490	685	1 419	1 383	1 986	1 832	1 851
Cosmetics	0	0	0	159	0	0	0	0	0	0
Recording equipment	0	0	92	35	0	0	0	0	0	0
Others	210	288	1 635	1 249	1 821	1 965	2 060	2 535	2 737	3 015
Taxes on alcoholic beverages	0	0	0	0	10 338	11 317	12 602	12 969	13 638	14 103
Excise on diesel	0	0	0	4 802	6 424	8 653	10 507	10 267	9 924	10 432
Tax on Co2 emissions, petroleum sector excepted	0	0	0	3 520	4 469	4 682	4 913	5 965	7 160	8 744

	1965	1980	1990	2000	2007	2010	2013	2015	2017	2018
5122 Bénéfices des monopoles fiscaux	31	395	751	2 534	2 902	3 433	3 751	3 869	4 868	5 089
Profits state wine monopoly	31	30	67	41	32	44	36	0	0	0
Norsk tipping	0	365	684	2 493	2 870	3 389	3 715	3 869	4 868	5 089
5123 Droits de douane et droits à l'importation	634	697	1 360	1 944	2 132	2 505	3 111	3 305	3 366	3 396
Customs revenue	615	689	1 305	1 944	2 132	2 505	3 111	3 305	3 366	3 396
Loading and lighthouse dues	11	0	0	0	0	0	0	0	0	0
Other import duties	8	8	55	0	0	0	0	0	0	0
5124 Taxes à l'exportation	7	105	227	0	112	151	177	178	233	260
5125 Impôts sur biens d'équipement	0	4 274	4 454	0	0	0	0	0	0	0
5126 Impôts sur services déterminés	88	195	1 233	1 386	131	114	140	138	1 972	2 060
Excise on race tracks	9	25	15	88	119	114	140	138	144	136
Taxes on specific services	34	49	150	1 298	0	0	0	0	1 828	1 924
Pengelotteriet (national lotteries)	45	121	462	0	0	0	0	0	0	0
Excise on lotto games	0	0	606	0	12	0	0	0	0	0
5127 Autres impôts sur commerce et transact. internat.	0	0	0	0	0	0	0	0	0	0
5128 Autres impôts	0	952	767	201	708	313	92	46	55	60
5130 Non-ventilables entre 5110 et 5120	0	0	0	0	0	0	0	0	0	0
5200 Impôts sur utilisation des biens et exerc. activités	208	1 272	4 361	11 287	15 288	14 898	15 891	18 419	18 323	18 991
5210 Impôts périodiques	208	1 272	4 361	11 287	15 288	13 423	15 603	17 635	17 758	17 416
5211 À la charge des ménages : véhicules à moteur	88	458	1 789	4 435	6 699	7 157	8 007	8 400	7 934	7 559
5212 À la charge autres agents : véhicules à moteur	108	696	2 072	1 346	712	539	494	352	339	337
5213 Autres impôts périodiques	12	118	500	5 506	7 877	5 727	7 102	8 883	9 485	9 520
CO2 tax	0	0	0	3 047	3 385	2 166	3 293	4 906	5 223	5 296
Excise on pharmacies	6	32	59	105	153	80	78	99	94	61
Others	6	86	441	2 354	3 132	3 394	3 666	3 809	4 109	4 105
Tax on emissions of NOX	0	0	0	0	1 207	87	65	69	59	58
5220 Impôts non-périodiques	0	0	0	0	0	1 475	288	784	565	1 575
5300 Non-ventilables entre 5100 et 5200	0	0	0	0	0	0	0	0	0	0
6000 Autres impôts	**66**	**8**	**11**	**0**	**0**	**0**	**0**	**0**	**0**	**0**
6100 À la charge exclusive des entreprises	0	3	2	..	..	..	..	..	..	..
6200 À la charge d'autres agents	66	5	9	..	..	..	..	..	..	..
Crédits d'impôts récupérables										
Crédits d'impôts récupérables contre 1210	..	..	..	..	994	1 229	1 576	2 959	3 990	4 029
Composante fiscale	..	..	..	..	350	75	307	484	752	811
Composante transfert	..	..	..	..	644	1 154	1 269	2 475	3 238	3 218
Recettes fiscales totales sur la base d'encaissements	**16 842**	**133 499**	**301 812**	**575 989**	**0**	**0**	**0**	**0**	**203 170**	**1 140 325**
Recettes fiscales totales sur la base des droits constatés	**..**	**..**	**..**	**627 989**	**987 278**	**1 083 337**	**1 222 890**	**1 195 354**	**1 277 949**	**1 397 206**
Conciliation avec les comptes nationaux										
Impôts additionnels inclus dans les comptes nationaux	..	..	1 485	2 773	3 288	4 022	4 560	4 674	4 815	4 821
Impôt exclus des comptes nationaux	..	..	..	0	0	0	0	0	0	0
Différence dans les traitements des crédits d'impôts	..	..	..	0	350	75	307	484	752	811
Transfert en capital des recettes non collectées	..	..	..	0	0	0	0	0	0	0
Cotisations de sécurité sociale volontaires	..	..	..	0	0	0	0	0	0	0
Différences diverses	..	..	..	0	0	0	0	0	0	0
Comptes nationaux : impôts et cotisations sociales effectives	..	..	..	630 762	990 916	1 087 434	1 227 757	1 200 512	1 283 516	1 402 838
Cotisations sociales imputées	..	..	..	2 076	2 931	3 164	3 628	3 870	4 909	3 662
Comptes nationaux : impôts et toutes les cotisations sociales	..	..	..	632 838	993 847	1 090 598	1 231 385	1 204 382	1 288 425	1 406 500

.. Non disponible

Note : Year ending 31st December.

From 2000, data are on accrual basis.

Heading 5211: Up to 1971 this item contains motor vehicle licences paid by both households and enterprises.

Heading 5121: From 2005, taxes on alcoholic beverages include both 'taxes on spirits and wines' and 'excise on beer'.

Heading 5125: From 1998, revenue from taxes on investments goods is included in item 5121 "Others".

Source : Statistics Norway; National Accounts.

StatLink https://doi.org/10.1787/888934215917

Tableau 5.28. Pologne : recettes fiscales détaillées, 1965-2018

Million PLN

	1965	1980	1990	2000	2007	2010	2013	2015	2017	2018
Recettes fiscales totales	..	..	..	**246 039**	**411 175**	**453 254**	**528 081**	**583 975**	**678 856**	**745 529**
Recettes fiscales totales excluant les taxes collectés pour le compte de l'UE	..	..	..	**246 039**	**409 415**	**451 555**	**525 930**	**581 081**	**675 298**	**741 618**
1000 Impôts sur revenu, bénéfices et gains en capital	..	..	..	**50 268**	**93 795**	**91 026**	**103 567**	**117 078**	**137 481**	**156 984**
1100 Des personnes physiques	..	..	..	32 415	61 471	62 901	74 216	83 974	99 121	112 659
Individual income tax	..	..	..	32 415	61 403	62 818	74 124	83 861	98 969	112 503
Tax on winnings from lottery or gambling	..	..	..	0	68	83	92	113	152	156
1110 Sur le revenu et les bénéfices	..	..	..	..	..	..	..	..	..	..
1120 Sur les gains en capital	..	..	..	..	..	..	..	..	..	..
1200 Des sociétés	..	..	..	17 853	32 324	28 125	29 351	33 104	38 360	44 325
1210 Sur les bénéfices	..	..	..	..	..	..	..	..	..	..
1220 Sur les gains en capital	..	..	..	..	..	..	..	..	..	..
1300 Non-ventilables entre 1100 et 1200	..	..	..	0	0	0	0	0	0	0
2000 Cotisations de sécurité sociale	..	..	..	**96 386**	**140 086**	**156 026**	**202 595**	**223 482**	**254 919**	**277 670**
2100 À la charge des salariés	..	..	..	42 357	51 929	60 247	82 656	91 163	105 817	115 821
2110 Sur la base du salaire	..	..	..	..	..	..	..	..	..	..
2120 Sur la base de l'impôt sur les revenus	..	..	..	..	..	..	..	..	..	..
2200 À la charge des employeurs	..	..	..	41 130	54 331	65 353	79 524	87 616	100 873	108 672
2210 Sur la base du salaire	..	..	..	..	..	..	..	..	..	..
2220 Sur la base de l'impôt sur les revenus	..	..	..	..	..	..	..	..	..	..
2300 A charge des travailleurs indép. ou sans emploi	..	..	..	12 899	33 826	30 426	40 415	44 703	48 229	53 177
2310 Sur la base du salaire	..	..	..	..	..	..	..	..	..	..
2320 Sur la base de l'impôt sur les revenus	..	..	..	..	..	..	..	..	..	..
2400 Non-ventilables entre 2100, 2200 et 2300	..	..	..	0	0	0	0	0	0	0
2410 Sur la base du salaire	..	..	..	..	..	..	..	..	..	..
2420 Sur la base de l'impôt sur les revenus	..	..	..	..	..	..	..	..	..	..
3000 Sur salaires ou main d'oeuvre	..	..	..	**1 628**	**3 081**	**3 720**	**3 998**	**4 028**	**4 485**	**4 720**
Rehabilitation fund contribution	..	..	..	1 508	2 860	3 370	3 633	3 621	4 020	4 344
Wage guarantee fund contribution	..	..	..	120	221	350	365	407	465	376
4000 Impôts sur le patrimoine	..	..	..	**10 584**	**17 116**	**19 068**	**23 120**	**24 637**	**27 101**	**27 851**
4100 Impôts périodiques sur la propriété immobilière	..	..	..	8 404	13 515	16 399	20 747	22 206	23 783	24 326
Agricultural tax-local	..	..	..	720	906	969	1 666	1 579	1 487	1 487
Forest tax-local	..	..	..	96	157	165	228	230	295	304
Real estate tax-local	..	..	..	7 588	12 452	15 265	18 853	20 397	22 001	22 535
4110 Ménages	..	..	..	2 348	3 613	4 555	6 289	6 549	6 945	7 157
4120 Autres agents	..	..	..	6 056	9 902	11 844	14 458	15 657	16 838	17 168
4200 Impôts périodiques sur l'actif net	..	..	..	0	0	0	0	0	0	0
4210 Personnes physiques	..	..	..	..	..	..	..	..	..	..
4220 Sociétés	..	..	..	..	..	..	..	..	..	..
4300 Impôts sur mut. par décès, succ. et donations	..	..	..	172	328	290	252	246	295	299
Inheritance and gift tax-local	..	..	..	172	328	290	252	246	295	299
4310 Impôts sur mut. par décès et successions	..	..	..	..	..	..	..	..	..	..
4320 Impôts sur les donations	..	..	..	..	..	..	..	..	..	..
4400 Impôts sur transact. mobilières et immob.	..	..	..	2 008	3 273	2 379	2 121	2 185	3 023	3 226
Tax on civil law transactions and stamp tax	..	..	..	2 008	3 273	2 379	2 121	2 185	3 023	3 226
4500 Impôts non-périodiques	..	..	..	0	0	0	0	0	0	0
4510 Sur l'actif net	..	..	..	..	..	..	..	..	..	..
4520 Autres non-périodiques	..	..	..	..	..	..	..	..	..	..
4600 Autres impôts périodiques sur patrimoine	..	..	..	0	0	0	0	0	0	0
5000 Impôts sur les biens et services	..	..	..	**86 880**	**156 573**	**182 820**	**193 776**	**214 103**	**253 883**	**277 224**
5100 Impôts sur production, vente, transfert, etc.	..	..	..	84 885	151 853	176 044	188 331	206 138	246 513	268 241
5110 Impôts généraux	..	..	..	51 615	97 848	109 717	116 607	125 836	154 656	172 210
5111 Taxes sur la valeur ajoutée	..	..	..	51 615	97 848	109 717	116 607	125 836	154 656	172 210
5112 Impôts sur les ventes	..	..	..	0	0	0	0	0	0	0
5113 Autres impôts	..	..	..	0	0	0	0	0	0	0
Turnover tax, of which:	..	..	..	..	..	..	..	..	..	..
On spirits	..	..	..	..	..	..	..	..	..	..
On fuels	..	..	..	..	..	..	..	..	..	..
On tobacco	..	..	..	..	..	..	..	..	..	..
5120 Impôts sur biens et services déterminés	..	..	..	33 270	54 005	66 327	71 724	80 302	91 857	96 031

	1965	1980	1990	2000	2007	2010	2013	2015	2017	2018
5121 Accises	..	..	..	27 170	49 376	62 016	66 310	70 632	78 957	82 140
On domestic excise products, of which:	..	..	..	24 213	45 752	58 935	60 774	62 442	73 764	77 377
On spirits	..	..	..	4 309	5 000	6 154	7 393	6 655	7 727	7 727
On fuels	..	..	..	11 056	22 128	26 545	28 184	29 874	38 169	38 169
On tobacco	..	..	..	6 143	11 973	17 348	18 126	17 788	18 752	18 752
On beer	..	..	..	1 758	2 975	3 303	3 473	3 547	3 398	3 398
On wine	..	..	..	459	378	315	219	246	227	227
On other products	..	..	..	488	3 298	5 270	3 379	4 332	5 491	9 104
On imported excise products, of which:	..	..	..	2 957	3 624	3 081	5 536	8 190	5 193	4 763
On spirits	..	..	..	90	253	311	279	267	323	323
On fuels	..	..	..	2 031	2 045	1 051	3 481	5 650	1 915	1 915
On tobacco	..	..	..	18	214	114	62	86	51	51
On beer	..	..	..	26	12	14	43	53	56	56
On wine	..	..	..	71	106	133	149	139	159	159
On other products	..	..	..	721	994	1 458	1 522	1 995	2 689	2 259
5122 Bénéfices des monopoles fiscaux	..	..	..	0	0	0	0	0	0	0
5123 Droits de douane et droits à l'importation	..	..	..	5 038	1 760	1 627	1 977	2 823	3 485	3 911
5124 Taxes à l'exportation	..	..	..	0	0	0	0	0	0	0
5125 Impôts sur biens d'équipement	..	..	..	0	0	0	0	0	0	0
5126 Impôts sur services déterminés	..	..	..	1 062	1 297	1 974	2 534	5 795	8 364	8 915
Taxes and payments of financial institutions	..	..	..	443	189	375	1 077	4 472	2 383	2 491
Gambling tax	..	..	..	619	1 108	1 599	1 457	1 323	1 632	1 900
Tax from some financial institutions	..	..	..	0	0	0	0	0	4 349	4 524
5127 Autres impôts sur commerce et transact. internat.	..	..	..	0	0	0	0	0	0	0
5128 Autres impôts	..	..	..	0	1 572	710	903	1 052	1 051	1 065
5130 Non-ventilables entre 5110 et 5120	..	..	..	0	0	0	0	0	0	0
5200 Impôts sur utilisation des biens et exerc. activités	..	..	..	1 995	4 720	6 776	5 445	7 965	7 370	8 983
5210 Impôts périodiques	..	..	..	433	2 224	3 667	3 432	4 317	4 084	4 013
5211 À la charge des ménages : véhicules à moteur	..	..	..	0	0	0	0	0	0	0
5212 À la charge autres agents : véhicules à moteur	..	..	..	0	0	0	0	0	0	0
5213 Autres impôts périodiques	..	..	..	433	2 224	3 667	3 432	4 317	4 084	4 013
5220 Impôts non-périodiques	..	..	..	1 562	2 496	3 109	2 013	3 648	3 286	4 970
5300 Non-ventilables entre 5100 et 5200	..	..	..	0	0	0	0	0	0	0
6000 Autres impôts	**..**	**..**	**..**	**293**	**524**	**594**	**1 025**	**647**	**987**	**1 080**
Abolished taxes	..	..	..	..	..	..	..	..	..	..
6100 À la charge exclusive des entreprises	..	..	..	0	0	0	0	0	0	0
6200 À la charge d'autres agents	..	..	..	293	524	594	1 025	647	987	1 080
Pour mémoire										
Droits de douane perçus pour le compte de l'UE	..	..	..	..	1 760	1 627	1 977	2 823	3 485	3 911
Recettes fiscales totales sur la base d'encaissements	**..**	**..**	**..**	**..**	**..**	**..**	**..**	**..**	**..**	**..**
Recettes fiscales totales sur la base des droits constatés	**..**	**..**	**..**	**246 039**	**411 175**	**453 254**	**528 081**	**583 975**	**678 856**	**745 529**
Conciliation avec les comptes nationaux										
Impôts additionnels inclus dans les comptes nationaux	..	..	..	..	..	..	..	..	..	..
Impôt exclus des comptes nationaux	..	..	..	..	..	..	..	..	..	..
Différence dans les traitements des crédits d'impôts	..	..	..	..	..	..	..	..	..	..
Transfert en capital des recettes non collectées	..	..	..	..	..	..	..	..	..	..
Cotisations de sécurité sociale volontaires	..	..	..	..	..	..	34	49	49	45
Différences diverses	..	..	..	..	..	..	..	..	..	..
Comptes nationaux : impôts et cotisations sociales effectives	..	..	..	246 039	411 175	453 254	528 115	584 024	678 905	745 574
Cotisations sociales imputées	..	..	..	777	10 848	13 841	16 603	17 423	18 098	18 322
Comptes nationaux : impôts et toutes les cotisations sociales	..	..	..	252 943	422 023	467 095	544 718	601 447	697 003	763 896

.. Non disponible

Note : Year ending 31st December.

From 2002, data are on accrual basis.

Source : Ministry of Finance, Economic Department.

StatLink https://doi.org/10.1787/888934215936

Tableau 5.29. Portugal : recettes fiscales détaillées, 1965-2018

Million EUR

	1965	1980	1990	2000	2007	2010	2013	2015	2017	2018
Recettes fiscales totales	**99**	**1 798**	**14 825**	**39 888**	**55 829**	**54 708**	**58 015**	**61 806**	**66 859**	**71 139**
Recettes fiscales totales excluant les taxes collectés pour le compte de l'UE	**..**	**..**	**14 675**	**39 684**	**55 639**	**54 530**	**57 872**	**61 630**	**66 524**	**70 764**
1000 Impôts sur revenu, bénéfices et gains en capital	**24**	**355**	**3 805**	**11 691**	**15 443**	**14 640**	**18 664**	**18 768**	**18 879**	**20 119**
1100 Des personnes physiques	..	..	2 350	6 947	9 369	9 638	13 120	13 154	12 608	13 317
Individual income tax	..	..	2 350	6 947	9 369	9 638	13 120	13 154	12 608	13 317
1110 Sur le revenu et les bénéfices	..	..	..	..	..	..	..	..	..	..
1120 Sur les gains en capital	..	..	..	..	..	..	..	..	..	..
1200 Des sociétés	..	..	1 182	4 744	6 073	4 919	5 545	5 614	6 271	6 802
Corporate income tax	..	..	1 088	4 457	5 760	4 653	5 327	5 405	5 956	6 493
Local corporate income tax ("Derrama")	..	..	84	287	313	266	217	208	315	308
Other	..	..	11	0	0	0	0	0	0	0
1210 Sur les bénéfices	..	..	..	..	..	..	..	..	..	..
1220 Sur les gains en capital	..	..	..	..	..	..	..	..	..	..
1300 Non-ventilables entre 1100 et 1200	24	355	273	0	0	83	0	0	0	0
Tax on wages and professional income	2	93	9	..	..	0	..	..	..	..
Industrial tax	7	108	129	..	..	0	..	..	..	..
Tax on income from movable capital	2	71	1	..	..	0	..	..	..	..
Property income tax	3	23	17	..	..	0	..	..	..	..
Agricultural income tax	0	0	1	..	..	0	..	..	..	..
Complementary income ax	4	43	58	..	..	0	..	..	..	..
Tax on capital gains	0	3	1	..	..	83	..	..	..	..
Taxes abolished by DL 442-A/88 and DL 442-B/88	0	0	0	..	..	0	..	..	..	..
Other	6	15	58	..	..	0	..	..	..	..
2000 Cotisations de sécurité sociale	**22**	**531**	**4 026**	**10 168**	**14 274**	**15 457**	**15 139**	**16 195**	**17 969**	**19 141**
2100 À la charge des salariés	8	203	1 470	4 286	6 344	6 670	6 403	7 004	7 628	7 704
2110 Sur la base du salaire	8	203	1 470	4 286	6 344	6 670	6 403	7 004	7 628	7 704
Compulsory employee's social contributions	8	203	1 470	..	..	..	..	7 004	7 628	7 704
2120 Sur la base de l'impôt sur les revenus	0	0	0	0	0	0	0	0	0	0
2200 À la charge des employeurs	13	318	2 413	5 882	7 930	8 786	8 736	9 191	10 341	11 437
2210 Sur la base du salaire	13	318	2 413	5 882	7 930	8 786	8 736	9 191	10 341	11 437
Employers' social contributions	13	318	2 413	5 882	7 930	8 786	8 736	9 191	10 341	11 437
2220 Sur la base de l'impôt sur les revenus	0	0	0	0	0	0	0	0	0	0
2300 A charge des travailleurs indép. ou sans emploi	0	10	143	0	0	0	0	0	0	0
Compulsory social contributions by self-employed	0	10	143	..	..	..	..	..	..	..
2310 Sur la base du salaire	..	..	..	..	..	..	..	..	..	..
2320 Sur la base de l'impôt sur les revenus	..	..	..	..	..	..	..	..	..	..
2400 Non-ventilables entre 2100, 2200 et 2300	0	0	0	0	0	0	0	0	0	0
2410 Sur la base du salaire	..	..	..	..	..	..	..	..	..	..
2420 Sur la base de l'impôt sur les revenus	..	..	..	..	..	..	..	..	..	..
3000 Sur salaires ou main d'oeuvre	**1**	**47**	**0**	**0**	**0**	**0**	**0**	**0**	**0**	**0**
Contributions for Unemployment Fund	1	47	..	..	..	..	..	..	..	..
Stamp duty on wages and salaries	0	0	..	..	..	..	..	..	..	..
4000 Impôts sur le patrimoine	**5**	**26**	**402**	**1 468**	**2 284**	**1 935**	**1 906**	**2 307**	**2 656**	**2 862**
4100 Impôts périodiques sur la propriété immobilière	0	0	133	508	1 008	1 101	1 337	1 535	1 556	1 645
Real estate tax	..	..	133	508	1 008	1 101	1 337	1 535	1 556	1 645
4110 Ménages	..	..	..	..	..	..	..	..	..	..
4120 Autres agents	..	..	..	..	..	..	..	..	..	..
4200 Impôts périodiques sur l'actif net	0	0	0	0	0	0	0	0	0	0
4210 Personnes physiques	..	..	..	..	..	..	..	..	..	..
4220 Sociétés	..	..	..	..	..	..	..	..	..	..
4300 Impôts sur mut. par décès, succ. et donations	2	4	74	103	10	2	2	0	0	0
Inheritance and gift taxes	2	4	74	103	10	2	2	..	..	0
4310 Impôts sur mut. par décès et successions	..	..	..	..	..	..	..	..	..	0
4320 Impôts sur les donations	..	..	..	..	..	..	..	..	..	0
4400 Impôts sur transact. mobilières et immob.	2	21	195	857	1 266	832	567	772	1 101	1 217
Real estate transfer tax	2	21	195	674	973	595	356	569	874	976
Stamp duty on registrations and mortgages	0	0	0	34	35	34	32	49	72	77
Stamp duty on the raising of capital	0	0	0	0	10	1	0	0	0	0
Stamp duty on real estate transactions	0	0	0	150	249	202	180	154	154	164
4500 Impôts non-périodiques	0	0	0	0	0	0	0	0	0	0
4510 Sur l'actif net	..	..	..	..	..	..	..	..	..	..
4520 Autres non-périodiques	..	..	..	..	..	..	..	..	..	..
4600 Autres impôts périodiques sur patrimoine	0	0	0	0	0	0	0	0	0	0
5000 Impôts sur les biens et services	**47**	**837**	**6 555**	**16 274**	**23 410**	**22 181**	**21 827**	**23 957**	**26 793**	**28 336**
5100 Impôts sur production, vente, transfert, etc.	44	810	6 440	15 839	22 735	21 424	20 614	23 094	25 774	27 109
5110 Impôts généraux	0	290	2 906	9 733	14 333	13 527	13 710	15 368	16 809	17 865

	1965	1980	1990	2000	2007	2010	2013	2015	2017	2018
5111 Taxes sur la valeur ajoutée	0	0	2 899	9 733	14 333	13 527	13 710	15 368	16 809	17 865
VAT	..	..	2 899	9 733	14 333	13 527	13 710	15 368	16 809	17 865
5112 Impôts sur les ventes	0	290	7	0	0	0	0	0	0	0
General sales tax	..	290	7	..	..	..	..	..	..	..
5113 Autres impôts	0	0	0	0	0	0	0	0	0	0
5120 Impôts sur biens et services déterminés	44	519	3 534	6 105	8 402	7 896	6 904	7 726	8 965	9 244
5121 Accises	15	295	2 052	4 501	5 940	5 665	4 675	5 211	6 125	6 230
Excise duties on tobacco	3	62	362	1 077	1 165	1 496	1 387	1 357	1 542	1 577
Excise duties on beer	1	0	55	90	100	82	76	75	90	90
Tax on motor vehicle sales	1	59	304	1 239	1 221	832	360	585	775	785
Tax on oil products	6	166	1 251	1 969	3 325	3 140	2 740	3 069	3 495	3 546
Excise duties on alcoholic beverages	0	0	23	126	128	114	109	115	135	137
Excise duties on alcohol	0	0	0	1	1	1	1	0	0	1
Tax on sugary soft drinks	0	0	0	0	0	0	0	0	71	74
Other	4	7	59	0	0	0	1	11	17	21
5122 Bénéfices des monopoles fiscaux	0	0	0	261	521	420	419	582	731	735
5123 Droits de douane et droits à l'importation	21	96	511	205	186	178	144	158	187	224
Import levies	14	36	392	0	1	1	0	0	0	0
Import surtax	0	26	1	0	0	0	0	0	0	0
Other	6	34	119	0	0	0	0	0	0	0
Custom duties collected for the EU	..	..	..	204	185	177	144	158	187	224
5124 Taxes à l'exportation	0	0	0	0	0	0	0	0	0	0
Taxes on Oporto wine exports	0	0	..	..	..	..	..	..	..	..
Other	0	0	..	..	..	..	..	..	..	..
5125 Impôts sur biens d'équipement	0	0	0	0	0	0	0	0	0	0
5126 Impôts sur services déterminés	1	38	547	1 102	1 712	1 522	1 567	1 523	1 620	1 734
Tax on insurance premiums	0	6	47	131	170	215	200	218	244	254
Stamp duty on bank transactions	1	24	405	330	734	601	536	464	504	537
Stamp duty on debt related operations, interest and leasing of buildings	0	0	22	258	384	309	276	144	126	135
Stamp duty on insurance premiums	0	0	0	248	347	325	289	313	350	373
Bank levies	0	0	0	100	48	46	238	353	351	380
Other	2	8	73	34	29	25	29	30	45	57
5127 Autres impôts sur commerce et transact. internat.	0	0	0	0	0	0	0	0	0	0
5128 Autres impôts	6	91	424	36	43	111	99	251	301	321
Stamp taxes (miscellaneous)	6	91	424	36	43	111	99	251	301	321
Other	0	0	0	0	0	0	0	0	0	0
5130 Non-ventilables entre 5110 et 5120	0	0	0	0	0	0	0	0	0	0
5200 Impôts sur utilisation des biens et exerc. activités	4	27	115	382	615	718	994	850	1 005	1 221
5210 Impôts périodiques	4	27	115	382	615	718	937	770	902	1 003
5211 À la charge des ménages : véhicules à moteur	0	4	15	55	94	114	185	209	215	227
Local tax on vehicles	..	4	15	55	94	114	185	209	215	227
5212 À la charge autres agents : véhicules à moteur	2	10	20	67	132	204	342	330	385	424
Local tax on vehicles	0	2	6	0	0	0	0	0	0	0
Road taxes	2	8	14	67	132	204	342	330	385	424
5213 Autres impôts périodiques	2	13	80	260	390	400	409	232	303	353
Gambling tax	0	3	72	110	140	143	107	108	145	198
Tax on the use, carrying and possession of weapons	0	0	1	3	6	4	7	5	11	9
Tax on motor vehicles - compensation	2	8	0	0	0	0	0	0	0	0
Hunting and fishery licenses	0	1	4	1	1	1	5	13	14	10
Fee for the use of water resources	0	0	0	0	2	13	13	19	20	22
Other	0	1	2	146	241	239	278	88	112	113
5220 Impôts non-périodiques	0	0	0	0	0	0	57	80	103	218
Special tax on motor vehicles	..	..	0	..	..	..	0	0	0	0
Emissions Permits	..	..	0	..	..	..	57	80	103	218
5300 Non-ventilables entre 5100 et 5200	0	0	0	53	60	39	219	13	13	6
Miscellaneous taxes on production	..	..	..	53	60	39	219	13	13	6
6000 Autres impôts	**0**	**3**	**37**	**288**	**417**	**495**	**479**	**580**	**561**	**681**
6100 À la charge exclusive des entreprises	0	2	17	107	217	225	234	341	281	411
General services and licenses granted to corporations	0	2	17	107	217	225	234	341	281	411
6200 À la charge d'autres agents	0	0	20	181	200	270	245	239	281	270
Fees collected by courts of justice	0	0	0	175	189	254	219	237	275	264
Miscellaneous taxes	0	0	20	5	11	17	25	1	6	5
Pour mémoire										
Droits de douane perçus pour le compte de l'UE	..	..	..	204	185	177	144	158	187	224
Contributions au Fonds de résolution unique collectées pour le compte de l'UE	..	..	..	..	..	..	..	..	130	132
Recettes fiscales totales sur la base d'encaissements	**99**	**1 798**	**14 825**	**..**	**..**	**..**	**..**	**..**	**..**	**..**
Recettes fiscales totales sur la base des droits constatés	**..**	**..**	**..**	**39 888**	**55 829**	**54 708**	**58 015**	**61 806**	**66 859**	**71 139**

	1965	1980	1990	2000	2007	2010	2013	2015	2017	2018
Conciliation avec les comptes nationaux										
Impôts additionnels inclus dans les comptes nationaux	..	..	..	0	0	0	0	0	0	0
Impôt exclus des comptes nationaux	..	..	..	0	0	0	0	0	0	0
Différence dans les traitements des crédits d'impôts	..	..	..	0	0	0	0	0	0	0
Transfert en capital des recettes non collectées	..	..	..	0	0	0	0	0	0	0
Cotisations de sécurité sociale volontaires	..	..	..	0	0	0	0	0	0	0
Différences diverses	..	..	..	0	0	0	0	0	0	0
Comptes nationaux : impôts et cotisations sociales effectives	..	..	..	39 888	55 829	54 708	58 015	61 806	66 859	71 139
Cotisations sociales imputées	..	..	..	3 292	5 592	5 906	5 310	4 602	4 738	4 708
Comptes nationaux : impôts et toutes les cotisations sociales	..	..	..	43 181	61 421	60 613	63 326	66 408	71 597	75 847

.. Non disponible

Note : Fiscal year ending 31 December.
From 1995, data are on accrual basis.

Source : Instituto Nacionale de Estatistica; Conta do Estado, Contas de Gerência dos Fundos e Serviços Autonomos da Administraçao Central; Estatisticas das Financas publicas; Relatorio do Instituto de Gestao Financeira da Seguranta Social, Contas de Gerência das Regioes Autonomas da Madeira e dos Atores.

StatLink https://doi.org/10.1787/888934215955

Tableau 5.30. République slovaque : recettes fiscales détaillées, 1965-2018

Million EUR

	1965	1980	1990	2000	2007	2010	2013	2015	2017	2018
Recettes fiscales totales	..	..	..	**10 648**	**18 456**	**19 159**	**23 082**	**26 049**	**28 927**	**30 754**
Recettes fiscales totales excluant les taxes collectés pour le compte de l'UE	..	..	..	**10 648**	**18 321**	**19 016**	**22 967**	**25 930**	**28 773**	**30 598**
1000 Impôts sur revenu, bénéfices et gains en capital	..	..	..	**2 181**	**3 844**	**3 601**	**4 471**	**5 542**	**5 959**	**6 370**
1100 Des personnes physiques	..	..	..	1 055	1 820	1 790	2 175	2 464	2 855	3 218
1110 Sur le revenu et les bénéfices	..	..	..	1 055	1 820	1 790	2 175	2 464	2 855	3 218
Wages and salaries withholding	..	..	..	..	..	..	..	..	..	..
Of unicorporated individuals	..	..	..	..	..	..	..	..	..	..
1120 Sur les gains en capital	..	..	..	0	0	0	0	0	0	0
1200 Des sociétés	..	..	..	813	1 835	1 659	2 118	2 917	2 925	2 943
1210 Sur les bénéfices	..	..	..	..	..	..	..	..	..	..
1220 Sur les gains en capital	..	..	..	..	..	..	..	..	..	..
1300 Non-ventilables entre 1100 et 1200	..	..	..	314	189	152	178	162	178	209
2000 Cotisations de sécurité sociale	..	..	..	**4 409**	**7 244**	**8 154**	**9 847**	**10 897**	**12 389**	**13 237**
2100 À la charge des salariés	..	..	..	901	1 700	2 077	2 238	2 410	2 941	3 263
Retirement	..	..	..	..	..	..	..	..	..	..
State employment policy	..	..	..	..	..	..	..	..	..	..
Health insurance	..	..	..	..	..	..	..	..	..	..
Sick leave	..	..	..	..	..	..	..	..	..	..
2110 Sur la base du salaire	..	..	..	901	1 700	2 077	2 238	2 410	2 941	3 263
2120 Sur la base de l'impôt sur les revenus	..	..	..	0	0	0	0	0	0	0
2200 À la charge des employeurs	..	..	..	2 850	3 914	4 579	5 556	6 319	7 263	7 871
Retirement	..	..	..	..	..	..	..	..	..	..
State employment policy	..	..	..	..	..	..	..	..	..	..
Health insurance	..	..	..	..	..	..	..	..	..	..
Sick leave	..	..	..	..	..	..	..	..	..	..
2210 Sur la base du salaire	..	..	..	2 850	3 914	4 579	5 556	6 319	7 263	7 871
2220 Sur la base de l'impôt sur les revenus	..	..	..	0	0	0	0	0	0	0
2300 A charge des travailleurs indép. ou sans emploi	..	..	..	658	1 631	1 498	2 054	2 168	2 186	2 104
Retirement	..	..	..	..	..	..	..	..	..	..
State employment policy	..	..	..	..	..	..	..	..	..	..
Health insurance	..	..	..	..	..	..	..	..	..	..
Sick leave	..	..	..	..	..	..	..	..	..	..
2310 Sur la base du salaire	..	..	..	658	1 631	1 498	2 054	2 168	2 186	2 104
2320 Sur la base de l'impôt sur les revenus	..	..	..	0	0	0	0	0	0	0
2400 Non-ventilables entre 2100, 2200 et 2300	..	..	..	0	0	0	0	0	0	0
2410 Sur la base du salaire	..	..	..	..	..	..	..	..	..	..
2420 Sur la base de l'impôt sur les revenus	..	..	..	..	..	..	..	..	..	..
3000 Sur salaires ou main d'oeuvre	..	..	..	**0**	**0**	**0**	**0**	**0**	**0**	**0**
4000 Impôts sur le patrimoine	..	..	..	**194**	**245**	**277**	**327**	**335**	**361**	**369**
4100 Impôts périodiques sur la propriété immobilière	..	..	..	143	243	277	327	335	361	369
4110 Ménages	..	..	..	28	22	25	28	29	31	31
4120 Autres agents	..	..	..	114	222	252	299	306	330	338
4200 Impôts périodiques sur l'actif net	..	..	..	0	0	0	0	0	0	0
4210 Personnes physiques	..	..	..	..	..	..	..	..	..	..
4220 Sociétés	..	..	..	..	..	..	..	..	..	..
4300 Impôts sur mut. par décès, succ. et donations	..	..	..	8	0	0	0	0	0	0
4310 Impôts sur mut. par décès et successions	..	..	..	3	0	0	0	0	0	0
4320 Impôts sur les donations	..	..	..	5	0	0	0	0	0	0
4400 Impôts sur transact. mobilières et immob.	..	..	..	43	1	0	0	0	0	0
Real property transfer tax	..	..	..	30	1	0	0	0	0	0
4500 Impôts non-périodiques	..	..	..	0	0	0	0	0	0	0
4510 Sur l'actif net	..	..	..	..	..	..	..	..	..	..
4520 Autres non-périodiques	..	..	..	..	..	..	..	..	..	..
4600 Autres impôts périodiques sur patrimoine	..	..	..	0	0	0	0	0	0	0
5000 Impôts sur les biens et services	..	..	..	**3 864**	**7 123**	**7 127**	**8 436**	**9 275**	**10 217**	**10 778**
5100 Impôts sur production, vente, transfert, etc.	..	..	..	3 631	6 580	6 573	7 780	8 573	9 472	10 019
5110 Impôts généraux	..	..	..	2 168	4 147	4 182	4 696	5 423	5 919	6 319
5111 Taxes sur la valeur ajoutée	..	..	..	2 168	4 147	4 182	4 696	5 423	5 919	6 319
5112 Impôts sur les ventes	..	..	..	0	0	0	0	0	0	0
5113 Autres impôts	..	..	..	0	0	0	0	0	0	0
5120 Impôts sur biens et services déterminés	..	..	..	1 464	2 433	2 391	3 084	3 151	3 553	3 700

	1965	1980	1990	2000	2007	2010	2013	2015	2017	2018
5121 Accises	..	..	..	971	2 171	2 081	2 462	2 567	2 819	2 916
On hydrocarbon fuels and lubricants	..	..	..	617	1 118	1 032	1 045	1 139	1 230	1 267
On alcohol and liquers	..	..	..	143	201	197	201	205	212	221
On beer	..	..	..	43	66	56	56	57	57	60
On wine	..	..	..	12	4	4	4	4	4	5
On tobacco products	..	..	..	156	783	602	636	665	711	728
On electricity	..	..	..	0	0	166	494	472	579	612
On coal	..	..	..	0	0	1	1	0	0	0
On natural gas	..	..	..	0	0	24	25	23	26	24
5122 Bénéfices des monopoles fiscaux	..	..	..	0	0	0	0	0	0	0
5123 Droits de douane et droits à l'importation	..	..	..	437	136	143	115	119	136	137
Customs duties	..	..	..	122	136	143	115	119	136	137
Import surcharges	..	..	..	315	0	0	0	0	0	0
Other customs revenues	..	..	..	0	0	0	0	0	0	0
5124 Taxes à l'exportation	..	..	..	0	0	0	0	0	0	0
5125 Impôts sur biens d'équipement	..	..	..	0	0	0	6	2	3	3
5126 Impôts sur services déterminés	..	..	..	55	125	167	501	462	596	644
5127 Autres impôts sur commerce et transact. internat.	..	..	..	0	0	0	0	0	0	0
5128 Autres impôts	..	..	..	0	0	0	0	0	0	0
5130 Non-ventilables entre 5110 et 5120	..	..	..	0	0	0	0	0	0	0
5200 Impôts sur utilisation des biens et exerc. activités	..	..	..	231	438	421	505	549	585	597
5210 Impôts périodiques	..	..	..	219	372	384	466	470	500	506
5211 À la charge des ménages : véhicules à moteur	..	..	..	0	0	0	0	0	0	0
5212 À la charge autres agents : véhicules à moteur	..	..	..	93	153	153	198	204	223	232
5213 Autres impôts périodiques	..	..	..	127	219	231	268	266	277	273
5220 Impôts non-périodiques	..	..	..	12	66	37	39	79	85	92
5300 Non-ventilables entre 5100 et 5200	..	..	..	2	105	134	151	153	160	161
6000 Autres impôts	**..**	**..**	**..**	**0**	**0**	**0**	**0**	**0**	**0**	**0**
6100 À la charge exclusive des entreprises	..	..	..	..	..	..	..	..	..	..
6200 À la charge d'autres agents	..	..	..	..	..	..	..	..	..	..
Pour mémoire										
Droits de douane perçus pour le compte de l'UE	..	..	..	..	136	143	115	119	136	137
Contributions au Fonds de résolution unique collectées pour le compte de l'UE	..	..	..	..	..	..	..	..	18	19
Crédits d'impôts récupérables										
Crédits d'impôts récupérables contre 1110	..	..	..	..	252	276	265	261	266	269
Composante fiscale	..	..	..	..	..	..	..	..	..	..
Composante transfert	..	..	..	..	..	..	..	..	..	..
Crédits d'impôts récupérables contre 1210	..	..	..	..	0	0	0	0	0	0
Composante fiscale	..	..	..	..	..	..	..	..	..	..
Composante transfert	..	..	..	..	..	..	..	..	..	..
Recettes fiscales totales sur la base d'encaissements	**..**	**..**	**..**	**10 843**	**18 033**	**18 509**	**22 559**	**26 216**	**28 275**	**30 338**
Recettes fiscales totales sur la base des droits constatés	**..**	**..**	**..**	**10 648**	**18 456**	**19 159**	**23 082**	**26 049**	**28 927**	**30 754**
Conciliation avec les comptes nationaux										
Impôts additionnels inclus dans les comptes nationaux	..	..	..	53	33	47	0	43	3	..
Impôt exclus des comptes nationaux	..	..	..	0	-103	-131	-148	-149	-157	-158
Différence dans les traitements des crédits d'impôts	..	..	..	0	0	0	0	0	0	0
Transfert en capital des recettes non collectées	..	..	..	0	0	0	0	0	0	0
Cotisations de sécurité sociale volontaires	..	..	..	0	22	31	17	11	10	11
Différences diverses	..	..	..	0	0	0	0	0	0	0
Comptes nationaux : impôts et cotisations sociales effectives	..	..	..	10 702	18 409	19 106	22 951	25 953	28 783	30 607
Cotisations sociales imputées	..	..	..	19	80	139	142	171	189	188
Comptes nationaux : impôts et toutes les cotisations sociales	..	..	..	10 721	18 488	19 245	23 093	26 124	28 972	30 795

.. Non disponible

Note : Year ending 31st December.

Data are on accrual basis.

Source : Ministry of Finance.

StatLink https://doi.org/10.1787/888934215974

Tableau 5.31. Slovénie : recettes fiscales détaillées, 1965-2018

Million EUR

	1965	1980	1990	2000	2007	2010	2013	2015	2017	2018
Recettes fiscales totales	..	..	..	**7 117**	**13 352**	**13 756**	**13 576**	**14 496**	**15 963**	**17 118**
Recettes fiscales totales excluant les taxes collectés pour le compte de l'UE	..	..	..	**7 117**	**13 267**	**13 696**	**13 524**	**14 428**	**15 898**	**17 050**
1000 Impôts sur revenu, bénéfices et gains en capital	..	..	..	**1 280**	**3 041**	**2 692**	**2 285**	**2 547**	**2 957**	**3 331**
1100 Des personnes physiques	..	..	..	1 041	1 919	2 020	1 849	1 977	2 190	2 442
1110 Sur le revenu et les bénéfices	..	..	..	1 039	1 916	2 017	1 847	1 974	2 188	2 439
Personal income tax	..	..	..	1 039	1 916	2 017	1 847	1 974	2 188	2 439
Special contribution for the reconstruction of the Posocje region	..	..	..	0	0	0	0	0	0	0
1120 Sur les gains en capital	..	..	..	2	3	3	3	3	3	3
Taxes on winnings from lottery and gambling	..	..	..	2	3	3	3	3	3	3
1200 Des sociétés	..	..	..	216	1 116	668	433	568	764	886
1210 Sur les bénéfices	..	..	..	216	1 116	668	433	568	764	886
1220 Sur les gains en capital	..	..	..	0	0	0	0	0	0	0
1300 Non-ventilables entre 1100 et 1200	..	..	..	24	5	4	3	2	3	2
Tax on income - copy rights, patents and trademarks	..	..	..	24	5	4	2	2	2	2
Tax on profits due to changes in land use	..	..	..	0	0	0	0	0	0	0
2000 Cotisations de sécurité sociale	..	..	..	**2 824**	**5 046**	**5 761**	**5 647**	**5 983**	**6 626**	**7 081**
2100 À la charge des salariés	..	..	..	1 447	2 490	2 785	2 637	2 910	3 247	3 490
2110 Sur la base du salaire	..	..	..	1 447	2 490	2 785	2 637	2 910	3 247	3 490
2120 Sur la base de l'impôt sur les revenus	..	..	..	0	0	0	0	0	0	0
2200 À la charge des employeurs	..	..	..	1 012	1 852	2 070	2 022	2 135	2 408	2 590
2210 Sur la base du salaire	..	..	..	1 012	1 852	2 070	2 022	2 135	2 408	2 590
2220 Sur la base de l'impôt sur les revenus	..	..	..	0	0	0	0	0	0	0
2300 A charge des travailleurs indép. ou sans emploi	..	..	..	365	705	906	988	938	971	1 001
2310 Sur la base du salaire	..	..	..	365	705	906	988	938	971	1 001
2320 Sur la base de l'impôt sur les revenus	..	..	..	0	0	0	0	0	0	0
2400 Non-ventilables entre 2100, 2200 et 2300	..	..	..	0	0	0	0	0	0	0
2410 Sur la base du salaire	..	..	..	..	..	..	..	..	..	..
2420 Sur la base de l'impôt sur les revenus	..	..	..	..	..	..	..	..	..	..
3000 Sur salaires ou main d'oeuvre	..	..	..	**289**	**418**	**28**	**23**	**20**	**21**	**22**
Payroll tax	..	..	..	272	391	0	0	0	0	0
Tax on work contracts	..	..	..	18	27	28	23	20	21	22
4000 Impôts sur le patrimoine	..	..	..	**120**	**206**	**222**	**232**	**241**	**277**	**276**
4100 Impôts périodiques sur la propriété immobilière	..	..	..	81	140	173	199	199	221	223
4110 Ménages	..	..	..	17	38	46	61	56	64	65
Property tax on weekend cottages	..	..	..	1	1	1	1	1	1	0
Compensation on the use of building ground - paid by individuals	..	..	..	16	37	45	48	56	63	64
Tax on immovable property of higher value	..	..	..	0	0	0	13	0	0	0
4120 Autres agents	..	..	..	65	102	127	138	142	158	158
Property tax on buildings	..	..	..	2	3	3	4	4	5	3
Compensation on the use of building ground - paid by legal entities	..	..	..	63	100	124	134	139	153	155
4200 Impôts périodiques sur l'actif net	..	..	..	4	0	0	0	0	0	0
4210 Personnes physiques	..	..	..	0	..	..	..	..	..	..
4220 Sociétés	..	..	..	4	..	..	..	..	..	..
Tax on balance wealth paid by banks	..	..	..	4	..	..	..	..	..	..
4300 Impôts sur mut. par décès, succ. et donations	..	..	..	2	9	14	8	8	11	10
4310 Impôts sur mut. par décès et successions	..	..	..	..	..	..	..	..	..	..
4320 Impôts sur les donations	..	..	..	..	..	..	..	..	..	..
4400 Impôts sur transact. mobilières et immob.	..	..	..	23	57	32	23	29	41	40
Taxes on the sale of immovable property - from legal entities	..	..	..	11	19	7	5	7	5	7
Taxes on the sale of immovable property - from individuals	..	..	..	12	38	25	18	23	36	33
4500 Impôts non-périodiques	..	..	..	10	0	2	1	4	3	3
4510 Sur l'actif net	..	..	..	0	..	0	0	0	0	0
4520 Autres non-périodiques	..	..	..	10	..	2	1	4	3	3
Payments for the change of use of agricultural and forest land	..	..	..	10	..	0	1	2	2	1
Granting of easements and the creation of building rights	..	..	..	0	..	2	1	3	2	2
4600 Autres impôts périodiques sur patrimoine	..	..	..	0	0	0	0	0	0	0
Property tax on boats	..	..	..	0	0	0	0	0	0	0
5000 Impôts sur les biens et services	..	..	..	**2 602**	**4 641**	**5 053**	**5 389**	**5 706**	**6 082**	**6 408**
5100 Impôts sur production, vente, transfert, etc.	..	..	..	2 481	4 426	4 838	5 049	5 329	5 679	5 969
5110 Impôts généraux	..	..	..	1 641	2 916	2 927	3 048	3 222	3 484	3 768

	1965	1980	1990	2000	2007	2010	2013	2015	2017	2018
5111 Taxes sur la valeur ajoutée	..	..	..	1 610	2 916	2 927	3 048	3 222	3 484	3 768
Value added tax	..	..	..	1 598	2 898	2 924	3 044	3 218	3 480	3 763
Negative compensation of farmers in a VAT flat rate system	..	..	..	12	18	3	4	4	4	4
5112 Impôts sur les ventes	..	..	..	8	0	0	0	0	0	0
Customs duties paid by individuals	..	..	..	1	..	..	..	..	..	..
Special import duties and customs charges	..	..	..	7	..	..	..	..	..	..
5113 Autres impôts	..	..	..	23	0	0	0	0	0	0
Turnover tax on goods	..	..	..	11	..	..	..	..	..	..
Turnover tax on services	..	..	..	12	..	..	..	..	..	..
Special turnover tax on alcohol	..	..	..	0	..	..	..	..	..	..
5120 Impôts sur biens et services déterminés	..	..	..	841	1 510	1 911	2 001	2 107	2 195	2 202
5121 Accises	..	..	..	581	1 196	1 555	1 579	1 626	1 707	1 679
Alcohol and alcoholic drinks	..	..	..	39	71	89	96	108	113	119
Mineral oil and gas	..	..	..	405	758	1 016	998	1 033	1 099	1 066
Tobacco	..	..	..	97	301	391	425	419	428	420
Duty free shops - alcohol and alcoholic drinks	..	..	..	3	0	0	0	0	0	0
Duty free shops - tobacco	..	..	..	17	0	0	0	0	0	0
Electric power and coal	..	..	..	0	4	19	31	34	32	32
Tax on the sales of new motor vehicles	..	..	..	18	60	40	26	26	28	34
Tax on the sales of used motor vehicles	..	..	..	2	2	0	0	0	0	0
Additional tax on motor vehicles	..	..	..	0	0	0	3	6	7	8
5122 Bénéfices des monopoles fiscaux	..	..	..	0	0	0	0	0	0	0
5123 Droits de douane et droits à l'importation	..	..	..	158	85	60	53	53	55	58
Import duties	..	..	..	151	0	0	0	0	0	0
Levies on imported agricultural products	..	..	..	7	0	0	0	0	0	0
Custom duties collected for the EU	..	..	..	0	85	60	53	53	55	58
5124 Taxes à l'exportation	..	..	..	0	0	0	0	0	0	0
5125 Impôts sur biens d'équipement	..	..	..	0	0	0	0	0	0	0
5126 Impôts sur services déterminés	..	..	..	102	230	296	369	428	432	464
Tax on special gambling (gambling in casinos)	..	..	..	25	64	53	41	48	45	45
Tax on classical gambling (lottery...)	..	..	..	1	3	3	3	3	3	3
Special tax on slot machines	..	..	..	4	0	0	0	0	0	0
Tax on insurance services	..	..	..	37	65	69	65	82	90	94
Sojourn tax	..	..	..	3	7	7	8	11	14	18
Concessions	..	..	..	1	29	40	90	79	69	67
Concessions duties on special gambling (in casinos)	..	..	..	26	55	47	38	37	38	38
Fire protection tax	..	..	..	4	6	7	8	8	8	8
Tax on lottery tickets	..	..	..	0	0	0	3	17	16	18
Tax on financial services	..	..	..	0	0	0	32	57	59	76
FIHO, FSO	..	..	..	0	0	25	26	27	22	25
SOS	..	..	..	0	0	23	10	11	11	12
Tax on balance wealth paid by banks	..	..	..	0	0	0	18	2	0	0
Commodity reserve fund	..	..	..	0	0	21	27	32	32	30
Deposit guarantee Fund, Single Resolution Fund	..	..	..	0	0	0	0	16	26	29
5127 Autres impôts sur commerce et transact. internat.	..	..	..	0	0	0	0	0	0	0
5128 Autres impôts	..	..	..	0	0	0	0	0	0	0
Sugar levy	..	..	..	..	0	..	..	..	..	..
5130 Non-ventilables entre 5110 et 5120	..	..	..	0	0	0	0	0	0	0
5200 Impôts sur utilisation des biens et exerc. activités	..	..	..	121	215	215	340	377	403	439
5210 Impôts périodiques	..	..	..	121	215	215	321	353	369	373
5211 À la charge des ménages : véhicules à moteur	..	..	..	49	87	86	109	118	122	125
Registration fees on motor vehicles, boats and airplanes paid by individuals	..	..	..	49	87	86	109	118	122	125
5212 À la charge autres agents : véhicules à moteur	..	..	..	12	21	20	24	27	30	31
Registration fees on motor vehicles, boats and airplanes paid by legal entities	..	..	..	12	21	20	24	27	30	31
Registration fees on tractors	..	..	..	0	0	0	0	0	0	0
5213 Autres impôts périodiques	..	..	..	59	107	110	187	208	218	217
Charges on the use of water	..	..	..	4	22	23	29	32	30	31
Taxes on waste pollution	..	..	..	7	10	3	2	2	2	1
Taxes on air pollution - caused by gas and hard fuels	..	..	..	3	8	10	10	13	15	15
Cont. of nuclear power plant to finance its de-composition	..	..	..	16	8	8	8	8	9	8
Indemnity for the restricted use of area on the territory of nuclear power plant	..	..	..	0	7	10	11	12	12	12
Taxes on air pollution	..	..	..	29	21	23	98	114	126	126
Special water tax	..	..	..	0	30	33	29	27	24	23
5220 Impôts non-périodiques	..	..	..	0	0	0	19	24	34	67
Emission permits	..	..	..	..	..	..	19	24	34	67
5300 Non-ventilables entre 5100 et 5200	..	..	..	0	0	0	0	0	0	0
6000 Autres impôts	**..**	**..**	**..**	**0**	**0**	**0**	**0**	**0**	**0**	**0**
6100 À la charge exclusive des entreprises	..	..	..	..	..	..	..	..	..	..

	1965	1980	1990	2000	2007	2010	2013	2015	2017	2018
Pour mémoire										
Droits de douane perçus pour le compte de l'UE	..	..	..	..	85	60	53	53	55	58
Contributions au Fonds de résolution unique collectées pour le compte de l'UE	..	..	..	..	..	..	..	16	9	10
Recettes fiscales totales sur la base d'encaissements	**..**	**..**	**..**	**7 135**	**13 140**	**13 605**	**13 485**	**14 560**	**16 034**	**17 164**
Recettes fiscales totales sur la base des droits constatés	**..**	**..**	**..**	**7 117**	**13 352**	**13 756**	**13 576**	**14 496**	**15 963**	**17 118**
Conciliation avec les comptes nationaux										
Impôts additionnels inclus dans les comptes nationaux	..	..	..	0	0	87	90	94	94	95
Radio and television licence fee	..	..	..	..	..	87	90	94	94	95
Impôt exclus des comptes nationaux	..	..	..	0	0	0	0	0	0	0
Différence dans les traitements des crédits d'impôts	..	..	..	0	0	0	0	0	0	0
Transfert en capital des recettes non collectées	..	..	..	0	0	0	0	0	0	0
Cotisations de sécurité sociale volontaires	..	..	..	0	0	0	0	0	0	0
Différences diverses	..	..	..	0	0	0	0	0	0	0
Comptes nationaux : impôts et cotisations sociales effectives	..	..	..	7 117	13 352	13 842	13 667	14 590	16 057	17 212
Cotisations sociales imputées	..	..	..	39	81	100	117	118	121	126
Comptes nationaux : impôts et toutes les cotisations sociales	..	..	..	7 156	13 433	13 943	13 784	14 708	16 177	17 338

.. Non disponible

Note : Year ending 31st December.

Data are on accrual basis.

Source : Statistical Office of the Republic of Slovenia.

StatLink https://doi.org/10.1787/888934215993

Tableau 5.32. Espagne : recettes fiscales détaillées, 1965-2018

Million EUR

	1965	1980	1990	2000	2007	2010	2013	2015	2017	2018
Recettes fiscales totales	**1 238**	**22 002**	**103 662**	**214 114**	**391 648**	**335 563**	**337 891**	**364 683**	**393 529**	**416 692**
Recettes fiscales totales excluant les taxes collectés pour le compte de l'UE	**..**	**..**	**..**	**213 067**	**389 927**	**334 019**	**336 567**	**362 175**	**390 916**	**414 039**
1000 Impôts sur revenu, bénéfices et gains en capital	**304**	**5 714**	**31 763**	**60 145**	**130 081**	**93 798**	**97 664**	**102 645**	**111 807**	**121 992**
1100 Des personnes physiques	177	4 481	22 527	41 248	80 719	74 118	77 230	78 896	85 827	92 315
Personal income tax	..	..	22 527	40 366	79 973	73 534	76 690	78 586	85 378	91 796
Income tax of non-residents	..	..	0	882	746	584	540	310	449	519
1110 Sur le revenu et les bénéfices	..	..	..	..	..	..	..	..	..	..
1120 Sur les gains en capital	..	..	..	..	..	..	..	..	..	..
1200 Des sociétés	114	1 119	9 146	18 897	49 362	19 680	20 434	23 749	25 980	29 677
Corporate income tax	..	..	9 146	18 597	47 499	17 567	19 516	22 471	24 123	27 501
Income tax of non-residents (legal persons)	..	..	0	300	1 863	2 113	918	1 278	1 857	2 176
1210 Sur les bénéfices	..	..	..	..	..	..	..	..	..	..
Tax on commercial activity	..	..	..	..	..	..	..	..	..	..
Special tax 4 percent	..	..	..	..	..	..	..	..	..	..
Taxes on profits	..	..	..	..	..	..	..	..	..	..
1220 Sur les gains en capital	..	..	..	..	..	..	..	..	..	..
1300 Non-ventilables entre 1100 et 1200	13	114	91	0	0	0	0	0	0	0
Local taxes	13	114	0	..	..	..	..	..	..	..
Other taxes	..	..	..	..	..	..	..	..	..	..
2000 Cotisations de sécurité sociale	**350**	**10 682**	**36 722**	**74 683**	**127 088**	**127 235**	**116 875**	**122 835**	**134 126**	**141 234**
2100 À la charge des salariés	81	2 376	5 976	11 711	19 625	19 423	16 603	18 783	20 621	21 639
2110 Sur la base du salaire	..	..	5 976	11 711	19 625	19 423	16 603	18 783	20 621	21 639
2120 Sur la base de l'impôt sur les revenus	..	..	0	..	..	..	..	..	..	..
2200 À la charge des employeurs	269	8 306	26 385	54 226	93 234	89 666	82 224	87 988	97 529	103 317
2210 Sur la base du salaire	..	..	26 385	54 226	93 234	89 666	82 224	87 988	97 529	103 317
2220 Sur la base de l'impôt sur les revenus	..	..	0	..	..	..	..	..	..	..
2300 A charge des travailleurs indép. ou sans emploi	0	0	4 361	8 746	14 229	18 146	18 048	16 064	15 976	16 278
Self-employment	..	..	2 492	6 788	10 120	10 119	10 244	10 872	11 498	11 714
Unemployment	..	..	1 869	1 958	4 109	8 027	7 804	5 192	4 478	4 564
2310 Sur la base du salaire	..	..	..	..	..	..	..	..	..	..
2320 Sur la base de l'impôt sur les revenus	..	..	..	..	..	..	..	..	..	..
2400 Non-ventilables entre 2100, 2200 et 2300	0	0	0	0	0	0	0	0	0	0
2410 Sur la base du salaire	..	..	..	..	..	..	..	..	..	..
2420 Sur la base de l'impôt sur les revenus	..	..	..	..	..	..	..	..	..	..
3000 Sur salaires ou main d'oeuvre	**0**	**0**	**0**	**0**	**0**	**0**	**0**	**0**	**0**	**0**
4000 Impôts sur le patrimoine	**79**	**1 004**	**5 718**	**13 827**	**32 133**	**22 178**	**24 250**	**27 855**	**29 455**	**30 312**
4100 Impôts périodiques sur la propriété immobilière	6	41	1 478	3 988	7 281	9 666	11 829	12 623	13 188	13 243
Real State tax (IBI)/Real State tax surcharge	..	41	1 478	3 982	7 267	9 657	11 755	12 581	13 162	13 199
Special Real State tax for non-residents	..	0	0	6	6	8	8	4	8	5
Other taxes on property, land or building use	..	0	0	0	3	0	1	1	0	0
4110 Ménages	..	..	..	..	..	..	..	..	..	..
4120 Autres agents	..	..	..	0	5	1	65	37	18	39
Tax on large commercial establishments	..	..	..	..	5	1	65	37	18	39
4200 Impôts périodiques sur l'actif net	0	107	637	1 413	2 479	688	2 049	1 904	2 094	2 186
4210 Personnes physiques	..	107	637	1 413	2 479	688	2 049	1 904	2 094	2 186
Wealth tax	..	..	637	1 199	2 054	104	1 339	1 144	1 280	1 372
Real State tax (unoccupied dwellings) and others	..	..	0	214	425	584	710	760	814	814
4220 Sociétés	..	0	0	0	0	0	0	0	0	0
4300 Impôts sur mut. par décès, succ. et donations	13	90	440	1 379	2 901	2 412	2 492	2 790	2 710	2 687
Inheritance and gift tax	..	..	440	1 379	2 901	2 412	2 492	2 790	2 710	2 687
4310 Impôts sur mut. par décès et successions	..	..	..	..	..	..	..	..	..	..
4320 Impôts sur les donations	..	..	..	..	..	..	..	..	..	..
4400 Impôts sur transact. mobilières et immob.	60	767	2 478	5 939	17 025	7 603	5 301	6 984	8 457	9 310
Taxes on property transactions	60	767	2 478	5 939	17 025	7 603	5 301	6 984	8 457	9 310
4500 Impôts non-périodiques	0	0	646	1 108	2 447	1 809	2 579	3 554	3 006	2 886
4510 Sur l'actif net	..	..	467	0	495	192	325	1 006	331	353
Tax on land holding gains	..	..	467	..	..	..	..	0	0	0
Urban use tax	..	..	..	..	495	192	90	73	97	119
Extraordinary resource of FGD	..	..	..	..	0	0	235	933	234	234
4520 Autres non-périodiques	..	..	179	1 108	1 952	1 617	2 254	2 548	2 675	2 533
Special duties	..	..	179	180	168	129	84	70	72	74
Land development contributions	..	..	0	223	368	225	71	61	50	60
Tax on the increase in value of urban terrains	..	..	0	705	1 416	1 263	1 711	2 417	2 553	2 399
Others	..	..	0	0	0	0	2	0	0	0
Levy on "Revaluation of Reserve Account"	..	..	..	0	0	0	386	0	0	0
4600 Autres impôts périodiques sur patrimoine	0	0	38	0	0	0	0	0	0	0
5000 Impôts sur les biens et services	**506**	**4 553**	**29 437**	**65 456**	**102 334**	**92 344**	**99 026**	**111 159**	**118 018**	**122 950**

	1965	1980	1990	2000	2007	2010	2013	2015	2017	2018
5100 Impôts sur production, vente, transfert, etc.	503	4 552	26 732	59 383	93 814	84 985	91 122	102 912	109 448	113 814
5110 Impôts généraux	275	2 234	16 611	37 800	62 778	55 629	60 488	69 478	75 794	79 458
5111 Taxes sur la valeur ajoutée	0	0	16 304	37 785	62 743	55 318	60 314	69 294	75 599	79 264
Value added tax (VAT)	..	..	16 304	37 045	61 472	54 509	59 207	67 913	73 970	77 561
Canary Islands general indirect tax	..	..	0	740	1 271	809	1 107	1 381	1 629	1 703
5112 Impôts sur les ventes	0	0	0	15	35	311	174	184	195	194
Fees for RTVE (since 2010)	..	..	..	0	0	278	174	184	195	194
Fees from Nat. Commission of Telecomms. Market	..	..	..	15	35	33	0	0	0	0
5113 Autres impôts	275	2 234	307	0	0	0	0	0	0	0
Cascade tax	118	1 483	197	..	..	..	..	..	..	..
Excises on luxury expenditure	96	939	15	..	..	..	..	..	..	..
Other import duties	94	832	128	..	..	..	..	..	..	..
Refund of internal taxes	-33	-1 020	-33	..	..	..	..	..	..	..
5120 Impôts sur biens et services déterminés	228	2 317	10 120	21 583	31 036	29 356	30 634	33 434	33 654	34 356
5121 Accises	69	1 239	6 048	17 952	25 581	24 384	24 550	25 908	26 476	26 790
Special excises	69	1 239	10	0	0	0	0	0	0	0
On beer	0	0	87	202	307	302	302	316	338	346
On wine	0	0	0	0	0	0	0	0	0	0
On alcohol	0	0	481	785	1 008	876	775	843	899	880
On hydrocarbon	0	0	4 222	9 977	11 787	10 907	11 949	12 465	13 116	13 408
On tobacco	0	0	1 123	4 507	7 258	7 976	7 114	7 213	7 265	7 174
On electricity bills	0	0	0	703	1 153	1 483	1 558	1 458	1 393	1 438
On carbon	0	0	0	0	0	0	148	308	312	271
Tax on retail sales of specific hydrocarbons	0	0	0	0	1 356	1 238	453	7	1	0
Tax on oil derived fuels	0	0	120	237	253	220	267	314	331	331
Petrol tax	0	0	0	6	5	5	13	22	25	25
Production and storage of electricity	0	0	0	0	0	0	1 261	1 576	1 513	1 585
Tax Greenhouse Effect Flourinated	0	0	0	0	0	0	0	99	120	110
Other taxes	0	0	5	17	21	18	17	22	21	21
Canary Islands taxes on national products	0	0	0	51	86	71	75	85	91	87
Taxes on national products in Ceuta and Melilla	0	0	0	108	110	105	103	115	114	114
Fees from the National Energy Commission	0	0	0	13	27	35	0	0	0	0
Contribution to the National Energy Efficiency Fund	0	0	0	0	0	366	150	207	206	208
Special tax on certain means of transport	0	0	0	1 317	2 158	735	325	358	482	609
Fee for use of continental waters for electricity production	0	0	0	0	0	0	0	453	197	110
Special duties and other taxes on imported products	0	0	0	29	52	47	40	47	29	31
Other taxes on products	0	0	0	0	0	0	0	0	23	42
5122 Bénéfices des monopoles fiscaux	66	132	546	0	0	0	0	0	0	0
Tobacco	21	77	0	..	..	..	..	..	..	..
Petroleum	45	55	546	..	..	..	..	..	..	..
5123 Droits de douane et droits à l'importation	87	561	2 078	1 044	1 816	1 593	1 401	1 899	2 030	2 018
Import duties	87	561	1 394	0	0	0	0	0	0	0
Tax on Imports of Goods in the Canary Islands	0	0	137	33	51	44	45	53	57	54
Tax on Imports in Ceuta and Melilla	0	0	36	41	42	40	39	43	43	43
Customs duties collected for the EU	..	..	511	970	1 723	1 509	1 317	1 803	1 930	1 921
5124 Taxes à l'exportation	0	0	0	0	0	0	0	0	0	0
5125 Impôts sur biens d'équipement	0	0	0	0	0	0	0	0	0	0
5126 Impôts sur services déterminés	7	385	1 427	2 497	3 633	3 166	4 469	5 408	4 957	5 298
Taxes on betting and gambling	0	232	1 307	1 649	2 051	1 635	1 249	1 164	1 289	1 327
Taxes on other specific services	6	153	120	0	0	0	0	0	0	0
Taxes on insurance premiums	0	0	0	848	1 581	1 531	1 417	1 446	1 546	1 605
Tax on deposits of credit institution	0	0	0	0	1	0	227	421	414	377
Ordinary resource DGF	0	0	0	0	0	0	1 576	1 644	923	1 074
Tourist tax	0	0	0	0	0	0	0	43	109	180
EU SRF contribution	..	..	..	..	..	..	..	690	676	735
5127 Autres impôts sur commerce et transact. internat.	0	0	0	0	0	0	0	0	0	0
5128 Autres impôts	0	0	22	90	6	213	214	219	191	250
EU levies	..	..	22	77	-2	35	7	15	7	-3
Others	..	..	0	13	8	9	20	37	37	100
Resource CORES	..	..	0	0	0	169	187	167	147	153
5130 Non-ventilables entre 5110 et 5120	0	0	0	0	0	0	0	0	0	0
5200 Impôts sur utilisation des biens et exerc. activités	3	1	2 633	6 073	8 520	7 359	7 904	8 247	8 570	9 136
5210 Impôts périodiques	3	1	1 616	4 306	5 311	5 782	6 493	6 420	6 667	6 740
Other taxes on luxury expenses	..	..	..	2	7	4	3	3	3	3
5211 À la charge des ménages : véhicules à moteur	..	0	461	1 117	1 626	1 770	1 848	1 725	1 758	1 763
Car registration tax	..	..	461	1 117	1 626	1 770	1 848	1 725	1 758	1 763
5212 À la charge autres agents : véhicules à moteur	..	0	117	298	502	498	503	470	486	487
Car registration tax	..	..	117	298	502	498	503	470	486	487

	1965	1980	1990	2000	2007	2010	2013	2015	2017	2018
5213 Autres impôts périodiques	..	1	1 038	2 889	3 176	3 510	4 139	4 222	4 420	4 487
Hunting and fishing taxes	..	..	0	28	28	34	34	30	32	30
Economic activity tax	..	..	925	1 934	1 633	1 785	1 701	1 794	1 844	1 893
Advertising	..	..	27	0	0	0	0	0	0	0
Taxes on environment and pollution	..	..	0	42	91	141	616	563	613	618
Tax on effluent, use of hydrocarbon and mines	..	..	0	51	83	67	158	184	184	194
Other fees paid by households for licences	..	..	0	179	264	228	206	245	323	331
Compensation for local taxes	..	..	86	140	176	165	129	118	137	133
Vehicle inspection duty	..	..	0	6	18	17	20	19	20	22
Municipal fees for private use of public space	..	..	0	509	883	1 073	1 275	1 269	1 267	1 266
5220 Impôts non-périodiques	0	0	1 017	1 767	3 209	1 577	1 411	1 827	1 903	2 396
Tax and building permits	..	..	327	1 117	2 227	859	519	575	759	960
Urban licenses	..	..	0	451	490	260	157	200	277	322
Greenhouse gas emission trading	..	..	0	0	0	0	138	412	452	723
Parafiscal taxes	..	..	690	199	492	458	597	640	415	391
5300 Non-ventilables entre 5100 et 5200	0	0	72	0	0	0	0	0	0	0
6000 Autres impôts	**0**	**49**	**22**	**3**	**12**	**8**	**76**	**189**	**123**	**204**
6100 À la charge exclusive des entreprises	..	49	0	0	0	0	0	0	0	0
6200 À la charge d'autres agents	..	0	22	3	12	8	76	189	123	204
Other taxes on production	..	..	..	3	12	8	76	189	123	204
Pour mémoire										
Droits de douane perçus pour le compte de l'UE	..	..	..	970	1 723	1 509	1 317	1 803	1 930	1 921
Contributions au Fonds de résolution unique collectées pour le compte de l'UE	..	..	..	..	..	..	..	690	676	735
Crédits d'impôts récupérables										
Crédits d'impôts récupérables contre 1110	..	..	..	0	1 323	1 897	774	1 093	1 803	1 852
Composante fiscale	..	..	..	0	522	729	432	546	908	932
Composante transfert	..	..	..	0	801	1 168	342	547	895	920
Crédits d'impôts récupérables contre 1210	..	..	..	0	0	0	0	46	658	1 265
Composante fiscale	..	..	..	0	0	0	0	12	24	34
Composante transfert	..	..	..	0	0	0	0	34	634	1 231
Recettes fiscales totales sur la base d'encaissements	**1 238**	**22 002**	**103 662**	**210 565**	**385 676**	**330 362**	**335 663**	**357 575**	**383 727**	**408 712**
Recettes fiscales totales sur la base des droits constatés	**..**	**..**	**..**	**214 114**	**391 648**	**335 563**	**337 891**	**364 683**	**393 529**	**416 692**
Conciliation avec les comptes nationaux										
Impôts additionnels inclus dans les comptes nationaux	..	..	..	0	0	0	0	0	0	0
Impôt exclus des comptes nationaux	..	..	..	0	0	0	0	0	0	0
Différence dans les traitements des crédits d'impôts	..	..	..	0	522	729	432	558	932	966
Transfert en capital des recettes non collectées	..	..	..	0	0	0	0	0	0	0
Cotisations de sécurité sociale volontaires	..	..	..	447	937	1 155	2 209	1 170	1 133	1 038
Différences diverses	..	..	..	0	0	0	0	0	0	0
Comptes nationaux : impôts et cotisations sociales effectives	..	..	..	214 561	393 107	337 447	340 532	366 411	395 594	418 696
Cotisations sociales imputées	..	..	..	5 379	7 618	8 585	7 772	7 503	7 171	7 110
Comptes nationaux : impôts et toutes les cotisations sociales	..	..	..	219 940	400 725	346 032	348 304	373 914	402 765	425 806

.. Non disponible

Note : Year ending 31st December.

From 2000, data are on accrual basis.

From 1981 the figures take into account the classification procedures set out in the OECD Interpretative Guide. Consequently they are not completely comparable with the figures for earlier years though the amounts involved are quite small.

Heading 1000: Includes a tax on property 'Contribucion Rustica' which would be more appropriately classified in 4110, and the 'Licencia fiscal industrial and professionales' which, because it is a tax levied by reference to the size of the firm, energy input, etc, would be more appropriately classified in 6000. The data necessary to provide a breakdown is not available.

All subdivisions are estimated.

Heading 2300: Contributions paid by self-employed were shown under heading 2100 until 1982.

Heading 4100: Most of these receipts fall under 4110.

Heading 4400: In 1988 revenues from taxes on legal Acts issued by Autonomous Communities (Local) are included in 4400.

Heading 5121 comprises certain local levies which may include non-tax revenues.

Source : Informacion Estatistica del Ministerio de Hacienda (for national taxes).

Cuentas de las Administraciones Publicas (for local taxes and social security) both published by Secretaria General Tecnica del Ministerio de Hacienda.

StatLink https://doi.org/10.1787/888934216012

Tableau 5.33. Suède : recettes fiscales détaillées, 1965-2018

Million SEK

	1965	1980	1990	2000	2007	2010	2013	2015	2017	2018
Recettes fiscales totales	**40 003**	**259 216**	**759 068**	**1 174 516**	**1 497 268**	**1 538 704**	**1 632 087**	**1 825 624**	**2 049 257**	**2 120 634**
Recettes fiscales totales excluant les taxes collectés pour le compte de l'UE	..	..	**759 068**	**1 167 272**	**1 486 286**	**1 527 618**	**1 621 890**	**1 813 106**	**2 036 773**	**2 107 638**
1000 Impôts sur revenu, bénéfices et gains en capital	**21 956**	**112 730**	**314 797**	**480 365**	**580 372**	**546 696**	**566 234**	**657 539**	**744 903**	**761 048**
1100 Des personnes physiques	19 500	106 376	291 146	392 592	464 434	430 896	466 286	533 660	616 282	623 602
1110 Sur le revenu et les bénéfices	19 390	105 866	289 598	358 167	414 728	396 353	433 985	464 596	535 892	554 257
Coupon tax	9	44	233	2 040	6 306	3 047	4 108	4 615	6 398	8 527
Duties on foreign artists	4	3	3	50	86	89	-1	2	0	0
National income tax individual	8 676	31 682	70 755	32 486	44 326	42 595	44 664	52 480	62 697	63 632
Local income tax individual	9 294	78 134	220 072	336 304	479 068	522 850	581 934	635 719	700 078	726 221
Tax reduction individual	0	-3 997	-1 465	-18 872	-122 029	-179 890	-204 632	-236 613	-241 976	-253 181
Public service tax	..	..	0	5 061	6 674	6 981	7 208	7 759	7 954	8 171
Other	1 407	0	0	1 098	296	681	704	635	741	886
1120 Sur les gains en capital	110	510	1 548	34 425	49 707	34 543	32 301	69 064	80 391	69 345
Lottery prize tax	110	510	1 548	60	0	0	0	0	0	0
1200 Des sociétés	2 456	6 354	23 651	87 772	115 937	115 800	99 948	123 878	128 621	137 447
1210 Sur les bénéfices	2 456	6 354	23 651	87 772	115 937	115 800	99 948	123 878	128 621	137 447
Tax on profits not distributed	1	10	3	0	0	0	0	0	0	0
National income tax b.c. list	1 425	2 078	19 774	74 501	103 150	103 944	93 097	115 507	124 419	132 089
Local income tax b.c. list	1 030	4 266	0	0	0	0	0	0	0	0
Special tax on profits	0	0	3 874	0	0	0	0	0	0	0
Taxes on pension insurance savings	0	0	0	13 271	12 787	11 856	6 850	8 371	4 202	5 358
1220 Sur les gains en capital	0	0	0	0	0	0	0	0	0	0
1300 Non-ventilables entre 1100 et 1200	0	0	0	0	0	0	0	0	0	0
2000 Cotisations de sécurité sociale	**4 851**	**74 647**	**205 867**	**306 974**	**388 505**	**384 668**	**376 684**	**404 851**	**443 110**	**463 338**
2100 À la charge des salariés	743	254	823	63 074	81 088	89 175	100 861	108 356	118 740	123 661
Health insurance fees	743	9	5	0	0	0	0	0	0	0
Unemployment insurance fees	0	245	818	0	0	0	0	0	0	0
Pension fees	0	0	0	63 074	81 088	89 175	100 861	108 356	118 740	123 661
2110 Sur la base du salaire	..	..	..	63 074	81 088	89 175	100 861	108 356	118 740	123 661
2120 Sur la base de l'impôt sur les revenus	..	..	..	0	0	0	0	0	0	0
2200 À la charge des employeurs	3 568	71 602	196 905	237 527	300 010	288 426	271 449	291 646	320 387	335 354
Survivors pension fees	0	20 343	44 181	14 847	19 611	20 362	15 693	17 305	11 983	12 534
Health insurance fees	717	26 005	58 334	74 097	100 979	71 292	58 365	64 332	74 389	77 890
Unemployment insurance fees	0	0	0	0	0	0	0	0	0	0
Labour market fees	0	982	12 516	45 975	48 471	55 443	39 007	37 926	43 924	45 972
Industrial injury insurance fees	132	1 201	4 663	12 030	7 844	8 146	4 022	4 431	3 422	3 585
Seamen's pension fees	0	10	26	30	0	0	0	0	0	0
Part pension fees	0	1 119	2 897	0	0	0	0	0	0	0
Supplementary pension fees	2 719	21 458	73 129	71 335	97 748	106 828	119 508	129 204	142 220	148 819
Parent insurance fees	0	484	1 159	19 215	25 356	26 355	34 854	38 448	44 448	46 554
2210 Sur la base du salaire	..	..	..	237 527	300 010	288 426	271 449	291 646	320 387	335 354
2220 Sur la base de l'impôt sur les revenus	..	..	..	0	0	0	0	0	0	0
2300 A charge des travailleurs indép. ou sans emploi	540	2 791	8 139	5 618	8 391	7 468	5 607	5 058	4 819	4 832
Survivors pension fees	0	943	1 580	451	662	687	442	443	256	256
Health insurance fees	260	992	1 702	1 988	3 297	2 082	550	256	273	291
Industrial injury insurance fees	0	64	191	365	264	275	113	84	58	59
Parent insurance fees	0	58	106	573	856	888	960	603	625	636
Supplementary pension fees	280	734	4 560	2 241	3 312	3 536	3 542	3 672	3 606	3 590
Reduction	0	0	0	0	0	0	0	0	0	0
2310 Sur la base du salaire	..	..	..	5 618	8 391	7 468	5 607	5 058	4 819	4 832
2320 Sur la base de l'impôt sur les revenus	..	..	..	0	0	0	0	0	0	0
2400 Non-ventilables entre 2100, 2200 et 2300	0	0	0	756	-984	-401	-1 233	-209	-836	-509
2410 Sur la base du salaire	..	..	..	756	-984	-401	-1 233	-209	-836	-509
2420 Sur la base de l'impôt sur les revenus	..	..	..	0	0	0	0	0	0	0
3000 Sur salaires ou main d'oeuvre	**13**	**6 759**	**18 686**	**50 106**	**83 279**	**107 515**	**172 170**	**194 121**	**233 192**	**245 036**
Special wage tax	0	61	0	22 391	30 225	33 090	36 832	40 283	45 977	49 185
Child care fees	0	4 740	13 080	0	0	0	0	0	0	0
Adult education fees	0	614	1 555	0	0	0	0	0	0	0
Building research fees	13	105	0	0	0	0	0	0	0	0
Labour welfare fees	0	257	2 033	0	0	0	0	0	0	0
Labour education fees	0	982	0	0	0	0	0	0	0	0
Labour market fees	0	0	0	112	156	219	7	-1	1	1
General wage fees	0	0	2 018	27 603	52 898	74 207	135 331	153 839	187 213	195 849
4000 Impôts sur le patrimoine	**712**	**2 424**	**26 630**	**39 890**	**36 228**	**36 509**	**41 182**	**43 852**	**45 472**	**45 842**
4100 Impôts périodiques sur la propriété immobilière	10	16	8 946	23 286	25 899	26 402	31 596	32 444	32 876	33 217
4110 Ménages	0	0	3 877	13 321	13 474	11 593	13 422	13 320	13 999	14 972
Special tax on real estate	..	..	3 877	13 321	13 474	11 593	13 422	13 320	13 999	14 972

	1965	1980	1990	2000	2007	2010	2013	2015	2017	2018
4120 Autres agents	10	16	5 069	9 965	12 424	14 809	18 174	19 124	18 877	18 245
Forestry levy	10	16	423	22	34	18	37	19	15	10
Special tax on real estate	0	0	4 646	9 943	12 390	14 791	18 137	19 105	18 863	18 235
4200 Impôts périodiques sur l'actif net	366	717	3 200	8 223	0	0	0	0	0	0
4210 Personnes physiques	361	702	3 135	8 043	..	..	..	..	..	..
4220 Sociétés	5	15	65	180	..	..	..	..	..	..
4300 Impôts sur mut. par décès, succ. et donations	155	545	1 433	2 549	23	9	-4	0	0	0
4310 Impôts sur mut. par décès et successions	143	495	1 118	2 088	15	9	-4	0	..	..
4320 Impôts sur les donations	12	50	315	460	8	0	0	0	..	..
4400 Impôts sur transact. mobilières et immob.	181	1 146	13 051	5 833	10 305	10 097	9 590	11 408	12 596	12 625
Taxes on financial and capital transactions	181	1 146	6 946	4 878	9 414	8 968	8 913	10 895	12 138	12 059
Turnover tax on securities	0	0	6 105	0	0	0	0	0	0	0
Tax on life group insurances	0	0	0	955	891	1 129	678	513	458	566
4500 Impôts non-périodiques	0	0	0	0	0	0	0	0	0	0
4510 Sur l'actif net	..	..	..	..	..	..	..	..	..	..
4520 Autres non-périodiques	..	..	..	..	..	..	..	..	..	..
4600 Autres impôts périodiques sur patrimoine	0	0	0	0	0	0	0	0	0	0
5000 Impôts sur les biens et services	**12 471**	**62 234**	**188 709**	**292 252**	**402 018**	**456 483**	**469 034**	**517 663**	**574 098**	**596 947**
5100 Impôts sur production, vente, transfert, etc.	11 808	58 474	181 587	284 820	388 936	440 083	452 532	498 910	554 174	577 112
5110 Impôts généraux	4 147	34 643	112 399	199 606	286 211	326 685	341 952	382 712	427 738	445 799
5111 Taxes sur la valeur ajoutée	0	34 643	112 399	197 483	282 586	322 603	337 822	378 830	425 053	445 671
5112 Impôts sur les ventes	4 147	0	0	0	0	0	0	0	0	0
5113 Autres impôts	0	0	0	2 123	3 625	4 082	4 130	3 882	2 685	128
5120 Impôts sur biens et services déterminés	7 661	23 831	69 188	85 214	102 725	113 398	110 580	116 198	126 436	131 313
5121 Accises	5 953	19 941	55 332	70 313	84 873	91 470	88 168	91 572	97 927	102 112
Taxes on petrol and fuel	1 420	4 229	17 171	39 011	44 501	47 426	43 869	44 906	47 145	48 198
Special sales tax	390	585	1 098	0	0	0	0	0	0	0
Sales tax on motor vehicles	325	553	1 983	195	3	0	0	0	0	0
Tobacco tax	1 150	3 087	5 636	7 747	9 742	10 588	11 136	11 825	11 872	12 374
Tax on spirits	1 548	4 431	6 205	4 902	4 249	4 324	4 001	4 208	4 327	4 466
Tax on wine	149	930	2 922	3 567	4 001	4 589	4 887	5 654	5 985	6 110
Tax on beer and soft drinks	242	964	2 532	2 355	2 773	3 219	3 329	3 895	4 122	4 344
Tax on energy consumption	729	5 162	16 352	11 451	18 994	21 035	20 827	20 787	23 557	25 009
Taxes on electricity from certain sources	0	0	1 018	0	0	0	0	0	0	0
Tax on wastes	0	0	0	1 085	609	289	119	297	185	234
Tax on cassette tapes	0	0	194	0	0	0	0	0	0	0
Tax on video recorders	0	0	221	0	0	0	0	0	0	0
Tax on chemicals	0	0	..	..	..	..	..	..	735	1 377
5122 Bénéfices des monopoles fiscaux	72	204	332	3 641	3 952	5 068	5 385	5 001	4 974	4 658
Alcohol monopoly wholesale	23	116	98	0	0	0	0	0	0	0
Alcohol monopoly retailing	49	88	234	80	296	302	116	198	282	180
Gaming monopoly retailing	0	0	0	3 561	3 657	4 766	5 269	4 803	4 691	4 478
5123 Droits de douane et droits à l'importation	1 419	2 433	8 308	3 450	5 099	5 412	4 976	6 243	6 225	6 498
Customs	1 080	1 300	3 115	3 450	5 099	5 412	4 976	6 243	6 225	6 498
Agricultural levies	339	1 133	5 193	0	0	0	0	0	0	0
5124 Taxes à l'exportation	0	0	0	0	0	0	0	0	0	0
5125 Impôts sur biens d'équipement	0	0	40	0	0	0	0	0	0	0
Investment tax	..	..	40	..	..	..	..	..	..	..
5126 Impôts sur services déterminés	217	1 253	5 176	6 472	4 341	5 745	9 072	10 587	14 150	13 897
Betting tax	79	223	616	0	0	0	0	0	0	0
Advertisement tax	0	202	1 073	1 116	657	335	244	200	170	146
Tax on gambling	0	69	88	1 245	1 315	1 378	1 309	1 353	1 485	1 467
Other specific services	138	656	2 938	4 111	2 369	4 031	7 520	9 034	12 496	11 016
Tax on charter travelling	0	103	461	0	0	0	0	0	0	0
Tax on air travel	..	..	0	0	0	0	0	0	0	1 268
5127 Autres impôts sur commerce et transact. internat.	0	0	0	0	0	0	0	0	0	0
5128 Autres impôts	0	0	0	1 339	4 460	5 702	2 980	2 795	3 160	4 149
5130 Non-ventilables entre 5110 et 5120	0	0	0	0	0	0	0	0	0	0
5200 Impôts sur utilisation des biens et exerc. activités	663	3 760	7 122	7 433	13 083	16 400	16 502	18 752	19 924	19 835
5210 Impôts périodiques	663	3 760	7 122	7 433	13 083	16 400	16 502	18 752	19 924	19 835
5211 À la charge des ménages : véhicules à moteur	336	1 241	2 003	4 969	7 451	8 550	8 275	10 897	10 884	9 856
5212 À la charge autres agents : véhicules à moteur	313	2 476	5 055	2 464	5 632	7 850	8 227	7 855	9 040	9 979
5213 Autres impôts périodiques	14	43	64	0	0	0	0	0	0	0
5220 Impôts non-périodiques	0	0	0	0	0	0	0	0	0	0
5300 Non-ventilables entre 5100 et 5200	0	0	0	0	0	0	0	0	0	0
6000 Autres impôts	**0**	**422**	**1 264**	**1 479**	**1 768**	**1 421**	**1 806**	**1 356**	**2 257**	**1 926**
6100 À la charge exclusive des entreprises	..	0	0	0	0	0	0	0	0	0
6200 À la charge d'autres agents	..	422	1 264	1 479	1 768	1 421	1 806	1 356	2 257	1 926
Pour mémoire										
Droits de douane perçus pour le compte de l'UE	..	..	..	3 450	5 099	5 412	4 976	6 243	6 225	6 498
Recettes fiscales totales sur la base d'encaissements	**40 003**	**259 216**	**759 068**	**1 144 233**	**1 465 382**	**1 496 374**	**1 611 798**	**1 768 413**	**..**	**..**
Recettes fiscales totales sur la base des droits	**..**	**..**	**..**	**1 174 516**	**1 497 268**	**1 538 704**	**1 632 087**	**1 825 624**	**2 049 257**	**2 120 634**

	1965	1980	1990	2000	2007	2010	2013	2015	2017	2018
constatés										
Conciliation avec les comptes nationaux										
Impôts additionnels inclus dans les comptes nationaux	..	..	..	0	0	0	0	0	0	0
Impôt exclus des comptes nationaux	..	..	..	0	0	0	0	0	0	0
Différence dans les traitements des crédits d'impôts	..	..	..	0	0	0	0	0	0	0
Transfert en capital des recettes non collectées	..	..	..	0	0	0	0	0	0	0
Cotisations de sécurité sociale volontaires	..	..	..	7 951	12 376	13 167	15 909	16 726	19 271	23 457
Différences diverses	..	..	..	0	0	0	0	0	0	0
Comptes nationaux : impôts et cotisations sociales effectives	..	..	..	1 182 467	1 509 644	1 551 871	1 647 996	1 842 350	2 068 528	2 144 091
Cotisations sociales imputées	..	..	..	0	0	0	0	0	0	0
Comptes nationaux : impôts et toutes les cotisations sociales	..	..	..	1 182 467	1 509 644	1 551 871	1 647 996	1 842 350	2 068 528	2 144 091

.. Non disponible

Note : Year ending 31st December.

From 2000 data are on accrual basis.

Figures prior to 1970 are not strictly comparable with those of later years, though the amounts involved are insignificant.

Heading 1000: Receipts are on accrual and not on a cash basis for all years.

Heading 2000 includes some voluntary contributions.

Source : Monthly reports of central Government Revenues (unpublished) National Audit Bureau, Stockholm. Local Government Finance (SOS), Tax assessment statistics (SOS) , National Central Bureau of Statistics, Stockholm.National Accounts (Statistical Reports), National Bureau of Statistics, Stockholm.

StatLink https://doi.org/10.1787/888934216031

Tableau 5.34. Suisse : recettes fiscales détaillées, 1965-2018

Million CHF

	1965	1980	1990	2000	2007	2010	2013	2015	2017	2018
Recettes fiscales totales	**11 237**	**46 385**	**85 367**	**127 572**	**151 923**	**163 017**	**173 557**	**181 466**	**191 119**	**194 391**
1000 Impôts sur revenu, bénéfices et gains en capital	**4 616**	**21 022**	**40 203**	**56 411**	**69 790**	**74 439**	**79 271**	**84 376**	**90 566**	**92 857**
1100 Des personnes physiques	3 748	18 056	27 824	37 948	47 994	51 835	53 803	56 377	57 859	59 768
1110 Sur le revenu et les bénéfices	3 547	17 622	27 824	37 948	47 994	51 835	53 803	56 377	57 859	59 768
Impôt fédéral direct	245	2 525	4 432	5 713	8 589	9 880	9 655	10 394	10 397	11 171
Taxe d'exemption service militaire	35	103	135	163	138	155	163	173	175	167
Impôt cantonal personnes physiques	1 473	7 510	12 856	17 592	23 094	24 957	26 273	27 185	28 070	28 821
Impôt communal personnes physiques	1 322	6 235	10 402	14 481	16 174	16 844	17 712	18 625	19 217	19 609
Impôt anticipé	358	1 249	0	0	0	0	0	0	0	0
Coupons	114	0	0	0	0	0	0	0	0	0
1120 Sur les gains en capital	201	434	0	0	0	0	0	0	0	0
Impôt cantonal personnes physiques	84	229	..	..	..	..	..	..	..	..
Impôt communal personnes physiques	112	190	..	..	..	..	..	..	..	..
Impôt fédéral direct	5	15	..	..	..	..	..	..	..	..
1200 Des sociétés	868	2 966	6 300	11 323	16 161	16 378	17 815	19 443	20 535	22 217
1210 Sur les bénéfices	801	2 818	6 300	11 323	16 161	16 378	17 815	19 443	20 535	22 217
Impôt fédéral direct	153	781	2 214	4 928	6 800	8 006	8 698	9 731	10 547	11 275
Impôt cantonal personnes morales	363	1 230	2 576	3 989	6 098	5 445	5 985	6 294	6 454	7 008
Impôt communal personnes morales	285	807	1 510	2 406	3 263	2 927	3 132	3 418	3 535	3 933
Impôt anticipé	0	0	0	0	0	0	0	0	0	0
1220 Sur les gains en capital	67	148	..	..	..	..	..	..	..	..
Impôt sur gains personnes morales	2	7	..	..	..	..	..	..	..	..
Impôt cantonal personnes morales	28	77	..	..	..	..	..	..	..	..
Impôt communal personnes morales	37	64	..	..	..	..	..	..	..	..
1300 Non-ventilables entre 1100 et 1200	0	0	6 079	7 140	5 635	6 226	7 653	8 556	12 172	10 873
Impôt anticipé	..	..	4 044	6 202	4 211	4 723	5 619	6 543	9 710	8 347
Impôt sur les gains immobiliers	..	..	2 035	938	1 424	1 502	2 033	2 014	2 461	2 526
Autre	..	..	..	..	..	..	..	..	..	..
2000 Cotisations de sécurité sociale	**1 670**	**10 844**	**19 892**	**30 750**	**34 949**	**38 369**	**42 654**	**44 073**	**44 998**	**45 861**
2100 À la charge des salariés	716	4 833	9 312	14 385	16 356	17 573	19 710	20 436	20 887	21 356
2110 Sur la base du salaire	716	4 833	9 312	14 385	16 356	17 573	19 710	20 436	20 887	21 356
2120 Sur la base de l'impôt sur les revenus	0	0	..	..	..	..	..	..	..	..
2200 À la charge des employeurs	747	4 897	9 320	14 398	16 371	17 600	19 742	20 468	20 922	21 394
2210 Sur la base du salaire	747	4 897	9 320	14 398	16 371	17 600	19 742	20 468	20 922	21 394
2220 Sur la base de l'impôt sur les revenus	0	0	..	..	..	..	..	..	..	..
2300 A charge des travailleurs indép. ou sans emploi	208	1 046	1 261	1 967	2 222	3 197	3 202	3 169	3 189	3 111
2310 Sur la base du salaire	209	1 046	1 261	1 967	2 222	3 197	3 202	3 169	3 189	3 111
2320 Sur la base de l'impôt sur les revenus	0	0	..	..	..	..	..	..	..	..
2400 Non-ventilables entre 2100, 2200 et 2300	0	68	0	0	0	0	0	0	0	0
2410 Sur la base du salaire	..	68	..	..	..	..	..	..	..	..
2420 Sur la base de l'impôt sur les revenus	..	0	..	..	..	..	..	..	..	..
3000 Sur salaires ou main d'oeuvre	**0**	**0**	**0**	**0**	**0**	**0**	**0**	**0**	**0**	**0**
4000 Impôts sur le patrimoine	**1 108**	**3 830**	**7 586**	**12 333**	**12 223**	**12 402**	**12 037**	**13 126**	**14 328**	**14 293**
4100 Impôts périodiques sur la propriété immobilière	78	304	447	735	895	968	1 052	1 138	1 178	1 164
4110 Ménages	78	304	447	735	895	968	1 052	1 138	1 178	1 164
Impôt sur immeubles canton	20	71	125	187	265	286	303	349	342	347
Impôt sur immeubles commune	58	233	322	548	630	682	748	789	836	817
4120 Autres agents	0	0	..	..	..	..	..	..	..	..
4200 Impôts périodiques sur l'actif net	692	2 201	3 382	5 254	7 002	7 105	7 403	8 083	9 024	9 202
4210 Personnes physiques	420	1 383	2 194	3 972	5 309	5 576	5 785	6 604	7 324	7 409
Impôt fortune canton	206	739	1 232	2 241	3 145	3 324	3 532	4 044	4 508	4 535
Impôt fortune commune	214	644	962	1 731	2 164	2 252	2 253	2 560	2 816	2 874
4220 Sociétés	272	818	1 188	1 282	1 693	1 529	1 617	1 479	1 700	1 793
Impôt capital fédéral direct	21	92	0	0	0	0	0	0	0	0
Impôt capital canton	142	436	760	821	1 107	969	1 032	947	1 093	1 117
Impôt capital commune	109	290	428	461	586	561	585	531	607	675
4300 Impôts sur mut. par décès, succ. et donations	142	393	896	1 215	869	974	966	1 088	1 161	1 174
4310 Impôts sur mut. par décès et successions	142	393	896	1 215	869	974	966	1 088	1 161	1 174
Impôt successions cantons	128	361	820	1 118	774	886	854	964	1 042	1 058
Impôt successions commune	14	32	76	97	96	88	112	124	119	116
4320 Impôts sur les donations	0	0	..	..	..	..	..	..	..	..
4400 Impôts sur transact. mobilières et immob.	196	932	2 245	4 342	2 562	2 428	1 671	1 902	1 970	1 681
Impôt mutations canton	48	245	115	144	182	182	185	177	191	212
Impôt mutations commune	21	103	39	52	42	50	52	52	57	56
Emissions de titres	99	175	0	0	405	779	182	360	407	248
Négociation de titres	19	409	0	0	1 933	1 417	1 253	1 314	1 315	1 166
Effets de change	9	0	0	0	0	0	0	0	0	0
Emissions et négociation de titres	0	0	2 091	4 146	0	0	0	0	0	0

	1965	1980	1990	2000	2007	2010	2013	2015	2017	2018
4500 Impôts non-périodiques	0	0	0	0	0	0	0	0	0	0
4510 Sur l'actif net	..	..	..	..	..	..	..	..	..	..
4520 Autres non-périodiques	..	..	..	..	..	..	..	..	..	..
4600 Autres impôts périodiques sur patrimoine	0	0	616	786	895	927	946	915	994	1 072
5000 Impôts sur les biens et services	**3 843**	**10 689**	**17 546**	**27 864**	**34 711**	**37 216**	**38 930**	**39 092**	**40 261**	**40 350**
5100 Impôts sur production, vente, transfert, etc.	3 582	9 863	15 975	25 302	30 669	32 264	33 861	33 760	34 397	34 461
5110 Impôts généraux	1 191	4 772	9 871	16 917	19 962	21 035	22 870	22 791	23 298	23 042
5111 Taxes sur la valeur ajoutée	0	0	9 871	16 594	19 604	20 662	22 501	22 397	22 902	22 644
5112 Impôts sur les ventes	1 191	4 772	0	323	358	373	369	393	396	398
Impôt sur les automobiles	..	..	..	323	358	373	369	393	396	398
Autres impôt sur les ventes	..	..	..	0	0	0	0	0	0	0
5113 Autres impôts	0	0	..	..	..	..	..	..	..	..
5120 Impôts sur biens et services déterminés	2 391	5 091	6 058	8 337	10 663	11 191	10 936	10 901	11 022	11 341
5121 Accises	1 016	3 427	4 604	6 810	7 805	8 295	8 099	8 056	8 105	8 457
Impôt sur bière	26	33	0	0	107	112	113	114	112	115
Impôt sur tabac	190	634	15	32	2 247	2 417	2 354	2 255	2 195	2 135
Supplément de prix autres	104	542	1 503	1 783	3	0	0	3	3	3
Droits carburants	467	955	1 334	2 975	3 076	3 110	3 034	2 864	2 791	2 785
Droits supplémentaires carburants	229	1 263	1 753	2 020	2 071	2 082	2 025	1 905	1 855	1 847
Taxes routières	0	0	0	0	0	0	0	0	0	0
Impôt sur les huiles minérales grèvant les combustibles	0	0	0	0	20	20	23	19	18	15
Impôt sur les automobiles	0	0	0	0	0	0	0	0	0	0
Impôt boissons distillées	0	0	0	1	281	296	292	279	282	268
Taxe sur la consommation d'électricité	0	0	0	0	0	259	258	617	847	1 288
5122 Bénéfices des monopoles fiscaux	158	472	..	..	..	..	..	..	..	..
Monopole d'alcool	111	354	..	..	..	..	..	..	..	..
Régale des sels	16	25	..	..	..	..	..	..	..	..
Régale des eaux	30	90	..	..	..	..	..	..	..	..
Autres	1	3	..	..	..	..	..	..	..	..
5123 Droits de douane et droits à l'importation	1 104	953	1 201	1 096	1 040	1 079	1 059	1 056	1 103	1 103
Droits d'entrée	972	923	1 201	1 096	1 040	1 079	1 059	1 056	1 103	1 103
Droits tabac	114	6	0	0	0	0	0	0	0	0
Autres droits supplémentaires	18	24	0	0	0	0	0	0	0	0
5124 Taxes à l'exportation	0	0	0	0	0	0	0	0	0	0
5125 Impôts sur biens d'équipement	0	0	0	0	0	0	0	0	0	0
5126 Impôts sur services déterminés	113	239	253	431	1 818	1 816	1 778	1 789	1 815	1 781
Jeux dans kursaals confédération	2	2	2	37	449	381	308	272	273	281
Impôt sur divertissement canton	17	37	23	27	39	101	73	67	66	66
Impôt sur divertissement commune	11	19	46	26	18	17	15	15	15	17
Autres impôts dépenses canton	24	63	0	0	0	0	0	0	0	0
Autres impôts dépenses commune	19	6	0	0	0	0	0	0	0	0
Quittances de primes	40	112	0	0	645	659	700	715	713	703
Impôts loteries	0	0	181	320	474	459	466	517	546	512
Autres	0	0	0	20	193	199	216	204	201	202
5127 Autres impôts sur commerce et transact. internat.	0	0	0	0	0	0	0	0	0	0
5128 Autres impôts	0	0	..	..	..	..	..	..	..	..
5130 Non-ventilables entre 5110 et 5120	0	0	46	47	44	38	55	68	77	78
5200 Impôts sur utilisation des biens et exerc. activités	261	826	1 570	2 562	4 043	4 952	5 069	5 332	5 864	5 889
5210 Impôts périodiques	261	826	1 570	2 562	4 043	4 952	5 069	5 328	5 859	5 885
5211 À la charge des ménages : véhicules à moteur	152	501	1 075	1 573	1 845	1 953	1 977	2 074	2 136	2 160
À la charge des ménages : véhicules à moteur	..	..	921	1 336	1 580	1 667	1 685	1 768	1 819	1 841
À la charge des ménages : vignette autoroutière	..	..	154	237	265	286	292	306	317	318
5212 À la charge autres agents : véhicules à moteur	76	251	431	799	1 901	2 092	2 093	2 054	2 249	2 231
À la charge des autres agents : véhicules à moteur	..	..	367	686	395	417	421	442	455	460
À la charge des autres agents : vignette autoroutière	..	..	39	59	66	72	73	77	79	80
À la charge autres agents : redevance trafic poids lourds	..	..	25	54	1 440	1 604	1 599	1 536	1 715	1 691
5213 Autres impôts périodiques	33	74	64	190	296	907	999	1 199	1 475	1 494
Chasse et pêche	9	20	0	0	0	0	0	0	0	0
Impôt sur chiens canton	3	9	6	9	8	8	10	9	10	10
Impôt sur chiens commune	2	8	14	21	25	30	33	35	40	44
Auberges canton	12	24	0	0	0	0	0	0	0	0
Patentes canton	5	12	0	0	0	0	0	0	0	0
Autres	2	1	0	33	33	30	31	24	13	13
Taxes d'incitation, protection de l'environnement	0	0	3	73	166	755	833	1 036	1 294	1 294
Patentes et concessions	0	0	42	53	64	84	93	94	118	133
5220 Impôts non-périodiques	0	0	0	0	0	0	0	5	5	4
5300 Non-ventilables entre 5100 et 5200	0	0	0	0	0	0	0	0	0	0
6000 Autres impôts	**0**	**0**	**140**	**215**	**249**	**590**	**664**	**799**	**966**	**1 030**
6100 À la charge exclusive des entreprises	..	..	42	65	75	274	300	342	332	378

	1965	1980	1990	2000	2007	2010	2013	2015	2017	2018
6200 À la charge d'autres agents	..	..	98	151	174	316	364	457	635	652
Taxe de compensation	..	..	98	151	174	187	191	190	198	203
Autres	..	..	0	0	0	130	173	267	436	449
Recettes fiscales totales sur la base d'encaissements	**11 237**	**46 385**	**..**	**..**	**..**	**..**	**..**	**..**	**..**	**..**
Recettes fiscales totales sur la base des droits constatés	**..**	**..**	**85 367**	**127 572**	**151 923**	**163 017**	**173 557**	**181 466**	**191 119**	**194 391**
Conciliation avec les comptes nationaux										
Impôts additionnels inclus dans les comptes nationaux	..	..	..	..	..	..	..	..	..	..
Impôt exclus des comptes nationaux	..	..	..	..	..	..	..	..	..	..
Différence dans les traitements des crédits d'impôts	..	..	..	..	..	..	..	..	..	..
Transfert en capital des recettes non collectées	..	..	-242	-733	-964	-1 101	-1 265	-1 061	-870	-1 000
Cotisations de sécurité sociale volontaires	..	..	..	..	..	..	..	..	..	..
Différences diverses	..	..	..	..	..	..	..	..	..	..
Comptes nationaux : impôts et cotisations sociales effectives	..	..	85 126	126 839	150 959	161 916	172 292	180 405	190 250	193 391
Cotisations sociales imputées	..	..	362	501	468	399	482	334	380	343
Comptes nationaux : impôts et toutes les cotisations sociales	..	..	85 488	127 340	151 427	162 315	172 774	180 739	190 630	193 734

.. Non disponible

Note : Année civile se terminant le 31 décembre.

Les données sont sur la base des droits constatés.

Les chiffres antérieurs à 1970 ne sont pas strictement comparables avec ceux des années suivantes qui ont été légèrement révisés.

A compter de 1985 les "Impôts paroissiaux" ne sont plus reportés dans ces statistiques.

A la rubrique 1100: les paiements effectués en contrepartie de l'exemption du service militaire pourraient être classés dans les recettes non fiscales.

La rubrique 2000 (Cotisations de sécurité sociale) a été révisée depuis 1985 pour tenir compte de la sectorisation des administrations publiques retenue dans le cadre du passage aux Comptes nationaux SEC95. De ce fait, les cotisations à l'assurance maladie et à la Caisse nationale suisse contre les accidents sont maintenant exclues de la rubrique 2000.

Source : Statistique financière, Administration fédérale des finances.

StatLink https://doi.org/10.1787/888934216050

Tableau 5.35. Turquie : recettes fiscales détaillées, 1965-2018

Million TRY

	1965	1980	1990	2000	2007	2010	2013	2015	2017	2018
Recettes fiscales totales	**0**	**1**	**79**	**40 263**	**203 053**	**287 873**	**458 698**	**586 722**	**773 406**	**901 485**
1000 Impôts sur revenu, bénéfices et gains en capital	**0**	**0**	**26**	**11 890**	**48 197**	**61 317**	**92 749**	**119 144**	**165 306**	**217 666**
1100 Des personnes physiques	0	0	21	8 954	34 447	40 392	63 761	85 756	112 401	138 992
1110 Sur le revenu et les bénéfices	0	0	21	8 954	34 447	40 392	63 761	85 756	112 401	138 992
Income tax	0	0	21	8 954	34 447	40 392	63 761	85 756	112 401	138 992
1120 Sur les gains en capital	0	0	0	0	0	0	0	0	0	0
1200 Des sociétés	0	0	5	2 935	13 751	20 925	28 988	33 388	52 906	78 673
1210 Sur les bénéfices	0	0	5	2 935	13 751	20 925	28 988	33 388	52 906	78 673
Corporation tax	0	0	5	2 935	13 751	20 925	28 988	33 388	52 906	78 673
1220 Sur les gains en capital	0	0	0	0	0	0	0	0	0	0
1300 Non-ventilables entre 1100 et 1200	0	0	0	0	0	0	0	0	0	0
Fiscal balance tax	..	0	..	..	..	..	..	..		..
Capital gains tax on real estate sales	..	0	..	..	..	..	..	..	..	..
2000 Cotisations de sécurité sociale	**0**	**0**	**15**	**7 543**	**44 052**	**71 696**	**125 871**	**170 282**	**226 720**	**269 932**
2100 À la charge des salariés	0	0	6	2 712	17 867	26 934	49 831	64 214	86 410	101 666
2110 Sur la base du salaire	..	..	..	2 712	17 867	26 934	49 831	64 214	86 410	101 666
2120 Sur la base de l'impôt sur les revenus	..	..	..	0	0	0	0	0	0	0
2200 À la charge des employeurs	0	0	9	3 619	20 442	39 363	71 184	95 067	128 331	151 373
2210 Sur la base du salaire	..	..	..	3 619	20 442	39 363	71 184	95 067	128 331	151 373
2220 Sur la base de l'impôt sur les revenus	..	..	..	0	0	0	0	0	0	0
2300 A charge des travailleurs indép. ou sans emploi	0	0	1	1 211	5 743	5 399	4 856	11 001	11 979	16 893
2310 Sur la base du salaire	..	..	..	1 211	5 743	5 399	4 856	11 001	11 979	16 893
2320 Sur la base de l'impôt sur les revenus	..	..	..	0	0	0	0	0	0	0
2400 Non-ventilables entre 2100, 2200 et 2300	0	0	0	0	0	0	0	0	0	0
2410 Sur la base du salaire	..	..	..	..	..	..	..	..	..	..
2420 Sur la base de l'impôt sur les revenus	..	..	..	..	..	..	..	..	..	..
3000 Sur salaires ou main d'oeuvre	**0**	**0**	**0**	**0**	**0**	**0**	**0**	**0**	**0**	**0**
4000 Impôts sur le patrimoine	**0**	**0**	**2**	**1 272**	**7 621**	**11 684**	**21 280**	**28 582**	**34 857**	**38 941**
4100 Impôts périodiques sur la propriété immobilière	0	0	0	191	1 464	2 669	3 847	5 882	6 809	8 703
Real estate tax	0	0	..	191	1 464	2 669	3 847	5 882	6 809	8 703
4110 Ménages	..	..	..	..	..	..	..	..	..	..
4120 Autres agents	..	..	..	..	..	..	..	..	..	..
4200 Impôts périodiques sur l'actif net	0	0	0	0	0	0	0	0	0	0
4210 Personnes physiques	..	..	..	..	..	..	..	..	..	..
4220 Sociétés	..	..	..	..	..	..	..	..	..	..
4300 Impôts sur mut. par décès, succ. et donations	0	0	0	15	125	215	340	435	718	921
Gift and inheritance tax	0	0	0	15	125	215	340	435	718	921
4310 Impôts sur mut. par décès et successions	..	..	..	..	..	..	..	..	..	..
4320 Impôts sur les donations	..	..	..	..	..	..	..	..	..	..
4400 Impôts sur transact. mobilières et immob.	0	0	2	1 065	6 032	8 800	17 093	22 265	27 331	29 318
Stamp tax	0	0	2	818	3 642	5 083	9 416	12 045	15 596	16 961
Real estate purchase tax	0	0	0	0	0	0	0	0	0	0
Title deed fees	0	0	0	207	2 000	3 329	7 072	9 530	10 970	11 534
Notary fees	0	0	0	40	389	388	606	690	765	822
4500 Impôts non-périodiques	0	0	0	0	0	0	0	0	0	0
4510 Sur l'actif net	..	..	..	..	..	..	..	..	..	..
4520 Autres non-périodiques	..	..	..	..	..	..	..	..	..	..
4600 Autres impôts périodiques sur patrimoine	0	0	0	0	0	0	0	0	0	0
5000 Impôts sur les biens et services	**0**	**0**	**22**	**16 901**	**96 766**	**137 252**	**211 257**	**259 964**	**336 256**	**364 982**
5100 Impôts sur production, vente, transfert, etc.	0	0	22	16 328	92 605	131 878	203 364	250 261	324 935	351 455
5110 Impôts généraux	0	0	16	9 735	43 285	62 533	100 723	121 070	155 680	178 616
5111 Taxes sur la valeur ajoutée	..	..	14	9 735	43 285	62 533	100 723	121 070	155 680	178 616
5112 Impôts sur les ventes	..	..	0	0	0	0	0	0	0	0
5113 Autres impôts	..	..	1	0	0	0	0	0	0	0
5120 Impôts sur biens et services déterminés	0	0	6	6 593	49 320	69 345	102 641	129 191	169 256	172 839
5121 Accises	0	0	1	4 718	39 111	57 285	85 462	105 922	138 338	133 904
Sales taxes	0	0	0	0	0	0	0	0	0	0
Domestic production tax	0	0	0	0	0	0	0	0	0	0
Domestic production tax on petrol	0	0	0	0	0	0	0	0	0	0
Production tax on monopoly goods	0	0	0	0	0	0	0	0	0	0
Sugar consumption taxes	0	0	0	0	0	0	0	0	0	0
Motor vehicles purchase tax (Total)	0	0	1	916	4 293	6 193	10 565	17 027	22 017	17 328
Motor vehicles purchase tax	0	0	0	498	4 293	6 193	10 565	17 027	22 017	17 328
Additional motor vehicle purchase tax	0	0	0	418	0	0	0	0	0	0
Revenue from other excises	0	0	0	533	12 765	19 395	29 739	38 066	52 718	60 982
Petroleum consumption tax	0	0	0	3 269	22 052	31 697	45 158	50 830	63 603	55 593
5122 Bénéfices des monopoles fiscaux	0	0	0	0	0	0	0	0	0	0

	1965	1980	1990	2000	2007	2010	2013	2015	2017	2018
5123 Droits de douane et droits à l'importation	0	0	4	462	2 478	3 319	5 542	8 521	12 837	15 959
Customs duty	0	0	1	449	2 441	3 240	5 409	8 280	12 329	15 276
Customs duty on petrol	0	0	0	0	0	0	0	0	0	0
Production tax on imports	0	0	0	0	0	0	0	0	0	0
Production tax on petrol imports	0	0	0	0	0	0	0	0	0	0
Stamp duty on imports	0	0	2	0	0	0	0	0	0	0
Wharf duty	0	0	1	0	0	0	0	0	0	0
Other	0	0	0	13	37	80	133	240	508	683
5124 Taxes à l'exportation	0	0	0	0	0	0	0	0	0	0
5125 Impôts sur biens d'équipement	0	0	0	0	0	0	0	0	0	0
5126 Impôts sur services déterminés	0	0	1	997	7 686	4 005	6 853	10 014	14 262	19 340
Bank, insurance transaction tax	0	0	1	997	3 149	3 571	6 160	9 172	13 270	18 184
Transportation tax	0	0	0	0	0	0	0	0	0	0
PTT service tax	0	0	0	0	4 211	0	0	0	0	0
Tax on football pool	0	0	0	0	0	0	0	0	0	0
Lottery tax	0	0	0	0	327	434	692	842	993	1 155
5127 Autres impôts sur commerce et transact. internat.	0	0	0	0	0	0	0	0	0	0
Foreign travel expenditures tax	0	0	..	..	..	..	..	..	..	..
5128 Autres impôts	0	0	0	416	46	4 736	4 785	4 734	3 818	3 637
5130 Non-ventilables entre 5110 et 5120	0	0	0	0	0	0	0	0	0	0
5200 Impôts sur utilisation des biens et exerc. activités	0	0	0	572	4 161	5 374	7 894	9 703	11 321	13 527
5210 Impôts périodiques	0	0	0	359	4 161	5 374	7 894	9 703	11 321	13 527
Motor vehicles tax	0	0	0	359	0	5 374	7 894	9 703	11 321	13 527
5211 À la charge des ménages : véhicules à moteur	..	..	..	0	0	0	0	0	0	0
5212 À la charge autres agents : véhicules à moteur	..	..	..	359	4 161	5 374	7 894	9 703	11 321	13 527
Motor vehicles tax	..	..	..	302	3 521	5 033	7 353	8 949	10 825	12 844
Traffic fees	..	..	..	58	640	341	540	754	496	683
5213 Autres impôts périodiques	..	..	..	0	0	0	0	0	0	0
5220 Impôts non-périodiques	0	0	0	213	0	0	0	0	0	0
Building construction tax	..	0	..	0	..	..	..	..	..	..
5300 Non-ventilables entre 5100 et 5200	0	0	0	0	0	0	0	0	0	0
6000 Autres impôts	**0**	**0**	**13**	**2 658**	**6 417**	**5 924**	**7 541**	**8 750**	**10 266**	**9 963**
6100 À la charge exclusive des entreprises	..	0	0	0	0	0	0	0	0	0
6200 À la charge d'autres agents	..	0	13	2 658	6 417	5 924	7 541	8 750	10 266	9 963
Funds	..	..	..	1 938	0	0	0	0	0	0
Vocatial Train Pro.F.	..	..	..	67	0	0	0	0	0	0
Tax penalties and fines	..	..	..	548	4 191	2 689	3 175	3 779	3 838	4 159
Municipalities revenue	..	..	..	106	2 227	3 235	4 366	4 971	6 429	5 805
Recettes fiscales totales sur la base d'encaissements	**0**	**1**	**79**	**40 263**	**203 053**	**287 873**	**458 698**	**586 722**	**773 406**	**901 485**
Recettes fiscales totales sur la base des droits constatés	..	..	..	..	..	..	..	..	..	..
Conciliation avec les comptes nationaux										
Impôts additionnels inclus dans les comptes nationaux	..	..	..	..	..	..	..	..	..	..
Impôt exclus des comptes nationaux	..	..	..	..	..	..	..	..	..	..
Différence dans les traitements des crédits d'impôts	..	..	..	..	..	..	..	..	..	..
Transfert en capital des recettes non collectées	..	..	..	..	..	..	..	..	..	..
Cotisations de sécurité sociale volontaires	..	..	..	..	..	..	..	..	..	..
Différences diverses	..	..	..	..	..	..	..	..	..	..
Comptes nationaux : impôts et cotisations sociales effectives	..	..	..	..	..	..	..	..	..	..
Cotisations sociales imputées	..	..	..	..	..	..	..	..	..	..
Comptes nationaux : impôts et toutes les cotisations sociales	..	..	..	..	..	..	..	..	..	..

.. Non disponible

Note : From 1982 the data are based on the fiscal year ending 31st December. Before that the data are on a fiscal year basis beginning 1st March.

Revenue is reported on a cash basis except for social security contributions which are reported on an assessment basis.

The figures under the local tax collections include taxes under "Municipalities Revenues Law" and Property tax. They also include transfers to the local authorities from central budget tax revenues under the revenue sharing system.

Heading 2000: Before 2003, contributions to some private social security schemes are included in this heading.

Source : Bulletin of national accounts and the Budget revenue Bulletin.

StatLink https://doi.org/10.1787/888934216069

Tableau 5.36. Royaume-Uni : recettes fiscales détaillées, 1965-2018

Million GBP

	1965	1980	1990	2000	2007	2010	2013	2015	2017	2018
Recettes fiscales totales	**10 945**	**81 153**	**202 368**	**359 370**	**508 720**	**514 729**	**571 259**	**621 767**	**680 029**	**705 206**
Recettes fiscales totales excluant les taxes collectés pour le compte de l'UE	..	..	**200 520**	**357 240**	**506 305**	**511 784**	**568 333**	**618 680**	**676 602**	**701 634**
1000 Impôts sur revenu, bénéfices et gains en capital	**4 050**	**30 651**	**79 576**	**142 197**	**201 312**	**192 703**	**202 235**	**223 355**	**240 387**	**249 059**
1100 Des personnes physiques	3 618	23 868	59 506	104 136	151 157	147 019	156 570	168 873	185 560	192 765
1110 Sur le revenu et les bénéfices	3 615	23 376	57 614	101 925	147 309	144 502	152 668	163 291	177 182	184 968
Income tax	..	23 370	57 614	101 925	147 309	144 502	152 668	163 291	177 182	184 968
Surtax	..	6	0	0	0	0	0	0	0	0
1120 Sur les gains en capital	3	492	1 892	2 211	3 848	2 517	3 902	5 582	8 378	7 797
1200 Des sociétés	484	6 783	20 070	38 061	50 155	45 684	45 665	54 482	54 827	56 294
1210 Sur les bénéfices	484	6 510	18 994	35 730	47 524	45 721	45 256	54 499	55 251	56 260
Petroleum revenue tax	..	1 799	941	1 540	1 387	1 349	1 296	-552	-634	-817
Supplementary petroleum duty	..	0	0	0	0	0	0	0	0	0
Corporation tax	..	4 712	18 053	34 190	45 423	43 729	43 293	54 431	55 146	56 385
Corporation tax overspill relief	..	-1	0	0	0	0	0	0	0	0
Profits tax	..	0	0	0	0	0	0	0	0	0
Windfall tax	..	0	0	0	0	0	0	0	0	0
Betting tax	..	0	0	0	590	568	605	595	737	692
Non fossil fuel obligation levy	..	0	0	0	124	75	62	25	2	0
1220 Sur les gains en capital	0	273	1 076	2 331	3 285	878	1 035	1 114	1 252	2 003
1300 Non-ventilables entre 1100 et 1200	-52	0	0	0	0	0	0	0	0	0
2000 Cotisations de sécurité sociale	**1 685**	**13 531**	**34 457**	**60 252**	**93 210**	**97 346**	**106 085**	**114 067**	**130 439**	**134 986**
2100 À la charge des salariés	770	5 228	13 296	24 175	36 585	38 703	41 481	44 454	50 412	52 055
2110 Sur la base du salaire	..	..	13 296	24 175	36 585	38 703	41 481	44 454	50 412	52 055
2120 Sur la base de l'impôt sur les revenus	..	..	0	0	0	0	0	0	0	0
2200 À la charge des employeurs	831	8 210	19 984	34 028	53 765	55 887	62 019	66 491	76 591	79 240
2210 Sur la base du salaire	..	..	19 984	34 028	53 765	55 887	62 019	66 491	76 591	79 240
2220 Sur la base de l'impôt sur les revenus	..	..	0	0	0	0	0	0	0	0
2300 A charge des travailleurs indép. ou sans emploi	75	317	1 177	2 049	2 860	2 756	2 585	3 122	3 436	3 691
2310 Sur la base du salaire	..	..	1 177	2 049	2 860	2 756	2 585	3 122	3 436	3 691
2320 Sur la base de l'impôt sur les revenus	..	..	0	0	0	0	0	0	0	0
2400 Non-ventilables entre 2100, 2200 et 2300	9	-224	0	0	0	0	0	0	0	0
2410 Sur la base du salaire	..	..	..	..	..	..	..	..	..	..
2420 Sur la base de l'impôt sur les revenus	..	..	..	..	..	..	..	..	..	..
3000 Sur salaires ou main d'oeuvre	**0**	**3 498**	**0**	**0**	**0**	**0**	**0**	**0**	**1 842**	**2 604**
Selective employment tax	..	0	..	..	..	..	..	..	0	0
National insurance surcharge	..	3 498	..	..	..	..	..	..	0	0
Apprenticeship Levy	..	0	..	..	..	..	..	..	1 842	2 604
4000 Impôts sur le patrimoine	**1 591**	**9 774**	**16 538**	**41 134**	**63 392**	**61 768**	**70 094**	**76 565**	**85 614**	**88 416**
4100 Impôts périodiques sur la propriété immobilière	1 228	8 665	13 462	30 552	44 891	50 028	55 139	58 185	62 856	66 159
4110 Ménages	539	3 687	2 373	14 205	23 609	25 919	27 640	29 356	32 270	34 733
Northern Ireland rates paid to CG	..	37	113	141	265	335	409	384	362	351
Council tax	..	0	0	13 991	23 217	25 438	27 061	28 777	31 690	34 153
Rates paid to LA	..	3 650	2 260	73	127	146	170	195	218	229
4120 Autres agents	689	4 978	11 089	16 347	21 282	24 109	27 499	28 829	30 586	31 426
National non-domestic rates	..	0	7 542	14 966	19 358	21 602	24 611	25 834	27 401	28 166
Rates paid to LA	..	4 925	2 869	149	267	497	567	600	675	690
Northern Ireland rates paid to CG	..	53	115	207	353	361	373	398	420	431
London Regional Transport levy	..	0	47	0	0	0	0	0	0	0
LA payments of NNDR	..	0	469	889	1 111	1 236	1 389	1 389	1 389	1 389
NPISH payments of NNDR	..	0	47	136	193	245	342	384	430	474
Crossrail Business rates supplement	..	0	0	0	0	168	217	224	271	276
4200 Impôts périodiques sur l'actif net	0	0	0	0	0	0	0	0	0	0
4210 Personnes physiques	..	..	..	..	..	..	..	..	..	..
4220 Sociétés	..	..	..	..	..	..	..	..	..	..
4300 Impôts sur mut. par décès, succ. et donations	287	479	1 321	2 215	3 867	2 642	3 379	4 442	5 382	5 301
4310 Impôts sur mut. par décès et successions	287	479	1 321	2 215	3 867	2 642	3 379	4 442	5 382	5 301
Death duties	..	423	1 278	2 156	3 764	2 592	3 293	4 359	5 283	5 198
Development land tax	..	42	6	0	0	0	0	0	0	0
Taxes on other capital transfers	..	14	37	59	50	50	50	50	50	50
Special tax on bank deposits	..	0	0	0	0	0	0	0	0	0
Betterment duty	..	0	0	0	0	0	0	0	0	0
Special charges	..	0	0	0	0	0	0	0	0	0
Special contribution	..	0	0	0	0	0	0	0	0	0
Equal pay on capital transfers	..	0	0	0	53	0	36	33	49	53
4320 Impôts sur les donations	0	0	0	0	0	0	0	0	0	0
4400 Impôts sur transact. mobilières et immob.	76	630	1 755	8 367	14 634	9 098	11 540	13 791	17 101	16 654
Stamp duties	..	630	1 755	8 367	14 634	9 098	11 540	13 791	17 101	16 654

	1965	1980	1990	2000	2007	2010	2013	2015	2017	2018
4500 Impôts non-périodiques	0	0	0	0	0	0	36	147	275	302
4510 Sur l'actif net	..	..	..	..	..	..	0	0	0	0
4520 Autres non-périodiques	..	..	..	..	..	..	36	147	275	302
4600 Autres impôts périodiques sur patrimoine	0	0	0	0	0	0	0	0	0	0
5000 Impôts sur les biens et services	**3 619**	**23 699**	**62 780**	**115 787**	**150 806**	**162 912**	**192 845**	**207 780**	**221 747**	**230 141**
5100 Impôts sur production, vente, transfert, etc.	3 406	22 677	59 379	110 804	144 752	155 471	185 262	200 337	213 965	222 044
5110 Impôts généraux	647	11 897	34 136	65 018	93 374	97 646	121 460	133 064	142 401	149 078
5111 Taxes sur la valeur ajoutée	0	11 897	34 136	65 018	93 374	97 646	121 460	133 064	142 401	149 078
Value added tax	..	11 893	33 620	64 918	93 348	97 565	121 650	132 948	142 655	149 228
Adj. to VAT contribution	..	4	516	100	26	81	-190	116	-254	-150
Purchase tax	..	0	0	0	0	0	0	0	0	0
5112 Impôts sur les ventes	647	0	0	0	0	0	0	0	0	0
5113 Autres impôts	0	0	0	0	0	0	0	0	0	0
5120 Impôts sur biens et services déterminés	2 759	10 780	25 243	45 786	51 378	57 825	63 802	67 273	71 564	72 966
5121 Accises	2 383	8 616	19 707	37 315	40 427	45 454	46 588	47 294	48 697	49 125
Beer	..	1 029	2 220	2 813	3 042	3 278	3 337	3 294	3 443	3 638
Wines, spirits, cider and perry	..	1 513	2 627	3 751	5 008	6 075	7 063	7 385	8 151	8 355
Tobacco	..	2 735	5 541	7 666	7 862	9 076	9 479	9 190	9 122	8 976
Hydrocarbon oil	..	3 327	9 302	23 041	24 512	27 013	26 697	27 415	27 973	27 919
Other excise duties	..	12	17	0	0	0	0	0	0	0
Sugar levy	..	12	0	44	3	12	12	10	8	0
Soft Drinks Levy	..	..	0	0	0	0	0	0	0	237
5122 Bénéfices des monopoles fiscaux	0	0	0	0	0	0	0	0	0	0
5123 Droits de douane et droits à l'importation	343	1 109	1 837	2 086	2 522	3 058	3 042	3 219	3 564	3 480
Custom duties	..	..	..	1 800	2 074	2 933	2 914	3 077	3 419	3 335
Import duties	..	855	1 722	0	0	0	0	0	0	0
Agricultural levies	..	254	115	286	338	0	0	0	0	0
Temporary charges of import	..	0	0	0	0	0	0	0	0	0
British Transport Police	..	0	0	0	110	125	128	142	145	145
5124 Taxes à l'exportation	0	-1	36	0	0	0	0	0	0	0
Levies on exports	..	-1	36	..	..	..	..	..	..	..
5125 Impôts sur biens d'équipement	0	0	0	0	0	0	0	0	0	0
5126 Impôts sur services déterminés	33	456	1 022	5 826	6 523	7 292	11 601	13 626	15 663	16 320
Betting and gaming	..	456	1 022	1 522	959	1 092	1 538	2 053	2 235	2 202
National Lottery contributions to fund	..	0	0	1 590	1 310	1 625	1 644	1 713	1 713	1 713
Air passenger duty	..	0	0	940	1 883	2 094	2 960	3 119	3 398	3 513
Insurance premium tax	..	0	0	1 707	2 306	2 401	3 018	3 294	5 670	6 201
Bank Levy - Stability Fee Scheme	..	0	0	0	0	0	2 352	3 369	2 568	2 613
Light Dues	..	0	0	67	65	80	89	78	79	78
5127 Autres impôts sur commerce et transact. internat.	0	0	0	0	0	0	0	0	0	0
5128 Autres impôts	0	600	2 641	559	1 906	2 021	2 571	3 134	3 640	4 041
Fossil fuel levy	..	0	875	56	0	0	0	0	0	0
European coal and steel levy	..	21	11	0	0	0	0	0	0	0
Gas levy	..	12	291	0	0	0	0	0	0	0
Car tax	..	83	1 464	0	0	0	0	0	0	0
Landfill tax	..	484	0	461	877	1 065	1 191	1 028	904	853
Climate change levy	..	0	0	0	690	666	1 098	1 752	1 878	1 911
Aggregates levy	..	0	0	0	339	290	282	354	375	366
Hydro benefit	..	0	0	42	0	0	0	0	0	0
Renewable energy obligations	..	0	0	0	0	0	0	0	0	0
Channel 4 advertising formula	..	0	0	0	0	0	0	0	0	0
Milk super levy	..	0	0	0	0	0	0	0	0	0
Contracts for Difference	..	0	0	0	0	0	0	0	483	911
5130 Non-ventilables entre 5110 et 5120	0	0	0	0	0	0	0	0	0	0
5200 Impôts sur utilisation des biens et exerc. activités	212	1 378	3 401	4 983	6 054	7 441	7 583	7 443	7 782	8 097
5210 Impôts périodiques	212	1 378	3 401	4 983	6 054	7 441	7 583	7 443	7 719	8 012
5211 À la charge des ménages : véhicules à moteur	118	729	1 841	2 996	4 096	4 561	4 312	3 823	4 012	4 233
Motor vehicle duty	..	726	1 837	2 992	4 096	4 561	4 312	3 823	4 012	4 233
Boat licences	..	3	4	4	0	0	0	0	0	0
5212 À la charge autres agents : véhicules à moteur	74	588	1 134	1 614	1 288	1 279	1 789	2 076	2 214	2 329
Motor vehicle levy	..	588	1 134	1 614	1 288	1 279	1 789	2 076	2 214	2 329

	1965	1980	1990	2000	2007	2010	2013	2015	2017	2018
5213 Autres impôts périodiques	20	61	426	373	670	1 601	1 482	1 544	1 493	1 450
IBA levy	..	..	134	0	0	0	0	0	0	0
Telecommunications regulator fees	..	..	7	12	17	12	0	0	0	0
Gas regulator fees	..	..	2	0	0	0	0	0	0	0
Electricity regulator fees	..	..	5	0	0	0	0	0	0	0
Water regulator fees	..	..	6	11	11	12	24	27	24	33
Rail regulator fees	..	..	0	14	12	12	12	12	12	12
Company registration surplus fees	..	..	12	0	0	0	0	0	0	0
Consumer and credit act fees	..	..	163	119	281	480	480	480	480	480
Levy funded bodies	..	..	97	217	349	1 040	922	970	915	859
1936 Tithe Act payments	..	..	0	0	0	0	0	0	0	0
Recurrent taxes paid in respect of other goods	..	..	0	0	0	45	44	55	62	66
5220 Impôts non-périodiques	0	0	0	0	0	0	0	0	63	85
Immigration Skills Charge	..	..	..	..	..	..	..	..	63	85
5300 Non-ventilables entre 5100 et 5200	1	-356	0	0	0	0	0	0	0	0
6000 Autres impôts	**0**	**0**	**9 017**	**0**	**0**	**0**	**0**	**0**	**0**	**0**
6100 À la charge exclusive des entreprises	..	..	0	..	..	..	..	..	..	..
6200 À la charge d'autres agents	..	..	9 017	..	..	..	..	..	..	..
Community charge	..	..	9 017	..	..	..	..	..	..	..
Pour mémoire										
Droits de douane perçus pour le compte de l'UE	..	..	..	1 800	2 074	2 933	2 914	3 077	3 419	3 335
Crédits d'impôts récupérables										
Crédits d'impôts récupérables contre 1110	..	..	7 454	4 651	20 030	28 879	29 710	28 539	25 940	22 877
Composante fiscale	..	..	6 973	1 233	4 414	5 542	2 538	2 571	2 336	2 061
Composante transfert	..	..	481	3 418	15 617	23 338	27 172	25 968	23 604	20 816
Crédits d'impôts récupérables contre 1210	..	..	0	0	918	1 313	1 156	3 245	5 356	6 152
Composante fiscale	..	..	0	0	654	915	626	1 131	1 676	1 969
Composante transfert	..	..	0	0	265	399	530	2 114	3 680	4 183
Recettes fiscales totales sur la base d'encaissements	**10 945**	**81 153**	**202 400**	**356 070**	**508 916**	**509 122**	**561 690**	**599 392**	**665 126**	**688 067**
Recettes fiscales totales sur la base des droits constatés	**..**	**..**	**202 368**	**359 370**	**508 720**	**514 729**	**571 259**	**621 767**	**680 029**	**705 206**
Conciliation avec les comptes nationaux										
Impôts additionnels inclus dans les comptes nationaux	..	..	1 323	2 062	4 072	4 731	5 816	7 261	8 861	9 657
Impôt exclus des comptes nationaux	..	..	0	0	0	0	0	0	0	0
Différence dans les traitements des crédits d'impôts	..	..	6 973	1 233	5 068	6 457	3 164	3 702	4 012	4 030
Transfert en capital des recettes non collectées	..	..	0	0	0	0	0	0	0	0
Cotisations de sécurité sociale volontaires	..	..	3 288	8 103	18 629	21 217	22 438	25 025	26 678	27 546
Différences diverses	..	..	0	0	0	0	0	0	0	0
Comptes nationaux : impôts et cotisations sociales effectives	..	..	213 952	370 768	536 489	547 134	602 677	657 755	719 580	746 439
Cotisations sociales imputées	..	..	3 966	4 234	1 391	1 616	1 568	1 563	1 469	1 260
Comptes nationaux : impôts et toutes les cotisations sociales	..	..	217 918	375 002	537 880	548 750	604 245	659 318	721 049	747 699

.. Non disponible

Note : Year ending 31st December.

From 1990 data are on accrual basis.

Heading 1210: The corporate tax figures include company income tax from 1990 onwards.

Heading 2000: Includes some voluntary contributions which cannot be separately identified.

Heading 6200: The community charge replaced domestic rates in Scotland in April 1989 and was extended to England and Wales in April 1990. This tax has been classified in heading 6200 as it is a lump-sum tax levied on each adult in a household (domestic rates are classified in heading 4100). Headings for non-wastable tax credits 1110 and 1210 are consistent with the guidelines, and the figures in the data are treated accordingly. The following method is adopted separately for Working Families 'Tax Credit and Disabled Persons Tax Credit' paid from 1999 to 2003. For each calendar, a random sample of awards over-lapping the quarter is taken. Each recipient family's income tax liability for the fiscal year within which the quarter falls is calculated , based on the earned income reported for the award (uprated to the middle of the overlap period). And the result multiplied by the number of days in the overlap period divided by 365. The tax expenditure component is defined as the minimum of this amount and the total amount of award paid in the overlap period. The total amount of award paid and the tax expenditure component are each summed over the sample cases, and the ratio is taken as the tax expenditure ration for the quarter. From 2003, the equivalent breakdown for Child and Working tax credits is based on household survey data. Survey data is used to estimate the breakdown into the tax expenditure and the transfer components for the other smaller tax credits.

The United Kingdom Personal Tax Credit information presented in Revenue Statistics is on a cash basis (rather than an accrual basis as for the rest of the data). PTC information on a financial year basis has been used as a proxy for calendar year. Please note that since 2015-16 tax credits is no longer split into tax expenditure and transfer component. The split for years after 2014-15 is estimated by applying the 2014-15 split to total personal tax credits expenditure. The sum of tax expenditure and transfer components may not match the total due to rounding. Total values are consistent with published figures available here: https://www.gov.uk/government/statistics/hmrc-tax-and-nics-receipts-for-the-uk.

Please note that the sum of the corporate tax credit (CTC) components in the United Kingdom may not match total CTC's due to rounding. The CTC information presented in Revenue Statistics is on a cash basis (rather than an accrual basis as for the rest of the data). CTC information on a financial year basis has been used as a proxy for calendar year. Please note that the breakdown of total CTCs from 2002/03 to 2010/11 have been estimated using historic proportional splits applied to total published CTC information. Total values are consistent with published figures available here: https://www.gov.uk/government/statistics/hmrc-tax-and-nics-receipts-for-the-uk.

Source : National Income and Expenditure; Central Statistical Office; Annual reports of Her Majesty's Revenue and Customs.

StatLink https://doi.org/10.1787/888934216088

Tableau 5.37. État-Unis : recettes fiscales détaillées, 1965-2018

Million USD

	1965	1980	1990	2000	2007	2010	2013	2015	2017	2018
Recettes fiscales totales	**167 022**	**730 672**	**1 552 413**	**2 900 519**	**3 868 612**	**3 517 144**	**4 291 752**	**4 774 203**	**5 225 865**	**5 031 748**
1000 Impôts sur revenu, bénéfices et gains en capital	**80 284**	**364 137**	**701 731**	**1 453 865**	**1 865 205**	**1 488 699**	**2 016 390**	**2 313 247**	**2 342 790**	**2 274 596**
1100 Des personnes physiques	52 894	285 513	584 733	1 224 538	1 479 085	1 223 218	1 664 074	1 927 952	2 036 811	2 068 821
1110 Sur le revenu et les bénéfices	50 401	272 879	552 859	1 088 967	1 326 736	1 163 737	1 556 113	1 752 507	1 845 601	1 858 365
Individual income tax federal	46 492	233 269	449 239	895 677	1 062 755	910 874	1 235 275	1 412 239	1 485 100	1 480 259
Individual income tax state and local govt.	3 909	39 610	103 620	193 290	263 981	252 863	320 838	340 268	360 501	378 105
1120 Sur les gains en capital	2 493	12 634	31 874	135 571	152 349	59 481	107 961	175 446	191 210	210 457
Capital gains federal	2 300	10 800	25 900	111 507	122 036	46 557	85 702	141 381	153 861	167 637
Capital gains tax state and local govt.	193	1 834	5 974	24 064	30 313	12 924	22 259	34 065	37 349	42 820
1200 Des sociétés	27 390	78 624	116 998	229 327	386 119	265 481	352 316	385 295	305 979	205 774
1210 Sur les bénéfices	26 745	73 586	106 134	170 835	330 597	239 340	313 172	337 782	260 058	168 440
Corporate income tax federal	24 861	60 525	85 736	144 590	281 040	197 785	265 274	288 506	213 754	120 626
Corporate income tax state and local govt.	1 884	13 061	20 398	26 245	49 556	41 555	47 898	49 276	46 305	47 813
1220 Sur les gains en capital	645	5 038	10 864	58 492	55 523	26 141	39 144	47 513	45 920	37 335
Capital gains tax corp. federal	600	4 143	8 776	49 506	47 200	21 602	33 157	40 582	37 744	26 737
Capital gains tax corp. state and local govt.	45	895	2 088	8 986	8 323	4 539	5 987	6 931	8 176	10 598
1300 Non-ventilables entre 1100 et 1200	0	0	0	0	0	0	0	0	0	0
2000 Cotisations de sécurité sociale	**22 192**	**159 763**	**396 972**	**683 104**	**907 357**	**917 409**	**1 030 099**	**1 125 542**	**1 205 319**	**1 250 370**
2100 À la charge des salariés	8 459	67 022	173 860	305 555	400 941	406 404	456 777	502 446	543 268	568 322
Federal insurance contribution Act tax	8 084	66 221	..	..	..	..	..	..	..	..
Less refund federal	-192	-507	..	..	..	..	..	..	..	..
Railroad retirement taxes federal	322	590	..	..	..	..	..	..	..	..
Fed. hosp. insur. recpts from railroad retir.	0	111	..	..	..	..	..	..	..	..
Unemployment state tax federal	20	127	..	..	..	..	..	..	..	..
Temp. disability insurance state and local	225	480	..	..	..	..	..	..	..	..
2110 Sur la base du salaire	..	..	..	..	..	..	..	..	..	..
2120 Sur la base de l'impôt sur les revenus	..	..	..	..	..	..	..	..	..	..
2200 À la charge des employeurs	12 703	87 019	204 102	343 184	456 602	461 702	519 064	561 881	598 598	616 078
Federal insurance contributions act tax	7 802	64 768	..	..	..	..	..	..	..	..
Railroad retirement taxes federal	314	1 722	..	..	..	..	..	..	..	..
Fed. hosp. insur. recpts from railroad retir.	0	111	..	..	..	..	..	..	..	..
Military service credit federal	14	652	..	..	..	..	..	..	..	..
Old-age dis. hosp. insur. fed. employer contr.	282	1 453	..	..	..	..	..	..	..	..
Unemployment state tax federal	3 032	11 788	..	..	..	..	..	..	..	..
Federal unemployment tax Act	615	3 246	..	..	..	..	..	..	..	..
Railroad unempl. insurance Act tax federal	152	175	..	..	..	..	..	..	..	..
Workmen's compensation state and local	484	3 039	..	..	..	..	..	..	..	..
Temp. disability insurance state and local	8	65	..	..	..	..	..	..	..	..
2210 Sur la base du salaire	..	..	..	..	..	..	..	..	..	..
2220 Sur la base de l'impôt sur les revenus	..	..	..	..	..	..	..	..	..	..
2300 A charge des travailleurs indép. ou sans emploi	1 030	5 722	19 010	34 365	49 814	49 303	54 258	61 215	63 453	65 970
Federal old-age survivors trust	0	4 250	..	..	..	..	..	..	..	..
Federal disability insurance trust	1 030	733	..	..	..	..	..	..	..	..
Federal hospital insurance trust	0	739	..	..	..	..	..	..	..	..
2310 Sur la base du salaire	..	..	..	..	..	..	..	..	..	..
2320 Sur la base de l'impôt sur les revenus	..	..	..	..	..	..	..	..	..	..
2400 Non-ventilables entre 2100, 2200 et 2300	0	0	0	0	0	0	0	0	0	0
2410 Sur la base du salaire	..	..	..	..	..	..	..	..	..	..
2420 Sur la base de l'impôt sur les revenus	..	..	..	..	..	..	..	..	..	..
3000 Sur salaires ou main d'oeuvre	**0**	**0**	**0**	**0**	**285**	**2 285**	**1 591**	**1 750**	**2 013**	**2 169**
4000 Impôts sur le patrimoine	**26 529**	**77 913**	**182 408**	**299 546**	**463 052**	**473 422**	**503 220**	**539 538**	**850 533**	**617 679**
4100 Impôts périodiques sur la propriété immobilière	22 918	68 499	161 533	254 669	403 688	438 588	456 790	490 308	545 837	561 999
4110 Ménages	8 548	28 975	..	..	..	..	..	..	..	..
Property tax state and local	8 548	28 975	..	..	..	..	..	..	..	..
Other	0	0	..	..	..	..	..	..	..	..
4120 Autres agents	14 370	39 524	..	..	..	..	..	..	..	..
Property tax state and local	14 370	39 524	..	..	..	..	..	..	..	..
Other	0	0	..	..	..	..	..	..	..	..
4200 Impôts périodiques sur l'actif net	0	0	0	0	0	0	0	0	0	0
4210 Personnes physiques	..	..	..	..	..	..	..	..	..	..
4220 Sociétés	..	..	..	..	..	..	..	..	..	..
4300 Impôts sur mut. par décès, succ. et donations	3 447	8 425	15 755	35 640	31 927	19 699	26 178	25 506	28 476	28 512
4310 Impôts sur mut. par décès et successions	3 080	8 149	..	..	..	..	..	..	..	..
Estate tax less refund federal	2 427	6 181	..	..	..	..	..	..	..	..
Estate tax state and local govt.	653	1 968	..	..	..	..	..	..	..	..
4320 Impôts sur les donations	367	276	..	..	..	..	..	..	..	..
Gift tax less refund federal	289	209	..	..	..	..	..	..	..	..
Gift tax calculate state and local govt.	78	67	..	..	..	..	..	..	..	..

	1965	1980	1990	2000	2007	2010	2013	2015	2017	2018
4400 Impôts sur transact. mobilières et immob.	164	989	2 148	4 389	20 503	7 460	12 171	14 880	16 524	17 123
Interest equalisation tax federal	15	0	..	..	..	..	..	..	..	..
Document and stock transfer state and local	149	989	2 148	4 389	20 503	7 460	12 171	14 880	16 524	17 123
4500 Impôts non-périodiques	0	0	0	0	0	0	0	0	250 000	0
4510 Sur l'actif net	..	..	..	..	..	..	..	..	250 000	0
4520 Autres non-périodiques	..	..	..	..	..	..	..	..	..	..
4600 Autres impôts périodiques sur patrimoine	0	0	2 972	4 848	6 934	7 675	8 081	8 844	9 696	10 045
5000 Impôts sur les biens et services	**38 017**	**128 844**	**271 301**	**464 004**	**632 713**	**635 329**	**740 452**	**794 126**	**825 210**	**886 934**
5100 Impôts sur production, vente, transfert, etc.	33 300	111 810	235 233	404 093	540 291	546 710	640 249	696 737	722 021	777 138
5110 Impôts généraux	8 016	51 328	125 575	221 358	301 403	295 123	343 853	375 466	394 718	411 905
5111 Taxes sur la valeur ajoutée	0	0	0	0	0	0	0	0	0	0
5112 Impôts sur les ventes	8 016	51 328	125 575	221 358	301 403	295 123	343 853	375 466	394 718	411 905
General sales - general receipts state and local	7 981	51 328	125 575	221 358	301 403	295 123	343 853	375 466	394 718	411 905
Other state and local	35	0	0	0	0	0	0	0	0	0
5113 Autres impôts	0	0	0	0	0	0	0	0	0	0
5120 Impôts sur biens et services déterminés	25 284	60 482	109 658	182 735	238 888	251 587	296 396	321 271	327 303	365 233
5121 Accises	21 209	45 471	64 953	108 600	137 373	146 582	154 390	156 967	162 203	164 410
Alcohol taxes federal govt.	3 689	5 601	5 228	7 281	8 571	8 848	9 026	9 515	9 987	9 665
Tobacco taxes federal govt.	2 142	2 443	4 217	6 741	8 377	17 487	15 830	14 265	13 302	12 186
Airport, airway, highway federal	3 559	6 411	0	0	0	0	0	0	0	0
Manufacturer's excise taxes federal govt.	2 867	6 122	0	0	0	0	0	0	0	0
Sugar tax federal govt.	97	0	0	0	0	0	0	0	0	0
Other taxes excise federal govt.	889	2	0	0	0	0	0	0	0	0
Undistributed tax deposits federal government	-11	152	0	0	0	0	0	0	0	0
Other taxes excise and undist. fed.govt. -	0	0	13 316	32 005	31 747	26 913	33 746	35 287	36 125	36 599
Less special tax liquor occupations federal	-22	-21	0	0	0	0	0	0	0	0
Other federal (refunds)	-7	-32	0	0	0	0	0	0	0	0
Alcohol taxes state and local govt.	949	2 642	3 577	4 485	5 684	6 197	6 706	7 264	7 440	7 576
Tobacco taxes state and local govt.	1 386	3 874	6 009	8 726	16 433	18 611	18 464	17 997	19 579	19 614
Public utilities state and local govt.	871	5 888	11 814	17 989	27 879	28 892	28 544	27 911	27 600	27 989
Motor fuel taxes state and local govt.	4 331	9 822	20 792	31 373	38 682	39 634	42 074	44 728	48 170	50 782
Other state and local taxes	469	2 295	0	0	0	0	0	0	0	0
Coal tonnage tax federal govt.	0	272	0	0	0	0	0	0	0	0
Hazardous substances tax federal	0	0	0	0	0	0	0	0	0	0
Transportation fuels tax federal	0	0	0	0	0	0	0	0	0	0
Boat fuels and equipment tax federal	0	0	0	0	0	0	0	0	0	0
Waste site deposits tax federal	0	0	0	0	0	0	0	0	0	0
Leaking underground storage federal	0	0	0	0	0	0	0	0	0	0
Vaccine injury compens. federal	0	0	0	0	0	0	0	0	0	0
Ozone depletion tax federal	0	0	0	0	0	0	0	0	0	0
Oil spill liability federal	0	0	0	0	0	0	0	0	0	0
Luxury tax federal govt.	0	0	0	0	0	0	0	0	0	0
5122 Bénéfices des monopoles fiscaux	275	608	..	..	..	..	..	..	..	..
Liquor store revenue state and local govt.	1 447	3 200	..	..	..	..	..	..	..	..
Liquor store expend. state and local govt.	-1 172	-2 592	..	..	..	..	..	..	..	..
5123 Droits de douane et droits à l'importation	1 442	7 436	17 490	21 123	28 793	28 603	35 468	38 123	38 513	53 284
Custom duties federal	1 442	7 436	17 490	21 123	28 793	28 603	35 468	38 123	38 513	53 284
Petroleum import fees federal govt.	0	0	0	0	0	0	0	0	0	0
5124 Taxes à l'exportation	0	0	0	0	0	0	0	0	0	0
5125 Impôts sur biens d'équipement	0	0	0	0	0	0	0	0	0	0
5126 Impôts sur services déterminés	2 358	6 967	8 895	13 857	23 639	23 642	26 899	30 227	33 872	34 730
Amusements state and local govt.	23	234	671	3 668	7 105	7 082	7 784	8 193	8 726	9 007
Parimutuels state and local govt.	386	731	659	326	328	206	193	190	192	198
Transportation of persons federal	126	1 601	0	0	0	0	0	0	0	0
Transport of property	0	92	0	0	0	0	0	0	0	0
General and toll telephone federal	1 079	1 118	0	0	0	0	0	0	0	0
Foreign insurance policies federal	0	75	0	0	0	0	0	0	0	0
Insurance state and local govt.	744	3 113	7 565	9 863	16 206	16 354	18 922	21 843	24 955	25 525
Employee pension plans federal	0	3	0	0	0	0	0	0	0	0
Inland waterway tax federal	0	0	0	0	0	0	0	0	0	0
Ship departure tax federal	0	0	0	0	0	0	0	0	0	0
5127 Autres impôts sur commerce et transact. internat.	0	0	0	0	0	0	0	0	0	0
5128 Autres impôts	0	0	18 320	39 155	49 083	52 760	79 639	95 955	92 715	112 808
5130 Non-ventilables entre 5110 et 5120	0	0	0	0	0	0	0	0	0	0
5200 Impôts sur utilisation des biens et exerc. activités	4 717	17 034	36 068	59 910	92 422	88 619	100 203	97 389	103 189	109 796
5210 Impôts périodiques	3 490	9 501	21 262	37 114	68 547	66 440	70 557	74 713	78 598	81 264
5211 À la charge des ménages : véhicules à moteur	1 211	3 370	8 104	11 409	14 996	16 294	17 781	18 800	19 975	20 948
Motor vehicle regis. license st. and loc.	1 056	2 981	..	..	..	..	..	..	..	..
Motor vehicle oper. license st. and loc.	152	389	..	..	..	..	..	..	..	..
Other motor vehicle	3	0	..	..	..	..	..	..	..	..

	1965	1980	1990	2000	2007	2010	2013	2015	2017	2018
5212 À la charge autres agents : véhicules à moteur	937	2 343	3 564	6 688	8 484	9 108	10 071	10 677	11 457	12 032
Motor vehicle regis. license st. and loc.	937	2 343	..	..	..	..	..	..	..	..
Motor vehicle oper. license st. and loc.	0	0	..	..	..	..	..	..	..	..
5213 Autres impôts périodiques	1 342	3 788	9 594	19 017	45 067	41 038	42 705	45 236	47 166	48 284
Misc. fees permit license federal	19	0	0	0	0	0	0	0	0	0
Special tax liquor occupations federal	22	21	0	0	0	0	0	0	0	0
Use tax of certain vehicles federal	99	277	0	0	0	0	0	0	0	0
Use of internat. travel facilities federal	0	92	0	0	0	0	0	0	0	0
Use tax of aircraft federal	0	21	0	0	0	0	0	0	0	0
Corporation in general license st. and loc.	528	1 388	3 147	6 736	10 658	9 473	7 560	6 628	6 879	6 885
Alcoholic beverage license tax st. and loc.	133	179	264	308	608	596	899	822	933	944
Public utilities license tax st. and loc.	30	130	270	395	1 903	1 468	1 432	1 649	1 919	1 865
Amusements license taxes st. and loc.	7	69	202	196	966	638	604	753	736	870
Occupation and business license st. and loc.	349	1 113	3 512	7 651	16 484	17 812	19 284	20 589	21 261	21 686
Wagering occupation tax federal	7	12	0	0	0	0	0	0	0	0
Other license taxes st. and loc.	10	69	2 118	3 619	14 302	10 900	12 772	14 633	15 280	15 868
Hunting and fishing license taxes st. and loc.	138	417	82	112	146	151	155	162	159	165
Other	0	0	0	0	0	0	0	0	0	0
5220 Impôts non-périodiques	1 227	7 533	14 806	22 796	23 875	22 179	29 645	22 676	24 591	28 532
Severance state and local govt.	503	4 167	5 224	5 285	12 895	11 751	18 266	9 744	10 215	13 594
Poll taxes state and local govt.	9	0	0	0	0	0	0	0	0	0
Other taxes state and local govt.	715	3 366	9 582	17 511	10 980	10 428	11 379	12 932	14 376	14 938
5300 Non-ventilables entre 5100 et 5200	0	0	0	0	0	0	0	0	0	0
6000 Autres impôts	**0**	**15**	**0**	**0**	**0**	**0**	**0**	**0**	**0**	**0**
6100 À la charge exclusive des entreprises	..	0	..	..	..	..	..	..	..	..
6200 À la charge d'autres agents	..	15	..	..	..	..	..	..	..	..
Crédits d'impôts récupérables										
Crédits d'impôts récupérables contre 1110	..	..	6 155	36 511	90 439	171 630	158 160	156 656	176 520	194 270
Composante fiscale	..	..	1 800	9 602	35 910	69 870	41 560	42 826	48 950	57 340
Composante transfert	..	..	4 355	26 909	54 529	101 760	116 600	113 830	127 570	136 930
Crédits d'impôts récupérables contre 1210	..	..	..	..	..	250	630	577	470	440
Composante fiscale	..	..	..	..	..	240	610	527	410	380
Composante transfert	..	..	..	..	..	10	20	50	60	60
Non-ventilables composante transfert	..	..	..	..	..	2 420	4 280	4 890	4 740	4 795
Recettes fiscales totales sur la base d'encaissements	**167 022**	**730 672**	..	..	..	..	..	..	..	..
Recettes fiscales totales sur la base des droits constatés	..	..	..	..	..	..	..	..	..	..
Conciliation avec les comptes nationaux										
Impôts additionnels inclus dans les comptes nationaux	..	..	..	..	..	..	..	..	..	..
Impôt exclus des comptes nationaux	..	..	..	..	..	..	..	..	..	..
Différence dans les traitements des crédits d'impôts	..	..	..	..	..	..	..	..	..	..
Transfert en capital des recettes non collectées	..	..	..	..	..	..	..	..	..	..
Cotisations de sécurité sociale volontaires	..	..	11 719	22 562	51 635	61 833	69 903	74 886	90 166	102 411
Différences diverses	..	..	..	..	..	..	..	..	..	..
Comptes nationaux : impôts et cotisations sociales effectives	..	..	1 564 132	2 923 081	3 920 247	3 578 977	4 361 655	4 849 089	5 316 031	5 134 159
Cotisations sociales imputées	..	..	3 384	3 727	7 134	9 428	9 438	9 557	9 121	8 853
Comptes nationaux : impôts et toutes les cotisations sociales	..	..	1 567 516	2 926 808	3 927 381	3 588 405	4 371 093	4 858 646	5 325 152	5 143 012

.. Non disponible

Note : From 1990, data are on a year ending 31st December basis. For years up to and including 1976 the dated covered fiscal years ending 30th June. Between 1977 and 1989, Federal government data covered fiscal years ending 30th September and State & Local government data covered fiscal years ending 30th June.

From 1990, data are on accrual basis. There are no separate estimates for the State and Local capital gains tax revenues.

Heading 5121: In 1994 through 1996, some Federal excise taxes formerly shown separately were included in 'Other taxes,excises and undistributed, Federal government'.

Source : Federal estimates are derived from the US Budget, the Final Monthly Treasury Statement and the Annual Report of the US Treasury Department. The State and Local estimates are derived from Government Finances, published by the Bureau of the Census.

StatLink https://doi.org/10.1787/888934216107

5.2. Tableaux pour mémoire

Le Tableau 5.38 présente les différentes sources de financement des prestations sociales, au-delà des cotisations obligatoires de sécurité sociale reportées dans la section 4.1. Cette table montre également les données concernant les autres impôts, les cotisations volontaires aux administrations et les cotisations obligatoires au secteur privé.

Le Tableau 5.39 contient les cotisations de sécurité sociale et les impôts sur les salaires acquittés par les administrations. Lors de la révision du Guide d'interprétation en 1984, la question s'est posée de savoir comment il convenait de traiter les impôts acquittés par les administrations. Les deux exemples les plus marquants d'impôts de ce type sont les cotisations de sécurité sociale et les impôts sur les salaires acquittés par les administrations au titre de leurs agents. Après un échange de vues approfondi, il a été décidé que les données présentées dans cette publication continueraient d'inclure les impôts acquittés par les administrations (voir le §7 du Guide d'interprétation dans l'Annexe A).

Alors qu'il a été admis qu'à certaines fins (par exemple, pour mesurer le flux de paiements allant du secteur privé au secteur des administrations), il conviendrait d'exclure les impôts payés par un secteur de l'administration à un autre ou les impôts acquittés entre les différentes unités d'un même secteur de l'administration, il a été décidé que les impôts acquittés par les administrations devaient être inclus dans les données lorsque l'on comptabilise tous les flux d'impôts de l'ensemble de l'économie. Cette prise en compte permet d'être sûr que les différents flux de ressources d'une économie, y compris la valeur de la production des administrations, sont bien mesurés de façon cohérente nette d'impôt.

Il a été toutefois décidé que les données sur les impôts acquittés par les administrations et que l'on pouvait identifier isolément seraient présentées séparément dans un poste pour mémoire et c'est l'objet des tableaux par pays qui suivent.

Les données reproduites dans les tableaux suivants ont trait aux montants effectifs versés par les administrations publiques au titre de leurs agents. Les cotisations fictives, volontaires et imputées sont exclues de ces données. Les définitions des cotisations de sécurité sociale, des impôts sur les salaires et des administrations publiques correspondent aux définitions données aux §40 á § 46, §47 et §3 á § 4 du Guide d'interprétation. Les informations sur les autres impôts payés par les administrations (à savoir impôts sur la propriété et impôts sur la consommation) ne sont pas disponibles pour la plupart des pays, même s'il semble bien que, dans tous les pays, les impôts assis sur les salaires sont les impôts les plus importants qu'acquittent les administrations. Dans beaucoup de cas, les données sont estimées et ne sont pas toujours établies sur une base compatible avec celle utilisée dans les tableaux principaux.

Tableau 5.38. Le financement des prestations sociales, détails

	1965	1980	1990	2000	2007	2010	2013	2015	2017	2018
Australie, millions AUD										
Impôts de la série 2000	..	..	..	..	..	..	..	..	..	..
Autres impôts	..	..	..	..	..	..	..	..	..	..
Contributions volontaires au gouvernement	..	..	..	..	..	..	..	..	..	..
Contributions obligatoires au secteur privé	..	..	..	..	..	..	..	..	..	..
Total	**0**	**0**	**0**	**0**	**0**	**0**	**0**	**0**	**0**	**0**
Autriche, millions EUR										
Impôts de la série 2000	1 548	9 200	17 763	30 510	38 453	41 423	46 845	49 867	53 918	56 624
Autres impôts	0	0	0	0	0	0	0	0	0	0
Contributions volontaires au gouvernement	32	135	141	206	256	339	299	321	317	321
Contributions obligatoires au secteur privé	0	0	0	0	0	0	0	0	0	0
Total	**1 580**	**9 335**	**17 904**	**30 716**	**38 709**	**41 762**	**47 144**	**50 188**	**54 235**	**56 945**
Belgique, millions EUR										
Impôts de la série 2000	2 018	10 798	23 386	34 865	45 929	50 674	56 527	58 812	59 779	61 070
Autres impôts	0	171	644	5 375	13 659	16 772	18 390	12 347	16 920	18 320
Contributions volontaires au gouvernement	0	41	52	58	57	59	77	70	75	85
Contributions obligatoires au secteur privé	0	0	0	0	0	0	0	0	0	0
Total	**2 018**	**11 009**	**24 082**	**40 298**	**59 644**	**67 505**	**74 994**	**71 228**	**76 773**	**79 474**
Canada, millions CAD										
Impôts de la série 2000	854	10 649	29 653	53 109	73 722	76 787	90 394	96 371	99 035	103 213
Autres impôts	1 199	0	0	0	0	0	0	0	0	0
Contributions volontaires au gouvernement	0	0	0	0	0	0	0	0	0	0
Contributions obligatoires au secteur privé	0	0	0	0	0	0	0	0	0	0
Total	**2 053**	**10 649**	**29 653**	**53 109**	**73 722**	**76 787**	**90 394**	**96 371**	**99 035**	**103 213**
Chili, millions CLP										
Impôts de la série 2000	..	..	159 559	576 758	1 148 647	1 493 987	1 968 973	2 252 489	2 627 558	2 786 173
Autres impôts	..	..	0	0	0	0	0	0	0	0
Contributions volontaires au gouvernement	..	..	0	0	0	0	0	0	0	0
Contributions obligatoires au secteur privé	..	..	328 102	2 021 631	3 808 658	5 408 703	7 583 251	8 914 415	10 263 722	11 077 114
Total	**..**	**..**	**487 661**	**2 598 389**	**4 957 305**	**6 902 690**	**9 552 224**	**11 166 904**	**12 891 280**	**13 863 286**
Colombie, millions COP										
Impôts de la série 2000	..	..	203 596	4 989 000	9 694 000	11 478 085	16 644 445	13 585 138	13 351 711	18 192 049
Autres impôts	..	..	0	0	0	0	0	0	0	0
Contributions volontaires au gouvernement	..	..	0	0	0	0	0	0	0	0
Contributions obligatoires au secteur privé	..	..	0	0	18 667 073	27 354 493	30 808 731	31 112 566	36 180 665	39 712 117
Total	**..**	**..**	**203 596**	**4 989 000**	**28 361 073**	**38 832 579**	**47 453 177**	**44 697 703**	**49 532 376**	**57 904 167**
République tchèque, million CZK										
Impôts de la série 2000	..	..	..	341 544	573 417	576 029	603 072	659 743	757 183	829 702
Autres impôts	..	..	..	0	0	0	0	0	0	0
Contributions volontaires au gouvernement	..	..	..	1 099	974	661	337	386	463	523
Contributions obligatoires au secteur privé	..	..	..	2 837	5 757	6 094	6 424	6 741	7 585	8 322
Total	**..**	**..**	**..**	**345 480**	**580 148**	**582 784**	**609 833**	**666 871**	**765 231**	**838 547**
Danemark, millions DKK										
Impôts de la série 2000	690	710	101	8 453	1 286	1 815	1 618	1 378	1 060	1 061
Autres impôts	0	0	0	0	0	0	0	0	0	0
Contributions volontaires au gouvernement	0	1 673	8 087	16 633	17 061	17 192	14 655	14 721	14 891	14 751
Contributions obligatoires au secteur privé	145	554	1 278	1 445	4 526	3 847	3 068	2 964	2 779	2 771
Total	**835**	**2 937**	**9 466**	**26 531**	**22 874**	**22 854**	**19 341**	**19 063**	**18 730**	**18 583**
Estonie, millions EUR										
Impôts de la série 2000	..	..	..	674	1 683	1 879	2 077	2 300	2 653	2 978
Autres impôts	..	..	..	0	0	0	0	0	0	0
Contributions volontaires au gouvernement	..	..	..	0	0	0	0	0	0	0
Contributions obligatoires au secteur privé	..	..	..	1	341	38	268	389	437	392
Total	**..**	**..**	**..**	**674**	**2 024**	**1 918**	**2 346**	**2 689**	**3 090**	**3 370**

	1965	1980	1990	2000	2007	2010	2013	2015	2017	2018
Finlande, millions EUR										
Impôts de la série 2000	93	2 776	10 012	15 756	21 384	22 648	25 632	26 639	27 000	27 647
Autres impôts	47	22	0	404	0	0	0	0	0	0
Contributions volontaires au gouvernement	0	262	632	236	228	254	270	303	300	269
Contributions obligatoires au secteur privé	0	123	431	532	653	619	694	673	626	645
Total	**140**	**3 183**	**11 075**	**16 928**	**22 265**	**23 521**	**26 596**	**27 615**	**27 926**	**28 561**
France, millions EUR										
Impôts de la série 2000	8 804	76 235	191 141	231 875	307 663	323 816	356 934	370 375	387 171	380 728
Autres impôts	0	895	2 950	81 001	127 511	137 383	162 838	170 210	176 209	199 702
Contributions volontaires au gouvernement	0	0	0	0	0	0	0	0	0	0
Contributions obligatoires au secteur privé	0	0	0	0	0	0	0	0	0	0
Total	**8 804**	**77 130**	**194 091**	**312 876**	**435 174**	**461 199**	**519 772**	**540 585**	**563 380**	**580 430**
Allemagne, millions EUR										
Impôts de la série 2000	19 876	98 659	170 449	299 440	320 750	354 320	392 378	424 841	467 185	487 839
Autres impôts	0	0	0	0	0	0	0	0	0	0
Contributions volontaires au gouvernement	1 946	8 441	13 002	23 329	21 409	5 102	5 352	6 068	7 069	7 415
Contributions obligatoires au secteur privé	107	690	1 462	6 120	8 243	9 386	10 444	11 202	12 432	12 614
Total	**21 929**	**107 791**	**184 914**	**328 889**	**350 402**	**368 808**	**408 174**	**442 111**	**486 686**	**507 868**
Grèce, millions EUR										
Impôts de la série 2000	37	485	3 466	14 284	24 940	24 748	19 354	18 807	20 743	21 473
Autres impôts	8	0	0	0	0	0	0	0	0	0
Contributions volontaires au gouvernement	0	0	0	0	0	0	0	0	0	0
Contributions obligatoires au secteur privé	0	0	0	0	0	0	0	0	0	0
Total	**44**	**485**	**3 466**	**14 284**	**24 940**	**24 748**	**19 354**	**18 807**	**20 743**	**21 473**
Hongrie, millions HUF										
Impôts de la série 2000	..	..	..	1 506 755	3 402 194	3 179 509	3 899 154	4 433 464	4 822 165	5 049 592
Autres impôts	..	..	..	188 413	85 058	78 629	246 574	294 313	316 915	328 876
Contributions volontaires au gouvernement	..	..	..	1 273	1 762	1 693	1 523	1 229	1 163	1 090
Contributions obligatoires au secteur privé	..	..	..	62 836	190 331	279 814	0	0	0	0
Total	**..**	**..**	**..**	**1 759 277**	**3 679 344**	**3 539 645**	**4 147 251**	**4 729 006**	**5 140 243**	**5 379 558**
Islande, millions ISK										
Impôts de la série 2000	5	102	3 607	19 680	39 594	63 599	69 899	79 707	89 649	98 230
Autres impôts	0	1 047	20 571	26 732	52 444	77 472	90 895	97 987	133 273	146 820
Contributions volontaires au gouvernement	0	0	0	0	0	0	0	0	0	0
Contributions obligatoires au secteur privé	0	459	13 454	48 847	118 117	95 438	117 903	139 792	243 733	209 341
Total	**5**	**1 608**	**37 632**	**95 260**	**210 155**	**236 509**	**278 697**	**317 486**	**466 655**	**454 391**
Irlande, millions EUR										
Impôts de la série 2000	21	578	1 729	3 966	8 143	8 458	9 359	10 524	11 661	12 707
Autres impôts	0	0	0	0	0	0	0	0	0	0
Contributions volontaires au gouvernement	0	0	0	0	0	0	0	0	0	0
Contributions obligatoires au secteur privé	0	0	0	0	0	0	0	0	0	0
Total	**21**	**578**	**1 729**	**3 966**	**8 143**	**8 458**	**9 359**	**10 524**	**11 661**	**12 707**
Israël, millions ILS										
Impôts de la série 2000	..	..	..	27 565	37 909	45 343	53 364	59 561	66 783	69 016
Autres impôts	..	..	..	0	0	0	0	0	0	0
Contributions volontaires au gouvernement	..	..	..	0	0	0	0	0	0	0
Contributions obligatoires au secteur privé	..	..	..	0	0	9 100	22 400	28 700	34 000	35 900
Total	**..**	**..**	**..**	**27 565**	**37 909**	**54 443**	**75 764**	**88 261**	**100 783**	**104 916**
Italie, millions EUR										
Impôts de la série 2000	1 881	22 976	87 256	143 629	200 772	209 122	210 462	214 376	220 624	229 607
Autres impôts	0	0	0	0	0	0	0	0	0	0
Contributions volontaires au gouvernement	0	0	0	464	567	561	738	750	769	790
Contributions obligatoires au secteur privé	0	0	0	0	0	0	0	0	0	0
Total	**1 881**	**22 976**	**87 256**	**144 093**	**201 339**	**209 683**	**211 200**	**215 126**	**221 393**	**230 397**
Japon, billions JPY										
Impôts de la série 2000	1 344	18 178	34 613	47 968	53 325	54 461	59 803	64 465	68 616	70 588
Autres impôts	0	0	0	0	0	0	0	0	0	0
Contributions volontaires au gouvernement	0	0	0	0	0	0	0	0	0	0
Contributions obligatoires au secteur privé	0	0	0	0	0	0	0	0	0	0
Total	**1 344**	**18 178**	**34 613**	**47 968**	**53 325**	**54 461**	**59 803**	**64 465**	**68 616**	**70 588**

	1965	1980	1990	2000	2007	2010	2013	2015	2017	2018
Corée, billions KRW										
Impôts de la série 2000	..	73	3 760	22 759	53 588	69 090	91 596	104 693	119 676	128 660
Autres impôts	..	0	0	0	0	0	0	0	0	0
Contributions volontaires au gouvernement	..	0	0	0	0	0	0	0	0	0
Contributions obligatoires au secteur privé	..	0	0	0	0	0	0	0	0	0
Total	**..**	**73**	**3 760**	**22 759**	**53 588**	**69 090**	**91 596**	**104 693**	**119 676**	**128 660**
Lettonie, millions EUR										
Impôts de la série 2000	..	..	..	669	1 774	1 554	1 933	2 030	2 259	2 658
Autres impôts	..	..	..	12	51	36	59	80	97	108
Contributions volontaires au gouvernement	..	..	..	0	0	0	0	0	0	0
Contributions obligatoires au secteur privé	..	..	..	0	0	0	0	0	0	0
Total	**..**	**..**	**..**	**682**	**1 825**	**1 590**	**1 992**	**2 111**	**2 356**	**2 767**
Lituanie, millions EUR										
Impôts de la série 2000	..	..	..	1 362	2 643	3 293	3 791	4 338	5 170	5 752
Autres impôts	..	..	..	0	0	0	0	0	0	0
Contributions volontaires au gouvernement	..	..	..	0	2	2	3	2	2	2
Contributions obligatoires au secteur privé	..	..	..	0	247	95	149	140	173	192
Total	**..**	**..**	**..**	**1 362**	**2 892**	**3 391**	**3 943**	**4 480**	**5 345**	**5 947**
Luxembourg, millions EUR										
Impôts de la série 2000	86	443	1 011	2 224	3 710	4 387	5 131	5 547	6 126	6 483
Autres impôts	0	0	0	0	0	0	0	0	0	0
Contributions volontaires au gouvernement	0	0	4	18	18	28	33	38	44	46
Contributions obligatoires au secteur privé	0	0	0	0	0	0	0	0	0	0
Total	**86**	**443**	**1 015**	**2 241**	**3 728**	**4 415**	**5 164**	**5 585**	**6 170**	**6 529**
Mexique, millions MXN										
Impôts de la série 2000	..	109	17 165	138 223	236 727	277 459	351 993	409 249	467 619	509 087
Autres impôts	..	0	0	0	0	0	0	0	0	0
Contributions volontaires au gouvernement	..	0	0	0	0	0	0	0	0	0
Contributions obligatoires au secteur privé	..	25	3 840	67 352	144 331	146 110	168 111	206 824	243 726	269 500
Total	**..**	**134**	**21 005**	**205 575**	**381 057**	**423 569**	**520 104**	**616 073**	**711 345**	**778 587**
Pays-Bas, millions EUR										
Impôts de la série 2000	3 342	26 641	39 075	64 522	77 072	82 732	97 372	96 426	101 913	108 049
Autres impôts	0	0	0	0	0	0	0	0	0	0
Contributions volontaires au gouvernement	168	1 139	163	0	0	0	0	0	0	0
Contributions obligatoires au secteur privé	1 266	7 642	5 727	37 088	..	..	..	..	..	..
Total	**4 776**	**35 422**	**44 965**	**101 610**	**77 072**	**82 732**	**97 372**	**96 426**	**101 913**	**108 049**
Nouvelle-Zélande, millions NZD										
Impôts de la série 2000	..	..	..	..	..	..	..	..	..	..
Autres impôts	..	..	..	..	..	..	..	..	..	..
Contributions volontaires au gouvernement	..	..	..	..	..	..	..	..	..	..
Contributions obligatoires au secteur privé	..	..	..	..	..	..	..	..	..	..
Total	**0**	**0**	**0**	**0**	**0**	**0**	**0**	**0**	**0**	**0**
Norvège, millions NOK										
Impôts de la série 2000	2 009	28 205	79 362	132 170	204 473	243 002	292 461	325 130	339 848	356 610
Autres impôts	1 305	4 256	0	0	0	0	0	0	0	0
Contributions volontaires au gouvernement	0	0	0	0	0	0	0	0	0	0
Contributions obligatoires au secteur privé	0	242	339	0	0	0	0	0	0	0
Total	**3 314**	**32 703**	**79 701**	**132 170**	**204 473**	**243 002**	**292 461**	**325 130**	**339 848**	**356 610**
Pologne, millions PLN										
Impôts de la série 2000	..	..	..	96 386	140 086	156 026	202 595	223 482	254 919	277 670
Autres impôts	..	..	..	0	0	0	0	0	0	0
Contributions volontaires au gouvernement	..	..	..	0	0	0	34	49	49	45
Contributions obligatoires au secteur privé	..	..	..	0	0	0	0	0	0	0
Total	**..**	**..**	**..**	**96 386**	**140 086**	**156 026**	**202 629**	**223 531**	**254 968**	**277 715**
Portugal, millions EUR										
Impôts de la série 2000	22	531	4 026	10 168	14 274	15 457	15 139	16 195	17 969	19 141
Autres impôts	0	1	29	434	658	698	970	994	797	824
Contributions volontaires au gouvernement	0	0	0	0	0	0	0	0	0	0
Contributions obligatoires au secteur privé	0	0	0	0	0	0	0	0	0	0
Total	**22**	**532**	**4 055**	**10 602**	**14 932**	**16 154**	**16 109**	**17 189**	**18 766**	**19 965**

	1965	1980	1990	2000	2007	2010	2013	2015	2017	2018
République slovaque, millions EUR										
Impôts de la série 2000	..	..	..	4 409	7 244	8 154	9 847	10 897	12 389	13 237
Autres impôts	..	..	..	0	0	0	0	0	0	0
Contributions volontaires au gouvernement	..	..	..	0	22	31	17	11	10	11
Contributions obligatoires au secteur privé	..	..	..	0	701	719	385	413	512	606
Total	**..**	**..**	**..**	**4 409**	**7 968**	**8 904**	**10 249**	**11 321**	**12 911**	**13 854**
Slovénie, millions EUR										
Impôts de la série 2000	..	..	..	2 824	5 046	5 761	5 647	5 983	6 626	7 081
Autres impôts	..	..	..	0	0	0	0	0	0	0
Contributions volontaires au gouvernement	..	..	..	0	0	0	0	0	0	0
Contributions obligatoires au secteur privé	..	..	..	0	0	0	0	0	0	0
Total	**..**	**..**	**..**	**2 824**	**5 046**	**5 761**	**5 647**	**5 983**	**6 626**	**7 081**
Espagne, millions EUR										
Impôts de la série 2000	350	10 682	36 722	74 683	127 088	127 235	116 875	122 835	134 126	141 234
Autres impôts	0	49	0	0	0	0	0	0	0	0
Contributions volontaires au gouvernement	0	0	0	447	937	1 155	2 209	1 170	1 133	1 038
Contributions obligatoires au secteur privé	0	0	0	0	0	0	0	0	0	0
Total	**350**	**10 731**	**36 722**	**75 130**	**128 025**	**128 390**	**119 084**	**124 005**	**135 259**	**142 272**
Suède, millions SEK										
Impôts de la série 2000	4 851	74 647	205 867	306 974	388 505	384 668	376 684	404 851	443 110	463 338
Autres impôts	1 407	0	0	0	0	0	0	0	0	0
Contributions volontaires au gouvernement	0	0	0	7 951	12 376	13 167	15 909	16 726	19 271	23 457
Contributions obligatoires au secteur privé	0	0	0	0	0	0	0	0	0	0
Total	**6 258**	**74 647**	**205 867**	**314 925**	**400 881**	**397 835**	**392 593**	**421 577**	**462 381**	**486 795**
Suisse, millions CHF										
Impôts de la série 2000	1 670	10 844	19 892	30 750	34 949	38 369	42 654	44 073	44 998	45 861
Autres impôts	336	778	1 176	4 509	6 342	6 644	7 850	7 815	7 722	6 802
Contributions volontaires au gouvernement	95	431	0	0	0	0	0	0	0	0
Contributions obligatoires au secteur privé	2 505	9 674	20 797	29 532	41 478	45 527	49 473	52 991	56 764	58 646
Total	**4 606**	**21 727**	**41 865**	**64 791**	**82 769**	**90 541**	**99 977**	**104 878**	**109 485**	**111 309**
Turquie, millions TRY										
Impôts de la série 2000	0	0	15	7 543	44 052	71 696	125 871	170 282	226 720	269 932
Autres impôts	0	0	0	0	0	0	0	0	0	0
Contributions volontaires au gouvernement	0	0	0	0	0	0	0	0	0	0
Contributions obligatoires au secteur privé	0	0	0	0	0	0	0	0	0	0
Total	**0**	**0**	**15**	**7 543**	**44 052**	**71 696**	**125 871**	**170 282**	**226 720**	**269 932**
Royaume-Uni, millions GBP										
Impôts de la série 2000	1 685	13 531	34 457	60 252	93 210	97 346	106 085	114 067	130 439	134 986
Autres impôts	0	0	0	0	0	0	0	0	0	0
Contributions volontaires au gouvernement	0	11	3 288	8 103	18 629	21 217	22 438	25 025	26 678	27 546
Contributions obligatoires au secteur privé	1 148	13 350	7 945	8 308	9 969	9 656	6 074	5 495	48	0
Total	**2 833**	**26 892**	**45 690**	**76 663**	**121 808**	**128 219**	**134 597**	**144 587**	**157 165**	**162 532**
État-Unis, millions USD										
Impôts de la série 2000	22 192	159 763	396 972	683 104	907 357	917 409	1 030 099	1 125 542	1 205 319	1 250 370
Autres impôts	0	0	0	0	0	0	0	0	0	0
Contributions volontaires au gouvernement	488	3 407	11 719	22 562	51 635	61 833	69 903	74 886	90 166	102 411
Contributions obligatoires au secteur privé	0	0	0	0	0	0	0	0	0	0
Total	**22 680**	**163 170**	**408 691**	**705 666**	**958 992**	**979 242**	**1 100 002**	**1 200 428**	**1 295 485**	**1 352 781**

.. Non disponible

StatLink https://doi.org/10.1787/888934216126

Tableau 5.39. Les cotisations de sécurité sociale et impôts sur les salaires payés par les administrations publiques, détails

	1965	1980	1990	2000	2007	2010	2013	2015	2017	2018
Australie, millions AUD										
2000 Cotisations de sécurité sociale										
Administration fédérale ou centrale	..	..	..	..	..	..	..	..	..	..
Administration d'un Etat/Länder	..	..	..	..	..	..	..	..	..	..
Administrations locales	..	..	..	..	..	..	..	..	..	..
Administrations de sécurite sociale	..	..	..	..	..	..	..	..	..	..
Total	**0**	**0**	**0**	**0**	**0**	**0**	**0**	**0**	**0**	**0**
3000 Impôts sur les salaires										
Administration fédérale ou centrale	0	4	0	0	0	0	0	0	0	0
Administration d'un Etat/Länder	15	302	0	0	0	0	0	0	0	0
Administrations locales	0	0	2	19	44	32	37	38	42	45
Administrations de sécurite sociale	0	0	0	0	0	0	0	0	0	0
Secteur multijuridictionnel (université)[1]	..	..	..	..	..	..	..	..	..	..
Total	**15**	**306**	**92**	**301**	**499**	**580**	**702**	**765**	**840**	**936**
2000+3000 Total	**15**	**306**	**92**	**301**	**499**	**580**	**702**	**765**	**840**	**936**
Autriche, millions EUR[2]										
2000 Cotisations de sécurité sociale										
Administration fédérale ou centrale	48	230	337	620	1 244	1 532	1 664	1 825	2 050	2 120
Administration d'un Etat/Länder	13	166	337	692	988	1 179	1 255	1 376	1 535	1 631
Administrations locales	17	145	292	699	1 036	1 277	1 379	1 515	1 620	1 690
Administrations de sécurite sociale	11	79	48	176	203	226	250	264	279	284
Total	**88**	**619**	**1 015**	**2 186**	**3 471**	**4 213**	**4 547**	**4 980**	**5 484**	**5 725**
3000 Impôts sur les salaires										
Administration fédérale ou centrale	0	49	134	186	337	533	558	624	618	633
Administration d'un Etat/Länder	0	48	74	232	351	458	485	492	494	490
Administrations locales	1	29	79	301	262	359	396	428	424	464
Administrations de sécurite sociale	0	0	39	44	51	55	61	65	67	68
Total	**1**	**125**	**326**	**763**	**1 000**	**1 405**	**1 500**	**1 609**	**1 603**	**1 655**
2000+3000 Total	**89**	**745**	**1 341**	**2 949**	**4 471**	**5 618**	**6 047**	**6 589**	**7 087**	**7 381**
Belgique, millions EUR										
2000 Cotisations de sécurité sociale										
Administration fédérale ou centrale	..	536	211	259	434	493	532	859	876	912
Administration d'un Etat/Länder	..	0	614	1 218	1 600	1 873	2 089	2 440	2 528	2 632
Administrations locales	..	434	768	1 376	2 151	2 655	3 641	3 973	4 183	4 356
Administrations de sécurite sociale	..	89	176	252	308	360	416	415	421	438
Total	**..**	**1 059**	**1 769**	**3 105**	**4 493**	**5 381**	**6 678**	**7 686**	**8 008**	**8 338**
3000 Impôts sur les salaires										
Administration fédérale ou centrale	..	..	..	..	..	..	..	..	..	..
Administration d'un Etat/Länder	..	..	..	..	..	..	..	..	..	..
Administrations locales	..	..	..	..	..	..	..	..	..	..
Administrations de sécurite sociale	..	..	..	..	..	..	..	..	..	..
Total	**..**	**0**	**0**	**0**	**0**	**0**	**0**	**0**	**0**	**0**
2000+3000 Total	**..**	**1 059**	**1 769**	**3 105**	**4 493**	**5 381**	**6 678**	**7 686**	**8 008**	**8 338**
Canada, millions CAD										
2000 Cotisations de sécurité sociale										
Administration fédérale ou centrale	..	..	..	944	1 198	1 397	1 449	1 515	1 592	1 324
Administration d'un Etat/Länder	..	..	..	3 023	4 269	5 071	5 825	6 349	6 445	6 503
Administrations locales	..	..	..	2 225	2 806	3 390	3 912	4 205	4 321	4 360
Administrations de sécurite sociale	..	..	..	0	0	0	0	0	0	0
Total	**..**	**..**	**..**	**6 192**	**8 273**	**9 857**	**11 186**	**12 070**	**12 359**	**12 187**
3000 Impôts sur les salaires										
Administration fédérale ou centrale	..	..	..	0	0	0	0	0	0	0
Administration d'un Etat/Länder	..	..	..	173	234	328	362	362	375	394
Administrations locales	..	..	..	0	0	0	0	0	0	0
Administrations de sécurite sociale	..	..	..	0	0	0	0	0	0	0
Total	**..**	**..**	**..**	**173**	**234**	**328**	**362**	**362**	**375**	**394**
2000+3000 Total	**..**	**..**	**..**	**6 365**	**8 507**	**10 185**	**11 548**	**12 432**	**12 734**	**12 581**

	1965	1980	1990	2000	2007	2010	2013	2015	2017	2018
Chili, millions CLP										
2000 Cotisations de sécurité sociale										
Administration fédérale ou centrale	..	..	..	43 210	107 911	148 006	186 652	205 125	236 530	254 883
Administration d'un Etat/Länder	..	..	..	..	..	..	..	..	..	..
Administrations locales	..	..	..	11 317	30 218	41 518	51 114	63 603	82 601	95 270
Administrations de sécurite sociale	..	..	..	106	263	449	550	600	801	815
Total	**..**	**..**	**..**	**54 633**	**138 392**	**189 974**	**238 315**	**269 328**	**319 933**	**350 968**
3000 Impôts sur les salaires										
Administration fédérale ou centrale	..	..	..	..	..	..	..	..	..	..
Administration d'un Etat/Länder	..	..	..	..	..	..	..	..	..	..
Administrations locales	..	..	..	..	..	..	..	..	..	..
Administrations de sécurite sociale	..	..	..	..	..	..	..	..	..	..
Total	**..**	**..**	**..**	**..**	**..**	**..**	**..**	**..**	**..**	**..**
2000+3000 Total	**..**	**..**	**..**	**54 633**	**138 392**	**189 974**	**238 315**	**269 328**	**319 933**	**350 968**
Colombie, millions COP										
2000 Cotisations de sécurité sociale										
Administration fédérale ou centrale	..	..	..	..	..	..	0	0	0	0
Administration d'un Etat/Länder	..	..	..	..	..	..	0	0	0	0
Administrations locales	..	..	..	..	..	..	0	0	0	0
Administrations de sécurite sociale	..	..	..	..	..	..	1 007 283	1 255 666	1 596 055	1 778 257
Total	**..**	**..**	**..**	**..**	**..**	**..**	**1 007 283**	**1 255 666**	**1 596 055**	**1 778 257**
3000 Impôts sur les salaires										
Administration fédérale ou centrale	..	..	..	..	..	..	372 476	436 646	513 161	563 148
Administration d'un Etat/Länder	..	..	..	..	..	..	0	0	0	0
Administrations locales	..	..	..	..	..	..	0	0	0	0
Administrations de sécurite sociale	..	..	..	..	..	..	0	0	0	0
Total	**..**	**..**	**..**	**..**	**..**	**..**	**372 476**	**436 646**	**513 161**	**563 148**
2000+3000 Total	**..**	**..**	**..**	**..**	**..**	**..**	**1 379 759**	**1 692 312**	**2 109 215**	**2 341 405**
République tchèque, millions CZK										
2000 Cotisations de sécurité sociale										
Administration fédérale ou centrale	..	..	..	28 050	44 437	45 439	46 360	37 553	43 564	48 579
Administration d'un Etat/Länder	..	..	..	..	..	..	..	..	..	..
Administrations locales	..	..	..	5 660	8 253	9 394	9 448	41 954	47 919	54 940
Administrations de sécurite sociale	..	..	..	510	791	938	881	975	1 056	1 148
Total	**..**	**..**	**..**	**34 220**	**53 481**	**55 771**	**56 689**	**80 482**	**92 538**	**104 666**
3000 Impôts sur les salaires										
Administration fédérale ou centrale	..	..	..	..	..	..	..	..	..	..
Administration d'un Etat/Länder	..	..	..	..	..	..	..	..	..	..
Administrations locales	..	..	..	..	..	..	..	..	..	..
Administrations de sécurite sociale	..	..	..	..	..	..	..	..	..	..
Total	**..**	**..**	**..**	**0**	**0**	**0**	**0**	**0**	**0**	**0**
2000+3000 Total	**..**	**..**	**..**	**34 220**	**53 481**	**55 771**	**56 689**	**80 482**	**92 538**	**104 666**
Danemark, millions DKK										
2000 Cotisations de sécurité sociale										
Administration fédérale ou centrale	..	179	..	..	..	..	..	..	..	..
Administration d'un Etat/Länder	..	..	..	..	..	..	..	..	..	..
Administrations locales	..	0	..	..	..	..	..	..	..	..
Administrations de sécurite sociale	..	0	..	..	..	..	..	..	..	..
Total	**..**	**179**	**0**	**0**	**0**	**0**	**0**	**0**	**0**	**0**
3000 Impôts sur les salaires										
Administration fédérale ou centrale	..	..	..	..	..	..	..	..	..	..
Administration d'un Etat/Länder	..	..	..	..	..	..	..	..	..	..
Administrations locales	..	..	..	..	..	..	..	..	..	..
Administrations de sécurite sociale	..	..	..	..	..	..	..	..	..	..
Total	**..**	**0**	**0**	**0**	**0**	**0**	**0**	**0**	**0**	**0**
2000+3000 Total	**..**	**179**	**0**	**0**	**0**	**0**	**0**	**0**	**0**	**0**

	1965	1980	1990	2000	2007	2010	2013	2015	2017	2018
Estonie, millions EUR										
2000 Cotisations de sécurité sociale										
Administration fédérale ou centrale	..	..	..	129	257	315	371	451	488	531
Administration d'un Etat/Länder	..	..	..	..	..	..	..	..	..	..
Administrations locales	..	..	..	48	156	175	206	235	277	304
Administrations de sécurite sociale	..	..	..	0	3	41	24	24	64	76
Total	**..**	**..**	**..**	**177**	**417**	**532**	**601**	**710**	**829**	**911**
3000 Impôts sur les salaires										
Administration fédérale ou centrale	..	..	..	..	..	..	..	..	..	..
Administration d'un Etat/Länder	..	..	..	..	..	..	..	..	..	..
Administrations locales	..	..	..	..	..	..	..	..	..	..
Administrations de sécurite sociale	..	..	..	..	..	..	..	..	..	..
Total	**..**	**..**	**..**	**0**	**0**	**0**	**0**	**0**	**0**	**0**
2000+3000 Total	**..**	**..**	**..**	**177**	**417**	**532**	**601**	**710**	**829**	**911**
Finlande, millions EUR										
2000 Cotisations de sécurité sociale										
Administration fédérale ou centrale	..	61	196	908	1 057	1 138	1 227	1 229	1 003	1 050
Administration d'un Etat/Länder	..	..	..	..	..	..	..	..	..	..
Administrations locales	..	170	1 709	2 786	4 061	4 352	4 881	4 868	4 327	4 231
Administrations de sécurite sociale	..	9	34	75	88	89	101	109	117	121
Total	**..**	**239**	**1 939**	**3 769**	**5 206**	**5 579**	**6 209**	**6 206**	**5 447**	**5 402**
3000 Impôts sur les salaires										
Administration fédérale ou centrale	..	1	..	..	..	..	..	..	..	..
Administration d'un Etat/Länder	..	..	..	..	..	..	..	..	..	..
Administrations locales	..	4	..	..	..	..	..	..	..	..
Administrations de sécurite sociale	..	0	..	..	..	..	..	..	..	..
Total	**..**	**5**	**0**	**0**	**0**	**0**	**0**	**0**	**0**	**0**
2000+3000 Total	**..**	**245**	**1 939**	**3 769**	**5 206**	**5 579**	**6 209**	**6 206**	**5 447**	**5 402**
France, millions EUR										
2000 Cotisations de sécurité sociale										
Administration fédérale ou centrale	..	3 816	8 063	10 466	12 426	12 841	12 825	12 999	13 886	14 103
Administration d'un Etat/Länder	..	..	..	..	..	..	..	..	..	..
Administrations locales	..	2 369	5 542	10 372	15 925	18 065	20 050	21 553	22 416	21 894
Administrations de sécurite sociale	..	2 594	6 940	10 827	14 035	15 427	16 614	17 399	17 970	17 783
Total	**..**	**8 779**	**20 545**	**31 665**	**42 386**	**46 333**	**49 489**	**51 951**	**54 272**	**53 780**
3000 Impôts sur les salaires										
Administration fédérale ou centrale	..	836	494	854	1 558	1 611	1 697	1 768	1 893	1 927
Administration d'un Etat/Länder	..	..	..	..	..	..	..	..	..	..
Administrations locales	..	27	107	324	549	698	791	852	916	919
Administrations de sécurite sociale	..	629	2 234	3 413	4 531	5 028	5 374	5 522	5 628	5 679
Total	**..**	**1 492**	**2 835**	**4 591**	**6 638**	**7 337**	**7 862**	**8 142**	**8 437**	**8 525**
2000+3000 Total	**..**	**10 271**	**23 380**	**36 256**	**49 024**	**53 670**	**57 351**	**60 093**	**62 709**	**62 305**
Allemagne>, millions EUR										
2000 Cotisations de sécurité sociale										
Administration fédérale ou centrale	775	1 324	2 376	1 553	1 377	1 649	1 631	1 766	1 982	2 078
Administration d'un Etat/Länder	293	2 611	4 647	5 660	6 044	6 781	7 231	7 749	8 436	8 718
Administrations locales	325	3 140	5 791	6 917	8 294	9 499	9 967	10 767	12 046	12 717
Administrations de sécurite sociale	1 495	456	767	1 805	2 130	2 446	2 614	2 840	3 027	3 155
Total	**2 887**	**7 531**	**13 581**	**15 936**	**17 845**	**20 374**	**21 443**	**23 122**	**25 492**	**26 668**
3000 Impôts sur les salaires										
Administration fédérale ou centrale	..	..	..	..	..	..	..	..	..	..
Administration d'un Etat/Länder	..	..	..	..	..	..	..	..	..	..
Administrations locales	..	..	..	..	..	..	..	..	..	..
Administrations de sécurite sociale	..	..	..	..	..	..	..	..	..	..
Total	**0**	**0**	**0**	**0**	**0**	**0**	**0**	**0**	**0**	**0**
2000+3000 Total	**2 887**	**7 531**	**13 581**	**15 936**	**17 845**	**20 374**	**21 443**	**23 122**	**25 492**	**26 668**

	1965	1980	1990	2000	2007	2010	2013	2015	2017	2018
Grèce, millions EUR										
2000 Cotisations de sécurité sociale										
Administration fédérale ou centrale	..	..	124	1 542	2 888	3 217	2 372	2 337	1 282	1 594
Administration d'un Etat/Länder	..	..	..	..	..	..	..	..	..	..
Administrations locales	..	..	0	0	0	0	0	0	0	0
Administrations de sécurite sociale	..	..	0	200	440	387	350	265	355	391
Total	**..**	**..**	**124**	**1 742**	**3 328**	**3 604**	**2 722**	**2 602**	**1 637**	**1 985**
3000 Impôts sur les salaires										
Administration fédérale ou centrale	..	..	..	..	..	..	..	..	..	..
Administration d'un Etat/Länder	..	..	..	..	..	..	..	..	..	..
Administrations locales	..	..	..	..	..	..	..	..	..	..
Administrations de sécurite sociale	..	..	..	..	..	..	..	..	..	..
Total	**..**	**..**	**0**	**0**	**0**	**0**	**0**	**0**	**0**	**0**
2000+3000 Total	**..**	**..**	**124**	**1 742**	**3 328**	**3 604**	**2 722**	**2 602**	**1 637**	**1 985**
Hongrie, millions HUF										
2000 Cotisations de sécurité sociale										
Administration fédérale ou centrale	..	..	..	148 251	293 684	352 354	449 428	539 106	535 993	521 151
Administration d'un Etat/Länder	..	..	..	..	..	..	..	..	..	..
Administrations locales	..	..	..	173 475	343 306	291 375	124 111	152 189	149 461	142 851
Administrations de sécurite sociale	..	..	..	4 936	8 052	6 763	2 781	2 977	1 922	730
Total	**..**	**..**	**..**	**326 661**	**645 042**	**650 492**	**576 320**	**694 272**	**687 375**	**664 732**
3000 Impôts sur les salaires										
Administration fédérale ou centrale	..	..	..	13 901	7 287	5 419	12 435	12 876	16 067	18 145
Administration d'un Etat/Länder	..	..	..	..	..	..	..	..	..	..
Administrations locales	..	..	..	25 990	11 928	9 275	4 224	3 357	3 770	4 134
Administrations de sécurite sociale	..	..	..	406	162	194	101	110	96	38
Total	**..**	**..**	**..**	**40 297**	**19 377**	**14 888**	**16 760**	**16 342**	**19 933**	**22 317**
2000+3000 Total	**..**	**..**	**..**	**366 958**	**664 420**	**665 380**	**593 080**	**710 614**	**707 308**	**687 049**
Islande, millions ISK										
2000 Cotisations de sécurité sociale										
Administration fédérale ou centrale	..	..	..	..	..	..	..	..	..	..
Administration d'un Etat/Länder	..	..	..	..	..	..	..	..	..	..
Administrations locales	..	..	..	..	..	..	..	..	..	..
Administrations de sécurite sociale	..	..	..	..	..	..	..	..	..	..
Total	**..**	**..**	**..**	**..**	**..**	**..**	**..**	**..**	**..**	**..**
3000 Impôts sur les salaires										
Administration fédérale ou centrale	..	..	..	..	..	..	..	..	..	..
Administration d'un Etat/Länder	..	..	..	..	..	..	..	..	..	..
Administrations locales	..	..	..	..	..	..	..	..	..	..
Administrations de sécurite sociale	..	..	..	..	..	..	..	..	..	..
Total	**..**	**..**	**..**	**..**	**..**	**..**	**..**	**..**	**..**	**..**
2000+3000 Total	**..**	**..**	**..**	**..**	**..**	**..**	**..**	**..**	**..**	**..**
Irlande, millions EUR										
2000 Cotisations de sécurité sociale										
Administration fédérale ou centrale	..	21	65	166	460	395	426	497	574	619
Administration d'un Etat/Länder	..	..	..	..	..	..	..	..	..	..
Administrations locales	..	25	83	277	862	740	799	932	1 077	1 160
Administrations de sécurite sociale	..	0	1	4	6	6	6	6	6	6
Total	**..**	**46**	**149**	**447**	**1 328**	**1 140**	**1 231**	**1 435**	**1 657**	**1 785**
3000 Impôts sur les salaires										
Administration fédérale ou centrale	..	..	..	..	..	..	..	..	..	..
Administration d'un Etat/Länder	..	..	..	..	..	..	..	..	..	..
Administrations locales	..	..	..	..	..	..	..	..	..	..
Administrations de sécurite sociale	..	..	..	..	..	..	..	..	..	..
Total	**..**	**0**	**0**	**0**	**0**	**0**	**0**	**0**	**0**	**0**
2000+3000 Total	**..**	**46**	**149**	**447**	**1 328**	**1 140**	**1 231**	**1 435**	**1 657**	**1 785**

	1965	1980	1990	2000	2007	2010	2013	2015	2017	2018
Israël, millions ILS										
2000 Cotisations de sécurité sociale										
Administration fédérale ou centrale	..	..	..	840	1 030	1 180	1 550	1 780	2 120	2 160
Administration d'un Etat/Länder	..	..	..	..	..	..	..	..	..	..
Administrations locales	..	..	..	280	340	390	510	590	700	710
Administrations de sécurite sociale	..	..	..	0	0	0	0	0	0	0
Total	**..**	**..**	**..**	**1 120**	**1 370**	**1 570**	**2 060**	**2 370**	**2 820**	**2 870**
3000 Impôts sur les salaires										
Administration fédérale ou centrale	..	..	..	2 330	3 600	4 180	5 220	5 650	6 130	6 540
Administration d'un Etat/Länder	..	..	..	..	..	..	..	..	..	..
Administrations locales	..	..	..	660	880	960	1 190	1 290	1 400	1 490
Administrations de sécurite sociale	..	..	..	0	0	0	0	0	0	0
Total	**..**	**..**	**..**	**2 990**	**4 480**	**5 140**	**6 410**	**6 940**	**7 530**	**8 030**
2000+3000 Total	**..**	**..**	**..**	**4 110**	**5 850**	**6 710**	**8 470**	**9 310**	**10 350**	**10 900**
Italie, millions EUR										
2000 Cotisations de sécurité sociale										
Administration fédérale ou centrale	..	..	..	0	0	0	0	0	0	0
Administration d'un Etat/Länder	..	..	..	..	..	..	..	..	..	..
Administrations locales	..	..	..	0	0	0	0	0	0	0
Administrations de sécurite sociale	..	..	..	36 679	47 394	50 627	49 827	49 251	50 699	51 907
Total	**..**	**..**	**..**	**36 679**	**47 394**	**50 627**	**49 827**	**49 251**	**50 699**	**51 907**
3000 Impôts sur les salaires										
Administration fédérale ou centrale	..	..	..	..	..	..	..	..	..	..
Administration d'un Etat/Länder	..	..	..	..	..	..	..	..	..	..
Administrations locales	..	..	..	..	..	..	..	..	..	..
Administrations de sécurite sociale	..	..	..	..	..	..	..	..	..	..
Total	**..**	**..**	**..**	**0**	**0**	**0**	**0**	**0**	**0**	**0**
2000+3000 Total	**..**	**..**	**..**	**36 679**	**47 394**	**50 627**	**49 827**	**49 251**	**50 699**	**51 907**
Japon, billions JPY										
2000 Cotisations de sécurité sociale										
Administration fédérale ou centrale	..	..	507	732	766	758	810	881	908	928
Administration d'un Etat/Länder	..	..	..	..	..	..	..	..	..	..
Administrations locales	..	..	1 510	2 168	2 216	2 223	2 392	2 524	2 563	2 607
Administrations de sécurite sociale	..	..	0	0	0	0	0	0	0	0
Total	**..**	**..**	**2 017**	**2 900**	**2 982**	**2 981**	**3 202**	**3 405**	**3 471**	**3 535**
3000 Impôts sur les salaires										
Administration fédérale ou centrale	..	..	..	..	..	..	..	..	..	..
Administration d'un Etat/Länder	..	..	..	..	..	..	..	..	..	..
Administrations locales	..	..	..	..	..	..	..	..	..	..
Administrations de sécurite sociale	..	..	..	..	..	..	..	..	..	..
Total	**..**	**..**	**0**	**0**	**0**	**0**	**0**	**0**	**0**	**0**
2000+3000 Total	**..**	**..**	**2 017**	**2 900**	**2 982**	**2 981**	**3 202**	**3 405**	**3 471**	**3 535**
Corée, billions KRW										
2000 Cotisations de sécurité sociale										
Administration fédérale ou centrale	..	..	..	..	..	..	..	..	..	..
Administration d'un Etat/Länder	..	..	..	..	..	..	..	..	..	..
Administrations locales	..	..	..	..	..	..	..	..	..	..
Administrations de sécurite sociale	..	..	..	..	..	..	..	..	..	..
Total	**..**	**..**	**..**	**..**	**..**	**..**	**..**	**..**	**..**	**..**
3000 Impôts sur les salaires										
Administration fédérale ou centrale	..	..	..	..	..	..	..	..	..	..
Administration d'un Etat/Länder	..	..	..	..	..	..	..	..	..	..
Administrations locales	..	..	..	..	..	..	..	..	..	..
Administrations de sécurite sociale	..	..	..	..	..	..	..	..	..	..
Total	**..**	**..**	**..**	**..**	**..**	**..**	**..**	**..**	**..**	**..**
2000+3000 Total	**..**	**..**	**..**	**..**	**..**	**..**	**..**	**..**	**..**	**..**

	1965	1980	1990	2000	2007	2010	2013	2015	2017	2018
Lettonie, millions EUR										
2000 Cotisations de sécurité sociale										
Administration fédérale ou centrale	..	..	..	..	..	..	..	..	..	..
Administration d'un Etat/Länder	..	..	..	..	..	..	..	..	..	..
Administrations locales	..	..	..	..	..	..	..	..	..	..
Administrations de sécurite sociale	..	..	..	..	..	..	..	..	..	..
Total	**..**	**..**	**..**	**40**	**156**	**174**	**228**	**262**	**252**	**339**
3000 Impôts sur les salaires										
Administration fédérale ou centrale	..	..	..	..	..	..	..	..	..	..
Administration d'un Etat/Länder	..	..	..	..	..	..	..	..	..	..
Administrations locales	..	..	..	..	..	..	..	..	..	..
Administrations de sécurite sociale	..	..	..	..	..	..	..	..	..	..
Total	**..**	**..**	**..**	**0**	**0**	**0**	**0**	**0**	**0**	**0**
2000+3000 Total	**..**	**..**	**..**	**40**	**156**	**174**	**228**	**262**	**252**	**339**
Lituanie, millions EUR										
2000 Cotisations de sécurité sociale										
Administration fédérale ou centrale	..	..	..	179	327	335	395	426	479	529
Administration d'un Etat/Länder	..	..	..	..	..	..	..	..	..	..
Administrations locales	..	..	..	174	294	351	348	375	416	462
Administrations de sécurite sociale	..	..	..	5	14	16	15	16	16	16
Total	**..**	**..**	**..**	**358**	**635**	**701**	**758**	**818**	**912**	**1 006**
3000 Impôts sur les salaires										
Administration fédérale ou centrale	..	..	..	..	..	..	..	..	..	..
Administration d'un Etat/Länder	..	..	..	..	..	..	..	..	..	..
Administrations locales	..	..	..	..	..	..	..	..	..	..
Administrations de sécurite sociale	..	..	..	..	..	..	..	..	..	..
Total	**..**	**..**	**..**	**0**	**0**	**0**	**0**	**0**	**0**	**0**
2000+3000 Total	**..**	**..**	**..**	**358**	**635**	**701**	**758**	**818**	**912**	**1 006**
Luxembourg, millions EUR										
2000 Cotisations de sécurité sociale										
Administration fédérale ou centrale	..	..	257	273	413	488	587	648	726	751
Administration d'un Etat/Länder	..	..	..	..	..	..	..	..	..	..
Administrations locales	..	..	2	4	4	4	4	4	4	4
Administrations de sécurite sociale	..	..	7	11	12	13	14	17	20	21
Total	**..**	**..**	**267**	**288**	**429**	**505**	**605**	**669**	**749**	**775**
3000 Impôts sur les salaires										
Administration fédérale ou centrale	..	..	..	..	..	..	..	..	..	..
Administration d'un Etat/Länder	..	..	..	..	..	..	..	..	..	..
Administrations locales	..	..	..	..	..	..	..	..	..	..
Administrations de sécurite sociale	..	..	..	..	..	..	..	..	..	..
Total	**..**	**..**	**0**	**0**	**0**	**0**	**0**	**0**	**0**	**0**
2000+3000 Total	**..**	**..**	**267**	**288**	**429**	**505**	**605**	**669**	**749**	**775**
Mexique, millions MXN										
2000 Cotisations de sécurité sociale										
Administration fédérale ou centrale	..	25	2 952	44 879	94 251	103 440	126 518	145 329	159 491	169 788
Administration d'un Etat/Länder	..	0	0	0	0	0	0	0	0	0
Administrations locales	..	0	0	0	0	0	0	0	0	0
Administrations de sécurite sociale	..	0	0	0	0	0	0	0	0	0
Total	**..**	**25**	**2 952**	**44 879**	**94 251**	**103 440**	**126 518**	**145 329**	**159 491**	**169 788**
3000 Impôts sur les salaires										
Administration fédérale ou centrale	..	..	..	..	..	..	..	..	..	..
Administration d'un Etat/Länder	..	..	..	..	..	..	..	..	..	..
Administrations locales	..	..	..	..	..	..	..	..	..	..
Administrations de sécurite sociale	..	..	..	..	..	..	..	..	..	..
Total	**..**	**0**	**0**	**0**	**0**	**0**	**0**	**0**	**0**	**0**
2000+3000 Total	**..**	**25**	**2 952**	**44 879**	**94 251**	**103 440**	**126 518**	**145 329**	**159 491**	**169 788**

	1965	1980	1990	2000	2007	2010	2013	2015	2017	2018
Pays-Bas, millions EUR										
2000 Cotisations de sécurité sociale										
Administration fédérale ou centrale	63	1 366	286	..	..	..	..	..	..	..
Administration d'un Etat/Länder	..	..	..	..	..	..	..	..	..	..
Administrations locales	0	0	0	..	..	..	..	..	..	..
Administrations de sécurite sociale	7	91	59	..	..	..	..	..	..	..
Total	**70**	**1 457**	**345**	**2 006**	**4 310**	**..**	**..**	**..**	**..**	**..**
3000 Impôts sur les salaires										
Administration fédérale ou centrale	..	..	..	..	..	..	..	..	..	..
Administration d'un Etat/Länder	..	..	..	..	..	..	..	..	..	..
Administrations locales	..	..	..	..	..	..	..	..	..	..
Administrations de sécurite sociale	..	..	..	..	..	..	..	..	..	..
Total	**0**	**0**	**0**	**0**	**0**	**0**	**0**	**0**	**0**	**0**
2000+3000 Total	**70**	**1 457**	**345**	**2 006**	**4 310**	**0**	**0**	**0**	**0**	**0**
Nouvelle-Zélande, millions NZD										
2000 Cotisations de sécurité sociale										
Administration fédérale ou centrale	..	..	..	..	..	..	..	..	..	..
Administration d'un Etat/Länder	..	..	..	..	..	..	..	..	..	..
Administrations locales	..	..	..	..	..	..	..	..	..	..
Administrations de sécurite sociale	..	..	..	..	..	..	..	..	..	..
Total	**0**	**0**	**0**	**0**	**0**	**0**	**0**	**0**	**0**	**0**
3000 Impôts sur les salaires										
Administration fédérale ou centrale	..	..	..	..	..	..	..	..	..	..
Administration d'un Etat/Länder	..	..	..	..	..	..	..	..	..	..
Administrations locales	..	..	..	..	..	..	..	..	..	..
Administrations de sécurite sociale	..	..	..	..	..	..	..	..	..	..
Total	**0**	**0**	**0**	**0**	**0**	**0**	**0**	**0**	**0**	**0**
2000+3000 Total	**0**	**0**	**0**	**0**	**0**	**0**	**0**	**0**	**0**	**0**
Norvège, millions NOK										
2000 Cotisations de sécurité sociale										
Administration fédérale ou centrale	..	1 242	2 859	11 895	28 233	33 746	40 145	46 487	47 547	50 073
Administration d'un Etat/Länder	..	..	..	..	..	..	..	..	..	..
Administrations locales	..	4 538	11 964	24 831	32 110	41 024	53 123	59 556	63 724	67 171
Administrations de sécurite sociale	..	1 222	3 064	0	0	0	0	0	0	0
Total	**..**	**7 002**	**17 887**	**36 726**	**60 343**	**74 770**	**93 268**	**106 043**	**111 271**	**117 244**
3000 Impôts sur les salaires										
Administration fédérale ou centrale	..	..	..	..	..	..	..	..	..	..
Administration d'un Etat/Länder	..	..	..	..	..	..	..	..	..	..
Administrations locales	..	..	..	..	..	..	..	..	..	..
Administrations de sécurite sociale	..	..	..	..	..	..	..	..	..	..
Total	**..**	**0**	**0**	**0**	**0**	**0**	**0**	**0**	**0**	**0**
2000+3000 Total	**..**	**7 002**	**17 887**	**36 726**	**60 343**	**74 770**	**93 268**	**106 043**	**111 271**	**117 244**
Pologne, millions PLN										
2000 Cotisations de sécurité sociale										
Administration fédérale ou centrale	..	..	..	4 566	6 023	6 643	8 231	9 839	10 993	11 683
Administration d'un Etat/Länder	..	..	..	..	..	..	..	..	..	..
Administrations locales	..	..	..	6 756	9 856	11 411	13 638	14 797	16 330	17 283
Administrations de sécurite sociale	..	..	..	279	426	499	514	517	589	593
Total	**..**	**..**	**..**	**11 601**	**16 305**	**18 553**	**22 383**	**25 153**	**27 912**	**29 559**
3000 Impôts sur les salaires										
Administration fédérale ou centrale	..	..	..	..	..	..	..	..	..	..
Administration d'un Etat/Länder	..	..	..	..	..	..	..	..	..	..
Administrations locales	..	..	..	..	..	..	..	..	..	..
Administrations de sécurite sociale	..	..	..	..	..	..	..	..	..	..
Total	**..**	**..**	**..**	**0**	**0**	**0**	**0**	**0**	**0**	**0**
2000+3000 Total	**..**	**..**	**..**	**11 601**	**16 305**	**18 553**	**22 383**	**25 153**	**27 912**	**29 559**

	1965	1980	1990	2000	2007	2010	2013	2015	2017	2018
Portugal, millions EUR										
2000 Cotisations de sécurité sociale										
Administration fédérale ou centrale	..	0	0	0	..	..	..	..	..	..
Administration d'un Etat/Länder	..	..	..	..	..	..	..	..	..	..
Administrations locales	..	0	33	197	..	..	..	..	..	..
Administrations de sécurite sociale	..	4	0	0	..	..	..	..	..	..
Total	**..**	**4**	**33**	**197**	**0**	**0**	**0**	**0**	**0**	**0**
3000 Impôts sur les salaires										
Administration fédérale ou centrale	..	..	..	..	..	..	..	..	..	..
Administration d'un Etat/Länder	..	..	..	..	..	..	..	..	..	..
Administrations locales	..	..	..	..	..	..	..	..	..	..
Administrations de sécurite sociale	..	..	..	..	..	..	..	..	..	..
Total	**..**	**0**	**0**	**0**	**0**	**0**	**0**	**0**	**0**	**0**
2000+3000 Total	**..**	**4**	**33**	**197**	**0**	**0**	**0**	**0**	**0**	**0**
République slovaque, millions EUR										
2000 Cotisations de sécurité sociale										
Administration fédérale ou centrale	..	..	..	489	602	785	936	1 033	1 120	1 186
Administration d'un Etat/Länder	..	..	..	..	..	..	..	..	..	..
Administrations locales	..	..	..	130	427	493	562	650	739	795
Administrations de sécurite sociale	..	..	..	22	26	44	32	36	40	43
Total	**..**	**..**	**..**	**642**	**1 055**	**1 322**	**1 530**	**1 719**	**1 899**	**2 024**
3000 Impôts sur les salaires										
Administration fédérale ou centrale	..	..	..	..	..	..	..	..	..	..
Administration d'un Etat/Länder	..	..	..	..	..	..	..	..	..	..
Administrations locales	..	..	..	..	..	..	..	..	..	..
Administrations de sécurite sociale	..	..	..	..	..	..	..	..	..	..
Total	**..**	**..**	**..**	**0**	**0**	**0**	**0**	**0**	**0**	**0**
2000+3000 Total	**..**	**..**	**..**	**642**	**1 055**	**1 322**	**1 530**	**1 719**	**1 899**	**2 024**
Slovénie, millions EUR										
2000 Cotisations de sécurité sociale										
Administration fédérale ou centrale	..	..	..	178	339	409	387	375	422	449
Administration d'un Etat/Länder	..	..	..	..	..	..	..	..	..	..
Administrations locales	..	..	..	94	175	195	187	189	212	225
Administrations de sécurite sociale	..	..	..	3	7	8	7	6	7	8
Total	**..**	**..**	**..**	**275**	**521**	**612**	**582**	**571**	**641**	**682**
3000 Impôts sur les salaires										
Administration fédérale ou centrale	..	..	..	56	77	6	7	7	7	7
Administration d'un Etat/Länder	..	..	..	..	..	..	..	..	..	..
Administrations locales	..	..	..	29	36	3	4	4	4	4
Administrations de sécurite sociale	..	..	..	1	2	0	0	0	0	0
Total	**..**	**..**	**..**	**86**	**114**	**9**	**11**	**11**	**11**	**12**
2000+3000 Total	**..**	**..**	**..**	**361**	**636**	**621**	**593**	**582**	**652**	**693**
Espagne, millions EUR										
2000 Cotisations de sécurité sociale										
Administration fédérale ou centrale	..	387	989	1 408	1 966	2 201	2 014	2 234	2 366	2 472
Administration d'un Etat/Länder	..	2	0	4 411	9 426	10 996	10 212	11 245	12 341	13 080
Administrations locales	..	252	1 819	2 524	4 098	4 781	4 617	4 797	5 001	5 042
Administrations de sécurite sociale	..	396	1 202	1 284	484	527	498	496	491	494
Total	**..**	**1 037**	**4 010**	**9 627**	**15 974**	**18 505**	**17 341**	**18 772**	**20 199**	**21 088**
3000 Impôts sur les salaires										
Administration fédérale ou centrale	..	..	..	..	..	..	..	..	..	..
Administration d'un Etat/Länder	..	..	..	..	..	..	..	..	..	..
Administrations locales	..	..	..	..	..	..	..	..	..	..
Administrations de sécurite sociale	..	..	..	..	..	..	..	..	..	..
Total	**..**	**0**	**0**	**0**	**0**	**0**	**0**	**0**	**0**	**0**
2000+3000 Total	**..**	**1 037**	**4 010**	**9 627**	**15 974**	**18 505**	**17 341**	**18 772**	**20 199**	**21 088**

	1965	1980	1990	2000	2007	2010	2013	2015	2017	2018
Suède, millions SEK										
2000 Cotisations de sécurité sociale										
Administration fédérale ou centrale	..	7 543	12 430	21 153	25 164	24 729	24 595	25 707	27 612	28 594
Administration d'un Etat/Länder	..	..	..	..	..	..	..	..	..	..
Administrations locales	..	18 149	49 298	66 215	83 877	82 141	78 774	85 373	95 132	98 662
Administrations de sécurite sociale	..	0	0	0	0	0	0	0	0	0
Total	**..**	**25 692**	**61 728**	**87 367**	**109 040**	**106 870**	**103 370**	**111 079**	**122 744**	**127 256**
3000 Impôts sur les salaires										
Administration fédérale ou centrale	..	..	1 527	3 453	5 394	6 912	11 242	12 326	14 531	15 122
Administration d'un Etat/Länder	..	..	..	..	..	..	..	..	..	..
Administrations locales	..	..	6 060	10 808	17 980	22 958	36 005	40 935	50 064	52 177
Administrations de sécurite sociale	..	..	0	0	0	0	0	0	0	0
Total	**..**	**0**	**7 587**	**14 261**	**23 374**	**29 870**	**47 247**	**53 261**	**64 596**	**67 299**
2000+3000 Total	**..**	**25 692**	**69 315**	**101 628**	**132 414**	**136 740**	**150 616**	**164 340**	**187 340**	**194 555**
Suisse, millions CHF										
2000 Cotisations de sécurité sociale										
Administration fédérale ou centrale	13	91	224	293	375	439	485	489	548	554
Administration d'un Etat/Länder	34	380	770	971	1 296	1 524	1 699	1 767	1 858	1 901
Administrations locales	22	270	460	595	745	823	867	911	955	958
Administrations de sécurite sociale	2	21	4	14	18	23	25	26	26	27
Total	**71**	**762**	**1 458**	**1 873**	**2 434**	**2 809**	**3 075**	**3 193**	**3 387**	**3 440**
3000 Impôts sur les salaires										
Administration fédérale ou centrale	..	..	..	..	..	..	..	..	..	..
Administration d'un Etat/Länder	..	..	..	..	..	..	..	..	..	..
Administrations locales	..	..	..	..	..	..	..	..	..	..
Administrations de sécurite sociale	..	..	..	..	..	..	..	..	..	..
Total	**0**	**0**	**0**	**0**	**0**	**0**	**0**	**0**	**0**	**0**
2000+3000 Total	**71**	**762**	**1 458**	**1 873**	**2 434**	**2 809**	**3 075**	**3 193**	**3 387**	**3 440**
Turquie, millions TRY										
2000 Cotisations de sécurité sociale										
Administration fédérale ou centrale	..	..	9	3 619	20 442	39 363	71 184	95 067	128 331	151 373
Administration d'un Etat/Länder	..	..	..	..	..	..	..	..	..	..
Administrations locales	..	..	0	0	0	0	0	0	0	0
Administrations de sécurite sociale	..	..	0	0	0	0	0	0	0	0
Total	**..**	**..**	**9**	**3 619**	**20 442**	**39 363**	**71 184**	**95 067**	**128 331**	**151 373**
3000 Impôts sur les salaires										
Administration fédérale ou centrale	..	..	..	..	..	..	..	..	..	..
Administration d'un Etat/Länder	..	..	..	..	..	..	..	..	..	..
Administrations locales	..	..	..	..	..	..	..	..	..	..
Administrations de sécurite sociale	..	..	..	..	..	..	..	..	..	..
Total	**..**	**..**	**0**	**0**	**0**	**0**	**0**	**0**	**0**	**0**
2000+3000 Total	**..**	**..**	**9**	**3 619**	**20 442**	**39 363**	**71 184**	**95 067**	**128 331**	**151 373**
Royaume-Uni, millions GBP										
2000 Cotisations de sécurité sociale										
Administration fédérale ou centrale	87	920	2 134	3 146	5 865	6 475	7 074	7 830	9 250	9 595
Administration d'un Etat/Länder	..	..	..	..	..	..	..	..	..	..
Administrations locales	83	926	1 957	2 924	4 866	5 343	4 668	4 538	4 763	4 723
Administrations de sécurite sociale	0	0	0	0	0	0	0	0	0	0
Total	**170**	**1 846**	**4 091**	**6 070**	**10 731**	**11 818**	**11 742**	**12 368**	**14 013**	**14 318**
3000 Impôts sur les salaires										
Administration fédérale ou centrale	..	360	..	..	..	..	..	..	..	..
Administration d'un Etat/Länder	..	..	..	..	..	..	..	..	..	..
Administrations locales	..	410	..	..	..	..	..	..	..	..
Administrations de sécurite sociale	..	0	..	..	..	..	..	..	..	..
Total	**0**	**770**	**0**	**0**	**0**	**0**	**0**	**0**	**0**	**0**
2000+3000 Total	**170**	**2 616**	**4 091**	**6 070**	**10 731**	**11 818**	**11 742**	**12 368**	**14 013**	**14 318**

	1965	1980	1990	2000	2007	2010	2013	2015	2017	2018
État-Unis, millions USD										
2000 Cotisations de sécurité sociale										
Administration fédérale ou centrale	301	2 053	9 059	11 323	19 628	25 434	25 938	26 696	27 236	27 974
Administration d'un Etat/Länder	699	7 585	19 802	32 814	44 061	45 936	46 832	49 361	52 233	53 585
Administrations locales	0	0	0	0	0	0	0	0	0	0
Administrations de sécurite sociale	0	0	0	0	0	0	0	0	0	0
Total	**1 000**	**9 638**	**28 861**	**44 137**	**63 689**	**71 370**	**72 770**	**76 057**	**79 469**	**81 559**
3000 Impôts sur les salaires										
Administration fédérale ou centrale	..	..	..	..	..	..	..	..	..	..
Administration d'un Etat/Länder	..	..	..	..	..	..	..	..	..	..
Administrations locales	..	..	..	..	..	..	..	..	..	..
Administrations de sécurite sociale	..	..	..	..	..	..	..	..	..	..
Total	**0**	**0**	**0**	**0**	**0**	**0**	**0**	**0**	**0**	**0**
2000+3000 Total	**1 000**	**9 638**	**28 861**	**44 137**	**63 689**	**71 370**	**72 770**	**76 057**	**79 469**	**81 559**

.. Non disponible

1. Le secteur multi-juridictionnel contient des unités où la juridiction est partagée entre deux administrations publiques au moins, ou contient des unités dont le classement dans une juridiction n'est pas clair. Les universités publiques sont le principal type d'unités appartenant actuellement à cette catégorie.
2. Il y a une rupture dans les séries en 1990. À partir de cette année, les données se fondent sur le SEC 2010.

StatLink https://doi.org/10.1787/888934216145

6 Recettes fiscales par sous-secteur d'administration

Le Chapitre 6 fournit des aperçus sur les recettes fiscales par sous-secteur d'administration pour chaque pays membre de l'OCDE.

6.1. Tableaux par pays 1975, 1985, 1995, 2005 et 2018

Ce chapitre présente pour chaque pays des informations détaillées sur les recettes fiscales par niveau d'administration. Les données ont été réparties entre les sous-secteurs d'administration identifiés dans la section A.12 du Guide d'interprétation (voir Annexe A) et les critères d'attribution utilisés sont ceux indiqués dans cette annexe.

Tableau 6.1. Australie, recettes fiscales par sous-secteurs d'administration

Million AUD

	Administration fédérale					Administration d'État/Régions				
	1975	1995	2005	2015	2018	1975	1995	2005	2015	2018
1000 Impôts sur revenu, bénéfices et gains en capital	**11 831**	**82 615**	**175 695**	**262 357**	**336 239**	**0**	**0**	**0**	**0**	**0**
1100 Des personnes physiques	9 213	60 602	118 239	191 747	229 499	..	..	..	..	..
1200 Des sociétés	2 618	22 013	57 456	70 610	106 740	..	..	..	..	..
1300 Non-ventilables entre 1100 et 1200	0	0	0	0	0	0	0	0	0	0
2000 Cotisations de sécurité sociale	**0**	**0**	**0**	**0**	**0**	**0**	**0**	**0**	**0**	**0**
2100 A la charge des salariés	0	0	0	0	0	0	0	0	0	0
2200 A la charge des employeurs	0	0	0	0	0	0	0	0	0	0
2300 A charge des travailleurs indép. ou sans emploi	0	0	0	0	0	0	0	0	0	0
2400 Non-ventilables entre 2100, 2200 et 2300	0	0	0	0	0	0	0	0	0	0
3000 Sur salaires ou main d'oeuvre	**54**	**3 065**	**369**	**670**	**1 069**	**1 171**	**7 120**	**13 095**	**22 684**	**25 854**
4000 Impôts sur le patrimoine	**103**	**8**	**14**	**15**	**15**	**883**	**7 988**	**16 940**	**33 006**	**34 223**
4100 Impôts périodiques sur la propriété immobilière	12	0	0	0	0	217	1 840	4 559	10 473	13 790
4200 Impôts périodiques sur l'actif net	0	0	0	0	0	0	0	0	0	0
4300 Impôts sur mut. par décès, succ. et donations	87	0	0	0	0	227	0	0	0	0
4400 Impôts sur transact. mobilières et immob.	4	8	14	15	15	439	6 148	12 381	22 533	20 433
4500 Impôts non-périodiques	0	0	0	0	0	0	0	0	0	0
4600 Autres impôts périodiques sur patrimoine	0	0	0	0	0	0	0	0	0	0
5000 Impôts sur les biens et services	**4 932**	**30 004**	**69 360**	**104 590**	**115 891**	**1 262**	**13 295**	**14 479**	**23 408**	**26 258**
5100 Impôts sur production, vente, transfert, etc.	4 919	29 613	67 822	98 301	108 677	532	4 923	8 188	11 884	13 387
5110 Impôts généraux	1 408	12 970	40 086	61 815	66 829	0	0	0	0	0
5120 Impôts sur biens et services déterminés	3 511	16 643	27 736	36 486	41 848	532	4 923	8 188	11 884	13 387
5130 Non-ventilables entre 5110 et 5120	0	0	0	0	0	0	0	0	0	0
5200 Impôts sur utilisation des biens et exerc. activites	13	391	1 538	6 289	7 214	730	8 372	6 291	11 524	12 871
5300 Non-ventilables entre 5100 et 5200	0	0	0	0	0	0	0	0	0	0
6000 Autres impôts	**0**	**0**	**0**	**0**	**0**	**0**	**0**	**0**	**0**	**0**
6100 A la charge exclusive des entreprises	..	..	..	..	..	..	..	..	..	..
6200 A la charge d'autres agents	..	..	..	..	..	..	..	..	..	..
Recettes fiscales totales	**16 920**	**115 692**	**245 438**	**367 632**	**453 214**	**3 316**	**28 403**	**44 514**	**79 098**	**86 335**

	Administrations locales					Administrations de sécurite sociale				
	1975	1995	2005	2015	2018	1975	1995	2005	2015	2018
1000 Impôts sur revenu, bénéfices et gains en capital	**0**	**0**	**0**	**0**	**0**	**0**	**0**	**0**	**0**	**0**
1100 Des personnes physiques	..	..	..	..	..	..	..	..	..	..
1200 Des sociétés	..	..	..	..	..	..	..	..	..	..
1300 Non-ventilables entre 1100 et 1200	0	0	0	0	0	0	0	0	0	0
2000 Cotisations de sécurité sociale	**0**	**0**	**0**	**0**	**0**	**0**	**0**	**0**	**0**	**0**
2100 A la charge des salariés	0	0	0	0	0	0	0	0	0	0
2200 A la charge des employeurs	0	0	0	0	0	0	0	0	0	0
2300 A charge des travailleurs indép. ou sans emploi	0	0	0	0	0	0	0	0	0	0
2400 Non-ventilables entre 2100, 2200 et 2300	0	0	0	0	0	0	0	0	0	0
3000 Sur salaires ou main d'oeuvre	**0**	**0**	**0**	**0**	**0**	**0**	**0**	**0**	**0**	**0**
4000 Impôts sur le patrimoine	**883**	**5 134**	**8 726**	**16 620**	**18 904**	**0**	**0**	**0**	**0**	**0**
4100 Impôts périodiques sur la propriété immobilière	883	5 134	8 726	16 620	18 904	..	..	..	..	..
4200 Impôts périodiques sur l'actif net	0	0	0	0	0	..	..	..	..	..
4300 Impôts sur mut. par décès, succ. et donations	0	0	0	0	0	..	..	..	..	..
4400 Impôts sur transact. mobilières et immob.	0	0	0	0	0	..	..	..	..	..
4500 Impôts non-périodiques	0	0	0	0	0	..	..	..	..	..
4600 Autres impôts périodiques sur patrimoine	0	0	0	0	0	..	..	..	..	..
5000 Impôts sur les biens et services	**0**	**0**	**0**	**0**	**0**	**0**	**0**	**0**	**0**	**0**
5100 Impôts sur production, vente, transfert, etc.	0	0	0	0	0	0	0	0	0	0
5110 Impôts généraux	0	0	0	0	0	0	0	0	0	0
5120 Impôts sur biens et services déterminés	0	0	0	0	0	0	0	0	0	0
5130 Non-ventilables entre 5110 et 5120	0	0	0	0	0	0	0	0	0	0
5200 Impôts sur utilisation des biens et exerc. activites	0	0	0	0	0	0	0	0	0	0
5300 Non-ventilables entre 5100 et 5200	0	0	0	0	0	0	0	0	0	0
6000 Autres impôts	**0**	**0**	**0**	**0**	**0**	**0**	**0**	**0**	**0**	**0**
6100 A la charge exclusive des entreprises	..	..	..	..	..	..	..	..	..	..
6200 A la charge d'autres agents	..	..	..	..	..	..	..	..	..	..
Recettes fiscales totales	**883**	**5 134**	**8 726**	**16 620**	**18 904**	**0**	**0**	**0**	**0**	**0**

.. Non disponible

StatLink https://doi.org/10.1787/888934216164

Tableau 6.2. Autriche, recettes fiscales par sous-secteurs d'administration

Million EUR

	Administration fédérale					Administration d'État/Régions				
	1975	1995	2005	2015	2018	1975	1995	2005	2015	2018
1000 Impôts sur revenu, bénéfices et gains en capital	**3 064**	**18 452**	**28 781**	**43 714**	**46 528**	**865**	**547**	**742**	**1 081**	**1 230**
1100 Des personnes physiques	2 381	14 649	22 126	34 901	35 122	834	459	637	941	1 071
1200 Des sociétés	655	2 267	5 341	7 519	10 282	31	88	104	141	159
1300 Non-ventilables entre 1100 et 1200	27	1 536	1 313	1 295	1 125	0	0	0	0	0
2000 Cotisations de sécurité sociale	**352**	**4 243**	**5 720**	**7 547**	**8 312**	**34**	**311**	**409**	**496**	**476**
2100 A la charge des salariés	225	2 379	2 978	3 911	4 293	34	310	395	465	446
2200 A la charge des employeurs	127	1 830	2 498	3 350	3 740	0	0	0	0	0
2300 A charge des travailleurs indép. ou sans emploi	0	34	243	286	279	0	1	14	31	30
2400 Non-ventilables entre 2100, 2200 et 2300	0	0	0	0	0	0	0	0	0	0
3000 Sur salaires ou main d'oeuvre	**1 217**	**3 394**	**4 384**	**6 861**	**6 819**	**0**	**132**	**156**	**203**	**229**
4000 Impôts sur le patrimoine	**282**	**655**	**801**	**1 247**	**1 336**	**35**	**31**	**36**	**44**	**46**
4100 Impôts périodiques sur la propriété immobilière	18	32	32	43	42	15	31	36	44	46
4200 Impôts périodiques sur l'actif net	226	58	0	0	0	10	0	0	0	0
4300 Impôts sur mut. par décès, succ. et donations	24	82	140	12	9	10	0	0	0	0
4400 Impôts sur transact. mobilières et immob.	14	483	629	1 116	1 210	0	0	0	0	0
4500 Impôts non-périodiques	0	0	0	76	75	0	0	0	0	0
4600 Autres impôts périodiques sur patrimoine	0	0	0	0	0	0	0	0	0	0
5000 Impôts sur les biens et services	**4 554**	**19 894**	**29 646**	**39 720**	**43 678**	**1 013**	**222**	**234**	**362**	**442**
5100 Impôts sur production, vente, transfert, etc.	4 549	18 639	27 613	36 693	40 248	926	158	139	216	271
5110 Impôts généraux	2 545	13 436	19 421	26 282	29 324	662	0	0	0	0
5120 Impôts sur biens et services déterminés	1 991	5 159	8 148	10 408	10 922	264	158	139	216	271
5130 Non-ventilables entre 5110 et 5120	14	44	45	4	3	0	0	0	0	0
5200 Impôts sur utilisation des biens et exerc. activites	5	1 255	2 033	3 027	3 429	87	64	95	146	171
5300 Non-ventilables entre 5100 et 5200	0	0	0	0	0	0	0	0	0	0
6000 Autres impôts	**52**	**486**	**699**	**517**	**532**	**8**	**50**	**61**	**91**	**102**
6100 A la charge exclusive des entreprises	..	..	..	..	..	..	..	..	..	..
6200 A la charge d'autres agents	..	..	..	..	..	..	..	..	..	..
Recettes fiscales totales	**9 521**	**47 124**	**70 031**	**99 606**	**107 205**	**1 955**	**1 294**	**1 638**	**2 277**	**2 524**

	Administrations locales					Administrations de sécurite sociale				
	1975	1995	2005	2015	2018	1975	1995	2005	2015	2018
1000 Impôts sur revenu, bénéfices et gains en capital	**887**	**46**	**0**	**0**	**0**	**0**	**0**	**0**	**0**	**0**
1100 Des personnes physiques	771	19	0	0	0	..	..	..	..	..
1200 Des sociétés	115	26	0	0	0	..	..	..	..	..
1300 Non-ventilables entre 1100 et 1200	0	0	0	0	0	..	..	..	..	..
2000 Cotisations de sécurité sociale	**29**	**258**	**267**	**266**	**253**	**4 667**	**21 173**	**28 912**	**41 557**	**47 582**
2100 A la charge des salariés	29	207	240	241	230	1 840	8 110	10 751	15 499	17 836
2200 A la charge des employeurs	0	50	27	26	23	2 375	10 912	14 037	19 906	22 899
2300 A charge des travailleurs indép. ou sans emploi	0	0	0	0	0	453	2 151	4 125	6 153	6 847
2400 Non-ventilables entre 2100, 2200 et 2300	0	0	0	0	0	0	0	0	0	0
3000 Sur salaires ou main d'oeuvre	**262**	**1 492**	**2 035**	**2 977**	**3 368**	**0**	**0**	**0**	**0**	**0**
4000 Impôts sur le patrimoine	**254**	**395**	**539**	**675**	**719**	**0**	**0**	**0**	**0**	**0**
4100 Impôts périodiques sur la propriété immobilière	139	395	539	675	719	..	..	..	..	..
4200 Impôts périodiques sur l'actif net	35	0	0	0	0	..	..	..	..	..
4300 Impôts sur mut. par décès, succ. et donations	0	0	0	0	0	..	..	..	..	..
4400 Impôts sur transact. mobilières et immob.	81	0	0	0	0	..	..	..	..	..
4500 Impôts non-périodiques	0	0	0	0	0	..	..	..	..	..
4600 Autres impôts périodiques sur patrimoine	0	0	0	0	0	..	..	..	..	..
5000 Impôts sur les biens et services	**792**	**738**	**302**	**353**	**367**	**0**	**0**	**0**	**0**	**0**
5100 Impôts sur production, vente, transfert, etc.	769	582	134	96	93	..	..	..	..	..
5110 Impôts généraux	448	0	0	0	0	..	..	..	..	..
5120 Impôts sur biens et services déterminés	321	582	134	96	93	..	..	..	..	..
5130 Non-ventilables entre 5110 et 5120	0	0	0	0	0	..	..	..	..	..
5200 Impôts sur utilisation des biens et exerc. activites	24	155	168	258	275	..	..	..	..	..
5300 Non-ventilables entre 5100 et 5200	0	0	0	0	0	..	..	..	..	..
6000 Autres impôts	**55**	**60**	**103**	**129**	**142**	**0**	**0**	**0**	**0**	**0**
6100 A la charge exclusive des entreprises	..	..	..	..	..	..	..	..	..	..
6200 A la charge d'autres agents	..	..	..	..	..	..	..	..	..	..
Recettes fiscales totales	**2 279**	**2 987**	**3 246**	**4 400**	**4 849**	**4 667**	**21 173**	**28 912**	**41 557**	**47 582**

.. Non disponible

Note : Y compris les droits de douane perçus pour le compte de l'Union européenne.

StatLink https://doi.org/10.1787/888934216183

Tableau 6.3. Belgique, recettes fiscales par sous-secteurs d'administration

Million EUR

Million EUR

	Administration fédérale					Administration d'État/Régions				
	1975	1995	2005	2015	2018	1975	1995	2005	2015	2018
1000 Impôts sur revenu, bénéfices et gains en capital	**8 534**	**30 905**	**45 859**	**57 131**	**60 428**	**..**	**79**	**0**	**4 283**	**9 458**
1100 Des personnes physiques	6 929	25 997	36 007	43 436	40 621	..	79	..	4 283	9 458
1200 Des sociétés	1 596	4 867	9 811	13 644	19 736	..	0	..	0	0
1300 Non-ventilables entre 1100 et 1200	10	41	42	51	71	..	0	..	0	0
2000 Cotisations de sécurité sociale	**299**	**1 181**	**1 904**	**2 336**	**68**	**..**	**0**	**34**	**11**	**255**
2100 A la charge des salariés	264	854	1 125	1 372	0	..	..	7	2	230
2200 A la charge des employeurs	36	228	608	715	68	..	..	27	9	25
2300 A charge des travailleurs indép. ou sans emploi	0	99	171	249	0	..	..	0	0	0
2400 Non-ventilables entre 2100, 2200 et 2300	0	0	0	0	0	..	..	0	0	0
3000 Sur salaires ou main d'oeuvre	**0**	**0**	**0**	**0**	**0**	**..**	**0**	**0**	**0**	**0**
4000 Impôts sur le patrimoine	**583**	**1 340**	**873**	**1 861**	**2 340**	**..**	**1 168**	**4 669**	**7 087**	**7 912**
4100 Impôts périodiques sur la propriété immobilière	12	25	41	41	47	..	83	192	249	356
4200 Impôts périodiques sur l'actif net	0	8	189	661	952	..	0	0	0	0
4300 Impôts sur mut. par décès, succ. et donations	178	42	0	0	0	..	647	1 749	3 004	3 250
4400 Impôts sur transact. mobilières et immob.	393	1 193	521	596	594	..	438	2 728	3 763	4 305
4500 Impôts non-périodiques	0	73	123	563	522	..	0	0	72	0
4600 Autres impôts périodiques sur patrimoine	0	0	0	0	226	..	0	0	0	0
5000 Impôts sur les biens et services	**5 813**	**20 951**	**29 984**	**39 004**	**43 816**	**..**	**412**	**2 044**	**2 678**	**3 016**
5100 Impôts sur production, vente, transfert, etc.	5 562	19 767	29 742	38 985	43 788	..	58	76	227	435
5110 Impôts généraux	3 776	13 894	21 533	27 952	31 545	..	0	0	0	0
5120 Impôts sur biens et services déterminés	1 785	5 872	8 208	11 034	12 242	..	58	76	227	435
5130 Non-ventilables entre 5110 et 5120	0	0	0	0	0	..	0	0	0	0
5200 Impôts sur utilisation des biens et exerc. activites	249	1 178	234	10	18	..	355	1 968	2 451	2 582
5300 Non-ventilables entre 5100 et 5200	3	6	8	9	11	..	0	0	0	0
6000 Autres impôts	**0**	**0**	**0**	**0**	**0**	**..**	**0**	**68**	**40**	**0**
6100 A la charge exclusive des entreprises	..	..	..	..	..	..	..	0	0	..
6200 A la charge d'autres agents	..	..	..	..	..	..	..	68	40	..
Recettes fiscales totales	**15 230**	**54 377**	**78 621**	**100 332**	**106 653**	**..**	**1 659**	**6 816**	**14 098**	**20 640**

	Administrations locales					Administrations de sécurite sociale				
	1975	1995	2005	2015	2018	1975	1995	2005	2015	2018
1000 Impôts sur revenu, bénéfices et gains en capital	**683**	**3 058**	**2 249**	**3 052**	**3 234**	**0**	**335**	**825**	**1 106**	**1 253**
1100 Des personnes physiques	675	3 058	2 249	3 052	3 234	..	335	825	1 106	1 253
1200 Des sociétés	8	0	0	0	0	..	0	0	0	0
1300 Non-ventilables entre 1100 et 1200	0	0	0	0	0	..	0	0	0	0
2000 Cotisations de sécurité sociale	**27**	**80**	**20**	**27**	**14**	**6 709**	**28 479**	**39 537**	**56 438**	**60 733**
2100 A la charge des salariés	27	80	18	21	14	1 749	8 268	11 558	15 640	18 175
2200 A la charge des employeurs	0	0	3	6	0	4 347	17 746	24 613	35 510	36 458
2300 A charge des travailleurs indép. ou sans emploi	0	0	0	0	0	612	2 465	3 366	5 289	6 100
2400 Non-ventilables entre 2100, 2200 et 2300	0	0	0	0	0	0	0	0	0	0
3000 Sur salaires ou main d'oeuvre	**0**	**0**	**0**	**0**	**0**	**0**	**0**	**5**	**8**	**7**
4000 Impôts sur le patrimoine	**154**	**815**	**3 599**	**5 142**	**5 283**	**0**	**121**	**229**	**318**	**297**
4100 Impôts périodiques sur la propriété immobilière	154	815	3 599	5 142	5 283	..	0	0	0	0
4200 Impôts périodiques sur l'actif net	0	0	0	0	0	..	0	0	0	0
4300 Impôts sur mut. par décès, succ. et donations	0	0	0	0	0	..	0	0	0	0
4400 Impôts sur transact. mobilières et immob.	0	0	0	0	0	..	0	0	0	0
4500 Impôts non-périodiques	0	0	0	0	0	..	0	0	0	0
4600 Autres impôts périodiques sur patrimoine	0	0	0	0	0	..	121	229	318	297
5000 Impôts sur les biens et services	**166**	**332**	**523**	**715**	**696**	**14**	**330**	**1 237**	**1 575**	**1 918**
5100 Impôts sur production, vente, transfert, etc.	150	295	437	694	674	14	330	1 237	1 575	1 918
5110 Impôts généraux	0	0	0	0	0	0	29	373	219	230
5120 Impôts sur biens et services déterminés	150	295	437	694	674	14	301	865	1 356	1 687
5130 Non-ventilables entre 5110 et 5120	0	0	0	0	0	0	0	0	0	0
5200 Impôts sur utilisation des biens et exerc. activites	16	37	87	22	23	0	0	0	0	0
5300 Non-ventilables entre 5100 et 5200	0	0	0	0	0	0	0	0	0	0
6000 Autres impôts	**0**	**0**	**0**	**0**	**0**	**0**	**0**	**0**	**0**	**0**
6100 A la charge exclusive des entreprises	..	..	..	..	..	..	..	..	..	..
6200 A la charge d'autres agents	..	..	..	..	..	..	..	..	..	..
Recettes fiscales totales	**1 029**	**4 284**	**6 392**	**8 937**	**9 227**	**6 723**	**29 265**	**41 833**	**59 445**	**64 208**

.. Non disponible

Note : Y compris les droits de douane perçus pour le compte de l'Union européenne.

StatLink https://doi.org/10.1787/888934216202

Tableau 6.4. Canada, recettes fiscales par sous-secteurs d'administration

Million CAD

	Administration fédérale					Administration d'État/Régions				
	1975	1995	2005	2015	2018	1975	1995	2005	2015	2018
1000 Impôts sur revenu, bénéfices et gains en capital	**19 047**	**82 237**	**140 013**	**191 684**	**223 164**	**8 165**	**52 373**	**78 331**	**123 157**	**137 293**
1100 Des personnes physiques	12 822	65 384	102 366	143 315	162 295	6 074	43 428	62 435	96 989	105 299
1200 Des sociétés	5 741	14 739	32 197	41 726	51 769	2 091	8 944	15 896	26 168	31 994
1300 Non-ventilables entre 1100 et 1200	484	2 114	5 450	6 643	9 100	0	0	0	0	0
2000 Cotisations de sécurité sociale	**0**	**0**	**17 936**	**23 603**	**22 374**	**0**	**0**	**11 759**	**13 892**	**15 229**
2100 A la charge des salariés	..	..	7 429	9 772	9 255	..	..	1 858	1 128	1 322
2200 A la charge des employeurs	..	..	10 507	13 831	13 119	..	..	9 901	12 764	13 907
2300 A charge des travailleurs indép. ou sans emploi	..	..	0	0	0	..	..	0	0	0
2400 Non-ventilables entre 2100, 2200 et 2300	..	..	0	0	0	..	..	0	0	0
3000 Sur salaires ou main d'oeuvre	**0**	**0**	**0**	**0**	**0**	**0**	**6 498**	**9 230**	**13 256**	**14 871**
4000 Impôts sur le patrimoine	**13**	**0**	**0**	**0**	**0**	**428**	**6 492**	**9 298**	**11 809**	**13 616**
4100 Impôts périodiques sur la propriété immobilière	0	..	..	..	..	85	2 960	2 934	5 410	6 690
4200 Impôts périodiques sur l'actif net	0	..	..	..	..	200	2 914	3 456	372	436
4300 Impôts sur mut. par décès, succ. et donations	13	..	..	..	..	143	3	0	268	331
4400 Impôts sur transact. mobilières et immob.	0	..	..	..	..	0	0	1 965	3 912	4 957
4500 Impôts non-périodiques	0	..	..	..	..	0	615	943	1 847	1 202
4600 Autres impôts périodiques sur patrimoine	0	..	..	..	..	0	0	0	0	0
5000 Impôts sur les biens et services	**8 180**	**31 160**	**48 551**	**53 837**	**61 384**	**10 128**	**42 076**	**67 537**	**95 289**	**110 971**
5100 Impôts sur production, vente, transfert, etc.	8 180	31 136	48 506	53 797	61 349	6 800	37 961	61 316	86 827	100 099
5110 Impôts généraux	3 504	19 167	35 069	36 958	41 852	3 664	21 328	33 353	53 577	63 038
5120 Impôts sur biens et services déterminés	4 676	11 969	13 437	16 839	19 497	3 136	16 633	27 963	33 250	37 061
5130 Non-ventilables entre 5110 et 5120	0	0	0	0	0	0	0	0	0	0
5200 Impôts sur utilisation des biens et exerc. activites	0	24	45	40	35	3 328	4 115	6 221	8 462	10 872
5300 Non-ventilables entre 5100 et 5200	0	0	0	0	0	0	0	0	0	0
6000 Autres impôts	**198**	**0**	**0**	**0**	**0**	**0**	**0**	**0**	**0**	**0**
6100 A la charge exclusive des entreprises	0	..	..	..	..	..	..	..	..	..
6200 A la charge d'autres agents	198	..	..	..	..	..	..	..	..	..
Recettes fiscales totales	**27 438**	**113 397**	**206 500**	**269 124**	**306 922**	**18 721**	**107 439**	**176 156**	**257 403**	**291 980**

	Administrations locales					Administrations de sécurite sociale				
	1975	1995	2005	2015	2018	1975	1995	2005	2015	2018
1000 Impôts sur revenu, bénéfices et gains en capital	**0**	**0**	**0**	**0**	**0**	**0**	**0**	**0**	**0**	**0**
1100 Des personnes physiques	..	..	..	..	..	..	..	..	..	..
1200 Des sociétés	..	..	..	..	..	..	..	..	..	..
1300 Non-ventilables entre 1100 et 1200	..	..	..	..	..	..	..	..	..	..
2000 Cotisations de sécurité sociale	**0**	**0**	**0**	**0**	**0**	**5 787**	**40 559**	**38 834**	**58 876**	**65 610**
2100 A la charge des salariés	..	..	..	..	..	2 142	15 028	18 328	27 785	30 971
2200 A la charge des employeurs	..	..	..	..	..	3 527	24 765	18 328	27 785	30 971
2300 A charge des travailleurs indép. ou sans emploi	..	..	..	..	..	118	766	2 177	3 307	3 667
2400 Non-ventilables entre 2100, 2200 et 2300	..	..	..	..	..	0	0	0	0	0
3000 Sur salaires ou main d'oeuvre	**0**	**0**	**0**	**0**	**0**	**0**	**0**	**0**	**0**	**0**
4000 Impôts sur le patrimoine	**5 018**	**24 415**	**40 495**	**65 969**	**72 243**	**0**	**0**	**0**	**0**	**0**
4100 Impôts périodiques sur la propriété immobilière	4 770	23 150	37 409	57 241	63 060	..	..	..	..	..
4200 Impôts périodiques sur l'actif net	0	0	0	0	0	..	..	..	..	..
4300 Impôts sur mut. par décès, succ. et donations	0	0	0	0	0	..	..	..	..	..
4400 Impôts sur transact. mobilières et immob.	0	0	375	1 063	1 346	..	..	..	..	..
4500 Impôts non-périodiques	248	1 265	2 711	7 665	7 837	..	..	..	..	..
4600 Autres impôts périodiques sur patrimoine	0	0	0	0	0	..	..	..	..	..
5000 Impôts sur les biens et services	**142**	**406**	**833**	**1 149**	**1 228**	**0**	**0**	**0**	**0**	**0**
5100 Impôts sur production, vente, transfert, etc.	22	51	104	126	192	..	..	..	..	..
5110 Impôts généraux	10	40	88	63	72	..	..	..	..	..
5120 Impôts sur biens et services déterminés	12	11	16	63	120	..	..	..	..	..
5130 Non-ventilables entre 5110 et 5120	0	0	0	0	0	..	..	..	..	..
5200 Impôts sur utilisation des biens et exerc. activites	120	355	729	1 023	1 036	..	..	..	..	..
5300 Non-ventilables entre 5100 et 5200	0	0	0	0	0	..	..	..	..	..
6000 Autres impôts	**525**	**3 662**	**1 483**	**748**	**750**	**0**	**0**	**0**	**0**	**0**
6100 A la charge exclusive des entreprises	437	2 946	541	0	0	..	..	..	..	..
6200 A la charge d'autres agents	88	716	942	748	750	..	..	..	..	..
Recettes fiscales totales	**5 685**	**28 483**	**42 811**	**67 866**	**74 221**	**5 787**	**40 559**	**38 834**	**58 876**	**65 610**

.. Non disponible

StatLink https://doi.org/10.1787/888934216221

Tableau 6.5. Chili, recettes fiscales par sous-secteurs d'administration

Million CLP

Millions

	Administration centrale					Administration d'État/Régions				
	1975	1995	2005	2015	2018	1975	1995	2005	2015	2018
1000 Impôts sur revenu, bénéfices et gains en capital	..	**1 359 694**	**5 171 293**	**11 840 521**	**14 418 859**	..	..	..	..	..
1100 Des personnes physiques	..	281 293	738 620	3 199 876	2 701 416	..	..	..	..	..
1200 Des sociétés	..	836 725	3 155 480	6 839 133	8 920 497	..	..	..	..	..
1300 Non-ventilables entre 1100 et 1200	..	241 676	1 277 193	1 801 512	2 796 947	..	..	..	..	..
2000 Cotisations de sécurité sociale	..	**155 855**	**287 422**	**434 658**	**473 962**	..	..	..	..	..
2100 A la charge des salariés	..	142 001	249 526	370 744	391 050	..	..	..	..	..
2200 A la charge des employeurs	..	13 854	37 896	63 914	82 912	..	..	..	..	..
2300 A charge des travailleurs indép. ou sans emploi	..	0	0	0	0	..	..	..	..	..
2400 Non-ventilables entre 2100, 2200 et 2300	..	0	0	0	0	..	..	..	..	..
3000 Sur salaires ou main d'oeuvre	..	**0**	**0**	**0**	**0**	..	..	..	..	..
4000 Impôts sur le patrimoine	..	**181 432**	**490 120**	**379 603**	**736 328**	..	..	..	..	..
4100 Impôts périodiques sur la propriété immobilière	..	13 044	4 909	15 249	22 957	..	..	..	..	..
4200 Impôts périodiques sur l'actif net	..	0	0	0	0	..	..	..	..	..
4300 Impôts sur mut. par décès, succ. et donations	..	13 245	23 184	92 236	125 649	..	..	..	..	..
4400 Impôts sur transact. mobilières et immob.	..	155 143	462 027	272 118	587 721	..	..	..	..	..
4500 Impôts non-périodiques	..	0	0	0	0	..	..	..	..	..
4600 Autres impôts périodiques sur patrimoine	..	0	0	0	0	..	..	..	..	..
5000 Impôts sur les biens et services	..	**3 179 304**	**6 831 482**	**16 181 720**	**19 634 567**	..	..	..	..	..
5100 Impôts sur production, vente, transfert, etc.	..	3 169 645	6 811 389	16 129 953	19 465 361	..	..	..	..	..
5110 Impôts généraux	..	2 187 602	5 391 285	13 273 958	16 211 646	..	..	..	..	..
5120 Impôts sur biens et services déterminés	..	982 043	1 420 104	2 855 995	3 253 715	..	..	..	..	..
5130 Non-ventilables entre 5110 et 5120	..	0	0	0	0	..	..	..	..	..
5200 Impôts sur utilisation des biens et exerc. activites	..	9 659	20 094	51 767	169 206	..	..	..	..	..
5300 Non-ventilables entre 5100 et 5200	..	0	0	0	0	..	..	..	..	..
6000 Autres impôts	..	**-29 554**	**-85 954**	**-579 308**	**-447 692**	..	..	..	..	..
6100 A la charge exclusive des entreprises	..	0	0	0	0	..	..	..	..	..
6200 A la charge d'autres agents	..	-29 554	-85 954	-579 308	-447 692	..	..	..	..	..
Recettes fiscales totales	..	**4 846 730**	**12 694 362**	**28 257 194**	**34 816 024**	..	..	..	..	..

	Administrations locales					Administrations de sécurite sociale				
	1975	1995	2005	2015	2018	1975	1995	2005	2015	2018
1000 Impôts sur revenu, bénéfices et gains en capital	..	**0**	**0**	**0**	**0**	..	**0**	**0**	**0**	**0**
1100 Des personnes physiques	..	0	0	0	0	..	0	0	0	0
1200 Des sociétés	..	0	0	0	0	..	0	0	0	0
1300 Non-ventilables entre 1100 et 1200	..	0	0	0	0	..	0	0	0	0
2000 Cotisations de sécurité sociale	..	**0**	**0**	**0**	**0**	..	**193 269**	**644 295**	**1 817 831**	**2 312 211**
2100 A la charge des salariés	..	..	..	..	..	..	193 269	644 295	1 817 831	2 312 211
2200 A la charge des employeurs	..	..	..	..	..	..	0	0	0	0
2300 A charge des travailleurs indép. ou sans emploi	..	..	..	..	..	..	0	0	0	0
2400 Non-ventilables entre 2100, 2200 et 2300	..	..	..	..	..	..	0	0	0	0
3000 Sur salaires ou main d'oeuvre	..	**0**	**0**	**0**	**0**	..	**0**	**0**	**0**	**0**
4000 Impôts sur le patrimoine	..	**157 193**	**411 656**	**1 041 671**	**1 350 538**	..	**0**	**0**	**0**	**0**
4100 Impôts périodiques sur la propriété immobilière	..	157 193	411 656	1 041 671	1 350 538	..	..	..	..	..
4200 Impôts périodiques sur l'actif net	..	0	0	0	0	..	..	..	..	..
4300 Impôts sur mut. par décès, succ. et donations	..	0	0	0	0	..	..	..	..	..
4400 Impôts sur transact. mobilières et immob.	..	0	0	0	0	..	..	..	..	..
4500 Impôts non-périodiques	..	0	0	0	0	..	..	..	..	..
4600 Autres impôts périodiques sur patrimoine	..	0	0	0	0	..	..	..	..	..
5000 Impôts sur les biens et services	..	**192 325**	**514 952**	**1 415 658**	**1 835 931**	..	**0**	**0**	**0**	**0**
5100 Impôts sur production, vente, transfert, etc.	..	52 690	140 703	385 532	487 674	..	..	..	..	..
5110 Impôts généraux	..	0	0	0	0	..	..	..	..	..
5120 Impôts sur biens et services déterminés	..	52 690	140 703	385 532	487 674	..	..	..	..	..
5130 Non-ventilables entre 5110 et 5120	..	0	0	0	0	..	..	..	..	..
5200 Impôts sur utilisation des biens et exerc. activites	..	139 635	374 249	1 030 126	1 348 256	..	..	..	..	..
5300 Non-ventilables entre 5100 et 5200	..	0	0	0	0	..	..	..	..	..
6000 Autres impôts	..	**0**	**0**	**0**	**0**	..	**0**	**0**	**0**	**0**
6100 A la charge exclusive des entreprises	..	..	..	..	..	..	..	..	..	..
6200 A la charge d'autres agents	..	..	..	..	..	..	..	..	..	..
Recettes fiscales totales	..	**349 518**	**926 608**	**2 457 329**	**3 186 469**	..	**193 269**	**644 295**	**1 817 831**	**2 312 211**

.. Non disponible

StatLink https://doi.org/10.1787/888934216240

Tableau 6.6. Colombie, recettes fiscales par sous-secteurs d'administration

Million COP

	Administration fédérale					Administration d'État/Régions				
	1975	1995	2005	2015	2018	1975	1995	2005	2015	2018
1000 Impôts sur revenu, bénéfices et gains en capital	..	**3 393 700**	**17 348 618**	**52 656 876**	**64 043 928**	..	**0**	**0**	**0**	**0**
1100 Des personnes physiques	..	131 405	3 594 441	9 210 448	12 215 963	..	..	..	..	..
1200 Des sociétés	..	988 082	13 044 361	41 398 731	48 529 320	..	..	..	..	..
1300 Non-ventilables entre 1100 et 1200	..	2 274 213	709 816	2 047 697	3 298 645	..	..	..	..	..
2000 Cotisations de sécurité sociale	..	**0**	**0**	**0**	**0**	..	**0**	**0**	**0**	**0**
2100 A la charge des salariés	..	..	..	..	..	..	..	..	..	..
2200 A la charge des employeurs	..	..	..	..	..	..	..	..	..	..
2300 A charge des travailleurs indép. ou sans emploi	..	..	..	..	..	..	..	..	..	..
2400 Non-ventilables entre 2100, 2200 et 2300	..	..	..	..	..	..	..	..	..	..
3000 Sur salaires ou main d'oeuvre	..	**599 198**	**2 179 842**	**2 797 308**	**3 461 352**	..	**0**	**0**	**0**	**0**
4000 Impôts sur le patrimoine	..	**0**	**2 863 946**	**12 094 140**	**7 283 483**	..	**0**	**0**	**0**	**0**
4100 Impôts périodiques sur la propriété immobilière	..	..	0	0	0	..	..	..	..	..
4200 Impôts périodiques sur l'actif net	..	..	462 720	5 352 940	467 925	..	..	..	..	..
4300 Impôts sur mut. par décès, succ. et donations	..	..	0	0	0	..	..	..	..	..
4400 Impôts sur transact. mobilières et immob.	..	..	2 401 226	6 741 200	6 815 558	..	..	..	..	..
4500 Impôts non-périodiques	..	..	0	0	0	..	..	..	..	..
4600 Autres impôts périodiques sur patrimoine	..	..	0	0	0	..	..	..	..	..
5000 Impôts sur les biens et services	..	**4 773 500**	**21 645 318**	**51 831 190**	**63 898 347**	..	**771 560**	**2 507 423**	**4 986 314**	**6 812 676**
5100 Impôts sur production, vente, transfert, etc.	..	4 773 500	21 645 318	51 831 190	63 898 347	..	771 560	2 228 909	4 456 650	6 016 297
5110 Impôts généraux	..	3 427 600	17 427 948	41 659 696	55 879 110	..	0	0	0	0
5120 Impôts sur biens et services déterminés	..	1 345 900	4 217 370	10 171 494	8 019 237	..	771 560	2 228 909	4 456 650	6 016 297
5130 Non-ventilables entre 5110 et 5120	..	0	0	0	0	..	0	0	0	0
5200 Impôts sur utilisation des biens et exerc. activites	..	0	0	0	0	..	0	278 514	529 665	796 379
5300 Non-ventilables entre 5100 et 5200	..	0	0	0	0	..	0	0	0	0
6000 Autres impôts	..	**17 900**	**682 084**	**419 939**	**541 027**	..	**0**	**575 919**	**2 624 769**	**2 606 397**
6100 A la charge exclusive des entreprises	..	0	0	0	0	..	..	0	0	0
6200 A la charge d'autres agents	..	17 900	682 084	419 939	541 027	..	..	575 919	2 624 769	2 606 397
Recettes fiscales totales	..	**8 784 297**	**44 719 808**	**119 799 453**	**139 228 138**	..	**771 560**	**3 083 342**	**7 611 084**	**9 419 073**

	Administrations locales					Administrations de sécurite sociale				
	1975	1995	2005	2015	2018	1975	1995	2005	2015	2018
1000 Impôts sur revenu, bénéfices et gains en capital	..	**0**	**0**	**0**	**0**	..	**0**	**0**	**0**	**0**
1100 Des personnes physiques	..	..	..	..	..	..	..	..	..	..
1200 Des sociétés	..	..	..	..	..	..	..	..	..	..
1300 Non-ventilables entre 1100 et 1200	..	..	..	..	..	..	..	..	..	..
2000 Cotisations de sécurité sociale	..	**0**	**0**	**0**	**0**	..	**3 159 328**	**7 845 000**	**13 585 138**	**18 192 049**
2100 A la charge des salariés	..	..	..	..	..	..	..	..	..	..
2200 A la charge des employeurs	..	..	..	..	..	..	..	..	..	..
2300 A charge des travailleurs indép. ou sans emploi	..	..	..	..	..	..	..	..	..	..
2400 Non-ventilables entre 2100, 2200 et 2300	..	..	..	..	..	..	3 159 328	7 845 000	13 585 138	18 192 049
3000 Sur salaires ou main d'oeuvre	..	**0**	**0**	**0**	**0**	..	**0**	**0**	**0**	**0**
4000 Impôts sur le patrimoine	..	**365 051**	**1 974 213**	**6 061 965**	**7 981 989**	..	**0**	**0**	**0**	**0**
4100 Impôts périodiques sur la propriété immobilière	..	365 051	1 974 213	6 061 965	7 981 989	..	..	..	..	..
4200 Impôts périodiques sur l'actif net	..	0	0	0	0	..	..	..	..	..
4300 Impôts sur mut. par décès, succ. et donations	..	0	0	0	0	..	..	..	..	..
4400 Impôts sur transact. mobilières et immob.	..	0	0	0	0	..	..	..	..	..
4500 Impôts non-périodiques	..	0	0	0	0	..	..	..	..	..
4600 Autres impôts périodiques sur patrimoine	..	0	0	0	0	..	..	..	..	..
5000 Impôts sur les biens et services	..	**471 710**	**3 496 411**	**8 899 062**	**10 697 766**	..	**0**	**0**	**0**	**0**
5100 Impôts sur production, vente, transfert, etc.	..	471 710	3 496 411	8 400 241	10 020 693	..	..	..	..	..
5110 Impôts généraux	..	471 710	2 506 452	7 025 204	8 436 909	..	..	..	..	..
5120 Impôts sur biens et services déterminés	..	0	989 959	1 375 037	1 583 783	..	..	..	..	..
5130 Non-ventilables entre 5110 et 5120	..	0	0	0	0	..	..	..	..	..
5200 Impôts sur utilisation des biens et exerc. activites	..	0	0	498 821	677 073	..	..	..	..	..
5300 Non-ventilables entre 5100 et 5200	..	0	0	0	0	..	..	..	..	..
6000 Autres impôts	..	**355 943**	**588 614**	**4 200 992**	**4 780 896**	..	**0**	**0**	**0**	**0**
6100 A la charge exclusive des entreprises	..	0	0	0	0	..	..	..	..	..
6200 A la charge d'autres agents	..	355 943	588 614	4 200 992	4 780 896	..	..	..	..	..
Recettes fiscales totales	..	**1 192 705**	**6 059 238**	**19 162 019**	**23 460 651**	..	**3 159 328**	**7 845 000**	**13 585 138**	**18 192 049**

.. Non disponible

StatLink https://doi.org/10.1787/888934216259

Tableau 6.7. République tchèque, recettes fiscales par sous-secteurs d'administration

Million CZK

	Administration centrale[1]					Administration d'État/Régions				
	1975	1995	2005	2015	2018	1975	1995	2005	2015	2018
1000 Impôts sur revenu, bénéfices et gains en capital	..	**137 616**	**273 549**	**329 768**	**426 988**	..	..	..	..	..
1100 Des personnes physiques	..	70 361	137 937	164 678	230 973	..	..	..	..	..
1200 Des sociétés	..	67 255	135 611	165 090	196 015	..	..	..	..	..
1300 Non-ventilables entre 1100 et 1200	..	0	0	0	0	..	..	..	..	..
2000 Cotisations de sécurité sociale	..	**0**	**0**	**0**	**0**	..	..	..	..	..
2100 A la charge des salariés	..	..	..	..	..	..	..	..	..	..
2200 A la charge des employeurs	..	..	..	..	..	..	..	..	..	..
2300 A charge des travailleurs indép. ou sans emploi	..	..	..	..	..	..	..	..	..	..
2400 Non-ventilables entre 2100, 2200 et 2300	..	..	..	..	..	..	..	..	..	..
3000 Sur salaires ou main d'oeuvre	..	**0**	**0**	**0**	**0**	..	..	..	..	..
4000 Impôts sur le patrimoine	..	**3 857**	**8 050**	**11 607**	**13 789**	..	..	..	..	..
4100 Impôts périodiques sur la propriété immobilière	..	0	5	20	26	..	..	..	..	..
4200 Impôts périodiques sur l'actif net	..	0	0	0	0	..	..	..	..	..
4300 Impôts sur mut. par décès, succ. et donations	..	393	728	20	3	..	..	..	..	..
4400 Impôts sur transact. mobilières et immob.	..	3 464	7 317	11 566	13 760	..	..	..	..	..
4500 Impôts non-périodiques	..	0	0	0	0	..	..	..	..	..
4600 Autres impôts périodiques sur patrimoine	..	0	0	0	0	..	..	..	..	..
5000 Impôts sur les biens et services	..	**175 869**	**343 554**	**505 085**	**594 334**	..	..	..	..	..
5100 Impôts sur production, vente, transfert, etc.	..	162 913	325 662	487 086	574 100	..	..	..	..	..
5110 Impôts généraux	..	91 673	215 118	333 274	408 538	..	..	..	..	..
5120 Impôts sur biens et services déterminés	..	71 240	110 544	153 812	165 561	..	..	..	..	..
5130 Non-ventilables entre 5110 et 5120	..	0	0	0	0	..	..	..	..	..
5200 Impôts sur utilisation des biens et exerc. activites	..	12 956	17 892	17 999	20 234	..	..	..	..	..
5300 Non-ventilables entre 5100 et 5200	..	0	0	0	0	..	..	..	..	..
6000 Autres impôts	..	**545**	**55**	**387**	**258**	..	..	..	..	..
6100 A la charge exclusive des entreprises	..	0	0	0	0	..	..	..	..	..
6200 A la charge d'autres agents	..	545	55	387	258	..	..	..	..	..
Recettes fiscales totales	..	**317 887**	**625 207**	**846 847**	**1 035 369**	..	..	..	..	..

	Administrations locales					Administrations de sécurite sociale				
	1975	1995	2005	2015	2018	1975	1995	2005	2015	2018
1000 Impôts sur revenu, bénéfices et gains en capital	..	**0**	**0**	**0**	**0**	..	**0**	**0**	**0**	**0**
1100 Des personnes physiques	..	0	0	0	0	..	0	0	0	0
1200 Des sociétés	..	0	0	0	0	..	0	0	0	0
1300 Non-ventilables entre 1100 et 1200	..	0	0	0	0	..	0	0	0	0
2000 Cotisations de sécurité sociale	..	**0**	**0**	**0**	**0**	..	**227 871**	**481 626**	**659 743**	**829 702**
2100 A la charge des salariés	..	..	..	..	..	..	54 536	108 316	133 878	171 835
2200 A la charge des employeurs	..	..	..	..	..	..	148 342	307 618	417 778	531 640
2300 A charge des travailleurs indép. ou sans emploi	..	..	..	..	..	..	24 993	65 692	108 088	126 227
2400 Non-ventilables entre 2100, 2200 et 2300	..	..	..	..	..	..	0	0	0	0
3000 Sur salaires ou main d'oeuvre	..	**0**	**0**	**0**	**0**	..	**0**	**0**	**0**	**0**
4000 Impôts sur le patrimoine	..	**3 778**	**4 987**	**10 313**	**10 829**	..	**0**	**0**	**0**	**0**
4100 Impôts périodiques sur la propriété immobilière	..	3 778	4 987	10 313	10 829	..	..	..	..	..
4200 Impôts périodiques sur l'actif net	..	0	0	0	0	..	..	..	..	..
4300 Impôts sur mut. par décès, succ. et donations	..	0	0	0	0	..	..	..	..	..
4400 Impôts sur transact. mobilières et immob.	..	0	0	0	0	..	..	..	..	..
4500 Impôts non-périodiques	..	0	0	0	0	..	..	..	..	..
4600 Autres impôts périodiques sur patrimoine	..	0	0	0	0	..	..	..	..	..
5000 Impôts sur les biens et services	..	**1 150**	**7 395**	**7 749**	**8 200**	..	**0**	**0**	**0**	**0**
5100 Impôts sur production, vente, transfert, etc.	..	124	199	292	358	..	..	..	..	..
5110 Impôts généraux	..	0	0	0	0	..	..	..	..	..
5120 Impôts sur biens et services déterminés	..	124	199	292	358	..	..	..	..	..
5130 Non-ventilables entre 5110 et 5120	..	0	0	0	0	..	..	..	..	..
5200 Impôts sur utilisation des biens et exerc. activites	..	1 026	7 196	7 457	7 841	..	..	..	..	..
5300 Non-ventilables entre 5100 et 5200	..	0	0	0	0	..	..	..	..	..
6000 Autres impôts	..	**0**	**0**	**0**	**0**	..	**0**	**0**	**0**	**0**
6100 A la charge exclusive des entreprises	..	..	..	..	..	..	..	..	..	..
6200 A la charge d'autres agents	..	..	..	..	..	..	..	..	..	..
Recettes fiscales totales	..	**4 928**	**12 382**	**18 063**	**19 029**	..	**227 871**	**481 626**	**659 743**	**829 702**

.. Non disponible

Note : Y compris les droits de douane perçus pour le compte de l'Union européenne.

1. Tax revenues of the regions are reported under the heading of central government up to and including 1995 and under local government thereafter.

StatLink https://doi.org/10.1787/888934216278

Tableau 6.8. Danemark, recettes fiscales par sous-secteurs d'administration

Million DKK

	Administration centrale					Administration d'État/Régions				
	1975	1995	2005	2015	2018	1975	1995	2005	2015	2018
1000 Impôts sur revenu, bénéfices et gains en capital	**28 694**	**164 962**	**258 922**	**384 883**	**385 420**	**..**	**..**	**..**	**..**	**..**
1100 Des personnes physiques	25 904	124 613	167 082	304 329	306 449	..	..	..	..	..
1200 Des sociétés	2 790	23 803	54 597	57 723	65 207	..	..	..	..	..
1300 Non-ventilables entre 1100 et 1200	0	16 546	37 244	22 832	13 764	..	..	..	..	..
2000 Cotisations de sécurité sociale	**143**	**562**	**1 180**	**836**	**762**	**..**	**..**	**..**	**..**	**..**
2100 A la charge des salariés	0	559	1 177	826	751	..	..	..	..	..
2200 A la charge des employeurs	142	3	3	10	12	..	..	..	..	..
2300 A charge des travailleurs indép. ou sans emploi	0	0	0	0	0	..	..	..	..	..
2400 Non-ventilables entre 2100, 2200 et 2300	0	0	0	0	0	..	..	..	..	..
3000 Sur salaires ou main d'oeuvre	**0**	**2 262**	**2 907**	**5 894**	**6 314**	**..**	**..**	**..**	**..**	**..**
4000 Impôts sur le patrimoine	**1 779**	**7 094**	**11 801**	**11 084**	**11 637**	**..**	**..**	**..**	**..**	**..**
4100 Impôts périodiques sur la propriété immobilière	16	170	0	0	0	..	..	..	..	..
4200 Impôts périodiques sur l'actif net	414	930	0	0	0	..	..	..	..	..
4300 Impôts sur mut. par décès, succ. et donations	336	2 372	3 154	5 177	4 810	..	..	..	..	..
4400 Impôts sur transact. mobilières et immob.	936	3 584	8 613	5 907	6 828	..	..	..	..	..
4500 Impôts non-périodiques	77	38	34	0	0	..	..	..	..	..
4600 Autres impôts périodiques sur patrimoine	0	0	0	0	0	..	..	..	..	..
5000 Impôts sur les biens et services	**29 014**	**156 578**	**253 352**	**301 504**	**329 275**	**..**	**..**	**..**	**..**	**..**
5100 Impôts sur production, vente, transfert, etc.	27 338	149 393	239 951	277 791	303 006	..	..	..	..	..
5110 Impôts généraux	15 117	94 368	154 654	191 479	217 046	..	..	..	..	..
5120 Impôts sur biens et services déterminés	12 221	55 026	85 298	86 312	85 960	..	..	..	..	..
5130 Non-ventilables entre 5110 et 5120	0	0	0	0	0	..	..	..	..	..
5200 Impôts sur utilisation des biens et exerc. activites	1 676	4 739	9 379	16 537	17 383	..	..	..	..	..
5300 Non-ventilables entre 5100 et 5200	0	2 446	4 021	7 177	8 887	..	..	..	..	..
6000 Autres impôts	**0**	**0**	**203**	**320**	**265**	**..**	**..**	**..**	**..**	**..**
6100 A la charge exclusive des entreprises	..	..	203	320	265	..	..	..	..	..
6200 A la charge d'autres agents	..	..	0	0	0	..	..	..	..	..
Recettes fiscales totales	**59 630**	**331 457**	**528 366**	**704 520**	**733 674**	**..**	**..**	**..**	**..**	**..**

	Administrations locales					Administrations de sécurite sociale				
	1975	1995	2005	2015	2018	1975	1995	2005	2015	2018
1000 Impôts sur revenu, bénéfices et gains en capital	**22 171**	**140 762**	**214 581**	**220 815**	**239 221**	**0**	**0**	**0**	**0**	**0**
1100 Des personnes physiques	22 170	140 758	214 581	220 815	239 221	..	..	..	..	..
1200 Des sociétés	1	5	0	0	0	..	..	..	..	..
1300 Non-ventilables entre 1100 et 1200	0	0	0	0	0	..	..	..	..	..
2000 Cotisations de sécurité sociale	**0**	**0**	**0**	**0**	**0**	**58**	**0**	**529**	**542**	**299**
2100 A la charge des salariés	..	..	..	..	..	0	..	0	0	0
2200 A la charge des employeurs	..	..	..	..	..	58	..	529	542	299
2300 A charge des travailleurs indép. ou sans emploi	..	..	..	..	..	0	..	0	0	0
2400 Non-ventilables entre 2100, 2200 et 2300	..	..	..	..	..	0	..	0	0	0
3000 Sur salaires ou main d'oeuvre	**0**	**0**	**0**	**0**	**0**	**0**	**0**	**0**	**0**	**0**
4000 Impôts sur le patrimoine	**3 518**	**10 155**	**17 466**	**28 085**	**29 578**	**0**	**0**	**0**	**0**	**0**
4100 Impôts périodiques sur la propriété immobilière	3 518	10 155	17 466	28 085	29 578	..	..	..	..	..
4200 Impôts périodiques sur l'actif net	0	0	0	0	0	..	..	..	..	..
4300 Impôts sur mut. par décès, succ. et donations	0	0	0	0	0	..	..	..	..	..
4400 Impôts sur transact. mobilières et immob.	0	0	0	0	0	..	..	..	..	..
4500 Impôts non-périodiques	0	0	0	0	0	..	..	..	..	..
4600 Autres impôts périodiques sur patrimoine	0	0	0	0	0	..	..	..	..	..
5000 Impôts sur les biens et services	**0**	**0**	**0**	**0**	**0**	**0**	**0**	**0**	**0**	**0**
5100 Impôts sur production, vente, transfert, etc.	0	..	..	..	..	..	..	..	..	..
5110 Impôts généraux	0	..	..	..	..	..	..	..	..	..
5120 Impôts sur biens et services déterminés	0	..	..	..	..	..	..	..	..	..
5130 Non-ventilables entre 5110 et 5120	0	0	0	0	0	..	..	..	..	..
5200 Impôts sur utilisation des biens et exerc. activites	..	..	..	..	..	..	..	..	..	..
5300 Non-ventilables entre 5100 et 5200	0	0	0	0	0	..	..	..	..	..
6000 Autres impôts	**0**	**0**	**0**	**0**	**0**	**0**	**0**	**0**	**0**	**0**
6100 A la charge exclusive des entreprises	..	..	..	..	..	..	..	..	..	..
6200 A la charge d'autres agents	..	..	..	..	..	..	..	..	..	..
Recettes fiscales totales	**25 689**	**150 918**	**232 047**	**248 900**	**268 799**	**58**	**0**	**529**	**542**	**299**

.. Non disponible

Note : Y compris les droits de douane perçus pour le compte de l'Union européenne.

StatLink https://doi.org/10.1787/888934216297

Tableau 6.9. Estonie, recettes fiscales par sous-secteurs d'administration

Million EUR

	Administration centrale					Administration d'État/Régions				
	1975	1995	2005	2015	2018	1975	1995	2005	2015	2018
1000 Impôts sur revenu, bénéfices et gains en capital	**..**	**301**	**782**	**1 607**	**1 929**	**..**	**..**	**..**	**..**	**..**
1100 Des personnes physiques	..	234	622	1 182	1 411	..	..	..	..	..
1200 Des sociétés	..	67	160	424	518	..	..	..	..	..
1300 Non-ventilables entre 1100 et 1200	..	0	0	0	0	..	..	..	..	..
2000 Cotisations de sécurité sociale	**..**	**191**	**636**	**1 191**	**1 571**	**..**	**..**	**..**	**..**	**..**
2100 A la charge des salariés	..	0	0	0	0	..	..	..	..	..
2200 A la charge des employeurs	..	191	636	1 179	1 559	..	..	..	..	..
2300 A charge des travailleurs indép. ou sans emploi	..	0	0	12	12	..	..	..	..	..
2400 Non-ventilables entre 2100, 2200 et 2300	..	0	0	0	0	..	..	..	..	..
3000 Sur salaires ou main d'oeuvre	**..**	**0**	**0**	**0**	**0**	**..**	**..**	**..**	**..**	**..**
4000 Impôts sur le patrimoine	**..**	**3**	**0**	**0**	**0**	**..**	**..**	**..**	**..**	**..**
4100 Impôts périodiques sur la propriété immobilière	..	3	..	..	..	..	..	..	..	..
4200 Impôts périodiques sur l'actif net	..	0	..	..	..	..	..	..	..	..
4300 Impôts sur mut. par décès, succ. et donations	..	0	..	..	..	..	..	..	..	..
4400 Impôts sur transact. mobilières et immob.	..	0	..	..	..	..	..	..	..	..
4500 Impôts non-périodiques	..	0	..	..	..	..	..	..	..	..
4600 Autres impôts périodiques sur patrimoine	..	0	..	..	..	..	..	..	..	..
5000 Impôts sur les biens et services	**..**	**350**	**1 385**	**2 864**	**3 506**	**..**	**..**	**..**	**..**	**..**
5100 Impôts sur production, vente, transfert, etc.	..	345	1 348	2 790	3 383	..	..	..	..	..
5110 Impôts généraux	..	266	908	1 873	2 331	..	..	..	..	..
5120 Impôts sur biens et services déterminés	..	79	440	917	1 053	..	..	..	..	..
5130 Non-ventilables entre 5110 et 5120	..	0	0	0	0	..	..	..	..	..
5200 Impôts sur utilisation des biens et exerc. activites	..	5	37	74	123	..	..	..	..	..
5300 Non-ventilables entre 5100 et 5200	..	0	0	0	0	..	..	..	..	..
6000 Autres impôts	**..**	**0**	**0**	**0**	**0**	**..**	**..**	**..**	**..**	**..**
6100 A la charge exclusive des entreprises	..	..	..	..	..	..	..	..	..	..
6200 A la charge d'autres agents	..	..	..	..	..	..	..	..	..	..
Recettes fiscales totales	**..**	**845**	**2 803**	**5 662**	**7 006**	**..**	**..**	**..**	**..**	**..**

	Administrations locales					Administrations de sécurite sociale				
	1975	1995	2005	2015	2018	1975	1995	2005	2015	2018
1000 Impôts sur revenu, bénéfices et gains en capital	**..**	**0**	**0**	**0**	**0**	**..**	**0**	**0**	**0**	**0**
1100 Des personnes physiques	..	0	0	0	0	..	0	0	0	0
1200 Des sociétés	..	0	0	0	0	..	0	0	0	0
1300 Non-ventilables entre 1100 et 1200	..	0	0	0	0	..	0	0	0	0
2000 Cotisations de sécurité sociale	**..**	**0**	**0**	**0**	**0**	**..**	**149**	**511**	**1 110**	**1 407**
2100 A la charge des salariés	..	..	..	..	..	..	0	31	99	123
2200 A la charge des employeurs	..	..	..	..	..	..	143	466	1 002	1 276
2300 A charge des travailleurs indép. ou sans emploi	..	..	..	..	..	..	6	14	8	8
2400 Non-ventilables entre 2100, 2200 et 2300	..	..	..	..	..	..	0	0	0	0
3000 Sur salaires ou main d'oeuvre	**..**	**0**	**0**	**0**	**0**	**..**	**0**	**0**	**0**	**0**
4000 Impôts sur le patrimoine	**..**	**7**	**32**	**58**	**58**	**..**	**0**	**0**	**0**	**0**
4100 Impôts périodiques sur la propriété immobilière	..	7	32	58	58	..	..	..	..	..
4200 Impôts périodiques sur l'actif net	..	0	0	0	0	..	..	..	..	..
4300 Impôts sur mut. par décès, succ. et donations	..	0	0	0	0	..	..	..	..	..
4400 Impôts sur transact. mobilières et immob.	..	0	0	0	0	..	..	..	..	..
4500 Impôts non-périodiques	..	0	0	0	0	..	..	..	..	..
4600 Autres impôts périodiques sur patrimoine	..	0	0	0	0	..	..	..	..	..
5000 Impôts sur les biens et services	**..**	**1**	**7**	**11**	**13**	**..**	**0**	**0**	**0**	**0**
5100 Impôts sur production, vente, transfert, etc.	..	0	2	4	6	..	..	..	..	..
5110 Impôts généraux	..	0	0	0	0	..	..	..	..	..
5120 Impôts sur biens et services déterminés	..	0	2	4	6	..	..	..	..	..
5130 Non-ventilables entre 5110 et 5120	..	0	0	0	0	..	..	..	..	..
5200 Impôts sur utilisation des biens et exerc. activites	..	1	5	7	7	..	..	..	..	..
5300 Non-ventilables entre 5100 et 5200	..	0	0	0	0	..	..	..	..	..
6000 Autres impôts	**..**	**0**	**0**	**0**	**0**	**..**	**0**	**0**	**0**	**0**
6100 A la charge exclusive des entreprises	..	..	..	..	..	..	..	..	..	..
6200 A la charge d'autres agents	..	..	..	..	..	..	..	..	..	..
Recettes fiscales totales	**..**	**8**	**40**	**69**	**71**	**..**	**149**	**511**	**1 110**	**1 407**

.. Non disponible

Note : Y compris les droits de douane perçus pour le compte de l'Union européenne.

StatLink https://doi.org/10.1787/888934216316

Tableau 6.10. Finlande, recettes fiscales par sous-secteurs d'administration

Million EUR

	Administration centrale					Administration d'État/Régions				
	1975	1995	2005	2015	2018	1975	1995	2005	2015	2018
1000 Impôts sur revenu, bénéfices et gains en capital	**1 304**	**6 538**	**12 885**	**12 127**	**13 855**	..	..	..	..	..
1100 Des personnes physiques	1 146	5 320	8 791	9 248	9 778	..	..	..	..	..
1200 Des sociétés	157	1 218	4 094	2 879	4 077	..	..	..	..	..
1300 Non-ventilables entre 1100 et 1200	0	0	0	0	0	..	..	..	..	..
2000 Cotisations de sécurité sociale	**0**	**25**	**0**	**0**	**0**	..	..	..	..	..
2100 A la charge des salariés	..	0	..	..	..	..	..	..	..	..
2200 A la charge des employeurs	..	25	..	..	..	..	..	..	..	..
2300 A charge des travailleurs indép. ou sans emploi	..	0	..	..	..	..	..	..	..	..
2400 Non-ventilables entre 2100, 2200 et 2300	..	0	..	..	..	..	..	..	..	..
3000 Sur salaires ou main d'oeuvre	**153**	**0**	**0**	**0**	**0**	..	..	..	..	..
4000 Impôts sur le patrimoine	**127**	**533**	**1 169**	**1 414**	**1 536**	..	..	..	..	..
4100 Impôts périodiques sur la propriété immobilière	0	0	0	0	0	..	..	..	..	..
4200 Impôts périodiques sur l'actif net	33	35	129	0	0	..	..	..	..	..
4300 Impôts sur mut. par décès, succ. et donations	14	167	486	631	692	..	..	..	..	..
4400 Impôts sur transact. mobilières et immob.	80	331	554	783	844	..	..	..	..	..
4500 Impôts non-périodiques	0	0	0	0	0	..	..	..	..	..
4600 Autres impôts périodiques sur patrimoine	0	0	0	0	0	..	..	..	..	..
5000 Impôts sur les biens et services	**2 099**	**13 241**	**21 768**	**29 650**	**33 249**	..	..	..	..	..
5100 Impôts sur production, vente, transfert, etc.	2 082	12 937	21 178	28 592	31 876	..	..	..	..	..
5110 Impôts généraux	1 030	7 621	13 748	18 974	21 364	..	..	..	..	..
5120 Impôts sur biens et services déterminés	1 052	5 316	7 430	9 618	10 512	..	..	..	..	..
5130 Non-ventilables entre 5110 et 5120	0	0	0	0	0	..	..	..	..	..
5200 Impôts sur utilisation des biens et exerc. activites	16	304	590	1 058	1 373	..	..	..	..	..
5300 Non-ventilables entre 5100 et 5200	0	0	0	0	0	..	..	..	..	..
6000 Autres impôts	**10**	**90**	**68**	**81**	**44**	..	..	..	..	..
6100 A la charge exclusive des entreprises	0	0	0	0	0	..	..	..	..	..
6200 A la charge d'autres agents	10	90	68	81	44	..	..	..	..	..
Recettes fiscales totales	**3 693**	**20 427**	**35 890**	**43 272**	**48 684**	..	..	..	..	..

	Administrations locales					Administrations de sécurite sociale				
	1975	1995	2005	2015	2018	1975	1995	2005	2015	2018
1000 Impôts sur revenu, bénéfices et gains en capital	**1 547**	**9 313**	**13 574**	**20 244**	**20 650**	**0**	**0**	**0**	**0**	**0**
1100 Des personnes physiques	1 393	8 319	12 420	18 576	18 791	..	..	..	..	..
1200 Des sociétés	154	994	1 154	1 668	1 859	..	..	..	..	..
1300 Non-ventilables entre 1100 et 1200	0	0	0	0	0	..	..	..	..	..
2000 Cotisations de sécurité sociale	**0**	**0**	**0**	**0**	**0**	**1 347**	**13 493**	**18 879**	**26 639**	**27 647**
2100 A la charge des salariés	..	..	..	..	..	278	2 537	3 464	6 364	8 102
2200 A la charge des employeurs	..	..	..	..	..	990	9 447	14 127	18 232	17 631
2300 A charge des travailleurs indép. ou sans emploi	..	..	0	0	0	79	1 509	1 288	2 043	1 914
2400 Non-ventilables entre 2100, 2200 et 2300	..	..	0	0	0	0	0	0	0	0
3000 Sur salaires ou main d'oeuvre	**0**	**0**	**0**	**0**	**0**	**0**	**0**	**0**	**0**	**0**
4000 Impôts sur le patrimoine	**0**	**441**	**725**	**1 603**	**1 813**	**0**	**0**	**0**	**0**	**0**
4100 Impôts périodiques sur la propriété immobilière	0	441	725	1 603	1 813	..	..	..	..	..
4200 Impôts périodiques sur l'actif net	0	0	0	0	0	..	..	..	..	..
4300 Impôts sur mut. par décès, succ. et donations	0	0	0	0	0	..	..	..	..	..
4400 Impôts sur transact. mobilières et immob.	0	0	0	0	0	..	..	..	..	..
4500 Impôts non-périodiques	0	0	0	0	0	..	..	..	..	..
4600 Autres impôts périodiques sur patrimoine	0	0	0	0	0	..	..	..	..	..
5000 Impôts sur les biens et services	**3**	**7**	**8**	**2**	**1**	**0**	**0**	**0**	**0**	**0**
5100 Impôts sur production, vente, transfert, etc.	1	1	4	1	1	..	..	..	..	..
5110 Impôts généraux	0	0	0	0	0	..	..	..	..	..
5120 Impôts sur biens et services déterminés	1	1	4	1	1	..	..	..	..	..
5130 Non-ventilables entre 5110 et 5120	0	0	0	0	0	..	..	..	..	..
5200 Impôts sur utilisation des biens et exerc. activites	2	6	4	1	0	..	..	..	..	..
5300 Non-ventilables entre 5100 et 5200	0	0	0	0	0	..	..	..	..	..
6000 Autres impôts	**0**	**0**	**0**	**0**	**0**	**0**	**0**	**0**	**0**	**0**
6100 A la charge exclusive des entreprises	..	..	..	..	..	..	..	..	..	..
6200 A la charge d'autres agents	..	..	..	..	..	..	..	..	..	..
Recettes fiscales totales	**1 550**	**9 761**	**14 307**	**21 849**	**22 464**	**1 347**	**13 493**	**18 879**	**26 639**	**27 647**

.. Non disponible

Note : Y compris les droits de douane perçus pour le compte de l'Union européenne.

StatLink https://doi.org/10.1787/888934216335

Tableau 6.11. France, recettes fiscales par sous-secteurs d'administration

Million EUR

	Administration centrale					Administration d'État/Régions				
	1975	1995	2005	2015	2018	1975	1995	2005	2015	2018
1000 Impôts sur revenu, bénéfices et gains en capital	**13 106**	**69 134**	**98 623**	**121 529**	**131 500**	..	..	..	..	..
1100 Des personnes physiques	8 743	43 963	56 862	75 366	81 605	..	..	..	..	..
1200 Des sociétés	4 282	25 172	41 761	46 163	49 895	..	..	..	..	..
1300 Non-ventilables entre 1100 et 1200	80	0	0	0	0	..	..	..	..	..
2000 Cotisations de sécurité sociale	**419**	**3 733**	**5 796**	**7 941**	**8 297**	..	..	..	..	..
2100 A la charge des salariés	419	3 733	4 812	6 048	6 847	..	..	..	..	..
2200 A la charge des employeurs	0	0	984	1 893	1 450	..	..	..	..	..
2300 A charge des travailleurs indép. ou sans emploi	0	0	0	0	0	..	..	..	..	..
2400 Non-ventilables entre 2100, 2200 et 2300	0	0	0	0	0	..	..	..	..	..
3000 Sur salaires ou main d'oeuvre	**1 194**	**10 299**	**13 117**	**4 796**	**3 807**	..	..	..	..	..
4000 Impôts sur le patrimoine	**1 372**	**9 196**	**16 021**	**23 374**	**22 815**	..	..	..	..	..
4100 Impôts périodiques sur la propriété immobilière	26	1 849	2 106	3 112	3 293	..	..	..	..	..
4200 Impôts périodiques sur l'actif net	0	1 309	3 053	5 224	1 847	..	..	..	..	..
4300 Impôts sur mut. par décès, succ. et donations	616	4 261	9 006	12 317	14 399	..	..	..	..	..
4400 Impôts sur transact. mobilières et immob.	731	1 777	1 856	2 721	3 276	..	..	..	..	..
4500 Impôts non-périodiques	0	0	0	0	0	..	..	..	..	..
4600 Autres impôts périodiques sur patrimoine	0	0	0	0	0	..	..	..	..	..
5000 Impôts sur les biens et services	**26 154**	**127 617**	**165 674**	**175 528**	**198 586**	..	..	..	..	..
5100 Impôts sur production, vente, transfert, etc.	25 618	126 699	163 729	173 782	196 342	..	..	..	..	..
5110 Impôts généraux	19 077	89 768	127 096	141 371	155 202	..	..	..	..	..
5120 Impôts sur biens et services déterminés	6 540	36 931	36 633	32 411	41 140	..	..	..	..	..
5130 Non-ventilables entre 5110 et 5120	0	0	0	0	0	..	..	..	..	..
5200 Impôts sur utilisation des biens et exerc. activites	536	918	1 945	1 746	2 244	..	..	..	..	..
5300 Non-ventilables entre 5100 et 5200	..	0	0	0	0	..	..	..	..	..
6000 Autres impôts	**49**	**924**	**3 522**	**1 898**	**1 628**	..	..	..	..	..
6100 A la charge exclusive des entreprises	32	871	3 502	1 892	1 622	..	..	..	..	..
6200 A la charge d'autres agents	17	53	21	6	6	..	..	..	..	..
Recettes fiscales totales	**42 294**	**220 903**	**302 753**	**335 066**	**366 633**	..	..	..	..	..

	Administrations locales					Administrations de sécurite sociale				
	1975	1995	2005	2015	2018	1975	1995	2005	2015	2018
1000 Impôts sur revenu, bénéfices et gains en capital	**0**	**0**	**0**	**20**	**22**	**0**	**14 997**	**80 173**	**112 983**	**142 581**
1100 Des personnes physiques	0	0	0	13	11	0	14 997	80 173	112 978	142 580
1200 Des sociétés	0	0	0	7	11	0	0	0	5	1
1300 Non-ventilables entre 1100 et 1200	0	0	0	0	0	0	0	0	0	0
2000 Cotisations de sécurité sociale	**0**	**0**	**0**	**0**	**0**	**33 089**	**217 995**	**275 433**	**362 434**	**372 431**
2100 A la charge des salariés	..	..	..	..	..	6 683	65 964	65 369	87 719	82 229
2200 A la charge des employeurs	..	..	..	..	..	24 236	135 892	190 090	246 280	263 666
2300 A charge des travailleurs indép. ou sans emploi	..	..	..	..	..	2 170	16 139	19 975	28 435	26 536
2400 Non-ventilables entre 2100, 2200 et 2300	..	..	..	..	..	0	0	0	0	0
3000 Sur salaires ou main d'oeuvre	**299**	**2 529**	**5 437**	**9 278**	**10 641**	**107**	**36**	**1 767**	**20 500**	**21 374**
4000 Impôts sur le patrimoine	**2 876**	**27 105**	**44 534**	**68 949**	**74 744**	**0**	**0**	**0**	**0**	**0**
4100 Impôts périodiques sur la propriété immobilière	2 626	23 117	35 989	57 331	59 518	..	..	..	..	..
4200 Impôts périodiques sur l'actif net	..	0	0	0	0	..	..	..	..	..
4300 Impôts sur mut. par décès, succ. et donations	0	0	0	0	0	..	..	..	..	..
4400 Impôts sur transact. mobilières et immob.	250	3 988	8 545	11 618	15 226	..	..	..	..	..
4500 Impôts non-périodiques	0	0	0	0	0	..	..	..	..	..
4600 Autres impôts périodiques sur patrimoine	..	0	0	0	0	..	..	..	..	..
5000 Impôts sur les biens et services	**496**	**8 056**	**14 708**	**43 987**	**51 312**	**301**	**5 708**	**12 776**	**36 159**	**35 392**
5100 Impôts sur production, vente, transfert, etc.	297	4 168	12 233	39 742	46 454	301	5 429	12 393	35 202	34 306
5110 Impôts généraux	0	0	0	12 973	18 425	248	1 810	4 271	15 569	12 895
5120 Impôts sur biens et services déterminés	297	4 168	12 233	26 769	28 029	53	3 620	8 122	19 633	21 411
5130 Non-ventilables entre 5110 et 5120	..	0	0	0	0	..	0	0	0	0
5200 Impôts sur utilisation des biens et exerc. activites	198	3 888	2 475	4 245	4 858	0	279	383	957	1 086
5300 Non-ventilables entre 5100 et 5200	..	0	0	0	0	..	0	0	0	0
6000 Autres impôts	**2 577**	**18 971**	**22 334**	**9 120**	**10 099**	**0**	**0**	**0**	**568**	**355**
6100 A la charge exclusive des entreprises	2 577	18 970	22 334	9 120	10 099	..	..	..	568	355
6200 A la charge d'autres agents	0	1	0	0	0	..	0	0	0	0
Recettes fiscales totales	**6 248**	**56 661**	**87 013**	**131 354**	**146 818**	**33 497**	**238 737**	**370 149**	**532 644**	**572 133**

.. Non disponible

Note : Y compris les droits de douane perçus pour le compte de l'Union européenne.

StatLink https://doi.org/10.1787/888934216354

Tableau 6.12. Allemagne, recettes fiscales par sous-secteurs d'administration

Million EUR

	Administration fédérale					Administration d'État/Régions				
	1975	1995	2005	2015	2018	1975	1995	2005	2015	2018
1000 Impôts sur revenu, bénéfices et gains en capital	**26 782**	**90 688**	**89 383**	**143 677**	**173 776**	**26 428**	**77 258**	**83 503**	**133 880**	**162 139**
1100 Des personnes physiques	23 469	83 710	77 468	129 731	152 354	23 267	71 598	70 916	118 873	139 717
1200 Des sociétés	3 314	6 978	11 915	13 946	21 422	3 160	5 659	12 587	15 007	22 422
1300 Non-ventilables entre 1100 et 1200	0	0	0	0	0	0	0	0	0	0
2000 Cotisations de sécurité sociale	**0**	**0**	**0**	**0**	**0**	**0**	**0**	**0**	**0**	**0**
2100 A la charge des salariés	..	..	..	..	..	..	..	..	..	..
2200 A la charge des employeurs	..	..	..	..	..	..	..	..	..	..
2300 A charge des travailleurs indép. ou sans emploi	..	..	..	..	..	..	..	..	..	..
2400 Non-ventilables entre 2100, 2200 et 2300	..	..	..	..	..	..	..	..	..	..
3000 Sur salaires ou main d'oeuvre	**0**	**0**	**0**	**0**	**0**	**0**	**0**	**0**	**0**	**0**
4000 Impôts sur le patrimoine	**1 225**	**175**	**0**	**324**	**399**	**2 606**	**9 080**	**8 985**	**17 537**	**20 897**
4100 Impôts périodiques sur la propriété immobilière	0	0	..	0	0	0	0	0	0	0
4200 Impôts périodiques sur l'actif net	920	147	..	324	399	1 993	4 163	97	-2	0
4300 Impôts sur mut. par décès, succ. et donations	0	0	..	0	0	271	1 815	4 097	6 290	6 814
4400 Impôts sur transact. mobilières et immob.	305	28	..	0	0	342	3 102	4 791	11 249	14 083
4500 Impôts non-périodiques	0	0	..	0	0	0	0	0	0	0
4600 Autres impôts périodiques sur patrimoine	0	0	..	0	0	0	0	0	0	0
5000 Impôts sur les biens et services	**35 370**	**125 377**	**147 967**	**199 445**	**207 894**	**13 082**	**62 564**	**82 093**	**107 822**	**122 475**
5100 Impôts sur production, vente, transfert, etc.	35 370	125 377	147 967	188 868	197 342	10 371	55 506	66 406	99 805	114 535
5110 Impôts généraux	18 458	67 178	74 361	110 451	116 624	9 194	52 783	62 851	96 751	111 313
5120 Impôts sur biens et services déterminés	16 913	58 200	73 170	78 125	80 426	1 177	2 723	3 555	3 054	3 222
5130 Non-ventilables entre 5110 et 5120	0	0	436	292	292	0	0	0	0	0
5200 Impôts sur utilisation des biens et exerc. activites	0	0	0	10 577	10 552	2 711	7 058	15 687	8 017	7 940
5300 Non-ventilables entre 5100 et 5200	0	0	0	0	0	0	0	0	0	0
6000 Autres impôts	**0**	**0**	**-1**	**0**	**0**	**0**	**0**	**0**	**0**	**0**
6100 A la charge exclusive des entreprises	..	..	0	..	..	..	..	..	..	..
6200 A la charge d'autres agents	..	..	-1	0	0	..	..	0	0	0
Recettes fiscales totales	**63 378**	**216 240**	**237 349**	**343 446**	**382 069**	**42 116**	**148 902**	**174 581**	**259 239**	**305 511**

	Administrations locales					Administrations de sécurite sociale				
	1975	1995	2005	2015	2018	1975	1995	2005	2015	2018
1000 Impôts sur revenu, bénéfices et gains en capital	**11 819**	**40 295**	**46 725**	**73 916**	**87 866**	**0**	**0**	**0**	**0**	**0**
1100 Des personnes physiques	9 931	33 761	31 261	50 775	59 825	..	..	..	..	..
1200 Des sociétés	1 888	6 534	15 464	23 141	28 041	..	..	..	..	..
1300 Non-ventilables entre 1100 et 1200	0	0	0	0	0	..	..	..	..	..
2000 Cotisations de sécurité sociale	**0**	**0**	**0**	**0**	**0**	**64 290**	**268 052**	**311 530**	**424 841**	**487 839**
2100 A la charge des salariés	..	..	..	..	..	28 106	117 916	134 939	186 305	216 745
2200 A la charge des employeurs	..	..	..	..	..	34 609	133 120	148 507	196 679	223 806
2300 A charge des travailleurs indép. ou sans emploi	..	..	..	..	..	1 575	17 016	28 084	41 857	47 288
2400 Non-ventilables entre 2100, 2200 et 2300	..	..	..	..	..	0	0	0	0	0
3000 Sur salaires ou main d'oeuvre	**1 533**	**0**	**0**	**0**	**0**	**0**	**0**	**0**	**0**	**0**
4000 Impôts sur le patrimoine	**3 461**	**9 794**	**10 247**	**13 215**	**14 203**	**0**	**0**	**0**	**0**	**0**
4100 Impôts périodiques sur la propriété immobilière	2 122	7 027	10 247	13 215	14 203	..	..	..	..	..
4200 Impôts périodiques sur l'actif net	911	2 615	0	0	0	..	..	..	..	..
4300 Impôts sur mut. par décès, succ. et donations	0	0	0	0	0	..	..	..	..	..
4400 Impôts sur transact. mobilières et immob.	428	151	0	0	0	..	..	..	..	..
4500 Impôts non-périodiques	0	0	0	0	0	..	..	..	..	..
4600 Autres impôts périodiques sur patrimoine	0	0	0	0	0	..	..	..	..	..
5000 Impôts sur les biens et services	**162**	**448**	**3 395**	**5 947**	**8 952**	**0**	**0**	**0**	**0**	**0**
5100 Impôts sur production, vente, transfert, etc.	94	271	3 136	5 615	8 584	..	..	..	..	..
5110 Impôts généraux	0	0	2 909	4 734	7 512	..	..	..	..	..
5120 Impôts sur biens et services déterminés	94	271	227	881	1 072	..	..	..	..	..
5130 Non-ventilables entre 5110 et 5120	0	0	0	0	0	..	..	..	..	..
5200 Impôts sur utilisation des biens et exerc. activites	68	176	259	332	368	..	..	..	..	..
5300 Non-ventilables entre 5100 et 5200	0	0	0	0	0	..	..	..	..	..
6000 Autres impôts	**67**	**130**	**79**	**216**	**270**	**0**	**0**	**0**	**0**	**0**
6100 A la charge exclusive des entreprises	0	0	0	0	0	..	..	..	..	..
6200 A la charge d'autres agents	67	130	79	216	270	..	..	..	..	..
Recettes fiscales totales	**17 042**	**50 666**	**60 446**	**93 294**	**111 291**	**64 290**	**268 052**	**311 530**	**424 841**	**487 839**

.. Non disponible

Note : Y compris les droits de douane perçus pour le compte de l'Union européenne.

StatLink https://doi.org/10.1787/888934216373

Tableau 6.13. Grèce, recettes fiscales par sous-secteurs d'administration

Million EUR

	Administration centrale					Administration d'État/Régions				
	1975	1995	2005	2015	2018	1975	1995	2005	2015	2018
1000 Impôts sur revenu, bénéfices et gains en capital	**64**	**5 456**	**16 101**	**14 577**	**16 459**	..	..	..	..	..
1100 Des personnes physiques	43	3 011	8 719	10 146	11 541	..	..	..	..	..
1200 Des sociétés	17	2 067	6 487	3 800	3 998	..	..	..	..	..
1300 Non-ventilables entre 1100 et 1200	4	378	895	631	920	..	..	..	..	..
2000 Cotisations de sécurité sociale	**0**	**380**	**1 048**	**745**	**68**	..	..	..	..	..
2100 A la charge des salariés	..	380	1 031	744	68	..	..	..	..	..
2200 A la charge des employeurs	..	0	17	1	0	..	..	..	..	..
2300 A charge des travailleurs indép. ou sans emploi	..	0	0	0	0	..	..	..	..	..
2400 Non-ventilables entre 2100, 2200 et 2300	..	..	0	0	0	..	..	..	..	..
3000 Sur salaires ou main d'oeuvre	**1**	**0**	**0**	**0**	**0**	..	..	..	..	..
4000 Impôts sur le patrimoine	**47**	**1 060**	**2 263**	**3 931**	**3 958**	..	..	..	..	..
4100 Impôts périodiques sur la propriété immobilière	1	0	0	3 046	2 992	..	..	..	..	..
4200 Impôts périodiques sur l'actif net	0	138	284	180	181	..	..	..	..	..
4300 Impôts sur mut. par décès, succ. et donations	5	274	258	134	135	..	..	..	..	..
4400 Impôts sur transact. mobilières et immob.	41	641	1 469	509	640	..	..	..	..	..
4500 Impôts non-périodiques	0	0	73	0	0	..	..	..	..	..
4600 Autres impôts périodiques sur patrimoine	0	7	179	62	10	..	..	..	..	..
5000 Impôts sur les biens et services	**224**	**10 586**	**21 526**	**25 180**	**27 838**	..	..	..	..	..
5100 Impôts sur production, vente, transfert, etc.	205	9 953	19 454	20 899	24 132	..	..	..	..	..
5110 Impôts généraux	90	5 504	13 605	12 904	15 299	..	..	..	..	..
5120 Impôts sur biens et services déterminés	114	4 413	5 772	7 901	8 702	..	..	..	..	..
5130 Non-ventilables entre 5110 et 5120	0	36	77	94	131	..	..	..	..	..
5200 Impôts sur utilisation des biens et exerc. activites	20	385	1 780	3 187	3 073	..	..	..	..	..
5300 Non-ventilables entre 5100 et 5200	0	248	292	1 094	633	..	..	..	..	..
6000 Autres impôts	**0**	**0**	**0**	**0**	**0**	..	..	..	..	..
6100 A la charge exclusive des entreprises	..	..	..	..	..	..	..	..	..	..
6200 A la charge d'autres agents	..	..	..	..	..	..	..	..	..	..
Recettes fiscales totales	**337**	**17 482**	**40 938**	**44 433**	**48 323**	..	..	..	..	..

	Administrations locales					Administrations de sécurite sociale				
	1975	1995	2005	2015	2018	1975	1995	2005	2015	2018
1000 Impôts sur revenu, bénéfices et gains en capital	**3**	**0**	**0**	**0**	**0**	**0**	**0**	**0**	**9**	**9**
1100 Des personnes physiques	2	..	..	..	..	0	0	0	9	9
1200 Des sociétés	0	0	0	0	0	0	0	0	0	0
1300 Non-ventilables entre 1100 et 1200	1	0	0	0	0	0	0	0	0	0
2000 Cotisations de sécurité sociale	**0**	**0**	**0**	**0**	**0**	**148**	**7 991**	**20 288**	**18 062**	**21 405**
2100 A la charge des salariés	..	..	..	..	..	62	4 181	10 206	10 351	11 819
2200 A la charge des employeurs	..	..	..	..	..	62	3 810	10 082	7 711	9 586
2300 A charge des travailleurs indép. ou sans emploi	..	..	..	..	..	0	0	0	0	0
2400 Non-ventilables entre 2100, 2200 et 2300	..	..	..	..	..	24	0	0	0	0
3000 Sur salaires ou main d'oeuvre	**0**	**0**	**0**	**0**	**0**	**0**	**0**	**0**	**0**	**0**
4000 Impôts sur le patrimoine	**1**	**447**	**1 208**	**1 449**	**1 596**	**0**	**66**	**361**	**38**	**0**
4100 Impôts périodiques sur la propriété immobilière	0	180	420	546	602	..	32	83	0	0
4200 Impôts périodiques sur l'actif net	0	267	788	903	994	..	0	0	0	0
4300 Impôts sur mut. par décès, succ. et donations	0	0	0	0	0	..	0	0	0	0
4400 Impôts sur transact. mobilières et immob.	0	0	0	0	0	..	34	278	38	0
4500 Impôts non-périodiques	0	0	0	0	0	..	0	0	0	0
4600 Autres impôts périodiques sur patrimoine	0	0	0	0	0	..	0	0	0	0
5000 Impôts sur les biens et services	**10**	**89**	**197**	**96**	**110**	**0**	**124**	**248**	**240**	**119**
5100 Impôts sur production, vente, transfert, etc.	7	87	185	82	96	..	102	195	224	115
5110 Impôts généraux	2	32	26	3	2	..	86	85	170	84
5120 Impôts sur biens et services déterminés	6	55	159	79	94	..	16	110	47	20
5130 Non-ventilables entre 5110 et 5120	0	0	0	0	0	..	0	0	7	11
5200 Impôts sur utilisation des biens et exerc. activites	3	2	12	14	14	..	22	53	16	4
5300 Non-ventilables entre 5100 et 5200	0	0	0	0	0	..	0	0	0	0
6000 Autres impôts	**0**	**0**	**0**	**0**	**0**	**0**	**0**	**0**	**0**	**0**
6100 A la charge exclusive des entreprises	..	..	..	..	..	..	..	..	..	..
6200 A la charge d'autres agents	..	..	..	..	..	..	..	..	..	..
Recettes fiscales totales	**17**	**536**	**1 405**	**1 545**	**1 706**	**148**	**8 181**	**20 897**	**18 349**	**21 533**

.. Non disponible

Note : Y compris les droits de douane perçus pour le compte de l'Union européenne.

StatLink https://doi.org/10.1787/888934216392

Tableau 6.14. Hongrie, recettes fiscales par sous-secteurs d'administration

Million HUF

	Administration centrale					Administration d'État/Régions				
	1975	1995	2005	2015	2018	1975	1995	2005	2015	2018
1000 Impôts sur revenu, bénéfices et gains en capital	..	**498 608**	**1 915 178**	**2 299 697**	**2 773 438**	..	..	..	..	..
1100 Des personnes physiques	..	383 744	1 449 552	1 698 410	2 201 541	..	..	..	..	..
1200 Des sociétés	..	106 259	465 626	601 287	571 897	..	..	..	..	..
1300 Non-ventilables entre 1100 et 1200	..	8 605	0	0	0	..	..	..	..	..
2000 Cotisations de sécurité sociale	..	**69 554**	**235 148**	**148 044**	**199 663**	..	..	..	..	..
2100 A la charge des salariés	..	18 468	53 611	144 868	198 311	..	..	..	..	..
2200 A la charge des employeurs	..	51 086	175 013	3 176	1 352	..	..	..	..	..
2300 A charge des travailleurs indép. ou sans emploi	..	0	0	0	0	..	..	..	..	..
2400 Non-ventilables entre 2100, 2200 et 2300	..	0	6 524	0	0	..	..	..	..	..
3000 Sur salaires ou main d'oeuvre	..	**5 474**	**39 459**	**231 467**	**399 066**	..	..	..	..	..
4000 Impôts sur le patrimoine	..	**11 463**	**63 007**	**292 329**	**252 926**	..	..	..	..	..
4100 Impôts périodiques sur la propriété immobilière	..	0	0	55 906	54 254	..	..	..	..	..
4200 Impôts périodiques sur l'actif net	..	0	0	135 661	42 591	..	..	..	..	..
4300 Impôts sur mut. par décès, succ. et donations	..	1 364	7 678	7 373	8 519	..	..	..	..	..
4400 Impôts sur transact. mobilières et immob.	..	10 099	55 329	93 389	147 562	..	..	..	..	..
4500 Impôts non-périodiques	..	0	0	0	0	..	..	..	..	..
4600 Autres impôts périodiques sur patrimoine	..	0	0	0	0	..	..	..	..	..
5000 Impôts sur les biens et services	..	**924 906**	**2 870 189**	**5 168 034**	**6 193 250**	..	..	..	..	..
5100 Impôts sur production, vente, transfert, etc.	..	919 500	2 854 738	5 060 613	6 064 208	..	..	..	..	..
5110 Impôts généraux	..	423 954	1 972 998	3 485 479	4 290 358	..	..	..	..	..
5120 Impôts sur biens et services déterminés	..	495 546	881 740	1 575 134	1 773 850	..	..	..	..	..
5130 Non-ventilables entre 5110 et 5120	..	0	0	0	0	..	..	..	..	..
5200 Impôts sur utilisation des biens et exerc. activites	..	5 406	15 451	107 421	129 042	..	..	..	..	..
5300 Non-ventilables entre 5100 et 5200	..	0	0	0	0	..	..	..	..	..
6000 Autres impôts	..	**8 901**	**44 873**	**42 803**	**31 608**	..	..	..	..	..
6100 A la charge exclusive des entreprises	..	..	23 710	21 294	22 798	..	..	..	..	..
6200 A la charge d'autres agents	..	..	0	0	0	..	..	..	..	..
Recettes fiscales totales	..	**1 518 905**	**5 167 853**	**8 182 374**	**9 849 951**	..	..	..	..	..

	Administrations locales					Administrations de sécurite sociale				
	1975	1995	2005	2015	2018	1975	1995	2005	2015	2018
1000 Impôts sur revenu, bénéfices et gains en capital	..	**0**	**173**	**45**	**33**	..	**0**	**26 307**	**126 216**	**138 708**
1100 Des personnes physiques	..	0	173	45	33	..	0	26 307	126 216	138 708
1200 Des sociétés	..	0	0	0	0	..	0	0	0	0
1300 Non-ventilables entre 1100 et 1200	..	0	0	0	0	..	0	0	0	0
2000 Cotisations de sécurité sociale	..	**0**	**0**	**0**	**0**	..	**778 467**	**2 452 562**	**4 285 420**	**4 849 929**
2100 A la charge des salariés	..	..	..	..	..	..	116 824	530 098	1 626 055	2 234 353
2200 A la charge des employeurs	..	..	..	..	..	..	632 478	1 894 306	2 634 154	2 588 795
2300 A charge des travailleurs indép. ou sans emploi	..	..	..	..	..	..	27 466	2 080	0	0
2400 Non-ventilables entre 2100, 2200 et 2300	..	..	..	..	..	..	1 699	26 078	25 211	26 781
3000 Sur salaires ou main d'oeuvre	..	**1 075**	**1 153**	**0**	**0**	..	**0**	**44 397**	**10 283**	**11 113**
4000 Impôts sur le patrimoine	..	**17 531**	**123 929**	**145 000**	**164 878**	..	**0**	**0**	**0**	**0**
4100 Impôts périodiques sur la propriété immobilière	..	6 068	58 836	145 000	164 878	..	..	..	..	..
4200 Impôts périodiques sur l'actif net	..	0	0	0	0	..	..	..	..	..
4300 Impôts sur mut. par décès, succ. et donations	..	1 364	7 932	0	0	..	..	..	..	..
4400 Impôts sur transact. mobilières et immob.	..	10 099	57 162	0	0	..	..	..	..	..
4500 Impôts non-périodiques	..	0	0	0	0	..	..	..	..	..
4600 Autres impôts périodiques sur patrimoine	..	0	0	0	0	..	..	..	..	..
5000 Impôts sur les biens et services	..	**41 970**	**388 385**	**625 571**	**758 926**	..	**0**	**0**	**103 105**	**133 204**
5100 Impôts sur production, vente, transfert, etc.	..	39 240	337 935	594 855	726 139	..	..	..	103 105	133 204
5110 Impôts généraux	..	38 472	334 077	584 380	711 276	..	..	..	29 882	40 727
5120 Impôts sur biens et services déterminés	..	768	3 858	10 475	14 863	..	..	..	73 223	92 477
5130 Non-ventilables entre 5110 et 5120	..	0	0	0	0	..	..	..	0	0
5200 Impôts sur utilisation des biens et exerc. activites	..	2 730	50 450	30 716	32 787	..	..	..	0	0
5300 Non-ventilables entre 5100 et 5200	..	0	0	0	0	..	..	..	0	0
6000 Autres impôts	..	**0**	**0**	**0**	**0**	..	**21 605**	**9 616**	**14 021**	**6 755**
6100 A la charge exclusive des entreprises	..	..	..	..	..	..	..	..	..	..
6200 A la charge d'autres agents	..	..	..	..	..	..	..	..	..	..
Recettes fiscales totales	..	**60 576**	**513 641**	**770 616**	**923 837**	..	**800 072**	**2 532 882**	**4 539 045**	**5 139 709**

.. Non disponible

Note : Y compris les droits de douane perçus pour le compte de l'Union européenne.

StatLink https://doi.org/10.1787/888934216411

Tableau 6.15. Islande, recettes fiscales par sous-secteurs d'administration

Million ISK

	Administration centrale					Administration d'État/Régions				
	1975	1995	2005	2015	2018	1975	1995	2005	2015	2018
1000 Impôts sur revenu, bénéfices et gains en capital	**68**	**27 156**	**105 705**	**210 536**	**280 954**	..	..	..	..	..
1100 Des personnes physiques	55	22 914	70 944	127 535	181 660	..	..	..	..	..
1200 Des sociétés	13	4 242	20 297	52 544	67 724	..	..	..	..	..
1300 Non-ventilables entre 1100 et 1200	0	0	14 464	30 457	31 569	..	..	..	..	..
2000 Cotisations de sécurité sociale	**17**	**11 452**	**32 777**	**79 707**	**98 230**	..	..	..	..	..
2100 A la charge des salariés	0	460	..	..	..	..	..	..	..	..
2200 A la charge des employeurs	17	10 992	..	..	..	..	..	..	..	..
2300 A charge des travailleurs indép. ou sans emploi	0	0	..	..	..	..	..	..	..	..
2400 Non-ventilables entre 2100, 2200 et 2300	0	0	32 777	79 707	98 230	..	..	..	..	..
3000 Sur salaires ou main d'oeuvre	**27**	**0**	**324**	**6 638**	**8 542**	..	..	..	..	..
4000 Impôts sur le patrimoine	**15**	**7 198**	**13 340**	**8 786**	**10 519**	..	..	..	..	..
4100 Impôts périodiques sur la propriété immobilière	0	47	0	178	219	..	..	..	..	..
4200 Impôts périodiques sur l'actif net	5	3 191	2 887	657	100	..	..	..	..	..
4300 Impôts sur mut. par décès, succ. et donations	0	389	866	2 919	4 703	..	..	..	..	..
4400 Impôts sur transact. mobilières et immob.	9	3 571	9 073	4 327	4 962	..	..	..	..	..
4500 Impôts non-périodiques	0	0	248	362	470	..	..	..	..	..
4600 Autres impôts périodiques sur patrimoine	0	0	266	343	65	..	..	..	..	..
5000 Impôts sur les biens et services	**392**	**66 356**	**168 295**	**259 996**	**336 482**	..	..	..	..	..
5100 Impôts sur production, vente, transfert, etc.	387	62 140	157 941	250 095	324 763	..	..	..	..	..
5110 Impôts généraux	182	42 358	113 897	183 674	244 624	..	..	..	..	..
5120 Impôts sur biens et services déterminés	205	19 782	44 044	66 421	80 138	..	..	..	..	..
5130 Non-ventilables entre 5110 et 5120	0	0	0	0	0	..	..	..	..	..
5200 Impôts sur utilisation des biens et exerc. activites	5	4 216	10 354	9 901	11 719	..	..	..	..	..
5300 Non-ventilables entre 5100 et 5200	0	0	0	0	0	..	..	..	..	..
6000 Autres impôts	**0**	**0**	**1 504**	**38 364**	**17 019**	..	..	..	..	..
6100 A la charge exclusive des entreprises	..	..	565	32 477	10 414	..	..	..	..	..
6200 A la charge d'autres agents	..	..	939	5 887	6 605	..	..	..	..	..
Recettes fiscales totales	**519**	**112 162**	**321 944**	**604 026**	**751 747**	..	..	..	..	..
	Administrations locales					Administrations de sécurite sociale				
	1975	1995	2005	2015	2018	1975	1995	2005	2015	2018
1000 Impôts sur revenu, bénéfices et gains en capital	**78**	**21 170**	**74 455**	**170 443**	**230 769**	**0**	**0**	**0**	**0**	**0**
1100 Des personnes physiques	74	21 170	74 455	170 443	230 769	..	..	..	..	..
1200 Des sociétés	4	0	0	0	0	..	..	..	..	..
1300 Non-ventilables entre 1100 et 1200	0	0	0	0	0	..	..	..	..	..
2000 Cotisations de sécurité sociale	**0**	**0**	**0**	**0**	**0**	**0**	**0**	**0**	**0**	**0**
2100 A la charge des salariés	..	..	..	..	..	..	..	..	..	..
2200 A la charge des employeurs	..	..	..	..	..	..	..	..	..	..
2300 A charge des travailleurs indép. ou sans emploi	..	..	..	..	..	..	..	..	..	..
2400 Non-ventilables entre 2100, 2200 et 2300	..	..	..	..	..	..	..	..	..	..
3000 Sur salaires ou main d'oeuvre	**0**	**0**	**0**	**0**	**0**	**0**	**0**	**0**	**0**	**0**
4000 Impôts sur le patrimoine	**18**	**5 674**	**13 931**	**34 701**	**46 278**	**0**	**0**	**0**	**0**	**0**
4100 Impôts périodiques sur la propriété immobilière	18	5 674	13 931	34 701	46 278	..	..	..	..	..
4200 Impôts périodiques sur l'actif net	0	0	0	0	0	..	..	..	..	..
4300 Impôts sur mut. par décès, succ. et donations	0	0	0	0	0	..	..	..	..	..
4400 Impôts sur transact. mobilières et immob.	0	0	0	0	0	..	..	..	..	..
4500 Impôts non-périodiques	0	0	0	0	0	..	..	..	..	..
4600 Autres impôts périodiques sur patrimoine	0	0	0	0	0	..	..	..	..	..
5000 Impôts sur les biens et services	**9**	**2 585**	**6 904**	**2 832**	**8 813**	**0**	**0**	**0**	**0**	**0**
5100 Impôts sur production, vente, transfert, etc.	9	2 585	0	0	0	..	..	..	..	..
5110 Impôts généraux	0	2 585	0	0	0	..	..	..	..	..
5120 Impôts sur biens et services déterminés	9	0	..	..	..	..	..	..	..	..
5130 Non-ventilables entre 5110 et 5120	0	0	0	0	0	..	0	0	0	0
5200 Impôts sur utilisation des biens et exerc. activites	0	0	6 904	2 832	8 813	..	..	..	..	..
5300 Non-ventilables entre 5100 et 5200	0	0	0	0	0	..	..	..	..	..
6000 Autres impôts	**14**	**0**	**93**	**0**	**0**	**0**	**0**	**0**	**0**	**0**
6100 A la charge exclusive des entreprises	14	..	93	0	0	..	..	0	0	0
6200 A la charge d'autres agents	0	..	0	0	0	..	..	0	0	0
Recettes fiscales totales	**119**	**29 429**	**95 383**	**207 976**	**285 861**	**0**	**0**	**0**	**0**	**0**

.. Non disponible

StatLink https://doi.org/10.1787/888934216430

Tableau 6.16. Irlande, recettes fiscales par sous-secteurs d'administration

Million EUR

	Administration centrale					Administration d'État/Régions				
	1975	1995	2005	2015	2018	1975	1995	2005	2015	2018
1000 Impôts sur revenu, bénéfices et gains en capital	**456**	**7 022**	**21 186**	**26 599**	**33 291**	**..**	**..**	**..**	**..**	**..**
1100 Des personnes physiques	382	5 563	15 674	19 722	22 889	..	..	..	..	..
1200 Des sociétés	73	1 458	5 511	6 873	10 402	..	..	..	..	..
1300 Non-ventilables entre 1100 et 1200	0	0	0	4	0	..	..	..	..	..
2000 Cotisations de sécurité sociale	**11**	**87**	**217**	**1 834**	**1 904**	**..**	**..**	**..**	**..**	**..**
2100 A la charge des salariés	10	87	217	1 834	1 904	..	..	..	..	..
2200 A la charge des employeurs	0	0	0	0	0	..	..	..	..	..
2300 A charge des travailleurs indép. ou sans emploi	1	0	0	0	0	..	..	..	..	..
2400 Non-ventilables entre 2100, 2200 et 2300	0	0	0	0	0	..	..	..	..	..
3000 Sur salaires ou main d'oeuvre	**0**	**209**	**332**	**357**	**565**	**..**	**..**	**..**	**..**	**..**
4000 Impôts sur le patrimoine	**37**	**370**	**2 741**	**2 530**	**2 880**	**..**	**..**	**..**	**..**	**..**
4100 Impôts périodiques sur la propriété immobilière	0	15	0	475	482	..	..	..	..	..
4200 Impôts périodiques sur l'actif net	5	0	0	169	0	..	..	..	..	..
4300 Impôts sur mut. par décès, succ. et donations	17	76	255	401	518	..	..	..	..	..
4400 Impôts sur transact. mobilières et immob.	15	279	2 486	1 484	1 880	..	..	..	..	..
4500 Impôts non-périodiques	0	0	0	0	0	..	..	..	..	..
4600 Autres impôts périodiques sur patrimoine	0	0	0	0	0	..	..	..	..	..
5000 Impôts sur les biens et services	**671**	**6 763**	**19 122**	**19 686**	**22 184**	**..**	**..**	**..**	**..**	**..**
5100 Impôts sur production, vente, transfert, etc.	639	6 419	18 106	17 709	20 217	..	..	..	..	..
5110 Impôts généraux	223	3 666	12 373	11 831	14 175	..	..	..	..	..
5120 Impôts sur biens et services déterminés	416	2 753	5 733	5 878	6 042	..	..	..	..	..
5130 Non-ventilables entre 5110 et 5120	0	0	0	0	0	..	..	..	..	..
5200 Impôts sur utilisation des biens et exerc. activites	33	344	1 015	1 977	1 967	..	..	..	..	..
5300 Non-ventilables entre 5100 et 5200	0	0	0	0	0	..	..	..	..	..
6000 Autres impôts	**0**	**0**	**0**	**12**	**9**	**..**	**..**	**..**	**..**	**..**
6100 A la charge exclusive des entreprises	..	..	..	..	..	..	..	..	..	..
6200 A la charge d'autres agents	..	..	0	12	9	..	..	..	..	..
Recettes fiscales totales	**1 175**	**14 451**	**43 598**	**51 018**	**60 834**	**..**	**..**	**..**	**..**	**..**

	Administrations locales					Administrations de sécurite sociale				
	1975	1995	2005	2015	2018	1975	1995	2005	2015	2018
1000 Impôts sur revenu, bénéfices et gains en capital	**0**	**0**	**0**	**0**	**0**	**0**	**0**	**0**	**0**	**0**
1100 Des personnes physiques	..	..	..	..	..	..	..	..	..	..
1200 Des sociétés	..	..	..	..	..	..	..	..	..	..
1300 Non-ventilables entre 1100 et 1200	0	..	..	..	..	0	..	..	..	..
2000 Cotisations de sécurité sociale	**0**	**56**	**90**	**164**	**154**	**198**	**2 215**	**6 230**	**8 527**	**10 649**
2100 A la charge des salariés	..	56	90	164	154	73	576	1 415	1 856	2 310
2200 A la charge des employeurs	..	0	0	0	0	125	1 528	4 427	6 211	7 734
2300 A charge des travailleurs indép. ou sans emploi	..	0	0	0	0	0	111	388	460	605
2400 Non-ventilables entre 2100, 2200 et 2300	..	0	0	0	0	0	0	0	0	0
3000 Sur salaires ou main d'oeuvre	**0**	**0**	**0**	**0**	**0**	**0**	**0**	**0**	**0**	**0**
4000 Impôts sur le patrimoine	**110**	**408**	**1 020**	**1 389**	**1 398**	**..**	**0**	**0**	**0**	**0**
4100 Impôts périodiques sur la propriété immobilière	110	408	1 020	1 389	1 398	..	..	..	..	..
4200 Impôts périodiques sur l'actif net	0	0	0	0	0	..	..	..	..	..
4300 Impôts sur mut. par décès, succ. et donations	0	0	0	0	0	..	..	..	..	..
4400 Impôts sur transact. mobilières et immob.	0	0	0	0	0	..	..	..	..	..
4500 Impôts non-périodiques	0	0	0	0	0	..	..	..	..	..
4600 Autres impôts périodiques sur patrimoine	0	0	0	0	0	..	..	..	..	..
5000 Impôts sur les biens et services	**0**	**0**	**0**	**0**	**0**	**0**	**0**	**0**	**0**	**0**
5100 Impôts sur production, vente, transfert, etc.	..	..	..	..	..	..	..	..	..	..
5110 Impôts généraux	..	..	..	..	..	..	..	..	..	..
5120 Impôts sur biens et services déterminés	..	..	..	..	..	..	..	..	..	..
5130 Non-ventilables entre 5110 et 5120	0	..	..	..	..	0	..	..	..	..
5200 Impôts sur utilisation des biens et exerc. activites	..	..	..	..	..	0	0	0	0	0
5300 Non-ventilables entre 5100 et 5200	0	..	..	..	..	0	..	..	..	..
6000 Autres impôts	**0**	**0**	**0**	**0**	**0**	**0**	**0**	**0**	**0**	**0**
6100 A la charge exclusive des entreprises	..	..	..	..	..	..	..	..	..	..
6200 A la charge d'autres agents	..	..	..	..	..	..	..	..	..	..
Recettes fiscales totales	**110**	**464**	**1 110**	**1 552**	**1 552**	**198**	**2 215**	**6 230**	**8 527**	**10 649**

.. Non disponible

Note : Y compris les droits de douane perçus pour le compte de l'Union européenne. The personal income tax data shown for the country table for Ireland is different to the ESA2010 presentation as the expenditure component of the payable tax credits are excluded in accordance with the OECD Interpretative Guide.

StatLink https://doi.org/10.1787/888934216449

Tableau 6.17. Israël, recettes fiscales par sous-secteurs d'administration

Million ILS

	Administration centrale					Administration d'État/Régions				
	1975	1995	2005	2015	2018	1975	1995	2005	2015	2018
1000 Impôts sur revenu, bénéfices et gains en capital	**..**	**37 422**	**73 082**	**113 966**	**135 001**	**..**	**..**	**..**	**..**	**..**
1100 Des personnes physiques	..	28 399	47 062	70 885	84 922	..	..	..	..	..
1200 Des sociétés	..	8 514	21 909	34 676	42 932	..	..	..	..	..
1300 Non-ventilables entre 1100 et 1200	..	509	4 111	8 405	7 147	..	..	..	..	..
2000 Cotisations de sécurité sociale	**..**	**0**	**0**	**0**	**0**	**..**	**..**	**..**	**..**	**..**
2100 A la charge des salariés	..	..	..	..	..	..	..	..	..	..
2200 A la charge des employeurs	..	..	..	..	..	..	..	..	..	..
2300 A charge des travailleurs indép. ou sans emploi	..	..	..	..	..	..	..	..	..	..
2400 Non-ventilables entre 2100, 2200 et 2300	..	..	..	..	..	..	..	..	..	..
3000 Sur salaires ou main d'oeuvre	**..**	**5 007**	**9 920**	**13 770**	**15 828**	**..**	**..**	**..**	**..**	**..**
4000 Impôts sur le patrimoine	**..**	**4 122**	**5 547**	**10 593**	**11 337**	**..**	**..**	**..**	**..**	**..**
4100 Impôts périodiques sur la propriété immobilière	..	786	322	44	25	..	..	..	..	..
4200 Impôts périodiques sur l'actif net	..	0	0	0	0	..	..	..	..	..
4300 Impôts sur mut. par décès, succ. et donations	..	0	0	0	0	..	..	..	..	..
4400 Impôts sur transact. mobilières et immob.	..	2 049	3 591	6 732	6 660	..	..	..	..	..
4500 Impôts non-périodiques	..	1 287	1 634	3 817	4 652	..	..	..	..	..
4600 Autres impôts périodiques sur patrimoine	..	0	0	0	0	..	..	..	..	..
5000 Impôts sur les biens et services	**..**	**38 673**	**75 932**	**136 829**	**147 897**	**..**	**..**	**..**	**..**	**..**
5100 Impôts sur production, vente, transfert, etc.	..	36 637	70 741	128 277	138 931	..	..	..	..	..
5110 Impôts généraux	..	31 975	59 374	107 765	117 251	..	..	..	..	..
5120 Impôts sur biens et services déterminés	..	4 662	11 367	20 512	21 680	..	..	..	..	..
5130 Non-ventilables entre 5110 et 5120	..	0	0	0	0	..	..	..	..	..
5200 Impôts sur utilisation des biens et exerc. activites	..	2 036	5 191	8 552	8 966	..	..	..	..	..
5300 Non-ventilables entre 5100 et 5200	..	0	0	0	0	..	..	..	..	..
6000 Autres impôts	**..**	**0**	**0**	**0**	**0**	**..**	**..**	**..**	**..**	**..**
6100 A la charge exclusive des entreprises	..	..	..	..	..	..	..	..	..	..
6200 A la charge d'autres agents	..	..	..	..	..	..	..	..	..	..
Recettes fiscales totales	**..**	**85 224**	**164 481**	**275 158**	**310 063**	**..**	**..**	**..**	**..**	**..**

	Administrations locales					Administrations de sécurite sociale				
	1975	1995	2005	2015	2018	1975	1995	2005	2015	2018
1000 Impôts sur revenu, bénéfices et gains en capital	**..**	**0**	**0**	**0**	**0**	**..**	**0**	**0**	**0**	**0**
1100 Des personnes physiques	..	0	0	0	0	..	0	0	0	0
1200 Des sociétés	..	..	..	..	..	..	..	..	..	..
1300 Non-ventilables entre 1100 et 1200	..	0	0	0	0	..	0	0	0	0
2000 Cotisations de sécurité sociale	**..**	**0**	**0**	**0**	**0**	**..**	**14 958**	**34 597**	**59 561**	**69 016**
2100 A la charge des salariés	..	..	..	..	..	..	7 953	19 720	34 692	39 232
2200 A la charge des employeurs	..	..	..	..	..	..	4 672	10 679	17 247	20 990
2300 A charge des travailleurs indép. ou sans emploi	..	..	..	..	..	..	2 334	4 198	7 622	8 794
2400 Non-ventilables entre 2100, 2200 et 2300	..	..	..	..	..	..	0	0	0	0
3000 Sur salaires ou main d'oeuvre	**..**	**0**	**0**	**0**	**0**	**..**	**0**	**0**	**0**	**0**
4000 Impôts sur le patrimoine	**..**	**6 445**	**15 689**	**28 210**	**30 948**	**..**	**0**	**0**	**0**	**0**
4100 Impôts périodiques sur la propriété immobilière	..	5 489	13 962	23 721	26 286	..	..	..	..	..
4200 Impôts périodiques sur l'actif net	..	0	0	0	0	..	..	..	..	..
4300 Impôts sur mut. par décès, succ. et donations	..	0	0	0	0	..	..	..	..	..
4400 Impôts sur transact. mobilières et immob.	..	0	0	0	0	..	..	..	..	..
4500 Impôts non-périodiques	..	956	1 727	4 490	4 662	..	..	..	..	..
4600 Autres impôts périodiques sur patrimoine	..	0	0	0	0	..	..	..	..	..
5000 Impôts sur les biens et services	**..**	**401**	**763**	**1 445**	**1 605**	**..**	**0**	**0**	**0**	**0**
5100 Impôts sur production, vente, transfert, etc.	..	0	0	0	0	..	..	..	..	..
5110 Impôts généraux	..	0	0	0	0	..	..	..	..	..
5120 Impôts sur biens et services déterminés	..	0	0	0	0	..	..	..	..	..
5130 Non-ventilables entre 5110 et 5120	..	0	0	0	0	..	..	..	..	..
5200 Impôts sur utilisation des biens et exerc. activites	..	401	763	1 445	1 605	..	..	..	..	..
5300 Non-ventilables entre 5100 et 5200	..	0	0	0	0	..	..	..	..	..
6000 Autres impôts	**..**	**0**	**0**	**0**	**0**	**..**	**0**	**0**	**0**	**0**
6100 A la charge exclusive des entreprises	..	..	..	..	..	..	..	..	..	..
6200 A la charge d'autres agents	..	..	..	..	..	..	..	..	..	..
Recettes fiscales totales	**..**	**6 846**	**16 452**	**29 656**	**32 554**	**..**	**14 958**	**34 597**	**59 561**	**69 016**

.. Non disponible

StatLink https://doi.org/10.1787/888934216468

Tableau 6.18. Italie, recettes fiscales par sous-secteurs d'administration

Million EUR

	Administration centrale					Administration d'État/Régions				
	1975	1995	2005	2015	2018	1975	1995	2005	2015	2018
1000 Impôts sur revenu, bénéfices et gains en capital	**3 897**	**128 458**	**165 580**	**195 451**	**212 301**	..	..	..	..	..
1100 Des personnes physiques	2 767	98 695	131 047	156 320	172 698	..	..	..	..	..
1200 Des sociétés	1 131	32 890	31 969	31 421	32 937	..	..	..	..	..
1300 Non-ventilables entre 1100 et 1200	0	-3 127	2 564	7 710	6 667	..	..	..	..	..
2000 Cotisations de sécurité sociale	**0**	**0**	**0**	**0**	**0**	..	..	..	..	..
2100 A la charge des salariés	..	..	..	..	..	..	..	..	..	..
2200 A la charge des employeurs	..	..	..	..	..	..	..	..	..	..
2300 A charge des travailleurs indép. ou sans emploi	..	..	..	..	..	..	..	..	..	..
2400 Non-ventilables entre 2100, 2200 et 2300	..	..	..	..	..	..	..	..	..	..
3000 Sur salaires ou main d'oeuvre	**0**	**1 136**	**0**	**0**	**0**	..	..	..	..	..
4000 Impôts sur le patrimoine	**587**	**13 546**	**15 717**	**22 226**	**25 747**	..	..	..	..	..
4100 Impôts périodiques sur la propriété immobilière	4	0	0	3 892	3 815	..	..	..	..	..
4200 Impôts périodiques sur l'actif net	0	4 494	0	231	311	..	..	..	..	..
4300 Impôts sur mut. par décès, succ. et donations	39	587	56	638	820	..	..	..	..	..
4400 Impôts sur transact. mobilières et immob.	544	8 464	13 794	16 310	18 847	..	..	..	..	..
4500 Impôts non-périodiques	0	0	1 322	303	362	..	..	..	..	..
4600 Autres impôts périodiques sur patrimoine	0	0	545	852	1 592	..	..	..	..	..
5000 Impôts sur les biens et services	**5 506**	**95 323**	**123 870**	**157 330**	**182 121**	..	..	..	..	..
5100 Impôts sur production, vente, transfert, etc.	5 306	92 042	121 824	154 713	175 726	..	..	..	..	..
5110 Impôts généraux	2 685	52 531	80 619	93 282	109 333	..	..	..	..	..
5120 Impôts sur biens et services déterminés	2 621	39 245	41 205	61 431	66 393	..	..	..	..	..
5130 Non-ventilables entre 5110 et 5120	0	323	0	0	0	..	..	..	..	..
5200 Impôts sur utilisation des biens et exerc. activites	200	2 802	1 535	2 191	5 201	..	..	..	..	..
5300 Non-ventilables entre 5100 et 5200	0	479	511	426	1 194	..	..	..	..	..
6000 Autres impôts	**1**	**0**	**0**	**0**	**0**	..	..	..	..	..
6100 A la charge exclusive des entreprises	0	..	..	..	..	..	..	..	..	..
6200 A la charge d'autres agents	1	..	..	..	..	..	..	..	..	..
Recettes fiscales totales	**9 991**	**238 462**	**305 167**	**375 007**	**420 169**	..	..	..	..	..

	Administrations locales					Administrations de sécurite sociale				
	1975	1995	2005	2015	2018	1975	1995	2005	2015	2018
1000 Impôts sur revenu, bénéfices et gains en capital	**134**	**5 658**	**18 494**	**30 483**	**16 600**	**0**	**0**	**0**	**0**	**0**
1100 Des personnes physiques	81	145	16 995	28 302	16 600	..	..	..	..	..
1200 Des sociétés	54	97	1 491	2 109	0	..	..	..	..	..
1300 Non-ventilables entre 1100 et 1200	0	5 416	8	72	0	..	..	..	..	..
2000 Cotisations de sécurité sociale	**0**	**0**	**0**	**0**	**0**	**8 607**	**119 612**	**179 362**	**214 376**	**229 607**
2100 A la charge des salariés	..	..	..	..	..	1 692	23 036	31 998	39 805	42 708
2200 A la charge des employeurs	..	..	..	..	..	6 915	79 716	125 099	143 273	153 920
2300 A charge des travailleurs indép. ou sans emploi	..	..	..	..	..	0	16 860	22 265	31 298	32 979
2400 Non-ventilables entre 2100, 2200 et 2300	..	..	..	..	..	0	0	0	0	0
3000 Sur salaires ou main d'oeuvre	**0**	**0**	**0**	**0**	**0**	**0**	**0**	**0**	**0**	**0**
4000 Impôts sur le patrimoine	**29**	**7 915**	**13 484**	**24 033**	**19 186**	**0**	**0**	**0**	**0**	**0**
4100 Impôts périodiques sur la propriété immobilière	29	7 449	11 736	21 666	18 140	..	..	..	..	..
4200 Impôts périodiques sur l'actif net	0	0	0	0	0	..	..	..	..	..
4300 Impôts sur mut. par décès, succ. et donations	0	0	5	36	0	..	..	..	..	..
4400 Impôts sur transact. mobilières et immob.	0	466	904	935	0	..	..	..	..	..
4500 Impôts non-périodiques	0	0	481	6	80	..	..	..	..	..
4600 Autres impôts périodiques sur patrimoine	0	0	358	1 390	966	..	..	..	..	..
5000 Impôts sur les biens et services	**4**	**6 941**	**30 231**	**34 551**	**26 576**	**0**	**0**	**0**	**0**	**0**
5100 Impôts sur production, vente, transfert, etc.	0	1 505	17 114	15 138	5 590	..	..	..	..	..
5110 Impôts généraux	..	0	4 698	7 410	0	..	..	..	..	..
5120 Impôts sur biens et services déterminés	..	1 505	12 416	7 728	5 590	..	..	..	..	..
5130 Non-ventilables entre 5110 et 5120	..	0	0	0	0	..	..	..	..	..
5200 Impôts sur utilisation des biens et exerc. activites	4	2 838	7 512	8 939	9 261	..	..	..	..	..
5300 Non-ventilables entre 5100 et 5200	0	2 597	5 605	10 474	11 725	..	..	..	..	..
6000 Autres impôts	**0**	**0**	**34 690**	**28 072**	**23 949**	**0**	**0**	**0**	**0**	**0**
6100 A la charge exclusive des entreprises	..	..	34 690	28 072	23 949	..	..	..	..	..
6200 A la charge d'autres agents	..	..	0	0	0	..	..	..	..	..
Recettes fiscales totales	**168**	**20 514**	**96 899**	**117 139**	**86 311**	**8 607**	**119 612**	**179 362**	**214 376**	**229 607**

.. Non disponible

Note : Y compris les droits de douane perçus pour le compte de l'Union européenne.

StatLink https://doi.org/10.1787/888934216487

Tableau 6.19. Japon, recettes fiscales par sous-secteurs d'administration

Billion JPY

	Administration centrale					Administration d'État/Régions				
	1975	1995	2005	2015	2018	1975	1995	2005	2015	2018
1000 Impôts sur revenu, bénéfices et gains en capital	**9 747**	**33 255**	**29 975**	**31 607**	**35 403**	..	..	..	..	..
1100 Des personnes physiques	5 482	19 515	16 702	18 178	20 316	..	..	..	..	..
1200 Des sociétés	4 265	13 740	13 274	13 429	15 087	..	..	..	..	..
1300 Non-ventilables entre 1100 et 1200	0	0	0	0	0	..	..	..	..	..
2000 Cotisations de sécurité sociale	**0**	**0**	**0**	**0**	**0**	..	..	..	..	..
2100 A la charge des salariés	..	..	..	..	..	..	..	..	..	..
2200 A la charge des employeurs	..	..	..	..	..	..	..	..	..	..
2300 A charge des travailleurs indép. ou sans emploi	..	..	..	..	..	..	..	..	..	..
2400 Non-ventilables entre 2100, 2200 et 2300	..	..	..	..	..	..	..	..	..	..
3000 Sur salaires ou main d'oeuvre	**0**	**0**	**0**	**0**	**0**	..	..	..	..	..
4000 Impôts sur le patrimoine	**871**	**5 561**	**2 735**	**3 018**	**3 406**	..	..	..	..	..
4100 Impôts périodiques sur la propriété immobilière	0	406	0	0	0	..	..	..	..	..
4200 Impôts périodiques sur l'actif net	0	0	0	0	0	..	..	..	..	..
4300 Impôts sur mut. par décès, succ. et donations	310	2 690	1 566	1 968	2 333	..	..	..	..	..
4400 Impôts sur transact. mobilières et immob.	561	2 464	1 169	1 050	1 073	..	..	..	..	..
4500 Impôts non-périodiques	0	0	0	0	0	..	..	..	..	..
4600 Autres impôts périodiques sur patrimoine	0	0	0	0	0	..	..	..	..	..
5000 Impôts sur les biens et services	**3 888**	**16 147**	**19 580**	**25 345**	**25 414**	..	..	..	..	..
5100 Impôts sur production, vente, transfert, etc.	3 579	15 083	18 424	24 673	24 725	..	..	..	..	..
5110 Impôts généraux	0	7 238	10 583	17 426	17 681	..	..	..	..	..
5120 Impôts sur biens et services déterminés	3 579	7 845	7 840	7 247	7 045	..	..	..	..	..
5130 Non-ventilables entre 5110 et 5120	0	0	0	0	0	..	..	..	..	..
5200 Impôts sur utilisation des biens et exerc. activites	309	1 065	1 157	671	688	..	..	..	..	..
5300 Non-ventilables entre 5100 et 5200	0	0	0	0	0	..	..	..	..	..
6000 Autres impôts	**0**	**0**	**0**	**0**	**2**	..	..	..	..	..
6100 A la charge exclusive des entreprises	..	..	..	..	0	..	..	..	..	..
6200 A la charge d'autres agents	..	..	..	..	2	..	..	..	..	..
Recettes fiscales totales	**14 506**	**54 963**	**52 290**	**59 969**	**64 224**	..	..	..	..	..

	Administrations locales					Administrations de sécurite sociale				
	1975	1995	2005	2015	2018	1975	1995	2005	2015	2018
1000 Impôts sur revenu, bénéfices et gains en capital	**4 472**	**17 752**	**16 655**	**19 362**	**20 681**	**0**	**0**	**0**	**0**	**0**
1100 Des personnes physiques	2 147	10 283	8 520	12 669	13 176	..	..	..	..	..
1200 Des sociétés	2 325	7 470	8 135	6 693	7 505	..	..	..	..	..
1300 Non-ventilables entre 1100 et 1200	0	0	0	0	0	..	..	..	..	..
2000 Cotisations de sécurité sociale	**0**	**0**	**0**	**0**	**0**	**9 253**	**44 794**	**50 848**	**64 465**	**70 588**
2100 A la charge des salariés	..	..	..	..	..	3 436	18 404	20 982	28 224	33 656
2200 A la charge des employeurs	..	..	..	..	..	4 825	21 432	23 154	29 479	32 664
2300 A charge des travailleurs indép. ou sans emploi	..	..	..	..	..	992	4 958	6 712	6 763	4 268
2400 Non-ventilables entre 2100, 2200 et 2300	..	..	..	..	..	0	0	0	0	0
3000 Sur salaires ou main d'oeuvre	**0**	**0**	**0**	**0**	**0**	**0**	**0**	**0**	**0**	**0**
4000 Impôts sur le patrimoine	**2 029**	**10 653**	**10 593**	**10 382**	**10 789**	**0**	**0**	**0**	**0**	**0**
4100 Impôts périodiques sur la propriété immobilière	1 848	9 865	10 116	10 005	10 386	..	..	..	..	..
4200 Impôts périodiques sur l'actif net	0	0	0	0	0	..	..	..	..	..
4300 Impôts sur mut. par décès, succ. et donations	0	0	0	0	0	..	..	..	..	..
4400 Impôts sur transact. mobilières et immob.	181	788	477	377	404	..	..	..	..	..
4500 Impôts non-périodiques	0	0	0	0	0	..	..	..	..	..
4600 Autres impôts périodiques sur patrimoine	0	0	0	0	0	..	..	..	..	..
5000 Impôts sur les biens et services	**1 636**	**4 941**	**7 206**	**8 942**	**8 838**	**0**	**0**	**0**	**0**	**0**
5100 Impôts sur production, vente, transfert, etc.	1 234	3 245	5 299	7 198	7 029	..	..	..	..	..
5110 Impôts généraux	0	0	2 551	4 974	4 816	..	..	..	..	..
5120 Impôts sur biens et services déterminés	1 234	3 245	2 747	2 223	2 213	..	..	..	..	..
5130 Non-ventilables entre 5110 et 5120	0	0	0	0	0	..	..	..	..	..
5200 Impôts sur utilisation des biens et exerc. activites	402	1 697	1 907	1 744	1 810	..	..	..	..	..
5300 Non-ventilables entre 5100 et 5200	0	0	0	0	0	..	..	..	..	..
6000 Autres impôts	**20**	**329**	**351**	**413**	**443**	**0**	**0**	**0**	**0**	**0**
6100 A la charge exclusive des entreprises	15	307	297	361	378	..	..	..	..	..
6200 A la charge d'autres agents	5	22	54	52	65	..	..	..	..	..
Recettes fiscales totales	**8 157**	**33 675**	**34 805**	**39 099**	**40 751**	**9 253**	**44 794**	**50 848**	**64 465**	**70 588**

.. Non disponible

StatLink https://doi.org/10.1787/888934216506

Tableau 6.20. Corée, recettes fiscales par sous-secteurs d'administration

Billion KRW

	Administration centrale					Administration d'État/Régions				
	1975	1995	2005	2015	2018	1975	1995	2005	2015	2018
1000 Impôts sur revenu, bénéfices et gains en capital	**344**	**23 000**	**55 109**	**106 162**	**155 969**	..	..	..	..	..
1100 Des personnes physiques	134	13 713	24 766	60 828	84 574	..	..	..	..	..
1200 Des sociétés	139	8 988	30 343	45 334	71 395	..	..	..	..	..
1300 Non-ventilables entre 1100 et 1200	71	300	0	0	0	..	..	..	..	..
2000 Cotisations de sécurité sociale	**0**	**0**	**0**	**0**	**0**	..	..	..	..	..
2100 A la charge des salariés	..	..	..	..	..	..	..	..	..	..
2200 A la charge des employeurs	..	..	..	..	..	..	..	..	..	..
2300 A charge des travailleurs indép. ou sans emploi	..	..	..	..	..	..	..	..	..	..
2400 Non-ventilables entre 2100, 2200 et 2300	..	..	..	..	..	..	..	..	..	..
3000 Sur salaires ou main d'oeuvre	**0**	**0**	**0**	**0**	**0**	..	..	..	..	..
4000 Impôts sur le patrimoine	**65**	**2 482**	**6 769**	**15 164**	**19 920**	..	..	..	..	..
4100 Impôts périodiques sur la propriété immobilière	0	106	535	1 666	2 229	..	..	..	..	..
4200 Impôts périodiques sur l'actif net	0	0	0	0	0	..	..	..	..	..
4300 Impôts sur mut. par décès, succ. et donations	11	1 029	1 873	5 044	7 359	..	..	..	..	..
4400 Impôts sur transact. mobilières et immob.	49	1 258	4 363	8 454	10 332	..	..	..	..	..
4500 Impôts non-périodiques	5	89	-2	0	0	..	..	..	..	..
4600 Autres impôts périodiques sur patrimoine	0	0	0	0	..	..	..	..	..	..
5000 Impôts sur les biens et services	**920**	**29 170**	**63 480**	**93 127**	**113 251**	..	..	..	..	..
5100 Impôts sur production, vente, transfert, etc.	920	29 170	63 480	93 127	113 251	..	..	..	..	..
5110 Impôts généraux	198	14 637	36 118	54 159	70 009	..	..	..	..	..
5120 Impôts sur biens et services déterminés	722	14 533	27 362	38 968	43 242	..	..	..	..	..
5130 Non-ventilables entre 5110 et 5120	0	0	0	0	..	..	..	..	..	..
5200 Impôts sur utilisation des biens et exerc. activites	0	0	0	0	0	..	..	..	..	..
5300 Non-ventilables entre 5100 et 5200	0	0	0	0	..	..	..	..	..	..
6000 Autres impôts	**64**	**2 121**	**2 108**	**3 435**	**4 430**	..	..	..	..	..
6100 A la charge exclusive des entreprises	0	0	0	0	..	..	..	..	..	..
6200 A la charge d'autres agents	64	2 121	2 108	3 435	4 430	..	..	..	..	..
Recettes fiscales totales	**1 393**	**56 774**	**127 466**	**217 888**	**293 570**	..	..	..	..	..

	Administrations locales					Administrations de sécurite sociale				
	1975	1995	2005	2015	2018	1975	1995	2005	2015	2018
1000 Impôts sur revenu, bénéfices et gains en capital	**36**	**1 704**	**5 500**	**12 989**	**17 007**	**0**	**0**	**0**	**0**	**0**
1100 Des personnes physiques	0	1 137	2 804	6 772	8 700	..	..	..	..	..
1200 Des sociétés	0	565	2 696	6 217	8 307	..	..	..	..	..
1300 Non-ventilables entre 1100 et 1200	36	3	0	0	0	..	..	..	..	..
2000 Cotisations de sécurité sociale	**0**	**0**	**0**	**0**	**0**	**13**	**9 913**	**43 902**	**104 693**	**128 660**
2100 A la charge des salariés	..	..	..	..	..	0	4 539	17 632	44 281	55 257
2200 A la charge des employeurs	..	..	..	..	..	13	3 918	18 486	47 846	58 712
2300 A charge des travailleurs indép. ou sans emploi	..	..	..	..	..	0	1 456	7 784	12 566	14 691
2400 Non-ventilables entre 2100, 2200 et 2300	..	..	..	..	..	0	0	0	0	..
3000 Sur salaires ou main d'oeuvre	**0**	**237**	**514**	**1 122**	**1 492**	**0**	**0**	**0**	**0**	**0**
4000 Impôts sur le patrimoine	**87**	**8 960**	**17 928**	**33 461**	**38 891**	**0**	**0**	**0**	**0**	**0**
4100 Impôts périodiques sur la propriété immobilière	45	2 636	4 495	10 820	13 360	..	..	..	..	..
4200 Impôts périodiques sur l'actif net	0	0	0	0	0	..	..	..	..	..
4300 Impôts sur mut. par décès, succ. et donations	0	0	0	0	0	..	..	..	..	..
4400 Impôts sur transact. mobilières et immob.	42	6 324	13 433	22 641	25 531	..	..	..	..	..
4500 Impôts non-périodiques	0	0	0	0	0	..	..	..	..	..
4600 Autres impôts périodiques sur patrimoine	0	0	0	0	..	..	..	..	..	..
5000 Impôts sur les biens et services	**36**	**4 218**	**7 561**	**17 199**	**19 844**	**0**	**0**	**0**	**0**	**0**
5100 Impôts sur production, vente, transfert, etc.	19	2 464	5 589	10 127	11 956	..	..	..	..	..
5110 Impôts généraux	0	0	0	6 003	7 462	..	..	..	..	..
5120 Impôts sur biens et services déterminés	19	2 464	5 589	4 124	4 494	..	..	..	..	..
5130 Non-ventilables entre 5110 et 5120	0	0	0	0	..	..	..	..	..	..
5200 Impôts sur utilisation des biens et exerc. activites	17	1 754	1 972	7 072	7 888	..	..	..	..	..
5300 Non-ventilables entre 5100 et 5200	0	0	0	0	..	..	..	..	..	..
6000 Autres impôts	**0**	**198**	**4 474**	**6 207**	**7 084**	**0**	**0**	**0**	**0**	**0**
6100 A la charge exclusive des entreprises	..	0	0	0	..	..	..	..	..	..
6200 A la charge d'autres agents	..	198	4 474	6 207	7 084	..	..	..	..	..
Recettes fiscales totales	**159**	**15 316**	**35 977**	**70 978**	**84 318**	**13**	**9 913**	**43 902**	**104 693**	**128 660**

.. Non disponible

StatLink https://doi.org/10.1787/888934216525

Tableau 6.21. Lettonie, recettes fiscales par sous-secteurs d'administration

Million EUR

	Administration centrale					Administration d'État/Régions				
	1975	1995	2005	2015	2018	1975	1995	2005	2015	2018
1000 Impôts sur revenu, bénéfices et gains en capital	..	**68**	**453**	**677**	**650**	..	..	..	..	..
1100 Des personnes physiques	..	0	195	289	342	..	..	..	..	..
1200 Des sociétés	..	68	258	389	308	..	..	..	..	..
1300 Non-ventilables entre 1100 et 1200	..	0	0	0	..	..	..	..	..	..
2000 Cotisations de sécurité sociale	..	**0**	**0**	**0**	**86**	..	..	..	..	..
2100 A la charge des salariés	..	..	..	..	86	..	..	..	..	..
2200 A la charge des employeurs	..	..	..	..	..	..	..	..	..	..
2300 A charge des travailleurs indép. ou sans emploi	..	..	..	..	..	..	..	..	..	..
2400 Non-ventilables entre 2100, 2200 et 2300	..	..	..	..	..	..	..	..	..	..
3000 Sur salaires ou main d'oeuvre	..	**0**	**4**	**3**	**3**	..	..	..	..	..
4000 Impôts sur le patrimoine	..	**4**	**48**	**44**	**44**	..	..	..	..	..
4100 Impôts périodiques sur la propriété immobilière	..	0	0	0	0	..	..	..	..	..
4200 Impôts périodiques sur l'actif net	..	0	0	0	0	..	..	..	..	..
4300 Impôts sur mut. par décès, succ. et donations	..	0	0	3	3	..	..	..	..	..
4400 Impôts sur transact. mobilières et immob.	..	4	48	42	42	..	..	..	..	..
4500 Impôts non-périodiques	..	0	0	0	0	..	..	..	..	..
4600 Autres impôts périodiques sur patrimoine	..	0	0	0	0	..	..	..	..	..
5000 Impôts sur les biens et services	..	**453**	**1 553**	**3 156**	**4 009**	..	..	..	..	..
5100 Impôts sur production, vente, transfert, etc.	..	453	1 510	2 997	3 806	..	..	..	..	..
5110 Impôts généraux	..	343	1 002	2 130	2 698	..	..	..	..	..
5120 Impôts sur biens et services déterminés	..	110	508	867	1 108	..	..	..	..	..
5130 Non-ventilables entre 5110 et 5120	..	0	0	0	0	..	..	..	..	..
5200 Impôts sur utilisation des biens et exerc. activites	..	1	43	159	203	..	..	..	..	..
5300 Non-ventilables entre 5100 et 5200	..	0	0	0	0	..	..	..	..	..
6000 Autres impôts	..	**0**	**0**	**0**	**0**	..	..	..	..	..
6100 A la charge exclusive des entreprises	..	..	..	..	..	..	..	..	..	..
6200 A la charge d'autres agents	..	..	..	..	..	..	..	..	..	..
Recettes fiscales totales	..	**525**	**2 058**	**3 881**	**4 792**	..	..	..	..	..

	Administrations locales					Administrations de sécurite sociale				
	1975	1995	2005	2015	2018	1975	1995	2005	2015	2018
1000 Impôts sur revenu, bénéfices et gains en capital	..	**197**	**538**	**1 156**	**1 399**	..	**0**	**0**	**0**	**0**
1100 Des personnes physiques	..	197	538	1 156	1 399	..	..	..	..	..
1200 Des sociétés	..	0	0	0	0	..	..	..	..	..
1300 Non-ventilables entre 1100 et 1200	..	0	0	0	0	..	..	..	..	..
2000 Cotisations de sécurité sociale	..	**0**	**0**	**0**	**0**	..	**445**	**1 079**	**2 030**	**2 573**
2100 A la charge des salariés	..	..	..	..	..	..	12	292	585	693
2200 A la charge des employeurs	..	..	..	..	..	..	433	781	1 432	1 855
2300 A charge des travailleurs indép. ou sans emploi	..	..	..	..	..	..	1	7	12	25
2400 Non-ventilables entre 2100, 2200 et 2300	..	..	..	..	..	..	0	0	0	0
3000 Sur salaires ou main d'oeuvre	..	**0**	**0**	**0**	**0**	..	**0**	**0**	**0**	**0**
4000 Impôts sur le patrimoine	..	**37**	**88**	**197**	**223**	..	**0**	**0**	**4**	**8**
4100 Impôts périodiques sur la propriété immobilière	..	37	88	197	223	..	..	..	..	..
4200 Impôts périodiques sur l'actif net	..	0	0	0	0	..	..	..	..	..
4300 Impôts sur mut. par décès, succ. et donations	..	0	0	0	0	..	..	0	4	8
4400 Impôts sur transact. mobilières et immob.	..	0	0	0	0	..	..	..	..	0
4500 Impôts non-périodiques	..	0	0	0	0	..	..	..	..	..
4600 Autres impôts périodiques sur patrimoine	..	0	0	0	0	..	..	..	..	..
5000 Impôts sur les biens et services	..	**2**	**8**	**18**	**21**	..	**0**	**0**	**0**	**0**
5100 Impôts sur production, vente, transfert, etc.	..	0	5	7	9	..	..	..	..	..
5110 Impôts généraux	..	0	0	0	0	..	..	..	..	..
5120 Impôts sur biens et services déterminés	..	0	5	7	9	..	..	..	..	..
5130 Non-ventilables entre 5110 et 5120	..	0	0	0	0	..	..	..	..	..
5200 Impôts sur utilisation des biens et exerc. activites	..	2	3	11	12	..	..	..	..	..
5300 Non-ventilables entre 5100 et 5200	..	0	0	0	0	..	..	..	..	..
6000 Autres impôts	..	**0**	**0**	**0**	**0**	..	**0**	**0**	**0**	**0**
6100 A la charge exclusive des entreprises	..	..	..	..	..	..	..	..	..	..
6200 A la charge d'autres agents	..	..	..	..	..	..	..	..	..	..
Recettes fiscales totales	..	**236**	**634**	**1 371**	**1 644**	..	**445**	**1 079**	**2 034**	**2 581**

.. Non disponible

Note : Y compris les droits de douane perçus pour le compte de l'Union européenne.

StatLink https://doi.org/10.1787/888934216544

Tableau 6.22. Lituanie, recettes fiscales par sous-secteurs d'administration

Million EUR

	Administration centrale					Administration d'État/Régions				
	1975	1995	2005	2015	2018	1975	1995	2005	2015	2018
1000 Impôts sur revenu, bénéfices et gains en capital	**..**	**646**	**1 871**	**2 013**	**2 529**	**..**	**..**	**..**	**..**	**..**
1100 Des personnes physiques	..	487	1 435	1 440	1 838	..	..	..	..	..
1200 Des sociétés	..	160	437	574	691	..	..	..	..	..
1300 Non-ventilables entre 1100 et 1200	..	0	0	0	0	..	..	..	..	..
2000 Cotisations de sécurité sociale	**..**	**0**	**0**	**0**	**0**	**..**	**..**	**..**	**..**	**..**
2100 A la charge des salariés	..	..	..	..	..	..	..	..	..	..
2200 A la charge des employeurs	..	..	..	..	..	..	..	..	..	..
2300 A charge des travailleurs indép. ou sans emploi	..	..	..	..	..	..	..	..	..	..
2400 Non-ventilables entre 2100, 2200 et 2300	..	..	..	..	..	..	..	..	..	..
3000 Sur salaires ou main d'oeuvre	**..**	**0**	**0**	**0**	**0**	**..**	**..**	**..**	**..**	**..**
4000 Impôts sur le patrimoine	**..**	**0**	**0**	**1**	**2**	**..**	**..**	**..**	**..**	**..**
4100 Impôts périodiques sur la propriété immobilière	..	..	..	1	2	..	..	..	..	..
4200 Impôts périodiques sur l'actif net	..	..	..	0	0	..	..	..	..	..
4300 Impôts sur mut. par décès, succ. et donations	..	..	..	0	0	..	..	..	..	..
4400 Impôts sur transact. mobilières et immob.	..	..	..	0	0	..	..	..	..	..
4500 Impôts non-périodiques	..	..	..	0	0	..	..	..	..	..
4600 Autres impôts périodiques sur patrimoine	..	..	..	0	0	..	..	..	..	..
5000 Impôts sur les biens et services	**..**	**892**	**2 273**	**4 220**	**5 099**	**..**	**..**	**..**	**..**	**..**
5100 Impôts sur production, vente, transfert, etc.	..	869	2 235	4 164	5 027	..	..	..	..	..
5110 Impôts généraux	..	635	1 584	2 913	3 552	..	..	..	..	..
5120 Impôts sur biens et services déterminés	..	234	651	1 252	1 475	..	..	..	..	..
5130 Non-ventilables entre 5110 et 5120	..	0	0	0	0	..	..	..	..	..
5200 Impôts sur utilisation des biens et exerc. activites	..	24	38	56	72	..	..	..	..	..
5300 Non-ventilables entre 5100 et 5200	..	0	0	0	0	..	..	..	..	..
6000 Autres impôts	**..**	**0**	**0**	**0**	**0**	**..**	**..**	**..**	**..**	**..**
6100 A la charge exclusive des entreprises	..	..	..	..	..	..	..	..	..	..
6200 A la charge d'autres agents	..	..	..	..	..	..	..	..	..	..
Recettes fiscales totales	**..**	**1 539**	**4 145**	**6 235**	**7 630**	**..**	**..**	**..**	**..**	**..**

	Administrations locales					Administrations de sécurite sociale				
	1975	1995	2005	2015	2018	1975	1995	2005	2015	2018
1000 Impôts sur revenu, bénéfices et gains en capital	**..**	**0**	**0**	**0**	**0**	**..**	**0**	**0**	**0**	**0**
1100 Des personnes physiques	..	..	..	..	..	..	..	..	..	..
1200 Des sociétés	..	..	..	..	..	..	..	..	..	..
1300 Non-ventilables entre 1100 et 1200	..	..	..	..	..	..	..	..	..	..
2000 Cotisations de sécurité sociale	**..**	**0**	**0**	**0**	**0**	**..**	**559**	**1 864**	**4 338**	**5 752**
2100 A la charge des salariés	..	..	..	..	..	..	17	154	873	1 156
2200 A la charge des employeurs	..	..	..	..	..	..	537	1 522	2 916	3 894
2300 A charge des travailleurs indép. ou sans emploi	..	..	..	..	..	..	4	188	549	702
2400 Non-ventilables entre 2100, 2200 et 2300	..	..	..	..	..	..	0	0	0	0
3000 Sur salaires ou main d'oeuvre	**..**	**0**	**0**	**0**	**0**	**..**	**0**	**0**	**0**	**0**
4000 Impôts sur le patrimoine	**..**	**25**	**72**	**125**	**135**	**..**	**0**	**0**	**0**	**0**
4100 Impôts périodiques sur la propriété immobilière	..	25	71	124	133	..	..	..	..	..
4200 Impôts périodiques sur l'actif net	..	0	0	0	0	..	..	..	..	..
4300 Impôts sur mut. par décès, succ. et donations	..	0	1	1	2	..	..	..	..	..
4400 Impôts sur transact. mobilières et immob.	..	0	0	0	0	..	..	..	..	..
4500 Impôts non-périodiques	..	0	0	0	0	..	..	..	..	..
4600 Autres impôts périodiques sur patrimoine	..	0	0	0	0	..	..	..	..	..
5000 Impôts sur les biens et services	**..**	**23**	**17**	**18**	**24**	**..**	**0**	**0**	**0**	**0**
5100 Impôts sur production, vente, transfert, etc.	..	0	0	0	0	..	..	..	..	..
5110 Impôts généraux	..	..	..	..	..	..	..	..	..	..
5120 Impôts sur biens et services déterminés	..	..	..	..	..	..	..	..	..	..
5130 Non-ventilables entre 5110 et 5120	..	..	..	..	..	..	..	..	..	..
5200 Impôts sur utilisation des biens et exerc. activites	..	23	17	18	24	..	..	..	..	..
5300 Non-ventilables entre 5100 et 5200	..	0	0	0	0	..	..	..	..	..
6000 Autres impôts	**..**	**0**	**0**	**0**	**0**	**..**	**0**	**0**	**0**	**0**
6100 A la charge exclusive des entreprises	..	..	..	..	..	..	..	..	..	..
6200 A la charge d'autres agents	..	..	..	..	..	..	..	..	..	..
Recettes fiscales totales	**..**	**48**	**89**	**143**	**159**	**..**	**559**	**1 864**	**4 338**	**5 752**

.. Non disponible

Note : Y compris les droits de douane perçus pour le compte de l'Union européenne.

StatLink https://doi.org/10.1787/888934216563

Tableau 6.23. Luxembourg, recettes fiscales par sous-secteurs d'administration

Million EUR

	Administration centrale					Administration d'État/Régions				
	1975	1995	2005	2015	2018	1975	1995	2005	2015	2018
1000 Impôts sur revenu, bénéfices et gains en capital	**353**	**1 873**	**3 454**	**6 405**	**8 392**	**..**	**..**	**..**	**..**	**..**
1100 Des personnes physiques	254	1 214	2 161	4 716	5 599	..	..	..	..	..
1200 Des sociétés	99	659	1 293	1 689	2 793	..	..	..	..	..
1300 Non-ventilables entre 1100 et 1200	0	0	0	0	0	..	..	..	..	..
2000 Cotisations de sécurité sociale	**4**	**20**	**89**	**150**	**169**	**..**	**..**	**..**	**..**	**..**
2100 A la charge des salariés	3	15	89	150	169	..	..	..	..	..
2200 A la charge des employeurs	0	0	0	0	0	..	..	..	..	..
2300 A charge des travailleurs indép. ou sans emploi	1	5	0	0	0	..	..	..	..	..
2400 Non-ventilables entre 2100, 2200 et 2300	0	0	0	0	0	..	..	..	..	..
3000 Sur salaires ou main d'oeuvre	**0**	**0**	**0**	**0**	**0**	**..**	**..**	**..**	**..**	**..**
4000 Impôts sur le patrimoine	**42**	**371**	**928**	**1 661**	**2 244**	**..**	**..**	**..**	**..**	**..**
4100 Impôts périodiques sur la propriété immobilière	0	0	0	0	0	..	..	..	..	..
4200 Impôts périodiques sur l'actif net	21	268	698	1 318	1 692	..	..	..	..	..
4300 Impôts sur mut. par décès, succ. et donations	3	15	44	74	91	..	..	..	..	..
4400 Impôts sur transact. mobilières et immob.	18	88	186	269	460	..	..	..	..	..
4500 Impôts non-périodiques	0	0	0	0	0	..	..	..	..	..
4600 Autres impôts périodiques sur patrimoine	0	0	0	0	0	..	..	..	..	..
5000 Impôts sur les biens et services	**189**	**1 374**	**3 241**	**4 895**	**5 492**	**..**	**..**	**..**	**..**	**..**
5100 Impôts sur production, vente, transfert, etc.	182	1 350	3 202	4 810	5 396	..	..	..	..	..
5110 Impôts généraux	112	670	1 812	3 375	3 669	..	..	..	..	..
5120 Impôts sur biens et services déterminés	70	680	1 390	1 435	1 727	..	..	..	..	..
5130 Non-ventilables entre 5110 et 5120	0	0	0	0	0	..	..	..	..	..
5200 Impôts sur utilisation des biens et exerc. activites	7	23	39	85	96	..	..	..	..	..
5300 Non-ventilables entre 5100 et 5200	0	0	0	0	0	..	..	..	..	..
6000 Autres impôts	**0**	**6**	**11**	**27**	**27**	**..**	**..**	**..**	**..**	**..**
6100 A la charge exclusive des entreprises	..	6	10	27	27	..	..	..	..	..
6200 A la charge d'autres agents	..	0	0	0	0	..	..	..	..	..
Recettes fiscales totales	**588**	**3 644**	**7 723**	**13 137**	**16 324**	**..**	**..**	**..**	**..**	**..**

	Administrations locales					Administrations de sécurite sociale				
	1975	1995	2005	2015	2018	1975	1995	2005	2015	2018
1000 Impôts sur revenu, bénéfices et gains en capital	**46**	**331**	**460**	**606**	**1 000**	**0**	**0**	**0**	**0**	**0**
1100 Des personnes physiques	0	0	0	0	0	..	..	..	..	..
1200 Des sociétés	46	331	460	606	1 000	..	..	..	..	..
1300 Non-ventilables entre 1100 et 1200	0	0	0	0	0	..	0	0	0	0
2000 Cotisations de sécurité sociale	**0**	**0**	**0**	**0**	**0**	**268**	**1 460**	**3 086**	**5 397**	**6 313**
2100 A la charge des salariés	..	..	..	..	..	102	577	1 321	2 348	2 803
2200 A la charge des employeurs	..	..	..	..	..	150	684	1 378	2 335	2 708
2300 A charge des travailleurs indép. ou sans emploi	..	..	..	..	..	16	200	387	714	802
2400 Non-ventilables entre 2100, 2200 et 2300	..	..	..	..	..	0	0	0	0	0
3000 Sur salaires ou main d'oeuvre	**9**	**0**	**0**	**0**	**0**	**0**	**0**	**0**	**0**	**0**
4000 Impôts sur le patrimoine	**6**	**21**	**35**	**54**	**71**	**0**	**0**	**0**	**0**	**0**
4100 Impôts périodiques sur la propriété immobilière	6	17	26	36	38	..	..	..	..	..
4200 Impôts périodiques sur l'actif net	0	0	0	0	0	..	..	..	..	..
4300 Impôts sur mut. par décès, succ. et donations	0	0	0	0	0	..	..	..	..	..
4400 Impôts sur transact. mobilières et immob.	0	4	10	18	33	..	..	..	..	..
4500 Impôts non-périodiques	0	0	0	0	0	..	..	..	..	..
4600 Autres impôts périodiques sur patrimoine	0	0	0	0	0	..	0	0	0	0
5000 Impôts sur les biens et services	**1**	**4**	**8**	**10**	**10**	**0**	**0**	**0**	**0**	**0**
5100 Impôts sur production, vente, transfert, etc.	1	3	7	8	8	..	..	..	..	..
5110 Impôts généraux	0	0	0	0	0	..	..	..	..	..
5120 Impôts sur biens et services déterminés	1	3	7	8	8	..	..	..	..	..
5130 Non-ventilables entre 5110 et 5120	0	0	0	0	0	..	0	0	0	0
5200 Impôts sur utilisation des biens et exerc. activites	0	1	1	1	1	..	..	..	..	..
5300 Non-ventilables entre 5100 et 5200	0	0	0	0	0	..	0	0	0	0
6000 Autres impôts	**0**	**1**	**2**	**1**	**1**	**0**	**0**	**0**	**0**	**0**
6100 A la charge exclusive des entreprises	..	1	2	1	1	..	..	..	..	..
6200 A la charge d'autres agents	..	0	0	0	0	..	0	0	0	0
Recettes fiscales totales	**62**	**357**	**505**	**671**	**1 082**	**268**	**1 460**	**3 086**	**5 397**	**6 313**

.. Non disponible

Note : Y compris les droits de douane perçus pour le compte de l'Union européenne.

StatLink https://doi.org/10.1787/888934216582

Tableau 6.24. Mexique, recettes fiscales par sous-secteurs d'administration

Million MXN

	Administration fédérale					Administration d'État/Régions				
	1975	1995	2005	2015	2018	1975	1995	2005	2015	2018
1000 Impôts sur revenu, bénéfices et gains en capital	..	**76 148**	**402 036**	**1 230 555**	**1 671 513**	..	**1**	**0**	**0**	**0**
1100 Des personnes physiques	..	..	195 869	609 384	804 236	..	..	..	..	..
1200 Des sociétés	..	..	135 840	592 443	809 834	..	..	..	..	..
1300 Non-ventilables entre 1100 et 1200	..	76 148	70 327	28 728	57 443	..	1	..	..	..
2000 Cotisations de sécurité sociale	..	**0**	**0**	**0**	**0**	..	**0**	**0**	**0**	**0**
2100 A la charge des salariés	..	..	..	..	..	..	..	..	..	..
2200 A la charge des employeurs	..	..	..	..	..	..	..	..	..	..
2300 A charge des travailleurs indép. ou sans emploi	..	..	..	..	..	..	..	..	..	..
2400 Non-ventilables entre 2100, 2200 et 2300	..	..	..	..	..	..	..	..	..	..
3000 Sur salaires ou main d'oeuvre	..	**0**	**0**	**0**	**0**	..	**2 976**	**20 429**	**70 221**	**93 303**
4000 Impôts sur le patrimoine	..	**0**	**0**	**0**	**0**	..	**2 927**	**10 905**	**22 481**	**28 676**
4100 Impôts périodiques sur la propriété immobilière	..	..	..	..	..	..	2 198	6 544	14 245	17 812
4200 Impôts périodiques sur l'actif net	..	..	..	..	..	..	0	0	0	0
4300 Impôts sur mut. par décès, succ. et donations	..	..	..	..	..	..	2	0	0	0
4400 Impôts sur transact. mobilières et immob.	..	..	..	..	..	..	727	4 361	8 235	10 864
4500 Impôts non-périodiques	..	..	..	..	..	..	0	0	0	0
4600 Autres impôts périodiques sur patrimoine	..	..	..	..	..	..	0	0	0	0
5000 Impôts sur les biens et services	..	**91 452**	**416 533**	**1 116 026**	**1 355 600**	..	**441**	**2 124**	**24 355**	**24 335**
5100 Impôts sur production, vente, transfert, etc.	..	88 372	401 580	1 115 525	1 354 887	..	22	1 364	4 357	7 691
5110 Impôts généraux	..	51 785	318 432	707 213	922 238	..	0	0	0	0
5120 Impôts sur biens et services déterminés	..	36 587	83 148	408 312	432 649	..	22	1 364	4 357	7 691
5130 Non-ventilables entre 5110 et 5120	..	0	0	0	0	..	0	0	0	0
5200 Impôts sur utilisation des biens et exerc. activites	..	3 080	14 954	501	713	..	419	760	19 998	16 645
5300 Non-ventilables entre 5100 et 5200	..	0	0	0	0	..	0	0	0	0
6000 Autres impôts	..	**5 149**	**8 616**	**27 379**	**46 264**	..	**228**	**1 537**	**6 489**	**7 404**
6100 A la charge exclusive des entreprises	..	0	0	0	0	..	0	0	0	0
6200 A la charge d'autres agents	..	5 149	8 616	27 379	46 264	..	228	1 537	6 489	7 404
Recettes fiscales totales (collecting government)	..	**172 749**	**827 186**	**2 373 960**	**3 073 377**	..	**6 573**	**34 995**	**123 545**	**153 719**
Adjustment[1]	..	**-49 115**	**-278 892**	**-629 130**	**0**	..	**39 225**	**218 291**	**494 239**	**669 105**
Recettes fiscales totales (beneficiary government)	..	**123 634**	**548 294**	**1 744 830**	**3 073 377**	..	**45 798**	**253 286**	**617 784**	**822 825**

	Administrations locales					Administrations de sécurite sociale				
	1975	1995	2005	2015	2018	1975	1995	2005	2015	2018
1000 Impôts sur revenu, bénéfices et gains en capital	..	**16**	**0**	**0**	**0**	..	**0**	**0**	**0**	**0**
1100 Des personnes physiques	..	..	..	..	..	..	..	..	..	..
1200 Des sociétés	..	..	..	..	..	..	..	..	..	..
1300 Non-ventilables entre 1100 et 1200	..	16	..	..	..	..	..	..	..	..
2000 Cotisations de sécurité sociale	..	**0**	**0**	**0**	**0**	..	**50 871**	**206 551**	**409 249**	**509 087**
2100 A la charge des salariés	..	..	..	..	..	..	..	..	..	..
2200 A la charge des employeurs	..	..	..	..	..	..	..	..	..	..
2300 A charge des travailleurs indép. ou sans emploi	..	..	..	..	..	..	..	..	..	..
2400 Non-ventilables entre 2100, 2200 et 2300	..	..	..	..	..	..	50 871	206 551	409 249	509 087
3000 Sur salaires ou main d'oeuvre	..	**6**	**32**	**1**	**0**	..	**0**	**0**	**0**	**0**
4000 Impôts sur le patrimoine	..	**2 702**	**15 891**	**35 193**	**48 433**	..	**0**	**0**	**0**	**0**
4100 Impôts périodiques sur la propriété immobilière	..	1 854	10 098	23 715	31 632	..	..	..	..	..
4200 Impôts périodiques sur l'actif net	..	0	0	0	0	..	..	..	..	..
4300 Impôts sur mut. par décès, succ. et donations	..	0	0	0	0	..	..	..	..	..
4400 Impôts sur transact. mobilières et immob.	..	848	5 793	11 477	16 801	..	..	..	..	..
4500 Impôts non-périodiques	..	0	0	0	0	..	..	..	..	..
4600 Autres impôts périodiques sur patrimoine	..	0	0	0	0	..	..	..	..	..
5000 Impôts sur les biens et services	..	**582**	**288**	**789**	**1 723**	..	**0**	**0**	**0**	**0**
5100 Impôts sur production, vente, transfert, etc.	..	575	214	728	1 630	..	..	..	..	..
5110 Impôts généraux	..	0	0	0	0	..	..	..	..	..
5120 Impôts sur biens et services déterminés	..	572	214	728	1 630	..	..	..	..	..
5130 Non-ventilables entre 5110 et 5120	..	3	0	0	0	..	..	..	..	..
5200 Impôts sur utilisation des biens et exerc. activites	..	7	74	61	94	..	..	..	..	..
5300 Non-ventilables entre 5100 et 5200	..	0	0	0	0	..	..	..	..	..
6000 Autres impôts	..	**179**	**1 539**	**10 743**	**11 548**	..	**0**	**0**	**0**	**0**
6100 A la charge exclusive des entreprises	..	0	0	0	0	..	..	..	..	..
6200 A la charge d'autres agents	..	179	1 539	10 743	11 548	..	..	..	..	..
Recettes fiscales totales (collecting government)	..	**3 485**	**17 750**	**46 726**	**61 705**	..	**50 871**	**206 551**	**409 249**	**509 087**
Adjustment[1]	..	**9 890**	**60 601**	**134 892**	**174 940**	..	**0**	**0**	**0**	**0**
Recettes fiscales totales (beneficiary government)	..	**13 375**	**78 351**	**181 617**	**236 645**	..	**50 871**	**206 551**	**409 249**	**509 087**

.. Non disponible

1. This adjustment is for taxes collected by Federal government in which States and Local governments have a share. Sub-central government's shares cannot be identified by type of tax.

StatLink https://doi.org/10.1787/888934216601

Tableau 6.25. Pays-Bas, recettes fiscales par sous-secteurs d'administration

Million EUR

	Administration centrale					Administration d'État/Régions				
	1975	1995	2005	2015	2018	1975	1995	2005	2015	2018
1000 Impôts sur revenu, bénéfices et gains en capital	**15 075**	**33 520**	**52 640**	**70 849**	**88 769**	**..**	**..**	**..**	**..**	**..**
1100 Des personnes physiques	11 713	23 557	33 905	52 405	61 660	..	..	..	..	..
1200 Des sociétés	3 361	9 963	18 735	18 444	27 109	..	..	..	..	..
1300 Non-ventilables entre 1100 et 1200	0	0	0	0	0	..	..	..	..	..
2000 Cotisations de sécurité sociale	**0**	**0**	**0**	**0**	**0**	**..**	**..**	**..**	**..**	**..**
2100 A la charge des salariés	..	..	..	..	..	..	..	..	..	..
2200 A la charge des employeurs	..	..	..	..	..	..	..	..	..	..
2300 A charge des travailleurs indép. ou sans emploi	..	..	..	..	..	..	..	..	..	..
2400 Non-ventilables entre 2100, 2200 et 2300	..	..	..	..	..	..	..	..	..	..
3000 Sur salaires ou main d'oeuvre	**0**	**0**	**0**	**0**	**0**	**..**	**..**	**..**	**..**	**..**
4000 Impôts sur le patrimoine	**767**	**2 880**	**6 235**	**4 731**	**6 669**	**..**	**..**	**..**	**..**	**..**
4100 Impôts périodiques sur la propriété immobilière	50	0	0	1 345	1 897	..	..	..	..	..
4200 Impôts périodiques sur l'actif net	231	671	60	0	0	..	..	..	..	..
4300 Impôts sur mut. par décès, succ. et donations	163	773	1 709	1 614	1 731	..	..	..	..	..
4400 Impôts sur transact. mobilières et immob.	323	1 436	4 466	1 772	3 041	..	..	..	..	..
4500 Impôts non-périodiques	0	0	0	0	0	..	..	..	..	..
4600 Autres impôts périodiques sur patrimoine	0	0	0	0	0	..	..	..	..	..
5000 Impôts sur les biens et services	**9 716**	**31 892**	**57 116**	**70 161**	**82 185**	**..**	**..**	**..**	**..**	**..**
5100 Impôts sur production, vente, transfert, etc.	9 113	29 728	54 658	65 990	77 745	..	..	..	..	..
5110 Impôts généraux	6 257	19 832	36 950	44 879	52 712	..	..	..	..	..
5120 Impôts sur biens et services déterminés	2 856	9 896	17 708	21 111	25 033	..	..	..	..	..
5130 Non-ventilables entre 5110 et 5120	0	0	0	0	0	..	..	..	..	..
5200 Impôts sur utilisation des biens et exerc. activites	604	2 164	2 458	4 171	4 440	..	..	..	..	..
5300 Non-ventilables entre 5100 et 5200	0	0	0	0	0	..	..	..	..	..
6000 Autres impôts	**109**	**491**	**989**	**416**	**807**	**..**	**..**	**..**	**..**	**..**
6100 A la charge exclusive des entreprises	109	448	372	0	0	..	..	..	..	..
6200 A la charge d'autres agents	0	43	617	416	807	..	..	..	..	..
Recettes fiscales totales	**25 667**	**68 783**	**116 980**	**146 157**	**178 430**	**..**	**..**	**..**	**..**	**..**

	Administrations locales					Administrations de sécurite sociale				
	1975	1995	2005	2015	2018	1975	1995	2005	2015	2018
1000 Impôts sur revenu, bénéfices et gains en capital	**77**	**0**	**0**	**0**	**0**	**0**	**0**	**0**	**0**	**0**
1100 Des personnes physiques	77	0	0	0	0	0	0	0	0	0
1200 Des sociétés	0	0	0	0	0	0	0	0	0	0
1300 Non-ventilables entre 1100 et 1200	0	0	0	0	0	0	0	0	0	0
2000 Cotisations de sécurité sociale	**0**	**0**	**0**	**0**	**0**	**16 732**	**48 532**	**66 547**	**96 426**	**108 049**
2100 A la charge des salariés	..	..	..	..	..	7 139	32 795	35 383	48 213	41 775
2200 A la charge des employeurs	..	..	..	..	..	7 687	5 941	20 595	34 614	40 702
2300 A charge des travailleurs indép. ou sans emploi	..	..	..	..	..	1 905	9 796	10 569	13 599	25 572
2400 Non-ventilables entre 2100, 2200 et 2300	..	..	..	..	..	0	0	0	0	0
3000 Sur salaires ou main d'oeuvre	**0**	**0**	**0**	**0**	**0**	**0**	**0**	**0**	**0**	**0**
4000 Impôts sur le patrimoine	**272**	**2 287**	**4 341**	**5 037**	**5 473**	**0**	**0**	**0**	**0**	**0**
4100 Impôts périodiques sur la propriété immobilière	272	2 287	4 341	5 037	5 473	..	..	..	..	..
4200 Impôts périodiques sur l'actif net	0	0	0	0	0	..	..	..	..	..
4300 Impôts sur mut. par décès, succ. et donations	0	0	0	0	0	..	..	..	..	..
4400 Impôts sur transact. mobilières et immob.	0	0	0	0	0	..	..	..	..	..
4500 Impôts non-périodiques	0	0	0	0	0	..	..	..	..	..
4600 Autres impôts périodiques sur patrimoine	0	0	0	0	0	..	..	..	..	..
5000 Impôts sur les biens et services	**153**	**1 533**	**3 330**	**4 652**	**4 979**	**0**	**0**	**0**	**0**	**0**
5100 Impôts sur production, vente, transfert, etc.	14	59	118	249	358	..	..	..	..	..
5110 Impôts généraux	0	6	10	43	70	..	..	..	..	..
5120 Impôts sur biens et services déterminés	14	53	108	206	288	..	..	..	..	..
5130 Non-ventilables entre 5110 et 5120	0	0	0	0	0	..	..	..	..	..
5200 Impôts sur utilisation des biens et exerc. activites	139	1 474	3 212	4 403	4 621	..	..	..	..	..
5300 Non-ventilables entre 5100 et 5200	0	0	0	0	0	..	..	..	..	..
6000 Autres impôts	**0**	**0**	**0**	**0**	**0**	**0**	**0**	**0**	**0**	**0**
6100 A la charge exclusive des entreprises	..	..	..	..	..	..	..	..	..	..
6200 A la charge d'autres agents	..	..	..	..	..	..	..	..	..	..
Recettes fiscales totales	**502**	**3 820**	**7 671**	**9 689**	**10 452**	**16 732**	**48 532**	**66 547**	**96 426**	**108 049**

.. Non disponible

Note : Y compris les droits de douane perçus pour le compte de l'Union européenne.

StatLink https://doi.org/10.1787/888934216620

Tableau 6.26. Nouvelle-Zélande, recettes fiscales par sous-secteurs d'administration

Million NZD

	Administration centrale					Administration d'État/Régions				
	1975	1995	2005	2015	2018	1975	1995	2005	2015	2018
1000 Impôts sur revenu, bénéfices et gains en capital	**2 296**	**21 253**	**37 379**	**44 723**	**56 173**	..	..	..	..	..
1100 Des personnes physiques	1 874	15 626	24 373	30 297	37 467	..	..	..	..	..
1200 Des sociétés	407	4 122	9 957	11 407	15 559	..	..	..	..	..
1300 Non-ventilables entre 1100 et 1200	16	1 505	3 049	3 019	3 147	..	..	..	..	..
2000 Cotisations de sécurité sociale	**0**	**0**	**0**	**0**	**0**	..	..	..	..	..
2100 A la charge des salariés	..	..	..	..	..	..	..	..	..	..
2200 A la charge des employeurs	..	..	..	..	..	..	..	..	..	..
2300 A charge des travailleurs indép. ou sans emploi	..	..	..	..	..	..	..	..	..	..
2400 Non-ventilables entre 2100, 2200 et 2300	..	..	..	..	..	..	..	..	..	..
3000 Sur salaires ou main d'oeuvre	**0**	**0**	**0**	**0**	**0**	..	..	..	..	..
4000 Impôts sur le patrimoine	**83**	**218**	**86**	**84**	**105**	..	..	..	..	..
4100 Impôts périodiques sur la propriété immobilière	3	-1	0	0	0	..	..	..	..	..
4200 Impôts périodiques sur l'actif net	0	0	0	0	0	..	..	..	..	..
4300 Impôts sur mut. par décès, succ. et donations	54	3	3	0	0	..	..	..	..	..
4400 Impôts sur transact. mobilières et immob.	25	216	83	84	105	..	..	..	..	..
4500 Impôts non-périodiques	0	0	0	0	0	..	..	..	..	..
4600 Autres impôts périodiques sur patrimoine	0	0	0	0	0	..	..	..	..	..
5000 Impôts sur les biens et services	**807**	**11 395**	**18 744**	**31 146**	**36 981**	..	..	..	..	..
5100 Impôts sur production, vente, transfert, etc.	770	10 833	17 792	29 551	35 081	..	..	..	..	..
5110 Impôts généraux	311	7 895	14 133	24 587	29 521	..	..	..	..	..
5120 Impôts sur biens et services déterminés	459	2 938	3 659	4 964	5 560	..	..	..	..	..
5130 Non-ventilables entre 5110 et 5120	0	0	0	0	0	..	..	..	..	..
5200 Impôts sur utilisation des biens et exerc. activites	37	562	952	1 595	1 900	..	..	..	..	..
5300 Non-ventilables entre 5100 et 5200	0	0	0	0	0	..	..	..	..	..
6000 Autres impôts	**0**	**0**	**14**	**2**	**2**	..	..	..	..	..
6100 A la charge exclusive des entreprises	..	..	0	0	0	..	..	..	..	..
6200 A la charge d'autres agents	..	..	14	2	2	..	..	..	..	..
Recettes fiscales totales	**3 186**	**32 866**	**56 223**	**75 955**	**93 261**	..	..	..	..	..

	Administrations locales					Administrations de sécurite sociale				
	1975	1995	2005	2015	2018	1975	1995	2005	2015	2018
1000 Impôts sur revenu, bénéfices et gains en capital	**0**	**0**	**0**	**0**	**0**	**0**	**0**	**0**	**0**	**0**
1100 Des personnes physiques	0	0	0	0	0	0	0	0	0	0
1200 Des sociétés	0	0	0	0	0	0	0	0	0	0
1300 Non-ventilables entre 1100 et 1200	0	0	0	0	0	0	0	0	0	0
2000 Cotisations de sécurité sociale	**0**	**0**	**0**	**0**	**0**	**0**	**0**	**0**	**0**	**0**
2100 A la charge des salariés	..	..	..	..	..	..	..	..	..	..
2200 A la charge des employeurs	..	..	..	..	..	..	..	..	..	..
2300 A charge des travailleurs indép. ou sans emploi	..	..	..	..	..	..	..	..	..	..
2400 Non-ventilables entre 2100, 2200 et 2300	..	..	..	..	..	..	..	..	..	..
3000 Sur salaires ou main d'oeuvre	**0**	**0**	**0**	**0**	**0**	**0**	**0**	**0**	**0**	**0**
4000 Impôts sur le patrimoine	**237**	**1 646**	**2 825**	**4 962**	**5 717**	**0**	**0**	**0**	**0**	**0**
4100 Impôts périodiques sur la propriété immobilière	237	1 646	2 825	4 962	5 717	..	..	..	..	..
4200 Impôts périodiques sur l'actif net	0	0	0	0	0	..	..	..	..	..
4300 Impôts sur mut. par décès, succ. et donations	0	0	0	0	0	..	..	..	..	..
4400 Impôts sur transact. mobilières et immob.	0	0	0	0	0	..	..	..	..	..
4500 Impôts non-périodiques	0	0	0	0	0	..	..	..	..	..
4600 Autres impôts périodiques sur patrimoine	0	0	0	0	0	..	..	..	..	0
5000 Impôts sur les biens et services	**29**	**184**	**310**	**582**	**864**	**0**	**0**	**0**	**0**	**0**
5100 Impôts sur production, vente, transfert, etc.	18	33	30	33	190	..	..	..	..	..
5110 Impôts généraux	0	0	0	0	0	..	..	..	..	..
5120 Impôts sur biens et services déterminés	18	33	30	33	190	..	..	..	..	..
5130 Non-ventilables entre 5110 et 5120	0	0	0	0	0	..	..	..	..	0
5200 Impôts sur utilisation des biens et exerc. activites	11	151	280	549	674	..	..	..	..	..
5300 Non-ventilables entre 5100 et 5200	0	0	0	0	0	..	..	..	..	0
6000 Autres impôts	**0**	**0**	**0**	**0**	**0**	**0**	**0**	**0**	**0**	**0**
6100 A la charge exclusive des entreprises	..	..	..	0	0	..	..	..	0	0
6200 A la charge d'autres agents	..	..	..	0	0	..	..	..	0	0
Recettes fiscales totales	**266**	**1 830**	**3 135**	**5 544**	**6 581**	**0**	**0**	**0**	**0**	**0**

.. Non disponible

StatLink https://doi.org/10.1787/888934216639

Tableau 6.27. Norvège, recettes fiscales par sous-secteurs d'administration

Million NOK

	Administration centrale[1]					Administration d'État/Régions				
	1975	1995	2005	2015	2018	1975	1995	2005	2015	2018
1000 Impôts sur revenu, bénéfices et gains en capital	**6 495**	**67 402**	**316 851**	**314 792**	**398 158**	**..**	**..**	**..**	**..**	**..**
1100 Des personnes physiques	5 424	38 059	87 503	174 617	168 601	..	..	..	..	..
1200 Des sociétés	1 071	29 343	229 348	140 175	229 557	..	..	..	..	..
1300 Non-ventilables entre 1100 et 1200	0	0	0	0	0	..	..	..	..	..
2000 Cotisations de sécurité sociale	**1 341**	**6 013**	**173 151**	**325 130**	**356 610**	**..**	**..**	**..**	**..**	**..**
2100 A la charge des salariés	331	1 233	58 320	112 662	124 499	..	..	..	..	..
2200 A la charge des employeurs	1 010	4 780	104 794	190 923	208 153	..	..	..	..	..
2300 A charge des travailleurs indép. ou sans emploi	0	0	10 037	21 545	23 958	..	..	..	..	..
2400 Non-ventilables entre 2100, 2200 et 2300	0	0	0	0	0	..	..	..	..	..
3000 Sur salaires ou main d'oeuvre	**0**	**0**	**0**	**0**	**1 976**	**..**	**..**	**..**	**..**	**..**
4000 Impôts sur le patrimoine	**771**	**3 497**	**11 178**	**12 209**	**16 652**	**..**	**..**	**..**	**..**	**..**
4100 Impôts périodiques sur la propriété immobilière	0	0	0	0	0	..	..	..	..	..
4200 Impôts périodiques sur l'actif net	490	1 172	4 741	3 488	7 010	..	..	..	..	..
4300 Impôts sur mut. par décès, succ. et donations	146	975	1 768	295	73	..	..	..	..	..
4400 Impôts sur transact. mobilières et immob.	135	1 350	4 669	8 426	9 569	..	..	..	..	..
4500 Impôts non-périodiques	0	0	0	0	0	..	..	..	..	..
4600 Autres impôts périodiques sur patrimoine	0	0	0	0	0	..	..	..	..	..
5000 Impôts sur les biens et services	**25 056**	**141 645**	**232 462**	**359 255**	**410 098**	**..**	**..**	**..**	**..**	**..**
5100 Impôts sur production, vente, transfert, etc.	24 367	134 965	220 898	342 410	392 783	..	..	..	..	..
5110 Impôts généraux	13 670	81 772	153 820	256 029	297 918	..	..	..	..	..
5120 Impôts sur biens et services déterminés	10 697	53 193	67 078	86 381	94 865	..	..	..	..	..
5130 Non-ventilables entre 5110 et 5120	0	0	0	0	0	..	..	..	..	..
5200 Impôts sur utilisation des biens et exerc. activites	689	6 680	11 564	16 845	17 315	..	..	..	..	..
5300 Non-ventilables entre 5100 et 5200	0	0	0	0	0	..	..	..	..	..
6000 Autres impôts	**130**	**15**	**0**	**0**	**0**	**..**	**..**	**..**	**..**	**..**
6100 A la charge exclusive des entreprises	124	1	..	..	..	..	..	..	..	..
6200 A la charge d'autres agents	6	14	..	..	..	..	..	..	..	..
Recettes fiscales totales	**33 793**	**218 572**	**733 642**	**1 011 386**	**1 183 494**	**..**	**..**	**..**	**..**	**..**

	Administrations locales					Administrations de sécurite sociale				
	1975	1995	2005	2015	2018	1975	1995	2005	2015	2018
1000 Impôts sur revenu, bénéfices et gains en capital	**13 725**	**67 978**	**100 512**	**160 582**	**184 758**	**2 728**	**0**	**0**	**0**	**0**
1100 Des personnes physiques	12 877	61 784	100 512	160 582	184 758	2 728	..	..	..	..
1200 Des sociétés	848	6 194	0	0	0	0	..	..	..	..
1300 Non-ventilables entre 1100 et 1200	0	0	0	0	0	0	..	..	..	..
2000 Cotisations de sécurité sociale	**0**	**0**	**0**	**0**	**0**	**15 224**	**84 563**	**0**	**0**	**0**
2100 A la charge des salariés	..	..	..	..	..	2 949	30 417	..	..	..
2200 A la charge des employeurs	..	..	..	..	..	11 315	48 396	..	..	..
2300 A charge des travailleurs indép. ou sans emploi	..	..	..	..	..	960	5 750	..	..	..
2400 Non-ventilables entre 2100, 2200 et 2300	..	..	..	..	..	0	0	..	..	..
3000 Sur salaires ou main d'oeuvre	**0**	**0**	**0**	**0**	**0**	**0**	**0**	**0**	**0**	**0**
4000 Impôts sur le patrimoine	**772**	**7 352**	**10 283**	**21 812**	**27 278**	**0**	**0**	**0**	**0**	**0**
4100 Impôts périodiques sur la propriété immobilière	278	2 792	4 324	11 177	14 205	..	..	..	..	..
4200 Impôts périodiques sur l'actif net	494	4 560	5 959	10 635	13 073	..	..	..	..	..
4300 Impôts sur mut. par décès, succ. et donations	0	0	0	0	0	..	..	..	..	..
4400 Impôts sur transact. mobilières et immob.	0	0	0	0	0	..	..	..	..	..
4500 Impôts non-périodiques	0	0	0	0	0	..	..	..	..	..
4600 Autres impôts périodiques sur patrimoine	0	0	0	0	0	..	..	..	..	..
5000 Impôts sur les biens et services	**0**	**431**	**2 281**	**1 574**	**1 676**	**51**	**267**	**0**	**0**	**0**
5100 Impôts sur production, vente, transfert, etc.	0	0	0	0	0	51	267	..	..	..
5110 Impôts généraux	0	0	0	0	0	0	0	..	..	..
5120 Impôts sur biens et services déterminés	0	0	0	0	0	51	267	..	..	..
5130 Non-ventilables entre 5110 et 5120	0	0	0	0	0	0	0	..	..	..
5200 Impôts sur utilisation des biens et exerc. activites	0	431	2 281	1 574	1 676	0	0	..	..	..
5300 Non-ventilables entre 5100 et 5200	0	0	0	0	0	0	0	..	..	..
6000 Autres impôts	**432**	**0**	**0**	**0**	**0**	**0**	**0**	**0**	**0**	**0**
6100 A la charge exclusive des entreprises	0	..	..	..	..	..	..	..	..	..
6200 A la charge d'autres agents	432	..	..	..	..	..	..	..	..	..
Recettes fiscales totales	**14 929**	**75 761**	**113 076**	**183 968**	**213 712**	**18 003**	**84 830**	**0**	**0**	**0**

.. Non disponible

1. The Norwegian National Insurance has been integrated into the Central government sector from the year 2000 onwards.

StatLink https://doi.org/10.1787/888934216658

Tableau 6.28. Pologne, recettes fiscales par sous-secteurs d'administration

Million PLN

	Administration centrale					Administration d'État/Régions				
	1975	1995	2005	2015	2018	1975	1995	2005	2015	2018
1000 Impôts sur revenu, bénéfices et gains en capital	**..**	**32 774**	**40 398**	**71 381**	**95 153**	**..**	**..**	**..**	**..**	**..**
1100 Des personnes physiques	..	23 937	24 518	45 462	60 583	..	..	..	..	..
1200 Des sociétés	..	8 837	15 880	25 919	34 570	..	..	..	..	..
1300 Non-ventilables entre 1100 et 1200	..	0	0	0	0	..	..	..	..	..
2000 Cotisations de sécurité sociale	**..**	**0**	**0**	**0**	**0**	**..**	**..**	**..**	**..**	**..**
2100 A la charge des salariés	..	..	..	..	..	..	..	..	..	..
2200 A la charge des employeurs	..	..	..	..	..	..	..	..	..	..
2300 A charge des travailleurs indép. ou sans emploi	..	..	..	..	..	..	..	..	..	..
2400 Non-ventilables entre 2100, 2200 et 2300	..	..	..	..	..	..	..	..	..	..
3000 Sur salaires ou main d'oeuvre	**..**	**831**	**2 555**	**4 028**	**4 720**	**..**	**..**	**..**	**..**	**..**
4000 Impôts sur le patrimoine	**..**	**0**	**0**	**0**	**0**	**..**	**..**	**..**	**..**	**..**
4100 Impôts périodiques sur la propriété immobilière	..	..	..	..	..	..	..	..	..	..
4200 Impôts périodiques sur l'actif net	..	..	..	..	..	..	..	..	..	..
4300 Impôts sur mut. par décès, succ. et donations	..	..	..	..	..	..	..	..	..	..
4400 Impôts sur transact. mobilières et immob.	..	..	..	..	..	..	..	..	..	..
4500 Impôts non-périodiques	..	..	..	..	..	..	..	..	..	..
4600 Autres impôts périodiques sur patrimoine	..	..	..	..	..	..	..	..	..	..
5000 Impôts sur les biens et services	**..**	**43 483**	**120 438**	**207 070**	**269 132**	**..**	**..**	**..**	**..**	**..**
5100 Impôts sur production, vente, transfert, etc.	..	42 863	120 036	203 244	264 330	..	..	..	..	..
5110 Impôts généraux	..	21 051	75 783	125 836	172 210	..	..	..	..	..
5120 Impôts sur biens et services déterminés	..	21 812	44 253	77 408	92 120	..	..	..	..	..
5130 Non-ventilables entre 5110 et 5120	..	0	0	0	0	..	..	..	..	..
5200 Impôts sur utilisation des biens et exerc. activites	..	620	402	3 826	4 802	..	..	..	..	..
5300 Non-ventilables entre 5100 et 5200	..	0	0	0	0	..	..	..	..	..
6000 Autres impôts	**..**	**99**	**18**	**0**	**0**	**..**	**..**	**..**	**..**	**..**
6100 A la charge exclusive des entreprises	..	0	0	..	..	..	..	..	..	..
6200 A la charge d'autres agents	..	99	18	..	..	..	..	..	..	..
Recettes fiscales totales	**..**	**77 187**	**163 409**	**282 479**	**369 005**	**..**	**..**	**..**	**..**	**..**

	Administrations locales					Administrations de sécurite sociale				
	1975	1995	2005	2015	2018	1975	1995	2005	2015	2018
1000 Impôts sur revenu, bénéfices et gains en capital	**..**	**4 896**	**23 093**	**45 697**	**61 831**	**..**	**0**	**0**	**0**	**0**
1100 Des personnes physiques	..	4 427	17 916	38 512	52 076	..	..	..	..	..
1200 Des sociétés	..	469	5 177	7 185	9 755	..	..	..	..	..
1300 Non-ventilables entre 1100 et 1200	..	0	0	0	0	..	..	..	..	..
2000 Cotisations de sécurité sociale	**..**	**0**	**0**	**0**	**0**	**..**	**38 260**	**120 296**	**223 482**	**277 670**
2100 A la charge des salariés	..	..	..	..	..	..	16 486	49 644	91 163	115 821
2200 A la charge des employeurs	..	..	..	..	..	..	19 097	46 256	87 616	108 672
2300 A charge des travailleurs indép. ou sans emploi	..	..	..	..	..	..	2 677	24 396	44 703	53 177
2400 Non-ventilables entre 2100, 2200 et 2300	..	..	..	..	..	..	0	0	0	0
3000 Sur salaires ou main d'oeuvre	**..**	**0**	**0**	**0**	**0**	**..**	**0**	**0**	**0**	**0**
4000 Impôts sur le patrimoine	**..**	**4 370**	**14 723**	**24 637**	**27 851**	**..**	**0**	**0**	**0**	**0**
4100 Impôts périodiques sur la propriété immobilière	..	3 579	12 718	22 206	24 326	..	..	..	..	..
4200 Impôts périodiques sur l'actif net	..	0	0	0	0	..	..	..	..	..
4300 Impôts sur mut. par décès, succ. et donations	..	44	242	246	299	..	..	..	..	..
4400 Impôts sur transact. mobilières et immob.	..	747	1 763	2 185	3 226	..	..	..	..	..
4500 Impôts non-périodiques	..	0	0	0	0	..	..	..	..	..
4600 Autres impôts périodiques sur patrimoine	..	0	0	0	0	..	..	..	..	..
5000 Impôts sur les biens et services	**..**	**1 340**	**3 368**	**4 139**	**4 181**	**..**	**0**	**0**	**0**	**0**
5100 Impôts sur production, vente, transfert, etc.	..	0	0	0	0	..	..	..	..	..
5110 Impôts généraux	..	..	..	..	..	..	..	..	..	..
5120 Impôts sur biens et services déterminés	..	..	..	..	..	..	..	..	..	..
5130 Non-ventilables entre 5110 et 5120	..	..	..	..	..	..	..	..	..	..
5200 Impôts sur utilisation des biens et exerc. activites	..	1 340	3 368	4 139	4 181	..	..	..	..	..
5300 Non-ventilables entre 5100 et 5200	..	0	0	0	0	..	..	..	..	..
6000 Autres impôts	**..**	**158**	**278**	**647**	**1 080**	**..**	**0**	**0**	**0**	**0**
6100 A la charge exclusive des entreprises	..	0	0	0	..	..	..	..	..	..
6200 A la charge d'autres agents	..	158	278	647	1 080	..	..	..	..	..
Recettes fiscales totales	**..**	**10 764**	**41 462**	**75 120**	**94 943**	**..**	**38 260**	**120 296**	**223 482**	**277 670**

.. Non disponible

Note : Y compris les droits de douane perçus pour le compte de l'Union européenne.

StatLink https://doi.org/10.1787/888934216677

Tableau 6.29. Portugal, recettes fiscales par sous-secteurs d'administration

Million EUR

	Administration centrale					Administration d'État/Régions				
	1975	1995	2005	2015	2018	1975	1995	2005	2015	2018
1000 Impôts sur revenu, bénéfices et gains en capital	**81**	**6 557**	**11 506**	**17 516**	**18 829**	..	..	..	..	..
1100 Des personnes physiques	..	4 691	7 757	12 316	12 498	..	..	..	..	..
1200 Des sociétés	..	1 866	3 705	5 199	6 331	..	..	..	..	..
1300 Non-ventilables entre 1100 et 1200	81	0	43	0	0	..	..	..	..	..
2000 Cotisations de sécurité sociale	**0**	**1 560**	**1 887**	**2 064**	**2 112**	..	..	..	..	..
2100 A la charge des salariés	..	941	1 629	1 867	1 926	..	..	..	..	..
2200 A la charge des employeurs	..	619	259	198	186	..	..	..	..	..
2300 A charge des travailleurs indép. ou sans emploi	..	0	0	0	0	..	..	..	..	..
2400 Non-ventilables entre 2100, 2200 et 2300	..	0	0	0	0	..	..	..	..	..
3000 Sur salaires ou main d'oeuvre	**12**	**0**	**0**	**0**	**0**	..	..	..	..	..
4000 Impôts sur le patrimoine	**12**	**226**	**261**	**202**	**378**	..	..	..	..	..
4100 Impôts périodiques sur la propriété immobilière	0	0	0	6	144	..	..	..	..	..
4200 Impôts périodiques sur l'actif net	0	0	0	0	0	..	..	..	..	..
4300 Impôts sur mut. par décès, succ. et donations	4	57	25	0	0	..	..	..	..	..
4400 Impôts sur transact. mobilières et immob.	7	169	236	196	233	..	..	..	..	..
4500 Impôts non-périodiques	0	0	0	0	0	..	..	..	..	..
4600 Autres impôts périodiques sur patrimoine	0	0	0	0	0	..	..	..	..	..
5000 Impôts sur les biens et services	**198**	**10 402**	**19 638**	**21 488**	**25 552**	..	..	..	..	..
5100 Impôts sur production, vente, transfert, etc.	187	10 195	19 220	20 881	24 619	..	..	..	..	..
5110 Impôts généraux	52	5 481	11 846	13 745	16 301	..	..	..	..	..
5120 Impôts sur biens et services déterminés	135	4 714	7 374	7 136	8 317	..	..	..	..	..
5130 Non-ventilables entre 5110 et 5120	0	0	0	0	0	..	..	..	..	..
5200 Impôts sur utilisation des biens et exerc. activites	12	178	375	594	927	..	..	..	..	..
5300 Non-ventilables entre 5100 et 5200	0	30	43	13	6	..	..	..	..	..
6000 Autres impôts	**2**	**98**	**252**	**578**	**676**	..	..	..	..	..
6100 A la charge exclusive des entreprises	1	18	160	341	411	..	..	..	..	..
6200 A la charge d'autres agents	0	81	92	237	265	..	..	..	..	..
Recettes fiscales totales	**304**	**18 844**	**33 544**	**41 849**	**47 547**	..	..	..	..	..

	Administrations locales					Administrations de sécurite sociale				
	1975	1995	2005	2015	2018	1975	1995	2005	2015	2018
1000 Impôts sur revenu, bénéfices et gains en capital	**0**	**307**	**725**	**1 246**	**1 284**	**0**	**0**	**0**	**0**	**0**
1100 Des personnes physiques	..	156	298	832	814	..	..	..	..	..
1200 Des sociétés	..	151	427	414	471	..	..	..	..	..
1300 Non-ventilables entre 1100 et 1200	0	0	0	0	0	..	..	..	..	..
2000 Cotisations de sécurité sociale	**0**	**2**	**7**	**19**	**0**	**161**	**5 267**	**11 100**	**14 099**	**17 015**
2100 A la charge des salariés	..	2	7	19	0	62	2 100	4 053	5 106	5 764
2200 A la charge des employeurs	..	0	0	0	0	97	3 167	7 047	8 993	11 251
2300 A charge des travailleurs indép. ou sans emploi	..	0	0	0	0	2	0	0	0	0
2400 Non-ventilables entre 2100, 2200 et 2300	..	0	0	0	0	0	0	0	0	0
3000 Sur salaires ou main d'oeuvre	**0**	**0**	**0**	**0**	**0**	**0**	**0**	**0**	**0**	**0**
4000 Impôts sur le patrimoine	**0**	**599**	**1 532**	**2 105**	**2 485**	**0**	**0**	**0**	**0**	**0**
4100 Impôts périodiques sur la propriété immobilière	..	310	827	1 529	1 501	..	..	..	..	..
4200 Impôts périodiques sur l'actif net	..	0	0	0	0	..	..	..	..	..
4300 Impôts sur mut. par décès, succ. et donations	..	0	1	0	0	..	..	..	..	..
4400 Impôts sur transact. mobilières et immob.	..	289	704	576	984	..	..	..	..	..
4500 Impôts non-périodiques	..	0	0	0	0	..	..	..	..	..
4600 Autres impôts périodiques sur patrimoine	..	0	0	0	0	..	..	..	..	..
5000 Impôts sur les biens et services	**0**	**499**	**971**	**1 132**	**1 363**	**0**	**335**	**823**	**1 179**	**1 065**
5100 Impôts sur production, vente, transfert, etc.	0	442	837	876	1 079	..	335	823	1 179	1 056
5110 Impôts généraux	0	318	563	629	740	..	276	592	994	824
5120 Impôts sur biens et services déterminés	0	124	273	247	339	..	59	231	184	232
5130 Non-ventilables entre 5110 et 5120	0	0	0	0	0	..	0	0	0	0
5200 Impôts sur utilisation des biens et exerc. activites	0	57	133	256	285	..	0	0	0	10
5300 Non-ventilables entre 5100 et 5200	0	0	1	0	0	..	0	0	0	0
6000 Autres impôts	**0**	**3**	**28**	**2**	**4**	**0**	**1**	**3**	**0**	**0**
6100 A la charge exclusive des entreprises	..	0	25	0	0	..	0	0	..	..
6200 A la charge d'autres agents	..	3	3	2	4	..	1	3	..	..
Recettes fiscales totales	**0**	**1 410**	**3 262**	**4 504**	**5 137**	**161**	**5 603**	**11 926**	**15 278**	**18 081**

.. Non disponible

Note : Y compris les droits de douane perçus pour le compte de l'Union européenne.

StatLink https://doi.org/10.1787/888934216696

Tableau 6.30. République slovaque, recettes fiscales par sous-secteurs d'administration

Million EUR

	Administration centrale					Administration d'État/Régions				
	1975	1995	2005	2015	2018	1975	1995	2005	2015	2018
1000 Impôts sur revenu, bénéfices et gains en capital	**..**	**1 993**	**2 968**	**5 542**	**6 370**	**..**	**..**	**..**	**..**	**..**
1100 Des personnes physiques	..	695	1 496	2 464	3 218	..	..	..	..	..
1200 Des sociétés	..	1 166	1 345	2 917	2 943	..	..	..	..	..
1300 Non-ventilables entre 1100 et 1200	..	132	128	162	209	..	..	..	..	..
2000 Cotisations de sécurité sociale	**..**	**85**	**240**	**253**	**410**	**..**	**..**	**..**	**..**	**..**
2100 A la charge des salariés	..	10	104	58	99	..	..	..	..	..
2200 A la charge des employeurs	..	75	136	195	309	..	..	..	..	..
2300 A charge des travailleurs indép. ou sans emploi	..	0	0	0	1	..	..	..	..	..
2400 Non-ventilables entre 2100, 2200 et 2300	..	0	0	0	0	..	..	..	..	..
3000 Sur salaires ou main d'oeuvre	**..**	**0**	**0**	**0**	**0**	**..**	**..**	**..**	**..**	**..**
4000 Impôts sur le patrimoine	**..**	**27**	**28**	**0**	**0**	**..**	**..**	**..**	**..**	**..**
4100 Impôts périodiques sur la propriété immobilière	..	8	9	0	0	..	..	..	..	..
4200 Impôts périodiques sur l'actif net	..	0	0	0	0	..	..	..	..	..
4300 Impôts sur mut. par décès, succ. et donations	..	2	1	0	0	..	..	..	..	..
4400 Impôts sur transact. mobilières et immob.	..	16	18	0	0	..	..	..	..	..
4500 Impôts non-périodiques	..	0	0	0	0	..	..	..	..	..
4600 Autres impôts périodiques sur patrimoine	..	0	0	0	0	..	..	..	..	..
5000 Impôts sur les biens et services	**..**	**2 782**	**6 031**	**8 974**	**10 428**	**..**	**..**	**..**	**..**	**..**
5100 Impôts sur production, vente, transfert, etc.	..	2 594	5 773	8 442	9 847	..	..	..	..	..
5110 Impôts généraux	..	1 616	3 880	5 423	6 319	..	..	..	..	..
5120 Impôts sur biens et services déterminés	..	978	1 893	3 020	3 528	..	..	..	..	..
5130 Non-ventilables entre 5110 et 5120	..	0	0	0	0	..	..	..	..	..
5200 Impôts sur utilisation des biens et exerc. activites	..	189	256	532	581	..	..	..	..	..
5300 Non-ventilables entre 5100 et 5200	..	0	2	0	0	..	..	..	..	..
6000 Autres impôts	**..**	**0**	**0**	**0**	**0**	**..**	**..**	**..**	**..**	**..**
6100 A la charge exclusive des entreprises	..	..	..	..	..	..	..	..	..	..
6200 A la charge d'autres agents	..	..	..	..	..	..	..	..	..	..
Recettes fiscales totales	**..**	**4 887**	**9 267**	**14 770**	**17 208**	**..**	**..**	**..**	**..**	**..**

	Administrations locales					Administrations de sécurite sociale				
	1975	1995	2005	2015	2018	1975	1995	2005	2015	2018
1000 Impôts sur revenu, bénéfices et gains en capital	**..**	**0**	**0**	**0**	**0**	**..**	**0**	**0**	**0**	**0**
1100 Des personnes physiques	..	0	0	0	0	..	0	0	0	0
1200 Des sociétés	..	0	0	0	0	..	0	0	0	0
1300 Non-ventilables entre 1100 et 1200	..	0	0	0	0	..	0	0	0	0
2000 Cotisations de sécurité sociale	**..**	**0**	**0**	**0**	**0**	**..**	**2 817**	**6 037**	**10 643**	**12 828**
2100 A la charge des salariés	..	..	..	0	0	..	540	1 377	2 352	3 163
2200 A la charge des employeurs	..	..	..	0	0	..	1 774	3 356	6 124	7 561
2300 A charge des travailleurs indép. ou sans emploi	..	..	..	0	0	..	503	1 304	2 168	2 103
2400 Non-ventilables entre 2100, 2200 et 2300	..	..	..	0	0	..	0	0	0	0
3000 Sur salaires ou main d'oeuvre	**..**	**0**	**0**	**0**	**0**	**..**	**0**	**0**	**0**	**0**
4000 Impôts sur le patrimoine	**..**	**84**	**220**	**335**	**369**	**..**	**0**	**0**	**0**	**0**
4100 Impôts périodiques sur la propriété immobilière	..	72	220	335	369	..	..	..	..	..
4200 Impôts périodiques sur l'actif net	..	0	0	0	0	..	..	..	..	..
4300 Impôts sur mut. par décès, succ. et donations	..	0	0	0	0	..	..	..	..	..
4400 Impôts sur transact. mobilières et immob.	..	12	0	0	0	..	..	..	..	..
4500 Impôts non-périodiques	..	0	0	0	0	..	..	..	..	..
4600 Autres impôts périodiques sur patrimoine	..	0	0	0	0	..	..	..	..	..
5000 Impôts sur les biens et services	**..**	**17**	**198**	**182**	**193**	**..**	**0**	**0**	**0**	**0**
5100 Impôts sur production, vente, transfert, etc.	..	10	9	12	16	..	..	..	..	..
5110 Impôts généraux	..	0	0	0	0	..	..	..	..	..
5120 Impôts sur biens et services déterminés	..	10	9	12	16	..	..	..	..	..
5130 Non-ventilables entre 5110 et 5120	..	0	0	0	0	..	..	..	..	..
5200 Impôts sur utilisation des biens et exerc. activites	..	1	94	17	16	..	..	..	..	..
5300 Non-ventilables entre 5100 et 5200	..	6	95	153	161	..	..	..	..	..
6000 Autres impôts	**..**	**0**	**0**	**0**	**0**	**..**	**0**	**0**	**0**	**0**
6100 A la charge exclusive des entreprises	..	..	..	..	..	..	..	..	..	..
6200 A la charge d'autres agents	..	..	..	..	..	..	..	..	..	..
Recettes fiscales totales	**..**	**101**	**418**	**517**	**562**	**..**	**2 817**	**6 037**	**10 643**	**12 828**

.. Non disponible

Note : Y compris les droits de douane perçus pour le compte de l'Union européenne.

StatLink https://doi.org/10.1787/888934216715

Tableau 6.31. Slovenie, recettes fiscales par sous-secteurs d'administration

Million EUR

	Administration centrale					Administration d'État/Régions				
	1975	1995	2005	2015	2018	1975	1995	2005	2015	2018
1000 Impôts sur revenu, bénéfices et gains en capital	**..**	**479**	**1 828**	**1 528**	**2 157**	**..**	**..**	**..**	**..**	**..**
1100 Des personnes physiques	..	413	1 029	958	1 269	..	..	..	..	..
1200 Des sociétés	..	54	795	568	886	..	..	..	..	..
1300 Non-ventilables entre 1100 et 1200	..	12	5	2	2	..	..	..	..	..
2000 Cotisations de sécurité sociale	**..**	**38**	**42**	**59**	**72**	**..**	**..**	**..**	**..**	**..**
2100 A la charge des salariés	..	20	24	31	37	..	..	..	..	..
2200 A la charge des employeurs	..	17	15	23	28	..	..	..	..	..
2300 A charge des travailleurs indép. ou sans emploi	..	1	3	5	6	..	..	..	..	..
2400 Non-ventilables entre 2100, 2200 et 2300	..	0	0	0	0	..	..	..	..	..
3000 Sur salaires ou main d'oeuvre	**..**	**14**	**521**	**20**	**22**	**..**	**..**	**..**	**..**	**..**
4000 Impôts sur le patrimoine	**..**	**5**	**3**	**2**	**2**	**..**	**..**	**..**	**..**	**..**
4100 Impôts périodiques sur la propriété immobilière	..	0	0	0	0	..	..	..	..	..
4200 Impôts périodiques sur l'actif net	..	0	3	0	0	..	..	..	..	..
4300 Impôts sur mut. par décès, succ. et donations	..	0	0	0	0	..	..	..	..	..
4400 Impôts sur transact. mobilières et immob.	..	0	0	0	0	..	..	..	..	..
4500 Impôts non-périodiques	..	5	0	2	1	..	..	..	..	..
4600 Autres impôts périodiques sur patrimoine	..	0	0	0	0	..	..	..	..	..
5000 Impôts sur les biens et services	**..**	**1 554**	**3 805**	**5 541**	**6 248**	**..**	**..**	**..**	**..**	**..**
5100 Impôts sur production, vente, transfert, etc.	..	1 524	3 624	5 203	5 844	..	..	..	..	..
5110 Impôts généraux	..	1 192	2 467	3 222	3 768	..	..	..	..	..
5120 Impôts sur biens et services déterminés	..	332	1 156	1 981	2 076	..	..	..	..	..
5130 Non-ventilables entre 5110 et 5120	..	0	0	0	0	..	..	..	..	..
5200 Impôts sur utilisation des biens et exerc. activites	..	31	181	338	404	..	..	..	..	..
5300 Non-ventilables entre 5100 et 5200	..	0	0	0	0	..	..	..	..	..
6000 Autres impôts	**..**	**0**	**0**	**0**	**0**	**..**	**..**	**..**	**..**	**..**
6100 A la charge exclusive des entreprises	..	..	..	..	..	..	..	..	..	..
6200 A la charge d'autres agents	..	..	..	..	..	..	..	..	..	..
Recettes fiscales totales	**..**	**2 090**	**6 199**	**7 150**	**8 500**	**..**	**..**	**..**	**..**	**..**

	Administrations locales					Administrations de sécurite sociale				
	1975	1995	2005	2015	2018	1975	1995	2005	2015	2018
1000 Impôts sur revenu, bénéfices et gains en capital	**..**	**194**	**559**	**1 019**	**1 173**	**..**	**0**	**0**	**0**	**0**
1100 Des personnes physiques	..	192	556	1 019	1 173	..	..	..	..	..
1200 Des sociétés	..	0	0	0	0	..	..	..	..	..
1300 Non-ventilables entre 1100 et 1200	..	2	2	0	0	..	..	..	..	..
2000 Cotisations de sécurité sociale	**..**	**0**	**0**	**0**	**0**	**..**	**1 795**	**4 354**	**5 924**	**7 009**
2100 A la charge des salariés	..	..	..	..	..	..	812	2 124	2 879	3 452
2200 A la charge des employeurs	..	..	..	..	..	..	806	1 579	2 112	2 562
2300 A charge des travailleurs indép. ou sans emploi	..	..	..	..	..	..	177	652	933	995
2400 Non-ventilables entre 2100, 2200 et 2300	..	..	..	..	..	..	0	0	0	0
3000 Sur salaires ou main d'oeuvre	**..**	**2**	**0**	**0**	**0**	**..**	**0**	**0**	**0**	**0**
4000 Impôts sur le patrimoine	**..**	**53**	**167**	**239**	**275**	**..**	**0**	**0**	**0**	**0**
4100 Impôts périodiques sur la propriété immobilière	..	37	122	199	223	..	..	..	..	..
4200 Impôts périodiques sur l'actif net	..	0	0	0	0	..	..	..	..	..
4300 Impôts sur mut. par décès, succ. et donations	..	1	5	8	10	..	..	..	..	..
4400 Impôts sur transact. mobilières et immob.	..	12	40	29	40	..	..	..	..	..
4500 Impôts non-périodiques	..	3	0	3	2	..	..	..	..	..
4600 Autres impôts périodiques sur patrimoine	..	0	0	0	0	..	..	..	..	..
5000 Impôts sur les biens et services	**..**	**7**	**91**	**96**	**93**	**..**	**0**	**0**	**0**	**0**
5100 Impôts sur production, vente, transfert, etc.	..	7	43	57	58	..	..	..	..	..
5110 Impôts généraux	..	0	0	0	0	..	..	..	..	..
5120 Impôts sur biens et services déterminés	..	7	43	57	58	..	..	..	..	..
5130 Non-ventilables entre 5110 et 5120	..	0	0	0	0	..	..	..	..	..
5200 Impôts sur utilisation des biens et exerc. activites	..	0	48	39	35	..	..	..	..	..
5300 Non-ventilables entre 5100 et 5200	..	0	0	0	0	..	..	..	..	..
6000 Autres impôts	**..**	**0**	**0**	**0**	**0**	**..**	**0**	**0**	**0**	**0**
6100 A la charge exclusive des entreprises	..	..	..	..	..	..	..	..	..	..
6200 A la charge d'autres agents	..	..	..	..	..	..	..	..	..	..
Recettes fiscales totales	**..**	**256**	**817**	**1 354**	**1 541**	**..**	**1 795**	**4 354**	**5 924**	**7 009**

.. Non disponible

Note : Y compris les droits de douane perçus pour le compte de l'Union européenne.

StatLink https://doi.org/10.1787/888934216734

Tableau 6.32. Espagne, recettes fiscales par sous-secteurs d'administration

Million EUR

	Administration fédérale					Administration d'État/Régions				
	1975	1995	2005	2015	2018	1975	1995	2005	2015	2018
1000 Impôts sur revenu, bénéfices et gains en capital	**1 388**	**38 846**	**71 598**	**62 198**	**71 685**	**..**	**588**	**19 503**	**34 814**	**43 391**
1100 Des personnes physiques	897	31 789	38 219	39 659	43 774	..	457	19 104	34 600	43 127
1200 Des sociétés	490	7 057	33 379	22 539	27 911	..	131	399	214	264
1300 Non-ventilables entre 1100 et 1200	1	0	0	0	0	..	0	0	0	0
2000 Cotisations de sécurité sociale	**0**	**2 027**	**3 027**	**3 505**	**3 484**	**..**	**0**	**0**	**0**	**0**
2100 A la charge des salariés	..	1 017	1 369	1 541	1 438	..	..	..	..	..
2200 A la charge des employeurs	..	1 010	1 658	1 964	2 046	..	..	..	..	..
2300 A charge des travailleurs indép. ou sans emploi	..	0	0	0	0	..	..	..	..	..
2400 Non-ventilables entre 2100, 2200 et 2300	..	0	0	0	0	..	..	..	..	..
3000 Sur salaires ou main d'oeuvre	**0**	**0**	**0**	**0**	**0**	**..**	**0**	**0**	**0**	**0**
4000 Impôts sur le patrimoine	**421**	**405**	**77**	**1 197**	**445**	**..**	**4 050**	**19 031**	**10 286**	**12 694**
4100 Impôts périodiques sur la propriété immobilière	1	3	5	4	5	..	0	2	38	39
4200 Impôts périodiques sur l'actif net	0	166	38	32	57	..	419	1 246	961	1 146
4300 Impôts sur mut. par décès, succ. et donations	56	1	24	222	143	..	835	2 315	2 454	2 412
4400 Impôts sur transact. mobilières et immob.	364	235	10	6	6	..	2 796	15 468	6 833	9 097
4500 Impôts non-périodiques	0	0	0	933	234	..	0	0	0	0
4600 Autres impôts périodiques sur patrimoine	0	0	0	0	0	..	0	0	0	0
5000 Impôts sur les biens et services	**1 609**	**32 388**	**71 536**	**89 031**	**98 039**	**..**	**2 556**	**7 956**	**6 553**	**7 722**
5100 Impôts sur production, vente, transfert, etc.	1 599	32 206	70 895	87 536	96 298	..	2 387	7 637	6 022	7 127
5110 Impôts généraux	990	20 331	51 583	61 839	70 615	..	786	1 980	2 571	3 006
5120 Impôts sur biens et services déterminés	608	11 875	19 312	25 697	25 683	..	1 601	5 657	3 451	4 121
5130 Non-ventilables entre 5110 et 5120	0	0	0	0	0	..	0	0	0	0
5200 Impôts sur utilisation des biens et exerc. activites	10	182	641	1 495	1 741	..	169	319	531	595
5300 Non-ventilables entre 5100 et 5200	0	0	0	0	0	..	0	0	0	0
6000 Autres impôts	**0**	**0**	**0**	**101**	**156**	**..**	**0**	**1**	**19**	**11**
6100 A la charge exclusive des entreprises	0	..	..	..	..	..	..	..	..	..
6200 A la charge d'autres agents	0	0	0	101	156	..	0	1	19	11
Recettes fiscales totales	**3 418**	**73 666**	**146 238**	**156 032**	**173 809**	**..**	**7 194**	**46 491**	**51 672**	**63 818**

	Administrations locales					Administrations de sécurite sociale				
	1975	1995	2005	2015	2018	1975	1995	2005	2015	2018
1000 Impôts sur revenu, bénéfices et gains en capital	**175**	**2 514**	**4 892**	**5 633**	**6 916**	**0**	**0**	**0**	**0**	**0**
1100 Des personnes physiques	131	2 137	3 426	4 637	5 414	..	..	..	..	..
1200 Des sociétés	0	377	1 466	996	1 502	..	..	..	..	..
1300 Non-ventilables entre 1100 et 1200	44	0	0	0	0	..	..	..	..	..
2000 Cotisations de sécurité sociale	**0**	**0**	**0**	**0**	**0**	**3 367**	**49 851**	**106 040**	**119 330**	**137 750**
2100 A la charge des salariés	..	..	..	..	..	645	7 372	15 332	17 242	20 201
2200 A la charge des employeurs	..	..	..	..	..	2 722	35 137	77 989	86 024	101 271
2300 A charge des travailleurs indép. ou sans emploi	..	..	..	..	..	0	7 342	12 719	16 064	16 278
2400 Non-ventilables entre 2100, 2200 et 2300	..	..	..	..	..	0	0	0	0	0
3000 Sur salaires ou main d'oeuvre	**0**	**0**	**0**	**0**	**0**	**0**	**0**	**0**	**0**	**0**
4000 Impôts sur le patrimoine	**26**	**3 759**	**8 869**	**16 372**	**17 173**	**0**	**0**	**0**	**0**	**0**
4100 Impôts périodiques sur la propriété immobilière	26	2 754	6 038	12 581	13 199	..	..	..	..	..
4200 Impôts périodiques sur l'actif net	0	177	431	911	983	..	..	..	..	..
4300 Impôts sur mut. par décès, succ. et donations	0	19	79	114	132	..	..	..	..	..
4400 Impôts sur transact. mobilières et immob.	0	166	423	145	207	..	..	..	..	..
4500 Impôts non-périodiques	0	643	1 898	2 621	2 652	..	..	..	..	..
4600 Autres impôts périodiques sur patrimoine	0	0	0	0	0	..	..	..	..	..
5000 Impôts sur les biens et services	**104**	**6 072**	**12 810**	**13 067**	**14 536**	**0**	**0**	**0**	**0**	**0**
5100 Impôts sur production, vente, transfert, etc.	104	1 976	5 946	6 846	7 736	..	..	..	..	..
5110 Impôts généraux	95	1 805	4 186	5 068	5 837	..	..	..	..	..
5120 Impôts sur biens et services déterminés	10	171	1 760	1 778	1 899	..	..	..	..	..
5130 Non-ventilables entre 5110 et 5120	0	0	0	0	0	..	..	..	..	..
5200 Impôts sur utilisation des biens et exerc. activites	0	4 096	6 864	6 221	6 800	..	..	..	..	..
5300 Non-ventilables entre 5100 et 5200	0	0	0	0	0	..	..	..	..	..
6000 Autres impôts	**0**	**8**	**6**	**69**	**37**	**0**	**0**	**0**	**0**	**0**
6100 A la charge exclusive des entreprises	..	..	..	..	..	..	..	..	..	..
6200 A la charge d'autres agents	..	8	6	69	37	..	0	0	0	0
Recettes fiscales totales	**305**	**12 353**	**26 577**	**35 141**	**38 662**	**3 367**	**49 851**	**106 040**	**119 330**	**137 750**

.. Non disponible

Note : Y compris les droits de douane perçus pour le compte de l'Union européenne.

StatLink https://doi.org/10.1787/888934216753

Tableau 6.33. Suède, recettes fiscales par sous-secteurs d'administration

Million SEK

	Administration centrale					Administration d'État/Régions				
	1975	1995	2005	2015	2018	1975	1995	2005	2015	2018
1000 Impôts sur revenu, bénéfices et gains en capital	**28 216**	**72 342**	**100 767**	**21 820**	**34 827**	..	..	..	..	..
1100 Des personnes physiques	25 626	22 541	-1 222	-102 059	-102 620	..	..	..	..	..
1200 Des sociétés	2 590	49 801	101 989	123 878	137 447	..	..	..	..	..
1300 Non-ventilables entre 1100 et 1200	0	0	0	0	0	..	..	..	..	..
2000 Cotisations de sécurité sociale[1]	**0**	**50 560**	**212 964**	**180 723**	**206 593**	..	..	..	..	..
2100 A la charge des salariés	..	0	0	0	0	..	..	..	..	..
2200 A la charge des employeurs	..	49 222	209 370	179 056	205 392	..	..	..	..	..
2300 A charge des travailleurs indép. ou sans emploi	..	1 338	4 639	1 875	1 710	..	..	..	..	..
2400 Non-ventilables entre 2100, 2200 et 2300	..	0	-1 044	-209	-509	..	..	..	..	..
3000 Sur salaires ou main d'oeuvre	**5 723**	**17 800**	**62 432**	**194 121**	**245 036**	..	..	..	..	..
4000 Impôts sur le patrimoine	**1 469**	**23 260**	**40 116**	**27 917**	**27 792**	..	..	..	..	..
4100 Impôts périodiques sur la propriété immobilière	11	15 263	25 139	16 509	15 167	..	..	..	..	..
4200 Impôts périodiques sur l'actif net	647	3 583	4 998	0	0	..	..	..	..	..
4300 Impôts sur mut. par décès, succ. et donations	335	1 388	1 092	0	0	..	..	..	..	..
4400 Impôts sur transact. mobilières et immob.	476	3 026	8 887	11 408	12 625	..	..	..	..	..
4500 Impôts non-périodiques	0	0	0	0	0	..	..	..	..	..
4600 Autres impôts périodiques sur patrimoine	0	0	0	0	0	..	..	..	..	..
5000 Impôts sur les biens et services	**31 985**	**237 720**	**355 413**	**511 387**	**590 449**	..	..	..	..	..
5100 Impôts sur production, vente, transfert, etc.	29 820	233 671	344 393	492 635	570 614	..	..	..	..	..
5110 Impôts généraux	15 806	166 557	250 470	382 712	445 799	..	..	..	..	..
5120 Impôts sur biens et services déterminés	14 014	67 114	93 924	109 923	124 815	..	..	..	..	..
5130 Non-ventilables entre 5110 et 5120	0	0	0	0	0	..	..	..	..	..
5200 Impôts sur utilisation des biens et exerc. activites	2 165	4 049	11 019	18 752	19 835	..	..	..	..	..
5300 Non-ventilables entre 5100 et 5200	0	0	0	0	0	..	..	..	..	..
6000 Autres impôts	**260**	**1 438**	**1 347**	**1 356**	**1 926**	..	..	..	..	..
6100 A la charge exclusive des entreprises	0	0	0	0	..	..	..	..	..	..
6200 A la charge d'autres agents	260	1 438	1 347	1 356	1 926	..	..	..	..	..
Recettes fiscales totales	**67 653**	**404 489**	**773 040**	**937 323**	**1 106 622**	..	..	..	..	..

	Administrations locales					Administrations de sécurite sociale				
	1975	1995	2005	2015	2018	1975	1995	2005	2015	2018
1000 Impôts sur revenu, bénéfices et gains en capital	**38 415**	**265 068**	**435 577**	**635 719**	**726 221**	**0**	**0**	**0**	**0**	**0**
1100 Des personnes physiques	35 269	265 068	435 577	635 719	726 221	..	..	..	..	..
1200 Des sociétés	3 146	0	0	0	0	..	..	..	..	..
1300 Non-ventilables entre 1100 et 1200	0	0	0	0	0	..	..	..	..	..
2000 Cotisations de sécurité sociale[1]	**0**	**0**	**0**	**0**	**0**	**25 756**	**186 992**	**151 019**	**224 129**	**256 745**
2100 A la charge des salariés	..	..	..	..	..	0	28 989	74 178	108 356	123 661
2200 A la charge des employeurs	..	..	..	..	..	24 203	154 154	74 377	112 589	129 962
2300 A charge des travailleurs indép. ou sans emploi	..	..	..	..	..	1 553	3 849	2 464	3 183	3 122
2400 Non-ventilables entre 2100, 2200 et 2300	..	..	..	..	..	0	0	0	0	0
3000 Sur salaires ou main d'oeuvre	**0**	**0**	**0**	**0**	**0**	**0**	**0**	**0**	**0**	**0**
4000 Impôts sur le patrimoine	**0**	**0**	**0**	**15 935**	**18 050**	**0**	**0**	**0**	**0**	**0**
4100 Impôts périodiques sur la propriété immobilière	..	..	..	15 935	18 050	..	..	..	..	..
4200 Impôts périodiques sur l'actif net	..	..	..	0	0	..	..	..	..	..
4300 Impôts sur mut. par décès, succ. et donations	..	..	..	0	0	..	..	..	..	..
4400 Impôts sur transact. mobilières et immob.	..	..	..	0	0	..	..	..	..	..
4500 Impôts non-périodiques	..	..	..	0	0	..	..	..	..	..
4600 Autres impôts périodiques sur patrimoine	..	..	..	0	0	..	..	..	..	..
5000 Impôts sur les biens et services	**149**	**786**	**0**	**0**	**0**	**0**	**0**	**0**	**0**	**0**
5100 Impôts sur production, vente, transfert, etc.	119	732	0	0	0	..	..	..	..	..
5110 Impôts généraux	0	0	0	0	0	..	..	..	..	..
5120 Impôts sur biens et services déterminés	119	732	0	0	0	..	..	..	..	..
5130 Non-ventilables entre 5110 et 5120	0	0	0	0	0	..	..	..	..	..
5200 Impôts sur utilisation des biens et exerc. activites	30	54	0	0	0	..	..	..	..	..
5300 Non-ventilables entre 5100 et 5200	0	0	0	0	0	..	..	..	..	..
6000 Autres impôts	**0**	**0**	**0**	**0**	**0**	**0**	**0**	**0**	**0**	**0**
6100 A la charge exclusive des entreprises	..	..	..	..	..	..	..	..	..	..
6200 A la charge d'autres agents	..	..	..	..	..	..	..	..	..	0
Recettes fiscales totales	**38 564**	**265 854**	**435 577**	**651 654**	**744 271**	**25 756**	**186 992**	**151 019**	**224 129**	**256 745**

.. Non disponible

Note : Y compris les droits de douane perçus pour le compte de l'Union européenne.

1. From 1985, social security contributions are classified using the SNA definition of Social security Funds which means that a proportion of these payments are shown under the heading of Central Government. Prior to that year, all such payments were classified under the heading of Social Security.

StatLink https://doi.org/10.1787/888934216772

Tableau 6.34. Suisse, recettes fiscales par sous-secteurs d'administration

Million CHF

	Administration fédérale					Administration d'État/Régions				
	1975	1995	2005	2015	2018	1975	1995	2005	2015	2018
1000 Impôts sur revenu, bénéfices et gains en capital	**3 422**	**10 468**	**16 341**	**26 841**	**30 960**	**7 756**	**19 408**	**26 544**	**34 686**	**37 176**
1100 Des personnes physiques	2 712	5 699	7 823	10 567	11 337	6 342	16 182	21 289	27 185	28 821
1200 Des sociétés	710	2 678	4 519	9 731	11 275	1 414	2 628	4 627	6 294	7 008
1300 Non-ventilables entre 1100 et 1200	0	2 092	4 000	6 543	8 347	0	598	628	1 207	1 347
2000 Cotisations de sécurité sociale	**0**	**0**	**0**	**0**	**0**	**0**	**0**	**0**	**0**	**0**
2100 A la charge des salariés	..	..	..	..	..	..	..	..	..	..
2200 A la charge des employeurs	..	..	..	..	..	..	..	..	..	..
2300 A charge des travailleurs indép. ou sans emploi	..	..	..	..	..	..	..	..	..	..
2400 Non-ventilables entre 2100, 2200 et 2300	..	..	..	..	..	..	..	..	..	..
3000 Sur salaires ou main d'oeuvre	**0**	**0**	**0**	**0**	**0**	**0**	**0**	**0**	**0**	**0**
4000 Impôts sur le patrimoine	**463**	**1 703**	**2 703**	**1 674**	**1 413**	**1 428**	**4 116**	**5 523**	**7 191**	**8 116**
4100 Impôts périodiques sur la propriété immobilière	0	0	0	0	0	60	162	230	349	347
4200 Impôts périodiques sur l'actif net	89	0	0	0	0	988	2 467	3 683	4 992	5 653
4300 Impôts sur mut. par décès, succ. et donations	0	0	0	0	0	270	974	824	964	1 058
4400 Impôts sur transact. mobilières et immob.	374	1 703	2 703	1 674	1 413	110	103	157	177	212
4500 Impôts non-périodiques	0	0	0	0	0	0	0	0	0	0
4600 Autres impôts périodiques sur patrimoine	0	0	0	0	0	0	411	629	709	847
5000 Impôts sur les biens et services	**7 431**	**20 257**	**28 941**	**36 076**	**37 188**	**795**	**1 706**	**2 373**	**2 883**	**2 992**
5100 Impôts sur production, vente, transfert, etc.	7 431	19 763	27 114	33 093	33 788	154	266	447	604	599
5110 Impôts généraux	3 205	12 428	18 429	22 791	23 042	0	0	0	0	0
5120 Impôts sur biens et services déterminés	4 226	7 335	8 685	10 302	10 746	154	236	410	584	579
5130 Non-ventilables entre 5110 et 5120	0	0	0	0	0	0	29	37	20	20
5200 Impôts sur utilisation des biens et exerc. activites	0	494	1 827	2 983	3 400	641	1 440	1 927	2 280	2 393
5300 Non-ventilables entre 5100 et 5200	0	0	0	0	0	0	0	0	0	0
6000 Autres impôts	**0**	**0**	**0**	**0**	**75**	**0**	**19**	**23**	**230**	**358**
6100 A la charge exclusive des entreprises	..	..	..	..	0	..	6	7	64	88
6200 A la charge d'autres agents	..	..	..	..	75	..	13	16	165	270
Recettes fiscales totales	**11 316**	**32 428**	**47 986**	**64 590**	**69 636**	**9 979**	**25 249**	**34 462**	**44 990**	**48 642**

	Administrations locales					Administrations de sécurite sociale				
	1975	1995	2005	2015	2018	1975	1995	2005	2015	2018
1000 Impôts sur revenu, bénéfices et gains en capital	**6 403**	**15 575**	**18 091**	**22 849**	**24 722**	**0**	**0**	**0**	**0**	**0**
1100 Des personnes physiques	5 398	13 340	15 326	18 625	19 609	..	..	..	..	..
1200 Des sociétés	1 005	1 624	2 316	3 418	3 933	..	..	..	..	..
1300 Non-ventilables entre 1100 et 1200	0	611	450	806	1 179	..	..	..	..	..
2000 Cotisations de sécurité sociale	**0**	**0**	**0**	**0**	**0**	**8 111**	**27 831**	**32 318**	**44 073**	**45 861**
2100 A la charge des salariés	..	..	..	..	..	3 589	13 021	15 125	20 436	21 356
2200 A la charge des employeurs	..	..	..	..	..	3 618	13 032	15 139	20 468	21 394
2300 A charge des travailleurs indép. ou sans emploi	..	..	..	..	..	840	1 778	2 053	3 169	3 111
2400 Non-ventilables entre 2100, 2200 et 2300	..	..	..	..	..	64	0	0	0	0
3000 Sur salaires ou main d'oeuvre	**0**	**0**	**0**	**0**	**0**	**0**	**0**	**0**	**0**	**0**
4000 Impôts sur le patrimoine	**1 068**	**2 614**	**3 251**	**4 262**	**4 763**	**0**	**0**	**0**	**0**	**0**
4100 Impôts périodiques sur la propriété immobilière	182	443	588	789	817	..	..	..	..	..
4200 Impôts périodiques sur l'actif net	809	1 873	2 393	3 091	3 549	..	..	..	..	..
4300 Impôts sur mut. par décès, succ. et donations	27	89	79	124	116	..	..	..	..	..
4400 Impôts sur transact. mobilières et immob.	50	42	38	52	56	..	..	..	..	..
4500 Impôts non-périodiques	0	0	0	0	0	..	..	..	..	..
4600 Autres impôts périodiques sur patrimoine	0	168	153	206	225	..	..	..	..	..
5000 Impôts sur les biens et services	**22**	**97**	**78**	**133**	**171**	**0**	**0**	**0**	**0**	**0**
5100 Impôts sur production, vente, transfert, etc.	17	55	26	63	74	..	..	..	..	..
5110 Impôts généraux	0	0	0	0	0	..	..	..	..	..
5120 Impôts sur biens et services déterminés	17	29	20	15	17	..	..	..	..	..
5130 Non-ventilables entre 5110 et 5120	0	25	6	48	58	..	..	..	..	..
5200 Impôts sur utilisation des biens et exerc. activites	5	42	52	70	96	..	..	..	..	..
5300 Non-ventilables entre 5100 et 5200	0	0	0	0	0	..	..	..	..	..
6000 Autres impôts	**0**	**164**	**223**	**569**	**596**	**0**	**0**	**0**	**0**	**0**
6100 A la charge exclusive des entreprises	..	49	67	277	290	..	..	..	..	..
6200 A la charge d'autres agents	..	115	156	292	306	..	..	..	..	..
Recettes fiscales totales	**7 493**	**18 451**	**21 643**	**27 813**	**30 253**	**8 111**	**27 831**	**32 318**	**44 073**	**45 861**

.. Non disponible

StatLink https://doi.org/10.1787/888934216791

Tableau 6.35. Turquie, recettes fiscales par sous-secteurs d'administration

Million TRY

	Administration centrale					Administration d'État/Régions				
	1975	1995	2005	2015	2018	1975	1995	2005	2015	2018
1000 Impôts sur revenu, bénéfices et gains en capital	..	**433**	**30 324**	**104 699**	**191 688**	..	..	..	..	..
1100 Des personnes physiques	..	330	20 458	75 426	122 312	..	..	..	..	..
1200 Des sociétés	..	103	9 866	29 272	69 376	..	..	..	..	..
1300 Non-ventilables entre 1100 et 1200	..	0	0	0	0	..	..	..	..	..
2000 Cotisations de sécurité sociale	..	**0**	**0**	**0**	**0**	..	..	..	..	..
2100 A la charge des salariés	..	..	..	..	..	..	..	..	..	..
2200 A la charge des employeurs	..	..	..	..	..	..	..	..	..	..
2300 A charge des travailleurs indép. ou sans emploi	..	..	..	..	..	..	..	..	..	..
2400 Non-ventilables entre 2100, 2200 et 2300	..	..	..	..	..	..	..	..	..	..
3000 Sur salaires ou main d'oeuvre	..	**0**	**0**	**0**	**0**	..	..	..	..	..
4000 Impôts sur le patrimoine	..	**49**	**3 626**	**20 211**	**26 475**	..	..	..	..	..
4100 Impôts périodiques sur la propriété immobilière	..	0	0	0	0	..	..	..	..	..
4200 Impôts périodiques sur l'actif net	..	0	0	0	0	..	..	..	..	..
4300 Impôts sur mut. par décès, succ. et donations	..	1	78	379	815	..	..	..	..	..
4400 Impôts sur transact. mobilières et immob.	..	29	3 548	19 832	25 660	..	..	..	..	..
4500 Impôts non-périodiques	..	19	0	0	0	..	..	..	..	..
4600 Autres impôts périodiques sur patrimoine	..	0	0	0	0	..	..	..	..	..
5000 Impôts sur les biens et services	..	**574**	**71 956**	**231 227**	**322 711**	..	..	..	..	..
5100 Impôts sur production, vente, transfert, etc.	..	567	69 266	222 702	310 851	..	..	..	..	..
5110 Impôts généraux	..	475	30 343	107 451	156 385	..	..	..	..	..
5120 Impôts sur biens et services déterminés	..	92	38 923	115 251	154 466	..	..	..	..	..
5130 Non-ventilables entre 5110 et 5120	..	0	0	0	0	..	..	..	..	..
5200 Impôts sur utilisation des biens et exerc. activites	..	8	2 691	8 526	11 860	..	..	..	..	..
5300 Non-ventilables entre 5100 et 5200	..	0	0	0	0	..	..	..	..	..
6000 Autres impôts	..	**259**	**4 181**	**3 779**	**4 159**	..	..	..	..	..
6100 A la charge exclusive des entreprises	..	0	0	0	0	..	..	..	..	..
6200 A la charge d'autres agents	..	259	4 181	3 779	4 159	..	..	..	..	..
Recettes fiscales totales	..	**1 316**	**110 088**	**359 915**	**545 033**	..	..	..	..	..

	Administrations locales					Administrations de sécurite sociale				
	1975	1995	2005	2015	2018	1975	1995	2005	2015	2018
1000 Impôts sur revenu, bénéfices et gains en capital	..	**63**	**4 011**	**14 445**	**25 978**	..	**0**	**0**	**0**	**0**
1100 Des personnes physiques	..	48	2 706	10 330	16 681	..	..	..	..	..
1200 Des sociétés	..	15	1 305	4 116	9 297	..	..	..	..	..
1300 Non-ventilables entre 1100 et 1200	..	0	0	0	0	..	..	..	..	..
2000 Cotisations de sécurité sociale	..	**0**	**0**	**0**	**0**	..	**212**	**35 321**	**170 282**	**269 932**
2100 A la charge des salariés	..	..	..	..	..	..	82	12 128	64 214	101 666
2200 A la charge des employeurs	..	..	..	..	..	..	110	16 132	95 067	151 373
2300 A charge des travailleurs indép. ou sans emploi	..	..	..	..	..	..	19	7 061	11 001	16 893
2400 Non-ventilables entre 2100, 2200 et 2300	..	..	..	..	..	..	0	0	0	0
3000 Sur salaires ou main d'oeuvre	..	**0**	**0**	**0**	**0**	..	**0**	**0**	**0**	**0**
4000 Impôts sur le patrimoine	..	**4**	**1 627**	**8 371**	**12 466**	..	**0**	**0**	**0**	**0**
4100 Impôts périodiques sur la propriété immobilière	..	0	1 148	5 882	8 703	..	..	..	..	..
4200 Impôts périodiques sur l'actif net	..	0	0	0	0	..	..	..	..	..
4300 Impôts sur mut. par décès, succ. et donations	..	0	10	56	106	..	..	..	..	..
4400 Impôts sur transact. mobilières et immob.	..	4	469	2 433	3 657	..	..	..	..	..
4500 Impôts non-périodiques	..	0	0	0	0	..	..	..	..	..
4600 Autres impôts périodiques sur patrimoine	..	0	0	0	0	..	..	..	..	..
5000 Impôts sur les biens et services	..	**84**	**5 649**	**28 737**	**42 271**	..	**0**	**0**	**0**	**0**
5100 Impôts sur production, vente, transfert, etc.	..	82	5 295	27 560	40 604	..	..	..	..	..
5110 Impôts généraux	..	69	4 014	13 619	22 231	..	..	..	..	..
5120 Impôts sur biens et services déterminés	..	13	1 281	13 940	18 374	..	..	..	..	..
5130 Non-ventilables entre 5110 et 5120	..	0	0	0	0	..	..	..	..	..
5200 Impôts sur utilisation des biens et exerc. activites	..	1	354	1 177	1 667	..	..	..	..	..
5300 Non-ventilables entre 5100 et 5200	..	0	0	0	0	..	..	..	..	..
6000 Autres impôts	..	**73**	**721**	**4 971**	**5 805**	..	**0**	**0**	**0**	**0**
6100 A la charge exclusive des entreprises	..	0	0	0	0	..	..	..	..	..
6200 A la charge d'autres agents	..	73	721	4 971	5 805	..	..	..	..	..
Recettes fiscales totales	..	**224**	**12 008**	**56 525**	**86 520**	..	**212**	**35 321**	**170 282**	**269 932**

.. Non disponible

StatLink https://doi.org/10.1787/888934216810

Tableau 6.36. Royaume-Uni, recettes fiscales par sous-secteurs d'administration

Million GBP

	Administration centrale					Administration d'État/Régions				
	1975	1995	2005	2015	2018	1975	1995	2005	2015	2018
1000 Impôts sur revenu, bénéfices et gains en capital	**16 716**	**92 147**	**177 149**	**223 355**	**249 059**	..	..	..	..	..
1100 Des personnes physiques	14 936	71 973	130 135	168 873	192 765	..	..	..	..	..
1200 Des sociétés	2 310	20 174	47 014	54 482	56 294	..	..	..	..	..
1300 Non-ventilables entre 1100 et 1200	-530	0	0	0	0	..	..	..	..	..
2000 Cotisations de sécurité sociale	**0**	**0**	**0**	**0**	**0**	..	..	..	..	..
2100 A la charge des salariés	..	..	..	..	..	..	..	..	..	..
2200 A la charge des employeurs	..	..	..	..	..	..	..	..	..	..
2300 A charge des travailleurs indép. ou sans emploi	..	..	..	..	..	..	..	..	..	..
2400 Non-ventilables entre 2100, 2200 et 2300	..	..	..	..	..	..	..	..	..	..
3000 Sur salaires ou main d'oeuvre	**-1**	**0**	**0**	**0**	**2 604**	..	..	..	..	..
4000 Impôts sur le patrimoine	**619**	**15 730**	**32 583**	**46 622**	**52 766**	..	..	..	..	..
4100 Impôts périodiques sur la propriété immobilière	44	12 369	19 523	28 389	30 811	..	..	..	..	..
4200 Impôts périodiques sur l'actif net	0	0	0	0	0	..	..	..	..	..
4300 Impôts sur mut. par décès, succ. et donations	307	1 441	3 150	4 442	5 301	..	..	..	..	..
4400 Impôts sur transact. mobilières et immob.	266	1 920	9 910	13 791	16 654	..	..	..	..	..
4500 Impôts non-périodiques	2	0	0	0	0	..	..	..	..	..
4600 Autres impôts périodiques sur patrimoine	0	0	0	0	0	..	..	..	..	..
5000 Impôts sur les biens et services	**8 982**	**85 507**	**136 758**	**204 693**	**226 569**	..	..	..	..	..
5100 Impôts sur production, vente, transfert, etc.	8 502	81 175	131 362	197 250	218 472	..	..	..	..	..
5110 Impôts généraux	3 515	47 539	84 649	133 064	149 078	..	..	..	..	..
5120 Impôts sur biens et services déterminés	4 987	33 636	46 713	64 186	69 394	..	..	..	..	..
5130 Non-ventilables entre 5110 et 5120	0	0	0	0	0	..	..	..	..	..
5200 Impôts sur utilisation des biens et exerc. activites	698	4 332	5 396	7 443	8 097	..	..	..	..	..
5300 Non-ventilables entre 5100 et 5200	-218	0	0	0	0	..	..	..	..	..
6000 Autres impôts	**0**	**0**	**0**	**0**	**0**	..	..	..	..	..
6100 A la charge exclusive des entreprises	..	..	..	..	..	..	..	..	..	..
6200 A la charge d'autres agents	..	..	..	..	..	..	..	..	..	..
Recettes fiscales totales	**26 316**	**193 384**	**346 490**	**474 670**	**530 998**	..	..	..	..	..

	Administrations locales					Administrations de sécurite sociale				
	1975	1995	2005	2015	2018	1975	1995	2005	2015	2018
1000 Impôts sur revenu, bénéfices et gains en capital	**0**	**0**	**0**	**0**	**0**	**0**	**0**	**0**	**0**	**0**
1100 Des personnes physiques	0	0	0	0	0	0	0	0	0	0
1200 Des sociétés	0	0	0	0	0	0	0	0	0	0
1300 Non-ventilables entre 1100 et 1200	0	0	0	0	0	0	0	0	0	0
2000 Cotisations de sécurité sociale	**0**	**0**	**0**	**0**	**0**	**6 540**	**44 397**	**84 459**	**114 067**	**134 986**
2100 A la charge des salariés	..	..	..	..	..	2 562	18 646	35 159	44 454	52 055
2200 A la charge des employeurs	..	..	..	..	..	4 068	24 210	46 475	66 491	79 240
2300 A charge des travailleurs indép. ou sans emploi	..	..	..	..	..	195	1 541	2 825	3 122	3 691
2400 Non-ventilables entre 2100, 2200 et 2300	..	..	..	..	..	-285	0	0	0	0
3000 Sur salaires ou main d'oeuvre	**0**	**0**	**0**	**0**	**0**	**0**	**0**	**0**	**0**	**0**
4000 Impôts sur le patrimoine	**4 127**	**9 303**	**21 255**	**29 943**	**35 650**	**0**	**0**	**0**	**0**	**0**
4100 Impôts périodiques sur la propriété immobilière	3 978	9 303	21 255	29 796	35 348	..	..	..	..	..
4200 Impôts périodiques sur l'actif net	0	0	0	0	0	..	..	..	..	..
4300 Impôts sur mut. par décès, succ. et donations	0	0	0	0	0	..	..	..	..	..
4400 Impôts sur transact. mobilières et immob.	0	0	0	0	0	..	..	..	..	..
4500 Impôts non-périodiques	0	0	0	147	302	..	..	..	..	..
4600 Autres impôts périodiques sur patrimoine	149	0	0	0	0	..	..	..	..	..
5000 Impôts sur les biens et services	**0**	**0**	**0**	**0**	**0**	**0**	**0**	**0**	**0**	**0**
5100 Impôts sur production, vente, transfert, etc.	..	..	..	..	..	..	..	..	..	..
5110 Impôts généraux	..	..	..	..	..	..	..	..	..	..
5120 Impôts sur biens et services déterminés	..	..	..	..	..	..	..	..	..	..
5130 Non-ventilables entre 5110 et 5120	..	..	..	..	..	..	..	..	..	..
5200 Impôts sur utilisation des biens et exerc. activites	..	..	..	..	..	..	..	..	..	..
5300 Non-ventilables entre 5100 et 5200	..	..	..	..	..	..	..	..	..	..
6000 Autres impôts	**0**	**0**	**0**	**0**	**0**	**0**	**0**	**0**	**0**	**0**
6100 A la charge exclusive des entreprises	..	..	..	..	..	..	..	..	..	..
6200 A la charge d'autres agents	..	..	0	..	..	..	..	..	..	..
Recettes fiscales totales	**4 127**	**9 303**	**21 255**	**29 943**	**35 650**	**6 540**	**44 397**	**84 459**	**114 067**	**134 986**

.. Non disponible

Note : Y compris les droits de douane perçus pour le compte de l'Union européenne.

StatLink https://doi.org/10.1787/888934216829

Tableau 6.37. États-Unis, recettes fiscales par sous-secteurs d'administration

Million USD

	Administration fédérale					Administration d'État/Régions				
	1975	1995	2005	2015	2018	1975	1995	2005	2015	2018
1000 Impôts sur revenu, bénéfices et gains en capital	**163 072**	**750 144**	**1 268 412**	**1 882 708**	**1 795 260**	**25 509**	**157 598**	**275 728**	**391 102**	**436 954**
1100 Des personnes physiques	122 386	594 213	948 921	1 553 620	1 647 896	..	128 429	226 576	343 104	387 288
1200 Des sociétés	40 686	155 931	319 490	329 088	147 363	..	29 169	49 152	47 998	49 666
1300 Non-ventilables entre 1100 et 1200	0	0	0	0	0	..	0	0	0	0
2000 Cotisations de sécurité sociale	**0**	**0**	**0**	**0**	**0**	**0**	**0**	**0**	**0**	**0**
2100 A la charge des salariés	..	..	..	..	..	..	..	..	..	..
2200 A la charge des employeurs	..	..	..	..	..	..	..	..	..	..
2300 A charge des travailleurs indép. ou sans emploi	..	..	..	..	..	..	..	..	..	..
2400 Non-ventilables entre 2100, 2200 et 2300	..	..	..	..	..	..	..	..	..	..
3000 Sur salaires ou main d'oeuvre	**0**	**0**	**0**	**0**	**0**	**0**	**0**	**0**	**1 750**	**2 169**
4000 Impôts sur le patrimoine	**4 613**	**14 948**	**24 989**	**20 191**	**22 871**	**3 284**	**16 880**	**28 808**	**31 016**	**34 978**
4100 Impôts périodiques sur la propriété immobilière	0	0	0	0	0	1 451	7 240	9 037	13 288	14 917
4200 Impôts périodiques sur l'actif net	0	0	0	0	0	0	0	0	0	0
4300 Impôts sur mut. par décès, succ. et donations	4 611	14 948	24 989	20 191	22 871	1 418	5 061	5 322	5 088	5 347
4400 Impôts sur transact. mobilières et immob.	2	0	0	0	0	415	2 386	11 711	8 614	10 195
4500 Impôts non-périodiques	0	0	0	0	0	0	0	0	0	0
4600 Autres impôts périodiques sur patrimoine	0	0	0	0	0	0	2 193	2 738	4 025	4 519
5000 Impôts sur les biens et services	**20 773**	**75 553**	**99 411**	**140 342**	**160 821**	**52 032**	**232 033**	**377 795**	**502 508**	**562 656**
5100 Impôts sur production, vente, transfert, etc.	20 442	75 553	99 411	140 342	160 821	43 960	200 495	323 137	438 456	490 150
5110 Impôts généraux	0	0	0	0	0	24 916	135 132	218 917	289 875	321 450
5120 Impôts sur biens et services déterminés	20 442	75 553	99 411	140 342	160 821	19 044	65 363	104 220	148 581	168 700
5130 Non-ventilables entre 5110 et 5120	0	0	0	0	0	0	0	0	0	0
5200 Impôts sur utilisation des biens et exerc. activites	331	0	0	0	0	8 072	31 538	54 658	64 051	72 506
5300 Non-ventilables entre 5100 et 5200	0	0	0	0	0	0	0	0	0	0
6000 Autres impôts	**0**	**0**	**0**	**0**	**0**	**0**	**0**	**0**	**0**	**0**
6100 A la charge exclusive des entreprises	..	..	..	..	..	..	..	..	..	..
6200 A la charge d'autres agents	..	..	..	..	..	..	..	..	..	..
Recettes fiscales totales	**188 458**	**840 645**	**1 392 812**	**2 043 241**	**1 978 952**	**80 825**	**406 511**	**682 331**	**926 376**	**1 036 758**

	Administrations locales					Administrations de sécurite sociale				
	1975	1995	2005	2015	2018	1975	1995	2005	2015	2018
1000 Impôts sur revenu, bénéfices et gains en capital	**2 635**	**15 795**	**28 272**	**39 437**	**42 382**	**0**	**0**	**0**	**0**	**0**
1100 Des personnes physiques	..	13 308	22 481	31 228	33 637	..	..	..	..	..
1200 Des sociétés	..	2 487	5 791	8 209	8 745	..	..	..	..	..
1300 Non-ventilables entre 1100 et 1200	..	0	0	0	0	..	..	..	..	..
2000 Cotisations de sécurité sociale	**0**	**0**	**0**	**0**	**0**	**85 039**	**510 476**	**831 410**	**1 125 542**	**1 250 370**
2100 A la charge des salariés	..	..	..	..	..	36 382	221 800	362 829	502 446	568 322
2200 A la charge des employeurs	..	..	..	..	..	45 241	261 805	423 936	561 881	616 078
2300 A charge des travailleurs indép. ou sans emploi	..	..	..	..	..	3 416	26 871	44 645	61 215	65 970
2400 Non-ventilables entre 2100, 2200 et 2300	..	..	..	..	..	0	0	0	0	0
3000 Sur salaires ou main d'oeuvre	**0**	**0**	**0**	**0**	**0**	**0**	**0**	**0**	**0**	**0**
4000 Impôts sur le patrimoine	**50 040**	**197 392**	**359 344**	**488 331**	**559 829**	**0**	**0**	**0**	**0**	**0**
4100 Impôts périodiques sur la propriété immobilière	50 040	195 339	342 203	477 020	547 082	..	..	..	..	..
4200 Impôts périodiques sur l'actif net	0	0	0	0	0	..	..	..	..	..
4300 Impôts sur mut. par décès, succ. et donations	0	30	114	226	294	..	..	..	..	..
4400 Impôts sur transact. mobilières et immob.	0	50	13 570	6 266	6 928	..	..	..	..	..
4500 Impôts non-périodiques	0	0	0	0	0	..	..	..	..	..
4600 Autres impôts périodiques sur patrimoine	0	1 973	3 457	4 818	5 526	..	..	..	..	..
5000 Impôts sur les biens et services	**8 389**	**57 507**	**108 696**	**151 277**	**163 457**	**0**	**0**	**0**	**0**	**0**
5100 Impôts sur production, vente, transfert, etc.	6 518	42 269	76 976	117 939	126 167	..	..	..	..	..
5110 Impôts généraux	4 322	29 316	53 842	85 591	90 455	..	..	..	..	..
5120 Impôts sur biens et services déterminés	2 196	12 953	23 134	32 348	35 712	..	..	..	..	..
5130 Non-ventilables entre 5110 et 5120	0	0	0	0	0	..	..	..	..	..
5200 Impôts sur utilisation des biens et exerc. activites	1 871	15 238	31 720	33 338	37 289	..	..	..	..	..
5300 Non-ventilables entre 5100 et 5200	0	0	0	0	0	..	..	..	..	..
6000 Autres impôts	**0**	**0**	**0**	**0**	**0**	**0**	**0**	**0**	**0**	**0**
6100 A la charge exclusive des entreprises	..	..	..	..	..	..	..	..	..	..
6200 A la charge d'autres agents	..	..	..	..	..	..	..	..	..	..
Recettes fiscales totales	**61 064**	**270 695**	**496 313**	**679 045**	**765 668**	**85 039**	**510 476**	**831 410**	**1 125 542**	**1 250 370**

.. Non disponible

StatLink https://doi.org/10.1787/888934216848

Annexe A. Classification des impôts de l'OCDE et Guide d'interprétation

Table des matières

A.1 Classification des impôts de l'OCDE

A.2 Champ couvert

A.3 Bases de comptabilisation

A.4 Principes généraux de classification

A.5 Commentaires sur les postes de la liste

A.6 Conciliation avec les comptes nationaux

A.7 Poste pour mémoire relatif au financement des prestations de sécurité sociale

A.8 Poste pour mémoire relatif aux impôts identifiables payés par les administrations

A.9 Rapport de la classification des impôts de l'OCDE avec les systèmes nationaux de comptabilité nationale

A.10 Rapport de la classification des impôts de l'OCDE avec le système du Fonds monétaire international

A.11 Comparaison de la classification OCDE et des autres classifications internationales des recettes publiques

A.12 Répartition des recettes fiscales par sous-secteur d'administration publique

A1. Classification des impôts de l'OCDE

1. 1000 Impôts sur le revenu, les bénéfices et les gains en capital

    1100 Impôts sur le revenu, les bénéfices et les gains en capital des personnes physiques

        1110 Sur le revenu et les bénéfices

        1120 Sur les gains en capital

    1200 Impôts sur le revenu, les bénéfices et les gains en capital des sociétés

        1210 Sur le revenu et les bénéfices

        1220 Sur les gains en capital

    1300 Non ventilables entres les rubriques 110 et 1200

2. 2000 Cotisations de sécurité sociale

    2100 A la charge des salariés

        2110 Sur la base du salaire

        2120 Sur la base de l'impôt sur le revenu

    2200 A la charge des employeurs

        2210 Sur la base du salaire

        2220 Sur la base de l'impôt sur le revenu

    2300 A la charge des travailleurs indépendants ou des personnes n'occupant pas d'emploi

        2310 Sur la base du salaire

        2320 Sur la base de l'impôt sur le revenu

    2400 Non ventilables entre les rubriques 2100, 2200 et 2300

        2410 Sur la base du salaire

        2420 Sur la base de l'impôt sur le revenu

3. 3000 Impôts sur les salaires et la main-d'œuvre

4. 4000 Impôts sur le patrimoine

    4100 Impôts périodiques sur la propriété immobilière

        4110 Ménages

        4120 Autres agents

4200 Impôts périodiques sur l'actif net

4210 Personnes physiques

4220 Sociétés

4300 Impôts sur les mutations par décès, les successions et les donations

4310 Impôts sur les mutations par décès et les successions

4320 Impôts sur les donations

4400 Impôts sur les transactions mobilières et immobilières

4500 Autres impôts non périodiques sur le patrimoine

4510 Impôts sur l'actif net

4520 Autres impôts non périodiques

4600 Autres impôts périodiques sur le patrimoine

5. 5000 Impôts sur les biens et services

5100 Impôts sur la production, la vente, le transfert, la location et la livraison des biens et la prestation de services

5110 Impôts généraux

5111 Taxes sur la valeur ajoutée

5112 Impôts sur les ventes

5113 Impôts sur le chiffre d'affaires et autres impôts généraux sur les biens et services

5120 Impôts sur des biens et des services déterminés

5121 Accises

5122 Bénéfices des monopoles fiscaux

5123 Droits de douane et autres droits à l'importation

5124 Taxes à l'exportation

5125 Impôts sur les biens d'équipement

5126 Impôts sur des services déterminés

5127 Autres impôts sur les transactions et les échanges internationaux

5128 Autres impôts sur des biens et services déterminés

5130 Non ventilables entre les rubriques 5110 et 5120

5200 Impôts sur l'utilisation des biens ou l'autorisation d'utiliser des biens ou d'exercer des activités

5210 Impôts périodiques

5211 A la charge des ménages au titre de véhicules à moteur

5212 A la charge d'autres agents au titre de véhicules à moteur

5213 Autres impôts périodiques

5220 Impôts non périodiques

5300 Non ventilables entre les rubriques 5100 et 5200

6. 6000 Autres impôts

6100 A la charge exclusive des entreprises

6200 A la charge d'autre agents que les entreprises ou non identifiables

A2. Champ couvert

Principes généraux

1. Dans la classification de l'OCDE, le terme « impôts » désigne uniquement les versements obligatoires effectués sans contrepartie au profit des administrations publiques ou à une autorité supranationale. Les impôts n'ont pas de contrepartie en ce sens que, normalement, les prestations fournies par les administrations au contribuable ne sont pas proportionnelles à ses versements.

2. Le terme « impôts » ne couvre pas les amendes, les pénalités, ni les prêts obligatoires aux administrations. Les cas dans lesquels la délimitation entre recettes fiscales et non fiscales est délicate à tracer, pour certains droits et taxes d'utilisation, sont examinés dans les § 12 à 15.

3. Les administrations publiques comprennent l'administration centrale et les organismes dont les opérations sont sous son contrôle effectif, les administrations régionales et locales et leurs services, les organismes de sécurité sociale et les entités publiques autonomes, à l'exception des entreprises publiques. Cette définition des administrations est calquée sur celle du Système de comptabilité nationale 2008 (SCN)[1]. Dans cette publication, les administrations publiques et leurs sous-secteurs sont décrits dans le chapitre 4, paragraphes 4.117 à 4.165.

4. Les unités extrabudgétaires sont des composantes du système des administrations publiques. Il s'agit d'entités d'administration publique dotées de budgets distincts, qui ne sont pas intégralement financés par le budget central ou général. Ces organismes fonctionnent sous l'autorité ou le contrôle d'une administration centrale, d'un État fédéré ou d'une collectivité locale. Les entités extrabudgétaires peuvent disposer de leurs propres sources de recettes, qui peuvent être complétées par des dotations (transferts) provenant du budget général ou d'autres sources. Même si leurs budgets peuvent être soumis à l'approbation du corps législatif, comme les comptes budgétaires, elles disposent d'une certaine latitude quant au volume et à la composition de leurs dépenses. Ces entités peuvent être mises en place pour exercer des fonctions spécifiques des administrations publiques, telles que la construction de routes ou la production non marchande de services de santé ou d'éducation. Les dispositions budgétaires peuvent varier grandement suivant les pays, et différents termes sont utilisés pour décrire ces entités, mais elles sont souvent qualifiées de « fonds extrabudgétaires » ou d'« organismes autonomes ».

5. Les paiements obligatoires, sans contrepartie, perçus par les gouvernements nationaux et versés aux autorités supranationales sont également traitées comme des impôts au titre de la définition du paragraphe 1. Les recettes fiscales qui sont perçues par les gouvernements nationaux et payées à une autorité supranationale sont attribuées en tant que recettes fiscales à l'autorité supranationale dans le SCN 2008 (voir paragraphes 22.60-61, 22.88 et 22.99) et le SEC 2010 (voir paragraphe 20.165). Dans les Statistiques des recettes publiques, ces recettes fiscales comprennent les droits de douane, les contributions au Fonds de résolution unique de l'UE et toute autre taxe perçue par les États membres de l'UE au nom de l'Union européenne. Elles sont incluses dans les montants des recettes fiscales dans les tableaux par pays (chapitre 5) du pays dans lequel elles sont perçues et sont attribuées à l'autorité supranationale (voir § 101).

6. Dans les pays où les églises font partie des administrations publiques, les impôts sur les cultes sont inclus dans ces paiements, à condition qu'ils répondent aux critères énoncés au § 1 ci-dessus. Comme les données se réfèrent aux montants encaissés par les administrations publiques et les autorités supranationales, les contributions versées à des organismes privés, aux organismes sociaux ou régimes de sécurité sociale extérieurs aux administrations publiques, aux syndicats ou aux associations professionnelles sont exclues, même si elles sont obligatoires. Sont toutefois inclus les versements obligatoires aux administrations publiques dont le montant est affecté à ces organismes, à condition que l'administration ne fasse pas simplement office d'agent collecteur[2]. On a distingué les bénéfices des

monopoles fiscaux de ceux d'autres entreprises publiques et on les a considérés comme des impôts parce qu'ils reflètent l'exercice du pouvoir d'imposition de l'État par l'intermédiaire du monopole (voir § 66 à 68), comme le sont les bénéfices de l'État provenant de l'achat et de la vente de monnaies étrangères à des taux différents (voir § 76).

7. Les impôts payés par les administrations elles-mêmes (tels que les cotisations de sécurité sociale et les impôts sur les salaires payés par les administrations en tant qu'employeurs (2200 et 3000), les impôts sur la consommation qu'elles acquittent à l'occasion de leurs achats ou les impôts sur leur patrimoine) sont inclus dans les données présentées. Toutefois, lorsqu'il est possible de les isoler, les montants provenant de ces impôts[3] sont indiqués dans le Tableau 5.39 de ce Rapport.

8. Les rapports entre cette classification et celle du Système de comptabilité nationale (SCN) sont indiqués dans les sections A.9 et A.11. À cause des différences qui existent entre les deux classifications, les statistiques de la comptabilité nationale ne sont pas toujours établies ou classées suivant la pratique adoptée dans le présent guide. Ces différences et d'autres encore sont mentionnées dans les cas appropriés (voir par exemple § 31), mais il est impossible de toutes les signaler. Il peut y avoir aussi certaines différences entre cette classification et celle utilisée par certaines administrations nationales (voir par exemple § 13), aussi les statistiques nationales et celles de l'OCDE ne peuvent pas toujours être compatibles ; ces différences, cependant, sont vraisemblablement très insignifiantes dans les montants des recettes en cause.

Cotisations de sécurité sociale

9. Les cotisations obligatoires de sécurité sociale, définies au § 40, qui sont versées aux administrations publiques, font partie des recettes fiscales. Mais elles peuvent différer toutefois des autres impôts du fait que le paiement des prestations de sécurité sociale dépend dans la plupart des pays du versement des cotisations appropriées, encore qu'il n'y ait pas forcément un lien entre l'importance des prestations et le montant des cotisations. La comparabilité entre les pays sera meilleure si on considère les cotisations de sécurité sociale comme des impôts ; elles figurent cependant sous une rubrique distincte de façon à permettre un traitement séparé pour n'importe quelle analyse.

10. La distinction stricte entre les recettes fiscales (qui sont des paiements obligatoires sans contrepartie aux administrations publiques ou à une autorité supranationale) et les prélèvements obligatoires non fiscaux (PONF) (qui sont soit des paiements avec contrepartie aux administrations publiques, soit des paiements destinés à d'autres organismes) est clairement définie. Néanmoins, dans la palette des divers prélèvements obligatoires destinés aux administrations publiques qui existent dans les différents pays, il n'est pas toujours évident de déterminer en pratique si tel ou tel prélèvement est un impôt ou un PONF. Ainsi, l'épargne-retraite obligatoire qui est placée sous le contrôle des administrations publiques et qui s'accumule sur un compte individuel rémunéré à un taux correspondant au rendement du marché ou destiné à compenser l'inflation semble, à première vue, constituer une forme de PONF, et non d'impôt. Toutefois, ces paiements peuvent encore être considérés comme « sans contrepartie » et, par conséquent, être classés dans les impôts et non dans les PONF (par exemple si cette épargne-retraite n'est pas remboursée au cas où le contribuable décède avant d'atteindre l'âge de la retraite, et si les fonds en question sont utilisés ensuite pour verser une pension minimale à tous les contribuables qui sont assurés). En conséquence, les chiffres relatifs aux recettes de sécurité sociale indiqués pour la plupart des pays reposent sur l'hypothèse que l'on considère que tous les types de prélèvements obligatoires destinés aux administrations publiques comportent, dans une certaine mesure, un élément redistributif. Il convient de noter que cette conclusion découle d'une interprétation généralement large du terme « sans contrepartie » dans la définition de l'impôt.

11. Les cotisations de sécurité sociale qui sont facultatives ou qui ne sont pas versées à des administrations publiques (voir § 1) ne sont pas considérées comme des impôts, bien que dans certains pays (comme il est indiqué dans les notes correspondantes), il soit difficile d'éliminer complètement les

cotisations facultatives et certains versements obligatoires au secteur privé des statistiques relatives aux recettes publiques. Les cotisations de sécurité sociale imputées ne sont pas considérées comme des impôts.

Droits, taxes d'utilisation et droits de licence

12. Si l'on excepte les droits perçus sur les permis de circulation des véhicules à moteur, qui sont universellement considérés comme des impôts, il n'est pas facile de distinguer les droits et taxes d'utilisation qui doivent être traitées comme des impôts de celles qui ne doivent pas l'être. Si, en effet, un droit ou une taxe est perçu au titre d'un service ou d'une activité déterminée, le lien entre ce prélèvement et la prestation fournie peut être plus ou moins important, de même que la relation entre le montant du prélèvement et le coût de la prestation. Lorsque le bénéficiaire d'une prestation acquitte un droit dont le montant est clairement lié au coût de la prestation fournie, on peut considérer que le prélèvement comporte une contrepartie, et d'après la définition donnée au § 1, il ne sera pas traité comme un impôt. Toutefois, dans les cas suivants, les prélèvements seraient 'sans contrepartie':

a) lorsque le prélèvement est très supérieur au coût de la prestation fournie ;

b) lorsque le redevable de la contribution n'est pas le bénéficiaire de la prestation correspondante (par exemple, un droit perçu sur l'abattage du bétail pour financer un service qui est fourni aux agriculteurs) ;

c) lorsque l'État ne fournit pas un service déterminé en contrepartie du droit qu'il perçoit, même si un permis est délivré à celui qui acquitte le droit (par exemple, lorsque l'État délivre des permis de chasse, de pêche ou de port d'armes qui ne sont pas assortis du droit d'utiliser une parcelle déterminée de terres appartenant à l'État) ;

d) lorsque les bénéficiaires de la prestation sont les personnes qui ont acquitté le droit, mais que la prestation dont chacun bénéficie n'est pas nécessairement en rapport avec le montant de ses propres versements (par exemple, le droit de commercialisation du lait acquitté par les fermiers qui sert à promouvoir la consommation de lait.

13. Dans des cas limites, cependant, l'application des critères énoncés au § 1 peut être particulièrement difficile. La solution adoptée, dans un souci d'uniformité entre les pays et eu égard aux montants relativement faibles des recettes en cause, consiste à s'en tenir à la pratique prépondérante des administrations fiscales plutôt que de laisser chaque pays décider si ces prélèvements sont des impôts ou des recettes non fiscales[4].

14. On trouvera ci-après la liste des principaux droits et taxes en question et leur traitement normal[5] dans la présente publication :

Recettes non fiscales :	frais de justice ; droits de délivrance de permis de conduire ; droits portuaires ; redevances de passeport ; redevances de radio et de télévision lorsque le service est assuré par les pouvoirs publics.
Impôts du sous-groupe 5200:	autorisation d'exercer certaines activités telles que : distribution de films ; chasse, pêche et utilisation d'armes à feu ; organisation de spectacles ou de jeux et paris ; vente de boissons alcoolisées ou de tabacs ; autorisation de posséder des chiens et d'utiliser ou posséder des véhicules à moteur ou des armes à feu ; taxes d'extraction.

15. Dans la pratique, il se peut qu'il ne soit pas toujours possible d'isoler les recettes fiscales des recettes non fiscales quand elles sont enregistrées ensemble. Si l'on estime qu'il s'agit surtout de recettes non fiscales, l'ensemble sera traité comme tel ; dans le cas contraire, les recettes seront comptabilisées et classées conformément aux règles énoncées au § 33.

Redevances

16. La propriété des gisements prenant la forme de minéraux ou de combustibles fossiles (charbon, pétrole ou gaz naturel) dépend de la façon dont les droits de propriété sont définis par la loi, et aussi par les conventions internationales quand les gisements sont situés sous les eaux internationales. Dans certains cas, soit le terrain sous lequel les gisements sont situés, soit les gisements eux-mêmes, soit les deux peuvent appartenir à une administration publique centrale ou locale.

17. Ces unités des administrations publiques peuvent alors consentir un bail à d'autres unités institutionnelles en les autorisant à exploiter ces gisements pendant une période déterminée, en contrepartie d'un paiement ou d'une série de paiements. Ces paiements sont souvent qualifiés de redevances (« royalties »), mais ils n'en constituent pas moins essentiellement des loyers, qui reviennent aux propriétaires des ressources naturelles considérées parce qu'ils mettent ces actifs à la disposition d'autres unités institutionnelles pour des durées déterminées. Ces loyers peuvent prendre la forme de versements périodiques d'un montant fixe, indépendant du rythme d'extraction ; plus vraisemblablement, ils peuvent être fonction de la quantité, du volume ou de la valeur des actifs extraits. Les entreprises engagées dans des activités de prospection sur des terrains publics peuvent effectuer des paiements aux unités de l'administration publique concernées, en contrepartie de l'autorisation de procéder à des forages d'essai ou de réaliser par d'autres moyens des recherches concernant l'existence et la localisation de gisements. Ces paiements sont également considérés comme des loyers, même en l'absence d'extraction. Ils sont donc classés dans les recettes non fiscales.

18. Les mêmes principes s'appliquent lorsque d'autres unités institutionnelles se voient consentir un bail leur permettant de couper du bois dans des forêts naturelles sur des terrains appartenant à des unités des administrations publiques. Ces paiements sont également classés dans les recettes non fiscales.

19. Ces loyers ou redevances versés aux administrations publiques ne doivent pas être confondus avec les impôts sur le revenu et les bénéfices, les taxes d'extraction, les taxes professionnelles ou d'autres impôts. Si ces paiements sont prélevés sur les bénéfices tirés des activités d'extraction, ils doivent être classés dans les impôts sur le revenu, les bénéfices et les gains en capital (1000). En outre, toute taxe d'extraction relative à des minéraux ou des combustibles fossiles extraits de réserves privées ou appartenant à d'autres administrations publiques doit être classée dans les impôts. Les paiements liés à la valeur brute de la production doivent être classés dans les autres impôts sur des biens et services déterminés (5128). Les paiements effectués en contrepartie d'une autorisation ou d'un permis d'extraction doivent être classés dans les impôts sur l'utilisation des biens ou l'autorisation d'utiliser des biens ou d'exercer des activités (5200).

Amendes et pénalités

20. En principe, les amendes et pénalités portant sur les impôts impayés ou les pénalités appliquées en cas de tentative d'évasion fiscale ne doivent pas être enregistrées comme des recettes fiscales. Cependant, il se peut qu'il ne soit pas possible de séparer le versement des amendes et pénalités des recettes correspondant aux impôts auxquels ces amendes et pénalités se rattachent. Dans ce cas, les amendes et pénalités associés à un impôt particulier sont enregistrées avec les recettes correspondant à cet impôt alors que les amendes et pénalités liées à des recettes correspondant à des impôts non-identifiés sont classées comme autres impôts dans la catégorie 6000. Les amendes qui ne concernent pas des infractions fiscales (comme les infractions au stationnement), ou qui ne sont pas identifiables en tant que telles, ne sont pas non plus considérées comme des recettes fiscales.

A3. Bases de comptabilisation

Droits constatés

21. Les données enregistrées dans cette publication pour les années récentes sont essentiellement indiquées en droits constatés, c'est-à-dire qu'elles sont enregistrées au moment du fait générateur de l'impôt. D'autres informations sont fournies dans les notes des tableaux par pays au chapitre 5 de ce Rapport.

22. Toutefois, les données des années antérieures sont encore principalement comptabilisées sur la base des décaissements, c'est-à-dire au moment où l'administration reçoit le versement. Ainsi, les impôts retenus à la source par les employeurs au cours d'un exercice, mais versés à l'administration au cours de l'exercice suivant, et les impôts dus au titre d'une année mais effectivement versés l'année suivante, figurent les uns et les autres dans les recettes du second exercice. Les restitutions, remboursements et retraits résultant d'opérations rectificatives sont déduits des recettes brutes de la période au cours de laquelle ces opérations sont effectuées.

23. Les données relatives aux recettes fiscales sont comptabilisées, sans déduction compensatoire des dépenses administratives liées au recouvrement de l'impôt. De même, lorsque le produit d'un impôt sert à subventionner certains membres de la collectivité, la subvention n'est pas déduite du rendement de l'impôt, encore que certains pays fassent figurer dans leurs données l'impôt après déduction des subventions.

24. Pour les monopoles fiscaux (sous-groupe 5122), seul le montant effectivement transféré à l'État est inclus dans les recettes publiques. Toutefois, les dépenses des monopoles fiscaux qui sont considérées comme des dépenses publiques (par exemple, des dépenses de caractère social engagées par les monopoles fiscaux à l'instigation de l'État) sont ajoutées après coup pour calculer le montant des recettes fiscales (voir § 66).

La distinction entre dispositions fiscales et dépenses directes[6]

25. Étant donné que la présente publication ne vise que les recettes publiques en faisant abstraction des dépenses, il convient de distinguer entre les dispositions fiscales et les dépenses directes. Normalement, cette distinction ne soulève aucune difficulté, car les dépenses directes sont effectuées en dehors du système fiscal et des comptes fiscaux et en vertu de dispositions législatives distinctes. Dans les cas limites, on recourt, pour établir la distinction, au principe de la comptabilisation sur la base des paiements. Dans la mesure où une disposition affecte le montant des paiements du contribuable à l'État, elle est considérée comme une disposition fiscale dont il est tenu compte dans les données figurant dans cette publication. Une disposition qui n'affecte pas ce montant est considérée comme une dépense directe dont il n'est pas tenu compte dans les données reproduites dans cette publication.

26. Il est clair que les abattements fiscaux, exonérations et déductions de l'assiette de l'impôt modifient le montant de l'impôt acquitté à l'État ; il s'agit donc de dispositions fiscales. Inversement, les formes d'aides qui ne sont pas imputables sur l'impôt et n'ont donc aucun lien avec le processus d'imposition, ne réduisent pas les recettes publiques qui sont consignées dans ce volume. Les crédits d'impôt sont des montants déductibles de l'impôt à acquitter (par opposition aux déductions, qui sont opérées sur l'assiette de l'impôt). On distingue deux catégories de crédits d'impôt : ceux (que l'on qualifiera ici de 'non récupérables') qui sont limités au montant de l'impôt à acquitter et ne peuvent donc donner lieu à un versement de l'administration au contribuable, et ceux (qualifiés ici de 'récupérables') qui n'ont pas cette limite, de sorte que l'excédent du crédit sur l'impôt peut être versé au contribuable[7]. Le crédit d'impôt non récupérable, comme un abattement fiscal, affecte évidemment le montant de l'impôt acquitté à l'État ; aussi est-il considéré comme une disposition fiscale. La solution adoptée pour les crédits d'impôts récupérables[8] consiste à distinguer l'élément de « dépense fiscale »[9], qui est la part du crédit utilisée pour réduire ou

supprimer l'impôt dû par le contribuable, et l'« élément de transfert », qui correspond à la part excédant l'impôt dû par le contribuable et qui lui est reversée. Les recettes fiscales rapportées doivent être diminuées du montant de l'élément de dépense, mais non de l'élément de transfert. En outre, les montants de l'élément de dépense fiscale et de l'élément de transfert doivent être indiqués pour mémoire dans les tableaux par pays. Les pays qui ne sont pas en mesure de faire la distinction entre l'élément de dépense fiscale et l'élément de transfert doivent indiquer si leurs recettes fiscales ont été ou non diminuées du montant total de ces éléments, et fournir toutes les estimations dont ils disposent concernant les montants de ces deux éléments. Des informations complémentaires figurent dans le chapitre 1 de ce Rapport, qui fait apparaître les effets des différents traitements possibles des crédits d'impôts récupérables sur les ratios impôt rapportant les impôts au PIB.

Année civile et année fiscale (exercice budgétaire)

27. Les autorités nationales dont l'exercice budgétaire ne correspond pas à l'année civile fournissent, autant que possible, leurs données sur la base de l'année civile afin de faciliter au maximum la comparaison avec les données des autres pays. Les données d'un petit nombre de pays se réfèrent à l'exercice budgétaire. Pour ceux-ci, les statistiques de PIB utilisées dans les tableaux comparatifs portent aussi sur les exercices budgétaires.

A4. Principes généraux de classification

Les fondements essentiels de la classification

28. Les recettes sont classées par groupes principaux (1000, 2000, 3000, 4000, 5000, 6000) suivant l'assiette de l'impôt : 1000 revenus, bénéfices et gains en capital ; 2000 et 3000 salaires et nombre d'employés ; 4000 patrimoine ; 5000 biens et services ; 6000 assiettes diverses, autres ou non identifiables. Lorsqu'un impôt est calculé en fonction de plusieurs assiettes, les recettes sont, chaque fois que c'est possible, réparties entre les divers groupes (voir § 33 et § 83). Les groupes 4000 et 5000 ne comprennent pas seulement les impôts ayant pour assiette le patrimoine, les biens ou les services eux-mêmes, mais aussi certains impôts connexes. Ainsi, les impôts sur les mutations du patrimoine sont classés dans le groupe 4400[10] et les impôts sur l'utilisation des biens, ou l'autorisation d'exercer une activité, dans le groupe 5200. Dans les groupes 4000 et 5000, une distinction est faite dans certains sous-groupes entre impôts périodiques et impôts non périodiques : on entend par impôts périodiques ceux qui sont perçus à intervalles réguliers (ordinairement tous les ans) et par impôts non périodiques ceux qui ne sont perçus qu'une seule fois (voir aussi les § 48 à 51, § 54, § 55, et § 81 pour une application particulière de cette distinction).

29. L'affectation spéciale de certaines recettes fiscales n'influe pas sur leur classification. Toutefois comme explicité au § 40 sur la classification des cotisations de sécurité sociale, l'octroi d'un droit aux prestations sociales est crucial dans la définition de la rubrique principale 2000.

30. La manière selon laquelle un impôt est perçu ou recouvré (par exemple, au moyen de timbres) n'affecte pas sa classification.

Classification des contribuables

31. Dans certains sous-groupes, des distinctions sont faites entre les différentes catégories de contribuables. Ces distinctions varient d'un impôt à l'autre :

a) *Ventilation des impôts sur le revenu et sur l'actif net entre personnes physiques et sociétés*

La distinction fondamentale entre les impôts sur le revenu des sociétés et les impôts sur le revenu des personnes physiques est que les premiers sont perçus sur la société en tant qu'entité et non sur les personnes physiques qui en sont propriétaires, donc sans tenir compte de la situation personnelle de celles-ci. La même distinction est applicable aux impôts sur l'actif net des sociétés et des personnes physiques. Les impôts perçus sur les bénéfices des sociétés de personnes et sur le revenu de certaines institutions comme les caisses d'assurance-vie ou de retraite, sont classés selon le même principe. Ils sont compris dans les impôts sur les sociétés (1200) lorsqu'ils sont perçus sur la société de personnes ou l'institution en tant qu'entité sans que la situation personnelle des propriétaires entre en ligne de compte ; dans les autres cas, ils sont considérés comme des impôts sur les personnes physiques (1100). Ordinairement, les impôts sur les sociétés et les impôts sur les personnes physiques sont régis par des dispositions législatives différentes[11]. La distinction qui est faite ici entre personnes physiques et sociétés ne reprend pas la classification par secteur (ménages, entreprises, etc.) adoptée dans les comptes de revenus et de dépenses du SCN. Cette dernière classification exclut du secteur des ménages certaines entreprises non constituées en sociétés[12] et les fait figurer parmi les entreprises non financières et les institutions financières. Toutefois, l'impôt sur les bénéfices de ces entreprises ne peut pas toujours être isolé de l'impôt sur les autres revenus des propriétaires de ces entreprises, ou ne peut l'être que d'une façon arbitraire. On n'a pas cherché ici à faire la distinction et l'impôt sur le revenu des personnes physiques figure globalement, quelle que soit la nature du revenu imposable.

b) *Ventilation des impôts sur les biens immobiliers entre ménages et autres agents*

En l'occurrence, la distinction est celle qui a été adoptée par le SCN dans les comptes de production et de consommation. On distingue, en effet, les ménages en tant que consommateurs d'une part (c'est-à-dire à l'exclusion des entreprises individuelles), et les producteurs d'autre part. Cependant, les impôts sur les logements occupés par les ménages, qu'ils soient à la charge des propriétaires qui les occupent, du locataire ou du propriétaire, sont classés comme étant à la charge des ménages. C'est la distinction faite habituellement entre les impôts sur les biens des personnes et les impôts sur les biens des entreprises. Toutefois, certains pays ne sont pas en mesure d'établir cette distinction.

c) *Ventilation des permis de circuler des véhicules à moteur entre taxes à la charge des ménages et à la charge d'autres agents*

On distingue ici les ménages en tant que consommateurs d'une part, et producteurs d'autre part, comme dans les comptes de production et de consommation du SCN.

d) *Ventilation des autres impôts (6000) entre les entreprises et les autres agents*

Il est fait la même distinction qu'au point (*c*) ci-dessus entre les producteurs, d'une part, et les ménages consommateurs d'autre part. Les impôts qui figurent dans le groupe 6000 parce qu'ils ne comportent pas une assiette unique ou parce que leur assiette ne relève d'aucune des catégories précédentes, mais qui ne sont manifestement perçus que sur les producteurs et non sur les ménages, sont classés comme étant 'à la charge des entreprises'. Les autres impôts du groupe 6000 figurent sous la rubrique 'à la charge d'autres agents' ou 'non identifiés'.

Surtaxes

32. Les recettes des surtaxes relatives à des impôts particuliers sont classées ordinairement avec les recettes de l'impôt correspondant, que la surtaxe ait ou non un caractère temporaire. Toutefois, si l'une des caractéristiques de la surtaxe permet de la classer sous une rubrique différente de la classification de l'OCDE, les recettes de cette surtaxe sont classées sous cette rubrique et non pas avec les recettes de l'impôt correspondant

Recettes fiscales non identifiables et sous-groupes résiduels

33. Il arrive parfois qu'on ne puisse déterminer si des impôts relèvent entièrement d'un groupe ou d'un sous-groupe de la classification de l'OCDE ; dans ces cas on applique les méthodes suivantes :

a) le groupe est connu, mais on ne sait pas comment répartir les recettes entre les sous-groupes ; les recettes sont alors classées dans le sous-groupe résiduel approprié (1300, 2400, 4520, 4600, 5130, 5300 ou 6200) ;

b) on sait que l'ensemble des recettes d'un groupe d'impôts (ordinairement des impôts locaux) provient d'impôts relevant d'un groupe ou sous-groupe particulier, mais certains impôts du groupe, dont le montant ne peut être déterminé avec précision, peuvent être classés dans d'autres groupes ou sous-groupes ; dans ce cas les recettes sont comptabilisées dans le groupe ou sous-groupe dont relève l'essentiel des recettes ;

c) il est impossible d'identifier le groupe ou le sous-groupe d'un impôt (ordinairement un impôt local) ; l'impôt est alors classé dans le groupe 6200, à moins qu'il ne s'agisse d'un impôt manifestement à la charge des entreprises, auquel cas il est classé dans le sous-groupe 6100.

A5. Commentaires sur les postes de la liste

1000 — Impôts sur le revenu, les bénéfices et les gains en capital

34. Ce groupe couvre les impôts prélevés sur le revenu ou le bénéfice net (c'est-à-dire le revenu brut déduction faite des abattements autorisés) des personnes physiques et des entreprises. Sont aussi couverts les impôts prélevés sur les gains en capital des personnes physiques et des entreprises et sur les gains provenant de jeux.

35. Ce groupe comprend :

a) les impôts perçus principalement sur les revenus ou les bénéfices, bien qu'ils puissent l'être partiellement sur d'autres bases. Les impôts qui ont une autre assiette principale que le revenu ou les bénéfices sont classés selon les principes énoncés aux § 33 et § 83 ;

b) les impôts sur la propriété immobilière, qui sont perçus sur la base d'un revenu présumé ou estimé faisant partie de l'assiette de l'impôt sur le revenu (voir aussi § 48 (a), (c) et (d)) ;

c) les versements obligatoires aux caisses de sécurité sociale qui sont prélevés sur les revenus mais ne donnent pas droit à des prestations sociales. Lorsque ces contributions donnent droit à des prestations sociales, elles figurent à la rubrique 2000 (voir § 40) ;

d) les recettes provenant d'impôts cédulaires sur le revenu intégrés dans le régime général qui sont globalement classés dans ce groupe, bien que certains de ces impôts soient sur le revenu brut et ne tiennent pas toujours compte de la situation personnelle du contribuable.

36. Les impôts figurant dans ce groupe sont subdivisés en deux grands sous-groupes, les impôts sur le revenu des personnes physiques (1100) et les impôts sur le revenu des sociétés (1200), une ventilation étant faite dans chacun d'eux entre les impôts sur le revenu et les bénéfices (1110 et 1210) et les impôts sur les gains en capital (1120 et 1220). Si certaines recettes ne peuvent être identifiées comme relevant soit du sous-groupe 1100, soit du sous-groupe 1200, ou si cette distinction ne peut être faite dans la pratique (parce qu'il n'y a pas de données fiables sur les bénéficiaires des paiements sur lesquels la retenue à la source est faite), elles sont classées dans le sous-groupe 1300 (non ventilables).

Traitement des crédits d'impôt dans les systèmes d'imputation

37. Dans les régimes d'imputation de l'impôt sur les bénéfices des sociétés, les actionnaires bénéficient d'une compensation totale ou partielle d'imposition sur les dividendes que la société leur a versés et pour lesquels elle a acquitté l'impôt sur le revenu des sociétés. Dans les pays qui appliquent un tel régime,[13] une fraction de l'impôt sur les bénéfices des sociétés sert à alléger l'impôt dû par l'actionnaire. Cet allégement prend la forme d'un crédit d'impôt, dont le montant peut être inférieur, égal ou supérieur au montant total de l'impôt dont il est redevable. Si le crédit d'impôt dépasse ce montant, l'excédent peut être versé à l'actionnaire. Comme ce type de crédit d'impôt fait partie intégrante des systèmes d'imputation de l'impôt sur le revenu des sociétés, tout paiement à l'actionnaire est considéré comme un remboursement d'impôt et non comme une dépense (se référer au traitement des autres crédits d'impôt exposé au § 26).

38. Puisque, dans les systèmes d'imputation, le crédit d'impôt (même lorsqu'il dépasse l'impôt dû) est censé être une disposition fiscale, on peut se demander s'il doit être déduit des recettes de l'impôt sur le revenu des personnes physiques (1110) ou de celles de l'impôt sur les bénéfices de sociétés (1210). Dans ce Rapport le montant intégral de l'impôt acquitté sur les bénéfices des sociétés figure sous le poste 1210 et aucun impôt imputé n'est inclus dans le poste 1110. Le montant total du crédit d'impôt réduit donc le montant des recettes du poste 1110, que ce crédit se traduise par une réduction de l'impôt dû sur le revenu des personnes physiques ou par un remboursement réel du fait que le crédit dépasse le montant de l'impôt. (Cependant, lorsque ces crédits sont déduits de l'impôt sur les sociétés au titre de dividendes versés à des sociétés, le montant est déduit des recettes du poste 1210).

1120 et 1220 — Impôts sur les gains en capital

39. Ces postes comprennent les impôts perçus sur les gains en capital, le sous-groupe 1120 comptabilisant les impôts prélevés sur les gains des personnes physiques et le sous-groupe 1220 ceux qui sont perçus sur les gains des entreprises constituées sous forme de sociétés, lorsque ces recettes peuvent être ventilées. Ce n'est pas le cas dans de nombreux pays et les recettes de ces impôts sont alors classées avec celles de l'impôt sur le revenu. Les impôts sur les gains provenant de jeux sont aussi classés sous le poste 1120.

2000 — Cotisations de sécurité sociale

40. Figurent dans ce groupe tous les versements obligatoires aux administrations publiques qui donnent le droit de bénéficier d'une prestation sociale future (éventuelle). Ces versements sont généralement affectés au financement de prestations sociales et souvent effectués au profit d'institutions ou d'administrations publiques qui fournissent de telles prestations. Cependant, cette affectation n'entre pas dans la définition des cotisations de sécurité sociale et n'est pas nécessaire pour qu'un impôt soit classé dans cette rubrique. Cependant, il faut qu'un impôt confère un droit pour être classé dans cette rubrique. Par conséquent, les prélèvements sur les revenus ou la masse salariale qui sont affectés aux caisses de sécurité sociale mais ne donnent aucun droit à des prestations sont exclus de cette rubrique et figurent à celle des impôts sur le revenu des personnes physiques (1100) ou des impôts sur les salaires et la main-d'œuvre (3000). Les impôts assis sur d'autres bases, telles que les biens et services, qui sont affectés à des prestations de sécurité sociale, ne sont pas indiqués ici, mais sont classés en fonction de leurs bases respectives parce qu'en général ils ne donnent pas droit à des prestations de sécurité sociale.

41. Seraient entre autres incluses les cotisations au titre des catégories suivantes de prestations de sécurité sociale : les allocations d'assurance-chômage et les compléments, les allocations pour accidents, blessures et maladie, les pensions de retraite, d'invalidité et de survivant, les allocations familiales, les remboursements de dépenses médicales et d'hospitalisation ou la fourniture de services médicaux ou hospitaliers. Les cotisations peuvent être collectées à la fois auprès des employés et des employeurs.

42. Les cotisations peuvent être assises sur les gains ou la masse salariale (« sur la base du salaire ») ou sur le revenu net après déductions et exemptions en fonction de la situation personnelle (« sur la base de l'impôt sur le revenu ») et les recettes correspondant à ces deux bases doivent être identifiées séparément si possible. Cependant, lorsque les cotisations à un régime général de sécurité sociale sont assises sur la masse salariale, mais que les cotisations de groupes particuliers (tels que les travailleurs indépendants) ne peuvent être évaluées sur cette base et que le revenu net est utilisé comme valeur rapprochée des gains bruts, les recettes peuvent encore être considérées comme assises sur la masse salariale. En principe, cette rubrique exclut les cotisations facultatives à des régimes de sécurité sociale. Lorsqu'elles peuvent être identifiées séparément, elles figurent pour mémoire dans le tableau indiquant le financement des prestations de sécurité sociale. Toutefois, en pratique, elles ne peuvent pas toujours être distinguées des cotisations facultatives, et dans ce cas elles figurent à cette rubrique.

43. Les cotisations à des régimes d'assurance sociale qui ne relèvent pas des pouvoirs publics et à d'autres régimes d'assurance ou de prévoyance, aux caisses de retraite, sociétés de secours mutuel ou autres systèmes d'épargne, ne sont pas considérées comme des cotisations de sécurité sociale. Les caisses de prévoyance résultant d'arrangements aux termes desquels les cotisations de chaque salarié et celles que l'employeur verse en son nom sont comptabilisées séparément dans un compte productif d'intérêts d'où elles peuvent être retirées dans des conditions biens déterminées. Les caisses de retraite sont des régimes autonomes organisés par négociations entre salariés et employeurs, qui comportent diverses contributions et prestations, parfois liées plus directement au salaire et à la durée d'activité que dans les régimes de sécurité sociale. Lorsque les cotisations à ces régimes sont obligatoires ou quasi obligatoires (par exemple en vertu d'un accord entre organisations professionnelles et syndicales), elles sont comptabilisées dans le poste pour mémoire (voir le Tableau 5.38 du Rapport).

44. Les cotisations versées par les agents des administrations et par les administrations au titre de leurs agents à des régimes de sécurité sociale relevant des pouvoirs publics sont incluses dans ce groupe. Sont aussi assimilées à des impôts les cotisations à des régimes particuliers réservés aux agents des administrations qui sont censés remplacer un régime général de la sécurité sociale[14]. Par contre, lorsqu'un régime distinct n'est pas censé remplacer un régime général et résulte de négociations entre l'administration, agissant en qualité d'employeur, et ses agents, il n'est pas considéré comme un régime de sécurité sociale et les cotisations à ce titre ne sont pas assimilées à des impôts, même si le régime a été institué par des dispositions législatives.

45. Cette rubrique ne comprend pas les cotisations 'imputées', qui correspondent aux prestations sociales versées directement par les employeurs à leurs salariés, ou anciens salariés, ou à leurs représentants (par exemple, lorsque des employeurs sont légalement tenus de verser des prestations maladies pendant une certaine période).

46. Le groupe comprend les cotisations à la charge des salariés (2100), à la charge des employeurs (2200), et à la charge des travailleurs indépendants ou des personnes n'occupant pas d'emploi (2300). À cet effet, on entend par salariés toutes les personnes qui exercent une activité dans des entreprises, des administrations, des institutions privées sans but lucratif, ou qui occupent d'autres emplois rémunérés, à l'exception des propriétaires et des membres de leur famille non rémunérés dans le cas d'entreprises individuelles. Sont également compris les membres des forces armées, quelle que soit la durée et la nature de leurs services, s'ils cotisent à un régime de sécurité sociale. Par cotisations à la charge des employeurs, on entend les versements qu'ils effectuent au régime de sécurité sociale pour le compte de leurs salariés. Si, en cas de chômage, les salariés ou employeurs sont tenus de continuer à effectuer ces versements, ces derniers doivent figurer respectivement dans les sous-groupes 2100 et 2200. En conséquence, le sous-groupe 2300 est réservé aux cotisations versées par les travailleurs indépendants et par ceux qui n'appartiennent pas à la population active (comme les handicapés ou les retraités).

3000 — Impôts sur les salaires et la main-d'œuvre

47. Il s'agit d'impôts que doivent acquitter les entreprises, déterminés en proportion des salaires et des traitements payés, ou d'après un montant fixe par personne employée. Ils ne comprennent pas les cotisations obligatoires de sécurité sociale payées par les employeurs, ni les impôts payés par les salariés sur leurs traitements et leurs salaires.

4000 — Impôts sur le patrimoine

48. Ce groupe couvre les impôts périodiques et non périodiques sur l'utilisation, la propriété ou la mutation des biens. Sont comptabilisés ici les impôts sur la propriété immobilière et sur l'actif net, les impôts sur les mutations par décès, les successions et les donations, et les impôts sur les transactions mobilières et immobilières. Sont exclus de ce groupe :

a) les impôts sur les gains en capital provenant de la vente d'un bien (1120 ou 1220) ;

b) les impôts sur l'utilisation des biens ou l'autorisation d'utiliser des biens ou d'exercer des activités (5200) [voir § 78] ;

c) les impôts immobiliers perçus sur la base d'un revenu net présumé qui tiennent compte de la situation personnelle du contribuable. Ces impôts sont classés dans le groupe 1100 en tant qu'impôts sur le revenu, avec les impôts sur le revenu et les gains en capital provenant des biens immobiliers ;

d) les impôts sur l'utilisation de biens immobiliers aux fins d'habitation qui sont à la charge du propriétaire ou du locataire et dont le montant est fonction de la situation personnelle de l'utilisateur (salaire, personnes à charge, etc.). Ils sont classés dans le groupe 1100 en tant qu'impôts sur le revenu ;

e) les impôts sur les constructions dépassant la densité autorisée, les impôts sur l'extension, la construction ou la modification de certains immeubles au-delà d'une valeur autorisée et les impôts sur la construction d'immeubles. Ces impôts sont classés dans le poste 5200 en tant qu'impôts sur l'autorisation d'exercer certaines activités ;

f) les impôts sur l'utilisation de biens immobiliers par le propriétaire à des fins commerciales particulières, comme la vente de boissons alcoolisées, de tabac, de viande, ou pour l'exploitation de sols ou terrains (par exemple aux États-Unis, les taxes d'extraction). Ils sont classés dans le poste 5200 en tant qu'impôts sur l'autorisation d'exercer certaines activités.

4100 — Impôts périodiques sur la propriété immobilière

49. Ce sous-groupe comprend les impôts prélevés régulièrement au titre de l'utilisation ou de la propriété de biens immobiliers.

- ces impôts sont prélevés sur les terrains et les bâtiments ;
- ces impôts sont calculés en pourcentage de la valeur du bien évalué d'après un revenu locatif fictif, le prix de vente ou le rendement capitalisé, ou en fonction d'autres caractéristiques du bien, comme sa dimension ou son emplacement, d'où l'on peut déduire une valeur locative présumée ou la valeur du capital.
- ces impôts sont à la charge du propriétaire, du locataire ou des deux. Ils peuvent également être payés par une administration à une autre administration au titre d'un bien relevant de la compétence de cette dernière.
- il n'est pas tenu compte des dettes pour la détermination de l'assiette de ces impôts, contrairement aux impôts sur l'actif net.

50. Les impôts sur la propriété immobilière sont en outre subdivisés en impôts acquittés par les ménages (4110) et impôts acquittés par d'autres agents (4120), suivant les critères exposés au § 31(*b*) ci-dessus.

4200 — Impôts périodiques sur l'actif net

51. Ce sous-groupe comprend les impôts prélevés régulièrement (dans la plupart des cas annuellement) sur l'actif net, c'est-à-dire les impôts perçus sur un large éventail de biens mobiliers et immobiliers, endettement déduit. Il est subdivisé en impôts acquittés par des personnes physiques (4210), et en impôts acquittés par des sociétés (4220) selon les critères exposés plus haut au § 31(a). Si les recettes provenant des institutions sont comptabilisées à part, les paiements concernés doivent être ajoutées aux impôts des entreprises.

4300 — Impôts sur les mutations par décès, les successions et les donations

52. Ce sous-groupe comprend les impôts sur les mutations par décès et les successions (4310) et les impôts sur les donations (4320).[15] Les impôts sur les mutations par décès sont calculés soit sur l'ensemble de la masse successorale, soit en fonction de la part de chacun des bénéficiaires (« part héréditaire ») ; en outre, ces derniers impôts peuvent tenir compte du degré de parenté entre chacun des bénéficiaires et le défunt.

4400 — Impôts sur les transactions mobilières et immobilières

53. Sont compris, entre autres, dans ce sous-groupe les impôts sur l'émission, le transfert, l'achat et la vente de valeurs mobilières, les impôts sur les chèques, ainsi que les droits perçus à l'occasion d'actes juridiques déterminés, comme la validation de contrats et la vente de biens immobiliers. Sont exclus :

a) les impôts sur l'utilisation de biens, mobiliers ou immobiliers, ou l'autorisation d'exercer certaines activités (5200) ;

b) les droits acquittés au titre de frais de justice, ou pour la délivrance de certificats de naissance, de mariage ou de décès, car ces droits sont considérés comme des recettes non fiscales (voir § 12) ;

c) les impôts sur les gains en capital (1000) ;

d) les impôts périodiques sur la propriété immobilière (4100) ;

e) les impôts périodiques sur l'actif net (4200) ;

f) les prélèvements sur le patrimoine ou sur l'actif net effectués une fois pour toutes (4500) ;

4500 — Autres impôts non périodiques sur le patrimoine

54. Ce sous-groupe comprend les prélèvements sur le patrimoine effectués une fois pour toutes (par opposition aux prélèvements périodiques). Il est subdivisé en impôts sur l'actif net (4510) et en autres impôts non périodiques sur le patrimoine (4520). Le poste 4510 inclurait les impôts perçus pour couvrir des dépenses exceptionnelles ou à des fins de redistribution. Le poste 4520 comprendrait les impôts prélevés pour tenir compte d'une plus-value prise par les terrains du fait que les administrations publiques ont autorisé l'extension ou l'aménagement d'installations locales, ainsi que les impôts sur la réévaluation du capital ou les impôts perçus une seule fois sur certains biens déterminés.

4600 — Autres impôts périodiques sur le patrimoine

55. Ils sont rares dans des pays Membres de l'OCDE ; ce sous-groupe comprendrait les impôts sur des biens tels que le cheptel, les bijoux, les fenêtres et les signes extérieurs de richesse.

5000 — Impôts sur les biens et services

56. Ce poste couvre tous les impôts et droits perçus sur la production, l'extraction, la vente, le transfert, la location ou la livraison de biens et la prestation de services (5100), ou sur l'utilisation ou l'autorisation d'utiliser des biens ou d'exercer des activités (5200). Ce groupe comprend donc :

a) les taxes cumulatives en cascade ;

b) les taxes générales sur les ventes — perçues au stade de la production ou de la fabrication, du gros ou du détail ;

c) les taxes sur la valeur ajoutée ;

d) les accises ;

e) les taxes perçues à l'importation et à l'exportation de biens ;

f) les impôts perçus sur l'utilisation de biens et sur l'autorisation d'utiliser des biens ou d'exercer certaines activités ;

g) les impôts sur l'extraction, le traitement ou la production de minéraux et autres produits.

57. Les cas douteux de délimitation entre ce groupe et le groupe 4000 (impôts sur le patrimoine) et le sous-groupe 6100 (autres impôts à la charge des entreprises) sont examinés aux § 48, § 53 et § 80. Des postes résiduels (5300 et 5130) ont été prévus pour comptabiliser les recettes fiscales qui ne peuvent être ventilées respectivement entre les postes 5100 et 5200 et entre les postes 5110 et 5120 (voir § 33).

5100 — Impôts sur la production, la vente, le transfert, la location et la livraison de biens et la prestation de services

58. Ce sous-groupe comprend tous les impôts perçus sur les transactions afférentes à des biens ou services, en fonction de leurs caractéristiques propres (comme la valeur, le poids du tabac, le degré d'alcool, etc.), à la différence des impôts perçus au titre de l'utilisation ou de l'autorisation d'utiliser des biens ou d'exercer des activités, qui entrent dans le sous-groupe 5200.

5110 — Impôts généraux sur les biens et services

59. Ce sous-groupe comprend tous les impôts, autres que les droits à l'importation et à l'exportation (5123 et 5124), perçus sur la production, la location, le transfert, la livraison ou la vente d'une gamme de biens ou la prestation d'une gamme de services, qu'ils soient produits dans le pays ou importés, et quel que soit le stade de la production ou de la distribution aux quel ils sont perçus. Il couvre ainsi les taxes sur la valeur ajoutée, les taxes sur les ventes et les taxes de caractère cumulatif en cascade. On a ajouté aux recettes brutes de cette catégorie les recettes provenant de la compensation à la frontière de ces impôts lorsque les biens sont importés, et déduit les remboursements d'impôts effectués lorsque les marchandises sont exportées. Ces impôts sont ventilés en : taxes sur la valeur ajoutée (5111), impôts sur les ventes (5112), impôts sur le chiffre d'affaires et autres impôts généraux sur les biens et services (5113).

60. Certains cas se trouvent à la limite entre ce sous-groupe et celui des impôts sur des biens et services déterminés (5120) lorsque ces impôts sont perçus sur un grand nombre de biens, comme dans le cas de la « *purchase tax* » au Royaume-Uni (abrogée en 1973) et l'impôt japonais sur les biens marchands (abrogé en 1988). Conformément aux options nationales, la « *purchase tax* » britannique est classée impôt général (5112) et l'impôt japonais dans les accises (5121).

5111 — Taxes sur la valeur ajoutée

61. Sont classés dans ce sous-groupe tous les impôts généraux sur la consommation prélevée sur la valeur ajoutée, quels que soient le mode de déduction et les stades auxquels ils sont perçus. En pratique, tous les pays de l'OCDE où existe une taxe sur la valeur ajoutée autorisent normalement la déduction immédiate des taxes sur les achats par tous les redevables, à l'exception du consommateur final, et imposent la taxe à tous les stades. Dans certains pays, le poste peut inclure aussi certains impôts, comme les taxes sur les activités financières et les assurances, soit parce que les recettes correspondantes ne peuvent être dissociées de celles de la taxe sur la valeur ajoutée, soit parce qu'elles sont considérées comme faisant partie intégrante de la taxe sur la valeur ajoutée, même si les taxes similaires qui existent dans d'autres pays peuvent être classées autrement (par exemple, sous le poste 5126 comme impôts sur les services ou sous le poste 4400 comme impôts sur les transactions mobilières et immobilières).

5112 — Impôts sur les ventes

62. Sont classés ici tous les impôts perçus à un stade unique, que ce soit celui de la fabrication, de la production, du gros ou du détail.

5113 — Impôts sur le chiffre d'affaires et autres impôts généraux sur les biens et services

63. Il s'agit des taxes cumulatives en cascade et des taxes qui combinent des éléments de taxe sur la consommation et des taxes en cascade. Ces impôts sont prélevés sur chaque transaction sans déduction des taxes acquittées en amont. Les taxes en cascade peuvent être combinées avec des éléments de taxe sur la valeur ajoutée ou d'impôts sur les ventes.

5120 — Impôts sur des biens et des services déterminés

64. Ce sous-groupe couvre les accises, les bénéfices engendrés et transférés par les monopoles fiscaux, et les droits de douane et à l'importation, ainsi que les taxes à l'exportation, les opérations de change, les biens d'équipement et les paris, et aussi les impôts spéciaux sur les services qui ne font pas partie d'un impôt général du sous-groupe 5110.

5121 — Accises

65. Les accises sont des impôts spécifiques perçus par unité produite sur une gamme limitée de biens prédéfinie. Les accises sont généralement prélevées à des taux différenciés sur des biens non essentiels ou de luxe, les boissons alcoolisées, les produits à base de tabac et l'énergie. Les accises peuvent être perçues à un stade quelconque de la production ou de la distribution et sont calculées généralement sur la base d'un prélèvement spécifique par unité correspondant aux caractéristiques du produit considéré, par référence à sa valeur, son poids, son degré ou son volume. Cette subdivision couvre ainsi les impôts spéciaux sur certains produits tels que le sucre, la betterave, les allumettes et le chocolat ; les impôts prélevés à des taux variables sur une gamme déterminée de produits ; ainsi que les impôts perçus sur les produits à base de tabac, les boissons alcoolisées, les combustibles et les hydrocarbures. Si un impôt frappant principalement des produits importés doit ou devrait également être perçu sur des produits nationaux comparables, suivant la même législation, les recettes de cet impôt doivent alors être classées dans la catégorie des accises et non dans celle des droits à l'importation. Ce principe vaut également même s'il n'existe pas, ou ne peut exister, de production nationale comparable. Les impôts prélevés sur la consommation de services d'utilité publique (eau, électricité, gaz et autres formes d'énergie) sont considérés comme des accises, et non comme des impôts sur des services déterminés (5126). Ne sont pas inclus dans les accises les prélèvements entrant dans les catégories des impôts généraux sur les

biens et services (5110), des bénéfices des monopoles fiscaux (5122), des droits de douane et autres droits à l'importation (5123) ou des taxes à l'exportation (5124).

5122 — Bénéfices des monopoles fiscaux

66. Ce sous-groupe couvre la fraction des bénéfices des monopoles fiscaux qui est transférée aux administrations publiques ou qui sert à financer des dépenses considérées comme dépenses publiques (voir § 24). Les montants sont comptabilisés lorsqu'ils sont transférés aux administrations publiques ou utilisés pour effectuer des dépenses considérées comme des dépenses publiques.

67. Les monopoles fiscaux reflètent l'exercice du pouvoir d'imposition de l'État par l'intermédiaire du monopole. Les monopoles fiscaux sont des entreprises publiques non financières, qui exercent dans la plupart des cas un monopole sur la production ou la distribution du tabac, des boissons alcoolisées, du sel, des allumettes, des cartes à jouer et des produits pétroliers ou agricoles (c'est-à-dire, sur le genre de produits qui peuvent être soumis, principalement ou accessoirement, aux accises du poste 5121), pour procurer des recettes publiques qui, dans d'autres pays, sont obtenues par le biais d'impôts frappant les transactions sur ces produits d'entreprises privées. Le monopole d'État peut être exercé au stade de la production, ou au stade de la distribution comme dans le cas des magasins de vente de boissons alcoolisées qui appartiennent à l'État et sont contrôlés par lui.

68. Les monopoles fiscaux sont différents des services publics, comme les chemins de fer, l'électricité, les postes et autres moyens de communication, qui peuvent avoir une position de monopole ou de quasi-monopole, mais dont l'objet principal est, normalement, de fournir des services essentiels et non pas de procurer des recettes à l'État. Les transferts à l'administration de ces autres entreprises publiques sont considérés comme des recettes non fiscales. La notion traditionnelle de monopole fiscal n'a généralement pas été élargie pour inclure les loteries nationales, dont les bénéfices sont habituellement considérés comme des recettes non fiscales. Cependant, ces bénéfices peuvent être considérés comme des recettes fiscales quand la raison principale de la mise en œuvre de ces loteries est l'augmentation des recettes pour financer les dépenses publiques. On distingue les bénéfices des monopoles fiscaux des bénéfices des monopoles d'exportation et d'importation (5127), qui sont transférés des offices de commercialisation ou d'autres entreprises s'occupant du commerce international.

5123 — Droits de douane et autres droits à l'importation

69. Figurent ici les taxes, droits de timbre et surtaxes qui, selon la loi sont perçus exclusivement sur des produits importés. Sont aussi inclus dans ce poste les droits perçus sur l'importation de denrées agricoles dans les pays Membres de l'Union Européenne et les montants acquittés par certains de ces pays en vertu du Système de Montants Compensatoires[16]. Les droits de douane collectés par les États membres de l'Union européenne pour le compte de l'Union européenne sont reportés sous cette rubrique au niveau de l'autorité supranationale dans les tableaux par pays (chapitre 5 de ce Rapport). Sont exclues ici les taxes perçues sur les importations au titre d'un impôt général sur les biens et les services ou d'une accise applicable aussi bien aux produits importés qu'aux produits fabriqués dans le pays.

5124 — Taxes à l'exportation

70. Pendant les années 70, les droits à l'exportation étaient perçus normalement en Australie, au Canada et au Portugal, et ils étaient utilisés en Finlande à des fins conjoncturelles. Certains pays Membres de l'Union Européenne acquittent, dans le cadre du système des montants compensatoires, une taxe sur les exportations (voir la note 16 du § 69). Lorsque ces montants sont identifiables, ils sont inclus dans ce poste. Ce dernier ne comprend pas les remboursements effectués au titre d'impôts généraux sur la consommation d'accises ou de droits de douane sur des biens exportés, qui doivent être déduits des recettes brutes comptabilisées, selon le cas, sous le poste 5110, 5121 ou 5123.

5125 — Impôts sur les biens d'équipement

71. Ce sous-groupe comprend les impôts perçus sur les biens d'équipement, comme les machines. Ils peuvent exister depuis un certain nombre d'années ou avoir un caractère temporaire et être prélevés à des fins conjoncturelles. Ne sont pas inclus les impôts sur les 'inputs' industriels qui frappent aussi les consommateurs (comme l'impôt suédois sur l'énergie qui est classé sous le poste 5121).

5126 — Impôts sur des services déterminés

72. Sous ce poste figurent tous les impôts calculés sur la rémunération de services spécifiques, comme les taxes sur les primes d'assurance, les taxes sur les services bancaires, sur les jeux et paris (par exemple : courses de chevaux, pronostics de football, billets de loterie nationale), les transports, les spectacles, les restaurants et la publicité. Les impôts prélevés sur le revenu brut des sociétés prestataires d'un service (exemple : primes d'assurance brutes, mises de jeux encaissées par les sociétés) sont classés sous ce poste.

73. Les recettes fiscales provenant des prélèvements sur les banques et des contributions aux mécanismes de garantie des dépôts et de stabilité financière sont également classés ici :

- Les redevances de stabilité, les prélèvements sur les banques et les contributions à la garantie des dépôts, qu'il est obligatoire d'acquitter, doivent généralement être traitées comme des recettes fiscales lorsque les versements sont effectués au profit de l'administration publique ou d'une autorité supranationale et affectés au budget consolidé ou général des administrations de sorte que les pouvoirs publics soient libres d'utiliser les fonds sans délai aux fins qu'ils jugent opportunes. Ce principe s'appliquerait indépendamment du fait que l'administration promette ou non d'effectuer des versements pour garantir les dépôts des clients des établissements bancaires si la situation l'exigeait à l'avenir.
- Si les paiements obligatoires sont effectués au profit de l'administration publique et imputés à des budgets dont les ressources doivent être entièrement réaffectées au secteur de l'économie qui englobe les entreprises assujetties à ces paiements, ceux-ci seront toujours traités, en règle générale, comme des recettes fiscales étant donné que les fonds seraient disponibles pour l'administration et réduiraient son déficit budgétaire, que la redevance est sans contrepartie pour les entités individuelles et que les montants collectés pourraient être dissociés de tout versement en faveur des déposants ou de toute dépense visant à soutenir plus largement le secteur financier.
- Les contributions aux mécanismes traditionnels de moindre envergure destinés à garantir les dépôts de détail, contributions dont le montant est aligné sur le coût de la garantie, doivent être classées en tant que redevances pour services rendus.
- Tout versement au titre de la réalisation par une administration des actifs d'un établissement en faillite ou du recouvrement par cette administration d'une créance prioritaire sur les actifs de l'établissement en cours de liquidation, effectué en vue de financer l'indemnisation des clients ayant perdu leurs dépôts, serait traité comme une redevance par opposition aux recettes fiscales.
- Les versements obligatoires effectués à des fonds gérés en dehors du secteur public et à des institutions non étatiques soutenues par les déposants, ainsi que tous les versements à des régimes volontaires, ne doivent pas être traités comme des recettes fiscales.
- Les contributions au Fonds de résolution unique de l'UE sont également incluses ici et attribuées à l'autorité supranationale dans les tableaux par pays.

74. Ne figurent pas sous ce poste :

a) les impôts sur les services qui font partie d'un impôt général sur les biens et services et sont classés sous le poste 5110 ;

b) les taxes sur l'électricité, le gaz et l'énergie (classées sous le poste 5121 en tant qu'accises) ;

c) les taxes sur les gains personnels tirés de jeux et paris (qui sont classées sous le poste 1120, en tant qu'impôts sur les gains en capital des personnes physiques et entreprises individuelles) et les montants forfaitaires perçus sur le transfert de loteries privées ou sur l'autorisation de créer des loteries (5200)[17] ;

d) les impôts sur les chèques et sur l'émission, le transfert ou le remboursement de valeurs mobilières, (qui sont classés sous le poste 4400, en tant qu'impôts sur les transactions mobilières et immobilières).

5127 — Autres impôts sur les transactions et les échanges internationaux

75. Ce sous-groupe couvre les recettes perçues par l'État sur l'achat et la vente de monnaies étrangères à des taux différents. Lorsque l'État exerce le privilège exclusif dont il dispose pour s'assurer une marge entre le prix d'achat et le prix de vente de devises qui ne se réduit pas à la simple couverture des frais administratifs, ce bénéfice représente un prélèvement obligatoire imposé dans des proportions indéterminées à l'acheteur et au vendeur des monnaies étrangères. Il équivaut normalement au droit à l'importation et au droit à l'exportation perçus dans un système de taux de change unique, ou à une taxe sur la vente ou l'achat de monnaies étrangères. Comme les bénéfices des monopoles fiscaux et des monopoles d'importation ou d'exportation transférés à l'État, il représente l'exercice d'un monopole aux fins d'imposition et est inclus dans les recettes fiscales.

76. Ce sous-groupe comprend aussi les bénéfices des monopoles d'exportation ou d'importation, bien qu'il n'en existe pas dans les pays de l'OCDE, les impôts sur l'achat ou la vente de devises et tous les autres impôts perçus spécifiquement sur les opérations ou les échanges internationaux.

5128 — Autres impôts sur des biens et services déterminés

77. Cette rubrique comprend les impôts sur l'extraction de minéraux, combustibles fossiles et autres ressources non renouvelables provenant de gisements privés ou détenus par une autre administration, ainsi que toute autre recette non ventilable provenant des impôts sur des biens et services déterminés. Les impôts sur l'extraction de ressources non renouvelables correspondent généralement à un montant forfaitaire par unité de qualité ou de poids, mais peuvent être calculés ad valorem. Les impôts sont comptabilisés à la date d'extraction des ressources. Les versements tirés de l'extraction de ressources non renouvelables issues de gisements appartenant à l'administration publique qui perçoit ces versements sont classés en tant que loyers.

5200 — Impôts sur l'utilisation des biens ou l'autorisation d'utiliser des biens ou d'exercer des activités

78. Ce sous-groupe comprend les taxes prélevées en raison de l'utilisation de biens, indépendamment des impôts frappant les biens eux-mêmes. Contrairement à ceux-ci (5100), les impôts du sous-groupe 5200 ne sont pas calculés d'après la valeur des biens, mais ordinairement d'après un montant forfaitaire. Sont aussi couverts les impôts perçus au titre du droit d'utiliser des biens ou d'exercer des activités, comme les taxes sur la pollution qui ne reposent pas sur la valeur de biens déterminés. Il est parfois difficile de distinguer les taxes d'utilisation et droits de licence obligatoires, qui sont considérés comme des impôts, de ceux qui ne le sont pas parce qu'ils sont assimilés à des recettes non fiscales ; les critères appliqués sont ceux indiqués aux § 12 et 13.

79. Bien que le sous-groupe se réfère à l'utilisation des biens, le fait générateur de l'impôt peut être aussi bien l'enregistrement de la propriété, de sorte que les impôts relevant de ce sous-groupe peuvent viser la possession d'animaux ou de biens plutôt que leur utilisation (par exemple, les chevaux de course, les chiens, les véhicules à moteur) et même s'appliquer à des biens inutilisables (comme les véhicules à moteur ou les fusils inutilisables).

80. Les cas limites concernent :

a) les impôts sur l'autorisation d'exercer des activités commerciales, qui sont classés selon les règles exposées au § 83 lorsqu'ils ont une assiette mixte associant le revenu, les salaires versés ou le chiffre d'affaires ;

b) les impôts sur la propriété ou l'utilisation de la propriété de biens visés par les postes 4100, 4200 et 4600. Le poste 4100 ne vise que les impôts sur la propriété ou la location de biens immobiliers et, contrairement aux impôts du sous-groupe 5200, ils sont fonction de la valeur du bien. Les impôts sur l'actif net et les impôts sur les biens meubles des sous-groupes 4200 et 4600 visent la propriété et non pas l'utilisation des biens, couvrent un groupe d'actifs et non pas de biens particuliers et sont aussi fonction de la valeur du bien.

5210 — Impôts périodiques sur l'utilisation de biens ou sur l'autorisation d'utiliser des biens ou d'exercer certaines activités

81. Ces impôts ont pour principale caractéristique d'être perçus à intervalles réguliers et de représenter ordinairement des montants forfaitaires. Le poste le plus important, du point de vue du volume des recettes, est constitué par les permis de circulation des véhicules. Ce sous-groupe inclut aussi les taxes perçues lors de la délivrance de permis de chasse, de tir ou de pêche, ou l'autorisation de vendre certains produits, ainsi que les taxes sur la possession de chiens et sur la prestation de certains services à condition qu'elles répondent aux critères définis aux § 12 et 13. Les subdivisions du poste 5210 comprennent les taxes d'utilisation de véhicules à moteur à la charge des ménages (5211) et à la charge d'autres agents (5212). Le poste 5213 couvre les plaques de chiens et les taxes perçues pour l'autorisation d'exercer certaines activités, comme la vente de viande et d'alcool, lorsque les prélèvements ont un caractère périodique. Il couvre aussi les permis généraux de chasse, de port d'armes et de pêche, lorsque le droit d'exercer ces activités n'est pas accordé au titre d'une opération commerciale normale (par exemple, la délivrance du permis ne comporte pas le droit d'utiliser une parcelle déterminée de terrain appartenant à l'État).

5220 — Impôts non périodiques sur l'utilisation de biens ou sur l'autorisation d'utiliser des biens ou d'exercer certaines activités

82. Cette rubrique recouvre les taxes non périodiques perçues sur l'utilisation de biens ou sur l'autorisation d'utiliser des biens ou d'exercer certaines activités et celles qui sont prélevées chaque fois que des biens sont utilisés.

- Les impôts prélevés sur l'émission ou le rejet dans l'environnement de gaz toxiques, liquides nocifs ou autres substances dangereuses figurent ici. Les paiements au titre des permis d'émission négociables délivrés par les administrations publiques dans le cadre des dispositifs de plafonnement et d'échange doivent également être comptabilisés sous cette rubrique au moment où les émissions sont produites. Les permis délivrés gratuitement par les administrations ne donnent lieu à aucun enregistrement comptable de recettes.
- La comptabilisation en droits constatés implique un éventuel délai entre la date à laquelle l'administration perçoit le règlement des permis et la date à laquelle les émissions sont produites. Dans les comptes nationaux, ce délai se traduit pour l'administration par un engagement financier sur la période.
- Il convient d'exclure les paiements effectués au titre de la collecte et de l'élimination de déchets ou de substances nocives par les autorités publiques, étant donné qu'il s'agit là de vente de services aux entreprises.

83. D'autres impôts non périodiques qui relèvent du poste 5200 sont aussi classés dans cette rubrique. Ainsi figurent les paiements uniques effectués au titre de l'autorisation de vendre des boissons alcoolisées ou des tabacs ou d'ouvrir des guichets de « paris mutuels », à condition qu'ils répondent aux critères définis aux § 12 et 13.

6000 — Autres impôts

84. Ce groupe couvre les impôts prélevés sur une ou plusieurs assiettes différentes de celles qui sont indiquées pour les groupes 1000, 3000, 4000 et 5000, ou sur des assiettes qui ne peuvent être considérées comme liées à l'une de celles afférentes à ces groupes. Lorsque des impôts sont perçus sur plusieurs assiettes différentes, et qu'il est possible d'évaluer les recettes liées à chaque assiette, les montants correspondants sont inclus dans le groupe approprié. S'il est impossible d'évaluer le montant correspondant à chaque assiette, et si l'on sait que l'essentiel des recettes provient des impôts perçus sur une assiette donnée, la totalité des recettes est classée en fonction de cette assiette. Sinon, les impôts sont classés dans le présent groupe. Sont également inclus dans ce groupe les impôts forfaitaires non inclus ailleurs dans le système de classification, les impôts prélevés sur les personnes physiques sous la forme de taxe civique ou d'impôt de capitation, les droits de timbre qui ne sont pas liés à des transactions mobilières ou immobilières et qui n'entrent pas exclusivement dans une catégorie de transactions, les impôts sur les dépenses dès lors qu'ils s'accompagnent d'abattements et d'exonérations individuels, ainsi que les recettes fiscales non identifiables. Ce poste est divisé en impôts exclusivement ou principalement à la charge des entreprises (6100) et en impôts à la charge d'autres contribuables (6200).

A6. Conciliation avec les comptes nationaux

85. Cette section des tableaux permet de concilier les calculs des recettes fiscales totales de l'OCDE et l'ensemble des impôts et cotisations sociales versés aux administrations publiques qui sont enregistrés dans les comptes nationaux par pays. Lorsque le pays en question est membre de l'Union européenne (UE) la comparaison est effectuée entre les calculs des recettes fiscales totales des pays de l'OCDE et la somme des recettes fiscales et cotisations de sécurité sociale perçues par les administrations publiques et les institutions des secteurs de l'Union européenne des comptes nationaux.

A7. Poste pour mémoire relatif au financement des prestations de sécurité sociale

86. Le rapport entre les impôts et les cotisations de sécurité sociale étant variable, et en raison des problèmes évoqués aux § 40 à 46, on a réuni dans un poste pour mémoire l'ensemble des versements affectés à des prestations du type sécurité sociale, en dehors des versements facultatifs au secteur privé. Les données sont présentées de la façon suivante (voir le Tableau 5.38 du Rapport)

- *a)* impôts du groupe 2000 ;
- *b)* impôts affectés aux prestations de sécurité sociale ;
- *c)* cotisations facultatives à l'administration ;
- *d)* cotisations obligatoires au secteur privé.

Les § 40 à 46 ci-dessus contiennent des directives pour la ventilation entre ces quatre catégories

A8. Poste pour mémoire relatif aux impôts identifiables payés par les administrations

87. Les impôts effectivement payés par les administrations elles-mêmes et que l'on peut identifier sont indiqués dans un poste pour mémoire et classés suivant les grandes rubriques de la classification des

impôts de l'OCDE. Dans la très grande majorité des pays, seuls peuvent être identifiées en l'occurrence les cotisations de sécurité sociale et les impôts sur les salaires, mais il s'agit là en général des impôts les plus importants acquittés par les administrations (voir le Tableau 5.39 du Rapport).

A9. Rapport de la classification des impôts de l'OCDE avec les systèmes nationaux de comptabilité nationale

88. Un système de comptabilité nationale (SCN) tend à fournir un cadre cohérent pour enregistrer et présenter les principaux flux relatifs à la production, à la consommation, à l'accumulation et aux transactions extérieures d'une zone économique donnée, d'ordinaire un pays ou une grande région d'un pays. Les recettes publiques sont une partie importante des transactions enregistrées dans le SCN. La version finale du SCN 2008 a été diffusée conjointement par cinq organisations internationales : les Nations Unies, le Fonds Monétaire International, l'Union européenne, l'Organisation de Coopération et de Développement Économiques et la Banque Mondiale, en août 2009. Le *Système* est un ensemble complet, cohérent et souple de comptes macro-économiques. Il est élaboré pour être utilisé dans les pays à économie de marché quel que soit leur niveau de développement économique ainsi que dans les pays en transition vers l'économie de marché. De larges extraits du cadre théorique ainsi que les définitions des divers secteurs de l'économie du SCN figurent dans la classification des impôts de l'OCDE.

89. Il existe cependant un certain nombre de différences entre la classification des impôts de l'OCDE et les concepts du SCN qui sont indiqués ci-dessous. Ils proviennent du fait que l'objectif de cette classification est de permettre une ventilation aussi large que possible des données statistiques pour ce que les administrations fiscales conviennent de considérer de manière générale comme des impôts.

a) l'OCDE inclut les cotisations obligatoires de sécurité sociale payées aux administrations publiques dans les recettes fiscales totales. Les cotisations sociales facultatives et imputées ainsi que celles versées aux caisses privées ne sont pas considérées comme des impôts (§ 9 et 11 ci-dessus) ;

b) les avis diffèrent sur la question de savoir s'il y a lieu de classer certains prélèvements et redevances dans les impôts (§ 12 et 13 ci-dessus) ;

c) l'OCDE exclut les impôts imputés ou les subventions résultant d'opérations de taux de change officiels multiples et ceux résultant du fait que la banque centrale paye un taux d'intérêt sur les réserves obligatoires différent des autres taux du marché ;

d) il existe des différences dans le traitement des crédits d'impôt récupérables.

90. Comme on l'a noté aux § 1 et 2, les groupes 1000 à 6000 de la classification de l'OCDE comprennent tous les versements sans contrepartie aux administrations publiques ou à une autorité supranationale, à l'exclusion des prêts obligatoires et des amendes. On peut obtenir le total de ces versements sans contrepartie, amendes incluses, mais prêts obligatoires exclus, en additionnant les postes suivants du SCN 2008 :

- impôts du type valeur ajoutée (D.211) ;
- droits et taxes sur les importations à l'exclusion de la TVA (D.212) ;
- droits sur les exportations (D.213) ;
- taxes sur les produits, à l'exclusion de la TVA, des droits sur les importations et les exportations (D.214) ;
- autres impôts sur la production (D.29) ;
- impôts sur le revenu (D.51) ;
- autres impôts périodiques (D.59) ;

- cotisations de sécurité sociale effectives (D.611 et D613), à l'exclusion des cotisations volontaires et des versements à des régimes d'assurance sociale liés à l'emploi qui ne sont pas des régimes de sécurité sociale ;
- impôts sur le capital (D.91).

A10. La classification des impôts de l'OCDE et le système du Fonds monétaire international (SFP)

91. Le périmètre et l'évaluation des recettes fiscales dans le système de statistiques de finances publiques (SFP) et dans le système de comptabilité nationale de 2008 (SCN 2008) sont très proches. Par conséquent, les différences entre la classification de l'OCDE et celle du SCN 2008 (voir § 89 ci-dessus) sont également valables pour les SFP. En outre, le Fonds monétaire international subdivise le groupe 5000 de la classification de l'OCDE en une section iv (Taxes intérieures sur les biens et services) et une section v (Taxes sur les transactions et les échanges internationaux). Cela tient à ce que le rendement de ces dernières taxes représente généralement des sommes infimes dans les pays de l'OCDE ce qui n'est pas le cas dans beaucoup de pays non membres.

A11. Comparaison de la classification des impôts de l'OCDE et des autres classifications internationales des recettes publiques

92. Le tableau ci-dessous décrit point par point la comparaison entre la classification des impôts de l'OCDE et les classifications suivantes :

a) Système des comptes nationaux (SCN 2008) ;

b) Système européen des comptes (SEC 2010) ;

c) Manuel de statistiques des finances publiques du Fonds monétaire international (MSFP 2014).

93. Ces comparaisons correspondent à celles qui devraient s'appliquer dans la majorité des cas. Toutefois, en pratique il faut faire preuve d'une certaine souplesse dans leur application. En effet, dans certains cas, les pays peuvent adopter des méthodes diverses de classification des recettes dans les comptes nationaux.

			Classification de l'OCDE	SCN 2008	SEC 2010	MSFP 2014
1000			Impôts sur le revenu, les bénéfices et les gains en capital			
	1100		Personnes physiques			
		1110	Sur le revenu et les bénéfices	D51-8.61a	D51A	1111
		1120	Sur les gains en capital	D51-8.61c, d	D51C, D	1111
	1200		Sociétés			
		1210	Sur le revenu et les bénéfices	D51-8.61b	D51B	1112
		1220	Sur les gains en capital	D51-8.61c	D51C	1112
	1300		Non ventilables entre les rubriques 1100 et 1200			1113
2000			Cotisations de sécurité sociale			
	2100		Salariés	D613-8.85	D613	1211
	2200		Employeurs	D611-8.83	D611	1212
	2300		A la charge des travailleurs indépendants ou des personnes sans occupation	D613-8.85	D613	1213
	2400		Non ventilables entre les rubriques 2100, 2200 et 2300			1214
3000			Impôts sur les salaires et la main-d'œuvre	D29-7.97a	D29C	112
4000			Impôts sur le patrimoine			
	4100		Impôts périodiques sur la propriété immobilière			

		4110		Ménages	D59-8.63a	D59A	1131
		4120		Autres agents	D29-7.97b	D29A	1131
	4200			Impôts périodiques sur l'actif net			
		4210		Personnes physiques	D59-8.63b	D59A	1132
		4220		Sociétés	D59-8.63b	D59A	1132
	4300			Impôts sur les mutations par décès, les successions et les donations			
		4310		Impôts sur les mutations par décès et les successions	D91-10.207b	D91A	1133
		4320		Impôts sur les donations	D91-10.207b	D91A	1133
	4400			Impôts sur les transactions mobilières et immobilières	D59-7.96d; D29-7.97e	D214B, C	114114; 1161
	4500			Autres impôts non périodiques sur le patrimoine	D91-10.207a	D91B	1135
	4600			Autres impôts périodiques sur le patrimoine	D59-8.63c	D59A	1136
5000				Impôts sur les biens et services			
	5100			Impôts sur les biens et services			
		5110		Impôts généraux sur les biens et services			
			5111	Taxes sur la valeur ajoutée	D211-7.89	D211; D29G	11411
			5112	Impôts sur les ventes	D2122-7.94a; D214-7.96a	D21224; D214I	11412
			5113	Autres impôts généraux sur les biens et services	D214-7.96a	D214I	11413
		5120		Impôts sur des biens et services déterminés			
			5121	Accises	D2122-7.94b; D214-7.96b	D21223; D214A, B, D	1142
			5122	Bénéfices des monopoles fiscaux	D214-7.96e	D214J	1143
			5123	Droits de douane et autres droits à l'importation	D2121-7.93	D2121; D21221, 2	1151
			5124	Taxes à l'exportation	D213-7.95a	D214K	1152-4
			5125	Impôts sur les biens d'équipements			
			5126	Impôts sur les services déterminés	D2122-7.94c; D214-7.96c	D21225; D214E, F, G, H; D29F	1144; 1156
			5127	Autres impôts sur les transactions et les échanges internationaux	D2122-7.94d D29-7.95b D29-7.97g D59-8.64d	D21226; D29D; D59E	1153; 1155-6
			5128	Autres impôts sur des et services déterminés			1146
		5130		Non ventilable entre les rubriques 5110 et 5120			
	5200			Impôts sur l'utilisation des biens ou l'autorisation d'utiliser des biens ou d'exercer des activités			
		5210		Impôts périodiques sur l'utilisation des biens ou l'autorisation d'utiliser des biens ou d'exercer des activités			
			5211	A la charge des ménages au titre de véhicules à moteurs	D59-8.64c	D59D	11451
			5212	A la charge d'autres agents au titre de véhicules à moteurs	D29-7.97d	D214D; D29B	11451
			5213	Autres impôts périodiques sur l'utilisation des biens u l'autorisation d'utiliser des biens ou d'exercer des activités	D29-7.97c, d, f D59-8.64c	D29B, E, F; D59D	11452
		5220		Impôts non périodiques			11452
	5300			Non ventilable entre les rubriques 5100 et 5200			
6000				Autres impôts			
	6100			A la charge exclusive des entreprises			1161
	6200			A la charge d'autres agents que les entreprises ou non identifiables	D59-8.64a, b	D59B, C	1162

A12. Répartition des recettes fiscales par sous-secteurs d'administration publique

94. La classification de l'OCDE appelle une ventilation des recettes fiscales par sous-secteurs d'administration. On trouvera ci-après la définition de chaque sous-secteur et les critères à utiliser pour répartir entre eux les recettes fiscales. Ces définitions et critères suivent les orientations qui figurent dans le SCN 2008 et le MSFP 2014.

Sous-secteurs des administrations publiques à identifier

Administration centrale

95. Le sous-secteur des administrations centrales groupe tous les ministères, bureaux, établissements et autres organismes qui sont des services ou des moyens d'action du pouvoir central et dont la compétence s'étend à la totalité du territoire, à l'exception de l'administration des caisses de sécurité sociale. L'administration centrale a donc le pouvoir de prélever des impôts sur toutes les unités résidentes et non résidentes exerçant des activités économiques à l'intérieur du pays.

Administration d'un État fédéré, d'une province ou d'une région

96. Ce sous-secteur comprend les unités administratives intermédiaires et inclut toutes les unités administratives dont la compétence s'exerce indépendamment de l'Administration centrale sur une partie du territoire englobant un certain nombre de petites localités, à l'exception des caisses de sécurité sociale. Dans les pays unitaires, les administrations régionales peuvent être considérées comme dotées d'une existence distincte lorsqu'elles disposent d'une autonomie substantielle pour percevoir une part importante de leurs recettes de sources placées sous leur contrôle et lorsque leurs agents ne sont pas soumis à un contrôle administratif externe dans l'exercice des activités de l'unité.

97. Actuellement, les pays à structure fédérale représentent la majorité des cas dans lesquels les recettes attribuées aux unités administratives intermédiaires sont identifiées séparément. La Colombie et l'Espagne sont les deux seuls pays à structure unitaire qui se trouvent dans cette situation. Dans les autres pays unitaires, les recettes des administrations régionales sont incluses dans celles des administrations locales.

Collectivités locales

98. Ce sous-secteur comprend toutes les autres unités administratives exerçant une compétence indépendante sur une partie du territoire d'un pays, à l'exception des administrations des caisses de sécurité sociale. Il englobe les diverses circonscriptions urbaines et/ou rurales (par exemple les collectivités locales, les municipalités, les villes, les bourgs ou les districts).

Caisses de sécurité sociale

99. Les caisses de sécurité sociale constituent un sous-secteur distinct des administrations publiques. Le sous-secteur de la sécurité sociale est défini dans le SCN de 2008 par les extraits suivants des paragraphes 4.124 à 4.126 et 4.147 :

> « Les systèmes de sécurité sociale sont des systèmes d'assurance sociale qui couvrent l'ensemble de la collectivité ou d'importants sous-ensembles de la collectivité : ces systèmes sont imposés et contrôlés par les administrations publiques. Ces systèmes couvrent une grande variété de programmes qui consistent à fournir des prestations, en espèces ou en nature, au titre des circonstances suivantes : vieillesse, invalidité ou décès, survie, maladie et maternité, accident du

travail, chômage, allocations familiales, soins de santé etc. Il n'existe pas nécessairement de lien direct entre le montant de la cotisation versée par un particulier et les prestations qu'il est susceptible de recevoir » (paragraphe 4.124).

« Lorsque les systèmes de sécurité sociale ont une organisation distincte des autres activités des administrations publiques et détiennent des actifs et des engagements indépendamment de ces dernières et effectuent des opérations financières pour leur propre compte, ils peuvent être considérés comme des unités institutionnelles désignées sous le nom de caisses de sécurité sociale » (paragraphe 4.125).

« Il est possible de faire varier de façon discrétionnaire les montants prélevés et versés sous forme de cotisations de sécurité sociale et de prestations afin d'atteindre des objectifs de politique publique qui n'ont pas de lien direct avec la notion de sécurité sociale en tant que système visant à fournir des prestations à des membres de la collectivité. Ainsi, ces cotisations ou prestations peuvent être augmentées ou diminuées afin d'influer sur le niveau de la demande globale au sein de l'économie. Néanmoins, tant que ces caisses restent indépendantes, elles doivent être traitées comme des unités institutionnelles distinctes dans le SCN ». (paragraphe 4.126).

« Le sous-secteur des administrations de sécurité sociale comprend les administrations de sécurité sociale opérant à tous les niveaux des administrations publiques. Les administrations de sécurité sociale sont des systèmes couvrant l'ensemble de la collectivité ou d'importants sous-ensembles de la collectivité qui sont rendus obligatoires et contrôlés par des administrations publiques » (paragraphe 4.147).

100. Cette définition des administrations de sécurité sociale est suivie dans la classification de l'OCDE à l'exception des régimes suivants :

- Les régimes imposés par l'administration et exploités par des organismes extérieurs au secteur des administrations publiques, tel qu'il est défini au § 3 de ce manuel et
- Les régimes qui perçoivent des cotisations facultatives.

Autorités supranationales

101. Ce sous-secteur s'applique aux activités de collecte de recettes publiques des autorités supranationales sur le territoire d'un pays. En pratique, le seul cas d'autorité supranationale de la zone de l'OCDE est celui des institutions de l'Union européenne (UE). Les recettes fiscales collectées par les pays membres et versées à l'UE sont incluses dans les statistiques des recettes publiques au niveau de l'autorité supranationale. Les impôts sur le revenu et les cotisations de sécurité sociale perçus par les institutions européennes et payés par les fonctionnaires européens qui résident dans les pays membres de l'UE ne doivent pas être inclus.

Critères à utiliser pour l'attribution des recettes fiscales

102. Lorsqu'une administration collecte l'impôt et le reverse, en totalité ou en partie, à d'autres administrations, il est nécessaire de déterminer si ces recettes doivent être considérées comme étant celles de l'administration qui les perçoit et les répartit entre d'autres administrations ou celles des administrations bénéficiaires auxquelles l'administration qui les a perçues les a transférées en simple qualité d'agent. Les critères à utiliser dans l'attribution des recettes sont indiqués aux § 103 à 106, qui reprennent les paragraphes 3.70 à 3.73 du SCN 2008.

103. En général, un impôt est attribué à l'Unité administrative qui :

a) exerce le pouvoir de percevoir l'impôt (soit en tant que détenteur de ce pouvoir soit par délégation de l'autorité qui le détient), *b)* dispose du pouvoir discrétionnaire final de fixer et de faire varier le taux de l'impôt.

104. Lorsqu'une somme est collectée par une administration au profit d'une autre administration et en son nom, et que cette dernière a le pouvoir de percevoir l'impôt et de fixer et de faire varier son taux, la première intervient comme agent pour le compte de la dernière et l'impôt est réaffecté. Toute somme retenue par l'administration collectrice au titre des frais de recouvrement doit être considérée comme la rémunération d'un service rendu. Toute autre somme conservée par l'administration collectrice, notamment dans le cadre d'un accord de partage d'impôt, doit être considérée comme une subvention courante. Si l'administration collectrice s'est vu déléguer le pouvoir de fixer et de faire varier le taux, le montant recouvré doit être considéré comme une recette fiscale de cette administration.

105. Lorsque des administrations différentes fixent conjointement et sur un pied d'égalité la répartition du produit de cet impôt, aucune administration ne disposant d'un pouvoir prépondérant en dernier ressort, les recettes fiscales sont attribuées à chaque administration en fonction de sa part respective du produit de l'impôt. Si un accord permet à une unité administrative d'exercer un pouvoir prépondérant en dernier ressort, la totalité des recettes fiscales est attribuée à cette unité.

106. Dans certains cas aussi, un impôt est perçu dans le cadre des compétences d'une administration qui résulte de la constitution ou d'autres dispositions mais d'autres administrations fixent individuellement le taux d'imposition sur leurs territoires. Le produit de l'impôt généré sur les territoires respectifs de chaque administration est attribué à l'administration en question comme constituant ses recettes fiscales.

107. Les versements effectués par les États membres de l'Union européenne prennent la forme de prélèvements spécifiques qui comprennent :

a) les droits de douane et les prélèvements agricoles (5123),

b) les montants compensatoires monétaires bruts (5123 si relatifs aux importations et 5124 si relatifs aux exportations),

c) les contributions au Fonds de résolution unique (5126), et

d) les prélèvements de la CECA, les cotisations sucre et les taxes de coresponsabilité sur le lait (5128).

108. Les droits de douane collectés par les États membres pour le compte de l'Union européenne sont comptabilisés :

a) sur une base qui ne tient pas compte des droits d'encaissement,

b) en utilisant des chiffres corrigés de manière à exprimer les droits sur la base de la « destination finale » et non du « pays de première entrée » lorsque de telles corrections sont possibles. Ces corrections concernent en particulier les droits prélevés dans des ports (maritimes) importants. Bien que les droits de l'UE soient prélevés par les autorités du pays de première entrée, ces droits doivent être dans la mesure du possible déduits des recettes du pays qui les recouvre et inclus dans les recettes du pays de destination finale.

109. Ce sont les prélèvements spécifiques de l'UE qui se conforment le plus clairement au critère d'attribution décrit au § 101 ci-dessus. Par conséquent, ces montants sont indiqués en note de bas de page dans les tableaux par pays des États membres de l'UE (au chapitre 5) et figurent en tant que recettes supranationales dans chacune des rubriques fiscales identifiées au § 107.

Notes

1. Toutes les références au SCN concernent l'édition de 2008.

2. Se reporter à la section A.12 de ce manuel pour l'examen de cette notion.

3. Il est en général possible d'identifier les montants des cotisations de sécurité sociale et les impôts sur les salaires, mais pas les autres impôts payés par les administrations.

4. En revanche, si un ou plusieurs pays considèrent comme un impôt un droit que la plupart des pays font entrer dans les recettes non fiscales ou qui procure des recettes substantielles, les montants ainsi perçus figureront dans une note de renvoi à la fin des tableaux par pays correspondants, même s'ils ne sont pas inclus dans le total des recettes fiscales.

5. Les appellations peuvent cependant être souvent trompeuses. Ainsi, une redevance de passeport sera normalement considérée comme une recette non fiscale, alors qu'un prélèvement additionnel sur les passeports (comme c'est le cas au Portugal), qui a pour but de procurer un montant substantiel de recettes eu égard au coût de délivrance du passeport, sera considéré comme un impôt du sous-groupe 5200.

6. On trouvera des précisions sur cette distinction dans l'étude spéciale intitulée « L'information sur les recettes fiscales : problèmes actuels », de l'édition de 2001 des *Statistiques des recettes publiques*.

7. On utilise parfois les expressions « non remboursable » et « remboursable » mais il peut paraître illogique de parler de « remboursement » lorsque rien n'a été versé.

8. Toutefois, dans les systèmes d'imputation de l'impôt sur les sociétés, les crédits d'impôts récupérables sont traités différemment (§ 37 à 39).

9. Il ne s'agit pas d'une véritable dépense fiscale au sens strict. De telles dépenses fiscales supposent que l'on identifie un système fiscal de référence pour chaque pays ou, de préférence, une norme internationale commune. En pratique, il n'a pas été possible de parvenir à un accord sur une norme internationale commune.

10. Sauf s'ils sont calculés sur le bénéfice résultant de la vente, auquel cas ils seraient classés parmi les impôts sur les gains en capital dans le sous-groupe 1120 ou 1220.

11. Dans certains pays, la même législation est applicable aux personnes physiques et aux entreprises dans le cas d'impôts sur le revenu particulier. Cependant, les recettes procurées par ces impôts peuvent, en général, être ventilées et figurent donc dans les deux sous-groupes appropriés.

12. Ainsi, « celles qui sont suffisamment autonomes et indépendantes pour que leur fonctionnement soit comparable à celui d'une société… (y compris) la tenue de comptes complets » (2008 SCN section 4.44).

13 Au Canada - un pays également désigné comme ayant un système d'imputation - le crédit d'impôt (récupérable) pour l'actionnaire concerne l'impôt sur les sociétés national considéré comme payé, qu'un impôt sur les sociétés ait été créé ou non. Comme il n’existe pas de lien essentiel entre l’impôt

sur les sociétés à payer et le crédit imputé sur l'impôt sur le revenu selon ces systèmes, ces crédits pour dividendes sont traités, avec d'autres crédits d'impôt, selon les lignes décrites au § 26.

14. Il peut en être ainsi lorsqu'un régime en faveur des administrations existait avant l'instauration d'un régime général de sécurité sociale.

15 Dans le SCN 2008, ces transferts sont considérés comme des transferts de capital et non comme des impôts (voir section A.8).

16. Système selon lequel l'Union Européenne ajuste les effets des différences entre les taux de change utilisés pour fixer les prix des produits agricoles dans le cadre de la politique agricole commune, et le taux de change réel. Les paiements effectués selon ce système portent sur les importations ou les exportations; lorsqu'ils sont identifiables, ces montants figurent dans la rubrique appropriée (5123 ou 5124). Dans ce guide, sont inclus les montants bruts, c'est-à-dire sans déduction d'aucune prime payée dans le cadre du système des montants compensatoires.

17. Les transferts de bénéfices de loteries d'État sont considérés comme des recettes non fiscales (voir aussi § 68).

www.ingramcontent.com/pod-product-compliance
Lightning Source LLC
LaVergne TN
LVHW080638011026
849160LV00014B/1253